U0129231

客家大世界

陳　錫　超　原著
彭　亞　文　　譯

台北市彭氏宗親會印行

國家圖書館出版品預行編目資料

客家大世界 / 陳錫超原著 彭亞文譯. -- 初版 --
臺北市：彭氏宗親會, 民 105.04
　　頁: 公分
　　ISBN 978-986-92946-0-7（平裝）

1. 客家　2.移民史

536.211　　　　　　　　　　　105003881

本書榮獲客家委員會贊助出版

客 家 大 世 界

原 著 者：陳　　　　錫　　　　超
譯　 者：彭　　　　亞　　　　文
發 行 人：彭　　　　誠　　　　晃
出 版 者：台 北 市 彭 氏 宗 親 會
　　　　　100-56 台北市中正區金山南路一段 135 號 2 樓之 2
　　　　　電話：（886-2）2321-5644
經 銷 處：文　 史　 哲　 出　 版　 社
　　　　　100-74 台北市中正區羅斯福路一段 72 巷 4 號
　　　　　電子信箱：lapen@ms74.hinet.net
　　　　　電話886-2-23511028 ・ 傳真886-2-23965656
實價新臺幣八○○元
二 ○ 一 六 年 （ 民 一 ○ 五 ） 四 月 初 版

ISBN 978-986-92946-0-7　　　　B0040

客家大世界

目　　次

表目次

序

　　客家人遍佈全世界，八、九十年前國力強大的英國有「英旗不落日」的美稱，而今已不再；可是客家人則在世界各地持續的繁衍中，且形成具有一定程度影響力的經濟、社會地位，所以誇稱「客家人不落日」亦不為過。

　　客家人秉持堅毅不拔，刻苦耐勞，勤儉務實的族群特性，只要有一雙筷子、一個包袱，便可走遍天涯，所到之處都從基層做起，任何拓荒、闢地、開礦、築路的粗重工作都幹，因此都能安身立命、成家創業。遷移到台灣、南洋各地的客家人之發展情況就是明證，而移居其他各地的客家人亦莫不如此。

　　然而近半世紀多以來，由於科技的創新，經濟的發達，交通的便利，歐美大國仗著強大的國力，挾帶強勢的語言文化、新觀念，功利主義及各種新思潮，舖天蓋地，排山倒海般的席捲全世界，這對全世界所有弱勢族群之存亡及其語言文化之延續帶來莫大的威脅，於是他們的憂患意識，也就油然而生，也各自制訂各種救亡圖存的應變之道。台灣客家人亦不例外。

　　有鑑於此，出生在模里西斯的客家學者陳錫超先生，乃費了七年的功夫與無限的心血，廣蒐全球各地有關客家的文獻，苦心孤詣用英文撰著 "Hakkas Woldwide" 一書，這本宛如世界客家族群史的巨著，正是一本開山之作；旅居加拿大的客家鄉賢彭亞文教授花了兩年的時光譯成中文《客家大世界》，讓全球華文界的客家人對於認識客家、提振客家意識有莫大的貢獻，也必引起無限的惕勵作用。

　　三、四百年來，客家人紛紛自中原移民海外，各自獨立發展，自食其力，鮮少有溝通、交流、合作、團結的機會，因此，在移入地區大環境各異的情況中，客家人必會受到當地文化的影響而失去了許多客家文化原有的風貌，尤其是民俗信仰、生活方式、語言等等都有重大的變易。就以台灣客家為例：原有繁忙又悠閒的農村生活，面臨農村的凋敝，年輕人大量流入都市，散居各個角落，人數少，難得有見面用客語交談的機會；而在工商社會裡，過著朝九晚五的生活，又大多是小家庭制，父母忙於工作，小孩子上學、上補習班，一天只有短暫的見面交談，而祖孫交談的這條線也斷了，在學校不教客語，在社會上客語又難以流通，甚至有許多中年父母都是客家人，卻都不講客家活，孩子自然無從學習，如此，客語豈有不流失之理？所幸近三十年來的客家運動，引起了政府當局的重視，在教育及各種措施上做了一些補救，而今略見起色，然距離目標尚遠，凡我客家仍須努力。又如過農曆新年的熱鬧氣氛，已大不如前，許多人春節安排出國旅遊，拜年訪友隨身手機就搞定；逢年過節的客家各粄類及菜餚，各賣場、超市、餐廳都可買得到，過去一家大小手忙腳亂的情境，沒有了參與感及成就感，如此的過節氣氛已失去原有的年味了。其他民俗信仰方面的變質也不少，實不勝一一枚舉。

　　本書體材龐大範圍廣泛、內容豐富－涉及人類學、社會學、經濟、習俗、語言學……等等，諸多課題實難以深入探討；唯若能讓世人因本書而認識客家、喜愛客家，進而研究客家，則作者不止於立言，亦且立功矣。由於全書之內容，在本書中已有指針式的〈導讀〉一文可供參考，故不贅述。

　　承譯者請我寫序，我概為略述一二，身為客家的一份子，更期待樂見此書之問世。

彭誠晃 謹誌　105.1.28
台北市彭氏宗親會理事長

傳薪火　源根脈

在旅居多倫多時，我認識當時在 Bell Canada 任職而且熱心中文教育的彭亞文老師。他也積極參與客家同鄉會的公益事務（時任會長之職）。

在我任職新北市客家事務局局長時，彭老師曾於 2012 年向我介紹一本由旅居模里西斯的梅縣客家華裔（二代）學者陳錫超先生的英文著作 "Hakkas Worldwide"。陳先生因為慨嘆自身的客家語言文化，在當地客家族群裏快速消失，所以投入將近七年的時間，撰寫 "Hakkas Worldwide"，希望喚醒世人對客家族群的了解與關切。"Hakkas Worldwide" 用八章的篇幅，以英文，並參雜一些法語和客語，闡述客家族群的源流，客語的特性與源流，客家族群的宗教信仰，客家身分及文化，以及客家族群在世界各國的分佈情形。其內容十分廣泛，牽涉到人類學，民族學，社會學，語言學，中國古代文學，中外歷史與地理等。我認為這本具有世界宏觀的客家著作，頗可作為研究客家學的大專院校與研究機構，以及對世界客家族群之語言與文化有興趣的人士作參考之用。

彭老師曾先後多次向我討論有關翻譯 "Hakkas Worldwide" 為中文的事宜。我也盡量推薦國內的客家學者與專家，可惜未能湊合翻譯搭配夥伴。於是彭老師排除萬難，孤軍奮鬥。當他在 2015 年初告訴我 "Hakkas Worldwide" 的中文版《客家大世界》

已經翻譯完竣可以出版時，我雖已卸任局長之職，但仍希望看到
《客家大世界》的出版。樂見臺北市彭氏宗親會彭誠晃理事長，
臺北市文史哲出版社，和客家雜誌發行人暨世界臺灣客家聯合總
會會長陳石山律師，對出版《客家大世界》的認同與贊助，以及
彭瑞明律師的專業協助，終使《客家大世界》得以付梓，甚幸。

　　我對彭亞文老師的專業能力，以及堅韌不拔的毅力，和對客
家文化無私的奉獻，感到無比的敬佩，並對所有在出版《客家大
世界》出錢出力的各界鄉賢及賢達人士表示敬意。我深信此書問
世之後，一定可使社會大眾因為《客家大世界》而更了解客家族
群，共同維護客家語言文化。在此由衷期望《客家大世界》可以
帶給世界各地客家族群一股熱流，並且對政府振興客家語言文化
的政策有所幫助。

彭惠圓 謹誌 105.2.29
前新北市客家事務局局長

只有著述千秋業、長流客家一瓣香

　　欣見僑居模里西斯客籍人士陳錫超先生英文原著，由僑居加拿大多倫多彭亞文先生譯成中文之《客家大世界》"Hakkas Worldwide" 即將出版面世，拜讀大作後，深為感動、雀躍。蓋以：1.陳、彭二人雖身在國外，仍心繫客家文化語言之傳承，令人敬佩。2.此書內容豐富，幾乎涵蓋客家人想要了解的客家人文歷史與背景。3.希望有更多對客家族群、語言及文化有興趣的華人能夠閱讀此書，才不致辜負作者之用心與對客家文化發展之期待。

　　台灣自從「客家風雲雜誌」1987 年 10 月 25 日創刊，繼之於 1988 年 12 月 28 日掀起「還我母語運動」以來，政府、民間和學術界都投入極為龐大之人力與資金，目的就是要振興海內外快速消失的客家語言和文化；此書如果能以中文版呈現給世界所有華文讀者，那麼客家族群的語言和文化，定能得到更廣泛深入之了解，進而積極喚醒客家族群語言、文化消失的憂患意識，對振興客家語言和文化，勢能助一臂之力。

　　芸芸眾人中，要找到肯停下腳步關心客家語言文化的人已難覓，而不可多得的當中，有的只是暫時投入，懶了（或灰心了）就轉向或退出，有的為某些目的而投入，後來也為了某些不是目的而退出，真正能夠全心投入，而且風雨如晦、雞鳴不已的人，更屬鳳毛麟角，百不得其一焉。

　　此書之面世，讓一些在其位不擅謀其政的袞袞諸公，忐忑不安，驚覺愧對客家而努力向善，此諤諤之書足以驚醒噩噩之人，那麼客家文化及政府行事，自然會有可喜可愕的轉變。

陳石山律師　敬述 2016.2.14

世界台灣客家聯合總會會長

客家雜誌發行人

Acknowledgment

（Chinese Edition）

I'd like to put on record my deep and sincere appreciation and thanks to all the people involved in the translation of my book, especially Mr. Ivan Peng who initiated the idea of a Chinese version of my book and completed the project with boundless enthusiasm and patience, and assiduous work and effort with his team of Hakka scholars at the Center of Hakka Studies, and also Professor Peng of the National Taiwan University who made valuable suggestions for improving the final version of the book in Chinese.

I have seized the opportunity to correct certain errors in the English text. This has involved lengthy correspondence, explanations and exchange of views with Mr. Peng.

Clement Chan,
Moka,
Mauritius.
29th July 2014.

譯　序

　　陳錫超先生（Clement Chan）是出生在模里西斯的華裔客家學者，因為慨嘆模里西斯客家族群的語言與文化快速失傳，所以決心投入將近七年的寶貴時光，蒐集文獻與相關資料，撰寫 "Hakkas Worldwide" 一書。期盼喚醒世人對客家族群的關切。 "Hakkas Worldwide" 共 374 頁，用八章的篇幅，以英文，並參雜一些法語和客語，述說客家族群的源流，客語的特性，客家人的宗教信仰，以及客家人在世界各國的分佈情形。其內容十分廣泛，牽涉到人類學，民族學，社會學，語言學，中國古代文學，中外歷史與地理等。全書引用六百多份參考資料，佐證其論述的正確性。

　　臺灣自從 1988 年掀起還我母語運動以來，政府、民間、和學術界都投入極為龐大的人力與資金，目的就是要振興國內快速消失的客家語言和文化。 "Hakkas Worldwide" 如果能夠以中文版呈現給海峽兩岸，甚至世界的所有華文讀者，那麼客家族群的語言和文化，一定會得到更廣泛深入的了解。進而積極喚醒客家族群語言文化消失的憂患意識，對振興客家語言和文化，必能助上一臂之力。

　　我在 2012 年年初將 "Hakkas Worldwide" 帶回臺灣，並拜見當時新北市客家事務局彭惠圓局長，臺大社科院副院長邱榮舉教授，臺大客家研究中心主任彭文正教授及執行長彭鳳貞博士，

政治大學彭欽清教授，以及南天書局魏德文董事長等在客家政策，學術，及族群的先進前輩，希望了解這本書是否有翻譯成中文的價值。經過多次討論以後，大家一致認為此書的珍貴之處在於其內容的廣泛與精湛，目前在臺灣還沒有看過一本視野如此寬廣的客家文獻著作。

確定"Hakkas Worldwide"之中文版的價值以後，我便積極進行翻譯的工作。由於書中內容牽涉很廣，而且使用很多專業名詞和客語用詞，除了英文以外，我還得明白法文和客語的精確意義。那時才知道此工程深不可測的難度。我曾想就此打住，放棄翻譯此書的宏願。幸好及時得到彭欽清教授和作者陳錫超先生的指導與鼓勵，使我重拾信心繼續奮鬥下去。經過兩年多的努力，加上內人詹善亦女士的多次校對，終於突破萬難，大功告成。《客家大世界》于焉問世，幸甚！感謝！

《客家大世界》的出版，幸蒙前新北市客家事務局彭惠圓局長，台北市彭氏宗親會彭誠晃理事長，和客家雜誌發行人暨世界臺灣客家聯合總會會長陳石山律師的支持與贊助，以及彭瑞明律師和文史哲出版社的專業協助，不勝感激，特此銘謝。

彭亞文　識於加拿大多倫多

2016.02.29

《客家大世界》的六大特點

1.客家人探索客家事，作者深知他在追求什麼。

原書 "Hakkas Worldwide" 作者陳錫超先生（Clement Chan），1939 年生於模里西斯，係廣東梅縣客家人的後裔。陳君因感於當地客家族群的語言及文化快速消失，乃積極專心投入將近七年的時間，蒐集有關客家民族的源流、文化、語言、以及他們在世界各國的分佈情形，最後完成 "Hakkas Worldwide"《客家大世界》一書。此書內容豐富，幾乎含蓋客家人想要知道的一切！作者用字嚴謹，秉持就事論事之高度要求，全書引經據點六百餘處，可謂做足功課！

2.客家人嚴格檢驗客家事，譯者確認海外英文學者能說客家事。

譯者彭亞文 1944 年生於臺灣新竹。係旅居加拿大多倫多的純正客家人。彭君在 2012 年看到同事兄長陳錫超先生的英文著作 "Hakkas Worldwide" 後，希望有更多對客家族群、語言、及文化有興趣的華人能夠閱讀此書，乃決心將此書翻譯成中文，介紹給廣大的華人讀者。譯者深諳客語、閩南語、粵語、國語、和英語，而且略懂法語，加上他接受的師範大學教育以及客家背景，使他在翻譯 "Hakkas Worldwide" 時，在信、雅、達的要求方面，具備高度的水平；同時在檢視原書內容時，也有相當客觀和準確的標準。因此《客家大世界》與 "Hakkas Worldwide" 所

呈現給讀者的是一樣的事實。

3.以全球視野追蹤探索客家族群在世界各國的移民歷史，以及他們在當地政府歧視華人政策下，為求生存而艱辛奮鬥的精神和史實。《客家大世界》在各章節裡所記載的各國情況，誠可作為臺灣國際客家研究的指南與參考資料。

4.在客家族群源流方面，本書分別對羅香林、梁肇庭、和陳支平三位學者認同客家人是來自中國北方的漢人的說法，細加客觀分析陳述；此書對學者房學嘉認為客家人是廣東原住民的後裔的說法，以及江運貴博士主張客家人並不是原始的中國人，而是「漢化的匈奴人或蒙古野蠻人」後裔的說法，也有所陳述。幫助客家人解答了自己從哪裡來的迷思。

5.本書對客家方言的源流與特徵有深入的探討和分析。對學習客語提供有效的幫助。

6.在客家文化方面，本書以極大篇幅敘述中國家庭、家系、孝道、祭祖、宗教習俗、纏足、曆書、易經、占卜、福籤、筊、以及中國節慶等文化習俗。客家人的許多生活習慣雖然在兩岸三地已經淡化，甚至消失，可是有些仍舊在海外被保留下來。

導　讀

　　本書將客家人和客家方言的源流與特性，客家人在全世界的分佈與移民史，華人在各個居住國政府種族歧視政策下的生活經歷，以及客家民間宗教的拜神文化做了詳盡的介紹。

　　第一章闡述客家族群的產生背景，客家人的源流與遷移史，客家方言的源流與特性，以及客家族群文化形成的重要因素。內容極具學術價值。

　　第二章客觀地分析客家人不畏艱難，向中國南方各地、乃至世界各國移民的背景，以及客家人的天下哲學觀。"自家人"的天下觀使得世界各國的客家鄉親，能夠不分國界，無遠弗屆的連結在一起。

　　第三章說明海外華人雖然人數眾多，但是他們主要是來自中國南方廣東，福建，與海南島三省的五個沿海地區和一個內陸地區。

　　第四章介紹客家人在全世界各地區的分佈情形，以及各國種族政策對當地華人的歧視狀況。全章又分成大中華地區（中國大陸，臺灣，香港，和澳門），東南亞，新大陸國家（美國、加拿大、澳洲、與新西蘭），中南美，加勒比海諸島，南太平洋諸島，歐洲，與非洲等地區加以說明。書中對各國種族歧視政策的歷史背景與緣由，都有客觀而詳細的分析與闡述。東南亞的華人，因為努力創業，勤奮持家，使得他們累積了與人口不成比例

的龐大財富，也因此造成貧富不均的嚴重社會問題。更使當地國民積怒成仇，因而掀起了排華、反華暴動。財富不一定有罪，但是人民因為生活困難，而國家的經濟卻被少數"外國人"所把持時，你的感覺如何？海外華人由於不易被西方國家認同，所以會加強自己的華人身分認同。近年由於中國在科技與經濟的突飛猛進，使得全世界對中國人另眼相看，華人也因此可以開心的表白自己是華人的身分，外國人也不得不心服。

　　第五章詳盡地介紹客家人在模里西斯的實際生活情況與店東的切身經驗。本章也介紹臺灣民間的借貸制度「會」的運作情形。它為急需資金的一般民眾，提供了快速取得資金的另一選擇。

　　第六章說明客家人在居住國的大環境裡，起初因為打算將來還要回去中國，所以竭力要求子女保留客家的文化和語言。可是經過幾代以後，由於謀生就業的需要和與異族通婚的結果，客家語言和文化逐漸消失。這種現象不僅發生在大中華地區以外的地方，連臺灣也一樣，佔優勢的語言很自然地會成為人們的通用語言。要拯救一種語言，談何容易？

　　第七章由於作者在模里西斯看到當地的客家人，只是膚淺地認為華人拜神的民間宗教是一種迷信而已，所以特別將中國有史以來的各種宗教理論，以及眾神所代表的精神，加以比較與說明。期望讀者能夠重視宗教與文化的連帶關係。

　　最後的第八章提到客家語言和文化認同的前途。語重心長地勉勵大家「寧賣祖宗田，莫忘祖宗言」。作者也特別提醒讀者，在中國悠久歷史的文化蘊含裡，許多珍貴的寶藏，切莫讓年輕一代不經意地放棄。中國人早期發明的指南針、火藥、紙、和印刷術，樣樣都對世界人類文明有極為深遠的貢獻。中國沿用了幾千年的科舉制度，可說是世界上最公平，最民主的招才制度。它也

可說是中國對世界文明的一大貢獻。

溫馨提示：

1.本書的「華語」（Mandarin），是指臺灣的國語，中國大陸的普通話。而「漢語」則為「華語」和其它方言的統稱。有時為了文章內容的需要，也會將「漢語」、「華語」、「中文」或「華文」混合使用。「粵語」是指「廣府話」。

2.本書中的客語發音，是以廣東梅縣的客語發音為準。

3.克里奧爾人是指混婚族所生的子女，克里奧爾語是指與正統語言混合而發展出來的一種混合語。“Creole”（克里奧爾）可以指克里奧爾人或克里奧爾語。

4.有些原書的參考文獻（網址）可能已經不存在，只能信其真。

5.原書之漢字/詞與英文對照表，在中譯本裡已經失去其用途，故從略。

第一部份　源流

第一章　客家族群的產生

第一節　客家標籤與客家身分

「客家」（Hakka[1]）的字義就是「客人家庭」。絕大多數的華裔模里西斯人（Mauritian）的祖先是來自以前稱為程鄉（今嘉應州）的廣東梅縣客家人。「客家」的華語讀音是 "kejia" 或「ㄎㄜˋ ㄐㄧㄚ」。客家人現在稱他們自己為 "Hac Gnin"（客人）或 "Hakka Gnin"（客家人）。一般說來，客人是指因為某種理由被邀請去另一個地方作客的人，然而比客家人更早移居南方的廣東人（廣府人），卻不曾邀請客家人前來，而且對這些不請自來的客人頗有敵意。既然是客，一般人就認為他們的停留只是短暫的，以後就會回到原居地。由於這些移入者沒有固定的住所，因此他們遷來中國南方居住後，便一直住到下次他遷為止。久居廣東或福建的人，稱自己為廣東人（廣府人）或福建人，但是這些客家人卻沒有久住的大城市或省份來標示自己的身分。他們是否可以被稱為「梅縣人」而不叫「客家人」呢？基於某些不明的原因，客家人並沒有這樣做。由於客家人廣泛的分佈在各省，要選一個地名來代表他們的族群身分，會引起內部的爭執和

---

1 本書使用大家熟知的 "hakka" 而不用 "Hac Ka" 做為「客家」的羅馬拼音。

分裂，這在十九世紀和二十世紀初期，極需大家團結抵禦共同外
敵的大環境來說是很不利的。

　　學者們對於「客家」一詞的來源有不同的看法。同樣是自中
國北方移入的廣府人稱他們自己為本地人，並且瞧不起客家人。
本地人常被翻譯為原住民，在正常情況下，一般是指漢族移入之
前的當地非漢族少數民族。其實本地人一詞的真義，是指最早移
入某地的漢人，比如在廣東的廣府人和在福建的福建人，而不是
指像苗族，猺族等少數民族。當地早期的移民（指廣府人和福建
人）以本地人自居是為了有別於晚到的客家人。在中國南方，並
非只有廣府人是本地人，居住在香港新界的客家人，也被稱為本
地人，因為他們早在 1898 年以前便在那裡定居了，遠比廣府人
要早。

　　客家人的祖先在數百年前就住在中國南方，然而在二十世紀
裡，他們仍舊被標上「客人」的標籤。這現象引起眾多客家知識
份子，深入探索客家人的源流，並且出版許多論著和書籍，引證
客家人的祖先是來自中國北方或中原以北。自十九世紀末期以
來，他們持續不斷在促銷他們的文化價值。著名的客家歷史學家
羅香林教授（客家人）於 1933 年出版《客家研究導論》，並對
客家人的來源提出深入淺出的辯證。在十九世紀末期和二十世紀
初期所產生的強烈族群身分意識，乃是客家人為了對抗廣府人的
欺凌而掀起的現象。

　　羅香林的論著提供了客家歷史的概觀。很多的客家人都認同
該書是客家歷史的權威版本。客家學的研究者梁肇庭則認為羅香
林的論著乃「半學術半誇張」[2]。羅香林的用意是在粉碎客家人

---

2 Sow-Theng Leong, Migration and Ethnicity in Chinese History, California:Standford
　University Press, 1997, P. 29.

不是漢人的論調，證明被廣府人和其他南方族群輕視的客家人的偉大，並設法改進客家人卑賤的社會地位。

客家一詞的來源多所爭議，而且仍舊籠罩在神秘的氣氛中。客家歷史學家羅香林一直追蹤此名直到東晉時代（317-420），但那是時代認定的錯誤，因為客家一詞是在更晚才出現。另有學者推測「客家」乃源自在宋朝時期（960-1279）的「客戶」，它是用來區別「住戶」的名詞。不過因為它們的區別是在是否擁有住地，而且全中國都一樣，所以這個說法也站不住腳。其他不少學者則認為客家一詞是廣府人給叫出來的[3]。

最早用「客」來指「客家人」是在 1779 年的《揭陽縣志》。該縣志指出在 1644 年和 1646 年間，有使用與當地人不同方言的客匪或客賊，偶爾會犯各種不同的罪來騷擾他們。梁肇庭提到在 1687 年的《永安縣志》裡出現過「客家」一詞。

在 1680 年代，已有客家人定居在廣東的東莞，當地的縣志將他們與原住民歸為同類。根據 1689 年的《東莞縣志》，原住民稱客家人為「犽佬」（即客家佬之意），在 1720 年的縣志使用「流犽」或「犽匪」的稱呼。梁肇庭指出，文中使用新字「犽」，其實在傳達雙重的侮辱：（1）以輕視口吻說出第一人稱的客語「我」，（2）用一個類似「狗」字的新字，藉以強調客家人的卑賤身分。這個新字可能是根據中國北方蠻人狄族的狄字的犬字部首而來。廣府人在二十世紀繼續以「犽人」稱呼客家人。1720 年的縣志也指出客家人已經稱自己為「客家」。

廣府人也以獨特客語發音的字眼給客家人貼上另一個毀謗的標籤。客語對疑問代名詞「什麼」有個特別的發音叫做 "mac

---

3 同上，P. 63-64。

ke"，因此廣府人給客家人一個標籤叫「Makaya」。廣府話的
「什麼」叫做 "mat ye"。不可思議的是在模里西斯的非華人，
儘管不懂客語和粵語在「什麼」的發音上的差別，也使用這個輕
蔑字眼。我們可以肯定廣府人將這個詞語有意無意地傳授給非華
人。另一個字「來」的客語發音 "loi"，比較中性，雖然不常
聽見，但是也同樣是一個被用來指客家人的標籤。

客家人比較能接受「客家」一詞，因為它不像其它字眼那麼
令人討厭。由於客家人不被廣府人歡迎，所以「客家」一詞在這
方面一定被認為是個委婉的字眼。

梁肇庭並沒解開這個客家標籤來源的秘密。他解釋說（1）
它並不是最近才出現的，（2）「客家」一詞「只是客家人對
「客民」或「客戶」的叫法而已。」（客戶是旅居者在當地政府
機關，人口登記處註冊的一種戶口類別[4]。）政府要求旅居者必
需在地方政府登記。這種戶口登記是地方人口保甲制度管制系統
的一部份。保甲制度乃是一種鄰居守望相助的警察巡邏制度。

到了二十世紀時，「客家」或「客人」和「客話」或「客家
話」已經普遍的被用在一般方志上。到了 1920 年代初期，由於
在上海、廣東、以及香港各地客家協會的共同努力，「客家」一
詞也就被更廣泛的接受，成為（客家）族群的標籤了。

如今不論是客家人與否，還有中外文獻，大家都使用「客
家」一詞。中國，台灣和其他國家都用「客家」來代表
75,000,000 人的客家族群。這是由康士特博（Nicole Constable）
所著的《Chinese Souls and Chinese Spirits（1994）》一書所提供
的數字。

---

4 同上，P. 65。

　　如今「客家」一詞已經普遍的被用來代表客家族群，而 "gnin hac"（人客）與 "k'et gnin"（客人）則是被用來指「客人」（guest）的普通名詞。不過如果被稱為一個 "Makaya" 或 "Makao"，很多客家人都會覺得被侮辱。儘管在十九世紀和二十世紀的前半世紀裡，客家族群是否為漢族的爭議不斷，今天中國已經將客家族群歸類在大漢民族裡的一個子族群，這個認定已經給客家人一個法定的族群身分，儘管仍有學者認為客家人並非漢人的後裔。

　　客家人在漢民族裡以客家自居，然而在非中國人的圈子裡則稱自己為唐人。在模里西斯的客家人也常說自己是唐人。當他們返鄉時，都稱中國為「唐山」，意指唐人之山。在中國歷史裡，唐朝（618-907）是兩個最昌盛的朝代之一。客家人也稱自己為漢人（意指具有漢文化的人），漢朝（206 B.C.-220 A.D.）是中國歷史上更早一點的黃金時代。中國人用「漢人」一詞來與滿州的「旗人」，或野蠻的「蠻人」做區別。客家人認定自己為「中國人」，並且時常提及史上有名的祖先，藉以強調自己根源的中國人特性，以及自己族群的尊貴。在客家族群中，他們彼此並不介意對方來自那個村莊，那個縣，或那個省。一句常被使用的詞句「自家人」（tse ka gnin）成為團結他們的理想紐帶。可惜這句話已經被模里西斯的客家政客們，以族群感情做訴求來爭取客家選票時爛用而敗壞了。

　　廣府人和客家人兩個不同族群使用著互不相通的方言。從廣府人用來稱呼客家人的輕蔑標籤，便可知道他們對客家人是多麼不友善。廣府人自認與客家人不同並與客家人保持距離。這兩個族群間的敵視，由國內延伸到海外。在馬來西亞，有發生在1862-1873 年間，廣府人和客家人爭奪錫礦的衝突事件。在美國

加州，有發生在 1856 年，雙方爭奪礦產、經營碼頭、和賭場的
事件。在法國殖民馬達加斯加時期，廣府人阻止客家人從模里西
斯再次移入該國。客家族群的身分是在這種不友善的環境下被建
立而且鞏固下來的。客家人以客家身分為號召，在世界上爭奪生
存的地盤。族群與族群之間的衝突，強調族群身分的重要性。

　　廣府人到處亂說客家人不是漢人，目的是希望貶低客家人的
形象。在十九世紀時，有傳教士想以基督教的教義來評價客家族
群。英國傳教士喬治湯姆森（George Thomson）誇讚客家人為中
國人的菁英[5]。中華人民共和國政府並沒把客家人定位為少數民
族，而把他們和廣府人以及說官話的北方人一併歸類為漢民族，
儘管他們在語言、生活習俗、和文化傳統上有所不同。雖然政府
給于少數民族許多的優惠，不過客家人從沒要求少數民族的身
分。客家話一直被視為一種方言而已，而不是一種（國定）語
言。現在香港政府發行的旅遊小冊子裡，印著客家婦女頭上帶著
圓形邊鑲黑布的草笠（涼帽）在田裡工作，或用扁擔挑著兩個桶
子在建築工地做工的客家婦女的刻板形象。客家男人則不曾出現
在旅遊的小冊子上。中國大陸的航空雜誌則比較喜歡印上獨特的
多層圓形土樓。對客家人感興趣的西方學者，自十九世紀以來，
已有他們自己對客家人的印象。客家人對自己的身分也有自己的
主張：他們是來自中原北方的純漢人。

　　不論在模里西斯或國外，我們多數曾經碰過一些與族群身分
相關的問題。當被問及自己的族群認同時，我們會不知如何回
答。在中國出生的客家人，現在已經歸化為模里西斯人；他們的
小孩，則是土生土長的模里西斯人。他們的國籍生來就是模里西

---

5 Vincent Yu-Chung Shih, Yu-Chung Shih, *The Taiping Ideology: Its Sources,
Interpretations, and Influences,* University of Washngton Press, 1967, P. 304.

斯人，但是他們的族群性和文化的認同是什麼？答案就相差很大。例如：模里西斯人，中國模里西斯人，華裔模里西斯人，華人，客家人，客家模里西斯人，或克里奧爾華人（Creole-Chinese）等等。族群身分是一個複雜的議題，人類學者們曾經使用不同的方法，企圖為族群和他們的身分下一個定義。

要為族群性（ethnicity）下定義，實在困難重重。學者們曾經提出許多不同方法去探討它[6]。社會科學家們一般採取兩種策略，菲爾龍（James D. Fearon）和萊庭（David D. Laitin）把它叫做「詮釋派」（Interpretivist）和「計量派」（Quantoid）[7]。

用詮釋派的看法，要找一個可以在世界各國都通用的定義來解釋族群性是不可能的，學者最多只能問它在該國的意義是什麼。而用計量派的說法（此派有較多的社會科學家支持），因為一般語言對於「族群」和「絕大多數族群」的觀念並不精確，科學的處理方式是設法將它變成更精確一點。這種做法是介於下面兩種極端的範例之間：本質論（essentialism）／原生論（primodialism）和工具論（instrumentalism）／建構論（constructivism）。

"ethnicity"（族群性）這個字在 1941 年才被使用。雖然它的實名詞 "ethnic" 一字存在已久，但是 "ethnicity" 則是社會科學的一個新字。根據《牛津英語字典（1971 版）》的記載證明 "ethnic" 這個字在 1375 年就已經被使用了。它是指「一個非基

---

6 Elliott D. Green, 'What is an Ethnic Group? Political Economy, Constructivism and the Common Language Approach to Ethnicity', 2005,
http://www.Ise.ac.uk/co..ections/DESTIN/pdf/WP57.pdf.

7 James D. Fearon and David D. Laitin, 'Ordinary Language and External Validity: Specifying Concepts in the Study of Ethnicity , 2000,
www.standford.edu/~ifearon/papers.ordlang.doc, P. 3.

督徒，或猶太人，異教徒，不信教的人，或信仰多宗教的人」。
如今它的字義已經大大的改變了。在二十世紀裡，在美國是指西
方人和歐洲人以外的族人的後裔。現在這個字已經不分歷史和地
域的泛指全世界的各個種族。

　　直到最近人類學者才給族群（ethnic group）定義為：它是一
群具有共同的某種特質或信仰，包括共同的祖先、歷史背景、文
化、家園、和團結意識的人。[8]不同學者對族群的特質也有不同
的看法。這種最早的方法就是所謂的本質論（Essentialist）或原
生論（Primordialist）。這種學說是以一些可以分辨的共同特質
來詮釋族群和他們的身分。根據這種解釋法，一個族群是一群特
別的人在一起生活，一起互動。他們的身分是以那些可以將他們
從其他族群分開的共同特質來決定。基本上，這是「我自己」和
「其他人」的族群關係。一個族群訂出代表他們和藉以區分他們
和其他族群的標準。族群身分把族群性的個人身分與經驗，看成
擁有共同祖先和特殊文化的團體的一份子。原生論認定一個族群
的成員們是靠彼此之間的相互結合力而聚集在一起。這種結合力
與家庭、住地、語言、習慣、食物、衣著、和宗教傳統有著深切
的關係。他們也強調這些結合力是藉由文化產生的。

　　有些族群身分的特質可以看得到，不過有些和各人心態和感
覺相關的部份則不然。可見的特質又有內在與外在之分[9]。外在
的特質是指旁人可以直接觀察得到的部份，包括遺傳表徵、語
言、家庭、原居地、教堂或廟宇、宗教的禮拜儀式、社團、生活

---

8 同上，P. 6。
9 Shirley S. Chiu, 'Ethnic Identity Formation: A case study of Caribbean and Indian Hakkas in Toronto', dissertation for the degree of Master of Arts, University of York, 2003, P. 38-44. www.yorku.ca/cerlac/theses/htm.

習慣的表象和傳統、民間的一般活動如跳舞、出遊、音樂會等。
一個族群的內在特質是指族群裡每個人的自我認定，以及圈內圈
外人對他們的看法。它們也牽涉到如何看待族群成員或外人的內
心態度：與族群的關係和成員們之間的融入，族群成員們之間的
信賴度，他們是否有共同的價值觀和歷史背景，是否願意真心做
到例如將傳統觀念傳給子孫，幫助族群裡的成員，遵守同族結婚
的規定等。

　　當我們把這些本質性的特徵應用在客家人的身上時，我們很
快就會碰上困難。因為族群裡不見得每個人持有相同的認同態
度，而且每個人對自己族群的忠誠度也不一樣。異族通婚的後代
有兩種身分。在模里西斯，客家人是指他本人或他的父母能說客
家話。很多人即使不會說客家話，他們也認定自己是客家人，或
至少是華人。不管你如何認定自己，一般非華人是以你華人的
長相和身體特徵來判定你是廣府人和客家人。在台灣，能否講客
家話是用來認定一個人是不是客家人的根據。

　　除了身體長相，所有的特質都不是遺傳的。即使語言也不可
能遺傳，代代都得學習。族人可能選擇使用與母語不同的新語
言。許多模里西斯的年輕客家人沒學客語，而以克里奧爾語
（Creole）為母語。客家人和廣府人之間並沒有什麼體型差異，
所以不能用體型來分辨兩者的族群身分。客家人對黑皮膚的偏見
仍然根深蒂固。他們形容異族通婚所生的子女是烏噠噠或烏嘟
嘟，而且可能把他們排除在族外。

　　我們能否用原居地來認定客家身分？客家人說他們的祖先來
自北方，但是廣府人的祖先也是來自北方。更何況，現在客家人
廣泛的分佈在中國南方和海外，正如前面所說，他們沒有一個屬
於他們的城市或地方用來代表他們的身分。

　　旅遊小冊子，常印著典型的客家圓形土樓，不過那些土樓幾乎都建在福建省。在梅縣絕大多數的建築是用鋼筋水泥造的，根本看不到土樓。在模里西斯從來就沒有建過圓形的房子。客家人和廣府人住一樣的房子，吃相同的食物和點心，穿一樣的衣服，去同樣的中國寺廟。客家婦女已不再穿戴圓形斗笠或方領衣服。客家婦女不再穿著奇異的婦女服飾了。現在的廣東婦女和客家婦女都不纏腳，而且都去同樣的基督教堂。客家新娘結婚時不再哭泣，客家婦女在葬禮時也不再哭喊。客家婦女是否還做苦工？即使在梅縣，很多的婦女在服務業就職。在模里西斯，做苦工已不是客家婦女的表徵，她們從沒有在蔗園或工地做過工。年輕一代的客家婦女不再開雜貨店，她們在公司上班或有自己的專業。除了年長的人可用能否說客語來認定他是否是客家人外，年輕的客家人和廣府人，幾乎無法分辨。因此，本質論所持的特質，不足以用來做認定族群的標誌。本質論甚至模糊了許多客家人原有的面貌。

　　社會生物學派的原生論則強調身分認同是與生俱來的。他們的論點是我們對自己的族群身分認同有天生的感覺，它是天生而直覺的，永久而不易改變的。長久持續的民族優越感和族群戰爭證明了原生論派詮釋族群身分的合理性。

　　有人批評原生論派的主張，認為他們太過強調身分的永久性和本性。它忽略了我們的身分認定會因為彼此的互動而改變。異族通婚、政黨輪替、或者一個殖民地的獨立都會影響我們的族群身分。族群的身分會隨時間而消長。台灣的客家族群性在解嚴前減弱，而解嚴後則隨同多元文化增加而增強。（譯註：臺灣的戒嚴時期，起於 1949 年 5 月 20 日，止於 1987 年 7 月 15 日。）族群身分其實不像原生論所說的那麼永久而固定。所有的文化特徵

有可能傳給下一代或從此消失。這一來，新的族群身分就會產生。客家人和克里奧爾人通婚所生的子女，產生出混血的克里奧爾華人族群。在多數的非華人眼裏他們是華人，但在保守的華人眼裏，他們是克里奧爾華人。梁肇庭對族群性提出一個依環境而定的解釋：族群身分即是兩個不同文化的團體相互交流的結果。先有文化群而後有族群。倘若客家人的祖先早期遷入一個未被開墾的處女地，而且從不和其他較小的族群或原住民打交道，他們絕不可能產生今天所謂的客家人。

萊特女士（Grace E. Wright）在她研究客家人的文化標誌論文中，曾下了一個這樣的結論：「唯一能區分客家人和漢人的明顯文化標幟，只有語言和遷徙歷史。」[10]談到移民的歷史，廣府人也說他們有同樣的遷徙歷史。萊特女士認為類似潔淨、勤儉、聰明、愛國、和注重教育的文化特質，只是刻板的老套[11]。

政治權力和經濟資源分配的失衡，以及社會上的種族歧視，可能是新族群形成的原因。受挫的群體會為他們的團體利益走上街頭。在中國的客家人在十八、十九、和二十世紀初期，一直被廣府人蔑視，邊緣化。客家人必須努力奮戰，去確立他們特殊的身分。他們同時也要爭奪有限的資源，尤其是土地。廣府人和客家人之間的仇恨，終於在 1854-1867 年間掀起了血腥的衝突。客家的菁英階層在這次衝突中扮演著重要的角色，並利用族群差異做工具，促進客家人對自己族群身分的認定和團結。人類學者把這種操作族群或文化差異叫做工具論。

在模里西斯，利用族群身分來爭取經濟資源和幫助是司空見

---

10 Grace E. Wright, Identification of Hakka Cultural Markers, Lulu, www.lulu.com, 2006, P. 97.
11 同上，P. 96。

慣的事。政客們常用它拉選票。當地的綠色行動（Green Movement）成員全是克里奧爾模里西斯人，目的在於為他們的族人爭取奴隸賠償金和其他利益。

社會人類學家巴斯（Frederick Barth）對傳統的文化原生論有所批評。他在 1996 年出版的書中的導引中主張「定義族群的分界線」並非「它所包含的文化之類的東西」。[12]巴斯把焦點從文化的差異轉移到分界線和它的維固。族群的成員用文化差異來訂定它的分界線。巴斯認為這個分界線的維固對一個族群是非常重要的。他建議族群應該維持住這個分界線，來保住他們的經濟利益。族群並非原來就有的，它們是在特殊的經濟或政治情況下產生的。

然而工具論則過分強調使用策略來操縱族群意識和物質與利益的合理選擇。這種選擇不見得都合理。以純粹用唯物主義的態度做選擇並沒有說明族群的衝突和滅絕的本質。社會文化人類學者康士特博（Nicole Constable）曾指出在香港新界崇謙堂客家基督徒企圖操控的利益並非全為金錢，而是為了文化和宗教[13]。巴斯也指出族群身分並不是因為文化的差異而起，它是由於自己或他人為了確立歸屬感而起。有些克里奧爾模里西斯人曾經以留蓄著非洲人的髮型來自成一族。

根據建構論的看法，群體身分的建立是人為的。有的是由於民間的神話產生；有的是被政客或宗教首領炒作出來的；有的是現代社會人們日常生活自然形成的。建構論比較重視族群形成的重要性。族群身分的分界線並不是固定而是易變的，但也並非像

---

12 Frederick Barth, ed., *Ethnic Groups and Boundaries: The Social Organization of Culture Differences*, Boston: Little, Brown, 1996, P. 15.

13 Nicole Constable, *Christian Souls and Chinese Spirits*, California: University of California Press, 1964, P. 15.

以往認定的那麼易變。因為當下的選舉制度是爛中挑選較好的，所以華裔的模里西斯人被稱為"華模"（Sino-Mauritian），其他族群的候選人也同樣的被冠上綽號。然而他們的身分在面對外人時，則一律是模里西斯人。族群的分界線經常由於時、地的需要，和族群間的不同關係，變了又變，改了又改。學者葛林（Elliot D. Green）曾在他 2005 年的論文中指出：「（1）族群身分當有利可圖時是不易被想起的，（2）族群身分一旦形成，它並不如建構論告訴我們那麼的容易改變。」[14]他舉證說石油的價格和蘇格蘭的國家地位並無關係，自 1974 年以來，油價的上升並沒給蘇格蘭國民黨帶來更多的選民支持。身分並非無中生有，它源自和其他族群的接觸。在中國，客家族群意識的形成與確立是由於和廣府人的接觸。

　　批評家指出建構論忽略了原生論主張的基本元素，和在族群身分形成時的經濟和政治權利的分配以及社會利益的重要性。大家對族群身分形成的看法並不一致。上述的各個說法只有對複雜的族群身分問題提供了部份的說明罷了。不過他們的解說還是有互補的作用。

第二節　客家方言

　　究竟客語，粵語（廣府話），和其他區域的言語是方言還是語言，這個議題仍然繼續被爭執著。中國大陸語言學家和西方學者對這件事持著相反的看法。我們也需要討論一些關於客語的重

---

14 Elliott D. Green, 前揭書，P. 6。

要問題。客語是否像模里西斯華人認為它真的是來自中國北方？客家方言的主要特性是什麼？客語和華語的差異在那裡？

一、客語究竟是語言還是方言

　　客語是世界上第 32 多人使用的「語言」。根據一些語言學家的說法，客語有 28 種不同的次方言。其中有一種是在模里西斯為大家所熟悉的豐順客家話，主要是吳姓的族人在使用。梅縣的客家話和豐順的客家話是相通的。在模里西斯的華人絕大部份講梅縣客家話，小部份講豐順客家話。模里西斯的華人都是廣府人或客家人的後裔。他們講的話是不相通的。當我們提到粵語和客語時，究竟應該用什麼名詞來稱它們？叫它為語言還是方言？這問題的答案並不如表面上那麼簡單。對許多中國人來說，「語言」一詞是情緒化和泛政治化的，而「語言」和「方言」的區分是常被政治和社會的力量所影響。言語的劃分規則也不曾一致。有時一個地方的言語模式，不管它們相通與否，被當作語言，有時卻被當作方言。許多以前被認為是方言的言語，由於使用者取得了政治的獨立地位，而成為一種語言。

　　世界上仍被使用的語言估計有 6,000 至 6,700 種之多。語言學家把有共同祖語的語言歸類為一種語系。於是我們有印歐語系、非洲語系、漢藏語系、和其他語系等。在同一語系裡再分成不同的各種語族，語族是由許多不同的語言所組成。例如，羅馬語族裡有義大利語、法語、西班牙語、和葡萄牙語。在漢藏語族裡有漢語、藏緬語、和苗猺語。在語族這個層次，我們有一個關於七種互不相通的中國言語（滿清官話，吳語，粵語，湘語，客語，贛語，和閩語）的大問題。西方學者把「方言」翻譯成

"dialect"，並且以方言來看待上述的七種言語。但是我們前面
說過客語有很多種，我們都叫它們為方言，其中以梅縣的客家話
為標準的客家方言。混淆之處在於我們把所有不同的客語通通叫
做方言。避免混淆的解決之道有二：一是稱梅縣客語為語言，而
稱其它版本的客語為方言；另一是稱梅縣客語為方言，而稱其他
版本的客語為次方言。不過，西方學者帝法蘭西斯（John
DeFrancis）曾在 1984 年建議我們使用新字"regionalect"（區域
話）來解決這種困擾。學者麥爾[15]（Victor H. Mair）在 1991 年建
議使用另一個新字："topolect"（地域話）。這個字的根源來
自希臘文，"topo"意指「一個地方」，和"legein"意指
「說」。它翻成「方言」，即「地方」+「語言」。
"Topolect"一字似乎已被廣泛使用。這個字已經被列入《美國
傳統詞典》（American Heritage Dictionary），它被解釋為「是
一組相似的方言群，它們組成更大族的不同地區方言。例如官話
是包含北京話和南京話兩種方言的中國地域話，而客語是另一個
與官話不同的中國地域話。」

　　大家對於究竟應把粵語，客語，和其它地方的言語稱為語言
或方言的爭議仍無定論。它們曾被叫做方言、語言、地域話、或
區域話。在中國大陸的語言學家主張把"Chinese"當語言，而
稱其它的支派為方言；其他的學者（主要是西方學者）則偏向把
"Chinese"看成一個語言群，而把它的支派看成語言。自從
1949 年中華人民共和國成立以來，一直到 1990 年才有一位在廣
東國家研究院的副教授，大膽的提出中國話是個包括客語的語言

15　Victor H. Mair, 'What Is a Chinese Dialect/Topolect? Reflections on Some Key Sino-
　　English Linguistic Terms.' Sino-Platonic Papers No. 29, September 1991. Available on
　　the Internet.

族的主張[16]。不過中國字則只有一種寫法。值得一提的是,在中國人一般說話時,「語言」與「方言」並沒什麼不同。客家人把他們的言語叫做客家話或唐話(語言),而不叫客家方言。客家人在家裡或他們彼此之間,都說他們的言語為客家話或唐話。唐話是指有唐朝文化的人所使用的語言。一個媽媽教她的小孩講唐話,意思是要他說客家話。當有必要做區分或強調時,客家話才會被提出來,例如,拿客家話和廣府話相比。

(一) 方　言

　　眾所周知,中國人在不同的省份使用著許多不同的言語,也因此引發了最早的中國語言研究。西漢語言學家楊雄(63B.C.-18A.D.)曾記錄下不同階層人士在日常生活上使用的言語。他的著作,書名簡稱為《方言》,全名為《輶軒使者絕代語釋別國方言》,書名提及古代官府即有負責每年去各地考察研究地方言語字彙的使者(信差)。楊雄花了 27 年的時間去收集並校訂了 9,000 個字。「方言」一詞是由「方」(地方)和「言」(言語)合成的。書中列舉了各地使用的同義字詞。例如,在漢朝(206B.C. - 220A.D.)時,「老虎」有下列幾種說法:華中一帶叫「李父」,華南一帶叫「李耳」,而華東、華西一帶則叫「伯都」。所以,方言就是地區性的同義字詞。直到清朝,「方言」是被用來「泛指任何一種非官方的言語」。[17]韓語、日語、蒙古語、滿族語、和越語之類的外國語都叫「方言」。客語、粵語、和其他方言都是不相通的。1971 年縮印版的《牛津英語詞典》

---

16 同上,P. 26-27。

17 S. Robert Ramsey, The Language of China, New Jersey: Princeton University Press, 1987, P. 32。

給 "dialect" 的解釋是「由一種語言根據某地區的特殊字彙、語音、和慣用語，而產生的分支或變異的言語」。依照這個定義，我們所謂的方言和英文 "dialect" 一字的涵義並不一樣。「將方言誤譯為 "dialect" 使得西方人對中國的語言有很大的誤解。」[18]為了避免混淆，有些學者主張使用比較中性的新字 "topolect" 來代表中文的「方言」。用現代用語「方言」來詮釋英文字 "dialect" ，更加深這個混淆。現代的含義相信是由中文「方言」二字語義轉借的錯誤使用或英文 "dialect" 一字的錯誤翻譯的結果。

（二） "Chinese" （中文）是指什麼？

當我們使用「中國語言（Chinese language），或中文」一詞時，我們到底指的是什麼？我們必需小心使用這個字詞。我們心中究竟是指滿州官話（華語）或客語抑或其他方言？如果要避免混淆，我們就應該更加確切一點。我們必須避免用「中文」來指任何的方言。語言學家計算語言種類時，並不以語言是否彼此相通做根據的。語言的種類有 5 到 400 之多。漢語學家諾曼（Jerry Norman）在 1987 年表示中國不相通的語言可能有三百到四百種之多。[19]根據《Ethnologue》的統計資料，有記載的中國語言有 236 種，其中包含了已經消失的女真族的語言。自 1937 年以來，傳統認定的主要方言族共有 7 種。

歷史語言學家認為當語言演變時，如果它和原來的標準語言有所差異，那麼新的方言就會產生。例如，現代的羅馬語系的語言（法語、義語、和西班牙語等），都是拉丁語的方言。中國語

---

18 Victor H. Mair, 前揭書，P. 6。
19 同上，P. 15-16。

言的歷史和這情形完全一樣。在古代和中古時代，中國語言的演
變方式並不一樣。北方的中國語言在南移時，會受到南方地形和
當地的土著語言的影響而改變。北方多屬平原，人們交流較易，
這說明為什麼他們的方言會比較接近。許多華語方言都是相通
的。南方山河多，由北方南遷的移民，由於彼此被隔離，他們的
語言因為受到當地語言的影響而開始產生變化，成為不相通的不
同語言。

　　當方言的使用者不能彼此互相了解時，根據語言相通的準則
來定方言，我們就會碰到是否應該停止稱它是一種方言的困境。

　　我們用彼此是否相通的規則來區別語言和方言。多數的西方
語言學家同意這是區分語言和方言的最好辦法。依照這個辦法，
如果兩種言語是相通的，那麼它們就是同一語言的方言，如果彼
此不相通，那麼它們就是不同的語言。問題是我們如何決定兩種
言語是否相通？麥爾教授（Victor H. Mair）的看法是如果兩種不
同言語的使用者只能溝通低於 50%的訊息，那麼這種言語就必
須認定它是語言。而如果超過 50%，那麼它應該是方言。[20]不過
也有例外，有時由於政治原因，兩種語音相通的言語也被定為是
語言。例如，挪威語（Norwegian），丹麥語（Danish），和瑞
典語（Swedish），它們由於政治原因而被定為是不同的語言。
北印度語（Hindi）和晤魯都語（Urdu）兩語相通，也被認為是
具有兩種寫法的不同的語言。在中國南方，約有三億的漢人，他
們的言語並不相通，說華語的人也不懂他們的言語，可是也被認
定是在使用同一語言的方言。根據《方言》的資料，在 1985 年
共有三千五百萬人講客語，四千萬人講粵語（廣府話）。

---

20 同上，P. 17。

為什麼我們不願把那麼多不同的不相通漢族言語（包括客語和粵語）叫做語言呢？正如前面所述，「語言」一詞是帶有政治和情緒色彩的。一群不同的語言族的觀念，會對一個統一的中國產生挑戰，而且會讓分離主義者利用語言鼓吹族群分裂的運動。這說明為什麼在中國的大部份語言學家害怕提到語言族這種觀念的原因。族群性，政治，和語言之間的關係是十分複雜的。很多的中國語言學家雖然在私下承認各地區的不同言語是語言，但是在公開場合裡，他們都不便表白這種立場。那些被選為語言的一些不同的言語，必然的成為國定語言。中國語言學家從二十世紀初以來，就一直在辯論這個議題。

直到 1949 年共產黨戰勝國民黨之前，國共兩黨對語言的爭論演變成政治的議題，甚至把它帶到戰場上。國民黨堅持使用獨一無二的華語，以免國家因為語言的分歧而分裂。從另一方面來看，左派的知識份子則認為採用華語為獨一無二的語言，會讓不說華語的人成為文盲般的二等公民，這在道德上和政治上都是不允許的。這種單一語言政策為中產階級所支持。更重要的辯解是國定的官話（華語）有官僚味。左派人士別無選擇，只好含糊地把華語叫做「普通話」。他們堅持在語言上維持社會聯邦制，並且允許各地區言語彼此互相認同。

多標準和多方言的理念，在 1949 年左派人士建立了中華人民共和國以後變成怎樣呢？以漢族人的方言而言，理想被沖淡了。五年後，政府採納了以北方話為依據的普通話做為國家的國定語言。共產主義政府的目的是要有一個全國統一的語言。其實這也是國民黨一直提倡的。地區的方言則被遺忘了。共產黨的領導人是倔強的實行主義者，他們意識到採用多種不同的語言標準，將會導致中國分裂的危險。國民黨主張同化非漢人的少數民族，

如藏族和蒙族，但共產黨則承認他們的合法實體和語言的存在。

1955 年 10 月，中華人民共和國教育部明令普通話為普遍通行的，全國所有族群共同使用的混合語言。普通話的發音標準是根據北方方言而制訂，而文法則以現代中國經典白話文為規範。

單一語言的觀念建立在統一的中國上，全國人民不論他講什麼話，一律使用同樣的文字，共享同樣的文化和歷史。在單一語言制的支持者眼裡，多種語言的觀念會帶來分裂。中國政治家的看法是，統一的中國表現在全國使用單一的華語，多種的方言，和單一的文字，這樣可以加強政治和文化的統一。中華人民共和國的政府不願國家被分裂成許多小國家，所以把中國設定成一個多民族的國家，並且用這廣泛的觀念建立了一個以漢族為主和 55 個少數民族的中華民族。

「中華民族」最早只是指漢族而已。後來它被擴大用以代表漢、滿、蒙、回、和藏等五大族。中共在 1949 年取得政權後，把中國看成是統一的國家，由漢族和另外只佔約百分之八人口的 55 個少數民族所組成的國家。中華民族乃是一個由住在中國領土上的所有族群所組成的民族。傾向獨立的藏人和維吾爾人則認為由於不同的文化、語言、歷史、和宗教，他們並不屬於中華民族。

（三）展望未來

語言學家迪法蘭西斯（John deFrancis）相信中國將會採取一字兩寫的政策：簡體字和拼音。中國目前的政策，並沒有採用拼音做為另一形式來寫中國字的任何趨勢。2008 年在中國北京舉辦的奧林匹克運動大會裡所用的是簡體字和英文，但是沒有拼音。至於有關語言和方言的爭議，最終將會由政治來決定。「語言是一種帶有自己海陸軍隊的方言」這定義常被誤以為是史達林

所說的。其實它是由一位猶太語言學家文利其（Max Weinrich）在 1945 年提出而常被引用的定義。這個定義說明了政治的重要性。多數政府決定學校應該教那些國定的語言，以及教科書，政府媒體，文件，法院，國會等等應該使用那種官方語言。相通的諸多言語因政治理由被訂為語言，例如：挪威語，丹麥語，和瑞典語；賽爾維亞語和克羅埃西亞語；馬其頓語和保加利亞語；以及俄語和烏克蘭語。至於中國，互不相通的菲律賓土話則被視為方言。

　　語言學家麥爾（Victor H. Mair）於 1991 年提出新字「地域語言」（topolect）的概念，在此以前出版的書籍，其作者都以「方言」來看待客語，粵語，和其他地方言語。之後仍有許多作者延用「方言」而不用「地域語言」。當代作者仍在使用方言二字。儘管「現在的諸多中國方言其實真的更像語言群」的事實，[21]語言學家諾曼說明他為什麼認同中國人說他們的語言是「一語言多方言」的語言。中國文化三千多年來一直深深的統一在一起。即使由外族統治時，統一的中國文化帝國觀念不曾消失過。中國文字是代表中國文化最有力的符號之一，甚至中國政治的統一也在幫助文字的統一。尤有甚者，中國文字不受地區不同語音的影響，這使中國人認為他們的語言比實際更一致，更不變。中國人不太在意「說」的語言，這樣會顯示各地的言語和華語是互不相通的。單一語言的觀念，更因為大家使用極少變化的文學語言而更加強化。

21　Jerry Norman, Chinese, Cambridge: Cambridge University Press, 1988, P. 1。

二、客家方言是否源自中國北方？

　　許多傳教士在十九世紀和二十世紀初期開始研究客家方言。他們認為如果懂得客家話，那麼他們就可以使用客家話，並且準備一些宗教的材料，來幫助客家人改變宗教信仰。他們從收集華語、客語、和粵語的聲音與音調，歸納出兩種有關客家方言來源的法則。有一部份傳教士認為客語是從粵語演變成華語的過渡語言，而另一部份的看法則認為華語是客語的前身，客語是華語演變成粵語的過渡語言。

　　兩組人使用同樣的資料，但是卻解釋成相反的結論。他們所用的資料如下：

方言名稱	華語	客語	粵語
聲音數	532	619	700-707
聲調數	4	6	8

　　資料來源：Grace E. Wright, op. cit., p.18.

　　信奉北方為（華語）發源地的人認為客語是由華語演變來的，因為語言的聲音和聲調數目，由華語增加到粵語。同樣的資料，也被人解釋成相反的結論。這些反對者認為客語由南方（粵語）演變而來，因為語言的聲音和聲調的數目，從粵語減少到華語。[22]兩種說法，都說明了客語是華語和粵語兩者的橋樑。

　　1937 年，中國語言學家李方桂院士，首次提議把中國的方

---

22 Grace E. Wright, 前揭書，P. 18-21。

言作科學的歸類。[23]他的歸類被廣泛地接受，今天多數的語言學家都同意中國有七種主要的方言。客語就不再被看成是連接華語和粵語的過渡語言。

　　歷史學家羅香林在他 1933 年出版的書中，認定客語是由來自北方的客家人移植去南方的，他是此種學說的首創者。他的目的是要反駁那種被廣泛留傳的「錯誤說法」，[24]他們說客家人不是漢人，而是某種原始的野蠻人。他竭力去證明客家人具有跟毀謗他們的廣府人一樣的有族群意識。客家話和北方話在語音和語彙方面相似，足以證明客語來自北方。客語的前身，是士大夫所使用的尊貴語言，也是皇宮用以處理行政事務的語言，這是羅香林引證的重點，因為它是代表族群身分的重要指標。

　　羅香林的學說也被反對過。半世紀後，1986 年，語言學家諾曼在台北舉行的國際漢學研討會中發表的論文，以及在 1988 年出版的《Chinese》書中提出反駁。他不認為客家人從北方把他們的言語帶到南方。他辯說客語是源自秦漢時期（221B.C.-220A.D.），早期自北方移入南方的後裔所用的「古南漢話」。在晉朝時期（265-420）移入南方的客家祖先碰上「老南方人」。諾曼的論調一定給台北聽眾掀起大風浪，因為多數人都認定客語來自北方。在模里西斯的客家人也都認為是來自北方的客家祖先們把客語帶到南方去的。

　　羅香林用客家各宗族所保留並按時更新的族譜，做為他分析客家人祖先來自北方的歷史資料。他對客家人來自北方的出眾研究，有一部份來自香港新界崇謙堂村莊的一個客家人所保留的族譜。這族譜把客家基督徒和他們的祖先連結在一起。羅香林

23　Norman, 前揭書，P. 181。
24　同上，P. 221。

所做的是把這事實推廣到所有的客家人，將他們的家譜和北方的中原拉在一起。

　　諾曼雖然同意族譜證明部份客家人的祖先來自北方的事實，但是他反對客語來自北方的論點。他說：「用族譜來混淆客語的根源將是個錯誤：（族譜）這種東西主要是和分析客家人口組成以及（也許）族群背景有關。」[25]

　　諾曼把中國方言分成三大類：北方語系（即官話族的諸多方言）；南方語系，包括客語、粵語、和閩語；中央語系，包括吳語、贛語、和湘語。根據諾曼的說法，客語、粵語、和閩語「以前比現在更相似，可以看成具有同一歷史根源的言語。」[26]他把這些言語稱為「古南漢話」。

　　中國諸多方言是由四千多年前在中國平原使用的言語所演變而來的。後來它向南北擴散。到了春秋時期（722B.C.-481B.C.），言語的差異已經出現。秦漢統治了南方的大片土地，同時首次把許多不同的古漢話帶到廣東、廣西、福建、和江西南部，這樣終於形成了南方的方言族。

　　諾曼所謂的「古南漢話」，是指在漢朝與三國時期移居南方的先民所使用的中國話。客家祖先在四世紀西晉滅亡時移去南方，那時候的南方人已經在使用「古南漢話」了。諾曼沒反對客家人是來自北方的說法，爭議之處是客家話的起源：羅香林的「北源論」對諾曼的「古南漢話論」之爭。

　　接下來的移民潮發生在幾個不同的朝代裡。在四世紀的初期，中國北方鬧饑荒，政亂，和叛變，促使北方人民大批南逃。西元316年，西晉滅亡時，貴族、紳士、和官員大舉南逃。西元

---

25 同上，P. 222。
26 同上，P. 210。

317 年他們在南京建立了東晉。晉朝逃亡者所用的方言影響了在秦漢時代（221 B.C.- 220 A.D.）先民更早使用的方言。

　　南方地區受到崇山峻嶺的地形隔閡和土著語言的影響，先民帶去的古漢話於是發展出自成一格的言語。一些容易接觸到北方的地區，古體的南方話先後吸收了北方言語的特質，不過較偏遠的地區，因為不易接觸北方，所以繼續保留古話原有的風貌。兩千多年的影響使得許多南部的方言母語（原始的古南漢話）變了樣。

　　後續的（標準）語言和當地的方言逐漸堆積到南方的方言族。唐朝（618-907）的共通言語和標準的文體徹底改變了所有的中國方言。遼、金、和元三代（916-1368）的外來民族言語也影響了中國方言。到了宋朝（960-1279），客語、粵語、和閩語三大方言族已經形成不同的方言了。

　　跟著諾曼，梁肇庭說客家人的祖先也許真的來自北方，但是「他們不太可能把他們的語言一起帶來。」北方來的人民採用了他們定居的當地方言。「移去閩區的講閩語，到客家地區的講客語。」[27] 客語、閩語、和粵語在「古南漢話」裡都各有淵源，並且在新北方人的言語的影響下發展。粵語受北方方言的影響最深，客語次之，閩語最少並且還保有許多古南漢話的特質。

　　梁肇庭沒有解釋何以客家人的祖先放棄原來北方的方言而改用移居地的語言。更換語言是常有的現象。它可能因為征服者或殖民者的強制執行，也可能是新移民自願接受居留國的語言。

　　法國語言學家沙格特（Laurent Sagart）不否認客語的南方色彩元素，但不認同諾曼所提的客語創新方式。他說「客語和贛南語是相似的姐妹方言，因為他們有許多相同的創新是在其他語言

---

27 Leong，前揭書，P. 33。

裏找不到的；他們起源在宋朝時期江西中部所使用的方言，這種方言層層的被其他非中國方言，可能是苗，猺之類的方言，古語，和重要的晚期中古漢話所影響。」[28]沙格特舉了一個「棟」字（客語，把東西帶在頭上之意）證明這點。客家人民和住在客家中心地帶的高原地區的畬族人也有接觸，在福建的畬族婦女，現在仍舊戴著代表他們族群身分的漂亮帽子。

諾曼的主張可以總結如下：客、粵、和閩是南方的方言，因為它們有足以證明是起源於南方語言的特質。只要其它兩種方言族（北方方言和中央方言族）都沒有這種性質，諾曼這個說法是站得住腳的。

前面說過，諾曼將中國方言分成三大群。客語、粵語、和閩語藉著重要的字彙和語法的特色而被綁在一起。「毒」字，在這三種南方方言裡都有名詞和動詞兩種用法。客語的名詞讀做「t'ouc」，動詞則讀做「t'eou」。諾曼把這種變化叫做創新，他說這對「語素」的創新在北方方言和中央方言都是沒有的。這兩個同源字足以證明他的學說，客語、粵語、和閩語是同根的。他也舉出三種昆蟲的名字來證明這三種南方方言是同根的。它們用不同的字詞來表示蟑螂：客語用 "vong ts'at"，閩語用 "ka tsua"，而粵語用 "kaat tsaat"。在官話裡沒有 "ts'at" 這個代表蟑螂的字。根據諾曼的說法，這種僅僅在南方方言裡才有的形式，是源自一種未經標準歷史語言詞彙證實的共同形式演變來的。第二個例子是「水蛭」，南方的三種方言也有共同的字素：客語叫做 "fou k'i"，閩語叫 "go khi"，粵語則叫 "khei na"，華語叫做 "shui zhi"。第三個例子是「蝨」的叫法，它們都有

28　Laurent Sagart, '*Gan, Hakka and the Formation of Chinese Dialects*', www.ling.sinica.edu.tw/publish.

華語叫做"shi"共同部份,然而三種方言都有代表雌性動物的字尾,(譯註:字尾"ma"一般代表雌性。)使這類的字成為特殊的語形。「蝨」客語叫做"setma"。

根據沙格特的說法,三種南方方言所共有的特性很少是創新的。在諾曼的書裡的確沒有特地說明創新是只有在三種南方方言才有。沙格特認為,如果諾曼要說他的南中國方言的論點是對的話,那麼他就應該要說清楚。只要找出幾個例子,證明前面提到的創新也出現在其他的方言族裡,便可推翻諾曼的理論。他指出諾曼所提到的許多創新,至少也在諾曼認定為中央方言族的贛語裡出現。根據沙格特的看法,諾曼所指出的三個詞,並非僅僅出現在南方方言裡。客語"t'eou"(動詞,下毒之意)是由"t'ouc"(名詞,毒)變來的。這情形並不是只有客語、閩語、和粵語才有。它也可以在贛語的兩種方言中找到:在南成叫"hou",在建寧則叫"hau"(下毒)。

至於「蟑螂」一詞,諾曼說它是源自古南漢話的原始字形"tzat",可看成古南漢話的創新。沙格特認為即使這種形式是創新,它並不是只有南方的三種方言才有,因為在贛語也有由早期的中古漢話演變出來代表「蟑螂」的字詞。例如安義人叫"ts'at",平江人叫"tzat"。儘管強調諾曼的例子不是僅僅出現在南方的方言的創新,沙格特並沒有歸結說客語不是一種南方的方言。正如前面所說的,他主張客語是一種經過非漢的外來語、古語、和晚期的中期漢話等多層次的演變而成的方言。

沙格特的結論是什麼?他說「一些在客語、粵語、和閩語所獨特共有的創新仍需提出來,否則,至少諾曼在 1988 年所指的『統一的古南漢話』是站不住腳的」。沙格特甚至證明在贛語和客語中存在著它們僅有的獨特創新,他舉出幾個只有在客语和贛

語中才存在的幾個例子如下：

「家」：客語叫"vouc ka"，"vouc k'a"，"vouc ha"，或"vouc k'oua"；贛語叫"u？ha"。在模里西斯，客家人最常叫"vouc k'oua"，偶爾會叫"vouc ha"。

「兒子」：叫 lai，出現在客語和西部的贛語裡，一般會加一個尾音 e。

「那樣」：客語叫"ke an e"，在臨川則叫"en lung"。語源則不清楚。

「這裡」和「那裡」：客語分別叫 ke3 pien1 和 ke5 pien1；在永修則分別叫 ko3 pien5 和 ko5 pien5。

沙格特引用這幾個只有客語和贛語共有的創新，來為「客語和贛語在古語這一層次有特別的相似之處」辯證。於是南方和中部方言族的界限變模糊了。諾曼以創新為前提的論述就被減弱了。於是要反對客語來自北方的假設，就得用更強的證據了。

許多客家學者曾經設法證明客家族群和客語源自北方。諾曼曾否決客語北源之說。拉姆西（Robert Ramsey）認為客家人「從語言上說來是南方的中國人」。[29]

客語受北方語言的影響可從廣泛被使用的客語名詞字尾"e"和相近的華語名詞字尾"er"表現出來。例如："lai e"（兒子），"moe e"（女兒），"soun e"（孫子）"fa e"（畫），"sin e"（信），"ke e"（雞），"keou e"（狗）。這些被諾曼認為是表面上的相似，加上客家學者證明客族北源的論著，引起（台灣和模里西斯）廣泛的認同客語和華語有很近的同族關係。諾曼認為「這種看法毫無根據，客語是一種

---

29 Ramsey，前揭書，P. 111。

完全發展了的南方方言，客語跟華語一定不會比粵語跟華語更接近。」[30]拉姆西（Robert Ramsey）持相同的看法：「客家方言其實不比粵語更像華語。」[31]不管語言學家的看法如何，客家人相信他們學習講華語並不困難，因為客語和華語在某種程度上是相通的。根據 Glossika Language Web 的資料，梅縣的客家話和華語的語音有百分之八十四是相通的。

於是，有關客家方言的來源，我們有三種不同的說法：羅香林的北源論，諾曼的南源論，和沙格特的外語層級演變論。更深入的研究一定可以得到更多關於客語發源的新發現。然而，誰也沒把握說客語發源的神秘面紗會被揭開。不管語言學家如何主張，模里西斯的客家人仍然相信他們的方言是來自北方。

三、客家方言的主要特徵

客家方言仍舊保存著現在已經失傳的中古漢話的特性，最顯著的是它保有六個中古漢話的聲母韻尾：-m、-n、-ng、-p、-t、和-k.華語的尾音已大大的簡化，它的鼻音-m 和

-n 不分，而僅僅保留-n 和-ng。如表 1.1 所示：

30　Norman，前揭書，P. 227。
31　Ramsey，前揭書，P. 111。

表 1.1：中古漢話，華語，和客語的聲母韻尾

字註	中古漢話	華語	客語
男	nam	nan	nam
難	nan	nan	nan
桑	sang	sang	song
辛辣的	lat	la	lat
白	bak	bai	p'ac
答	tap	da	tap

資料來源：Norman（1988），p.194, and Ramsey（1989），p.142.

第二個特徵是中古漢話（第七世紀）發展出來的濁音。早期有聲的塞音變成無聲了。客語現在已經沒有濁塞音（b, d, g），但有兩組塞音：不吐氣的（p, t, k）和吐氣的（p', t', k'）。有些語言學家認為吐氣的塞音是客語最重要的特徵。不吐氣的塞音如：pan（搬），pan（半），tan（單），kao（交），和 kao（校）。吐氣的塞音如：p'an（拌），p'an（辦），t'an（灘），k'ao（考），和 k'ao（靠）。

第三個特徵是聲調。客語有六個聲調，和一些在其它方言裡不存在，只有某些閩語才有的特點。客家方言有很多濁聲母（m-, n- 和 l-）一聲字。如表 1.2 所示：

表 1.2：客語和華語濁聲母

字註	客語	聲調	華語	聲調
馬	ma	1	ma	3
毛	mao	1	mao	2
美	mi	1	mei	3
蚊	moun	1	wen	2
拿	na	1	na	2
懶	lan	1	lan	3
籃	lam	1	lan	2
禮	li	1	li	3
鱗	lin	1	lin	2

　　根據諾曼的說法，「華語、粵語和多數的其他方言也有一些這類的字，不過，那是限於擬聲或表意性的字（語源通常不詳）。」[32]在華語的一聲擬聲字如 mou（moo 牛叫聲），ma（mum 牛叫聲），lu（lulu 車聲）。華語帶有意義的一聲字不多，但在客語的口語中則很平常。la（拉），liao（撩），和 liu（蹓）就是一聲華語字。

　　在客語中，有些雙唇的塞聲母尚未唇齒化，所以我們有文讀和白讀兩種發音。在古漢話和早期中古漢話裡有用雙唇塞聲母（p-, p'-, b-），這些音有的變成了 f- 音，有的保持不變。在客語的口語並未唇鼻化。p- 和 p'- 在華語變成 f-，而在客語的口語則保留不變。華語中 f- 發音的字，在客語的口語發音則變成 p- 或 p'-。雙唇音比唇齒音更早。因此這些字有兩種發音。沙格特（Laurent Sagart）舉了一些例子：[33]

　　「分」：客家白讀叫 poun，文讀叫 foun。早期中古漢話的
　　　　　　pjun 變成華語的 fen。
　　「護」：客家白讀叫 p'ou，文讀叫 fou。早期中古漢話叫
　　　　　　bjux 變成華語的 fu。又如：
　　「飛」：客語叫 pi 和 fi。華語叫 fei。
　　「放」：客語叫 piong 和 fong。華語叫 fang。fong 和 piong
　　　　　　的發音是 Ch. Rey 在他的中法字典 "Dictionnaire
　　　　　　Chinois-Francais" 提出的。在模里西斯的客語發音
　　　　　　是 fiong 和 piong。
　　「翻」：p'on 和 fan。華語叫 fan。
　　「發」：pot 和 fat。華語叫 fa。

---

32 Norman，前揭書，P. 225。
33 Sagart，前揭書，P. 6。

pot, fat 兩種發音不可調換。片語的使用如下：

pot	fat
pot p'iang（生病）	fat lang（發冷）
	fat chao（發燒）
	fat ts'oi.（發財）
pot fo（發火）	fa fo（發火）
「覆」：p'ouc 和 fouc	華語叫 fu
「縫」：（四聲）p'oung	華語叫 feng
（二聲）foung	

客語的押韻字也有相近的讀音。一是文讀的一是白讀的。例如：

文讀	白讀
t'ien min（天命）	hao miang（好命）
hoc sen（學生）	sang gnit（生日）
koung tch'in（工程）	ts'ang（程）-姓氏， 模里西斯有客家人姓程。
ts'in min（清明節）	ts'iang miang（清明節）
chin koung（成功）	tso chang（做成）
tchin chit（正式）	kin tchang tch'out（今正出-剛出去）

華語和客語的文法和字彙也有差異。

古漢話善用否定語，它分兩族：一組是*p 音起頭的，另一組是*m 音起頭的。華語兩組都有。客語則僅僅保有 m-, mg, mo, mao, 和 moc.

客語有一個特殊的語形來表示普通的「蝨子」，它配合代表

雌性動物的 "ma" 做字尾音，例如 "set ma"。雌性的 "ma" 和雄性的 "koung" 出現在客語名詞的後面： "ke ma"（雞母）和 "ke koung"（雞公）。華語的語法則相反：母雞和公雞。其他的例子如： "ma ma"（母馬）， "niou ma"（母牛）， "tchou ma"（母豬）， "miao" koung（貓）， "hien koung"（蟲）， "ha koung"（蝦），和 "ni koung"（蟻）。要注意的是 "ma" 和 "koung" 並不一定代表動物的性別。 "miao koung" 和 "li ma" 可能是母的，也可能是公的。 "hien koung" "ha koung" "ni koung" 和 "set ma" 都不分雌雄。 "koung" 和 "ma" 可看成字詞形成的字尾。

客語的代名詞有一個很不同的特徵，它使用 "ki" 代表第三人稱的單數，使用字尾 "teou gnin" 代表多數： "ngai teou gnin"（我們）， "gni teou gnin"（你們）和 "ki teou gnin"（他們）。華語的相對字為「他」和「們」。

有關語彙方面，提一些例子就足夠了。動詞「走」，客語用 "hang" 代表「走」，而用 "tseou" 代表「跑」兩種不同的意思。在華語中，「走」字已經沒有跑的意思了。講到跑時，就必需用「跑」這個字。

有兩個代表親屬關係的字，它們在華語和客語的用法不同：「兒子」和「媳婦」。幾乎所有的客家詞彙在其它方言裡都可以找到，但有些例外。客語的 "lai e"（兒子）便是一個例子。華語叫 "erzi"。 "lai e" 顯示它明顯的受到華語名詞字尾的影響。「媳婦」華語叫 "erxi"（兒媳）客語叫「sim q'iou」。依字義，它指「新婦（媳）」。但是 Ch. Rey 的解釋更有趣。「sim」（薪-薪柴），如無草字頭，即是新字，而 "k'iou" 是指「臼，研缽」。之所以這樣叫是要求媳婦可以劈柴，和把穀子從

研缽中變成白米。在亞洲和非洲，米飯的相關工作一直是婦女的責任。

（一）聲 調

很多的東亞語言都有聲調。聲調的種類有 3-15 種之多。中國侗族人的語言有 15 種聲調。（譯註：原書所提之 "Kam" 族人，即為中國貴州，廣西一帶侗族人。）正如其他中國方言一樣，客語也有它的聲調，模里西斯的梅縣客語有六種聲調。

諾曼（Jerry Norman）在他的《Chinese》一書中，質疑過華語是否一度是沒有聲調的語言。一般都假設有聲調的語言在開始的時候便是有聲調的，因為語言是傳下來的，不變的，也不能由沒聲調的元素演變成有聲調的。但是聲韻學家反對這種假設。這問題一直爭論不斷，迄今不得解決。我們對古漢話（1000 B.C.）的聲韻懂得不多，但是我們很清楚中古漢話有四個聲調，因為陸法言在他於西元 601 年所出版的名著，音韻字典《切韻》，裏列出每一個字的聲調。

從坎貝爾（James Campbell）[34]所收集的 28 種客家方言資料得知，多數的方言有 6 種聲調，其中一種有 8 種聲調，而三種只有 3 種聲調而已。一般認為是標準客家方言的梅縣話有 6 種聲調，如表 1.3 所示：

---

34 www.glossika.com/com/cn/dict/tones/kejia.htm/meixian.

表 1.3：梅縣客語聲調表

聲調	聲調名稱	舉例（客語發音）
1	上平	fou （按，夫）
2	下平	fou （按，湖）
3	上聲	fou （按，虎）
4	去聲	fou （按，父）
5	上入	fouc （按，復）
6	下入	fouc （按，福）

　　5,6 兩個入聲很容易由聲母韻尾-p, -t, 和 -k 認出。帶有尾音 -p, -t, 和 -k 的音節，在中國字裡幾乎是另一個聲調。因為華語沒有聲母韻尾，所以華語沒有入聲，只有四個聲調。

　　聲調是音素。它是用來分辨字義的。如果沒有聲調，那麼「買」「賣」二字的讀音就完全一樣。它們是靠聲調來分別。「買」是平聲（一聲），「賣」是去聲（五聲）。（譯註：按梅縣客語發音表 1.3。）在華語中，有些音節是無聲調的。例如，他們的「們」，句尾字「了」，問句的「嗎」，和「謝謝」的第二個謝字。（譯註：即華語的輕聲字。）使用南方方言的人，由於他們沒有無聲調的音，所以他們不易發出這種音。

（二）量　詞

　　現代漢語最重要的一個特徵就是「量詞」的使用。在華語和客語裡，量詞是必需的。東南亞一帶的語言也有這個特性。量詞是由數目字和限定詞一起構成。數目字或限定詞不可單獨和名詞一起使用。在客語不可以說 "sam gnin"（三人），我們必需配上一個量詞在數目字和名詞中間。這個量詞是特定的，並非任何一個都可以用。在這裡，正確的量詞是「個」。換句話說，每個名詞都有特定的量詞配合使用。漢語的文法裡沒有性（雌，雄）

和數（單，複）的考量，但是當名詞和數目或限定詞一起的時候，就必需使用一個特定的量詞。下面的例子說明它的用法：一本書，那本書。量詞不可隨便交換使用。「三個人」不可說成「三條人」。量詞「條」不能和人一起用。不過，某些地名和朝代名稱不可和量詞一起使用，例如三峽，三國。

　　由於漢語的影響力很大，所以量詞的使用影響到周邊的國家，如日本，韓國，和越南。這些國家的語言裡，量詞的使用在某些情況並非一定需要。在現代的漢語裡就非用不可。在古代則不然。量詞的使用是最近發展出來的。在古文裡，量詞是可以省略的，它的出現是例外而非必需。古文裡的量詞是放在名詞後面：人三個。一般說來，客語根隨華語使用量詞。諾曼說：「在早期，數目的量詞較常放在名詞的後面。由於漢語的形容詞常放在被形容的名詞之前，相反的次序在南北朝以後更加流行。」[35]量詞是在漢代（206B.C. - 220A.D.）時才莫名其妙地被廣泛使用。下面是在客語裡常用的量詞：

量詞（客語發音）	例句（客語發音）	華語
fou	Yt fou toui lien	一（副）對聯
fouc	Yt fouc fa	一（幅）畫
foung	Leong foung sin	兩（封）信
ka	Ng ka fi ki	五（架）飛機
ke	Yt ke gnin	一（個）人
ki	Sam ki fa	三（枝）花
k'ian	Yt k'ian se	一（件）事
k'ouai	Yt k'ouai t'eou kon	一（塊）豆腐乾
pa	Yt pa chan	一（把）扇子
p'i	Leong p'i moun	兩（皮）門（或兩扇門）
p'it	Yt p'it pou	一（匹）布

---

35 Norman, 前揭書，P. 117。

poun	Leong poun chou	兩（本）書
tchac	Ng tchac ke	五（隻）雞
tchong	Sam tchong tje	三（張）紙
t'iao	Yt t'iao niou	一（條）牛

英文和法文也有用一些量詞。例如英文裡的 a piece of cake, three sheets of paper,和 a bolt of cloth。還有法文裡的 une pièce d'étoffe, une main de papier, 和 un pied d'arbre。漢語的量詞更多。

（三）迷思和誤解

自從西方人在十六世紀開始學習漢語以後，便產生了一些誤解和無稽之談。一位葡萄牙的化緣修士克魯斯（Gaspar da Cruz）在 1569 年出版了第一本由西方人士所寫有關中國文字的書。根據他的說法，中文有非常多的字，每個字只用來代表一個意思而已。從此以後，西方人便相信中文使用的是一種非語音的象形表意文字。

在十七世紀時，想要發明世界語的哲學家們，希望把抽象的術語用抽象的數碼來表示，他們說在中文裡他們找到他們想要的那種語言。這點印證了他們認為「文字」的語言和「口頭」的語言可以獨立運作的定理。他們認為中國文字的基本單位是符號，它用圖形代表一件東西的意思和抽象觀念。因為中國文字不含聲音，只是表示意念而已，所以它就被稱為表意文字。世界上從來就沒有這種文字。

十七世紀末，歐洲人流傳著中國文字的起源是象形文字的理論。中國文字的基本單元是東西的圖形。例如，太陽是用它被形式化的圖形來表示。象形文字的引申意義是，中國文字是一種使用可見的視覺符號來代表事情或東西，藉以解釋意思而不是聲音。

在十九世紀裡，西方人士相信中文全由單音節的字詞所組成。他們稱這樣的語言為隔離的或解析的語言，以別於曲折變化的歐洲語言。

現代語言學家，一直建議採用各種不同的名稱來稱呼中文，但一直沒有找到一個適合的。在中文裡沒有一個象形字可以代表 "word"。中文將一個圖形稱為「字」，它的意義和西方人所謂的 "word" 是不一樣的。把「字」稱為 "Chinese character" 最為妥切也最容易被接受。[36]

說中文是表意的，象形的，單音節的，這種觀念是對實際真相的一個誤解。它只對了一部份。中國文字的早期歷史並不是很清楚。不過有一點我們能確定，在起初時是有象形字的存在。但不確定究竟中國字是否全部是象形的或表意的。

遠在西元前 300 年時，中國人便熱衷於研究自己的文字。中國文字在經書《周禮》裡分為六類。主要的四類是以圖像來表示：

1）東西的簡單圖形（例如「口」字）。

2）代表抽象觀念的圖形（例如「大」字）。

3）用兩個現有的圖形來表示更複雜的觀念（例如「林」字）。

4）修改一個現有圖形來表示次一類的東西（例如「屍」字）。

5）借用聲韻相同或相似的字（例如「萊」字，表示某種麥子，借用動詞「來」字，因為它們同音。現在「萊」字只代表「某種麥子」，「來」只代表動詞）。這類的字只

36　Viviane Alleton, *L'écriture chinoise*, Paris: Presses Universitaires de France, 1997, P. 8.

是借用另一字的聲音而已。

6）最後一種是複聲字或形聲字。它由兩個元素組成：一是聲一是形、義。例如「河」字，它包含一個代表水的部首，和一個代表「河」韻的「可」。

漢朝延續中國文字的傳統研究。許慎（58-147）編纂了有名的字典《說文解字》。字典的名字意指「說明簡單的字，解析複雜的字」。許慎把中國字分為六類，他稱之為「六書」。

第一類叫象形字，它用「東西的圖形」來造字。這類字大約有 600 個，自從早期文字發展以來，就已經不再造象形字了。「日」和「月」便是象形字的例子。有時可以用一部份的圖形來代表整體，例如「羊」字是用羊頭的圖形來代表。倘若所有的每件東西通通都要用象形字來表達的話，那麼這種語言將會無法使用而被廢止，因為我們所用的東西實在太多了。好在我們還有其他方法可以用來代表新東西，比方說複合字。

第二類叫指事字，它「指著某件事或情況」。它們是一個簡單的指標。它的圖形不代表真實的東西，而是代表一種抽象的觀念。它們有的是數目字，有的是字用來表示東西的位置，如「上」面和「下」面。這些指標是用點或撇來代表。這類的字也不多。從早期創造文字以來就不再用它來造字了。

第三類叫會意字，用「合併意思」的方法造字。它們是意念的字，沒有聲音的成分。會意字包含兩個圖形成分，每個代表不同意思。例如，「家」代表「屋內的一隻豬（豕）」。這裡的「豬（豕）」有什麼意義呢？無疑的，中國人愛吃豬肉，然而，用豬來表示家是很難理解的。它肯定是很隨意的。如果生活上的習慣和使用與「家」字扯不上關係，那我們可能會把它解釋為

「豬舍」。在中國文化大革命時，紅衛兵使用簡體字，用「人」取代屋頂下的「豬」。這個用來代表家的新字，表示家是由人組成的，似乎更合邏輯。不過這新造的字並沒有被官方認可。

第四類叫假借字，用「借用聲音」的方法來造字。「來」字已經在前面說過。另一個例子是借用「大象」的「象」字來代表「影像」的「像」字。為了避免混淆，把「人」字部首給加在「象」上了。

第五類叫形聲字，用「字形和聲音」的方法來造字。它因為有了聲音的部份，所以也被稱作「形聲」的複合。例如「銅」字，它包含兩個部份，一是代表「金」（部首），一是代表聲音的「同」。「金」代表和金屬有關，它是一個無聲的字體伙伴。至於代表聲音部份的元素，它並不傳遞任何意義，只是說明字是如何配成的而已。新字仍然是單音節，讀做 "t'ong" 而不是 "kim t'ong"。有超過一百個化學元素的字，都是用同樣的方法造出來的。"水銀"一詞，可以用來做為比較不費神的造字（或詞）模式。早期「水銀」是單音節的，但是後來被改為雙音節的「水銀」了。根據這個原則，「銅」字可能是讀作 "kim t'oung" 而不是 "t'oung" 了。

估計形聲字佔了所有中國字的 90%。在商朝時代，形聲字只佔20%而已。兩千年來，用形聲法所造的字最多。

第六類叫轉注，「相互注解」。把一個現有的字加以修飾而成為音、意都不同的字。例如，「老」字被修改成「考」字，新的意思變成「考試」。用這種方法造出的字並不多。

我們現在可以對於中文是一種表意的或象形的語言的論點下一些評論。從上面簡要的說明可以知道，顯然在開始的時候，它是有叫做象形字的圖形。也有代表抽象觀念的圖形，例如「大」

字。中國文字是象形文字的理論，在開始時期和發展初期是對的。但是，是否所有的字一開始都是象形字，就值得懷疑了。中國字只有幾百個象形字。這麼少的字不能構成文字的整體。一個更嚴肅的說法，說中國字不曾發展超越象形字的階段，由上面假借字和形聲字的例子，便知道是一個荒謬的錯誤觀念。

假借和形聲這兩類的字，證明了中國文字並非完全是象形字，而且在文字演變過程中，語音開始變成一個重要的元素。我們可以肯定的說，中國文字是表意字和象形字的理念，只是說對了一部份。克拉托赤維（Kratochvil）總結如下：「中國字在開始時是象形字，但是象形字已經不能代表中文現在的功能了，因為文字已經不是代表東西的圖形，而是扮演著像某些語言單元的圖形；中國字也不是意念文字，因為文字不是知識和抽象觀念的直接符號，而是某些語言單元的符號。（...）」[37]

中國字是單音節嗎？回答這個問題前，我們需要分清楚 "word" 和「字」的不同之處。對於使用過羅馬字母的我們來說，在句子中指出一個字應該不困難。我們用字典查出一個字的意思，拼法，或讀音。但是，如果要為 "word" 一字下個定義，那就不簡單了。字的界限本身並不是很明顯的。為什麼 "bookcase" 和 "bookshop" 要拼成一個字，而 "book club" 和 "book token" 則拼成兩個字呢？在前面說過，中國字裡沒有一個字代表 "word"。中文是由中國人所謂的「字」所組成。多數的字是一個字詞：例如「人」。中文裡的字詞絕大多數是一個字。而且一個中文句子是由一串不分割的單音節的字所組成。這就是為什麼很多人認為中文是一個單音節的語言的原因。這絕不

---

37 Paul Kratochvil, *The Chinese Language Today*, London: Hutchinson University Library, 1968, P. 153-154.

是真的。中文的字詞有時是由幾個字組成，它們包含兩個或更多的音節。有許多不一樣的方法可以形成這些多音節字詞。最多的多音節字詞是靠字尾而成：例如「-子」（刀子），「-頭」（骨頭），「-氣」（脾氣），「-人」（男人），「-力」（馬力）等；有的是靠字首而成：例如「阿-」（阿哥），「老-」（老虎）等。次多的多音節字詞是複合詞。雖然有時需要，但又不想另外再造個新字。從引進佛教的時候起一直到電腦時代，中文必需創造新字來應付最新的觀念或零件。純正的的多音節新字詞如「和尚」，「菩薩」，「葡萄」，「糊塗」，「玫瑰」，「尷尬」，「蜘蛛」，「玻璃」等。現代中文也採用和西方類似的字首和字尾「-化」，例如「現代化」。現代的新觀念和信仰也創造出很多的多音節的中文字詞，例如「共產主義」，「資本主義」。很多的複合字詞緊緊的把獨立的字連在一起，而它的意思不可由個別的組成字來解釋。例如「小說」，「經濟」，「動物」等。有些複合字詞的組成字只能跟特殊的字連在一起。它們是不可被分開的。例如「歡迎」，「喜歡」，「喜」和「歡」不分開單獨使用。

　　從上面的事實看來，雖然中國字絕大多數是單音節，但是，中文明顯的並不是單音節的文字。

　　最後談到中文是未開化的語言的謬論。在十八世紀時，當洋人了解中文的文法簡陋，對話裡的字詞也不分類之後，他們斷言中文是一個未開化的語言。名詞不分單數和複數。動詞不分現在式、過去式、過去分詞、和進行式。十八世紀的語言學家布納特（James Burnett）認定中文是種「缺點極多」的語言。[38]他並直

38　Ramsey，前揭書，P. 49。

言這樣的語言無法在哲學領域裡有所進展。就好像孔子和道教都不曾存在過。他好像不曾聽說過，中國遠在兩千多年前的周朝時代，有許多歐洲國家那時仍未興起，就已經存在的「百家齊放」、「有教無類」的文化盛況。這種歐洲主義的醜陋面目，已是司空見慣的了。

我們必需記得十九世紀是英國帝國主義的世紀，許多冒險家在政府的炮艦保護下，靠著在中國賣鴉片致富。他們的優越感和傲慢，滲入英國社會的各個階層是不足為奇的。語言學家也不例外。十九世紀的語言學論點也同樣反應出這種態度。

語言學家在十九世紀初期，在綜觀的語言類型裡，把中文歸類為無結構的語言。中文被視為與土耳其文和芬蘭文（它們被歸類為「黏著語言」，因為它們的文字都靠詞綴變得很長）不同；中文和印歐語言的文字也不同（他們被歸為「變形語言」，因為它們的文字有詞類變化）；中文被歸類為「隔離語言」，因為它的文字沒有字尾，也沒有詞類變化。世界上的所有語言是依照這種三分法而分類的。

語言後來和社會結構也拉上關係。隔離語言被看成家庭語言，黏著語言被看成游牧民族的語言，而變形語言則被視為正式的語言。不久，達爾文的進化論也被用來分析語言。語言好像變成有生命的動物一樣，有它的演變歷程，人們會發現它是在某個不同的演變階段。僅有簡單結構的語言屬於第一階段。隔離型的中文被視為仍停留在這原始階段。第二階段的是黏著語言，最後階段才是印歐的變形語言。中文仍停留在最原始，最古老的形式上。它被看成是一種少有發展的語言。

美國人類語言學家沙沛（Edward Sapir）在他 1921 年出版的《Language》一書中，強烈的批評那些根據一些先入為主的觀

念，以社會或文明的發展是從原始社會到先進文明的進化理論，來區分語言：

「有一個（...）理由為什麼語言的分類常被證明是件無效的工作。（...）大部份的語言定律學者他們本身都說某種話（語言），在那些語言當中，發展得最為完善的是他們小時候所學的拉丁或希臘語文。他們很容易被說服去相信他們所熟悉的這種語言是發展「最成熟的」語言；而哪些語言還在發展中，以及其他的哪些語言則逐漸步向「變形」的成熟語言（...）。」[39]

直到 1920 年代，描述派的語言學者設法排除認為某些語言是否較為原始的觀念。語言學家們用各個語言的標準來探討每一種語言。至少語言學家們已把語言的「演變」論調擱置在一旁。

更氣人的是在 1981 年出現的論調。有人說中文無法表達抽象的觀念，因為中文的文法無法區分下列事實的，假設的，和與事實相反的語氣：

（事實語氣）If you see my brother, you will know that he is sick.

（假設語氣）If you saw my brother, you would know that he was sick.

（與事實相反語氣）If you have seen my brother, you would have known that he was sick.

這到底有多少的真實性？拉姆西（Ramsey）舉出下面與事實相反語氣的句子：

「要是我知道，我早就去了。」

---

39 引用 Ramsey，前揭書，P. 304。

表示時間的字「早」和動詞字尾「了」和動詞一起使用，實際上是用來表示動作的完成。用來代表未來的動作是不可能的。有很多用來表示與事實相反的方法。任何可能被質疑的地方，都可從句子的上下文中釐清。

且讓我們假設中文無法表達與事實相反的語氣。我們能不能把「無法表達與事實相反語氣」和「不能發展現代科學」混而一談？如果可以，那麼請問那些主張反事實的理論派，如何說明那些使用印歐語言的非西方國家，他們的科學仍然是落後呢？

（四）中國文字

中文是一種非字母的語言。如果我們請一位受過教育的中國人，去把他的話語分解成更小的單元，那麼他會馬上說是音節。如果我們對法國人問同樣的問題，他會把它分解成字。之所以會有不同的答案，主要是因為我們會被自己習慣使用的文字影響。說中國話的人，對於「字」和「音節」的認知是有困難的。因為對他來說，他的語言的最小單位是「字」。在下面的討論裡，我們將使用兩個專有名詞，音素（phoneme）和詞素（morpheme）。音素是一個在語言裡最小的聲音單位，它在區分其他字的聲音上十分重要。例如，/p/ 和 /b/ 便是兩個音素，因為它們可以用來區別 "pet" 和 "bet" 兩個字。而詞素則是在文法上或字彙上不能再被分割的最小構字元素。例如， "pet" 便是一個詞素，因為它不能再被分割而仍舊有意義，它是最小而具有意義的字。 "pet" 也是一個單音節的詞素。多音節的詞素有兩個或更多的音節。例如，在客家話裡的 "p'ou t'ao" （葡萄）和 "vo chang" （和尚）。單一的 "p'ou" 和 "t'ao" 是沒有意義的。 "vo chang" 也一樣。

　　克拉托赤維（Kratochvil）[40]把現代的文字分為三種：音素字，音節字，和詞素字。使用最廣泛的是用羅馬字母結合基本字單元的音素。英文和法文都是音素字。音節字的基本字單元（或字）是音節。日文裡的片假名（katakana）即是一種最好的音節字範例。

　　西方的學術界常把中國字看成詞素字。迪法蘭西斯（John DeFrancis）認為是個「嚴重的錯誤」。[41]這是他在分析中國字或音節的組成後而得到的不同結論。根據他的論點，中國字百分百是音節的，因為所有的中國字（兒音字除外）都代表一個音節。這些音節代表的是單字元和複字元的字。單字元的字如「馬」，「門」，「目」，和「人」等。這類的字，它們本身就是由音符組成。複字元的字如「媽」和「像」等。複字元本身也包含音符。這類的字是由字的部首和聲元所組成。這兩個元素一起構成中國字的音節。決定聲音的元素要比字形的部首更重要。不過，單靠聲元或部首是不能決定一個字的準確讀音或意思。迪法蘭西斯總結說，「中國字一定得歸為音節法。更切確的說，它是一種意+聲的音節法。」中國字典常強調用來決定字形的部首。這並不代表沒有字典是根據注音來編纂的。在 601 年出版的《切韻》即是根據注音原理所編纂的。

　　主張中國字是詞素的人強調字的部首，然而偏愛音節法的人則強調字體的聲韻部份。後面的一群人認為聲韻才是複字元字的核心，他們說一般來說都是把部首加在聲韻上，而不是把聲韻加在部首上。對一般中國人來說，語言重要的特性是在部首。部首要遠比聲韻更重要，因為聲韻隨各地方言而變化。中國字之多是

40　Kratochvil，前揭書，P. 157。

41　www.pinyin.info/readings/texts/visible/index.html.

另一個顯著的特性。英文只有 26 個字母，但是中國字卻有五萬個左右。

　　我們不能說出中國字究竟有多少。不過估計一般要認識3,000 至 4,000 個字，才能使用中國文字溝通。下面的表 1.4 可以讓我們認識中國字在數目上的演變。我們是不可能把它們通通記住的。

表 1.4：中國字典裡的中國字數目

日期（公元年份）	朝代	字典名稱	字數
100	東漢	說文解字	9,353
601	隋	切韻	16,917
1039	北宋	集韻	53,525
1615	明	字彙	33,179
1716	滿清	康熙字典	47,035
1916	民國	中華大字典	48,000

資料來源：Norman, Chinese, p.72.

　　很明顯的，中國字要比字母複雜得多。中國字的筆劃從一劃到三十多劃。這種文字很讓使用者傷透腦筋。一個小孩必需先學會這些字才能從書本裡學到東西。要用打字機打中國字是件煩雜的事。從另一個角度來看，中國字又有它的優點。中國人使用很多種不相通的方言而卻能夠統一在一起，主要是靠中國的文字。詞素字要比音素字更穩定，改變也較慢。自秦始皇以來，中國字幾乎保持不變。如果中國字是建立在音素或字母上，那麼每個字都得考慮極多的不同音。例如，北方的方言已經失去很多的聲母韻尾，但是南方的方言仍然保持著。靠著中國字，大家可以講不同的方言而用相同的文字。

　　儘管中國字不是音素的，它還在被說不同方言的中國人使用

著。蒙古人在 1279-1368 年間統治整個中國時，推行了一種新的文字。成吉思汗的孫子忽必烈，命令他的私人喇嘛 hP'ags-pa 制訂一種可以讓全蒙古王國使用的統一文字。他根據藏文的 42 個字母建立了 hP'ags-pa 文，取名來自創始人的名字。新字母是在 1269 年公佈的。在蒙古統治中國時期，它被用在官方文件、紙鈔、和硬幣上。儘管忽必烈重金獎賞，鼓勵人們使用新文字，但是隨著蒙古王朝的滅亡，它就在漢人重新統治中國，改國號為明（光明之意）後被放棄了。

　　中國字可以用來改寫外國語言。臨近的越南、韓國、和日本三國，不僅借用中國字，甚至採用「全部的字體和讀音」。[42]在滿清末期的譯事局一致稱越南語、韓國語、日本語、蒙古語、和滿州語為方言。由於中國字太複雜，所以韓國、越南、和日本三國已經全部放棄使用中國字，或者部份使用自己的文字來做補充。

（五）中文的發音與文字

　　中文不是一種使用字母的語言。最常聽到的問題是我們是否可以把中國字「拼」出來。如果可以，怎麼做？在英文裡，我們是依照一個字的字母順序而來唸的，例如 b-o-y: boy 和 c-a-t: cat。

　　在討論中國字的發音時，我們需要回到第一世紀佛教滲入中國的時期。當時印度的佛教徒對中文的影響最大。翻譯佛教經典的費力工作，使得人們對語音學更加有興趣。在第三世紀時，中國語言學家開始去分析中國字的音節。他們把音節分成前後兩個音素。這種分析法被稱為「反切法」。

　　反切法告訴我們一個生字的讀音。中國字是單音節的。反切

---

42 Norman，前揭書，P. 21。

法將一個音節分為頭尾兩部份。一個生字的讀音，可以用已認識的兩個字的讀音來注解，它們分別代表頭尾的音素。此法是因為兩個字的音節都被切開而得名。音節有聲母和韻母兩部份。反切法是用前一字聲母，配上後一字的韻母和聲調而成。

　　要知道一個字的讀音，最簡單的方法是找一個和它同音的字。只要這個同音字存在，這種方法是可行的。如果不存在，那就有困難。這時的解決方法是找一個相似讀音的字。不過這種不準確的方法並不理想。一個新的方法，反切法，在西元 200 年時被發明了。如果沒有和 "A" 字同音的字，那麼它的讀音可以用 "C" 和 "D" 兩字來決定。"C" 字和 "A" 字的聲母相同，"D" 字和 "A" 字的韻母與音調相同。下面例子可以用來說明客語的讀音。「籃」的讀音 "lam" 可用其他兩個字來注解，聲母可用任何以 "l-" 起頭的字，例如，la（拉），li（利），lo（螺）等，後面的-am 則可用任何同韻母和同音調的字，例如，fam（帆），nam（南），和 cham（蟾蜍）等。所以，lam 的讀音便是 l（o+f）am, l 取自 lo 的 l-, 而 am 則取自 fam 的-am。在五世紀時，中國人也發現中國字的音節屬於四音的範疇（稱為四聲）：平，上，去，入。

　　很多國音字典裡仍然使用著兩種注音方法。第二種方法則成為傳統的中國語音學，將音節分成三部份：前面的聲母（子音或半母音），後面的韻母（中母音或尾子音），和聲調。

　　在西元 601 年出版的音韻字典《切韻》，詳細記載了中國語言學的歷史。這本字典並不是第一本的音韻字典。不過其他六本已經不存在了。切韻字典收集了大約 12,000 個字。所有的字依照音調分類，同音調的字再用它的音韻歸類。這字典的目的是用來做背誦文章的指導方針。

　　字典還有其他的分類方法。最常用的是用部首。傳統字共有214個部首。因此，所有的字是根據部首分類，然後再將相同部首的字，依照字的筆劃再做分類。

　　我們必須要問的是，為什麼語音學的研究，並沒有使中國字演變成用字母來書寫呢？反切法很有可能用音節的觀念，把中國字字母化。但是這個演變，或是革命，卻不曾發生過。反切法在為一個字注音時，只要音是對的，它可以選擇任何一個字來用。它並沒一個標準。這種亂無章法，從成千上萬的字裡，去挑選同声母的字和同韵母的字，來為生字注音的方法，注定要失敗。更何況反切法從開始就不曾被用來做為造字的考量，它只是被限制在編字典，為一個字注音罷了。在早期的年代裡，中國人看不出把中國字字母化有什麼好處，也不覺得有需要將很古老的中國字放棄。有名的《切韻》字典，根據聲調和音韻，是用來為生字注音，而不是用來寫中國字的。

　　正如前面的小節（四）裡所說的，蒙古人發明了靠音標來寫字的新方法，不過，隨著蒙古王朝的滅亡，它也就壽終正寢。現在在西藏仍然有使用 hP'ags-pa 文，但是只有在寫藏文的藝術字時才使用。

　　從十九世紀末期以來，中國人曾經有好幾次嘗試使用字母來改革中國字。有一次是模仿日本使用音節的方法。另一次是採用簡單的中國字做字母的方法。這就是大家熟悉的 bopomofo（註音符號的前面四個字）注音符號。1949 年以後，台灣繼續使用注音符號，不過中國大陸就改為使用羅馬字母的拼音系統。拼音這種新的字音寫法是在 1958 年正式通過的。注音符號和拼音兩種都不是用來取代中國字的。

（六）未來的展望

除了 hP'ags-pa 文字以外，前面所有被提出來有關文字語音系統的建議，沒有一個辦法是想用來取代中國字的。這點只可解釋各種建議都失敗的部份原因。拼音被使用半世紀以來，在這方面並沒什麼進展。一個到中國的訪客，除了一些地名，商店招牌，和首都裡的標語之外，幾乎看不到拼音的存在。在 2008 的北京世界奧林匹克的看板上，寫的都是中文和英文，並沒有拼音。電影裡的字幕很少用拼音。中央電視台不使用拼音。書籍和報章雜誌，通通使用中國字。外來的專有名詞，多數時候是經過翻譯後，用中文印出來的。拼音只有在小學才使用，中學和大學是不用的。

在 50 年代，中國字的寫法被認為是阻礙進步的原因。以後大家觀念改了。不用字母來書寫的中國字，已經不再被視為群眾社會化的阻礙。已開發的國家日本也使用中國字，中國在經濟和科技上的進步（太空旅行和核子武器方面）讓政治領導們重新認定傳統的中國字並非現代化的絆腳石，當下並沒有急著使用字母來取代傳統中國字的必要。

有些語言學家看到中國字沒有可能被放棄，於是主張使用一字兩寫。理由是如果不這麼做，中國又會像以前一樣，失去在科學和科技方面的進步。以前西方國家利用語音系統發明了電報，中國字被認定不適合使用這種新技術。後來文字寫法不因機器而改變，然而機器被改變來配合中國字。四角號碼發明後，每個中國字都被由四個數目字組成的號碼所取代，電報系統利用它來輸入中國字。這是一種繁雜的工作。打字機問世時，中國人（似乎又）錯過這個機會。但是中國字仍然沒有改變，打字機又被改進

而適合用來輸入中國字。要用打字機來打成千上萬的中國字是一件極少人能勝任的大工程。

　　當今的資訊科技時代，中國字（似乎）不適合電腦在許多方面的科技。標準的電腦鍵盤是根據少數字母的字母寫法來設計的。這種鍵盤的輸入是依據幾乎一字一鍵的原理設計的。我們知道中國字有五萬字左右，字的數目遠比標準鍵盤上的鍵多得多。這使得用鍵盤輸入中國字成為不可能的事。中國人是否又要再度落後呢？一個有太多字鍵的鍵盤是沒有用的。即使只有能應付常用的三四千字的鍵盤也是不實用的。不同的公司曾經推出不同的辦法來設法解決這個困難。中國字的輸入可以靠幾種不同的方法：數碼、字音、字形、鐵筆、手寫辨認軟件、光纖辨認、和語音辨認。我們對拼音輸入法較感興趣因為它（有可能）影響中國字。拼音是全世界公認最有可能成為標準的羅馬化中國字。因為它是根據羅馬字母而且是用語音的，所以適合電腦輸入。使用電腦輸入的人逐年增加，尤其是年輕人，也有它的壞處。迪法藍西斯（John DeFrancis）認為，中國人會逐漸忘記如何寫國字，因為電腦會將電腦輸入者所選定的字做自動的轉換。[43]他估計數百年後，中國字會被拼音所取代而變成沒用的文字。

　　如果中國人不想永遠落後他人，接受新科技是有其急迫性的。不過要把落後歸咎於不使用語音字，那也太過天真。果真如此，我們如何解釋有那麼多使用語音字的國家仍然是落後的？世界上有不少在經濟和社會方面很成功的小國家，可以證明採用雙語可以促進國家的進步。一字兩寫的制度，也許是個答案。中國人會接受嗎？中國字的存活決定在中國人的手上。只有時間可以

43　Eric Abrahamsen and Jerry Chan, 'The legacy and future of the Chinese language', http://chinadaily.com.cn/English/doc/.

證明，利用電腦使用拼音的結果，是否會使中國字消失，或者中國字和拼音兩者共相長存。

第三節　客家人的發源地

大家對客家人的發源地仍然有爭議。有許多關於客家人發源地的理論，一直流傳了一段時間。它們可以被歸納為三大類：

（a）客家人是來自中國北方的漢人。

（b）客家人不是漢人，而是南方某一個原住民部落的後裔。

（c）客家人是中國北方匈奴人的後裔。

一、客家人是來自中國北方的漢人

最受學者們廣泛支持的觀點是，客家人是北方中國人的後裔，他們從中國北方移到南方。很多西方的百科全書和歷史書籍也記載了這樣的說法。

（一）羅香林

羅香林的客家人來自北方的證據，是根據住在香港新界的崇謙堂客家族人所保留的族譜。一位德國巴色會的傳教士勒赤爾（Rudolf Letchler）相信族譜的資料是可靠的，並且支持客家人是來自北方的主張。他也支持客家人說他們以前的祖先有崇高的地位。雖然族譜不見得完全可靠，但是它在主張客家人具有中國人的身分這件事上很重要，而且族譜是個「編造傳統」的例子 -

那些設法「用合適的歷史背景，建立歷史的延續」的做法。[44]

　　這些香港的家庭成員，是中國巴色會客家基督徒的後代。我們應該知道羅香林是當時世界客家協會（International Hakka Association）香港分會的負責人，而且在崇謙堂教堂裡很有影響力。[45]他把他的理念寫在前面提到的書裡。他在 1933 年出版該書時，已經流傳著許多有關客家源流的理論。由於廣府人斷言客家人不是漢人，所以掀起了大家對客家人和客家歷史的關心。

　　梁肇庭將羅香林書中的重點總結如下：

　　（1）「客家人是來自北方中原的移民，源自中國文化搖籃的純中國漢人，而不是像他們鄰居經常用無理和惡意的口吻所說的山上原住民。」

　　（2）「客家人是歷史上傑出的中國漢族愛國者的代言人。在第四世紀時，他們是晉朝忠誠的愛國子民；在十三世紀末期和十四世紀時，他們是抵抗蒙古侵略者的宋朝忠誠愛國子民；他們也是近代抵抗滿人侵略的愛國者，例如太平天國的領袖洪秀全，和反清革命領袖孫中山。」

　　（3）「客家方言毫無疑問的起源於隋唐時期北部中原有名的言語。」

　　（4）他們「可以合理的以他們的客家婦女自豪，客家婦女以勤勞，從不綁腳，學術成就，和具有中國傳統文化的族群而聞名。」[46]

44　Nicole Constable, 'Christianity and Hakka Identity' in Daniel H. Bays, *Christianity in China: From the 18th Century to the Present*, Stanford: Stanford University Press, 1999, P. 164.

45　Nicole Constable, ed., *Guest People, Hakka Identity in China and Abroad*, Seattle: University of Washington Press, 1996, P. 104.

46　Leong，前揭書，P. 29。

第一移民潮

羅香林重新建立了五個移民時期。第一移民潮發生在西元316 年西晉滅亡時直到西元 873 年。飢荒，混亂，以及層出不斷的叛亂，引起人口的南遷。第一移民潮是根據八家族譜的記載。梁肇庭認為「他的樣本委實太少。」[47]甚至因為族譜作者都會有以名人為自己祖先的傾向，令人懷疑族譜的可靠性。羅香林所提的第一個家族劉氏，說他們是漢朝滅亡後，三國時期在四川建立蜀國（221-263）的劉備（161-223）的第二兒子的後代。

客家人叫逃難為 "t'ao nan"（逃離災難）。它是個情緒化的字眼，它喚起人們對洪水與旱災兩種大自然災害以及人道主義大災難的記憶。

德國新教傳教士愛特爾（Ernest Johann Eitel 1838－1908）聲稱多數的客家人從前來自山東，少部份來自山西和安徽省。（愛特爾取了一個中文名字叫歐德里，他曾是以前香港總督軒尼詩的秘書。）客家人在西元前第三世紀時受到迫害而逃到河南和江西。（本書作者的一位朋友說客家人來自山東，他還有親戚住在那裏，他在 2008 年去拜訪過他們。）愛特爾所提的第二移民潮即是羅香林的第一移民潮。隨著晉朝的滅亡，客家人必需從山東的山區再度南逃到河南，江西，和福建。[48]

萊特（Grace E. Wright）從六位學者對客家移民的研究報告中，發現有三位主張客家人的祖先是在西元前第三世紀時從山東和山西移去河南，安徽，和江西。[49]

---

47 同上，P. 29。
48 Nicole Consable, *Christian Souls and Chinese Spirits,* P. 26.
49 Grace E, Wright，前揭書，P. 6。

　　他們對客家人的祖先從何處移民的真確地址看法不同。雖然他們有不同的看法，可是一致認為客家人的祖先是來自北方。山東、山西、安徽、河南、江西、和中原都曾經被認為是客家移民的起源地。[50]

第二移民潮

　　第二期的移民潮發生在 880-1120 年間，在唐朝分裂成無政府狀態的最後數十年間開始的。羅香林指出，黃巢之亂乃是第二次移民潮的起因。他用超過十本不同的族譜來引證他的主張。在這期間，由於黃巢之亂引起的混亂與不安，客家人再次從長江地區（安徽、河南、和江西）[51]移向更南的地方，安徽南部，江西東南部，福建東南部，和廣東東北部。福佬人，廣府人，和客家人都說他們是來自北方。

第三移民潮

　　第三移民潮起自南宋直到明朝末年，發生在 1127-1644 年間。

　　依照羅香林的說法，第三次移民潮時期，客家人從安徽南部，江西東南部，福建東南部，和廣東西北部移去廣東的北部和東部。到了明朝初期（1368），廣東的東北部的居民，絕大多數都是客家人。

　　第三次的移民潮與在第四世紀時的第一次移民潮雷同。這兩次移民潮的發生，兩朝代都因野蠻的侵略者而被迫南逃。皇帝和廷臣們由忠心的官員們及家眷陪同。這些人正是客家人追溯祖先

---

50 同上，P. 6。
51 同上，P. 7。

時所認同的勇敢人士。

1799 年的客家進士徐旭曾在 1808 年的一個論壇裡，詮釋這些被迫的遷徙是種英雄式的行為，他是這種說法的第一人。依照他的觀點，南遷的移民是被愛國心和對鄉土偏愛激勵之故。

在第三次的移民潮時期，前面所提的六位學者對客家人的移民路線有一致的認同。這個相同的看法，意思是大約在南宋時期（1127-1279），客家人從福建移去廣東。在此以前，他們必需仰賴不精確和部份虛構的族譜（去查證）。在南宋時期，「政府文件裡可以找到客家族群的證據。」[52]

第四移民潮

第四次移民潮發生在 1646-1867 年間。當滿清政府廢除為了根除抗滿餘毒而在 1683 年頒佈的海岸居住禁令之後，客家人開始再度遷徙。

在新朝代開始時，客家人開始往人口較少的四川遷徙。他們的遷徙擴散到廣東的中部和海岸的中間地區，四川，和廣西。客家人所居住的地區，基本上是山地，因為已經沒有可耕的低地和河谷了。有很多人移民去了台灣。

雖然滿人在 1644 年佔據了北京，但是直到 1683 年他們才統一全國。清朝初期，三藩王在 1673 年引發叛變，並控制多數南方省份，這次三藩之亂直到 1681 年才被平息。只有台灣還未被滿清統治。最後的反清勢力來自母親是日本人的鄭成功。對中國人和日本人來說，他都是一位有名的英雄。在南京的明朝遜位皇帝授予皇姓朱。自此之後，鄭成功成了有名的國姓爺。荷蘭人由

---

52 同上，P. 10。

此取得 "koxinga" 的名字。鄭成功沒有收復南京，並且被打敗。1661 年，他帶著九百條船的艦隊，逃到臺灣。他把荷蘭人趕出臺灣。他死在臺灣，之後由他的兒子繼承。滿清的策略是下令把海岸邊的人民向內陸遷移五十里，藉以剝奪最後敵人的食物，造船材料和人力。滿清最後贏得勝利，在 1683 年佔領臺灣並且解除了海岸的禁居令。

第五移民潮

第五次移民潮起自 1867 年，一直延續到 1940 年代。移民是因為人口壓力而引爆，客家人和本地人的戰爭（土客大械鬥），以及太平天國之亂。客家人從廣東的東部移去廣東的西南部，海南島，和國外。中華人民共和國宣佈要在 1997 年收回香港時，掀起了第六次移民潮，人民從香港移去美國，加拿大，澳洲，歐洲，和其他東南亞國家。下面的表 1.5 列出客家人的移民路線和相對的年代。

表 1.5：客家移民的時間和路線

第一移民潮

作者	年代	移民自	移民至
Ernest Johann Eitel	西元前三世紀	山東，山西，和安徽	河南和江西
Hsieh T'ing-Yu 和 L. Richards	249-209	同上	河南，安徽，和江西
羅香林	317-873	中原	湖北，湖南南部，安徽，江西，江西中部
Myron L. Cohen George Campbell	317	河南，山西，和安徽	浙江東南部，福建和江西南部
J. Dyer Ball	419	河南，安徽，和江西	江西東南部，福建邊界
L. Richards			同上

第二移民潮

羅香林	880-1120	安徽，河南，和江西	安徽南部，江西東南部，福建東南部，廣東東北部，福建
George Campbell		河南	福建
Hsieh T'ing-Yu	907-960		江西南部和福建邊境

第三移民潮

Hsieh T'ing-Yu Myron L. Cohen	1127-1280	福建南部和西南部	廣東 同上
J. Dyer Ball		福建南部和西南部和江西	廣東和福建
羅香林	1127-1644	安徽南部，江西東南部，福建東南部，廣東東北部	廣東東北部
George Campbell		福建	同上
Hsieh T'ing-Yu	1386	廣西和福建	廣東
L. Richards		同上	廣東，廣西

第四移民潮

Hsieh T'ing-Yu Myron L. Cohen	1646	廣西，廣東北部和東部	重慶，廣東中部和沿海地區的中央地帶，四川東部和中部，廣西東部和臺灣
羅香林			同上
J. Dyer Ball		安徽南部，廣西東南部，福建東南部，廣東北部和東部 福建	廣州西部和西南部

Hsieh T'ing-Yu	1723 – 1735		廣州西部和西南部
George Campbell		山區	同上

第五移民潮

Hsieh T'ing-Yu	1867 以後		廣西，海南，臺灣，國外
L. Richards			同上
Myron L. Cohen			廣東內陸，海南島，廣東西南尖端，國外
羅香林			同上

Grace E. Wright, op.cit., pp.6-8, and Nicole Constable, op. cit., pp. 25-26

（二）梁肇庭

梁肇庭在 1987 年去世時，他的研究工作尚未完成。萊特（Tim Wright）修訂並完成他的手稿。《Migration and Ethnicity in Chinese History: Hakka, Pengmin and Their Neighbours》一書是在 1997 年梁肇庭死後出版的。

梁肇庭批評羅香林的五次移民潮過於粗糙。他採用人類學的方法來研討身分的問題。移民本身並沒有解釋族群身分的形成。他主張族群身分的產生，是因為兩群人為了爭奪稀少的資源而接觸並且衝突的緣故。客家人和原住民畬人在十六、七世紀裡衝突，也和廣府人在十九世紀裡衝突。梁肇庭提到下列三點主要的問題：（1）在經濟情況影響下，客家移民的模式，（2）在與非客家人接觸後，如何導致衝突，和（3）政府如何處理客家移民和族群之間的衝突。

梁肇庭引用史金那（G. William Skinner）的核心周邊的大地

區法（core-peripheral macro- regional methodology），說明經濟週期如何影響在十六世紀和二十世紀之間的客家移民模式。史金那分析中國在社會經濟的發展時，將中國劃分為九個大地區，而不是把空間分析侷限在現有的行政區域下的省，府，和縣。每個大地區都有它的活動經濟中心和周邊地帶。這個大地區的方法給客家移民的模式，以及客家人透過與原住民之間的族群互動，對族群意識的產生，提供一個更好的說明。

我們最關注的三個大地區是：嶺南地區，東南沿海岸地區，和贛揚子地區。嶺南大地區包括廣東（東邊的尖端片區除外）和廣西。東南沿海岸大地區包括福建，浙江南部，和廣東東部。贛揚子大地區主要包括江西省。

這三大地區和其它中國地區一樣，在十四，十五世紀時，遭遇到嚴重的大蕭條。由於人口過份集中於此，南方土地顯得越來越不足。蒙古人統治中國後，禁止外人旅遊經商，明朝政府採取鎖國的自給政策。在這期間，封閉社會阻止客家人從周邊的高山地區移入河谷地區經濟中心地帶。他們生活在封閉的社會裡，但是他們學到了如何去適應這種環境。

客家人的祖先主要在晚宋時期和元朝初期，居住在三大地區的周邊地帶。十四世紀時，他們居住在福建，之後移去嘉應州（即今梅縣）。到了西元 1550 年，廣東，廣西，和福建交界一帶的山區已經成為客家的心臟地帶。這個時期也就是羅香林所提的第三移民潮時期。

這些地區並非未開墾的處女地帶。當客家人來到這三大地區時，已經有不同的族群住在這裡了。他們是非漢族的原住民，他們叫畲族，是猺族，壯族，和百越族的表兄弟。漢族人有客家人，廣府人，和潮州人。廣府人在漢朝（206B.C. - 220 A.D.）之

前便已經住在這裡的平地和河谷地區了。

　　由於需要相互爭取稀少的資源，畬族人和客家人的關係並不是經常安寧友善。客家人和畬族人的衝突一直持續到十七世紀中期。他們之間的長期衝突，一定形成了客家人的性格，而且使他們對自己的族群意識和特殊文化更加敏銳。

　　過了長達兩世紀的經濟衰退之後，接下來的是在十六，十七，和十八世紀裡的幾次經濟蓬勃發展週期。由於和菲律賓，日本，以及東南亞有貿易往來，開創了經濟繁榮。在十六世紀裡，客家人向四面八方移民。根據梁肇庭的說法，客家移民擴張的第一階段發生在十六世紀的中期。在接下來的一個世紀裡，客家人向更北，更西的地方繼續飄散，一直到達廣西。在 1630 年代的經濟衰退，引起客家人和住在廣東附近博羅縣的原住民之間的衝突。在經濟蓬勃時，移民的模式是從周邊地區移向工作機會較多的中心地帶。這時族群之間的衝突也就降到最低。

　　客家移民擴張的第二階段，是在 1683 年海岸居住令禁解除之後不久開始的。明朝的擁護者，已經從他們與沿海居民共同抵抗清廷的據點撤去臺灣。清政府為了切斷這些沿海居民提供給明朝忠貞臣民有益的支援，下令將沿海居民從海岸向內陸遷移五十里（約 26.6 公里）。海岸居住令在 1662 年生效。海岸居住令解除後，嶺南由於獨佔它與廣州的貿易而迅速復甦，它的繁榮持續了整個十八世紀。然而東南沿海大地區，卻受到長期經濟不景氣的煎熬，達一個半世紀之久。在這期間，居住在心臟地帶的客家人繼續在嶺南地區遷徙，他們有很多人也遷移到四川。在這長期經濟不景氣的時候，因為少有發展機會，所以客家人避免移去東南沿海大地區。到了十九世紀中期，客家人口佔了嶺南人口的三分之一。他們散居在廣東村落，定居的地方是在邊緣較窮苦的山

區地帶。這種隔離，促使大家對族群差異的保留，而在發生衝突時促進動員和抵抗。

於中國南方邊境的各個地區的資源都已耗盡，客家人必需尋找新的地盤。臺灣於是成為他們的首選。從十七世紀末起，他們已經開始渡過海峽去臺灣了。

在十七世紀嶺南和東南沿海地區經濟衰退時，以及在十九世紀嶺南經歷嚴重蕭條時，族群間的緊張局勢開始興起。在經濟繁榮時，族群間的衝突可被掌控。不過，在十九世紀的經濟衰退期間，爆發了廣府人和客家人的流血衝突，史稱土客械鬥（1854-1867）。它捲入廣州南方的八個縣市，雙方各死亡二十萬人。滿清政府必需尋找一個新地方來疏散客家人口壓力，以避免族群間的內戰的再度發生。政府在靠近廣東省的海岸地帶建立了一個小鎮，並鼓勵客家人去那裡定居。其他的人則被安頓在雷州半島和海南島。那些留在客家心臟地帶的人則住在加強的圓形屋子裡。

社會不安和經濟蕭條引起客家人大量外移。他們移去海外並且在外國定居下來。

客家人與廣府人的接觸以及後來的流血衝突，使他們對文化差異更加警覺。客家學者很快就覺得必需把分散在南方各地的客家人團結起來。為了達到這個目的，他們讚美客家人的優質和過去的輝煌歷史。寄望將客家人自豪的歷史、文化、信仰、和價值逐漸灌輸給族人。

徐旭曾是第一個使用族群的措辭，說明客家特徵的客家人。他是在 1799 年的客家進士。他在 1808 年演講時發表他的論點。包括羅香林在內，很多的客家領袖都引用徐旭曾的諸多觀點。徐旭曾強調客家人的源流和他們來自中華文化搖籃的中原的移民史，以及客家人在蒙古入侵和統治中國時期對宋朝的忠貞。客家

人具有文武雙全的優質。客家婦女不纏足。客語是中國古時候北方人所用的言語。徐旭曾將客家人的特徵總結如下：「在本質上，客家人勤勞、節約、樸素、有禮、謙虛、優美、而且很有氣質。」這些都是「古時黃金時代聖賢與生俱來的美德」。[53]

　　為了消除（客家人）被鄙視的形象，他們開始推動許多活動，藉以樹立讓人尊敬的和受尊敬的形象。他們知道教育是提升社會地位的重要因素。客家人在學術上的成就在國家的科舉考試結果裡獲得肯定。從十七世紀中期到十九世紀中期，由梅縣盆地出來的客家人比廣府人更出色。他們也知道在民族主義裡一個提高他們特殊地位的重要因素。他們從事反抗外族統治的活動，但是後來被滿清打敗。在二十世紀初，他們看到又一個動員客家人做愛國者的機會，於是他們加入推翻滿清政府的革命行動。

（三）陳支平

　　陳支平在他出版的《客家源流新論（A New Theory of the Origin of the Hakkas: Who are the Hakkas？）（1998）》一書中，他用嶄新的視野去觀察以族譜認定客家人源自北方的事實。他採用的方法和羅香林的方法不同。他拿客家人的族譜和非客家人（福佬和廣府人）的族譜做比較。他發現一些有趣的現象，總結如下：

　　1.客家人和非客家人的來源地幾乎一樣。

　　2.客家人和非客家人在移民南方分散之前，有共同的祖先。

　　3.客家人和非客家人都喜歡提到名人或重要人物做他們的祖先。例如劉姓家族（不分客家與否）都說漢朝（206 B.C.-

---

53 Leong，前揭書，P. 79。

220A.D.）建國者劉邦是他們的祖先。

4. 同一家族的男人到他鄉後成為不同族群的創始人-廣東，福建，或客家。

5. 客家人和非客家人由相同的路線從北方移民到南方。羅香林所提的五次移民潮並非獨一無二，非客家人也有相同的移民模式。

陳支平得到的結論是，客家人和非客家人都來自北方。他沒有否認客家人的北源之說。他也發現客家人和非客家人有相同的文化和習俗。唯一不同的是在客家方言。陳支平指出仰賴族譜資料容易犯的錯誤，和梁肇庭一樣，他為了消除羅香林書中被發現的神化之論和浮誇之詞做出許多貢獻。[54]

二、客家人是廣東原住民的後裔（房學嘉）

秦始皇統一中國後，派遣軍隊平定南方。他們有很多人便在南方定居下來。以後的幾個朝代繼續統治著南方。南方人也同時被北方人漢化。在房學嘉所著的《客家源流探奧（Investigation in Depth about the Origin of Hakka）（1994）》一書中，他認為原始的客家身分是從秦朝（221B.C.-206B.C.）到南北朝（420-589）期間發展出來的。

西元 589 年以後，人民加速南移。南方的三種主要方言客家話，福建話，和廣府話，是在西元 581 年到 960 年期間發展出來的。明清時期，客家人移民到更南部和其它地方。

房學嘉認為根據歷史資料，並沒有大批人從北部遷移到南

---

54 Albert Chu，前揭書，P. 8。

部。雖然有人從北方移去南方，但是人數很少。他因此斷定客家人主要的祖先是南方的粵族，而客家文化是於粵人和北方人的兩種文化融合後產生的。[55]這個結論並沒有說明為什麼幾個世紀來他們一直被稱為客家人的原因。這就意味著他們不是原來就住在南方地帶的居民，而是曾經從其他地方來的。

三、客家人是匈奴人的後裔

這個理論是由江運貴博士（Dr. Clyde Kiang）所研發出來的。他在《The Hakka Odyssey and Their Taiwan Homeland》一書中，主張客家人並不是原始的中國人，而是「漢化的匈奴人或蒙古野蠻人」。[56]「客家人，韓國人，以及大部份的日本人通通屬於同一蒙古種，（...）客家人最近的祖先是在約 2,500 至 3,000 年前從中亞的寒冷北方來的。」[57]客家人是「泛匈奴人的後裔。」[58]他的結論主要是根據（一）語言，（二）漢朝的朝名，和（三）DNA 研究。

（一）語　言

匈奴人是住在黑龍江上游河岸的蒙古人的祖先。中國史學家稱這族人為匈奴人。

有一種叫「東夷」的少數民族，他們住在古代中國的北方和東方一帶。在戰國時期（403B.C.-221B.C.）他們與中國衝突以

55　同上，P. 6。

56　Clyde Kiang, *The Hakka Odyssey & Their Taiwan Homeland*, Elgin, PA: Allengheny Press, 1992, P. 77.

57　同上，P. 20。

58　同上，P. 29。

後，多數遷去滿州，韓國，和日本。根據江運貴博士的說法，當時留下來的東夷人，原是從中亞來的阿爾泰民族，正是客家人的祖先。他們都屬於通古斯族，語言則屬阿爾泰語系。他們南移後被稱為客家人。

江運貴認為由於客家人是個不同的族群，他們的語言和地原住民的語言很不相同。「客家話保持了許多阿爾泰語模式的特徵。」[59]

客家人（漢化匈奴人）寫中國字。江運貴「把客語排除在一般中國人所用的語言之外。（...）客語是由漢化匈奴人的母語獨立發展出來的，它不是中國官話的一種方言。它可能是漢朝宮廷的真實語言，但不是多數中國人所使用的語言。」[60]

他主張「客家話不是漢語的變種，而是一種漢化的語言。那就是為什麼客語和中國鄰國的語言有極大差別的理由。（...）在溝通上，把客語看成是中國語言的一個分支或不夠標準的一種言語，將是一個錯誤。」[61]

他說「客語既然是母語，它自然會在字彙和文法結構上，包含許多獨特的詞句。」[62]有些客家人發明的獨特客家文字，和無法用中國字書寫的客家詞句。他進一步說：「就像前面所說的，客語和在山西中部和南部的方言，金語，極其相似，讓我們聯想到，客語的確是出自中原的中國北方的最古老的語言之一。這個語言的結合也讓客家人認定他們是移自很遠的北方有所根據。（...）因此，現代客語含有上古的痕跡，而且可以追溯到滿州中

---

59 同上，P. 20。
60 同上，P. 82。
61 同上，P. 86。
62 同上，P. 86。

國人到來之前的時期。」[63]

　　他指出客語和華語（江運貴是指官話）的差異如下：

1.客語有六個聲調，而華語只有四個。

2.客語沒有捲舌的輔音（華語的 "zh" "ch" "sh" 和 "r"），也沒有 "w" 和 "u"，但是有字首音 "v" "ng" 和〝n~〞（ng），以及字尾音 "m" "p" "t" 和 "k"。

3.在語法方面，客語有不同的字序。

　　江運貴只舉了否定的祈使語句來說明客語字序。他說華語的「不可去」，客語的字序是相反的，"hi-mg-det"（去不得）。

　　"mg hi" 和 "ngai mg hi" 是用客語的否定語氣回答「你要去嗎？」這句話。對於否定的祈使語氣「不要去」，客語的說法是 "moc hi" 或 "mg hao hi"。這時就沒有相反的字序。"ted" 是用在形容詞片語，藉以表示「能夠」或「得」（即英文裡的 able 之意）。例如，"tso ted" 意思是「可以做」和 "tso mg ted" 的意思是「不可以做」或「不能做」。用模里西斯或梅縣客家話說 "hi mg ted" 的意思是「不能去」或「不可以去」，而不是「不要去」。

　　C. Rey 在他所編字典裡的文法和句型部份，用圖示的方法解說否定祈使語氣："mg hao kouan moun"（不要關門）。這裡沒有因否定而倒轉的現象。他也建議讀者去看 "moc" 的否定祈使語氣。他舉三個用 "moc" 的否定祈使語氣的例子，沒有一個是因為否定而倒轉。（1）"moc loi"（不要來）（2）"moc

---

63 同上，P. 92。

chang"（不要出聲）（3）"moc sin ki va"（不要信他的話）。

　　中國被說各種語言的人民圍繞著。在西方和西南方可以找到藏緬語系，在北方遇到阿爾泰語系。土耳其語，蒙古語，和通古斯語都是阿爾泰語系的子語系。語言學家並沒有把客家話列入阿爾泰子語系裡頭。

　　住在同一特定地方的人民會相互影響，並分享彼此的某些文化，例如，衣著，飲食，和音樂。他們也會借用彼此的字詞，腔調，文法結構，和其它的語言特徵。結果，在某個地區的幾種語言可能很相近，但不屬於同一語系，也不是基因上相關的語言。這就是語言學家所謂的「語言地區」。

　　語言學家使用「基因上相關的」詞句，是個不好的比擬，因為它會使人混淆。人類的基因代代相傳，父母傳給子女。語言不能用基因靠身體傳遞。它必需靠代代重新學習。一個小孩可以拒絕父母的語言而去接受一種全新的語言。「基因上相關的」一詞的最好解釋是指語言不是靠生理的傳遞，而是用文化將語言代代相傳。基因上相關的語言是彼此相關的，並且可以追朔到一個共同的原始語言。英語和德語是基因上相關的，因為它們都是原始德語所衍生的後代。當人們把語言關係和生物學的關係混淆時，問題就來了。具有相同祖語的人不一定有相同的祖先，反之亦然。例如，在澳洲和美國出生的小孩，他們不一定會說他們歐洲祖先的語言。

　　學習語言有兩種方法：一是比較它們的語彙和形態，二是比較它們的類型特徵，也就是聲韻，形態，和語法。要靠第一種方法來決定語言之間的基因上的關係時，語彙的聲韻對照以及重複的模式和規則是很重要的。用比較的方式去研究類型的特徵，可以揭示中國話和其它東亞語言共有的特徵，但是它不會證明任何

的基因上的關係。例如，中國話和揣克（Trique，一種墨西哥印地安語），都有音調，但是兩者之間非常不可能建立起任何基因上的關係。

語音特徵

第一特徵：中文是一種有音調的語言。（本節所提的中文包括華語和客語。）阿爾泰語系的語言都是沒有音調的。在有音調的語言裡，每一個音節都有固定的音高，音高是用來分辨字義的。所有的現代中國方言都有音調。這種音調的使用散及東南亞。苗猺語、泰語、越語、和緬語都是有音調的語言。比較兩種語言時，它們有幾個音調並不重要，重要的是它們是否屬於有音調的類目。在這件事情上，諾曼（Jerry Norman）說：「馬斯培羅（Henri Maspero）（1912）進一步主張音調是語言遺傳的特性，它不能由無音調的語言演變而來；由這個觀點可以引證有音調的語言和無音調的語言是不可能有基因上的關係。」[64]所以，根據馬斯培羅的理論，阿爾泰語系的語言和客語是不可能在基因上相關的。

第二特徵：印歐語系的語言在一個音節的頭尾常有子音串。很多的英文字以子音串如 "pr-" "tr-" "str-" 和 "pr-" 起頭，或以子音串如 "-lf" "-lp" 和 "lps" 結尾。然而，中文則自從早期的第七世紀以來，在一個音節的頭尾都沒有子音串。不過，「有很強的證據顯示，在西元前千年左右的中國古文裡，有些子音串可能出現在音節的起頭或結尾（少些）部份。」[65]多數的東亞語言有流失子音串的傾向，中文尤甚。它已經沒有子音串了。

---

64 Norman，前揭書，P. 54。
65 同上，P. 9。

諾曼推測「由於中國話和阿爾泰語長久以來的接觸，（...）因為阿爾泰語從來沒有在一個字的前面使用過開頭的子音串，中文在這方面必然受到阿爾泰語的影響。」[66]這個影響並不代表阿爾泰語和中文有基因上相關的。

第三特徵：「母音和諧」是阿爾泰語音最出名的特徵之一。「母音和諧」的意思是一個字裡面的所有母音都要「和諧」。如果一個字所有的母音都是前母音或都是後母音，那麼這個字就是和諧，否則就是不和諧。"i"是前母音，"a" "o" "u"是後母音。中文沒有母音和諧的特徵。

第四特徵："r"和"l"很少出現在阿爾泰字的前面。客語的字前常用"l"音，少用"r"音。華語則兩個起頭子音都用。

形態特徵

阿爾泰語一直被稱為膠著語言，因為它的字或片語是靠附加字形成的。因此阿爾泰字可能很長而且多音節。阿爾泰語言沒有像英文 sing-sang-sung 的母音變化。中文沒有曲折變化。它不是一種膠著語言。它很少有字首和字尾。不過字尾 "-r"（-e 客語）和字首 "a" 除外。複數不是靠字尾或改變母音來表示。中文的動詞沒有變化。

語法特徵

第一特徵：凡是帶有曲折變化的語言叫做綜合型的語言，像客語這種沒有曲折變化的，就叫隔離的或分析型的語言。像阿爾泰語的綜合型語言，它們的文法關係是靠附加字或改變字的本身

來表示。像客語的分析型語言，則靠字的順序或獨立的文法質詞來表示。

　　由於拉丁文的字尾已經消失了，所以法文必需使用質詞"du"、"de"、"la"和"des"來表示文法的關係。客語用一個大家熟悉的字首"a-"來代表親屬關係或專有名詞，例如，"a koung"（阿公，祖父），"a chouc"（阿叔，叔叔），"A Foung"（阿方，人名）。客語裡最常用的一個質詞是用來表示所有格的"ke"。在墓碑上常見的（文言文用的）字"tje"（之），同樣是用來表示所有格。

　　第二特徵：客語和阿爾泰語相同，形容詞是放在它修飾的名詞的前面。形容詞的順序（在名詞前面或後面）會改變詞句的意思。例如：

　　"ho nam"（河的南邊），

　　"nam ho"（南河），

　　"hao gnin"（好的人），

　　"gnin hao"（人是好的）。

　　同樣是分析型語言的法語，也有某種程度的相同特徵，"un homme gentil"和"un gentil homme"兩者的意思是不一樣的。

　　客語和阿爾泰語同樣把形容詞放在名詞的前面，然而幾乎所有的東亞語言是把形容詞放在名詞的後面。客語和粵語的性別詞是在名詞後面，而華語的性別詞在前面。例如，"ke koung"（公雞）"ke ma"（母雞）"niou kou"（公牛）"niou ma"（母牛）。根據拉姆斯（Robert Ramsey）的說法，南方這些方

言的這種架構，「似乎是泰語系下一層語族的例子」。[67]有趣的是，"guest（客人）"粵語叫"yanhak"而客語叫"gnin hac"，有別於代表客家族群標籤的「客人」。

第三特徵：在學習語言時，句子的順序是類型學的重要因素。主詞（S），動詞（V），和受詞（O）的位置，是所有語言的特徵。東亞的語言可以分成兩種，一種是 SVO 型，另一種是 SOV 型。華語，泰語，苗猺語，和越蒙語是 SVO 型。阿爾泰和多數的藏緬語言是 SOV 型。

華語有一種特殊的造句法叫主題-註釋法。一個句子被分成主題和註釋兩部份。做主題用的字詞放在整個陳述句子的前面，之後才是註釋部份。句子的順序是 OSV。這種造句的文法特徵也可以在日語、韓語、滿語、和泰語找到。下面的例子說明主題-註釋型的句子是如何造的：

"y ke chou, ngai t'ouc p'et le"（這本書，我讀過了。）

第四特徵：量詞或類詞已經在前面討論過。讀者只要知道華語和其他的東南亞的語言都有這種句法的特徵就夠了。

第五特徵：在華語裡，第一人稱的複數代名詞，「包含的」和「除外的」情形是有區別的。"women"（我們）的意思是指「他或他們，和我」，所以是「除外的」，"zanmen"（咱們）的意思是「你和我」，所以是「包含的」。根據諾曼（Jerry Norman）的說法，兩種差異可能是受到阿爾泰語的影響。在古漢話裡這種差異並不存在，而是在阿爾泰統治時期的北方語言才出現。這個差異在許多的北方方言和多數的明朝方言存在著。客語雖然和明朝的方言很接近，但是在這方面並沒有差別，它只用

---

67 Ramsey，前揭書，P. 37。

一種方式："ngai teou gnin"。甚至在華語裡，「我們」常在兩種情形下被使用。

我們現在可以總結如下：現代的中文具有在語音，句型，和句法方面的所有的特性：幾乎都是單音節的語素／詞，音調，起頭音 "l-"，單一輔音但沒有子音串，分析型，使用量詞，形容詞-名詞的順序，SVO 的句子順序。反過來說，阿爾泰語系的蒙古語，滿語，和維吾爾語則有下列特性：膠著詞句，音節頭尾的單子音，和諧母音，形容詞-名詞的順序，和 SOV 的句子順序。中文和阿爾泰語之間並沒有什麼密切的關係。上面也提到，在同一語言區的語言並不一定具有相同的基因背景。美國語言學家盧冷（Merritt Ruhlen）把亞洲人所使用的語言分為十種語系，阿爾泰語和華語是屬於不同的兩種語系。

那麼，中文究竟和那種語言有基因上的連結呢？諾曼在比較華語，藏語，緬語和其他語言的字彙之後，建立起它們之間的基因連結。在所有諾曼比較過的字，「代表著不太可能是借自其他語言的基本而獨立的字彙，語義的連結是很清楚而且直接，甚至在這個簡短的清單裡，它們重複的語音規則性都很明顯。（...）華-藏-緬 三種語言的緊密連結是牢不可破的。[68]（...）本尼迪克（Paul Benedick）認為華語是屬於一個包含華語，Karen（可蘭語），和藏緬語的大語系，他給中藏語言的分類是最廣泛被接受的。儘管中國人和阿爾泰人比鄰而居，而且阿爾泰人也統治過中國幾百年，中文和阿爾泰語毫無基因上的連結。

中國或中國的某部份曾經被稱為野蠻人的阿爾泰人統治過。在第四到第六世紀的時期，中國北方被凶悍的民族統治著，史稱

---

[68] Norman，前揭書，P. 12-13。

五胡十六個，南方則由中國人統治。五胡裡有兩胡使用漢藏語，另外三胡是大草原的游牧民族，講的是土耳其語，蒙古語，和通古斯語。他們統治中國北方三百年，我們認為他們一定會留下許多阿爾泰語的痕跡，令人驚訝的是阿爾泰語的借用語很少在中文裡出現。諾曼說很可能是因為在阿爾泰人被推翻後，中國統治者拒絕接收阿爾泰的任何借用語詞。[69]

　　滿州人和蒙古人一樣，也沒有在中文裡留下幾個字。源自蒙古文的字詞現在都已消失了。滿文的字詞也寥寥無幾。我們最清楚的滿文借用字詞叫薩其馬（sacima）它是一種麵，在模里西斯稱為"gateau macaroni"。在滿州食譜裡，有使用麵，牛油，和蜂蜜。不過在中國人的食譜裡，牛油沒了，並且用麥糖代替蜂蜜。另一個借自阿爾泰文的字是代表小牛的"犢"字。"江"和"河"兩個字並非漢字，"江"字來自南方的南亞語系，"河"則是由阿爾泰語衍生的。北京有名的鄰居小巷"胡同"，也是阿爾泰語。

　　為什麼只有這麼幾個引自阿爾泰文的字詞呢？這也許可以在中國文字的本性和中國人的靈性方面得到答案。自豪的中國人一向認為自己住在地球的中心地帶，所以不可能去引用邊緣地區人所用的語言。中國人認為那些邊區的野蠻民族才應該引用他們的語言。實際上，越語，韓語，和日語不僅在不同時期引用了個別的中國字，甚至抄襲中國字的字形和字音，再加修改以便符合它們文字的傳統。

---

69 同上，P. 20。

（二）漢朝並非漢人

　　江運貴根據下面兩點論證，主張漢朝的締造者劉邦是匈奴人，而不是漢人。第一點與「漢」（"han"）字有關，第二點與採用「漢」字做為朝代的名字有關。

　　他表示：「依照《牛津英語字典》，英文字"han"的古字是土耳其字"khan"，意思是君主，王子，本字來自韃靼人（蒙古人或俄國的土耳其人）。中國字最常用的造字方法是靠字形和聲音的組合，即形聲字。明顯的，中國字「漢」引用"Khan"的音，（蒙古人的母語讀音是"han"）。這個形聲字是水的音符，代表蒙古人的"han"音。所以原始漢人才會表示漢化的匈奴人，或野蠻的蒙古人，不構成（中國）多數的人口和主流文化。」[70]

　　最早的印證是在 1400 年出自《牛津英語字典》。根據《牛津英語字典》所說，「歐洲人之所以知道這些，部份是由於蒙古人在十三世紀前半世紀的侵入，（…）但更重要的是因為在同一世紀裡（1245-1255），歐洲使節團去到中國元朝宮廷，和馬可波羅的講述（1298）。」

　　當中國人必需要把"khan"這個字翻譯成中國字時，他們採用一個同音異義，以「水」為部首的「汗」字。成吉斯汗在九泉之下，恐怕是不會高興的。

　　至於第二點，江運貴辯稱漢朝的開國始祖劉邦不是漢人，因為他在西元前 206 年稱帝時，所採用的國號叫「漢」，而不是他的姓「劉」。江運貴說：「如果他（指劉備）真的是中國劉姓家

---

70 Kiang，前揭書，P. 77。

族的人，為什麼他沒有採用自己的姓做國號？實際上，他知道他的族裔背景是匈奴，所以才採用「漢」字，藉以表示他的王朝名字是取自中國少數民族匈奴。」[71]

「漢」這個名字，是從漢朝衍生出來的。它是中國中部一條河的名字，這條河正是漢朝開國者的基地。「漢」在中國古典文學裡代表銀河（即天河）。漢代末期，國家陷入混亂時，中國人開始稱他們自己為漢人，藉以和大草原的游牧民族區隔。當第一個漢朝皇帝必需為他的王朝取一個新名字的時候，他用他自己發源地的名字「漢」河，他認為漢河也和天河相連。這在中國人的宇宙觀裡，對天子來說是一個重要而神聖的連結。

漢高祖劉邦，出生在遠離大草原的江蘇省農家。他們並非游牧民族的牧民。劉邦的父母沒有阿爾泰名字。他沒有為他的九個子女取匈奴名字。

一個朝代的開國始祖更換前朝的名字，並且取一個和自己姓氏不同的名字，是件平常的事。蒙古的元朝，明朝，和滿州的清朝，都沒用他們自己的姓，但是採用一個可以代表新朝代理念，並背離了前朝的稱號。蒙古人以「元」為國號，取義為「原始的」，「主要的」，或「根本的」。明朝取義「明亮的」或「光輝的」。滿州人以「清」立國，意思是「清純」。好幾個在第十世紀到十三世紀期間，在中國北方建國的朝代，也採用和自己姓名不同的國號。

契丹人的耶律氏族，原是游牧的部落，在四世紀時他們是鮮卑族很久遠的後裔。他們用「遼」為名建國。他們開始用「契丹」為國名，但是在西元 938 年把國名改為「遼」。西元 983 年

---

71 同上，P. 79。

時，又把它改為「契丹」。到了西元 1066 年，他的朝代仍然稱為「遼」，在中國歷史上，他的朝代一直叫做「遼國」。

西藏人的親戚通古人（Tangut），他們是在鄂爾多斯（Ordos）的游牧部落，在西元 1038 年建立了「夏」國。在中國歷史上叫「西夏」（1038-1227）。

西元 1115 年，非漢民族的完顏人建立了「金」國。國名是該部落的頭子完顏阿古答以安求魯河（Anchulu River）取名。（Anchulu 的意思是黃金。）在中國歷史上，完顏叫做女真。他們是通古斯人的後裔，滿州人的祖先。

下列的朝代都不是用開國始祖的姓氏取名的。[72]

姓氏	朝代
嬴	秦（221 B.C. - 206 B.C.）
劉	漢（206B.C. - 220A.D.）
司馬	晉（265-420）
楊	隋（581-618）
李	唐（618-907）
耶律	遼（907-1125）
完顏	金（1115-1234）
趙	宋（960-1279）
忽必烈	元（1279-1368）
朱	明（1368-1644）
愛新覺羅	清（1644-1911）

這些朝代的開國始祖沒有一個使用自己的姓來做朝代的名

---

72 S.L. Lee, 'Hakka History', sllee@asiawind.com, 2nd Feb., 1997, P. 5-6

字。劉邦只不過是沿隨了史上第一位皇帝秦始皇的做法罷了。李
先生（S.L. Lee）評論說：「很不幸的，在江運貴的書中犯了連
外行人都不會這樣解釋漢朝的根本錯誤。」[73]

西元 311 年，匈奴攻佔洛陽，擒金王，滅了金朝。又在西元
316 年攻佔長安，滅了西晉。匈奴於是統一了中國北方，國號為
趙。史稱前趙，以別於後趙。晉朝後裔南逃，王子在南京創建東
晉。由於中國北方的飢荒，政治和經濟混亂，和種族叛亂，中國
人口在西元四世紀初期開始外移，並且持續到西晉滅亡之後。估
計在四世紀的前面二十五年就有超過百萬人民移去南方。這就是
羅香林所提的第一移民潮。

李先生（S.L. Lee）曾經下了這樣的結論：如果客家人真的
是漢化的「非漢人」，那麼客家人從北南移，就不應該是「逃
離」「北方的侵略者」來「保留」他們的文化。而是實際的北方
客家「侵略者」為了傳佈客家文化到南方而南移。我們很難解
釋，為何一個非漢人的客家少數民族可以比純正漢人，在保留文
化方面做得更好？我們更難說明為何春秋戰國時期的《詩經》，
用客語發音要比華語發音更能押韻？雖然匈奴在春秋戰國時期曾
經試圖侵略北方諸國，但是在漢代前，他們在「中國」裡幾乎沒
有什麼戰果。[74]

匈奴，可能是最早的蒙古游牧民族，從西元前 300 年到西元
500 年統治著亞洲大草原，直到他們在歷史上消失為止。他們是
優良的騎兵射箭手，他們在中國北方的攻擊，迫使秦始皇在西元
前三世紀末興建中國萬里長城。之後，漢朝將它延伸 300 哩到戈
壁沙漠。新朝代和匈奴奮戰。如果劉邦和他的繼承者都是匈奴

---

73 同上，P. 5。
74 同上，P. 8。

人，我們很難了解這種戰事。

從文化和生活模式來看，漢人和匈奴人是兩個世界的人。漢人一直都是屬於靜態的民族，他們的活動主要是農耕，尤其是在南方種水稻，他們不喝牛奶。即使現在住在模里西斯的第一代客家人，他們也不喜歡吃乳酪食品。客家人的烹飪裡不用牛奶和奶油。匈奴人是大草原的游牧民族，他們的生活重點是永久準備戰爭 —— 訓練馬術，和攜帶弓箭騎馬。他們的經濟是以動物產品為主 —— 牛奶、牛油、奶酒、乳酪、和燃燒用的乾糞等等。他們靠搶劫，破壞，攻打村民，和搶奪商隊維生。他們沒有教育，不知道「文明」是什麼。因此之故，對於他們沒有留下什麼文化或文字，甚至他們的消失，也就不足為奇了。基於語言和文化的理由，他們非常不可能是客家人的祖先。江運貴也說 DNA 的研究可以證明客家北源之說。

（三）DNA 研究

根據江運貴的說法，「透過 DNA 分析，可以闡明先民的移民模式。因此，要探索客家人的源流，我們需要仰賴科學家的研究發現。」[75]

日本生物醫學物理學家松本秀夫博士（Dr. Hideo Matsumoto）和莫斯科大學的科學家共同合作，蒐集並且研究包括中國、韓國、俄國、臺灣、和東南亞國家等亞洲不同地區的血液。他分析在血液中 GM 指標的差異。他在 1966 年發現的結果，如下表 1.6 所示。

---

75 Kiang，前揭書，P. 14。

表 1.6：蒙古人類基因指標

人種	GM 基因	GM 基因	GM 基因	GM 基因
	AG	AxG	ABST	AFBB
北蒙古種（日，韓），客家（北方中國人）	45%	15%	25%	15%
馬來西亞，波里尼西亞，南方中國人	5%	5%	5%	85%
緬甸，西藏，馬來-波里尼西亞	~0%	~0%	~0%	~100%

資料來源：江運貴（Clyde kiang）（1992），p.15.

松本博士的結論如下：

結論 1.

蒙古人種的基因有四種主要的 GM 基因：AG, AxG, ABST, 和 AFBB。

結論 2.

蒙古人種可分為兩種。北方蒙古人的 AFBB 基因指標極低，而 AG 和 ABST 兩種基因指標則比較高。南方蒙古人的 AFBB 基因指標極高，而其他三種指標則很低。

根據江運貴的說法，松本推斷蒙古人所養的牲畜的家鄉，很可能是在貝加爾湖和沿著阿爾泰山一帶的中亞地帶。

江運貴說：「所有的蒙古人包括日本人，韓國人，和客家人（來自北方的人）」都有連帶的關係。「這證明他們三種民族有共同的祖先。（...）除非和外族人通婚，他們的基因組成是一樣的。」[76]對他來說，這種發現已經揭開了客家人在歷史性的遷移之前的源流秘密。

---

76 同上，P. 15。

S.L. Lee 用下列的理由來質疑江運貴理論的正確性：[77]

理由 1.

「客家人是匈奴人的理論是根據非常零抔的血液樣品，而且分析是靠日本人和俄羅斯人完成的。」

理由 2.

血液抽樣並沒有解釋客家人文化和漢或匈奴文化根深蒂固的關係。

理由 3.

「經過數百年的遷移並定居在南方，客家人很可能夾帶著各種各樣的基因型。滿人，夷人，戎人，狄人已經沒有什麼分別了，他們都是漢民族。」

南方殖民地的開拓，到現在已經超過兩千多年。在這期間有過不少的異族混血。現在很難找到「純」客家人。中國人是「由於戰爭，侵略，殖民，人口遷移，和鄰居的接觸而經常混合的產物。土耳其人、蒙古人、通古斯人、韓國人、西藏人、緬甸人、泰國人、苗人、猺人、和孟高棉人（Mon-Khmer）等的血統都對漢民族的形成有所影響。」[78]

朱真一（Jen-yih Chu）的指責更嚴厲。「他的客家源流是來自匈奴的理論是沒有根據的。在他的書中，他引用松本秀夫（Dr. Hideo Matsumoto）的論文，說 DNA 的數據可以證明那個理論。我看過松本的原始論文，相信江先生對松本的數據有所誤解。（…）他說的客家源自阿爾泰的理論也沒有憑證。」[79]

77　S.L. Lee, www.asiawind.com/hakka/history.htm, 17 th Jan., 2003

78　Jacques Gernet, *A History of Chinese Civilization*, Cambridge: Cambridge University Press, 1982, P. 9。

79　Jen-Yih Chu, 'Clyde Kiang's interview', 17 th Feb., 1998, www.asiawind.com/pub/forum/hakka/mhonarc/msg00716.html.

從語言，朝代名字，和 DNA 的研究三方面來說，江先生的說法都不足以擺平大家對客家源流的爭議。更近代的 DNA 研究也許有可能替這個問題解套，並且徹底消除爭議。

對於現代人類的源流和散佈，在古生人類學裡有兩種互不相讓的說法。「源自非洲」或「單一來源」是在科學界幾乎一致認同的看法，這種主張認為現代人類是在六萬年前離開非洲，後來的人口換新也很少有混血的現象。然而，在 2010 年 5 月，一個科學家的團隊，在《Science》月刊上，刊登了他們從克羅埃西亞山洞（Croatian cave）裡所做的 DNA 研究報告，顯示有 1% - 4% 的法國人，中國漢人，以及巴不亞人（Papuan）是從尼安德特人（Neanderthals）演變而來，尼安德特人很可能在離開非洲後不久，和早期的現代人交配而繁衍後代。另一個說法是叫「多區域源流」主張現代人類是來自許多不同的地區。

現代人類移入東亞的時間點，以及接下來的移民情形，是有些爭議的。[80]我們對於現代人類究竟從什麼路線自西邊分散到東亞，所知無幾。Cavalli-Sforza 和其他人建議從非洲擴展到亞洲有可能的兩條主要路線是：一是由北非，另一是由依索比亞。後者是沿著海岸走，因此也叫海岸路線。

蘇炳（Bing Su 音譯）等人從世界人口裡，蒐集了 925 個男人的 DNA 樣品，其中有 739 個是東亞人。他們用這些樣品調查古時候人類在東亞的移民模式。所得的證據顯示「現代人類大約是在六萬年以前，首次進入東亞南部，然後再往北方遷移，這和當地的冰河退後期吻合。這也可能提示我們，住在東亞的古老時

---

80 Bing Su et al., 'Y-Chromosome Evidence for a Northward Migration of Modern Humans into Eastern Asia during the Last Ice Age', *Am. J. Human Genetics*, 65:1718-1724, 1999, p.1718.

期的人類及其祖先是在上次冰河時期或之前消失了，而非洲的現代人類的後裔遷徙到東亞。大多數屬於 H6 和 H8 基因的另一種人民，之後費盡千辛萬苦移到北方，成為現在中國北方和西伯利亞的人。[81]

南方的中國人和東南亞人比和東北亞人的關係更親近。「所有的漢人都說漢藏語言，不過在基因方面，北方漢人和蒙古人及日本人有緊密的關係，而南方的漢人則和越南人及孟高棉人有緊密的關係。」[82]

根據朱真一的說法，DNA 和其他生物學的研究，顯示中國的漢人有兩個發源地，一在南方，一在北方。這些生物學的研究結果也告訴我們，客家人主要是來自中國南方的族群。免疫血球素（Immunoglobulin）的研究顯示，中國的客家人和中國南方的少數民族有緊密的關係。使用單倍型（haplotypes）免疫血球素的基因頻率，他估計現在的中國客家人有 20-25%的基因來自北方，有 75-80%則來自南方。中國南方的漢人「可能來自相同的祖先，」但他與北方的中國人不一樣。[83]

H. Li 等人在 2003 年出版的研究報告裡總結說：「以基因來看，大部份的客家基因是來自北漢，而非漢人基因的部份，以畬族人的成分最多。」[84]

從許多專家的不同發現與結論來看，很明顯的，最近的 DNA 研究並未確切的擺平關於客家人源流一直持續著的爭議。

---

81 同上，P. 1723。
82 Luca Cavalli-Sforza et al., *The History and Geography of Human Genes*, New Jersey: Princeton University Press, 1944, P. 233.
83 http://cult.nc.ncc.edu.tw/but23.htm.
84 H. Li et al., 'Origin of Hakka and Hakkanese: a genetics analysis', Yi Chuan Xue Bao, 30（9）: 873-80, September 2003, www.ncbi.nlm.nih.gov/entrez/query.fcgi?cmd.

第四節 建立客家族群

客家人在建立他們的身分和保持他們的特徵方面，受到獨特的客家方言，族群性，和科舉制度的加持。語言幫助他們維持族群間的凝聚力與團結。科舉制度不僅可以讓他們脫離低下的社會地位，也可以藉此證明給貶低他們的人看，客家人的智慧並不比他們差。他們的成功，主要是靠著他們的民族性：男女平等、愛國精神、忠誠、節儉、勤勞、和有恆等美德。

一、語言，學術成就，與科舉制度

語言是建立客家族群和穩固他們身分的中心。如果沒有和北方官話很相似的特別客家方言，客家人源自北方的說法就會被削弱。客家人一直努力去保持並維固他們的方言，拒絕在語言方面被非客家的鄰居所同化。

語言是一個動員群眾和團結群眾很強的標誌。在梅縣所用的客語是現在公認的標準客語。它是代表客家族群性的標誌。客家人講同樣的方言，不論在世界的任何地方，只要聽到客家話，就會給他一種歸屬感。這種歸屬於講同種方言族群的感覺，可以在大家熟悉的片語 "tse ka gnin"（自家人）表露無遺。「自家人」的意思是屬於同一族群的人。

能講客家話和身為客家人都是一種驕傲。這種意識已經散佈到全世界。不過，在最近數十年來，客家方言由於沒有被傳授給年輕的下一代，客語已經成為一種逐漸消失的方言。例如，在香

港,大溪地,留尼旺島,塞席爾群島,模里西斯,和南非等地的
土生客家人,並沒有學客語。在模里西斯的情形更是嚴重。大部
份的第三,四代的子女,不但不講客家話,連華語也不會。在香
港,那些不懂祖先母語的人學了廣府話。在臺灣,他們學閩南
語,或華語,或兩種都學。客家方言似有被主流語言同化的情
形。在模里西斯,絕大部份的客家後代,沒學客語的人便以克里
奧爾語做為母語。

語言,教育,以及學術成就,和傳統中國的科舉制度有密切
的關係。客家人都知道,通過考試,對改進他們形象是非常重要
的。他們知道學術成就的重要性。科舉制度是一種走向社會上層
的最佳途徑。它是一個機會均等的制度。也是一種不分階級和方
言族群的民主制度。它可以讓成功的應試者有機會獲得菁英和貴
族的社會地位。通過考試不僅可以光宗耀祖,而且可以使鄰里有
榮焉。學術的成就是反駁本地人誹謗他們污穢,貧乏,和半野蠻
的原住民的最好的辦法。學術成就可以證明給誹謗客家人的廣府
人看,客家人在智慧和文化上,都不輸他們。

在族群衝突的壓力下,政府在客家人明顯少數的縣府,採用
一種保障錄取名額的制度以示公平。這種新政策首先於 1730 年
在江西的縣府施行。在 1760 年時,住在開平的客家人冒險向政
府請願,要求政府給他們永久居留權,以便參加縣考,但是他們
的請願沒被批准。不過數十年後,政府改變初衷,把舊有的保障
名額制度擴大到廣東全省的縣府。開平是在請願幾乎五十年後才
獲得 1807 年實施保障名額制度的好處。[85]

宮廷的考試叫科舉。在兩千年以前,中國發展出一種有效率

---

85 Leong,前揭書,P. 70。

的官僚制度，這個制度是靠教育體制並且依照考試成績甄選官員。秦始皇廢除世襲的貴族制度，採取中央極權和非世襲的官僚制度。所有的官員都由皇帝指派。漢朝延續中央極權制度。漢朝尊孔之後，歷代皇帝都維持著這種靠考試成績而不靠出生背景的原則去指派官員。

　　唐朝（618-907）繼承科舉制度，並加改進。實行不同等級和不同類別的考試制度。最出名的學位叫秀才，但是最尊貴的學位是進士，因為考取進士的應考生可以親自晉見皇上。進士可以獲更高的官階。這兩種學位相當於西方國家的學士和博士學位。

　　科舉制度逐漸發展並且在第八世紀時到達高峰。雖然制度本身對富家子弟比較有利，因為長時間的學習需要金錢和時間，但是制度只根據考試成績來決定成敗。在政府機構任職，憑的是能力，而不是靠出生背景，階級，或個人關係。到了第八世紀，在政府機構任職便可以帶給家庭一個很高的社會地位，而家譜本身就變得不那麼重要了。唐朝開始把傳統的貴族家族體制轉換為經過激烈考試而錄用官員的官僚制度。Fairbank 和 Reischauer 認為這種以考試成績做評審的科舉制度是「中國文明最偉大的成就之一。」[86]

　　宋朝（960-1279）將科舉制度開放給全國大眾。他們繼續改進制度。從 1065 年開始，每三年考一次。考試分三等級。最低的一級是在縣府舉行。考取的應試者，必需參加更高一級由政府主辦在首都舉行的考試。最後一級的是「宮廷考試」，考取的應試者，將依名次決定分派到政府機構服務的第一份工作。而失敗的人，則可以繼續無限次的參加考試。這些通過考試的應試者的

86　Fairbank and Reischauer，前揭書，P. 104。

平均年齡是 35 歲。[87]

然而，宋朝政府機關的人事制度，改變了政府的本質。從漢朝到唐朝初期，高層官員都被貴族所把持。官僚政府現在排擠貴族政府。宮廷御試最值得稱讚的是它產生了一些非世襲的求學貴族。這種制度遠比世界其它佔優勢的軍事機構或世襲的貴族制度更為先進。它同時也是一種民主的和菁英領導的貴族政治。英國學者布爾同（Robert Burton）深知中國宮廷科舉制度的益處，他在 1621 年在英國出版的《Anatomy of Melancholy》的書裡介紹中國的（科舉）制度，藉以挑戰貴族們享受著的特權時，在貴族群裡激起一陣恐慌。

在第十一世紀時，政府大概有一萬兩千名高級官員。政府公開招才的事實，可以從 1148-1256 年間，超過半數的官員是來自前三代都沒有在政府為官的家庭，得到印證。[88]

科舉制度在元朝（1279-1368）時，遭到嚴重的打擊。忽必烈不靠科舉考試取用人才，科舉制度被廢止後，在 1315 年以前都沒有被恢復。可惜為時已晚，蒙古統治者已經無法得到官僚制度一致的影響和官員的支持。

明清兩代都採用三級的科舉制度：縣府級，省級，和宮廷級。官僚的人數大致相近：唐朝 18,000 名，宋朝 20,000 名，清朝 20,000 名。全國人口在西元 875 年為 0.8 億人，1190 年為 1.1 億人，1850 年為 4.25 億人。

參加科舉考試，也有可能靠世襲或購買的方式，取得入級（具有學位）的身分。高層官員的兒子，可以因為父親的功績，保證取得入級的資格，甚至一個政府機關的職位。另一個獲取入

87　同上，P. 126。
88　同上，P. 127。

級資格的方法是靠捐款給宮廷的國庫。花錢購買入級資格，雖然可以取得上流階級的身分，但是不能取得工作的職位。這種考試制度有兩種好處：它可以充實國庫的資金，同時維持權貴階級對國家的忠誠。在十九世紀的滿清時期，有三分之一的初級學位是靠購買而來的。不過，科舉制度仍舊產生了大多數的政府官員，和最有能力的文職團隊。擁有入級資格的官員仍舊佔大多數，並且掌控著政府的行政機關。[89]

　　科舉制度在 1905 年被廢除了。從狹義的角度看，科舉制度廢除以後，社會便不再產生菁英和貴族階級。科舉制度既然是一個被證實有存在兩千多年歷史的價值，它是不會消聲匿跡的。在 1980 年代，中華人民共和國重新推行一種考試制度藉以改進官僚制度。雖然以前遴選官員是看個人的成績，但是在毛澤東時代，遴選官員是以候選人對黨的忠誠度以及他個人或家庭的條件來決定。1971 年，中華人民共和國取代了臺灣在聯合國的席位，所有進入聯合國服務的工作人員都由毛澤東一人指派。這消息是由 2005 年在中國中央電視臺 CCTV-9 "Up Close" 節目的一位前工作人員所揭露的。在臺灣的考試制度則永遠由考試院掌管。

　　儘管皇帝制定的科舉制度在半個世紀前就已經費除了，第一代的模里西斯客家人，在 1950 年代和 1960 年代談到科舉制度時，經常帶著失落的心情與鄉愁。科舉制度的最高榮譽是狀元，這個頭銜是國家授給在宮廷最高考試獲得第一名的得主。狀元相當於法國的 "concour"。在加拿大和美國，成績最好的學生叫 "valedictorian"。（他/她在畢業典禮時，代表畢業生致告別

---

89 同上，P. 188-189。

詞。）在蘇格蘭，澳洲，新西蘭，南非，和冰島叫 "dux"。狀元一詞，現在已經被大眾用來代表「任何一行中最有成就的人」。滿清時代科舉制度的頭銜如下：

　　＊生員，又叫秀才。相當於獲得學士學位的人。他通過在縣府舉辦的第一級考試。第一名的生員或秀才叫「案首生員」。

　　＊舉人。相當於獲得碩士學位的人。他通過在省城舉辦的考試。第一名的舉人叫解元。

　　＊進士。相當於獲得博士學位的人。他通過在皇帝殿廷舉辦的考試。第一名的進士被授予「狀元」的頭銜。在模里西斯的第一代客家人，一談到狀元便肅然起敬。這個頭銜代表一種最高的成就，它代表科舉考試制度至高無上的榮耀。

　　以科舉制度做為政府遴選人才的辦法，可以說是在非完美制度中最好的制度。它要比靠推薦、贊助、世襲、政黨黨員、或家族關係等的錄用辦法更好。因為科舉制度是開放給全國大眾，所以制度是民主的。政府可以在廣泛的各種不同階層人才中，遴選最有才能的人來替國家做事。政府並推行防弊措施，加強科舉制度的民主精神，確保所有的考試能夠客觀，沒有偏私，而且公平對待每一位考生。考試的競爭，鼓勵人民對教育和學習的重視。儘管考試所錄取的人數不多，政府所提供的工作機會也比錄取名額少，但是報考的學生人數不斷的增加。考試制度因此提高一般教育水平。在科舉制度下，一個最平凡出生的人，只要能通過考試，他也可以躋身權貴之林。這種制度可以促進社會的流動性，同時也可以防止種姓制度的產生。它是所有中國人想要做官的美夢。以這個病態主題的故事多不勝數。「黃粱美夢」是讓人想當官的不朽之夢（參閱第五章）。

　　所有偉大的朝代都採用科舉制度。如果失去菁英份子的忠誠和人民的支持，沒有一個皇帝可以奢望國家長存。中國人對考試必讀的孔子經書裡所闡述的忠於國家的觀念根深蒂固。遴選官員在全國舉行，名額保障政策確保所有的縣，府，和省都有參與，這樣一來，皇帝便可獲得全國各階層菁英的忠心擁護。而任何發展地方勢力的傾向可以減低到最小，國家的完整也可維持。皇帝與朝代存亡迭起，但是官僚制度仍然長存。靠科舉遴選官員的制度持續運作。儘管滿族人在他們制定人民階級時，詆毀漢代文人為「臭九族」，他們還是看到科舉制度和官僚制度的重要性。靠著這些官員的合作，他們統治了中國 267 年。在十三，十四世紀的蒙古人，沒能正視科舉的重要性，等他們重新推行科舉制度時，已經為時已晚了。

　　由於全國的考生必需研讀同樣內容的書籍，他們都被灌輸同樣的理想和價值觀。科舉制度也因此維持住全國的文化統一。

　　批評家已經注意到，科舉制度把考試內容限制在《四書》和《五經》裡，過份偏重文科的學習而忽視實用知識的弱點。明清兩朝政府重視栽培業餘者的理想。官員們都是畫家和詩人。他們的人文主義都表現在藝術上。科學，技術，和商業均屬次要。傳統的「文」（文化）價值為首。甚至考試的試卷都要求考生必需以不超過七百字寫出「八股」的論文。科舉制度本身鼓勵填鴨式的學習。成千上萬充滿希望的應考者，在明清的統治下，把《三字經》[90]背得滾瓜爛熟。《三字經》以三字一句的方式，用 356 句總結古典為人處事的基本知識。[91]由於成功的人不多，科舉制度在表面上看要比實際來得民主，不過多數人民對科舉制度仍然

90　http://www.gutenberg.org/etext/12479.
91　Fairbank and Reischauer，前揭書，P. 190。

有信心。

對科舉制度最嚴重的批評是，因為制度本身只在維持現狀和正統，它阻礙並窒息智慧的成長。把全部的智慧集中在古典的東西上，不能幫助或推廣進步。中國以前產生四大發明（紙，印刷，指南針，和火藥）的早熟天才們，不可能在這環境下興旺，以後的發展也會受到妨礙。

科舉制度是一種嚴格的制度，它沒有考慮到個人的發展。不能適應這種制度的人就會被拒絕於門外。因此之故，它變成失望的根源。這種現象會產生兩種極端的後果。失敗者可能變成更兇狠的去挑戰考試制度，也可能轉變他的精力去積極面對現狀。負面的情形可能對人類付出慘痛的代價。黃巢和洪秀全在考試失敗後，分別在第九世紀和第十九世紀靠組黨叛變來發洩個人的挫折感。不過，失敗也可能因禍得福。失敗者在智慧方面的精力可以被用來產生文學方面的成就。著名的唐朝詩人杜甫（712-770），在西元 736 年考試失敗後，改寫詩詞而成名。十八世紀裡，中國最偉大的的小說家曹雪芹，在考試失敗後，寫了《紅樓夢》。

很多的歷史學家，認為殿廷的科舉制度是中國的第五大發明。它是中國帶給世界的一個典範。那些成功統治大英帝國的人，都是受過古典教育的統治階級的成員，與中國的滿清官僚沒什麼不同。

第二部份　客家移民

第二章　客家天下觀

　　在中文裡沒有一個單字或詞，可以解釋從希臘字的動詞 "to disperse" 演變而來的英文字 "diaspora"，也沒有單一的詞句可以用來代表各種不同的中國移民。[1]為方便起見，我們將根據文章內容，用「華人」,「華僑」,或「華裔」等通用術語來代表 "diaspora"。英文字 "diaspora" 出自聖經舊約申命記第二十八章第二十五節，"（...）thou shalt be a diaspora in all kingdoms of the earth"。"diaspora" 一字指的是巴比倫的流亡者。它通常是指在西元前 586 年時，從古代的猶大王國（Judah）被趕出或流亡到巴比倫的猶太人。流亡是被強迫執行的。聖經約翰書第七章第三十五節裡的 "diaspora" 是指和希臘人或異教徒散居著的猶太人：「你願不願意去一個我同胞散居在希臘人中的地方，教那些希臘人？」不過，在聖經雅各書第一章第一節和彼得第一章第一節裡，它是指住在巴勒斯丹國外的猶太基督徒。二次世界大戰以後，由於以色列國家的建立，它的意思是指住在以色列國外的猶太人。

　　在現代的社會學和人類學裡，"diaspora" 一字有更廣泛的應用。以前散居的少數民族，移民，和族群，現在一律被改稱為 "diaspora"。當我們提到猶太 "diaspora" 以外的分散的社群

1　Pierre Trolliet, La Diaspora Chinoise, Paris: Presses Universitaires de France, 1994, P. 72.

時，我們就使用 "diaspora" 這個字。

《歌林社會學字典》（The Collins Dictionary of Sociology, 1995）把 "diaspora" 定義為「任何一族的人，不論是自願的或被迫的被驅散到世界各地居住，特別是指猶太人的情形。」 "diaspora" 有許多種，例如，被迫害的犧牲者（猶太人），廉價勞工（印度苦力），以及因為經濟理由而他遷的移民。離散異域的原本理由可能是被迫或出於自願。社會學者主張一族人民必需具備幾點下列的特質，才可以被稱為 "diaspora"：

1）被迫或自願離散到異鄉的宗教群體或族群；
2）"diaspora" 的成員都有離散歷史的集體記憶；
3）傳承共同文化的求生意願，文化包括語言、宗教、食物、衣著、族群價值等等；
4）為求保持集體身分，拒絕被當地國家多數人民同化；
5）保持與原居地人民的聯絡。

明顯的客家海外移民，發生在十九世紀中期的土客械鬥和太平天國叛亂之後。在同一時期裡，也有大批的中國人，包括客家人，以苦力的身分移民海外。早期的移民主要的是未婚的男性，而他們有很多人和當地的女人結婚。一直到了二十世紀的前幾十年，中國婦女才開始移民。他們的子女，以及那些和異族通婚的小孩，在當地國家土生土長，如今已經好幾代了。他們大多數不會講祖先的方言（母語），也拋棄了很多的中國文化。因為土生的小孩不會說中國方語，所以他們不算是「完全的」中國人，又因為他們不是白人，而且看起來仍舊是中國人，所以他們也不是西方人。他們大多數是他們所認同的居住國家的公民。自從

1955 年以來，中華人民共和國不再承認他們是中國的公民。這些種種因素，導致大家重新去評估華裔族群的中國人特性和身分。專門研究以中國（大陸）為祖國，並且以中國來認定中國人特性的華僑的學者們，都把這些議題列入他們的研究裡。洪教授（Ian Ang）在她對混種的研究裡，更進一步建議大家拋棄中國人這種類屬。她把著眼點放在克里奧爾華裔的混種特性上，克里奧爾人是由東南亞人和中國人所生，或是東方人和西方人所生。在傳統外僑和混種之間，還存在著一種象徵著「文化中國」的觀念。

　　傳統的外僑觀念有強調僑民相同性的傾向，亦即所謂的「驅散相同性」。它有助於使在中國人和非中國人，真假中國人，和純的或是克里奧爾化的中國人的二分法永遠存在下去。它也有意強調外僑的同種性，把他們居住環境的衝擊減到最低。外僑對離開的祖國的中心思想，乃是諸多問題的原因。祖國象徵著他們遺失的文化和語言仍舊存在著，外僑在尋找混種身分時，祖國仍會縈繞在他們的心頭。洪教授（Ian Ang）[2]提到 Ruth Ho 反抗她的母親儘管她在異國定居了許多年，仍然堅持要她學習說華語的做法。當德國人，挪威人，和瑞典人移居美國後，他們的後裔並沒有被要求去學他們祖先的語言。為什麼中國人的小孩，就一定要學習講華語？這種類比是脆弱無力的。歐洲的白種移民和他們的子孫，很容易就可以融入白色的盎格魯撒可遜人新教徒的主流社會裡去，並且被他們接受。然而中國小孩想要融入主流社會就不可能，他們被稱為亞裔美國人，這個標籤顯示他們和白色的盎格魯撒可遜新教徒（WASP）是有所不同的。

---

2 Ien Ang, *On Not Speaking Chinese: Living Between Asia and the West*, London: Routledge, 2001, P. 33.

由於僑民在東南亞各國的同化程度有所不同,因此他們的「中國人特性」和「中國身分」也就跟著不同。華僑一直在使自己認同西方文化,因為他們相信這樣可以使他們致富,並且提高他們的社會地位。由於華人在東南亞被歧視,很多華人往西方國家移民。同化的意思是「使自己變成跟別人一樣」,然而,不論你如何努力,它將永不可能完全實現。藉由同化而得到的文化特徵,無法使一個華人變成真正的西方人。因為他們不是白人,中國人特性的痕跡不能從西化的華人身上摩去。美國文化大融爐並沒能使歸化的華人成為主流的白色的盎格魯薩克遜新教徒。在膚色上和眼睛裡仍舊可以看出他的中國人特性。黃色的皮膚不可能被擦去,這正如 Frantz Fanon 曾經說過「身體的憎惡」是一個不可能被丟掉的包袱一樣。[3]

對洪教授來說,重要的問題是為什麼海外的華人仍舊要把他們自己看成「中國人」?她說外僑的中國人特性,是在世界不同地區透過與不同種族的混種而形成的,他們的祖先已經在那些地方安居並建立了不同的生活方式。我們不可以把外僑的生活圈看成是一個統一而且同種的族群。[4]在華僑社群裡,也有不同的中國人特性。在傳統的華僑觀念裡,以中國為基礎的中國人特性,祖國一直是用來衡量華僑社團文化的標竿。當華僑藉由認同他們的混種特性,而擺脫以祖國為基礎的中國人特性,就可以由協商而建立一種新的身分。在這種新的範例下,把華僑分為真中國人和假中國人的傳統二分法,就會淡化進而消失。

洪教授的新方針是早期在國內外運動的合理結果。中國的知識份子對國內發生的社會政治革命不滿,尤其是 1960 年代和

---

3 同上,P. 28。
4 同上,P. 36。

1970 年代文化大革命所造成的分裂，以及 1989 年的天安門大屠殺。在 1989 年左右，在市中心的中國知識份子，對共產黨控制的政治中心是很重要的。由於知識份子在郊外的文化線索在文化大革命時期被切斷，他們開始去尋找他們以前在郊外（原居地）的根。這個運動曾經被叫做「尋根」。這個尋根運動產生一個更廣泛的「文化自我反省」運動。這兩個運動都是因為受到文化大革命影響而產生的意識覺醒。都市的知識份子感到一片空虛，於是設法去探索身為中國人的意義是什麼。尋根的事，也變成了尋找身分的問題。[5]就像一個被放逐了很久的人返回故鄉，他們發現故鄉卻十分陌生，而且祖國的文化像是一種外國的文化。年輕的知識份子設法重新釐訂範界去開創一個嶄新的空間，在這種空間裡，他們可以創造新的文藝作品，並且可以重新測試他們的文化身分。在國外的華人作家仍舊放不下中國，儘管故事是發生在國外的華人的社群裡，題材的角色仍舊與中國有關。他們還不能離棄中心（指中國）而轉向邊垂（指現居的國家），在那新的地方，他們原本可以創作一些撇開祖國的中國人特性和不受祖國影響的文藝作品。

　　杜維明教授把這種象徵性的，偏離中心的，和新建立的世界稱作「文化中國」，設計「文化中國」的目的在於使它能夠從中國大陸的文化霸權裡解放出來。這不論對中國的政治文化政策，或是對本質主義者根據共同歷史、祖先、和語言而定的中國文化與身分觀念，都是一個嚴厲的挑戰。這個計畫試著去訂定一個範界，使得外圍可以轉變為中心。因為這個構想的支持者，不滿中國大陸的做法，所以這個計畫也試著去使中國人特性現代化。同

---

5 Tu Wei-Ming, ed., *The Living Tree: The Changing Meaning of Being Chinese Today*, Stanford: Stanford University Press, 1994, P. 223.

時，他們也努力去避免重犯以前的錯誤。1919 年的五四運動，設法以全盤西化的方式來使中國現代化。根據杜教授的看法，文化中國的模範，應該是像臺灣，香港，新加坡，和東南亞的中國社群之類的。由於新加坡在某方面的基本自由受到質疑，很難想像它能擔當這個角色。香港由於主權不獨立，它的政治立場有問題。東南亞的中國社區複雜，而且他們的身分也經常改變，很難確定何去何從。

在國外設立文化中心的做法，等於設法從中國解救中國人特性和身分，並把它放在一個現代化的文化中心裡。這個文化中心具有真正的中國文化而且不受西方文化的干擾。這樣的做法，有個真正的危險是把古時的文化霸權換成一個新的文化霸權，和把一個原本多元而內涵豐富，遍佈各地的外僑變成一個同質的群體。離心的文化中心對這種風險的態度是傾向於不理或把它降到最低，因為混種化和克里奧化是華僑的一個重要特性。

在歷史上漢民族並沒有像外僑觀念這樣把人民分成兩組：一部份人住在中國的中央地帶，一部份人住在邊垂或國外。中國人和西方人的世界觀是不同的。在中國的傳統觀念裡，世界就是天下，意即「在天之下」。中國的古典文學裡常用天下一詞，古時候的中國人也以天下來代表他們所知道的或想像的整個世界。在傳統的「天」，「地」和「人」的三綱觀念中，它代表的是地。所以，我們以前的祖先們並沒有西方人的外僑觀念。袁冰陵說：「中國人的『天下』並沒有明確的邊界。不論中國人到那裡定居下來，他們會創立一個『小中國』，有的像羅芳伯那樣，（譯註：羅芳伯和一群客家人於 1777 年在西婆羅洲建立『蘭芳大總

制』。）寄望把婆羅洲變成大中國的一部份。」[6]以中國人的世界觀來說，天下是被世界上所有的人所共享。在中國古時的政治思想裡，中國的皇帝是天下所有人的理想統治者。

在外僑的範例裡，以中央與邊界的分析觀念，對中國歷史家是陌生的。在中國歷史上，二分法一向是用在漢人與非漢人上。從來不是用在一個漢族的中國人上。當非漢民族入侵統治中國以後，這種範例有了改變。傳統的和現代的學者曾經辯解說，根據漢化的定律，雖然漢民族在戰場上被打敗，但是漢文化仍然會戰勝，非漢民族終究會因文化的影響而改變，並且被漢化。[7]非漢民族的勝利者必然會接受孔子的思想體系，科舉制度，中國式的官僚制度，而且會放棄原來的游牧生活和牧羊經濟，改為農耕的定居生活方式。

中央對邊界的觀念，早在漢朝時代（206 B.C. - 220 A.D.）便已存在。不過，那時的觀念是一種漢民族和住在南北邊界地帶的非漢民族的二分法理念。自從秦始皇統一南方以後，對立的勢力基本上是漢民族對北方和西北方的非漢民族，包括土耳其人、維吾爾人、蒙古人、和西藏人。

中央對邊界的觀念導致中國世界觀的形成。由於皇帝是上天之子，所以在中國人的宇宙觀裡，他們的國家就是世界中心的理念就不足為奇了。中國的歷史家是根據中央對邊界的觀念來組合世界。中國著名歷史家司馬遷認定中國是世界的文化中心，而且中國文化遠遠超過其他非漢民族的文化。

雖然北魏（386-534）是由非漢的鮮卑族拓拔氏所創建，歷

---

6 Yuan Bingling, *Chinese Democracies: A Study of the Kongsis of West Borneo* （1776-1884）. See the introduction www.xiguan.net/yuanbingling.

7 Edward Wong, 'History, Space, and Ethnicity. The Chinese Worldwide', www.muse.jhu.edu/journals/journal_of_world_history/v0q0/10.2wang.

史家的文獻裡用中國或世界中心來認定他的朝代，而沒有把北魏當作邊疆勢力。中央對邊界的觀念仍然被維持著。漢族歷史家的中央理念是建立在漢民族的超級文化和族群性上面，然而，北魏則避開這點，只把新朝代以空間和地理的觀點來看。

到了唐朝（618-907），由於邊界的非漢民族都被征服而且納入中國版圖，漢族對非漢族或是中央對邊界的二分法就不重要了。漢族與非漢族的二分法於是被唐朝的世界主義取代了。

這種新的世界秩序必然受到挑戰。宋朝由於遇到蒙古入侵而恢復了以前漢文化的作法。宋朝主張漢文化是世界文化的中心，並推出新孔子儒學來鞏固這個政策。宋朝的官方歷史家首次以「外國」來稱呼非漢民族。這種做法意味著（漢族的）中國是躋身在許多國家中，並且和他們競爭在中國境內的政治和經濟上的主導權。這也說明非漢民族可以代表漢民族的中國。這樣一來，「漢」的身分就以文化來定，而不是以族群來定了。新的世界觀已經為接受非漢民族統治中國的理念鋪路了。

蒙古人征服了中國後，他們把中國的世界觀丟到一旁，並且把漢民族擺在社會階層的最低一級。這種做法對他們的文化優勢以及民族優越感是一個致命的打擊。

明代（1368-1644）的歷史家，認為明朝是蒙古朝代的繼承者，也就接受了非漢民族可以代表漢中國的事實。他們也接受蒙古朝代是一個統治中國的合法政權。中央對邊界的關係不再以文化或族群來定，取而代之的是現實政治。

滿州人是統治中國的最後一個非漢民族。他們一面讓外國觀念復活，一面淡化民族優越感。他們的世界觀前提是以中國對邊界為軸心。在行政方面，他們把全國劃分為數個省，以及蒙古，西藏，和穆斯林維吾爾三個行政區。在 1884 年，新疆建省以

後，清政府便放棄了以省對行政區為軸心的政策。

中國政治家在十九世紀末推出了一種超越族群分裂，融合中國境內所有族群的中華民族的觀念。開始的時候，中華民族只是指漢民族的中國人而已。後來才被擴大包含漢，滿，蒙，回，和藏五大民族。孫中山先生更把它擴大，包含了所有中國境內的民族。這個觀念由 1912 年的中華民國總統公開宣佈承認。

中華人民共和國仍然被北方和西方的非漢人困擾著，尤其是不接受這種觀念的維吾爾人和西藏人。毫無疑問的，中國又回到了中心對邊界的世界觀。共產黨為了避免一個由五十五個少數民族和漢民族組成的統一的國家造成分裂，所以他們把這個民族大融爐稱為中華民族。中心和邊界的觀念於是因過時而作廢了。

一直到最近，以中國為萬物中心的傳統觀念，深植海內外中國人的心中。這種以人類為宇宙中心的觀念是身為中國人的重要元素。[8]雖然華僑因居住他國而離開中國，可是他們的中國人身分，並不因而受損。華僑在二十世紀前半世紀的傾中國的身分是靠「中國人」和「中華民族」兩種情結而增強。

「中國」夾帶著一個中國人的國家主義信仰，它與中國牽連成一個國家的情結。由於華僑旅居的東南亞國家的獨立，和近來中國崛起的經濟強權，身為中國人成為一個複雜的問題。

中華民族的觀念仍然被保留在中國，做為把五十六個民族統一在它境內的因素，不過，它對海外的華僑則並不重要。自古以來，中國人把他國文化的人民視為中國的屬民和納貢者。中國人一向自認是世界的中心，圍繞在中國四周的是低文化的野蠻人 —— 東夷，西戎，北狄，和南蠻。他們認為中國的文化和語言，

---

8 Tu Wei-ming, ed.，前揭書，P. 149。

強大得足以吸收並同化非漢族的征服者。滿州人便是一個例了。

天下一詞也有政治哲學的涵意。它指的是一個把每個人都看成家中的一份子的烏托邦。沒有一個人被摒除在外。在這個烏托邦裡沒有宗教，政治，經濟，和文化的分界線。把作惡者從自命為善的基督徒分開的邪惡軸心（Axis of evil）並不存在，這是美國前總統布希（George W. Bush）的世界觀。

對客家人而言，外僑與非外僑毫無差別。他們認為所有的客家人，不論他們住那裡，都是「自家人」。一個住在新加坡的客家人，可以把來自模里西斯的客家人當作自家人。他們並沒有客家外僑的想法。

無疑的，「天下」是中國人的世界觀。現在世界被全球性的問題困擾著，這種世界觀顯得極為重要。在目前全球化的世界經濟裡，「天下」已經取得另一個特性，這個觀念也與時並進。當西方國家繼續以國家系統的思路看世界問題時，中國的天下觀念已經超越了西方的世界觀。從哲學的角度來說，「天下」是以世界的觀點來分析全球性的問題，有別於西方世界觀的國家對各州、國家利益、我們和他們、我們和其他人等的做法。所有的問題都被全球化，當作「天下」的事物，和天下有關，而不是只跟「我們」和「其他人」有關而已。

2002 年的中國片子「英雄」詮釋了「天下」的哲學觀念。該片以「天下」做為故事情節的中心。在一群誓死刺秦王的殺手中，有一位名叫「殘劍」的，乞求「無名」應以天下為重，不要殺害秦王，因為天下的利益要比個人的利益來得重要。最後，秦王平定了混亂的戰國時代。身為中國第一位皇帝的秦始皇，他統一了中國，給國家帶來了和平和穩定。有些評論家批評這部電影是在替專制政治道歉。

依照孔子的教導，拋離父母，即使是短暫的時間，都是大不孝。大部份來到模里西斯的第一代客家人，都沒有把他們的父母帶在身邊，最後把父母帶來島上的人也很少。和父母永別之後，要盡孝道是不可能的。因此，所有沒能把他們父母接到自己的居住國的客家人都變成不孝。第一代的客家人，在盡孝這件事上，並沒做錯什麼，因為大家都住在天下。在客家人的天下觀念裡，這裡和那裡，中央和周邊，外僑與否都不重要了。客家人為了找工作而離開自己的村莊，並移居到其他的城鎮，是他們平常的生活習慣。在海外工作，鐵定得移居外地。第一代的客家人期盼著有一天會回到他們祖居的村莊，並與留在家鄉的家庭成員團圓，這樣的觀念也就解決了所謂不孝的問題。

在邊境效益快速消失的情形下，國人必需在海外尋找新的地區來紓解中國的人口壓力。「天下」觀念於是擴大成為包括海外新地區的中國世界觀。

因此，「天下」的觀念和外僑的觀念有所不同。我們應該避免把這兩者混淆。外僑的觀念，在二戰以後人民不再移居的情形下，尤其是在研究華僑的身分上，是一種重要的分析工具。許多東南亞國家獲得獨立以後，海外華人面臨保留中國國籍或歸化僑居國的抉擇。雖然客家人在文化上仍然可以用「自家人」來指全球的客家人，可是那些選擇歸化僑居國的人，便不能再以天下的思維，把僑居國當作是中國延續出來的國家了。

第一節　南洋的抉擇

早期去東南亞旅行的中國人並不是滿清的士大夫，而是做生

意的商人。他們把日常的民間宗教的傳統和「經商的價值」也一併帶著去。[9]

秦始皇在西元前三世紀征服了東南亞，並且在那裡設立管轄區。因此開啟了長期的南方殖民統治。中國人很可能是在這段期間開始移民去南洋。最早移去那裡的是在朝代更換時被遣散的軍人、放逐的官員、和難民。

儘管第三世紀時在南洋便有了海上貿易的活動，但是一直到南宋時期（1127-1279）才開始有大規模的發展。根據格訥教授（Jacques Gernet）的說法，「從十一紀以後，中國遠洋活動的發展，無疑的是亞洲歷史上最重要的現象之一。」[10]這個發展可以從科技創新和自然現象兩種因素來解釋。中國人所研究出來的航行技術和在地中海一帶國家所得到的技術很不一樣。西方人的航行是靠奴隸般工作的槳手的力量，然而中國的航行早在三世紀就已經使用前後雙帆的技術了。當時以帆為航行推動力的中國人並不知道在地中海存在著靠奴隸航行的大型帆船。

中國人發明羅盤。如果船隻不適於海上航行，並且堅固得足以抗拒颱風，那麼羅盤將會毫無用處。船舶的發明和改進，使得船舶可以更安全的遠程渡海。中國人在這方面有幾個重要的發明：防水的艙儲（西方人在十九世紀時才採用這種技術），堅硬的後方船舵（西元四世紀時使用，但是西方在 1180 年才有記錄出現。）和其他方面的發明。中國遠航的成功得助於這些發明的貢獻，航海技術的改進又使中國的遠航事業更加進步。中國根據東西向和南北向平行等距離的制圖技術，在當時是最精準的。

9　Anthony Reid, ed., *Sojourners and Settlers: Histories of Southeast Asia and the Chinese*, Australia: Allen and Unwin, 1996, P. xviii.

10　Jacques Gernet, *A History of Chinese Civilization*, Cambridge: Cambridge University Press, 1996, P. 326.

　　由於四季的風向改變影響著船隻航行的模式，季風對於中國靠風航行的大帆船要往返於中國南方和南海之間，是很重要的。在中國南方的季風是因為介於喜馬拉雅山高原和海洋之間的溫差而引起的。[11]在夏季時，大陸陸地的溫度比海洋的溫度高，於是西南風從赤道附近的印度洋吹向中國內陸。在冬季時，東北季風以反方向自內陸吹向海洋。因此想要去南洋的商人，就必需在冬天成行。而且他們要到夏天風向改變時才能回去。他們被迫在船隻靠岸的東南亞港口「住冬」。最後也就演變成定居海外了。宋朝（960-1279）的海上貿易，說明了為什麼中國商人出現在南洋的原因。

　　蒙古人征服南宋（1273-1279）期間，許多中國人被迫遷移南洋。蒙古擴張派的野心，促使他們登上越南、高棉、和緬甸。他們在 1274 年和 1281 年企圖侵略日本，但是失敗了。他們在 1293 年派出兩萬人的探險隊去爪哇，主要成員都是被徵慕的中國人，有些人非常有可能就滯留在南洋。

　　在 1405-1433 年之間，鄭和數次冒險遠洋航行直到非洲的東海岸。「所有的這些活動，顯示出從宋代（…）到明代的四百五十年間，中國是世界上最有力的海上強權。」[12]

　　它的極盛時期，是在十五世紀的前半世紀，當時信仰回教的宮廷太監鄭和，被派去主持從 1405 年到 1433 年間的七次海上探險。明朝的永樂皇帝（1403-1424）啟動前面六次的探險。他為什麼要做這麼昂貴的探險，我們不得而知。歷史學家一直在揣測著他的原因。有些人認為他是為了尋寶，因為鄭和的船隻叫「寶鑑」。有些人則認為是皇帝想要申張朝貢制度，向南洋、印度

11　Gavin Menzies, 1434, London: Harper Collins Publishers, 2008, P. 39-42.
12　Gernet，前揭書，P. 326。

洋、和遠東諸國的領導者炫耀自己的權力和財富。這種朝貢制度其實就是政府和外國的貿易。由於探險隊並沒有征服他國的軍事目的，所以皇帝沒有殖民他國的野心是肯定的。

鄭和的九根桅杆大帆船，要比哥倫布的聖馬利亞號（Santa Maria）的四倍還大。它長 136 米，寬 57 米。即使五桅杆的小帆船也有 55 米長 21 米寬。有人懷疑帆船的尺寸是被誇大了，因為到目前為止也不可能造出這麼大的帆船。鄭和在前面的六次探險中，訪問過印度、麻六甲、錫蘭、和其他國家。他到過荷莫茲海峽（Strait of Hormuz），再繼續航行到非洲的東海岸。在返國途中，他帶了許多的外國大使並且陪同他們到南京，把貢品獻給皇上。在 1417 年的第五次探險時，他從非洲帶回外國的貢品，包括獅子、駝鳥、犀牛、長頸鹿、和其他野生動物。皇帝很是高興。

永樂皇帝於 1424 年 8 月 12 日駕崩。海軍政策被迫放棄。以後鄭和奉派前往南京負責駐軍事物，為期七年。光輝的海權為何終止？根據斐茲吉拉（C. P. Fitzgerald）的說法，文官停止繼續探險有三個理由。第一，海軍並非正規的文官，它只是一種由太監在宮中籌辦的活動而已，官僚們痛恨太監越權而且不聽管轄。第二，官僚們認為透過朝貢制度的航海探險活動，是一種偽裝的貿易行為，他們認為皇帝參與經商活動，在道德上說來是不對的。聖賢不應計較贏虧而應在意善惡。第三，維持海軍和支援探險的費用，超過文官的掌控。經費的來源是靠出售蒙古人大片的打獵預留地，因為明朝皇帝不需要用到，所以把土地賣了。[13]

永樂皇帝駕崩之後，由長子繼承皇位。但是他只在位九個月，於 1425 年五月意外無故身亡。復由其長子繼位，是為宣德

---

13 C.P. Fitzgerald in *China's Three Thousand Years: The Story of a Great Civilization*, Louis Heren et al., London: Times Newspapers Limited, 1973, P. 134.

皇帝。他恢復海上的航行計劃，並指派鄭和負責帶領最後一次，也就是第七次探險（1431-1433）。皇上的意思是希望恢復往昔的朝貢關係。船隊西行直抵阿拉伯半島和非洲西北。他帶回許多的外交使節和貢品、寶石、和外國的動物。其中有一位太監跑去麥加。

宣德皇帝恢復海上探險，之後又將它放棄的原因，後世不清楚。有些歷史學家的解說是因為海上探險的龐大開支，大量耗損國家的財源。受到持續的反對，海上探險的政策終於被永遠廢除，後代的皇帝也沒人再次試著恢復航行。這個決定種下深遠的後果。它深深的影響了海軍的人心，並且削弱了大明王朝守衛沿海諸省和對抗海盜的力量。它代表了中國海軍在東南亞強權的終止，取而代之的是鎖國政策。

海上探險的成就是什麼？它向許多訪問過的國家展示了明朝的海軍力量，擴大了中國人對世界的了解，保護中國在海外的利益，以及延伸了朝貢制度的勢力範圍。朝貢制度下的貿易獲得空前的發展。不到三十年光景（1405-1433），明朝的聲望到達巔峰。鄭和七次探險是史上最偉大的海上探險，它比歐洲人在第五世紀末期才開始的航海事業，還要早半個世紀。[14]

明朝的第一位皇帝（1368-1398），實施海禁，不準人民出入國外。並且將國外貿易限制在朝貢的框架裡。除了在 1405 年到 1433 年的短短二三十年間以外，明朝皇帝都繼續禁止人民出國旅行直到 1567 年，並且只准朝貢方式的宮廷貿易。因此之故，中國人移居海外的人數大大的減少。由於商人無法出入中

---

14 Hock-lam Chan in *The Cambridge History of China*, volume 7, *The Ming Dynasty*, 1368-1644, Part I, Frederick W. Mole and Denis Twichett, eds., Cambridge: Cambridge University Press, 1988, P. 302-303.

國，所以他們只能在各自經商的地方安定下來。中國在 1567 年將私有貿易合法化，核准每年五十條船的經商執照，中國於是從 1570 年到 1640 年，享受了七十年的榮景。

南洋的中國商人從十六世紀開始便看到了歐洲人的出現和入侵。葡萄牙人在 1511 年拿下馬六甲，復於 1551 年取走澳門。西班牙在 1570 年抵達馬尼拉，並且在那裡建立了殖民制度。成立於 1602 年的荷蘭東印度公司，選定今日的雅加達做為開發新港口和倉庫之用。

明朝的滅亡代表著一個新移民潮的開始。明朝的忠貞份子拒絕被非漢族的外國人（滿州人）統治而成了政治難民。從 1646 年到 1658 年，這些忠貞份子，在國姓爺鄭成功的帶領下，控制了沿海福建省的大部份。滿清政府採用以剝奪鄭成功賴以為生的有利貿易的策略來打壓他們。鄭成功於是反抗攻南京。它企圖佔領首都失敗後，於 1661 年逃到臺灣。其他的人逃去越南。鄭成功不久便去世。他的兒子繼續抗清遺志。現在的臺灣人仍然尊敬鄭成功，並稱他為開國始祖和英雄。

滿清政府認為臺灣的存亡，決定在它與中國沿海諸省的貿易網，一旦這個貿易網被切斷，取走他們的民生必需品，食物和物資，那些明朝的忠貞份子便會無以為繼。1661 年，滿清實施海禁孤立臺灣。沿海的中國人民被迫向內陸遷移五十里（一里約等於半公里），留下五十里沒有人煙的沿海地帶。滿清政府終於在 1683 年成功佔領臺灣。滿清政府由於海禁已經不再需要，於是在 1684 年將它廢止。十七世紀和十八世紀時期在馬尼拉、雅加達、和堤岸（Cholon）等地對中國人的屠殺，以及滿清政府對這些事件的無動於衷，強調了滿清皇帝和必需靠自己、家人、或宗族求存的海外華僑之間的完全背離和不睦。往後的中國政府很少

對華僑表示關心，也很少表示要去保護華僑的意思。1603 年在菲律賓的排華大屠殺，華僑死了一萬五千人，1740 年在今日雅加達的紅河事件，華僑又失去了一萬多條人命。

明清兩代都無意建立商業王國，滿州人的觀念也不準備去支持它。很多的華僑靠異族通婚而歸化居住國，做為自身防衛的辦法。例如，在菲律賓，華僑和當地的望族通婚，他們的混血兒成為當地菁英的始祖。菲律賓的前總統阿基諾（Corazon Aquino）就是出生在這種家庭，為了表示她以具有中國血統的身世為傲，她親自去福建拜訪她祖先的故鄉。

在十八世紀和十九世紀初期，發生在南洋的世紀大事，就是英國勢力的入侵。英國在檳榔嶼，麻六甲，和新加坡三地建立了商業和軍事的策略性基地，在 1830 年英國將三地以「英屬海峽殖民地」的名義合併在一起。一直以來，中國人在南洋的活動是在城市裡經商。現在則分散到種植業（例如，沙勞越，菲律賓等）和礦業（例如，婆羅洲，馬來西亞等）。

在十九世紀中期，有些兇兆的事件影響了中國移民的性質：奴隸制度的廢除，殖民地的擴充，和西方勢力強行割讓中國港口使中國成為半殖民地。

第一次鴉片戰爭在 1842 年結束，中英雙方簽訂南京條約。香港割讓給英國，五個港口開放給西方勢力居住，主要是進口販賣鴉片。五口通商是指廈門，廣州，福州，寧波，和上海。傳統的移民路線，由前面三個城市開始。在 1843 年和 1844 年間又簽訂了三個附帶的條約。到了十九世紀末，大概有四十五個通商口岸，除了外國人的租地以外，還有所謂的「勢力範圍」（spheres of influence）。中國整個國家像西瓜一樣的被瓜分成租借地。

1866 年的移民協定（Emigration Convention）由英國和法國

的部長和當時代表中國的恭親王在北京簽字。中國政府同意國民在自由意願下移民，但是堅持加入一個禁止強迫移民的條款，並且中國政府有權用最嚴厲的法律去控訴外國招聘人員，並對有罪者處置。英法兩國的代表都不接受這點。恭親王也堅持要給工作五年期滿的合約工人回程旅費。英法辯稱這個方案成本太貴。這個協定沒有被批准，所以沒有生效。由於中國政府太軟弱以致沒能站穩自己的立場。中國移民得不到任何保障。外國勢力繼續招募中國工人，合同工人的待遇也由外國人自己決定。外國人的日子真好過。

1712 年限制中國人外移和返國的法律繼續有效，一直到1893 年，中國政府將它廢除為止。

1898 年，中國將新界租給英國，為期 99 年。法國則在南方的廣東和廣西取得他們的「勢力範圍」。

對中國的國家主義者來說，通商口岸是一種侮辱的象徵。因為外國人享有免轄權，亦即外國人不受中國法律的管轄，外國人可以自己訂定關稅，中國從此失去一項重要的收入。在重要的通商口岸裡，外國人享有特別為他們量身訂做的特權和居住條件。

蔣介石在 1928 年恢復中國制訂關稅的權利。通商口岸和免轄權一直到 1943 年才被廢除。那時因為西方國家的領袖們看在中國與英美兩國同盟共同抵抗日本的情份上，認為他們不應該在中國享有特權。於是香港在新界的九十九年租期屆滿時，於 1997年 7 月 1 日回歸中國。澳門則在 1999 年 12 月 20 日回歸中國。

由於南京條約是在被迫的情形下簽訂的，所以被中國的愛國之士認為是不平等條約。條約的款項並非互惠，而是極端偏袒英國。在新的條約裡，「最惠國」的條款被擴展到所有的外國勢力。南京條約並非在炮艦背景下簽訂的唯一不平等條約。其他的

不平等條約包括：馬關條約（Shimonosheki 1895）和辛丑條約（Boxer Protocol 1901）。中國被迫支付因戰事和偶發事件而產生的懲罰性而且不成比例的賠償。在南京條約下，中國支付兩千一百萬元墨西哥幣給和洋人有經商專賣權的中國公行商人，做為燒毀鴉片的賠償。（估計價值為四百萬元，但是英國政府向商人保證違禁品值六百萬元。）另加戰爭的費用。這種不平等條約被認為是恥辱。它是帝國主義的猙獰面目。這些條約允許外國人在中國境內居住和經商，外國傳教士可以隨他們高興，到處建教堂傳教。外國人在中國境內根據他們的法律建立自己的市議會、稅制、警察、和法院。外國軍隊在中國境內駐軍，軍艦可以自由的進出河道。主要的簽約國和受益國有英國、法國、美國、俄國和日本。

因為貪婪和英國使用暴力銷售鴉片而引起的人為災難，由於十九世紀的天災更加惡化。1855 年，黃河氾濫。在 1876-79 年間和 1892-94 年間，成千上萬的人死於旱災。這種局勢加上經濟下滑，使人更加頹喪。吸食鴉片促使白銀大量外流。由於印度取代中國成為英國的主要茶葉供應商，中國的茶葉生意崩潰。

所有這些人為的和自然的因素，激起了移民的潮流。根據 1712 年的宮廷政令，凡是久居國外的人應處極刑，並由省府總督自外國引渡回國，立即斬首。此法在 1893 年被廢除後，國民可以再度向外移民。由於從 1865 年以後，奴隸的買賣和奴隸制度被廢除、殖民事業、和在北美礦業以及建築業的發展，中國政府正面響應世界對苦力的大量需求。在十九世紀中期，中國移民的數量和性質都因大量的苦力就業市場而有極大的改變。

到了 1860 年，已經有混血的華人社群出現在泰國、越南南部、高棉、菲律賓、爪哇、婆羅洲、馬來西亞、和新加坡。他們

不大會講自己的母語。面對 1900 年和 1930 年的大批移民，在菲律賓的混血華人，不再認為自己是華人，而以當地菁英自許。在其他的東南亞地區，則有些重新華化的現象。

從 1860 年到 1930 年期間，大部份的中國人都是不願在居住國永久居留的旅居者。「在移民高潮的數十年間，從中國到泰國的移民有 60%到 80%回國。」[15]選擇留下的人，不是窮得潦倒，便是在那裡可以過著更舒適生活的成功商人。

第二節　朝貢與私人貿易

移民南洋和貿易有密切的關係。當中國政府禁止經營外國貿易和去外國旅行之後，原來在海港短暫的旅居，終於變成永久的定居。早在漢朝時代（206B.C.-220A.D.），《漢書》便記載著宮廷太監使用黃金和絲綢換取珍珠和寶石的事情。在六朝時代（220-589），有許多外國傳教士，帶來貢品獻給皇上，換取豐厚禮物的記錄。這種朝納貢品的制度，是建立在不平等的從屬的外交關係。這種不平等的關係類似於中國古代社會的「三綱」論理：臣忠於君、子孝於父、和妻從於夫。接受朝貢制度的可能理由，是因為可以得到皇上的豐厚禮物。實際上，政府是用朝貢制度來處理所有的對外貿易。在後來幾世紀裡，日本人拒絕朝貢。麥卡尼閣下（Lord McCartney）在參加儀式時也不肯向滿清皇帝行叩頭禮。

與透過朝貢制度的官式貿易並行的，也有商人不管有無政府

---

15 Anthony Reis, ed., *Sojourners and Settlers: Histories of Southeast Asia and the Chinese*, Australia: Allen and Unwin, 1996, p. xx.

的支持在經營私人貿易。在隋、唐、和五代（581-960）時期，私人經營的對外貿易逐漸比官方的朝貢貿易更重要。私下的對外貿易持續擴大，到了宋（960-1279）、元（1279-1368）時期，它佔了對外貿易的優勢。和中國陸地北部和西北部的人民之間的貿易也有增加，因為他們愛上了中國的陶瓷、絲綢、和茶葉。海外貿易也快速增長，在造船技術上的許多發明和改進是海上貿易擴張的關鍵因素，它使得在福建和廣東的主要港口以及在南洋的港口緊密的聯結著。

人們常要質問孔子是否反對經商和賺錢。商人在傳統的中國社會裡地位最低。他沒有蔑視或反對商人。他認為人類更重要的是在道德上去追求至善和完美。孔子的得意門生子貢便是出生在生意人的家庭。只有在十二世紀以後，孔子學說才被認為孔子蔑視從商致富。在論語裡我們看不到這種態度。

第三節　苦　力

與大家所知的恰恰相反，「苦力」一詞，不是源自中文，而是來自南印度和錫蘭島的坦爾語。（"kuli" 是被人用薪資聘去做僕人之類工作的臨時工人。）根據《牛津英語字典》，「葡萄牙人在十六世紀時，很清楚古哲拉提（Gujarat, or Guzerat）的 "Kulis"（一個印地安部落的名字）；很可能是這些人把 "Kuli" 一詞帶到印度南部和中國去的。」有很多同音異義字被用來解釋外國的用詞，被選用的 "苦力"（苦代表痛苦，力代表體力）一詞最能說明他的工作性質，而又保持了原字的聲音，它既是譯義，也是譯音，這樣能同時保住音和義的外國字，實在不

多。它的音和義都被保留下來。

　　苦力是簽有工作合約或契約的勞工。苦力是一種廉價勞工，在合約的基礎上被雇主雇用一定的期限，期滿後，他們可以選擇回到中國或續約。這種現象的產生，是由於十九世紀中期奴隸制度被廢除後，極需大量的廉價勞工來取代。有些歷史學家認為苦力勞工是一種強迫性的勞工，因為中國人是在被強迫的情形下簽約的。以前在非洲的強迫性的奴隸勞工，被換成另一種強迫性的苦力勞工。苦力式的移民主要發生在南洋以外的地區，尤其是在歐洲殖民地、美國、和澳洲。在蘇門答臘和馬來亞也很重要。苦力所從事的主要工作有三：種植、採礦、和公眾建設（建築鐵路）。合約期滿後，多數的苦力選擇返回中國。苦力移民是一種只有男性的行業，許多的犯罪集團因妓致富。1893 年政府取消禁止婦女移民的政令後，便有更多的婦女開始去和自己的丈夫團聚。

　　通商口岸使得苦力買賣變得容易，汽船能更廉價而且更快的把大量的苦力載到目的地。苦力的買賣中心是在廈門，苦力是在那裡運走的。其他次要的中心是在澳門、香港、和汕頭。西方商人與中國的「客頭」合作，在通商口岸設立辦事處，經營苦力的買賣生意。中國的客頭聘請當地人（肩客）做徵聘人員。客頭常有濫權妄用的情形。有很多的苦力曾經被迫簽約、被迫工作、和被威脅而去工作。他們把苦力送去收容所，擠在一起像一卡車的動物一般，等待著載運他們的船隻 —— 他們所謂的「漂浮的監獄」。苦力買賣與市場上買賣牛隻沒什麼不同，非常不人道。法文把它稱為 "le commerce des cochons de lait."[16]（乳豬買賣）。中國的客頭和人蛇，依照簽下合約的人數領取佣金。苦力變成收

---

16 Trolliet，前揭書，P. 14。

容所主人的財產，他把苦力出售給苦力船隻的代理人。船隻抵達目的地後，船長獲取佣金，船隻的代理人再把苦力販售給種植業的老闆。

苦力的買賣不僅有私人經營，連英國政府也在香港、廣州、和汕頭為殖民地招募苦力。最早在南洋以外的地方顧用中國苦力的是在 1810 年，由葡萄牙人在巴西開始。他們都是茶葉的種植者。根據 Pierre Trolliet 的說法，真正的苦力買賣，取代了奴隸買賣，可能是在 1844 年進口 69 名沒簽合約的苦力到 Ile Bourbon（今 Reunion）的時候開始的。苦力現象延燒整個種植業界，西方的甘蔗島嶼影響尤其劇烈：1847 年在古巴、1850 年在夏威夷、和 1885 年在大溪地。有件偶發事件值得一提的是，到達大溪地的三百名苦力全部都是來自香港的客家人。

由於奴隸制度的廢除，採礦業和公共工程需要大批的勞工。中國勞工也被送去南非的 Transvaal 一帶工作。在秘魯中國人曾在銅礦場以及鳥糞地區當開採工人。去 Transvaal 工作的苦力並不是在中國南方找的，而是在出產高而健壯苦力的山東找的。苦力也被要去建築巴拿馬運河，以及在比屬剛果、莫三比克、馬達加斯加、美國、和加拿大等地當鐵路建築工人。

在 1847 年到 1874 年間，估計有五十萬的苦力被聘出國工作。由於在古巴和秘魯的工作環境不佳，經滿清政府調查後，在 1874 年禁止苦力買賣，然而，在政府無力管控的通商口岸，苦力買賣仍然繼續直到 1930 年為止。

第四節　大量移民

　　在移民的歷史上，中國人很早就開始去了國外。但是大量出國的情形是在十九世紀，藉由「推拉因素」才發生的。「推」的因素有：快速的人口成長、內亂、戰爭、政治破壞、和自然災害。「推」的因素把中國人送出國門，而「拉」的因素就決定他們究竟被送到那裡去。他們希望能在新的國家裡找到工作、從事新的生意、不再被破害、並改進他們的生活環境。

　　十八世紀時，由於國泰民安，經濟繁榮，使得人口快速成長。1741 年的中國人口是 1.43 億，到了 1794 年，人口超過一倍到達 3.13 億，而到了 1850 年時，更增加到 4.3 億之多。[17]儘管可耕種的土地成倍增加，平均每人的耕地面積反而變少。人平均的耕地面積由 1753 年的 4 畝降到 1812 年的 2.36 畝。一畝等於 666.7 平方米或 0.667 公頃。[18]除非改進技術，增加食物生產，解決人口壓力的唯一辦法就是移民。

　　從十六世紀到十九世紀中期，移民主要是到東南亞。從十九世紀中期以後，中國移民超越了南洋。移民成為越過大洲的集體活動。促成這種新階段的因素很多，主要是由於西方的勢力擴張和他們雄心萬丈的殖民政策。

　　英國為了強迫中國人購買鴉片，先後兩次侵略中國。中國兩次都戰敗。第一次鴉片戰爭失敗後，於 1842 年簽訂南京條約，中國開放五口通商，這些通商口岸在苦力買賣上扮演著重要的角

17　Gernet，前揭書，P. 489。
18　Lynn Pan in *The Encyclopedia of the Chinese Overseas*, P. 46.

色。第二次鴉片戰爭（1856-1860）失敗時所簽的北京公約，規定任何中國人可以自由從上述五個通商港口出發，移民國外，到英國的任何一個殖民地，或其他國家工作。法國、西班牙、和美國也根據最惠國的待遇，享受同樣的優惠。

1869 年蘇彝士運河開通後，加速了西方國家的擴張與入侵。東南亞和西方的商業活動和出口工業產生勞工的需求，而中國的大量勞工剛好可以滿足這個需求。

十九世紀中國大蕭條時，南方的情況比北方各省更加嚴重。進口鴉片使得白銀奇缺，價格上揚。1842 年簽訂的南京條約，使得廣州的貿易轉向上海，南方的經濟更加惡化。社會局勢動盪。經濟蕭條影響所有廣府人民生活，太平天國正是因為獲得這些人的支持而叛亂。它的領導人就是一個客家人。戰亂延續了十四年，終於在 1864 年被平定下來。許多存活下來的人便逃到越南、新加坡、甚至遠至美國加州。他們有很多的客家人，因為在戰爭期間負有重任，所以成了政府報復和迫害的對象。二十世紀的戰爭，比如 1937 年的日本侵略中國，和 1949 年的大陸解放，也都造成移民的浪潮。

估計在 1939 年時，海外的華僑約有八百五十萬到九百萬人。然而，在 1930 年代和 1960 年代，由於東南亞和中國內部的動盪，又再次引起移民和再度移民。

1949 年 10 月，國民黨被共產黨打敗時，有兩百萬人跟隨國民黨到臺灣。其他有人靠政治庇護去了美國。在 1950 年到 1982 年間，有超過兩百萬人逃去香港。

在 1850 年到 1950 年間，中國歷經最惡劣的叛亂、外國侵略、和內戰。十九世紀的天災也和中國作對，中國飽受大洪水的蹂躪。從十七世紀中期到十八世紀，中國歷經饑荒和水災。從十

九世紀以後，天災報復重擊。1850 年到 1950 年之間的水災潦患，是由於水壩缺乏保固，爛砍森林，泥沙沖積引起河床升高。1855 年，黃河決堤改道。1938 年，黃河再度改道。在 1931 年和 1935 年時，長江下游嚴重水患，水災造成破壞和瘟疫。1876 年到 1879 年的大旱災，受害的只是北方諸省，約有九百萬到一千三百萬人喪失生命。在第二次世界大戰期間，日本佔領大部份的中國，河南省在 1942 年到 1943 年間，被饑荒奪走了兩百萬人的性命。

在南洋的中國人，成為新獨立國家裡屠殺的犧牲者。比較戲劇性的情況是，他們遷回中國，或遷去以前殖民國的大都會居住，或移民到別的國家去定居。中國人所經歷最糟糕的大屠殺是於 1959 年發生在印尼。之後又在 1965 年，共產黨領導的軍變失敗而被蘇哈托重擊。十萬印尼華僑因此返回中國。越南華僑先後在 1975 年和 1978 年被迫害。約有二十萬的北越華僑在 1978 年越過邊界返回中國。而且在南越同時有大批的華僑坐船逃亡。這些逃亡的人民被稱為「船民」。估計有 60%到 70%的船民是華人。在 1978 年到 1989 年間，有超過百萬人逃離越南。中國人也曾由於紅色高棉的大屠殺而逃離柬埔寨。法國接收了約十萬來自越南和高棉的難民。

在 1970 年代，移民再次發生，不過目的地改在北美、澳洲、和歐洲。有幾個原因促成這次新移民運動。鄧小平的中國開放政策，准許很多的中國人移民。歐洲人口老化，為了保持經濟發展的動力，他們需要輸入勞工，特別是從他們以前的殖民地進口的勞工。從 1960 年到 1971 年間，由香港、新加坡、和馬來西亞移民去英國的華人就超過五萬人。蘇利南（Suriname）的中國難民，在 1975 年移民去荷蘭。

　　歐洲曾經是北美和澳洲移民的主要來源，但是風光不再。需要引進移民的國家，必需更改他們的移民政策，以應付新的人口分佈狀況。澳洲、新西蘭、加拿大、和美國，以前主要是吸收白種人移民的國家，現在需要放棄傳統的移民來源，轉而向其他有色人種的國家尋找新的移民。這種移民政策的改變，開放了中國移民的門戶。1965 年的美國移民法，以平等對待各國，提供給各國相同的移民配額兩萬名。接下來的法案，分別給臺灣兩萬名，和香港五千名的移民配額。在 1980 年代，中國的移民配額有所增加。從 1993 到 1994 的年度裡，約有七萬零八百名中國人進入美國，其中有三分之二來自中國大陸，另外三分之一則來自臺灣和香港。

　　這次的新移民有它不同的特性。它重質不重量。從香港和臺灣來的企業移民，帶去的是資金和知識，而不是肌肉體力。從 1987 年到 1990 年間，他們帶了 143 億加幣去加拿大。他們並沒有被移民去的國家所捆綁。他們很多回到原來自己國家工作，而把太太和小孩留在移民的國家。他們經常來回在兩個國家之間。這是一種相反的在外旅居現象。這是我們所謂的「太空人」現象。也有一些留學生在念完書後，不回國而居留下來。這些學生造成國內的人才外流。從 1993 年到 1994 年間，美國有九萬五千名學生來自中國、臺灣、和香港。1989 年天安門事件引起兩萬七千名學生選擇在澳洲居留下來。

　　中國的移民遵循某種模式。苦力的移民模式是短暫的，它發生在特別的歷史背景下，從 1850 年代持續到 1920 年代。早些的移民模式是由商人鑄造出來的。他們先旅居南洋，再定居下來。旅居式的移民始終認定居留在海外純粹是暫時的。「中國（Middle Kingdom）」的觀念影響並且加強旅居終究要回去祖宗

村莊的觀念。身在世界中央的意識，深植每一個中國人的心中，因此，要永久居住在移民的國家而不要回到中國去想法是不可思議的事。中國移民始終認為自己只是（暫時的）居留者。儘管居留在他國數十年，他們仍舊認為有朝一日，他們會回到中國去。1949 年中華人民共和國成立以後，模里西斯華僑的回國夢碎了。然而儘管離開中國好幾代，儘管他們受過共產黨的迫害，或幾代以前受過共產黨的暴行，他們還是心繫中國。目前中國大陸的經濟發展靠的是華僑的投資和對中國未來的信心。

旅居的重點是離開自己的家。一個客家工匠到外地靠自己的本事謀生，是件平常的事。另一個階段就是出國去謀生。

旅居南洋和北美洲有基本上的不同。在東南亞的商人控制了當地的經濟。在北美洲，他們要和白人衝突，而且被抱怨說他們搶走了白人的工作。這樣引起了移民管制以及排華的立法。由於工作上的種族歧視，使得很多留下的移民只好去經營雜貨店、餐館、和洗衣店的生意。他們從不了解在東南亞移民的經濟是何等的成功。

排華法案在二次世界大戰時期被廢除了。加拿大的移民法在1967 年開放。從 1970 年代開始，新的移民模式出現了。新進來的移民，他們受過良好的教育，具有很高到技術，部份以投資或企業身分進來的商業移民，十分富有。他們具有專業資格，可以加入主流的經濟活動。旅居的觀念由於基本上起了變化，所以就變複雜了。新移民入境後，在正式歸化為旅居國公民之前，他們的旅居與傳統的一樣。他們暫時以滿足申請公民身分的條件居住著，等到他們取得加拿大的護照以後，他們便立刻飛回原居國工作。他們的短暫旅居，只是限於去看看留在加拿大的太太和小孩子們而已。

　　在東南亞，以前的殖民地獨立以後，在 1950 年代和 1960 年代裡，對華僑的破害與排華，促使很多華僑回到中國，或再度移民去其他國家。從 1960 年代以來，許多住在模里西斯的第二代或第三代的客家人，移民到英國、加拿大、和澳洲，並非由於迫害，而是因為國家獨立後的不穩定，和感覺他國可能更美的期盼。這種移民方式加上再度移民的現象是經常而且持續的發生。由於多數的二代，三代模里西斯客家人多具有好的專業，這種人民的移民造成了人才外流情形。在 1950 年到 1980 年期間，從臺灣去國外求學的八萬名畢業生，只有 5% 的人回國。在模里西斯出國求學的中國學生，情況雷同，只是沒有正確的官方統計數字而已。

　　很多的中國人相信他們可以在北美洲或歐洲淘到黃金。很多人願意冒生命與身體的危險，在 1996 年，付出三萬八千元美金給人蛇，安排偷渡到美國。[19]他們多數在黑市提供勞力工作，或在餐館洗碗。他們寄望以政治庇護使自己獲得合法身分。模里西斯知道有黑市移民，但是為數不多。他們的做法是利用回去中國而永不回來或已死去的華人旅遊證件來做假。這樣辦出來的移民身分，結果會使自己的英文姓名永遠對不上自己的中文姓名。

---

19 Marlowe Hood in *The Encyclopedia of the Chinese Overseas*, Lynn Pan, General ed., P. 63.

第三章　海外華僑的源流

第一節　源流的省份

如果我們說海外的華僑是來自中國各省，或說他們只是來自中國南方，這都是不正確的。

居住在中國北方的人民，由於地形關係，他們必需抵抗匈奴、蒙古和其他部落的入侵，加上北方不靠近海岸，因此他們缺乏航海的習慣和傳統，多數不識水性，而中國的南方有很長的海岸和可以航行的河流，除了海盜的騷擾以外，很少有外人入侵，因為沿海直通南洋，有利於南方人發展遠洋航海和創新造船技術，直到十五世紀中國擁有世界上最強大的海軍為止。中國人向外移民都是從靠海的南方出去的。在中國的二十三省和五個自治區裡，海外華僑的家鄉只有三個省份而已：廣東、福建、和海南島。百分之九十的海外華僑來自這三省，這三省在 2000 年的總人口是一億零九百五十萬。佔不到全國總人口的百分之十。估計海外華僑人數有三千四百萬人，大約佔了這三省人口的百分之三十一。換句話說，這三省的人民，每三人就有一人住在國外。經過更深入的調查以後，我們發現移民並非來自各個縣府，而是從這三省的五個不同的沿海地區和一個內陸地區來的。這樣一來，

在這些地區的移民的實際比例就要更高了。[1]值得注意的是，在1904年時，有62,000位說華語的人，是從中國北方各省被聘僱去南非的礦場做工的。在第一次世界大戰時期，也有說華語的人從山東和河北被聘僱去法國做工。

第二節　族群的組成與方言

中國的人口是由漢族以及其他五十五個少數民族所組成的。客家人被認定是漢族人，他們從沒有以少數民族被對待過。這種民族大熔爐可以從中國境內使用許多不同的語言和方言看出來。有一個明顯的中國移民特性是，移民出去的都是漢人，尤其是南方的漢人。雖然他們都是漢人，不過他們卻說著不相通的不同方言。

語言學家通常把中國的語言分成七大語言族。方言的分類是一個複雜的課題，住在同一村子的人，本來應該說相同的方言，但是他們卻不明白對方在說什麼。例如，在梅縣講的客家話和在四川講的客家話就不相通。所以，一般非語言學家都說中國有超過七種方言。下面的3.1表，列出在950,000,000個漢人裡，使用各種方言的人口所佔的比例。

---

1 Trolliet，前揭書，P. 24-26。

表 3.1：現代方言

方言群	估計使用人口	所佔漢人百分比
華語	679,250,000	71.5
吳語	80,750,000	8.5
贛語	22,800,000	2.4
湘語	45,600,000	4.8
客語	35,150,000	3.7
粵語	47,500,000	5.0
閩語	38,950,000	4.1

資料：Ramsey（1987），p.87.

　　北京話是華語的基礎。在中國有超過三分之二的漢人，使用著跟北京話類似的北方方言。那麼，以十三億的中國人口來算，世界上就大約有超過八億六千六百萬人說華語，超過其他任何語言的使用人數。

　　海外華僑使用很多種方言。最重要的四種是：廣府話佔華僑人口的 24%，潮州話佔 22%，閩南話 25%，和客家話 18%。其他方言包括吳語、華語、海南話等佔了其餘的 11%。[2]

　　廣府人分散在世界各地。他們主要來自四邑和三邑。住在香港和廈門的人，多數是廣府人。在北美洲他們佔華僑人數的絕大多數。和客家人一樣，他們也稱自己為「唐人（具有唐文化的人）」，稱自己的國家為「唐山」。在美國的中國城叫做「唐人街」。「唐人街」已經成為中國城的通稱。在路易斯港（Port Louise）的中國城建了一個由中華人民共和國贈送的拱門，上面便刻著「唐人街」三個字。實際上，中國城並沒有一個特別的名字，它只是一個普通名詞而已。

　　雖然中國北方幾乎都講華語，但是在中國南方，人民卻使用

---

2 同上，P. 29。

著許多種互不相通的方言。粵語就是一般廣府人所用的廣府話。講粵語的廣府人，是依照古代在南方「蠻人」之地而取的名字。廣州市所用的廣府話是最受尊敬的粵語。廣府話是一種保守的方言。它的語音保留著聲母韻尾和唐朝文學的標準聲調。「用廣府話讀唐詩要比用華語，或用任何其他語言，更能保有原來的韻律。」[3]客家話也有同工異曲之妙。廣府話的聲調比客家話或華語的聲調更多。廣府話有八個聲調，梅縣客家有六個，而華語只有四個。

在模里西斯、留尼旺島（Reunion）以及南非的廣府人是來自廣州附近的南海縣和順德縣。一般人都以他們原居的兩縣取名，叫他們為南順人。

第二個重要的一群是潮州人。他們原本來自福建省，因為大多數是從潮州府來的，所以被稱為潮州人。在泰國和柬埔寨的潮州人特別多。在模里西斯有些潮州女人嫁給客家人，但是他們的子女不講潮州話，而被同化到客家主流了。

福建人是從福建省，尤其是南方的廈門來的。他們是很好的航海家和漁民。在十六世紀西班牙人和西方人抵達南洋時，他們早就到了那裡的主要港口了。西方人在爪哇、檳榔嶼、馬六甲、和呂宋島都看到過他們。自從他們早期定居南洋以後，主要分佈在印尼、馬來西亞、菲律賓、和新加坡。也有一些福建人移民去模里西斯，但是他們已經忘了他們的母語。福建族裔的模里西斯人很少。客家話才是模里西斯華人的通用語言。

福建全省除了西南地方講客語以外，一律講閩南話。講閩南話的地區還有部份的廣東、雷州半島、海南島、浙江、廣西、江

---

3 Ramsey，前揭書，P. 99。

西、和四川。在臺灣,大部份的人都講接近廈門口音的閩南話。在中國以外的地區,有數百萬的華僑講閩南話。他們分佈在泰國、馬來西亞、新加坡、和印尼。講廈門方言的人主要分佈在泰國以外的東南亞,泰國則以潮州話為主。

根據諾曼（Norman）的說法,客家話和閩南話的關係很密切。由於西部的閩南話和客家話十分相近,所以在中國的語言學家把它歸為客家話。[4]諾曼認為閩南話和客家話「在早期具有相同的發展史」。[5]

最後,全部客家人口有 60%住在廣東省。在廣東省東北的梅縣是他們的心臟地帶。世界上的客裔華僑有 95%來自興梅（興寧和梅縣）地區。在十九世紀中葉,他們便移民海外了。他們遍佈世界各地,甚至在最不引人注目的地方。在中國大陸,他們分佈在廣東、廣西、福建、江西、四川、香港、和海南島,還有臺灣。客家人在模里西斯、大溪地、加爾各答、和東帝汶都佔大多數。其他族群,則按不等的比例居住在東南亞。在馬來西亞,依序為福建人、客家人、和廣府人。在印尼,依序為福建人、客家人、和潮州人。在泰國則依潮州人、客家人、和海南人的順序。

廣府人、潮州人、和福建人以經商理財出名,而客家人則在中國海內外出了最偉大的政治家。在中國耕種貧瘠的山地迫使客家人改行往軍事、文職、和政治方面發展。

---

4 Norman,揭書,P. 241。

5 同上,P. 222。

第四章　海外華僑的分佈

　　譯註：在本章中，中國是指兩岸四地，包括中國大陸、臺灣、香港、和澳門地區；華人是泛指中國兩岸四地以外的中國人。華人，華僑，與中國人有時代表相同的意思，依上下文而定。

　　我們在調查世界各地華裔（ethnic Chinese）的分佈情況之前，需要先決定如何去稱呼我們所要討論的對象。他們都來自中國，而子女則出生在海外當地的國家。這些出生在中國海外居住國的小孩，我們應該稱他們為華僑（overseas Chinese）嗎？如果他們不打算在國外做短暫居留後，就要回去中國時（亦即打算在國外定居），我們是否仍舊稱他們為中國外僑（diaspora Chinese）？對於沒有中國國籍的非中國人，我們是否應該稱他為（比方說）中國馬來西亞人，或馬來西亞中國人呢？馬來西亞的政治人物，批評當地的中國人稱自己為馬來西亞中國人，而不是中國馬來西亞人，意思是抱怨他們對馬來西亞國家不忠。對那些住在東南亞國家聯盟（ASEAN）的華人，我們是否應該統稱他們為東南亞華人？這些國家的原住人民，都給當地的華人用土語貼上一個標籤。例如：馬來西亞用 "Orang Cina"，印尼用 "Orang Tsionghoa"，越南用 "Hoa"，菲律賓用 "Tsinoy"。而且，他們也為在十九世紀以前大移民潮時的移民和當地人民結婚的子女，取了綽號。例如：在馬來西亞用 "Babas"，印尼用 "Peranakans"，菲律賓用 "Mestizos"，泰國用 "Luk-jin"，

越南用 "Minh Huoung" （華語叫明鄉）。在模里西斯他們叫 "Créoles-Chinois" ，不過，那是比較晚的事。

　　在有些 ASEAN 國家裡，我們容易辨認華人的身分，因為他們有中國姓名，而且會講華語或中國方言。不過，許多在菲律賓和泰國的華人後裔，儘管他們沒有中國姓名，不會講華語或中國方言，也不會讀或寫中國字，但是當地的人民還是把他們當作中國人看待。

　　在 1955 年以前，中國政府把住在國外的中國人都當作中國的公民。他們被稱為華僑，這個名稱在那時還算合適。因為他們是中國的公民或是旅居者（sojourner），暫時居住「海外」，等他們完成工作任務以後，就會回國。旅居印尼的漢學家廖建裕（Leo Suryadinata）認為，現今在東南亞使用華僑一詞是錯誤的，因為「在東南亞土生土長的華人，和具有當地居住國國籍的華人，就不再是華僑（Chinese Overseas OR Overseas Chinese）了。他們不是打算將來要『回去』中國的暫時旅居者。他們是以東南亞國家為自己家園的華裔（ethnic Chinese）。」[1]

　　然而，「華僑」比「華裔」更廣泛的被使用著。提倡「華裔」這個名詞的人，把「華僑」和「華裔」這兩國名詞做了一個很有趣的區分。「華裔」是指以中國地區以外的居住國家為根基的華人，而「華僑」則是指以中國為中心的海外華人。因此，他們認為用「華裔」來代表在海外出生的華人，在現代的世界觀來說更為恰當。在近期才移民到 ASEAN 地區的中國國民，仍舊可以稱為「華僑」。由於情況複雜，中國人創造了許多不同的名詞

---

1 Leo Suryadinata in M. Jocelyn Armstrong et al., ed., *Chinese Populations in Contemporary Southeast Asia Societies: Identities, Interdependence and International Influence*, Surrey: Curzon Press, 2001, p.60.

來反映它們的精細差異。「華人」是指屬於漢族的中國人或華裔，「華裔」是指中國移民的後代，或中國移民在當地透過異族通婚所生的子女。「華僑」則是指少部份現在住在當地居住國的中國公民。（見第五章第五節之二）

當居住國獨立以後，由於中華人民共和國在 1955 年修訂中國國籍法，在居住國的中國人就必需選擇保留中國國籍或歸化居住國。在 1950 年代，多數的東南亞華人是當地出生的。因此，大多數人都選擇歸化居住國，但是有很多人回去中國。進入二十一世紀時，中國人並未完全融入當地主流社會，而且中國人融入當地的情形，在東南亞地區各國都不一樣。在泰國與菲律賓的歸化成果較顯著。中國崛起成為世界的經濟強國以後，情況變得更複雜。在東南亞地區的中國人一直扮演著當地與中國貿易間的重要經濟角色。他們現在大量地在中國投資。對某些中國人而言，保住中國人的身分（至少在中國文化方面）有其經濟上和政治上的好處。有些當地的政治人物認清實務，並且在他們的政策上做了相對的調整。他們希望能從中國得到經濟上的利益。即使是最不友善的國家，也對中國文化放鬆了原有的排斥。很多的當地團體知道了解中國文化的好處，也開始去學習中文。

「華僑」仍然是熱門的名詞。其適當的使用要依照文章的上下文決定。在這本書以後的章節裡，我們將看文章裡的上下文來決定「華僑」這個標籤的意義。我們會在第五章介紹被用來代表中國人的八種不同名稱，可見它的複雜性。

由於這種複雜性，我們很難確定華裔（ethnic Chinese）的身分，藉以準確地計算或估計華裔的人口。估計人數的方法，也因歷史學家而異。其差異也可能很大。估計人口困難的原因很多，而人口估計又被「中國人」的不同定義所影響。它所謂的「中國

人」可能指「華裔」，自我認定的中國人，中國公民，或非公民
的中國人。如果移民更早，而且在前後移民潮去到不同政治環境
的國家，這時估計人口的工作就會變得更加困難。在有些國家
裡，族群身分可能對個人的安全有危險。於是就會有隱瞞個人身
分的傾向。「中國人」的定義也隨年代而改變。這就產生了華裔
身分以及如何將他們分類的問題。異族通婚所生的子女，是要根
據父親或母親的族群身分來分類？宗教信仰的改變使得事情複雜
化。在有姓名更換的國家裡，中國人的身分是否會消失呢？中國
人有的持中國護照，有的持臺灣護照，也有中國人沒有（中國
人）國籍（例如，在印尼）。下面的表 4.1 列出華人在世界的分
佈情況。

表 4.1：華僑人口（1980-1985）

地區	人口
亞洲	18,474,491
美洲	1,633,075
歐洲	550,026
太平洋	168,456
非洲	78,059
總數	20,904,557

資料來源：Trolliet（1994），p.35.

上表顯示有 88%的海外華僑集中在亞洲。根據世界銀行的
估計，中國大陸以外的華裔在 1991 年約有 50,000,000 人。

客家人到底在那裏？在本章以下的篇幅裡，我們將試著到客
家人居住的各國去了解情況。我們要記住，大部份的客家人是住
在中國大陸和臺灣。

第一節　大中華地區

一、中華人民共和國

中華人民共和國並沒把客家人當作少數民族，證明客家人是屬於官方認定的漢族。超過百分之八十五的客家人住在中國大陸的所謂客家心臟地帶。他們分別居住在廣東東部，福建西部，和廣西南部的三十三個純客家縣市裡。下面的表 4.2 列出客家人分佈在六個省份的（估計）人口：

表 4.2：各省的客家人口（1985）

省份	客家人口省份百分比%	估計客家人口
廣東（包括海南島）	24	15,000,000
福建	24	6,000,000
江西	22	7,000,000
廣西	9	3,000,000
四川	1	1,000,000
湖南	0.5	500,000

資料來源：Mary S. Erbaugh（1996），p.206.[2]

註：估計全國人口為十億。

但是，根據 1990 年的中國人口統計，在中國大陸居住的客家人約有 45,000,000 人。全球的客家人估計有 52,000,000 人。不過，如第一章所說，康士特博（Nicole Constable）給的資料是

---

[2] Mary S. Erbaugh in *Guest People: Hakka Identity in China and Abroad*, Nicole Constable, ed., Seattle: University of Washington Press, 1996.

75,000,000 人。

　　在 1978 年以前，中國大陸的客家人，基於許多不同的理由，他們隱瞞了他們的族群身分。直到 1978 年鄧小平宣佈改革開放政策以後，有關客家人的報導才開始興旺起來。在臺灣的客家人估計有 2,000,000 人到 6,000,000 人，而在香港估計有 600,000 人。海外的客家人則遠比中國境內的少。（見表 4.3）

表 4.3：估計海外客家人口

國家	客家人口
印尼	666,000
馬來西亞	2,000,000
泰國	2,600,000
菲律賓	230,000
新加坡	700,000
美國	533,000
越南	333,000
總共	7,062,000

資料來源：Mary S. Erbaugh in Guest People （1996），p.199.

　　儘管客家人在共產革命，在中國共產黨，以及在中國政府的高層，佔有不成比例的多數，他們在客家身分上還是保持緘默。在最早的時期，客家人非常積極參與建黨活動，勞工組織，和農民組織。有很多客家人參加長征。他們從江西的瑞金出發，經過客家村莊，直抵四川。根據 Erbaugh 的說法，在共產黨早期的十一位革命英雄裡，有三位是客家人：朱德，陳毅，和宋慶齡（孫中山夫人）。由於客家人參與共產黨革命的事情甚為敏感，中華人民共和國的刊物文件都沒有記載他們三位的客家背景。這事的真相首次由爾保（Mary Erbaugh）在《中國季刊》（China Quarterly）裡的文章揭出的。

　　爾保解釋了引發客家人在參與革命時隱密客家身分的重要因素。她認為最重要的因素是大家對漢人團結統一的願景。傳統的理想是不分族群背景，大家團結共同抵抗外武。國家利益凌駕個人和族群利益。國家的英雄都是中國人，而不是客家中國人。在國家利益的前提下，每一個人都需要犧牲個人利益。太平天國叛變是以「天國」為口號，而不以「客家國」或「客家天國」為口號。自秦始皇以降，直到毛澤東，中國歷史的中心思想就是中國的統一。

　　基於許多不同的理由，客家人在經營企業方面，雖然沒能像福建人、廣府人、或上海人那麼成功，但是，客家人在政治領導方面的成就則十分自豪。其中最有權力的和最顯赫的要算四川的客家人鄧小平。在早期幾十年的革命史裡，客家人在勞工運動方面十分出色。李立山發起了 1922 年的安遠罷工事件。1949 年共產黨革命勝利後，很多的客家英雄，晉升為國家的領導人。毛澤東組織政府時，把在勞工運動大紅人李立山派去當勞工部長。外交部則由陳毅主持。在軍事方面，有三位客家人擔任高級將官：朱德，陳毅，和葉劍英。鄧小平在文化大革命時期被貶，之後於 1973 年復出，又於 1976 年被貶，1977 年再度復出，並且成為至高無上的領導人，一直到他 1990 年退休為止。然而，直到他在 1997 年去世時，他肯定是中國最有權利的退休人士。

　　在 1950 年代，有七位革命元老是政治局常務委員會的成員，常務委員會一直是政府的最高決策單位。這七位成員裡，有兩位是客家人：朱德和鄧小平。其他人是毛澤東，劉少奇，周恩來，陳雲，和林彪。客家人在政治局裡並沒有以客家人的利益為考量。國家利益是個凌駕一切的因素。但是到了 1992 年，在政治局裡就沒有客籍的常務委員了。

鄧小平在 1977 年復出以後,中國大陸重新開啟了客家研究。在 1989 年政府推出了一門嶄新的科目「客家學」。在梅縣舉行的國際會議是以客家話為溝通的媒體。在客家華僑的支持下,梅縣的教育學院改名為「嘉應大學」。一個客家學國際協會成立了,並且在 1992 年於香港中文大學舉辦他們的大會。

二、臺　灣

只有在政治解放後,才可能讓中國大陸和臺灣雙方公開表示對客家文化和客家身分的興趣。中國在 1978 年推行鄧小平的開放政策,而臺灣在 1987 年解除戒嚴令。

臺灣人口在 2005 年 7 月的估計是 22,894,384 人。臺灣的人口分為四個族群。原住民約有 400,000,佔總人口 2%弱,客家人佔 15%,福建人佔 70%。客家人口約在 2,000,000 人到 6,000,000 人之間。根據客家委員會的估計,客家人口超過六百萬。這個差異是因為族群的範圍是流動的,而且容易被他族所滲透。第四族群的人大部份是在 1949 年,國民黨被共產黨打敗後撤退到臺灣時,從中國大陸各地逃到臺灣的。他們被稱為外省人(大陸人),佔總人口的 15%弱。

臺灣和客家人面對著兩大問題,一是對國家身分的認同問題,一是臺灣獨立的政治問題。要了解臺灣客家人的這個尷尬窘境,我們必需去審查臺灣最近的歷史。

根據近代的研究,客家人有可能比福建人更早到臺灣。在臺灣供奉三山國王的最早寺廟,被認為是客家人早期移民到臺灣的證據。祭拜三山國王是在廣東開始的。在 1586 年,有兩位從廣東去臺灣蒐集藥草的人建了這間寺廟。約在十年前,他們慶祝建

廟四百週年紀念。今天，第二大的客家族群住在第一大的非客家
（閩南）族群裡面。客家人的文化和身分已經受到和閩南人的接
觸以及當地政治的影響。[3]

　　從 1949 年到 1970 年代，在臺灣執政的國民黨政府，其特色
是強烈的中國主義，國家身分，和專制政策。在國民黨執政下的
文化政策是趨向於華語化。因此客家文化和客家方言都被壓制下
來。1987 年解嚴以後，政府允許本省同胞為自己的族群利益請
願或抗議。由於這個背景，臺灣在 1997 年修訂中華民國憲法，
從此全國承認並且支持多元文化的社會。臺灣成為多元文化並且
脫離中國大陸後，使得客家人體會到自己身分的危機。其他的族
群影響着客家人在臺灣的身分認定。他們是否認為自己是客家中
國人，只是暫時旅居臺灣而已？他們是否已經放棄了回去祖國的
念頭？他們是否願意深耕臺灣，使自己成為道地的臺灣人？

　　客家人對自己身分的初步觀念是，他們的祖先來自中國北
方，他們是中國貴族的後裔。在臺灣四百年以後，客家人對自己
是中國人的身分認定有很大的變化。根據 You Ying-lung 在 1996
年的研究，在臺灣，26%的客家人認為自己是「臺灣人」，42%
認為自己是「中國人」，和 32%認為自己是「臺灣人，也是中
國人」。[4]

　　2004 年 11 月 12 日的《台北時報》（Taipei Times）報導
說，根據在 2004 年由 Trend Go Survey and Research Compay 替客
家事務委員會所做的研究報告，45%的客家人認為自己是純臺灣

3　Vong Li Young, 'Diaspora, Identity and Cultural Citizenship: The Hakkas in
　　Multicultural Taiwan,' 8th January, 2005,
　　www.sics.nctyu.edu.tw/csa2005/papers/0108_c3_wanf.pdf.
4　同上，P. 5。

人，43.8%認為自己是臺灣人也是中國人，和 5.1%認為自己是純中國人。

　　把 2004 年的資料和 1996 年的資料相比，2004 年的調查顯示有更多的客家人認為自己是臺灣人，或者同時是臺灣人和中國人。這個比例上的增加，表示客家人對國家的身分認同更加關切，同時也表示很多的客家人記起他們自己身為中國人的根。除了國家身分，研究的主題也把重點放在方言群的身分上。「雖然有超過 26.9%的覆卷者說他們具有客家祖先，但是當我們讓他只能選一種族群時，就只有 12.6%的人是客家人。當我們讓他可以選一種以上的族群時，那麼，百分比增加了 6.9%。然而在有客家祖先的人當中，有 7.4%的人，不認為自己是客家人。」[5]在 1996 年的研究，客家人是隱形的。沒有人標示自己是客家人。在 2004 年的調查，發現自認為是客家人的人數很多，這顯示以客家自豪的人數增加。根據這次的調查，有 42.5%的覆卷者認為會講客家話乃是決定一個人是否為客家人的最好標準，但是有40.4%的覆卷者認為具有客家祖先才是最重要的指標。這就是所謂「一旦為客，世代為客」的原則，也是基本的主張。祖先是與生俱來的，而語言則可以靠學習而獲得。因為語言需要代代學習，我們可以說一個人可以靠意願和毅力來學習作一個客家人。

　　由於中國南方的新環境對客家人頗不友善，客家人必需團結圖存，他們也發展出很強的集體身分意識。他們的族群身分是靠著和其他族群接觸而發展出來的。因為客家人不受歡迎，也不被接受，他們老覺得自己是個「客人」，而且永遠不能融入當地的社會。客家人持續的為了保住他們的特色而奮鬥。為了競爭較少

5　*Taipei Times*, 'National identity growing.' 12th November, 2004.

的資源和工作機會，以及彼此的刻意中傷，導致客家人和原住民以及廣府人在十七、十八、和十九世紀的衝突。在清朝時期，客家人和福建人在臺灣為了土地和水源的爭執，導致彼此之間五十一次的衝突。

在日本統治臺灣的五十年間（1895-1945），日本人靠著他們的教育系統，使日語成為人民溝通的語言，而母語只能在家裡使用，人民因此發展出一種歸屬日本文化的情懷。儘管國民黨禁止國民講日本話，但是受過日本教育的臺灣族群同胞，在 1949 年以後的年代，仍舊繼續使用日語。非日本人的學生，被強迫在學校學習日語，並且會因為在公開場所說母語而受到處罰。客家人，閩南人，和原住民大家都把日語當作通用的語言。既然所有的方言都被看成第二語言，客語不至於因為它是不同的方言，而被其他族群所輕視。國民黨在 1949 年接收臺灣之後，把臺灣「華語化」。那些非華語族群的語言和文化都受到嚴厲的壓制。

1970 年代以後，政治起了快速的變化。福建人為了要求他們的文化權利而發起本土化運動，原住民為了不被同化而發起原住民運動，客家人於是被強迫去思考他們自己的身分問題。他們是否會跟臺灣站在一起？他們是一個和中國緊密連在一起的族群，中國是他們的源流，而他們與臺灣的連結就比較弱。客家人被批判為不認同臺灣。福建人已經放棄了他們和中國大陸之間日夜思念的情結。客家人對自己的立場則不甚清楚，自己是否要像閩南人所做的一樣。不過，有些人在 1980 年代開始放棄他們中國大陸的身分。面對選擇中國大陸或臺灣這問題的衝擊，客家人有三個方向可以選擇：一是認同中國大陸身分；二是放棄中國大陸身分，接受臺灣身分；三是保持模擬兩可的情況，不單選擇中國大陸，也不單選擇臺灣。

使用 1991 年蒐集的資料，馬丁（Howard F. Martin）[6]發現到在客家身分運動的三個趨勢。一個極端是傳統的人士選擇和中國大陸統一；另一個極端是偏激人士尋求最後的獨立；中間派的人士，態度較為模糊。

傳統人士回顧往昔的光榮客家歷史，以他們自己的方言自豪，他們認為客語是比較純正而古典的中國語言。他們也說自己保留了宮廷語言，唐朝的官話。在唐人與漢人之間，客家人仍舊比較喜歡稱自己為唐人。他們把視野放在一個包羅萬象的環球「大客家族」，它聯繫著分散在全世界的客家人，他們都來自中國大陸，而且因為「血緣關係」而聯合在一起。

雖然激進分子持反對立場，主張臺灣獨立，然而他們也同樣面對和傳統人士所具有的許多恐懼 —— 客家語言和客家文化的消失，並且被主流福建族群所同化。他們催促大家積極參與政治。他們倡導了一個以臺灣為中心的「新客家人」。他們害怕客家人有可能會消失，因為他們的人口少，而閩南人和外省人又主導著臺灣的經濟和政治。他們的共同觀點是，臺灣被日本（殖民）統治了五十年，又和中國大陸分離了四十年，臺灣和中國大陸在政治和經濟上截然不同，要使這兩個政體再次聯合是不可能的。對他們來說，他們的新家是在臺灣，他們的未來想要在臺灣建立一個獨立的國家。這個新視野在 1990 年被寫在客家的頌歌（客家本色）裡頭。客家本色敦促我們，過去的客家祖先，捨棄昔日光榮，極盡艱辛，流血流汗，大力拓荒，在臺灣重建客家的家園。他們在臺灣的共同經驗應該可以使他們結合在一起，並且給他們一種族群團結的意識。

---

6 Howard F. Martin in N. Constable, ed., Guest People: Hakka Identity in China and Abroad, P. 176-195。

　　他們樂見一種能夠照顧臺灣各種族群利益的政治改革。所有族群的權利和族群平等必需列入憲法。歷史和語言是認定客家的兩種因素。他們因為擔心客語逐漸消失，有可能被閩南語或華語所取代，所以在 1988 年 12 月 28 日發動一個以「還我客話」為標語的示威遊行。這次的示威遊行要求政府地方電視台開始播放客家節目，並且允許公立學校使用雙語教學。示威遊行清楚的告訴大家，語言的問題可以讓多數客家人，不管他們的長相如何，團結在一起。所得到的族群結論是，要成為一個真正的客家人，就必需會講客家話。

　　由蔣介石之子蔣經國親手提拔的李登輝總統，從 1995 年開始著手政治改革。李登輝是臺灣出生的客家總統。當蔣經國在他晚年（1988）說他雖然生長在中國大陸，但是他是一個臺灣人之後，他等於宣佈了政治本土化和新臺灣意識的誕生。在 1998 年的臺灣光復節（10 月 25 日）前夕，李登輝總統強調「新臺灣人」的觀念，在這種觀念下，凡是住在臺灣的人，不論何時抵達臺灣，都應該被認定是「新臺灣人」。

　　在 1997 年，政府提出臺灣是一個多元文化的新國家觀念。這種觀念的背後是政府已經承認臺灣是由許多不同族群和不同文化的社會所組成的。接下來，政府又制定了客家政策，目的是要讓客家人共同打造這個多元文化的臺灣。在 1988 年的示威運動以前，政府很少支援客家族群。現在客家人的事情變成公眾事物。客家政策旨在宣揚客家文化和它的發展。從 1995 年以來，臺灣每年都舉辦客家文化節。任何一種文化都離不開它的語言。所以政府也開始促銷客語。政府以前忽略了這一點。在台北市有 12%的客家人，但是只有 3%的客家人會講客家話。估計在臺灣有 25%的年輕客家人不會講客家話。教育部在小學推行客家方

言的教學。小學生在學校每週要學兩小時的客語。在客家村莊裡，客語是以母語的方式教的。政府也實施了許多不同的配套政策來幫助學習客語；客語教師的培訓，客語教材的編印，以及對客語的深入研究。

政府在高雄縣美濃鎮花了（新台幣）一億兩千萬元建造的美濃博物館，在 2001 年的四月正式開放。住在美濃鎮的人，有90%是客家人。客家博物館用途是要保存客家文化，讓它成為社區和諮詢的中心，大家可以在那裡和客家朋友見面，並且接觸客家文化。因為政府了解客家人的重要，所以政府也設立了客家事物委員會。

政府取消了在電視台使用方言的限制，客家電視台在 2003 年7 月正式啟用。政府也准許福摩沙客家電台廣播客家節目。政府也訓練客家人如何製作他們自己的節目，和如何把主要的影片用客語播放。不過，客家電視卻遭遇不同的衝擊。有一個調查顯示，在所有的覆卷者中，有 84%的人不看客家電視節目。只有老一輩懂客家話的人才獲益，而這些人也只有 42%的人看客家電視。

客家文化給臺灣的國家文化多了一個尺度，而且有助於建立臺灣多元文化的民主社會。它也能加強多元文化的實質。臺灣多元文化的建立幫助客家人提升客家文化的身分。

在競選總統期間，客家身分的問題就會被重視。各黨派的候選人都會藉著挑起族群情緒來獲取客家人的選票。宋楚瑜在2000 年的總統大選時，用客家話向客家人拜票。當客家人從自己村莊搬去城市時，經常要隱藏他們的客家方言，文化，和族群身分，並且努力學習閩南人的方言和文化。他們曾經被稱為隱形的族群。現在他們卻成為眾人注目的中心。國民黨和民進黨雙方的候選人，為了爭取選票，都向選民保證會保護客家文化和客

語，不過，他們還是疏遠了客家人，因為客家人並沒有被提名為副總統候選人。但是在 2004 年的總統大選，民進黨獲得更多客家人的支持。例如苗栗縣的客家選票得票率，從 2000 年的 27%增加到 2004 年的 40%。這個數目顯示其餘的 60%客家人，是反對民進黨的獨立思想或者對候選人的政見不表意見。

另一個客家身分的主要元素是宗教。他們不像模里西斯的客家人那麼容易改信基督教。臺灣的客家基督徒不到 0.3%。在北美的一位牧師諾維特（Rev. Joel Nordtvedt of the Church of the Lutheran Brethen of North America），對於客家族群改信基督教的人，遠比中國其他方言族群為少的事實感到困惑。他認為很多客家人不接受「外來的基督教」[7]是因為他們沒有使用客家人的母語（客家話）去打動客家人的心。諾維特在 1995 年元月的《Taiwan Mission》裡的一篇文章 "A Christian Response to Hakka Chinese Ancestor Practices" 中說，在臺灣傳福音的最大障礙是臺灣人祭拜祖先的風俗習慣。他強調基督徒的態度和祭拜祖先的教法都應該重新檢討。

根據諾維特的說法，當一個客家人改信基督教時，會舉行一個焚燒神主牌的傳統儀式，表示這位信徒今後完全不再祭拜祖先。在模里西斯並沒有這種做法。在路易斯港（Port Louis）的所有神主牌都保留在寺廟裡。沒有一個新的信徒，尤其是那些改信新教的信徒，（新教派極力反對祭拜祖先）敢舉行焚燒神主牌的儀式，因為這種儀式會讓社區感到恥辱。傳統的客家人會認為那是對祖先最不尊敬和不孝的表現。

諾維特主張他們應該不再譴責祭拜祖先為崇拜偶像，而把它

---

7 Joel Nordtvedt, 'Who are the Hakkas?' www.Ibwm.org/taiwan/hakka.html

認為是對神缺乏精神上的認識，而非對神的反叛。諾維特以這為基礎，提倡幾種和聖經相容的方式來向祖先表示孝道。他建議信徒以敬禮和鮮花取代燒香。敬禮表示尊敬而非祭拜。在墓園為神禱告，擺設鮮花。慶祝祖先的祭清晚餐，應該看成對神的感恩，而非與祖先的靈魂連絡。

同樣的，英國牧師波彤（Robert Bolton）[8]相信祭拜祖先的習慣是客家人改信基督教的障礙。為了改信基督教而放棄祖先的代價太高了。衝擊外國傳教士最難的問題就是祭拜祖先。由於這種習慣深深植在中國人的信仰和日常生活中，很多客家人的父母拒絕讓他們的長子改信基督教。因為長子需要主持祭拜儀式，如果他改信基督教，就等於不再祭祖盡孝，徹底的漠視已故的祖宗。

為了消除這個阻礙，波彤（Robert Bolton）建議採取正面的步驟來轉換中國文化，使它變成中式的神學。他提供了一個包括許多代替方式的「功能替代」方案。例如，他建議在神主牌旁邊放一本聖經，以行禮向神禱告而不用在神主牌前面下跪或俯臥，把家譜從祖宗祠堂拿去教堂放置。

客家神殿裡面的神，並沒有限制數目，隨時可以增添一座神。沒有一個宗教權威可以決定那一座神可以被加進去。它是由膜拜的大眾，而不是職業教士來作決定。如果祖先的膜拜超過了家族的範疇，那位亡者的身分就變得更崇高，再繼續下去，他就會成為一個神。這正是一位叫「義民」的客家民兵，在清朝时代發生在臺灣的故事。在臺灣，每年的農曆七月十日都要紀念義民。不過，祭拜義民的活動只限於臺灣而已。

每年在台北舉辦的客家義民祭典是一個誇張的獻祭儀式。按

8　Robert Bolton, 'Taiwan's Ancestor Cult: A Contextualized Gospel Approach', Taiwan Mission（Jan 1995），http://www.members.aol.com/taimission/t_ancest.html.

傳統，民眾把豬隻養得肥大無比，殺宰之後，以牲品祭拜客家義民。現在已經普遍改用豬公肖像，配上其他祭品，而不用真實的動物做祭品了。

　　誰是義民？在 1785 年，因為政治腐敗加上令人難以忍受的貧困引爆了叛亂。當叛徒抵達新竹時，客家民兵奮力抵抗，超過百名的民兵戰死後被集體埋葬。政府在埋葬的地方蓋了一個陵墓，以後又建立了一座寺廟。叛變終被平定，滿清政府為了尊敬客家民兵的忠勇事蹟，頒給一塊木匾，並且刻字感謝他們的幫忙。[9]然而，客家民兵也被批評幫助清朝維持政權，對抗反抗貧窮，以及設法把滿州人從島上趕走的中國英雄。客家的辯護者則強調他們是為了保衛家園而抵抗打劫者。爭執並未消減。即使在今天，還有閩南人責難客家人支持滿清政府。不過，客家辯護者指出閩南人最愛的女神媽祖，無數次的被滿州人尊敬，膜拜。例如，滿清皇帝曾經在 1683 年綬與媽祖「天神之偶」的頭銜。中國皇帝不僅有世俗的力量，也有宗教上的力量。

三、香　港

　　首次到香港的旅客，很可能從香港旅遊局散發的促銷文件中了解客家人，在文件上面印著客家婦女身穿黑色長褲西裝（在模里西斯稱它為 "kabai"），頭戴傳統的涼帽。

　　客家人移民和定居香港，與新界的歷史有密切的關係。根據1898 年簽訂的北京條約，滿清把新界租給英國 99 年，在那兩百多年前，客家人就已經移居到那裡了。客家人在那裡建蓋土樓，

---

9 Taiwan Panorama, 'History and Civilization/Taiwan History',
　www.sino.gov.tw./sshow_issue.php?id.

藉以防禦歹徒和強盜。這些土樓是仿照他們在家鄉的傳統圓形房子而建的。建築的原則一樣是為了防禦歹徒。這種土樓讓他們安然的渡過了第二次世界大戰和日本的侵佔。這些土樓現在成為重要的遺產觀光景點之一。

有一棟修復過的土樓叫「三棟屋」，現在已經做為公立博物館，開放給百姓參觀。陳姓宗族在 1750 年代遷移到新界的荃灣，並且於 1786 年在那裡建蓋土樓。早期客家人在 1600 年代建蓋的土樓叫「吉慶圍」，它可能是最大，最多人參觀的客家土樓，目前大約有四百人仍舊住在那裡。

香港人口在 2005 年已經達到六百九十四萬人。約有 94%是中國人，他們大部份是廣府人。客家人口就沒有統計資料。根據 1990 年出版的波彤和盧克（Bolton and Luke）的報告，有 2.31% 的覆卷者指明客語是自己的母語。在香港的客家人主要來自寶安縣，香港的歷史脫離不了寶安。Benjamin K. Tsou 憑經驗的推測，認為香港在 1966 年的客家人口不會超過二十五萬人。[10]

在一個基督教的客家村裡所做的研究結果，揭露了基督教如何影響該客家村之客家身分的事實。在香港另一個客家村裡所做的研究結果，卻告訴我們該村客家人對他們的客家身分持著不同的看法。

第一個研究是在 1980 年代，由康士特博（Nicole Constable）針對崇謙堂的客家人所做的。崇謙堂是一個客家人的新教村莊，位於香港新界的東北角，在 1903 年正式創建的，它座落於廣府人鄧氏後裔居住的心臟地帶 —— 龍躍頭。1903 年

---

10 Benjamin K. Tsou, 'Aspects of the Two Language System and Three Language Problem in the Changing Society of Hong Kong', www.channelviewpublications.net/cils/003/0128/cils0030128pdf.

時，新界的崇謙堂是客家人最少的一個村莊之一。

最早的兩位新教傳教士是在 1847 年抵達的，巴色會到隔年便有兩萬人領受聖餐。人數不算多。從比例上看，客家人改信基督教的人數要比其他南方任何方言族群都多。巴色會的學校都教德文和英文。巴色會有助於客家基督徒提升到上層社會，激勵客家基督徒成為受過西方教育的客家菁英。超越姓氏和出生地範疇的人際關係又被擴大了。巴色會可以為他們學校的男女學生安排結婚事宜。巴色會把客家人團結在一起。在此以前，除了太平天國叛變和土客械鬥（1854-1867）以外，很少有這樣的機會。

太平天國（1850-1864）被打敗以後，許多客家叛徒逃到歐洲的教會避難。很多人加入巴色會的香港客家教會（今崇真教會）。勒赤樂牧師（Lechler）安排了數百客家人離開廣東省到沙巴，英屬蓋亞納，和其他地方安居。

廣府人反對客家人入住，並且時常發生爭執。儘管困難重重，客家人還是建立了他們的社區。在崇謙堂的客家人說，他們的成功，要歸功於他們的道德力量和品質。他們在田地上努力工作，並且把田地買下。他們說基督教要比中國的風水更加有力。崇謙堂座落在龍山腳下。沒有一個廣府人敢在那裡居住。客家人在村裡建屋居住而不受傷害。英國的土地登記系統，也歡迎客家人。到了 1905 年，所有具有正式所有權狀的土地都已經登記完畢。而沒有所有權狀的土地則歸耕種者所有。因此，許多的客家人變成了地主。唐氏家族一點一點的把土地賣給客家基督徒，剩下的很多皇家土地則出租給他們。[11]

11　Nicole Constable, 'Christianity and Hakka Identity' in *Christianity in China: From the 18th Century to the Present*, Daniel H. Bays, ed., Stanford: Stanford University Press, 1999, p.167.

從 1903 年到 1934 年間，主要來自寶安，梅縣，興寧，和其他巴色會的八個姓氏的家族都遷移到崇謙堂去了。他們遷到崇謙堂的因素很多，包括家庭、出生地、方言、宗教關係、貧窮、人口壓力、與廣府人衝突、對客家基督徒歧視、和保證在英人統治的新界地區過好日子等。所有的第一代遷入者都是客家人，而且他們多數是基督徒，或者在他們進入崇謙堂後不久便改信基督教了。

康士特博（Nicole Constable）對崇謙堂客家人的外在能力感到驚訝，他們雖然改信了巴色會的新教，卻仍然有以客家人自豪的強烈意識。[12]崇謙堂的客家人對自己的客家身分，要比住在幾哩以外的關門口的客家人，更堅強而且自我意識也更清晰。

康士特博（Nicole Constable）說，因為政治和經濟的因素已經無法再區分廣府人和客家人，因此政治和經濟無法解釋何以崇謙堂客家人會有強烈的客家身分。她在崇謙堂客家人的基督教義裡找到了她認為是似是而非的答案。基督教已經從三個重要的方法影響了客家身分。第一，巴色會的傳教士在各地興建聚會所、教會、和學校，因而建立了新的教友網。客家基督徒在此背景下分享他們的族群身分、宗教觀念、和語言。大家都知道崇謙堂是個客家教會，所有的信徒即使不是客家人，也被認為是客家人。第二，儘管從十九世紀的下半世紀以後，一般人的看法認為改信基督教會使人脫離他的中國根源，並且疏遠他的中國人身分，然而，崇謙堂的客家人透過基督教，他們堅持維護他們的身分，並且把它和基督教的身分連結在一起，也就是說，他們創造了一種雙重身分。最後，新教的牧師強烈的否定許多不符合基督教義的客家風俗：在教會裡使用對聯，鞠躬和俯臥，在祖墳前面燒香，

---

12 Nicole Constable, Guest People，P. 98-123。

以及宗教融合。在這種基督教的背景下，崇謙堂的客家人必需建立他們自己和新教基督信仰相關的身分。

康士特博（Nicole Constable）發現到，原始論和工具論的定理，無法充分解釋在政治和經濟的競爭都衰退的崇謙堂裡的客家身分的保持和維護。並且，像歷史，語言，和宗教這類的原始因素不一定會傳給下一代，不能充分解釋在新形式或新背景下對身分的堅持。產生崇謙堂客家身分的因素不代表它可以因而維持原來的身分。

她仔細分析了客家身分的特性，客家婦女所扮演的角色，以及客家人的宗教習慣，藉以說明崇謙堂客家身分的事實。

在十九世紀裡，廣府人給客家人貼上污辱的標籤，懷疑客家人的中國根源，並且形容客家人是野蠻人的後裔。廣府人和客家人之間的許多文化差異，尤其是客家婦女的角色，對土地不忠，和放棄祭拜祖先等，幫助他們認定客家人不是漢人的控訴。客家人向來以努力工作、勤勉、誠實，節儉、和勤奮著稱。他們認為這些都是一個優良基督徒必備的條件。然而，廣府人對客家人的特性持著相反的看法。廣府人把客家人的相互支持和合作解釋為糾結黨派。相較之下，客家人和廣府人在性格的特徵是，客家人以虔誠的和注意道德的基督徒為立場。他們的誠實和注重道德相對他人的不誠實和不道德。客家基督徒靠誠實和勤奮，由貧窮轉為富有，他們認為廣府人的財富是腐敗，並且導致不道德的活動。客家基督徒不賭博，不打麻將，不揮霍金錢在毒品和招妓上面。廣府人說客家人的節儉是小氣。廣府人的浪費可以從他們吃菜心時看出來。廣府人只吃綠色的葉子，而崇謙堂的客家人和模里西斯的客家人一樣，把葉子和莖全部都吃了。非客家人士，常說客家人不會賺錢理財。崇謙堂的客家人針對這點反駁說，成功

應該包含學術、道德、政治、和社交等各方面。客家人認為生意上的成功，需要仰賴非法的、欺騙的、或不道德的行為。客家人的成功，不表現在商業上的企業，而表現在教育、政治、和文職上。崇謙堂客家人對商業的說理，和偉貝（Max Weber）認為生意的成功是恩典，是救世的新教教義有極大的差異。在加爾各達和模里西斯的客家人，都不認同他們把財富視為腐敗的看法。

客家婦女並沒有綁腳，然而一般人却為了驕傲，社會地位，和富貴而替女兒綁腳。人家說客家婦女比較自由。意味着客家男人懦弱，控制不了身邊的女人，儘管中國社會是一個家長制度的父系社會。旅遊雜誌和觀光小冊子都說客家婦女極其勤勞。沒有一個客家男人會為他們的女人們在這點特性上爭辯。客家男人因為被刻板的形容自己是條懶蟲而感到忿怒。一個老人告訴康士特搏（Nicole Constable）說，客家女人從小被灌輸要能做到裡外都是女強人的觀念。亦即客語所謂「做得官娘，出得廳堂」的要求。她們在外在內都很能幹。許多客家人對這種特性解釋為現代婦女解放的印證。早在十九世紀中期，客家婦女在太平天國叛變時，就扮演著領導人的積極角色。客家婦女必需在家中裡裡外外地工作並非由於窮困所致。在足夠富裕，不需女兒工作的家庭裡，客家人也沒有替他們的女兒綁腳。客家人很為他們的男女平等自豪。在十九世紀裡，客家人在宣揚性別平等和婦女解放方面，都是時代的先驅。客家婦女成為客家身分，品質，和現代的標幟。不過，康士特搏發現，在崇謙堂的客家婦女在她們的教會裡，却只扮演著助手的次要角色而已。

崇謙堂的客家人必需承受身為客家和基督的雙重污名。身為客家人，他們被貶為劣等的非漢人。崇謙堂的客家人則反駁說，他們不僅是客家人也是中國的漢人，因為他們的祖先具有客家人

和漢人共同的歷史背景。從崇謙堂和非客家的眼光來看，崇謙堂基督徒也必需是客家人。[13]

　　非客家人指責客家人並沒有忠心於他們的土地，理由是客家人隨時可以他遷；放棄祭拜祖先，拋棄祖先，因為他們改信基督。然而，崇謙堂的客家人辯解說他們仍舊繼續尊敬和關懷他們的祖先。他們只是俗化了祭拜祖先的傳統儀式，把祖先照片和刻好的傳記，留在墓碑上，教堂和佈道公告牌上，他們還保存族譜。

　　在墓地的儀式已經被調整來配合基督教的信仰和習慣。祭拜用的酒食水果，出殯用的紙錢和香，以及中國式的紀念活動都被取消，取而代之的是鮮花，禱告，和唱聖歌。重點是用紀念來代替祭拜。換言之，對祖先的祭拜和關懷的方式已經被轉換而且俗化了。這種俗化了的關懷可以從宗教的儀式（例如祭清）和擺設上看出來。

　　禁止使用家庭祭壇以及祖宗祠堂，並不會切斷他們過去的根源。墓地（的祖墳）把他們和他們的祖先連結起來。在墓碑上刻寫的族譜資料，包括往生者的出生日期和地點，照片，以及敬愛他（她）和懷念他（她）家庭故居的後人名單。在模里西斯，這個名單還可能包括尚未出生的子孫。等嬰兒出生時，再從名單上選出他（她）的名字。墓園代表了教會，也扮演著中國人和基督教價值之間有意識的調解。崇謙堂的墓園是客家人宣稱客家身分的一個見證。客家身分需要在基督教的信仰範疇裡繼續建設。基督教在崇謙堂裡協助教友們轉換並堅固他們的客家身分。

　　每個家族都在蒐集保存他們的族譜。祖先因此不僅不會被拋棄，而且會永遠的被想起，被紀念。族譜詳細記載著每一個家庭

13　Nicole Constable in *Christianity in China*，P. 170。

的家系以及他們遷移去不同地方的原因。我們可以把它看成是給祖先的一種禮物。崇謙堂村里的耆老和父輩曾經對族譜的重要性表達過他們看法。有位父輩說每一個人都有明白自己家庭歷史的責任。另一位父輩說，蒐集編纂族譜可以為後代保存族村的歷史，並且可以鼓勵他們為自己的家庭和社區盡義務。又有一位父輩說，不知祖先簡直禽獸不如。所以他們主張每一個人都應該認識自己的家庭歷史，而且知道得越久遠越好。[14]族譜的編纂者都強調對父母孝順要跟信奉基督一樣的虔誠。

新教信仰的各種觀點都被融入崇謙堂的客家身分裡。許多非客家人認為不合基督教義的基本中國文化習慣，都已經被放棄了。這些（被禁的）習慣包括喪葬儀式和賭博（麻將，賭馬）。他們認為自己是虔誠的基督教友，而且比鄰近的非客家人更像中國人。這種適應中國宗教傳統的新教教義，看來像是在 1907 年舉行的大（新教）百年傳教士大會（Great Protestant Centenary Missionary Conference）所提到的實際改革行動的實現。

雖然崇謙堂的客家人大家對自己的移民和北源歷史背景有所認同，但是對客家身分的重要性，卻是看法不一，各持己見。他們有許多人對自己子女不明白身為客家人的意義和好處，感到遺憾。他們也同意他們的不幸遭遇已經烙印在他們的性格上。他們自豪、勤奮、工作努力、愛國、並且誠實。儘管非客家人責備他們背棄祖先，改信基督，他們仍舊可以藉俗化的儀式，和重建中國人的價值，與合乎新教教義的信仰，來照顧並關心他們的祖先。非客家人指責他們是原住民而不是漢人，他們反駁說他們的中國人特性是表現在歷史背景和正派人格上。由於客家和基督兩

---

14 同上，P. 172。

個掌管霸權的不同系統，要使兩種身分一致共存並不簡單。主張基督教優於中國風水，和主張他們的中國人身分是有爭執的。客家教會提供一個可以讓客家基督徒表明自己不同的客家身分的根據，允許他們繼續認同自己是漢族中國人的身分。[15]他們的基督身分不會暗中破壞他們具有客家身分和漢族中國人身分的意識。他們必需活在這兩種身分裡頭的壓力是一定有的。

另一個由強生女士（Elizabeth Lominska Johnson）[16]所做的實地考察發現，在香港新界關門口的客家村莊居民都認為自己是本地人，那裡是他們的出生地，而不是他們的移居地。他們在經濟和政治上所得的利益是以荃灣本地人的身分得來，而不是靠他們是客家人的身分而來。強調他們本地人的身分，可以讓他們得到經濟和政治上的權力以及社會福利。新界在 1898 年租賃給英國時，北京條約保證給當地的原始居民一些權利，包括保有他們家庭和祖先的土地。之後，當他們的村莊被重新開發為新市鎮時，他們的農地被改為居住建地，並且從中賺進豐厚的利潤。

香港政府正式認定關門口的客家人是新界的原住民，他們稱自己為「本土人」，藉以和廣府人自稱的「本地人」有所區別。

雖然許多客家人的標誌已經不見了，例如，典型的客家涼帽、三拼圍裙、工作時唱山歌、喪葬時的輓歌等，但是，在關門口的客家人仍舊保留了他們的客家身分，而且認為自己的文化和鄰近的廣府人以及其他族群的文化不同。他們的獨特性表現在許多方面。他們烹飪客家菜，吃客家菜。嫁女兒時吃甜湯圓。在祠堂裡，依照客家風俗，他們只有單一的神主牌，不像廣府人不遵守當地祭拜祖先的習慣。客家人在祭拜儀式以及和祖先對話的時

---

15 同上，P. 159。
16 Elizabeth Lominska Johnson in Guest People, P. 80-97.

候，一律使用客家話，中老年的客家人在其他場合也繼續使用客家話。客語是他們的慣用的母語，是他們共同客家身分的有力的標誌。不過，他們的客家身分是牢繫在關門口，而不是在中國大陸的祖宗故居。他們把生活的重心放在當地生活。他們洞悉客語逐漸式微，但是不太在意它會消失，因為反正他們子女也不說客家話。在那裡，客語沒有政治顧慮，不像在臺灣，客語被在政治上做為認定客家人的標竿。儘管關門口的客家人仍然保持著許多客家傳統，但是他們的客家身分沒有崇謙堂的客家身分來得強烈。

客語一直深受人口多數的粵語所影響。1970 年代以前，在農村裡很多人講客家話。無可避免的，多數人使用的粵語，在媒體，政府機關，和學校都佔優勢。現在只有老一輩的人在家裡或偏遠的村子裡講客家話。

在香港客家人的家庭裏，有些成員會講客語，有些不懂客語，但是大家都會說粵語的現象很普遍。有些小孩聽得懂客語，但是不會說。模里西斯的情況更加嚴重，許多第三代的客家人，連聽都聽不懂客語，講就更別提了。客語可說是一種逐漸消失的方言。重要的差異是，在香港的客家小孩學會了粵語，1997 年以後，又學會了普通話，然而，在模里西斯他們學到的卻是克里奧爾語。很明顯的，不會說華語或中國方言，客家人子女的客家後裔身分就很弱，也只能從身體外表的特徵稱他們是華人或客家人了。

和許多其他過去的英國殖民地一樣，在香港英語是教學用的第二語言。這是一種很不平常的現象，因為絕大部份的香港人都說粵語，族群之間並沒有語言衝突。學校大都（90%）使用英文教學。這是由於來自家長的壓力，他們認為英語能力是子女找好工作，求好前途的捷徑。儘管學校採用英語做為教學的第二語

言，政府機關也高調使用英語，然而香港人在日常生活中，卻很少使用英語，而且「在香港，即使大學菁英，他們的英語程度也非常的低。」[17]英語的用途只是在科技以及國際貿易的溝通上。一直到了 1967 年，殖民政府才承認香港的社交語言狀況，並且修訂語言法律，部份認同在島上使用的方言。政府承認的是粵語而非客語。英國在二戰後的新殖民主義是分化統治政策的延伸。英國專制統治香港超過 150 年，突然發現島上居民應該享有民主和全民投票權。英國企圖為香港人建立另一種中國人身分，使他們和中國大陸的同胞有所區別，讓香港在五十年內融入中國更加困難。

　　假若我們使用語言和文化做為身分的標誌，客家人明顯的被香港身分的結構排除在外。在臺灣，客家方言和文化，透過廣大媒體和普遍教育獲得重生。在香港，因為父母認為客語不如粵語和英語重要而沒教小孩，所以它日漸消失。更令人好奇的是，從香港移居英國的客家人，繼續忽視他們的客家方言，而用在英國生活上不必要的粵語和小孩溝通。不過，週末在倫敦的唐人街，有很多在 1997 年香港回歸中國以前定居在英國的客家人，我們可以聽到他們之間彼此講客家話。

　　臺灣的客家激進分子，從 1987 年以來，一直為了保護他們的語言和文化而奮鬥，然而香港客家人則選擇沉默暗藏。根據楊宗榮（Yang Tsung-Rung 音譯）[18]的說法，多數的客家組織只是和世界性的客家組織來往，而不和當地的客家組織互動。不過，強生（Johnson）的研究顯示，關門口的客家身分是跟當地的人

---

17 Nigel Bruce, 'EL2-medium education in a Largely Monolingual Society: the Case of Hong Kong', www.ec.hku.hkf/njbruce/HomePagePapers/12medium.doc.

18 Vong Li Young, op. cit., www.sics.nctu.edu.tw/csa2005/papers/0100_c3_3_Wang.pdf.

聯繫，而不和中國大陸的故鄉人士聯繫。

　　不像在臺灣，當地的英雄會被人當神一般供奉，在香港則沒有一個是源自當地的神明。有一個不是很有名的譚公神，被住在香港和九龍的客家人祭拜著，但是模里西斯的客家人則不祭拜他。譚公神的起源有三個說法。第一個神話說他是一個奇蹟的創造者。當他在八十歲過世時，看起來仍舊像個小孩，他後來變成客家人和去南洋航行者的保護神。後人尊稱他為「譚公」。「公」，意思是祖父，公爵，它是中國五種貴族身分的最高者，（譯註：五種貴族身分為公、侯、伯、子、男）。第二個神話說他是和客家人信仰的祖先一樣，為保護宋朝貴族而抵抗蒙古人，在 1276 年時，從蒙古逃亡到香港的。譚公安排照顧年僅八歲的宋朝末代皇帝和他的隨扈。當蒙古人追殺到香港時，這個兒皇帝自殺身亡，而譚公則被殺。客家人把譚公當神祭拜，並且為他在九龍建廟紀念。第三個神話說譚公是宋朝末代皇帝的虛構名字，他死後人民把他當神供俸。

第二節　南亞—印度

　　在一個專制而且設有國定宗教的國家裡，我們很容易證明少數族群會被歧視，然而要說一個自由民主的國家不會歧視他們的少數族群，也是一個錯誤的推斷。像美國這種民主國家都曾經訂有歧視華人的政策。雖然美國歧視性的排外法律可說已經走入歷史，但是近代美國法院因種族歧視而判決不公的幾個案件，直到 1980 年代還在影響著華人。甚至像丹麥和瑞典這些國家，都不可能沒有種族歧視的現象。世界上最民主的國家也不例外。1962

年，由於喜馬拉雅邊界爭端而引起的短暫而血腥的中印邊境戰爭後，那種對待無辜華人的可恥手段，居然會發生在提倡不殺生論的印度，實在是一件不可思議的事。

很多模里西斯觀眾，在看 BBC 於 2005 年 3 月播放的記錄片「肥媽媽的傳奇」（The Fat Mama Legend）時，聽到有個客家人用梅縣客家話，說明在 1962 年中印邊境戰爭後，印度政府如何殘忍的對付客家人感到驚訝。模里西斯的客家人很少知道在印度的加爾各答還有保留著客語的客家人。不過住在加拿大多倫多市的模里西斯客家人，就不覺驚訝了，因為住在多倫多的客家人，有很多是來自印度。印度的客家人都是說梅縣客家話的。

中國人早在四世紀時就知道印度這個國家。法顯和尚是第一個中國和尚在西元 399-414 年間為了尋找《佛經》到了印度。在十五世紀初期，中國人曾七次遠航到印度西邊諸國，四次到孟加拉。然而他們並沒有在英國去印度之前在印度定居下來。中國文獻最早提到中國人移民到印度是在 1820 年。那是在十八世紀末被人親眼見證的事，有人在加爾各答看見過從廣東和福建來的中國人。最早記載中國人出現在印度的印度文獻是 1788 年的警察報告。

根據印度警察在 1837 年的統計，當年有 363 位華人住在加爾各答。他們大部份是客家人。根據 1876 年加爾各答的人口調查，當年在加爾各答的華人口已經超過原來的一倍，到達了 805 人。在二十世紀裡，華人口持續增加。中國境內的爆亂，引起逃難者湧入加爾各答：1912 年民國建立後的軍閥割據、日本入侵、第二次世界大戰、以及毛澤東革命。根據 1951 年的人口統計，加爾各答的華人有 5,710 人。有 8,127 華人在 1959 年 10 月，登記他們是外國居民。有數千名在當地出生的中國孩子，由

於沒有出生證而不能登記，他們成為沒有國籍的人。根據非官方的估計，接近 1962 年時，住在加爾各答的華人可能在 11,000 人和 20,000 人之間。在 1962 年中印邊境戰爭後，很多的客家人從加爾各答逃到加拿大、美國、歐洲、臺灣、和澳洲。到了 1981 年，在加爾各答的華人已經不到 10,000 人，因為華人沒有在人口統計裡被列為單獨的族群。一個族群的人口必需至少一萬人，才會被包括在人口統計報告裡。根據印度華人協會副會長陳先生（Peter Chen）的說法，加爾各答在 2005 年的華人已經減少到 5,000 人左右。客家人集中在加爾各答東邊又稱第二唐人街的 Tangra，而廣府人則住在加爾各答市中心的老唐人街。華人也住在 New Delhi, Bangal-ore, Hyderabad, Mumbai, Kanpur 和其它城市。他們是從加爾各答遷移過去的。不像在其他國家的客家人都住在城市中心裡，而不是在郊外的農村裡。

正如在其他的國家一樣，大多數的第一代中國移民都是男人。在 1876 年的 805 名客家移民中，只有 64 名是婦女。有很多的男人跟當地的女人結婚就不足為奇了。這些女人大多是尼泊爾人，或阿薩姆人。[19]這些異族通婚所生的小孩，都被看成華人，並且用華人的方式，教養長大。在二十世紀的前二十五年裡，中國女人增多了，一部份的原因是由於在印度出生的中國女人變多了，另一部份的原因是，在當地比較富裕的客家男人，回到他們的故鄉去結婚。到了 1930 年，就很少人和當地女人結婚了。異族通婚會被人瞧不起。客家人的理想婚姻是和同族的客家人結婚。

第一位到印度定居的華人很肯定是楊阿秋（Yong Atchew 客語譯音），他在 1778 年抵達加爾各答。當時加爾各答是英屬印

---

19 The Indian Chinese Association,
www.indianchinese.org/articles/indianchinese/tumbledown.htm.

度帝國的首都。他向孟加拉的總督 Warren Hast-ings 陳情，說他有意在印度定居發展。因為大家都知道客家人工作努力而且勤奮，英國人欣然同意他的請求。印度政府將 650 比哈（bighas 一比哈的土地相當於 1/3 到 2/3 畝）的土地，以每年 45 盧比的租金，要楊阿秋開始種植甘蔗，並且建立糖廠。他在加爾各答五十公里外的 Budge Budge 建蓋了第一座蔗糖廠。他從中國請來工人。由於財務困難，缺乏技術工人，以及長期的被勞工離棄，他的企業壽命很短。他在 1783 年痛心而逝。他被埋葬在離加爾各答十五哩外的 Achipur 村莊裡的 Hugli 河岸。每年到了慶祝新年時，中國人會到他的墳墓那裡去進香。

在加爾各答,客家人並非唯一的華人族群。廣府人和湖北人也已經移民到那裡。這些客家人和廣府人的衝突，並沒有因為離開中國而消失。他們之間的衝突，還是定期發生，到了 1960 年代的末期，人們必需事先武裝好自己，然後才去加爾各答的唐人街。

這三大族群後來各自以不同的專業謀生。廣府人主要經營木工和餐飲業，湖北人做牙醫，客家人則是以他們外行的罐頭業和製鞋為主。客家農人習慣穿草鞋。他們在做草鞋方面已經為訂製草鞋打好基礎。由於主流的印度人不願從事骯髒的製鞋行業，客家人覺得製鞋仍有發展的空間。客家人肯定自己有從無到有的成功能力。客家男女都很勤勞的在各行各業努力工作。他們開鞋店、髮廊、和餐館。他們也涉足製藥和食品的釀造業（醬瓜，佐料）。城市裡的富人與名流都喜歡光顧他們的髮廊。從人口數目上看來，客家人要比其他兩種人更多，在日常生活當中，三種不同的人們都用客家話交流。

在第一次世界大戰時期，便有客家人以製革為生。根據 1980 年數據，在加爾各答的三百個製革工廠，幾乎都是由客家

人擁有和經營的。這是在印度全國僅次於 Madras 和 Kanpur 的第三重要的製革中心。製革工業的地區是座落在加爾各答東邊市郊，原來屬於垃圾場的 Tangra。第一個唐人街是位於加爾各答市中心 Bentinch 街的中央，後來轉到 Tangra 去了。客家人由於從事製革工業，使他們觸及到印度的種姓制度（caste system）。

印度的種姓制度讓客家人很容易進入製革的行業，因為印度人認為製革業是個骯髒汙穢的行業，適合低級種姓的人。印度的種姓制度是一種採用等級的制度，它根據人民的職業、語言、和出生地來訂定他們的等級。雖然印度是世界上最大的民主國家，然而人民日常生活上的平等權利卻被忽視。

印度的社會等級和地位是依照純潔和污染的程度而定。這是一個複雜的標記，但是一般說來，越純潔就越高級，而越污染就越低級。純潔是可以遺傳的，例如，屬於牧師級的成員在出生時就比低級的清道夫更純潔。純潔可以因為接觸到殘暴或死亡的事物而遭到污染。一個女人月經來潮時，她是暫時的污染，那時她不准去教堂或觸摸他人。等經期過後，藉由洗滌可以再度變為純潔。種姓等級最高的婆羅門通常吃素，不吃肉，因為肉是殺生和死亡的產品。不過，高等級的戰士們並非素食，他們的高等級是靠他們的英勇和體力而來，這些因素可以否決掉人們對他們涉及殺人致死的考量。相對於婆羅門的純潔，皮革工人的等級卻被認定是天生污染的。一個等級高一點的人如果接觸到皮革工人，就會被污染，事後他必需設法使自己潔淨。皮革工人跟剝死亡動物的皮和鞣皮為職業的等級有關。這些有機的廢物以及它的處理作業都被認為是不純潔的。鞣皮製革、排便、和女人的月經都是不純潔的。一個人或一群人的種姓等級是依照他（們）的純潔程度或污染程度來決定。

　　學者對於純潔與污染的觀念意識不置可否，但是不同意以職業來決定污染程度的觀念。不管如何，和獸皮或皮革為伍的工作是被認為極其污染，不可被人觸碰的行業等級。重點是客家人所從事的職業－皮革、製鞋、餐飲、和理髮－都是不純潔的，不能與高等級的印度人接觸的行業。客家人的專業讓他們只能在低種姓等級的圈子裡打轉。在模里西斯的中等製鞋工人可以和任何等級的印度人做買賣。無論如何，在模里西斯看不到以印度種姓等級制度習慣辦事的特殊情況。客家人很容易和任何等級的印度模里西斯人交往，有些人已經和印度模里西斯女人結婚了。

　　由於製革工廠牽涉到屠宰和死牛，因此被認為是一種高度污染的行業。死亡之所以會污染是因為它會將全部屍體變成廢棄物。中國人在加爾各答被隔離的原因有二：其一是與客家人的職業和印度的種姓制度有關。其二是空間的因素。客家人居住在加爾各答的邊界地區，那裡住的都是低等級（Chamar）的人民。加爾各答人認為那裡是個神秘而危險的地方，他們都避免到那裡去。[20]

　　在一些不採用印度式的種姓制度，而以社會階級劃分國民身分的國家裡，少數移民工人被顧去當清潔工，這種工作一般被認為是「骯髒」而且低級的工作，它是白人，至少中上階層的人不肯去做的工作。低級的工作和「骯髒」的工作常是緊密相聯在一起的。在北美或歐洲的華僑，再窮再急，也不會去包辦這些骯髒的工作。

　　印度的種姓制度對客家人產生什麼影響？客家人和廣府人以及湖北人一樣，並沒有接受種姓制度的思想觀念。他們採納以財

20　Ellen Oxfeld in *Guest People*，P. 149-175。

富決定社會地位的制度。沒有一個已經發達了的客家人改行去從事另一種比較不污染的行業。因為財富是社會地位的基礎，沒人去理會職業是否純潔或污染。在這種制度下，社會地位是不可能遺傳的。地位是根據一個人目前的職位而定。它是一種以社會進階為主的開放制度。它跟血緣無關。重要的是鈔票。財富是衡量社會地位和事業成敗的基準。

模里西斯的客家人不受印度式的種姓制度所影響，物質財富是決定社會地位的超然因素。一個客家店主，不管店舖的大小，他的社會地位，都要比一個店舖助手，或類似理髮師、鞋匠、或裁縫師之類的技匠的社會地位要來得高。一個店員在成功後，去路易斯港（Port Louis）經營批發事業，他的社會地位就會在階梯的上端。留學歐美回來的專業人士都會得到社會的特殊待遇。目前的情形仍然是以財富為主，這種財富在東南亞的華僑看來是不算什麼的。過份誇張的炫耀自己的財富是常有的事。富人瞧不起窮人。有一句客家諺語「看衰人」恰好是用來形容這種心態。

製革工業被認為是污染的行業，只有低等級的印度人才會去從事這種工作。然而，對加爾各答的華人而言，它是一種好事業，它有很好的利基。他們認為製革遠比坐辦公室更好。他們擁有高評價的企業。一個成功的事業代表著更高的生活水平、更高的社會地位、權力和影響力、並且被人尊敬。

正如在東南亞的國家裡，中國的政治和僑居國的政治，有時會帶給住在僑居國的華人極大的災難。由於 1962 年中印邊境戰爭的後果，印度政府藉機公佈一項法令，如果一個人（或他的祖先）的祖國和印度有過戰爭，那麼，他就不可擁有印度的公民權，於是就有許多印度華僑的公民權被剝奪。所有住在中印邊境的華人都被逮捕送去 Rajasthan 集中營，關了許多年後才被釋放

或遣返中國。許多住在加爾各答的華人也被逮捕送去 Rajasthan 集中營。客家人經常生活在恐懼之中，唯恐半夜被逮。一個叫劉友身（Liu Yew Shen 音譯）的人，在接受 BBC 記錄片電視訪問時，回顧他當時所受的折磨和慘痛的經驗，他的父親具有印度公民的身分，而他本人在印度出生長大，他們全家人被警察毫無理由的從 Shillong 帶到 Rajasthan 的居留所。他們被關了四年後，在 1966 年才被釋放出來。政府只給他們全家 30 盧比，讓他們在回家的路上購買食物。在車站的食物，每一個人得花 1.5 盧比，他們已經給了挑夫 16 盧比到 17 盧比，全家人根本無法吃飽。他們用剩下的錢，儘可能買些食物先餵飽小孩。到達目的地時，他們已經有兩三天沒有進食了。他們到達 Shillong 後，發現自己的房子已經被查封拍賣，一切希望都破滅了。政府沒有賠償一文。這還不是單獨的個案。在邱女士（Shirley S. Chiu）的問卷調查裡的一位參與者也談到他的悲痛經歷：她家的財產被沒收充公，並且全家被關在集中營四年。[21]

　　由於政局不安，許多住在加爾各答的客家人逃離印度。中印關係惡化，中國關閉了在加爾各答的中國大使館和中國銀行。

　　1949 年中國佔據大陸後，在加爾各答的僑胞對祖國的擁戴，分為親北京和親台北兩派。在加爾各答擁戴臺灣的人，發起反共宣傳，募款解放中共。而擁護共產黨的則接受在加爾各答中國領事館的經濟援助。北京資助親共的報紙，提供貸款給生意人，並對親共的父母提供免費的子女教育。雙方的客家人都成為地緣政治的犧牲者，為中印兩國政治關係的惡化，付出了慘痛的

---

21 Shirley S. Chiu, *Ethnic Identity Formation: a Case Study of Caribbean and Indian Hakkas in Toronto*, M.A. Thesis, University of York, 2003, P. 98.
http://ceris.metropolis.net/Virtual%20Library/housing_neighhoods/SChiu.pdf.

代價。

1954 年 11 月，印度總理尼魯（Jawaharlal Nehlu）出訪中國返國不久，便轉而偏袒中華人民共和國。他遣返一名中國居民，和一位親臺灣的當地新聞編輯。受到 1962 年中印邊境戰爭餘波的影響，輪到一位住在印度的親共中國居民，被嚴厲而不公的懲罰。成千上萬的人被控反印，並且被拘禁在 Rajasthan 的 Deoli 集中營裡，還有很多人被遣返中國。數千人逃離印度。留下的人則被敵視，他們失去行動自由。他們不准離開住家超過 24 小時。他們從政府機關和私人企業被解雇。失去行動的自由就會影響到他們的工作。中國的木工、鞋匠、工廠的工人、和其他的人都無法維持生計。許多的技術工人都淪落到悲慘的困境，被迫「在加爾各答街頭出賣他們的工具。」[22]

中國人所受到的嚴厲處罰，在「肥媽媽的傳奇」（The Legend of Fat Mama）裡再次被提及。一位住在多倫多，名叫 Winnie Lee 的年輕中國女律師，在一個記錄片裡說，她認為她的同胞不會要求在金錢上的賠償，但是要求不僅僅是印度政府承認，也要印度人民承認那些華人住在印度時，他們也是社區的一份子，他們不但在經濟上，同時也在加爾各答的文化上有正面的貢獻。1980 年時，客家人在加爾各答擁有接近 300 個商號。製革工業是加爾各答經濟的幕後動力。

1976 年時，中印之間恢復了大使級的外交關係。此後，兩國之間的政治、文化、和經濟關係都有改善。雙邊貿易也從幾百萬美元增加到 2005 年的一百四十億美元。在孟買已經建立了中國領事館。在加爾各答的領事館則因印度情報當局的堅決反對，

---

22 www.indianchinese.org/articles/indianchinese/tumbledown.htm.

仍舊沒有開放。

中印雙方的領袖都在設法建立一個雙贏的資訊科技的共生體，共同發揮自己在軟體和硬體上的長處。印度的 IT 科技巨臂，Infosis Technologies，已經在中國的許多城市裡設立了研發中心，並且在印度 Mysore 市的教育中心開始訓練一百名來自中國的學生。其他的印度軟體公司也在中國設立分公司。這些發展產生了一個新局面。市場需要翻譯員。在加爾各答由印度華人協會開辦的中文學校，一直在不景氣中，現在因為市場需要而復甦了，學校也需要中文老師。現在的下一代客家青年，會不會因為新工作的產生而停止他們離開印度的想法？1962 年的創傷尚未完全復原。

客家人對於自己的身分抱有情緒上的矛盾。有些人認為自己是印度人，他們的根在印度。有些人主張在政治上來說，他們是印度人，但是從文化層面來說，他們是華人，並且對自己的雙重身分感到自豪。[23]一位住在加爾各答，名叫 Peter Chen 的室內設計師說，對於像他這種年紀大一點的人來說還好，但是「對年輕人不好。」[24]另有一位鞋店的東主則說，「生意越來越差」、「太多政治干擾」、和「沒有發展」。吊銷公民證、拘禁、以及遣送回國等事件，對華人產生了永遠的創傷。他們生活在恐懼之中。種族歧視的政策在戰後持續很久。最重要的是，大家都知道客家人隨時準備好打包行李，遷往他們認為有比較好的經濟、政治、和社會環境的其他國家去。在加爾各答和在多倫多接受 BBC 記錄片採訪的人，都說經過四十多年，他們的創傷仍舊沒

———————————

23　Ranjita Biswas, 'Little China Stays Alive in Eastern India', www.jpsnews.net/news.asp?idnews=30345.

24　'Twilight descends on Calcutta's Chinatown', www.angelfire.com/empire/hakka.

有復原。

　　一直到 1998 年，印度政府終於再次讓華人歸化，儘管印度1950 年的憲法對長久居住的居民給過公民權。

　　華人在製革工業工作的困境，由於 1987 年 9 月印度最高法院的一個判決而加劇。該次的判決要求，為了管制污染以及因為製革廠污水造成的環境惡化，所有在 Tangra 的製革廠必需在1996 年 12 月 19 日以前，搬遷到加爾各答南邊偏遠的 Bantala。這個命令有如晴天霹靂。華人在製革工業上有巨大的投資。憑著勤勞和努力，他們已經把以前的垃圾廠變成一個工業地區。印度政府在這裡沒有提供任何公共設施，例如馬路、排水系統、水、以及路燈等。搬遷去那裡，意味著華人需要投入大量的資金來把他們的家庭、工人、以及機械設備搬到一個不安全的偏遠地區。再者，儘管遷移的期限是在 1996 年的 12 月 19 日，在 Tangra 的製革廠關閉時，公共廢水處理廠和加爾各答的皮革工業區都尚未完工。華人覺得自己被政府邊緣化，被政府以二等公民看待。他們被迫重新評估住在印度的前途。他們的經濟投資既然沒有保障，那麼他們的前途也就不肯定。整個大環境充滿著敵意。他們於是決定大舉再度移民。[25]因此之故，在加爾各答的客家人口逐年遞減。

　　目前客家人的情況如何？跟其他地區的客家人一樣，留在加爾各答的客家人拼著命想辦法保住客家語言和文化。目前，當地還有兩份中文報紙：《The Chinese Journal of India》和《The Overseas Chinese Commerce of India》。只有超過三十年的後者才能倖存到今天，而且它是當今世界上唯一靠手寫，覆印，再去

25　Shirley S. Chiu，前揭書，P. 19-32。

派發的日報。1962 年的中印邊境戰爭衝擊了人民的社會、文化、宗教、和經濟生活。所有牽涉到中國身分的活動都變得很低調，例如，婚禮、喪葬、和節慶等。寺廟、墓地、和學校等都被忽略。在加爾各答停止使用傳統方式慶祝中國的節日。舞獅、放鞭炮、和傳統音樂消失了。只有在 1998 年慶祝農曆新年時，舞獅才再度出現。沒有被印度化的客家人，現在也參加印度禮拜、排燈節、聖誕節、佛教法會、和 紀念孔子等大家都認為正常的大雜燴活動。

　　大多數的中國人已經改信基督教，尤其是在 1960 年代的時期。為何不是改信印度教？那是由於基督教的牧師們傳教有方。基督教的牧師用英語傳教，使得中國人可以接觸到主流社會的工作。更重要的是，基督教的教會讓人有歸屬感，有一致性，和親民的作風。

　　在印度的客家父母親處境困難。他們一方面覺得他們要把中國傳統教給下一代，小孩應該學習中文。一方面又覺得為了小孩有更好的前途，他們的子女應該學習英語，精通英語在印度社會裡是向上提升地位的先決條件。在模里西斯，父母早在 1950 年代便已經做出了這樣的決定。自從 1962 年的中印邊境戰爭以來，第二代和第三代的客家人已經移民去美洲、歐洲、臺灣、和其他國家，使得客家人口逐漸減少。我們只知道有一個客家的模里西斯人曾經在加爾各答的製革廠工作過，但是，他在 1960 年代就回到模里西斯了。客家人堅持為了經濟、社會、和政治的原故而移民。邱女士（Shirley S. Chiu）在她的研究中發現，參與者移民去加拿大的前兩大理由是較優的教育和經濟機會，以及較能被容忍的政治環境。很多經歷過集中營折磨的人都會被迫移民。其他沒有在邊境戰爭受害的人則因為痛恨種族歧視和政治腐

敗而移民。種族歧視在職場上司空見慣。他們不僅被執法當局歧視，連一般的平民也一樣歧視他們。[26]

客家人大部份移民去加拿大。根據 2002 年的統計，估計在多倫多有 20,000 的客家人，而大約有一半是來自印度的，他們集中住在士嘉堡（Scarborough）、萬錦（Markham）、以及北約克（North York）的東邊。在印度的客家人口，最高的估計是兩萬人。換言之，在 1960 年代到 1980 年代，在多倫多每兩個客家人就有一個是從印度逃去多倫多的。

儘管受到基督教的教化以及四周都被無數的印度人包圍著，客家人並沒有融入主流或失去他們的華人身分。客家身分由於和印度人的互動和被歧視，而被保留、被加強。建立和維固客家身分是一個無止境的奮鬥。因為他們的工作環境是在不純潔的、污染的製革工業界，製鞋廠，和髮廊等地方，所以在高等級的印度人眼裏，他們不僅是不可觸碰的，而且也是外地人。加上客家人居住在與主要社會隔離的偏遠 Tangra 地區，使得這種觀念更加嚴重。客家人吃印度人禁用的牛肉，更加強了彼此的「隔離感」和「見外感」。由於中印邊境戰爭遺留下來的後果，政客們都把華人以外國人看待。所有這些待遇加強了他們認為自己與人不同的意識，促使他們強化他們的客家身分。印度人稱客家人為外地人，而客家人也反過來稱印度人為「番鬼」，全世界（包括模里西斯）的客家人都這樣稱呼旅居國的當地人，他們則自稱為「唐人」。客家人的特殊職業，以及他們和廣府人，湖北人之間的互動，也加強他們的客家身分。客家人稱呼這兩種族人時，都加上一個「佬」字，代表通俗的一般人。客家人稱廣東湖北人為「廣

---

26 同上，P. 98-100。

湖佬」而不是「廣湖人」。[27]

第三節　東南亞

一、引　言

（一）人　口

　　東南亞是東南亞國家聯盟（ASEAN）十個會員國的所在地，ASEAN 的第十一個會員國東帝汶的候選資格尚在審核之中。他們各國的精確人口總數和估計數字變化很大。新加坡的人口統計最準確可靠，印尼的人口只是粗略的估計而已。由於大家對「華人」的定義不同，因此要得到東南亞地區華人的準確人口統計資料，就變得十分困難。十個 ASEAN 會員國的人口，在1999 年估計總共有五億一千萬人，他們很不均勻的分佈在這十個國家裡（見表 4.4）。其中大概有兩千三百萬是華人，佔總人口的 4.5%。估計在東南亞的華人佔了中國大陸（包括香港、澳門、和臺灣）以外華人總人口的 80%（Armstrong 的估計）或88%（Trolliet 的估計）。

---

27 Ellen Oxfeld，前揭書，P. 160-161。

表 4.4：估計東南亞人口，和華人在各國所佔比例（1999）

國家/地區	總人口（千人）	華人（千人）	百分比 （華人/東南亞）	百分比 （華人/國家）
汶萊	321	51	0.2	16.0
柬埔寨	10,946	109	0.5	1.0
印尼	209,255	6,268	27.4	3.0
寮國	5,297	212	0.9	4.0
馬來西亞	22,180	5,515	24.1	24.8
緬甸（聯邦）	45,059	631	2.8	1.4
菲律賓	74,454	968	4.2	1.3
新加坡	3,522	2,719	11.9	77.2
泰國	60,856	5,234	22.8	8.6
越南	78,705	1,181	5.2	1.5
東南亞	510,595	222,888	100.0	4.5

資料來源：Armstrong et al.,p.2.[28]

　　印尼顯然是東南亞人口最多的國家，而汶萊則是人口最少的國家。大約有四分之三的華人住在 ASEAN 的三個國家裡：印尼，馬來西亞，和泰國。新加坡的華人佔全國人口的比例最高（77.2%）。

　　雖然在東南亞華人的人口很少（4.5%），但是他們在社會上及經濟上的地位卻很重要（見表 4.5）。這顯示他們的財富和人口不成比例。

---

28 M. Jocelyn Armstrong et al., ed., *Chinese Populations in Contemporary Southeast Asia Societies: Identities, Independence and International Influence*, Surrey: Curzon Press, 2001, P. 2.

表 4.5：市場資本額的華人股份（2001）

國家	人口比例（%）	市場資本比例（%）
印尼	3-4	73
馬來西亞	30	69
菲律賓	2	50-60
新加坡	78	81
泰國	14	81

資料來源：Graham Hutchings, Mordern China, p.323.

　　雖然華僑人口只是少數，但是他們卻控制了當地的經濟。他們掌控了全東南亞最高約三分之二的零售業。[29]

（二）中國式的資本主義

　　儘管人們認為華人控制著東南亞的經濟，並且對當地經濟的繁榮有所貢獻，然而在 1970 年代以前，多數的的論證都認為中國文化是反對資本主義的。這種逆流是根據韋博（Max Weber）的論調而來，他認為中國人的宗教和價值觀使得資本主義無法在中國成形。根據韋博的說法，早期歐洲西北部資本主義的興起，乃是喀爾文教徒（Calvinist Protestant）的貢獻。然而，中國人也具備了喀爾文教徒勤奮工作、專注、和節約等資本主義所需要的因素，尤其是那些自願出國的移民，他們最容易被生命中的成就所激發。韋博的信徒認為資本主義未被開發是由於缺乏足夠的合理性做支撐。西方的資本主義是靠合理的法律制度，然而，中國式的資本主義則是依賴非正式的制度，人脈關係與彼此的信任。

　　賈莫教授（K. S. Jomo）認為要了解資本主義之所以沒能更早在中國出現的原因，我們「必需從分析中國的政治經濟和相關

---

29 Annabelle R. Gambe, *Overseas Chinese Entrepreneurship and Capitalist Development in SEA*, New York: Palgrave Macmillan, 2000, P. 9.

制度的歷史背景去探索」。[30]它的失敗原因有很多：例如學術界的菁英缺乏領導和科技活力，智慧財產權沒有保障，中產階級沒有抱負，以及大家對中國政府和當地政府都缺乏信任。由於缺少健全的司法體制和法律保障，所以華人只得被迫依照他們自己的制度去發展他們的事業。

　　人們一方面稱讚中國式的組織和商業運作造就了東南亞的經濟奇蹟，一方面又責怪它造成了 1997 年的災害。家族企業和儒家思想或亞洲價值觀，被認為是經濟成功的關鍵。人們樂見這些亞洲價值觀取代了日漸式微的西方價值觀。1919 年的五四運動譴責儒家學說，認為它是中國進步和現代化的最大絆腳石。西方的政治家則辯駁說，亞洲的價值觀其實是隱藏他們權威主義的煙幕。在 1997 年後的東南亞，同樣的儒家學說被看成是危機的惡棍。儒家學說是英雄與儒家學說是惡棍的說法在來回震盪着。

　　華人的商業組織具有下列幾種特性：[31]

1. 華人公司靠互助會的支援生存。

2. 華人公司被歧視。歧視華人而優待當地人的政策，代價昂貴而且無法長久維持。

3. 華人公司靠非正式管道，作為經營許多長久而複雜生意的基礎。這種做法，既省錢又省事。在市場組織不良，缺乏司法架構，和政府仇視加上歧視的政策所導致的不穩定環境下，它能協助企業發展。在這種大環境下，大家只能用社群的信任取代法律，以彼此的信心代替合約。

4. 華人公司採用家族式的經營方式，高度集中決策作業。這

---

30 K.S. Jomo and Brian C. Folk, ed., *Ethnic Business: Chinese Capitalism in Southeast Asia*, London: Routledge Curzon, 2003, P. 10.

31 同上，P. 17。

樣的組織可以降低成本和風險，因為重要的職位都是由家族成員負責。不過強項也是弱項。家族式的生意很難擴張，這種現象對中小型的企業影響較大，對大型的企業似乎沒影響。

5.華人公司不透明。缺乏透明會產生許多的問題。家族式生意的家族成員和遠親們會產生一種讓人覺得他們不任用外人的感覺。這樣會被認為是一種種族歧視。在一個本地人佔多數，他們又有政治權力的國家裡，他們會採取歧視的政策來優惠多數的當地人。為了對抗政府的優惠性差別待遇政策（Affirmative Action），華人於是任用親信，收買政客，使得經商的成本變得更高。任用親信有時被解讀為社會資本，證明中國人沒有採用合理方法去獲取最大利益。

儘管有許多上述的困難，在資本主義下，華僑又是如何崛起的呢？這個成功背後有幾個理由。[32]

有兩種主要的學派，競相設法解釋新近工業化的東南亞國家是如何成功的。中央集權派認為是由於國家的強力發展，政府設計好發展的藍圖，並且提供了達成目標的配套辦法。而所謂的文化主義派則認為它應該歸功於儒家學說的價值觀。華僑是同種、勤奮、和本分的族群。世界銀行對經濟發展有他們自己的說法，認為它是建立在幾個關鍵的因素上，例如自由的經濟政策，外國的投資，高存款率，以及廉價、熟稔、並且受過訓練的勞動力。然而蓋姆貝（Annabelle R. Gambe）則認為東南亞的經濟發展的

---

32 同上，P. 12-18。

關鍵因素是華人的企業家精神。[33]

　　在歷史上，華人很早就已經有過市場關係和使用錢幣交易的經驗。銅幣在兩千多年前就出現，而紙幣也已經被使用了一千年。這說明了市場的交易已經超越了以物易物的制度，而且市場是錯綜復雜，精密難懂的。

　　小孩子因為在店裡幫忙，所以很早就接觸到生意的環境。幼時在生意圈裡打交道，可以學到生意的文化，並且對他們選擇未來的事業有所影響。

　　華人發展出來的信用制度，將資金和農村地帶銜接起來，當地的華人以收集的農產品來償還債權人。信用的安排在生意上非常重要。華人把國內的制度帶到國外並加修正，特別是一種叫「會」的信用制度（一種不用抵押品的借貸互助信用制度）。「會」完全建立在信任的基礎上。它代表了可靠、名譽、以及信用的評估等級。它是靠彼此的「關係」，有時甚至要牽涉到親友的「人情」，在社區裡運作。為了生意的成功和擴張，「關係」的作用要超過資本的累積。它所牽涉的範圍很廣，例如，除了信用和贊助以外，還可以用來獲取決策的影響力和商機的資訊。

　　在一個沒有法律約束的合約，和沒有抵押品的信用貸款的商業環境裡，借貸雙方的彼此信任極其重要。這種制度有很明顯的好處。它減低了生意的交割成本，而且非常有彈性。雖然它的風險很高，但是族群和其他方面的價值，以及來自社會的壓力，會迫使債務人兌現他的承諾，否則他會被排斥，也意味著他的生意即將被迫結束。由於生意容易失敗，加上政府的歧視政策，使得大家走向短線操作，它也因此限制了需要大量資金，研發，和建

立品牌等工業的長期投資。

　　儒家學說和孔子的價值觀被認為有助於華人的經濟發展。一直到 1970 年代，社會學家解釋說儒家學說應該對中國的貧窮負責。到了 1980 年代，儒家學說被稱讚為幫助提升東亞經濟成長，因為儒家學說強調經濟成長的人為品質，例如勤奮工作、專注、忠誠、以及尊重權威等。人們對儒家學說感到困惑，因為儒家學說有許多派別。官方學者比較偏愛國定的儒家學說和國定的宗教。儒家學說也受其他宗教或哲學教義的影響，例如道教和佛教。賈莫教授（K. S. Jomo）懷疑道：「儒家的等級制度，對於近代快速提升的中國式資本主義究竟有多少幫助，還是值得懷疑。」[34]

　　一般來說，出於自願的移民，都十分有衝勁。他們願意為了下一代而接受任何挑戰，去苦戰直到成功。少數族群的身分也是華僑事業成功的因素之一。靠著宗族的關係，他們在事業上彼此照應，互相提升經濟利益。為什麼華人在經濟上要比其他族群，例如印度人或其他東南亞人，更成功呢？這個答案就得從下面的幾個因素來探討。華人社群的人口，華人的移民和外國人的（特殊）身分，他們的歷史遺產，以及當地和國際上的大環境都對生意發展有利。

　　由於大家都是少數移民，他們彼此在新環境下互相照顧，求生存，求發展。他們必需努力工作，並且要敢於冒險。這點正合乎了舒姆比特（Schumpeter）對企業家的詮釋：他必需能創新並且敢於冒險。企業家被看成圈外人士，邊緣一族，他們專門從事於促銷經濟發展。他們就像中古世紀的猶太人，西非的黎巴嫩人

---

34 Jomo and Folk，前揭書，P. 16。

或東非的印度人一樣。除了緬甸聯邦以外，華人在東南亞形成了最大的少數移民族群。人口優勢也許可以解釋何以華人，而非印度人，會在東南亞更發達的原因。華人比歐洲人更早在那裡經商做買賣。殖民政策把他們的生活限制在都市中心，並且引導他們去經商。東南亞國家禁止華人去從事政治性和政務管理的工作。因此，華人集中全力從事經濟方面的行業，加強他們在經濟上的角色，以致成為商業界的牛耳。

從文化的層面去探討華人企業，如上所述，主要是根據儒家的價值觀，中國制度，家族企業模式，「關係」，信任，以及人脈網。人們對文化在華人企業的影響看法迥異。文化的理論假設華人是同種的，文化的價值觀也是一致的。其實，華人並不信任直系家庭以外的人。儒家強調家庭的重要性以及家庭財富的平均分配（給兒子們）。這種觀念其實在暗中阻礙了大企業的發展。在東南亞，多數的大企業都採用企業集團式的發展模式，其特點在於橫向分散的多樣化經營，有限的著重在專門的特殊行業上，以及很少的研發業務。這種企業被稱為假的資本主義，也就是說，他們是在投機，而非在製造。1997 年的經濟危機以後，有些大公司已經重新審查他們的策略，並且除去公司的次要業務，集中精力經營公司的主要項目。遵循這種新方向的有 The First Pacific Group of Hong Kong 和 The Charoen Pokphand Group 兩大集團。

儘管他們的成功，華人的企業似乎不能超越家族框架，即使他們表示願意去變通，去接受，但是成果不彰。在這種情況下，華人究竟採取什麼策略來克服這些障礙呢？在越來越多的政府干預下，有些華人企業覺得深耕政治關係有利可圖。但是，他們在收買政治影響上得要付出一定的代價。不管如何，絕大部份的人

還是盡可能的避開政治人物。他們仍舊繼續用他們的方法，依照彼此之間的互信，親戚關係，以及人脈關係去經營他們的企業。

華人有跟三個不同國家的相處經驗：在中國的清朝政府，在東南亞各國的殖民政府，以及獨立後的各國政府（泰國除外，因為它沒有被殖民統治過。）

滿清政府和滿州人都不重視商人，而且從不保護華僑。政府也貧弱無能為力。不過，中國自從 1978 年實行現代化政策以後，大陸的政客便開始尋求華僑在資金和技術的合作。

在貧弱的滿清時代，華僑把國內的制度帶到國外去發展他們的事業。他們把公司變成政治機構，用以保護員工。進入二十世紀時，公司變成國營的壟斷事業。在殖民政府時代，華僑配合殖民政府的力量，扮演仲介人的身分，而歐洲人則手握實權，掌控經濟。西方學者平常用少數中間人的模式來研究華人企業的運作。這種方法，在一個民族同化率不高的國家是可行的，但是在泰國和菲律賓這些高同化率的國家就不適用了。

在 1930 年代的經濟大蕭條，加上二戰以後歐洲人的撤離，東南亞的大環境產生了一個可以讓中國企業擴張的真空地帶。獨立後的時期，中國商人與干涉主義的國家發生衝突。他們獨立後，政府偏袒當地企業，也扮演了企業的角色，尤其是在需要大量資金的工業，例如能源、水、和電信通訊事業等方面。華人的應對辦法是收買政治的影響力，以求企業的繼續發展。實際上，那些決定透過政要和政府做生意的人，都取得事業擴展和最後發展成為企業集團的優勢。企業的擴展再也不能只依靠互助協會以及共同的信賴而已。華人的企業不再停留在靜止的層面上。更近代的中國企業已經採用了西方的經營方式，在財務上仰賴西式的商業機構，並在經營上根據法律機構的辦法。只有靠充分的法律

保障，西式的經營方式才會具有吸引力。但是 2008 年的經濟大泡沫，卻給西方模式的資本主義一個嚴重的打擊。現在對於西方的政治家是否有決心改革過份提成分紅的銀行體系，還言之過早。

　　一般認定是由於中國企業的習慣和價值觀，具有某些獨特的中國特色，才成就了經濟的快速成長。這種實質的講法曾經被批判過。近來中國式的資本主義論調已經變得大同小異，而且格外複雜。早期實際派對亞洲價值的稱讚，以及反方對儒家學說的譴責，都被否決了。重點是華僑在東南亞具有豐富而多元化的企業經驗。華人企業家一直設法去適應新環境，接受新挑戰，謀求生存，以保持其顯著的經濟地位。華僑企業家不凡的成就，其實是由於他們來自傳統和未開發工業國家的背景。他們多數是半文盲或不識字的農民。為了不再使事業停留在家族式的經營，他們把公司上市，也和當地人合夥搭檔。沒有單一的因素可以把他們經濟成功的事實解釋清楚。由於華人的生意經驗太過複雜，我們很難把它建立在容易做到的刻板模式上，過份簡化的去說明。雖然簡單的刻板模式並非沒有根據，他們卻是一成不變的誇大與粗鄙的吹噓。這種簡單化和刻板化的詮釋，反而對華僑幫了倒忙。它也許會替那些心懷敵意的政要，達成他們想要醜化族群的目的。

（三）對華人的誤解

　　自從 1990 年代的初期以來，許多談論東南亞華人企業組織的書籍先後出版了，這些書籍建立並且傳播一種頗受歡迎的理論，說華人的制度和人脈關係乃是東南亞經濟發展的基礎。這個理論最近被人挑戰，其論點是說原來的主張是「根據不充分的經

驗之談」。[35]這些首批出版的書籍，創造了一些如「中國協」
（Chinese commonwealth），「竹聯網」（bamboo network），
「環球部落」（global tribe）和「共族群企業網」（co-ethnic
business networks）等的新名詞，這些名詞也因此普及起來。大
家對於華人以及他們的企業組織的誤解，因而一直流傳了二十多
年。這些誤解可以總結如下：

　　* 華人社群是同種的。
　　* 華人富有，而且事業發達。他們具有共同文化和價值觀，
這些被認為是他們事業成功的主要因素。
　　* 華人建立了他們的環球企業網。在主要華商之間的生意構
成了交易網。人們相信華人龐大的連鎖生意，在東南亞國家的經
濟地位極其重要。它意味著華人的企業網和資金，在 21 世紀裡
對全球的經濟將產生極大的影響。
　　* 人們普遍認為「關係」是一個獨特的華人社會現象，它在
華人的社會裡毫無困難的運行著。相信華人的資金透過他們的
「關係」，將可主宰世界經濟。
　　* 中國式的資本主義是一個獨特的模式。

　　在覆查華人的東南亞企業文獻時，Gomez and Hsiao 發現上
述的這些假設，仍舊缺少經驗上的證據，而且他們研究的對象也
只限於特殊的幾個主要人物上。例如，在印尼的多數研究，把焦
點放在林紹良（Liem Sioe Leong）身上，而忽略了其他的華商。

---

35 Terence E. Gomez and Hsin-Huang Michael Hsiao, ed., *Chinese Business in Southeast Asia: Contesting Cultural Explanations, Researching Entrepreneurship,* London: Routledge, 2003, p. xi.

同樣情形也發生在菲律賓、泰國、和新加坡。在那三國的主要研究對象分別是陳永栽（Lucio Tan）、謝榕仁（Chearavanont 家族）、和陳嘉庚（Tan Kah Kee）。在馬來西亞，雖然有做過幾個研究，但是都沒有深入的案子。而且，對於中小型企業幾乎沒有進行研究。因此之故，僅僅靠一些少數企業當作經驗基礎來支持「竹聯網」、「環球部落」、和「華人企業網」的觀點，也就更加要被人挑戰了。

1.華人社群是同種的

人們都說在 ASEAN 裡的華人是同種的，其實並不然。不同種的原因是由於他們來自中國的不同省份，加上他們移民的時間也不同。他們使用彼此不相通的方言。由於和當地居民互動的結果，他們逐步向不同的方向發展，接納不同的宗教、生活方式、以及世界觀。早期的移民透過異族通婚，他們被同化的程度也更深。

早期的移民由於中國女人較少，所以和當地的女人結婚。一個子族群的人口如果夠多，它的方言就有可能會被保留下來。在一些國家裡，後代子女可能失去了他們的母語，但是不代表他們會全盤失去中國的文化傳統。他們可能不會說中國方言，但是自己仍舊認同自己是華人，當地的人也一樣把你當作華人。印尼和馬來西亞的情形就是這樣。在其他的國家裡，異族通婚導致更深的同化。在泰國，他們取了泰國姓名，這樣比較容易和泰國人打交道。在以穆斯林教為主的國家裡，即使你改用了他們的姓名，他們還是把你當作外人。印尼在身分卡上使用特別的代號來區別華人。在印尼和汶萊有些人是沒有身分的。在這些國家裡，他們以原始的特性來區分中國人和當地人。這些特性包括宗教、語言、歷史、和文化。在馬來西亞，印尼以及汶萊，宗教是一個族

群範界的重要標誌。

　　在東南亞的主要四大方言族群是廣府人，客家人，福建人，和潮州人。香港最出名的億萬富翁李嘉誠是潮州人。多數在泰國的華僑是潮州人。創立曼谷銀行的陳鳳翎家族（Sophopanich）是潮州人，不過，藍山家族（Lamsam 伍氏）則是客家人。

　　族群間的不調協使華人無法生活得像一個同種的族群。例如，在泰國的華僑人口，有 56% 是潮州人，16% 是客家人，11% 是海南人，廣府人和福建人則各佔 7%。在東南亞其他國家的情形，可以參考本章各節。這個族群分隔影響了各個方言族群的專業領域。不同的族群各自在不同的行業裡稱雄。例如，在新加坡和馬來西亞的福建人，在二十世紀初就創建了一些主要的銀行。在新加坡和馬來西亞，潮州人壟斷了胡椒粉和檳榔膏的種植和買賣，廣府人以開店舖出名，客家人則以農耕為主。在泰國，潮州人霸佔了稻米的買賣。不過現在這些方言族群各據一方的現象已經不存在了。

2.華人富有而且事業發達

　　有一個根深蒂固的刻板印象，大意是說華人的事業都很發達，他們都很有錢。媒體經常渲染並且加深這種印象。他們散播著同一批少數華人巨賈的故事和他們累積的財富。媒體把焦點放在成功的故事上，而忽略了那些失敗者的境遇。

　　根據 1990 年代早期的學者估計，在東南亞 5,100 萬華人（包括台灣和香港）的國民生產總值（GNP）為 4,500 億美元——比中國的 GNP 還多 25%。不過，根據世界銀行的估計，1996 年全球華僑的總產值升到 6,000 億美元。全球華僑的流動資

產（不包括股票）大約在 1.5 兆美元到 2.0 兆美元之間。[36]當觀察家在談論華僑的企業王國時，都難免要誇張。在 1997 年所做的亞洲五百大銀行比較，135 個 ASEAN 的銀行總資產達 4,420 億美元。這個數目要比日本第五大的三和銀行（Sanwa Bank）的總資產 4,567 億美元[37]還少。在世界百大公司（依照市值計）的名單上也沒有一個中國公司，儘管在 1990 年代，至少有十二個家族的身價不低於 50 億美元。1995 年時，泰國謝國民旗下的 Charoen Pokphand 家族企業在 1995 年估計有 55 億美元。菲律賓的吳奕輝（Jonh Gokongwei Jr.）在 1993 年估計有 12.3 億美元的身價。[38]

在 1990 年代的早期，估計 ASEAN 的華人佔了全部人口的 4.5%（參見表 4.4）。一般認為華人企業佔了高比例的資本（參見表 4.5）。在印尼，華僑人口只佔全部人口的 3%，但是他們卻控制了印尼 70%的國內私人資本，和 80%的前三百大企業資本（1993）。菲律賓華人，擁有當地前五百大企業的 30%。在泰國，中泰人士（泰化的華人）控制 85%的經濟。[39]在馬來西亞，政府報告說，華人在 1995 年時擁有他們 41%的公司股票。這些數目一直被爭論著，因為華人認為這數目被膨脹，藉以用來為他們政府偏袒當地人的政策辯護。

研究過中國資金的學者們對這些數目字有所爭議，基於許多理由，他們認為這些數目字是誤導的。沒把所有權和控制權分開。所有權只考慮華僑所控制的企業在市場的資本額，而不計非

36　Thomas Menkhoff and Solvay Gerke, Ed., *Chinese Entrepreneurship and Asian Business Networks,* London: Routledge Curzon, 2002, P. 5.

37　M. Jocelyn Armstrong et al., ed.，前揭書，P. 60。

38　Annabelle R. Gambe，前揭書，P. 10。

39　Gomez and Hsiao，前揭書，P. 9。

華人那部份的利益。大部份的財富集中在少數的華人手裡。雖然有很多的華人在他們的居住國裡算是中產階級，但是，絕大部份的華僑並非富裕的企業家。不過，在經濟上他們是比當地人要好。觀察家認為他們透過一些流行的標籤，例如「華僑王國」、「新亞洲皇帝」、「圈中之主」、或永不破裂的「竹聯網」等，誇大財富。

　　有些華人非常富有。例如，中泰集團在 1980 年代控制了泰國百大公司的 37%，它們的淨資產大部份是在少數的潮州人家族手上。由林紹良所控制的印尼沙林集團（Salim Group of Indonesia），（有可能是）東南亞最大的公司。在菲律賓，所有華人的財富集中在六個企業集團裡。

　　除了華人的所有權以外，有些當地權貴也擁有華人控制的大企業的大部份股權。例如在被政府收回以前，前總理蘇哈托的兩個兒子擁有林紹良所擁有的亞洲中央銀行（Bank Central Asia）的 25% 淨資產。前馬來西亞總理馬哈迪（Mahathir bin Mohamad）的大兒子是華人控制的獅子集團（Lion Corporation）的大股東，其他政治圈的知名人士也是華人企業（例如陳志遠（Vincent Tan）的 Berjaya 集團）的股東。[40]

　　相對於東南亞的華人，在西方國家的華人就沒有那麼發達了。這現象說明在一個經濟成熟的地方機會少而且成長較慢，然而，在東亞的經濟特質是高度成長。在香港，臺灣，以及新加坡的成功企業家們，他們藉著在馬來西亞、印尼、越南、菲律賓、以及在 1978 年以後的中國做分散投資，保持他們企業的高成長率。

　　華僑和當地人貧富懸殊，助長當地人的嫉妒與仇視。儘管華

40 同上，P. 10。

人富有，然而在 ASEAN 的幾個國家裡，除了在泰國和菲律賓的華人可以心懷大志，爬上政治舞台的最高處以外，財富和政治力量可說很少關聯，在馬來西亞、汶萊、和印尼就更不可思議了。

　　少數華人的財富霸佔了印尼的商業和經濟，它被認為是印尼人民敵視華人的主因。馬來西亞的政治人物則推行一些偏袒當地人（bumiputra）的歧視政策。

　　除了新加坡以外，東南亞各國對華人的怨恨和歧視，各有不同。很重要的是，並不是所有的 ASEAN 的十個國家，都有簽下並認可保護少數民族的三項國際協定。只有菲律賓和泰國認可國際民權和政治權公約（1966）（International Convenant on Civil and Political Rights 1966）。汶萊、馬來西亞、新加坡、和緬甸聯邦沒簽下國際廢除任何形式種族歧視公約（1965）（International Convention on the Elimination of All Forms of Racial Discrimination 1965），和國際經濟社會和文化權利公約（1966）（International Convenant on Economic, Social and Cultural Rights 1966）。不認同這些國際公約反映出他們對華人少數民族犯了種族歧視的罪（新加坡除外）。即使對這些國際公約認可，也並不保證他們會保護少數的華人。我們發現印尼是東南亞最排華的國家，泰國和菲律賓對華人最友善，即使在泰國和菲律賓，歧視現象還是會發生。

　　華人的財富遭到當地人的嫉妒和怨恨。因為華人以前做過殖民政府的仲介人和交稅的農民，使得他們的困境變得更不好。歧視華人是在殖民時期開始的。1740 年，因為荷蘭西印度公司要壓制中國人在巴特維亞（今日的雅加達）的競爭，在巴特維亞屠殺上萬的華人，是為「巴特維亞狂怒」（Batavia Fury）事件。當時，中國人必需提出適合在巴特維亞被聘就職的證明，否則就

會被遣送去斯里蘭卡當奴隸。他們掀起抗暴，並且被屠殺。印尼和馬來西亞兩國最為排華。他們人被殺，店舖被火燒，太太女兒被公開強姦。他們無助。由於他們的財富在經濟不景氣時會引來嫉妒和暴亂，所以他們都保持低調，並且把財富藏在國外。華人在政治上被邊緣化，因此他們竭盡所能的去從商，盡力賺錢，累積財富。

　　東南亞各國獨立後，種族歧視的現象變得更惡劣，當地人把對付殖民政府的力量轉而對付華人。華人於是成為經濟問題的替罪羔羊。

　　在東南亞，目前好像只有信奉佛教和天主教的國家對華人比較友善。但是我們不能因此推斷只有在信仰某種特殊宗教的某些國家才會歧視華人。在非穆斯林教的國家如泰國、菲律賓、柬埔寨、以及越南等也曾發生歧視華人的事件。他們受到不同程度和不同方式的迫害。種族歧視的現象在有些國家裡已經有所減輕，但是在有些國家裡仍舊緊張激烈，尤其是在經濟下滑的時候。改信宗教不能保證可以不被歧視或憎恨。在印尼，一些著名的華人巨賈在 1960 年代改信天主教，藉以消除印尼共產黨人的懷疑。印尼人指控他們參與天主教徒和華人的陰謀。華人基督徒仍然佔不到華人總人口的一半。因為基督教和華人基督徒財富的關係，使得基督教會現在成為暴民心中的目標。在 1998 年的前面兩個月，便有四十個教堂被毀壞。在十八世紀中期，西班牙人把三分之一的華人（從三萬人趕走一萬人）從菲律賓趕走。其中不乏改信天主教的信徒。

　　在東南亞的華人採取不同的策略來對付種族歧視的問題。在生意方面，他們藉助於許多不同的策略，例如官商勾結，黑金政治，境外投資保護他們的金錢，與政要掛勾，以及和當地人創立

阿里巴巴企業等。要使華人完全同化的目標尚未達成。他們已經把姓名改了（泰國和印尼），並且和當地人女人結婚。他們放棄了部份的文化傳統。華人比較能接受和非穆斯林女人結婚。他們使用著當地的語言。許多的新一代已經不再說他們的母語。和當地人通婚而被同化的華人，他們停止慶祝中國節日，採用當地的火葬而不用傳統的各種土葬儀式（例如柬埔寨），他們也放棄了許多其他的習慣和傳統。國家支持的歧視政策以及眾人的怨恨把華僑邊緣化，不讓華人參與全國性的活動。除非重金賄賂，華人要歸化並非易事，他們許多都無法如願。儘管他們在當地住了好幾代，他們仍舊被當地人認為是外國人。他們被迫去再度堅信自己的華人身分，並且去維固和保存他們的文化傳統。這樣就會在文化身分與政治身分之間產生矛盾。對於許多的當地社會來說，這樣會被誤解為雙重國籍。有人因而控告他們不忠於國家。中華人民共和國自從 1955 年以後不再承認華僑是中國公民。所以有許多人變成沒有國籍的人。

在東南亞，最具儒家價值觀和制度的家庭制度，被認為是對經濟成功貢獻最大的唯一因素。新加坡的政治領袖們主張一個國家和她的人民有一個以全國一致，互相尊重，和責任義務為基礎的合約。國家要公平對待人民，而人民要服從國家。企業的效率依靠家庭透過這個雙方同意的架構下達成。家族公司是華人企業的中心和成功的因素。從另一方面來看，它也可能導致任人唯親、家長式的專制、任用親信、和腐敗等弊端。家庭被視為一種碉堡，它可以防禦外人的侵襲，它的所做所為可以被保密，它靠對事專注和勤奮達成效率。家族企業的策略決定是高度集中在家長或族長一個人的手上。從被排除在外的人看來，這種排外的作風是有點種族歧視。當地人因而怨恨華人。在華人佔多數的國

家，例如新加坡，在經濟上較少出現社會抗議和問題。但是在一些由被排除在外的多數人主政的國家裡，他們就會實行各種不同的排華政策，因而提高了經商的成本和買通政治影響的成本。例如在印尼，就經常在全國各地爆發謀殺，搶劫，和放火的事件。

家庭定律假設家族企業的經營不會出問題，不過研究過這種問題的學者指出，沒有一個單一因素「可以解釋華人的經濟成功。」[41]家族企業存在著交接與換代的問題。

很多家族企業失敗了。例如，在新加坡著名的萬金油企業 Aw Boon Hwa，生意一落千丈。泰國的 Khaw 家族企業難以維持。在印尼，Oei Tiong Ham 的龐大企業集團，雖然他有幾個公司在 1960 年代被國有化，也瓦解了。

家族失和會導致家族企業的失控。以經營醬油出名的新加坡楊協成集團（Yeo Hiap Seng（YHS））集團，便是一個近期例子。當集團的主席 Alan Yeo 企圖到中國擴展事業，邀請另一家中國人的公司收買 YHS 的股權時，問題爆發了。這事引發家庭爭執和企業失控。之後，YHS 集團被迫由馬來西亞的華人集團收購了四分之一的股權。諷刺的是，YHS 為了與人合夥發展事業而失去了對集團的控股權。類似這樣由華人的公司試圖收購其他的華人公司的例子所在多有，例如陳志遠（Vincent Tan）的 Berjaya 集團曾經企圖收購 Khookey Peng 的馬來亞聯合工業（Malayan United Industries）。[42]

3.人脈與關係

第一代的移民在出國時，會把「會館」和「關係」之類的制

41　M. Jocelyn Armstrong et al.，前揭書，P. 71。
42　Gomez and Hsiao，前揭書，P. 19-23。

度和習慣帶到他們要去的國家。由於當地國家的環境不友善，官方制度不完善，又缺乏司法結構和保障，所以他們必需仰賴彼此的信任來強化這些非正式的制度。他們需要依靠親友的資金和保護，並且靠生意圈的管道去派發信用貸款。

一般大眾把華僑在經濟上的成功歸功於族群的生意網。既然華人在東南亞是成功的商人，那麼，當一個華商想把生意擴展到另一個國家時，他很可能去找目標國家的華人。如果缺乏良好的語言能力將會阻礙這種連結。廖建裕（Leo Suryadinata）提到印尼的 Summa Bank of Astra Group 例子，該集團由於董事長不懂和在其他 ASEAN 的會員國裡的傳統華商周旋，使得生意受到影響。[43]

在 1990 年代曾有文宣報導過建立關係網絡的觀念，儘管華人企業早期對東南亞國家的經濟發展有所貢獻，然而學者們對華人企業的運作，一直過了很久以後才感興趣，他們提出許多不同的新名詞來詮釋這種網絡的觀念，其中最流行的兩個是「環球部落」（global tribes）和「竹聯網」（bamboo networks）。「環球部落」有強烈的共同根源和文化意識，而且他們的全球網絡成為企業成功的因素。然而它所強調的文化觀點，則遭到越來越多的批評。

什麼是中國式的企業網呢？它可以指在短時間內，為某一個計畫案子聚集所需的資源。我們可以找到許多的例子。如果它是指股權的交互持股，分享資源和訊息，或者靠公司合併達成集體合作，根據 Gomez and Hsiao 的看法，「仍然只有少數的證據證

---

43 Leo Suryadinata, 'Ethnic Chinese in Southeast Asia and their Economic Role' in *Chinese Populations in Contemporary Southeast Asia Societies*. P. 69.

明這種網絡的存在。」[44]如果它是指牽涉到公司合併的長期關係，我們就沒有充分的證據來支持這個假設。[45]建立企業網絡因此和企業的策略和選擇有關。它設法透過「關係」調度資源。

在馬來西亞、印尼、和新加坡都曾經努力過使不同族群之間的企業合併。在馬來西亞和新加坡，詳細的經驗證據顯示（i）幾乎所有的不同族群企業合併，都很難順利進行，（ii）「多數大公司的華人業主，沒有意願去將他們的公司合併。」事實上，從領先的華人企業老闆的自傳中，可以看出他們的心態趨向是希望繼續工作到他們獲得足夠經驗和資本以後，再另創天地。[46]

在華商裡，也有很多因合夥經商而翻臉的情形。在菲律賓，代溝問題使得商會鬧雙胞，成立了兩個商會。在新加坡的 the Oversaes Chinese Banking Corporation，因為資深職員的爭執，促使離職人員另起爐灶，再成立一個新的銀行。在馬來西亞，反對排華的國家經濟政策的努力，受到信譽卓著的老華商的阻擾，他們不願合作。

從另一方面來看，華人企業和跨國公司合作的企業網更有雙贏的成功機會：華人可以獲得新的科技技術，而外國公司可以藉機打入當地的市場。在菲律賓，華僑擁有 Toyota Motor Corporation 60%的淨值。在馬來西亞，Loh Boon Siew 和日本人聯手經營汽車製造和零件生產。馬來西亞的 YTL（Yeoh Tiong Lay）公司藉著和英國公司與德國公司的合作而取得在建築業和發電廠的技術。

---

44 Gomez and Hsiao，前揭書，P. 14。

45 同上。

46 同上，P. 14-15。

　　從 1978 年以後，華僑的企業網也擴展到中國大陸。大家都認為華僑在中國的投資，是由於他們希望在自己的祖國發展，華僑和中國大陸的中國人由於具有共同的種族身分而聯結在一起。不過有些如上所說的裂痕，削弱了它有利於族群性的說法。從生意的觀點來看，這種現象的背後還有其他重要的因素。中國政府和 ASEAN 的會員國政府都給于刺激經濟和鼓勵投資的一致方案。例如，馬來西亞總理馬哈迪（Mahathir）鼓勵當地的企業家和中國大陸的中國企業家合作，因為他認為這樣的合作可以鼓勵國內經濟發展，同時馬來西亞的企業可以從中國的巨大市場獲利。新加坡的前總理李光耀激發當地中國企業家到中國投資，寄望達成雙重目標：打入有利可圖的中國市場，並與跨國公司在全球一同競爭。很明顯的，在中國投資並非由於大家共同的族群身分，而是基於有利的政策。

　　華僑是直接投資到中國的最大根源，他們對中國經濟的持續進步有所貢獻。中國和華僑已經發展出共生的關係。中國的經濟改革幫助華僑從地區性的玩家，提升到國際上的商業主力。華僑在中國的大量投資，引起當地人控訴他們對居住國不忠，尤以馬來西亞和印尼兩國為最。

　　從十九世紀的後半期直到 1978 年，華僑很少參與中國的發展。他們在經濟上的主要活動是寄些錢給他們的親友。在 1864 年到 1949 年間，華僑一共匯回 35.1 億美元，不過，投資總額則僅有 1.287 億美元。在 1949 年到 1978 年間，中國實行中央計畫經濟，禁止私人企業，切斷與華僑的聯繫。許多人認為富裕的華僑屬於中產階級。華僑也因此幾乎被忽視了三十年。鄧小平後來做了重新開始的重大決策。政府在 1978 年宣佈四個現代化政策，它成為現代中國歷史的重要分水嶺。政府的目的是希望吸引

華僑去中國南方沿海各省的故鄉投資。政府在 1980 年創立了四個經濟特區，其中三個在廣東，一個在福建。政府也在沿海開放了十四個城市，藉以吸引更多的海外投資。1992 年，政府開放全國讓全世界的人去投資。

在現代化的十年內，華僑投資總額達 220 億美元，其中約有40%是投資在上述的四個經濟特區裡。到了 1990 年代的早期，華僑的海外直接投資（FDI）佔了流入資本總額的 70%。之後，華僑的投資比例下降到 50%。這個大量資金的流入，使得中國可以在短時間內成為一個出口的強國。根據 2003 年聯合國貿易及發展會議（UNCTAD）的報告，在 2002 年的 FDI 一共匯入4,480 億美元。中國超過了美國，成為世界最大的 FDI 受領者（參閱 2003 年 9 月 6 日，The Economics）。到了 2006 年，中國的 GDP 成為世界第四大國。中國在 2006 年的經濟生產值達到2.68 兆美元，各人平均所得為 US$2,034。2006 年的 GDP 成長率為 10.7%。[47]在 2007 年，中國超越了德國，成為世界第三個經濟強國。

最近，新的通訊科技，例如，視訊會議，影視電話，以及電子郵件等，也衝擊了中國的企業網，因而產生了新一類依靠網絡技術的企業網。在 1995 年 12 月，世界華商企業網成立以後，有越來越多的貿易組織都在線上營運。在東南亞的十五個國家，現在已經有超過上萬個華人公司可以因此而聯繫上。市場行銷和企業合併的機會也就大大的提高了。

「關係」一直被認為是華僑企業成功的主要因素。它是用文化的層面來分析東南亞華僑企業的一種觀念。它起於兩個同在商

---

47 http://en.wikipedia.org/wiki/Economy_of_People's_Republic_of_China.p.1., p.1.

場的朋友，因為以前是校友或者因為他們的父母在中國是同鄉的緣故。它有兩個完全相反的觀點：正面的和負面的。從正面看，它可以提供資訊，增加商機，而從負面看，它會導致濫用親信和腐敗的後果。

中國人的「關係」，其特性是在人類關係裡，以自我為中心的一種社會工程。「關係」的一個重要因素是「人情」，人情不僅是個人的，也是社會的。在人類的關係裡，人情指的是情感，而情感在社會上的表現則涵蓋了像慰問、道喜、以及在適當的情況下贈送或收受禮物等的習慣。我們的長輩去拜訪親友時，要遵守送禮，或叫「等路」（一般是水果、餅乾、或甜點）的習慣。他們說這樣做是一種風俗習慣，客家人叫它為「做人情」。「人情」在中國人的社交關係上是非常重要的。「關係」有社會上和經濟上的層面。有時，「人情」和「關係」代表相同的意思，不過，「人情」只是用來維持「關係」，它很少扯上經濟的領域。當一個人被套進某種「關係」網時，他便失去了他的自主權，因為如果有圈裡人提出要求時，他就有義務去幫他的忙。有些商人為了保持自己在生意上的決策自由度，避免扯上太密切的「關係」。

大家都相信「關係」是華人一種不會失誤的獨特現象。它的支持者曾經建立起「大中國」和「環球華人部落」之類的觀念。這種觀念其實是最不幸的概念，因為當地人害怕華人的擴張，會使他們對當地的華人起疑心。在中國大陸以外的海外地區，它被稱為「華僑網」或「竹聯網」。這種網絡配上互信的文化成分，被公認是促成華僑在東南亞快速發展的主要因素。這種網絡可能根據家庭的姓氏，在中國的出生地，或方言等，以「會館」或「協會」的形式存在。它也可能以校友會的形式存在。這些協會

對第一、二代的華僑非常重要。在殖民時代，這些協會相當於金融機構，他們可以在那裡借錢。他們可以在協會裡組織唐提式養老金法（即台灣的會）來集資。他們可以在協會裡得到最新的市場訊息，結識新朋友，並且擴大人脈關係。協會也提供互助支援，這點在現在非正式的企業制度裡極為重要。

「關係」可以是當地的（例如在模里西斯）、地區的（例如在東南亞）、跨國的、或全球的。早期的中國移民，靠著彼此的信任和親友的關係，開創他們的生意事業。這樣是否足以解釋華僑事業的成功？「關係」固然在創業是很重要，但是，企業的成功需要的要比「關係」更多的因素。例如，企業家精神，文化性格（包括勤奮工作，專注精神，和犧牲精神），學習和使用當地語言的能力，以及對當地環境的認識等。這些品質是打入亞洲市場不可或缺的。

一般人相信，華商共同的族群身分，加上他們都屬於相同文化與價值觀的華人部落，乃是華人企業成功，並能促成活力十足的全球企業社群的主要因素。Edmund Terence Gomez 曾經挑戰這種論點。他調查過馬來西亞三家不同領域的華人大公司，結論是「要了解華人企業何以成功，以及企業網如何擴張，更重要的是企業家的能力、競爭力、專業經驗、以及善用資源，而不是只憑他們的族群性和文化。」[48]台灣人在 ASEAN 的會員國投資時，並沒有佔到族群身分的好處。以他們的情形而言，共同的語言和以前在臺灣求學的經驗，才是決定到海外投資的重要因素。[49]

華商的成功也有其他的因素。華人很早就有市場關係和使用金錢做買賣的經驗。他們創造並發展出一套複雜的信貸制度，把

48　Menkhoff and Gerke，前揭書，P. 14。
49　Gomez and Hsiao，前揭書，P. 5。

批發商和鄉村的零售商，店東和他們的客戶連結在一起。店東常常無償貸款給他們的客戶，好讓他們在非收成時期，缺少現金的時候，有錢可以購買日用品。在菲律賓，華人經營的便利商店（sari-sari store）負起了窮人銀行的角色。在模里西斯，則由華人店家負責。

「關係」不僅是有關族群內在的關係，還有政治上的牽連。除了新加坡以外，在東南亞的大企業都有建立政商關係。政治的影響有時是靠賄賂，有時是靠企業讓出部份股權。儘管讓出股份，華商都會保住公司的控制權。大企業的華商都明白政商關係對他們的企業非常重要。藉由政商關係建立政府和企業的連結，使他們的公司可以接觸到政府的計畫案，金融資金，獨霸事業，以及其他利益，寄望在短時間內提升他們公司的發展基礎。在東南亞，華人企業和國有企業的生意往來是司空見慣的。例如，在馬來西亞，重要政黨會設好一個贊助的制度，把政府的大計畫方案提供給一些「特約的競標商」。為了反制政府支持的歧視政策，華人創立了所謂的阿里巴巴生意。「阿里馬來」允許華商利用他的名字以佣金或公司股票為代價去取得貿易執照。不過這樣一來，華商的資金就要受制於政府或當權的政要。大企業可以通融政要的家庭成員，但是，產業專家在這方面就似乎無用武之地了。再說，政客對小企業並沒有興趣。據研究的結果顯示，當地的政要與華人大企業之間的關係非常的牢固。在東南亞，大部份的華人大企業都和主要的政治領袖有聯繫，這種政商關係便可以解釋為何許多華人公司像流星似的快速竄起的背後原因。陳志遠（Vicent Tan）的 The Berjaya Group 就是這種案例。在菲律賓，眾人皆知陳永栽（Lucio Tan）是前馬可仕總統的台前人士。新加坡則不理這套，他們傾向於推銷國家企業與跨國的大企業的結

合，官方的政要不參與私人企業。

　　一直以來有個爭議說，多數與政治掛勾的華人大企業，都是效率不佳的社福追逐者。儘管有些公司確實如此，但是有許多的大企業確實證明他們具備經營大企業的能力，他們建立了製造生產的基礎，並且在國際市場上具有競爭力。根據一個由《亞洲》（Asia）雜誌在 1997 年所做的問卷調查報告，在亞洲 50 個最具競爭力的公司之中，有四分之一是華人的，而且許多和當地政要有牽連的公司，都有很強的製造生產基礎。印尼的林紹良集團，馬來西亞由 Robert Kuok 經營的香格里拉旅店集團，和泰國的 Charoen Pokphand 集團，就是幾個例子。它也顯示「有限的證據」說在東南亞任何一個被研究的華人大企業，「都和其他的華人公司，不管是境內的或境外的，交互持股，或互佔董事席位。」[50]

（四）1997危機與華人事業

　　在東南亞地區，絕大多數的華人企業都是家族式的中小型企業。其特徵是薄利多銷，投資金額少，和商品快速流通。他們所依靠的是華人的生意網絡以及人脈關係。他們寧願用內部的借貸和低價的服務（例如法律顧問）。企業決策極度中央集權化。在模里西斯的第一代華商也一樣。

　　在 1950 年的時候，西方觀察家都公認華人企業是家族企業，而家庭的結構會阻礙家族企業的發展。這種說法簡化也低估了家族企業適應新環境的能力。有很多的家族企業以創建控股公司，聘用受過西方教育的亞裔專業人士，轉型的成功率超過他們

---

50 同上，P. 33。

的預期。[51]傳統的華僑需要仰賴親友族人，或生意夥伴，以及留存利潤做為創立事業或擴張公司的資本。不過，大企業是靠正規的制度集資。上市公司靠發行股票集資，不過，他們這樣做的原則是要保住家族的控股權。

家族企業在結構上有它的弱點。觀察家指出科技公司的數目並不多。例如，在新加坡的兩種華商之間有很大的區別。第一類的華商（多數指第一代移民），在文化上更像中國人，幾乎沒有受過什麼正規教育。他們傾向於從事零售業、服務業、輕的製造業、以及地產業等。他們的外表看來比較傳統。另一方面，第二類的華商，從外表上看，他們比較西式。他們所經營的公司很少是家族式的。這些人所經營的公司絕大部份是和高科技有關：電腦、電子、以及通訊等，而且採用西式管理。他們年輕而且教育程度較高，以前可能有跨國公司的經驗，了解科技的技術。他們的人脈關係不在親戚之間，而在高科技方面的國際舞台上。這批人極具擴展和創建跨國公司的潛力。

這弱點是由於短線操作的外在環境所致。不友善的外在環境禁止他們發展生意。在 1940 年代和 1950 年代，由於政治不穩定，加上前途難以預測，使得華人偏重在快速回收的個案做短線投資。在這期間有馬來西亞和印尼的衝突事件，以及 1965 年新加坡脫離馬來西亞的獨立事件。不安全的環境有利於短線主義者。它不鼓勵在生產方面的投資，尤其是重工業、高科技、研發、和品牌創建等所有需要龐大資金和長時間來保障回收的投資。不安定的環境鼓勵人們做防備的措施，避免把所有的資金集中在一起，尋求自在，並且設法使資金外流。[52]

---

51 Armstrong et al.，前揭書，P. 49。
52 Jomo and Folk，前揭書，P. 22。

　　另一個結構上的弱點起因於社會組織，尤其是家族的結構。不管多大的單一家庭，它只能有幾個有能力的子女可以勝任經營家族企業。家族企業的特徵是家長主義、任人唯親、家庭至上、和個人主義。很多的華人企業都會陷入任用親信的困境。他們不會採用西式的經營方法，用合理的方式去獲取最大利潤。觀察家認為以家族為基礎的經營方式，使發展設限，阻礙成長。

　　有些新加坡的家族企業，透過合資企業、公司合併、或收購股權的方式轉型變成跨國公司。這類國際公司的經營困境，可以靠聘用非家族成員的專才來解決。新加坡華僑聯合銀行（Overseas Union Bank of Singapore）便是一個例子。董事長在89歲退休時，公司指派一位家族外的專業人士負責接掌 OUB 的營運。另一種強化公司成長的辦法是讓子女接受西式教育和訓練，之後讓他們掌管家族企業。例如，菲律賓的 JG Summit 是 John Go 手下幾個公司的控股公司，他要確信家族成員受過西式的管理訓練，藉以提升他們的管理能力。John 和他的兄弟 Johnson Robert, 都去哈佛商學院選修管理課程。他的兒子 Lance 在美國賓州大學的瓦爾通商學院（Wharton School of Business）獲得最優的雙學位。其他非家族成員的管理階層，也都具有同等的優良學歷。[53]新加坡的 Wah Chang 集團和 Yeo Hiap Seng 集團，也同樣採用這種教育制度。公司把管理的重任傳承給擁有學位的後進。

　　由於華人對懷有敵意的政府和不健全的司法體質缺乏信心，迫使華人去靠非正式的互助組織生存。這種組織可以幫他們籌錢和累積資本。信用貸款的安排對創業非常重要。類似唐提式的養

53　Annabelle R. Gambe，前揭書，P. 45。

老金制度的「會」是根據牽涉到親友人情的人際關係而設立的。這種非正式的制度，尤其因為沒有白紙黑字的和約，而且是無償貸款，所以彼此的信任，在做生意上是極其重要的。它的好處十分明顯。省時，易辦，富彈性，省錢，資訊的傳達簡單，信貸及其他金融的安排也容易。它以彼此的信任取代法律，相互的信心代替合約。當信任控制著商業的大環境，西式的金融以及法律制度就不那麼重要了。一個以信任為基礎而建立的制度，對生意的交割，尤其是要在「司法制度不健全，市場機制不佳」[54]的環境下創業，是非常重要的。這種非正式的生意往來，它的風險可能是高些，但是來自家庭與社會的壓力，會逼迫債務人履行他的承諾。否則他就會被排除在商圈之外。小型的華人企業更有可能要仰賴家庭、族人、村莊、或同方言等的互助協會。

華人企業曾經被指控為地下經營，不夠透明。缺乏透明度也加深當地人對華人的抱怨。

有異於家族企業的行業專家的做法，華人的企業集團則使用各種策略去追求成長。這些策略包括了股份和資產的交換、接收公司、逆向接收、發放紅利和股權等。企業集團的特性是以橫向擴展，很少著重在特殊產業上的專精發展。他們不太注重研發。他們仰賴銀行貸款進行公司的合併和各種股票策略，促使公司成長。

甚至華人的企業集團也保有家族公司，因為這些公司是同一家族裡的成員所擁有的。家中的子女被派去各部門掌管事務。許多這類的企業集團都設有金字塔式的組織架構，家族的控股公司在頂上，第二階層公司是集團裡最值錢的資產，最底的第三階層公司才會在市場上掛牌上市。

---

54 Jomo and Folk，前揭書，P. 17。

　　許多事情即使在 1997 年危機以前就改變了。華人的企業集團已經採用更多的西方經營模式和習慣。西式的企業組織和模式，只要有足夠的法律保障，它明顯的優勢和聲望是誘人的。不過，2008 年的泡沫經濟給了歐美式的資本主義一個痛擊。[55]

　　在 1997 年的經濟危機以後，華人的企業集團重新檢討他們的做法。第一太平洋集團（the First Pacific Group）的負責人林紹良，發現公司負債過高。於是他開始出售一些公司，替集團減低債務。之後，他把重點集中在主要的幾種工業上，並且投資在大企業上。在泰國的 the Charoen Pokphand Group 出售次要的公司，藉以集資保護集團的核心事業。

　　有關華僑資本的新近論著，把焦點擺在 1997 年經濟危機前後所發生的重要變化。華人的家族企業，在二十一世紀將會轉型為中西合璧的新型企業。

　　在中國式的資本主義方面的較早研究，正如上面所說，是著重於以「關係」來說明中國式的資本主義的經濟組織，也就是所謂的「竹幕」。這種本質論者的主張是假設中國的文化價值觀是靜態的、固定的、和永久的。更晚的研究告訴我們中國式的資本主義的主要特性是活力十足的，它會隨著環境演變和適應。二十一世紀初，中國式的資本主義受到國際化的影響而產生了中西混合式的資本主義。[56]

　　當兩種力量（東方和西方）撞擊的時候，有三種可能性會發生：一是同化。強者吸收弱者；二是分道揚鑣，各走各的。雙方勢均力敵，不受同化，可能保持原狀或彼此越走越遠。三是混雜

---

55 同上，P. 40。

56 Henry Wai-chung Yeung, *Chinese Capitalism in a Global Era: Towards Hybrid Capitalism*, London: Routledge, 2004, P. 3.

融合。吸取中西雙方的優點而產生新的融合體。

　　儘管有些改革已經在 1997 年以前就發生了，由於經濟危機的後果，ASEAN 的會員國還是吸取到西方的觀念。多數的華人公司都是家族企業和行業的專家。他們保有中國傳統的生意特質，例如家長主義，彈性，權威集中，快速決策，人際關係，人脈關係。可見中西混雜融合的企業，並沒有忘卻傳統的中國價值觀。中國式的資本主義還是以家族為中心，而不是具體制度化的。[57]

　　中國式的資本主義與歐美資本主義是不同的。中國式的資本主義是以合作能力為基礎的經濟制度。（這可以從中國的非正式制度看出來。）華僑是靠「他們根深蒂固的華僑觀念」[58]而凝聚在一起的。中國式的資本主義不像日本的菁英制度，也不像英美的法律政治制度。它肯定是一種家族式的制度。華人企業仍舊保持著家長主義、具有彈性、和機會主義的色彩。它並沒有遵循歐美合理化、官制化、個人主義、和迴避不定風險的原則。華人的宗教信仰（包括儒教、道教、和佛教）和價值觀，強調人道主義者的道德和美德（即儒家所說的「禮」）。他們的的人脈是建立在關係、面子、和人情上。他的態度積極、勤奮，節儉、實用主義。他們仰賴直覺，不像西方靠理性和分析。中國的哲學注重人性和和諧。華人用「恥」而不用西方的「罪」來描繪道德的特性，在此，「面子」很重要。道教著重「德」而不太追求絕對的真。中國文化的基礎是在美德而非真理。追求美德遠比追求真理來得重要，這種理念允許中國企業家在企業的管理方面去培育實用主義。凡事要以行得通為上，真理並不那麼重要。以實用主義

57 同上，P. 7。
58 同上，P. 17。

為根據，華人在商業環境裡發展出一種高度的調適能力。

　　從制度的層面來看，華人企業的長處，其特性是具有彈性，公司之間的持久關係，以及家族的網絡。華人企業是以家族為中心，其結構比較不複雜，不如西方公司那樣正規，但是比西方公司更集中化。在處理生意合約和解決爭端時，家族企業的組織更加依靠互信與義務，較少依靠法律和法院。互信、彼此之間的義務、面子、和人道主義的價值觀可以用來反制中央極權、專制、和家長大權等弊端。

　　以關係為中心的華人企業，在日常生活中，其決策的過程是以不正式的，快速的，直覺而且在沒有事先計畫的情況下完成。他們之所以能夠用這種方式做決策，其原因是在於他們有極高的信任、忠誠、互惠、以及「關係」。他們的經營管理方式和靠法律和科學組織的西式管理是不同的。中式的管理方式依賴大家的關係，其責任並沒有明確的劃分，權威是以互信為基礎。一般的中國美德會貶低那些控制西方文化的自我中心主義，自私，和物質的個人主義。根據儒家的思想，人是與他人共生的，而且單獨一個人的社會是不存在的。中國的社會制度是建立在和諧和均衡之上，而它是要靠好的相互關係和互助才能達成。這種觀念和西方社會把人看成是一個自私自利，處處以獲取最大利潤為目的的理性的經濟推手是不同的。

　　在經濟全球化和 1997 年經濟危機的背景下，前面說過的中國式的資本主義，究竟還剩下什麼？從 1980 年代以來就受全球化洗禮，企業已經從根本起了變化。華人企業比以前更開放，更透明。華人企業已經採用西方企業的經營方式和價值觀，這樣的轉型產生了中西混合式的資本主義，它融合了中西雙方的價值觀，也把現代的科技和中國傳統的個人主義和家庭主義結合在一

起。[59]這些已經發生的轉型和改變，究竟是什麼？

　　1980 年代的全球化消弱了中國資本主義在社會上和制度上的一些功能。華人企業一面要設法保住他們的所有權和控股權，並且用家族人脈關係經營管理，一面需要全球的資金藉以刺激成長，因此面對著需要更加透明的強大壓力。

　　由於企業全球化需要的是專業的人才，傳統的家族人脈關係就越來越不重要了。由於年輕一代的企業家機動性強，又能接受新觀念和趨勢的改變，所以華人企業的主要人物都需要發展新的聯繫，並參與新的全球舞台。他們也已經採用了歐美的經營模式和遊戲規則。

　　傳統的華人企業是以家族、關係、以及生意網絡為中心。當企業的主要人物涉身於全球的人脈時，企業全球化就在改變著經濟活動的社會基礎。「竹幕」不再建立在只是華人的關係之上。在全球化的背景下，「更多的非華人和非家族企業也加入以往被認為是建立在家族上，嚴謹而不關心外界的華人企業網。」[60]在新加坡和香港有極多的華人企業，不再僅僅依靠家族和親友的力量去維持成長。他們的生意網絡已經擴大到非家族成員，尤其是專業的經理人才和商業上的知交。企業經營的專業化和生意的公司組織化，使得這些以家族為中心的華人企業可以繼續生存超過三代。[61]華人企業已經不再以家族為中心了。香港的李嘉誠和新加坡的 Kwet Leong Beng 都已經脫離了家族為中心的竹幕。楊氏在分析了 73 個香港的跨國公司和 204 個新加坡的跨國公司之後，得知家族企業所有權的重要性乃是這些大企業策略經營國際

---

59 同上，P. 43。
60 同上，P. 44。
61 同上，P. 230。

營運的主要因素。[62]

　　最重要的企業轉型跟統御和管理有關。現在大家都能接受責任制，並且把企業的所有權和經營權分開的觀念。

　　1997 年的經濟危機造成了兩個最嚴重的後果：缺乏流動性資產， 和信用的可貴。[63]雖然泰國和印尼靠接受國際援助而脫離危機，馬來西亞寧願利用控制資金來解決問題，在鼓勵外資內投的同時，也勸阻資金外流。因此，國際貨幣基金組織（IMF）以及一些信用評級公司（例如，Moody's Investors Service 或 Standard and Poor's）在經濟危機後，扮演著一個重要的角色。後面的信用評級公司負責評審中國公司是否合乎私人或公共團體的投資條件。IMF 的整套改革方案以及結構調整計畫，大大的影響了獨霸壟斷和任用親信的運作方式。在印尼和泰國強制執行公司結構改革，使得華人失去了一直享受著的獨霸壟斷地位。華人企業也被指責說他們的經營不夠透明。往昔的華人企業靠著不太透明的經營方式，得以彈性運作，快速決策。但是除非他們以西方公司的模式為榜樣去改變他們的經營方式，IMF 現在是不太可能再支持他們了。靠著具有彈性、快速決策、以及晦暗不明等特性的傳統華人企業，就受到影響。由於 IMF 的改革政策改變了生意的環境，華人企業就必需去發展出一種在當地，在大地區，在全球都不靠親友的新企業網絡。例如，郭鶴年（Robert Kuok）他持有中國的國有投資公司 CITIC 的股份。他也是林紹良 Salim 集團的生意合夥人。他還參加了泰國農業綜合企業億萬富翁 Dhanin Chearavanont 的合資企業。所有的這些商業巨賈都把他們的家族企業轉型為全球性的企業王國，他們的事業從亞洲延伸到

---

62 同上，P. 232。

63 Menkhoff and Gerke，前揭書，P. 27。

美國，從澳洲延伸的歐洲。

（五）華人在東南亞的適應與身分問題

中國和 ASEAN 會員國的關係，以及各種不同的社會經濟情況，影響到所有方言族群的華人在東南亞的適應與身分的改變。中國人與東南亞國家最早的接觸是在十三世紀蒙古侵略中國時期。當時在東南亞留下的蒙古軍人，很可能促使了 1400 年代的佐料貿易。在往後的幾個世紀裡，有些小團體的中國貿易商人因為中國貿易的任務而定居在東南亞的重要港口。在這幾百年間，經歷過幾回被當地人同化，和再度華化的週期。在二十世紀前，華人社群對不同的當地情況做出不同的反應。在泰國，他們被泰化成為泰國菁英，但是在爪哇，同化現象幾乎沒有發生過。與當地女人通婚所生的子女，在菲律賓叫 "mestizos"，在爪哇叫 "peranakans"，在馬來西亞叫 "babas"。學者指出，當地社會所提供的社會經濟利益、政府政策的鼓勵、以及當地宗教領袖的態度，都有利於華僑在居住國的適應。

即使和當地的女人結婚生子，為什麼客家人仍舊選擇保持他們的華人身分和文化呢？要解釋它的原因，我們必需從客家人在中國被「旅居和鄰居」敵視的經驗，和他們是「與人不同的族群」的意識裡尋找。客家人為了保持他們的客家身分而奮鬥，他們發展出一種客家的意識，並且出國時一起將它帶去國外。客家人發展了「更純正的中國文化和身分」，而且儘管他們與當地的女人結婚生子，甚至在國外住上好幾代，他們還是繼續將它保持著。[64]在東南亞大家所熟知的客家久居之地，是在十八世紀時的

---

64 Sharon A. Carstens, *Histories, Cultures, Identities: Studies in Malaysian Chinese Worlds*, Singapore: Singapore University Press, 2005, P. 134.

礦業營。客家人曾在西婆羅州（West Borneo）、吉蘭丹（Kelantan）、和彭亨（Pahang）等地的金礦採金，也曾在印尼的邦卡島（Bangka）的錫礦採錫。礦工最多時是在 1700 年代時期，西婆羅州有三十萬的中國礦工，他們大多是客家人。

客家礦工自己組織「公司」。多數的客家礦工出國時都要依照「信用車票」的辦法預支旅費，這個費用往往需要工作一年以上的時間，才能償還。礦工的薪水是根據大家同意的方式計算「公司」的利潤，再除以礦工人數所得的結果。客家人的「公司」是依照礦工的原住地或子方言而設。例如，在西婆羅州就有梅縣和大埔兩個不同的「公司」。

雖然在整個十九世紀裡，客家人口在馬來半島的錫礦業裡佔了優勢，但是住在英屬海峽殖民地的那些支持客家企業的金融後台，則是由福建人的混種後代，和歐洲商人所把持。錫礦所賺的錢，大部份都給了他們以及那些先替礦工提供日用品和鴉片的人。當錫礦規模擴大以後，金融和財政管理變得更複雜時，廣府人甚至控制了整個錫礦。華人諺語說得很貼切：客家人開埠，廣府人旺埠，潮州人和福建人佔埠。[65]

在十九世紀末期和二十世紀初期，大多數的客家富豪，都是來自窮困或中等的家庭背景。這些事業成功的客家人有個出色的特性，其中之一就是他們所做的慈善事業。一旦他們在經濟上有了成就以後，他們「會設法在東南亞或在中國的社會做出貢獻，使得他們得到合法的社會地位。」[66]大家都知道的傳統，就是富

---

65 Sharon A. Carstens, 'Form and Content in Hakka Malaysian Culture' in Nicole Constable, Ed., *Guest People: Hakka Identity in China and Abroad*, Seattle: University of Washington Press, 1996, P. 139.

66 同上，P. 139。

裕的華僑出資建蓋會館、寺廟、醫院、學校、和其他公共團體的
建築物。他們是希望透過這些慈善事業，可以在華人的圈子裡獲
得榮譽和尊敬。客家人沿襲了同樣的傳統，但是他們的優先選擇
是建學校，而且所建的學校數目很多。有個客家錫礦巨賈，他在
馬來西亞蓋了九所學校，在福建故鄉也蓋了一所學校。客家人於
1904 年在檳榔嶼建蓋了第一所現代的華人中學，也建蓋了第一
所女子學校。他們還設法獲取滿清政府的官方認同，讓他們去花
錢買學位，在新加坡和檳榔嶼開設大使館，和參與在中國的發展
計畫。在滿清末期參與中國發展計畫的六個主要人物之中，有四
個是客家人。[67]客家人選擇參與那些強調他們的客家身分，認定
他們是具備儒家的君子資格，以及他們是忠於中國的高等文化的
計畫方案。客家人在教育、正式學位、官方辦公室的投資、以及
非客家婦女深深融入客家人的家庭，這些現象讓人了解一些他們
期盼自己被人尊敬他們是真實漢人的堅持。

　　客家人參與在中國的發展計畫，人們必然要問起他們對於政治
的忠誠態度。一些有名的客家人支持清末時期較保守的改革主義，
而在新加坡和馬來西亞的福建商人則支持國家主義和改革主義。

　　大家知道客家人在陳平的領導下，從 1948 年到 1989 年，在
馬來西亞參與過共產黨運動，然而在二十世紀初的幾十年裡，印
尼的客家人一直支持中國國民黨。1949 年以後，他們繼續支持
在臺灣的右派活動，但是福建的商人則親近左派的中國大陸。根
據 Carstens 的說法，共產主義之所以吸引馬來西亞的客家人，和
國民黨之所以吸引印尼的客家人，其部份原因是大陸與臺灣雙方
都鼓勵以國家為主，贊同使用國語（普通話）消除方言差異，以

---

67 同上，P. 139-140。

及一個共同的中國人身分。[68]

華僑和當地國家的關係以及華僑和中國的關係，自從十四世紀以來，一直是不同的。從同化到保持原有文化，從混種到文化適應，從禁止到大批移民，從文化隔離到參與中國事物，以及從保持中國國籍到接受當地國籍的身分。不過，自從 1970 年代以來，受到兩系列事件的影響，產生了一個新的局面。從 1978 年以後，中國在政治與經濟方面的改變，以及在交通運輸和通訊科技的快速進步，使得遠在天邊的華僑可以相互聯繫，於是在中國文化和中國身分方面產生深刻的變化。社會科學家用不同的方法來分析這種現象。有一個著名的理論家提出了一個超國家的身分。

其他的學者在更近的時期裡，創造出兩種新觀念來分析中國人超越國界的連結：「大中華地區（Greater China）」和「文化中華（Cultural China）」。「大中華地區」是指中國大陸、香港、和臺灣三個地方。有時新加坡也包括在裡面。這個名詞也涵蓋了多重的意思，包括經濟連結，文化互動，以及華人社區的政治統一。例如，華語大眾媒體、電影、和音樂是屬於大中華地區文化方面的事。

「大中華地區」一詞是早在 1930 年代時，首次被用來指中國的地域疆界。這種理念在 1970 年代的晚期再度出現，它指的是中國大陸、香港、和臺灣三地的商業連結。然而 "Greater China"（1980 年代再度出現）的英文涵義，除了用來指經濟的連結以外，也用來指全球華人可能在政治上的統一。

從政治的層面看，大中華地區的使用是在避免觸及臺灣的敏感政治立場。親台人士反對使用這個名詞，因為它會被引申為臺

---

68 同上，P. 149。

灣是中國的一部份。所以這個名詞主要在香港使用。從另一方面說，大陸的學者，基於不同的理由，他們也反對使用這個名詞。主要的原因是怕華僑以同文同種的藉口，錯估了中國的經濟發展。

　　第二個名詞「文化中華」，雖然也涵蓋全球，但是它是以「文化」主題而論。許多學者認為這個觀念只是是用來探討文化的根源。

　　不論這些觀念是多麼有趣，然而這種融合了文化、經濟、和政治的超越國界的中國身分似乎尚未成功，因為這種跨越國界的身分十分複雜，要使它實現是一件很難的事。

（六）結　論

　　東南亞的環境逐漸的在改變著。族群之間變得更加自由或更加包容。有更多的當地人民接受華人社群為一個少數族群，而不再把華人看成是最低階級的外人或賤民。華人可以公開表明自己的文化，他們也可以公開慶祝中國節日。華人商店也可以再次掛上自己的（中文）招牌。在印尼現在有中文學校。在泰國可以使用中文，華裔泰國人開始更開放的明講自己的族群身分。馬來西亞允許華人的舞獅活動。

　　鄧小平選擇了四個經濟特區的正確位置。華僑選擇在自己故鄉或祖先的家鄉投資，是鑑於故鄉同胞與他們有同樣的文化，使用同樣的語言和文字，讓他們感覺像回家一樣。同文同語易於建立雙方關係和促進彼此互信，在「知事不如知人」的生意傳統裡，這是十分重要的。不過，光是文化的連結還不足以吸引華僑回國投資。腳踏實地的華商並非慈善家，他們從商的底線就是賺錢，能賺錢才是他們投資的誘因。中國政府刺激投資的整套方案以及 ASEAN 會員國鼓勵投資中國的政策也都非常重要。

現在讓我們來了解 ASEAN 的各個會員國如何對待我們的僑胞。每個國家都有它的特色，上面所說的一般特性，在以下的幾節中會略加解釋。這些國家在歷史、文化、宗教、政治運作程序、以及對待華人的態度都不相同。它是從最排華的印尼到最沒有敵意的泰國的一個連續。

二、東南亞各國概況

（一）新加坡（Singapore）

新加坡是一個小的城市國家，或島嶼國家，它屢次試著去推行一些社會工程的政策。除了新加坡以外，世界上有哪個國家的母語實際上是第二語言，而且母語又不是小孩在家聽到、學到的父母所使用的語言？在新加坡，母語是孩子們在學校非學習不可的一種語言。在 2003 年時，由於國家面臨過去 25 年來，人口出生率和結婚率急速下降的問題，政府於是著手推行一個由政府支援的「浪漫新加坡」計劃，不過，經過十九個月的實驗以後，證明它是失敗的。「浪漫新加坡」包括了攀岩旅行，愛之船郵輪之旅，以及共同學跳探戈交際舞等活動。這兩個例子揭示新加坡政府干涉人民生活的程度。政府扮演月下老人的笨拙作法，顯示他們面對無法以立法來解決社會問題的焦慮。新加坡不可能再像以犧牲中國方言的代價去強制推行代理母語那樣，強制推行國定的婚姻制度。

新加坡脫離馬來西亞獨立以後，於 1965 年 8 月 9 日結束殖民統治，開啟新政。新政府即將面對的兩大問題：發展經濟和保存中國文化。它的經濟發展，不論從那個標準來衡量，都可謂極

為成功，並且贏得很多人的羨慕。不過在經濟方面以外的問題，例如語言、國家身分、文化價值、和政治，證明它很難用民主方式解決。在這方面，政府的策略是以「利民」為原則，強制推行「由上而下」引人爭議的政策。

1.雙語政策

為了避免混淆和誤會，我們先把在新加坡使用的一些專用名詞，做一個簡單的介紹。《簡易牛津英文字典》對 "mother tongue"（即母語）的解釋是「一個人生來就有的語言」。它是指一個小孩自小在家裡從他/她父母所學的語言。以新加坡官方的用語而言，母語是指華語（Mandarin），它是小孩上學時必修的課程。「第一語言」的定義有點模糊不清。它可能是指語言學習的先後順序，也可能是指對語言的熟稔程度或指語言本身的重要性。一個使用多種語言的人，他可能認為他的第一語言是他最流利、最常使用的語言，而不一定是他最先學會的語言。第一語言在新加坡的官方定義是指英語，而第二語言是指華語。其排名順序是以經濟的重要性來定。在公共設施、科學和科技、現代化、優質職位等方面的交流，英語是第一語言。從經濟的考量而言，英語要比華語更重要。那麼客家方言站在什麼地位呢？客語其實不在排名之內。新加坡不鼓勵在公開場合使用客家話。英語和華語被視為高檔的語言，而方言則被認為是低等的語言。

新加坡具有多元文化和多種語言的特性。要產生一種單一的新加坡文化和語言是需要時間的。因此政治領導們以採取多元文化和多種語言為政策的另類選項。在一個剛剛獨立的國家裡，當權的政治人物，必需在下列兩種選擇語言的計劃策略之中選擇其一：（1）採用某一種語言為國定語言，然後靠教育或政令取消

其它幾種語言，和（2）認同國家裡面的幾種重要語言，連同採用非土著語言為官方語言。第一個辦法較為激進，常會引起內戰。第二個辦法對於少數族群和他們的語言及文化較為友善，是一種比較容易被人接受的多元文化和語言主義。這就是新加坡所採用的政策。新加坡的語言政策把四種語言都定為正式的官方語言，稱它為多元的語言政策再適合不過了。在新加坡廣泛的叫它為「雙語政策」，因為學生在學校必需學習兩種語言。

一個小孩從他/她父母所學到的客家話，在新加坡並不被認定為母語，小孩的母語是他/她在學校學的華語（Mandarin）。新加坡政府這樣定義母語，為正規英語的使用建立了一個不好的榜樣。以後它將會碰上語言學上所謂的「新加坡英語（星英語）」問題，這是由於多元文化和國定雙語制度的環境下快速發展出來的結果。

二戰之後，許多獨立的國家採用原住民或本土的語言為國家語言和學校的教學語言。新加坡與它的幾個鄰國不同，它沒有一個全國共同的語言，或一種很強的原始文化。在建立國家身分時，新加坡決定以英語做為日用的語言，並稱它為第一語言。1965 年，在新加坡從馬來西亞獨立後的第二天，李光耀政府宣布新加坡將為一個共和國，它將會有四種正式的語言：馬來語、華語、英語、和坦米爾語，而馬來語則是國家的語言。儘管新加坡有四種正式語言，一個說英語的旅客，在首次到達新加坡走出飛機時，一定會感到驚訝，因為不僅機場的方向指標和馬路的名稱是以英語書寫，連一般人民也都用英語交談。總理李顯龍才遲遲在 2004 年宣布，全國的公共交通系統指標將以四種語言書寫。馬來語雖然是國家的語言，但是它只限於形式上的在國歌以及軍隊口令上使用。非馬來的子女，在學校不必學習馬來語。一

個移民在歸化公民時，也不需通過馬來語言的認證考試。

　　每個學生必需通過他/她的母語認證考試：華人考華語，馬來人考馬來語，印度人考坦米爾語。

　　新加坡為什麼要採用雙語政策？雙語的教育政策，期望達成下列三個目標：其一是政府希望緩和由於使用英語教學而失去華語的恐懼；其二是降低由於使用不同方言而產生的語言差異；其三是將華語列在國際上急需的英語之後，避免過份強調華語。更何況有許多方言的字詞無法用中國字表達。

　　英語是新加坡的日用語言。在 1965 年，前總理李光耀告訴華商會的委員會說，要是他們的負責人都催促他定華語做為新加坡的國家語言，那麼新加坡將會變成分裂的國家。各個種族（在本節將採用新加坡的習慣，用「種族」代替「族群」）之間將會爆發衝突。李光耀又說，如果新加坡以華語做為日用語，華人的生活將會無以為繼。[69]

　　英語是國際上在商業往來和科技界使用的語言。在新加坡，英語是經濟上以及各種族在日常生活上使用的語言。新加坡以貿易為生，而英語則是在國際貿易上使用的語言。語言是他們統一的因素，它減低了可能因為語言差異而造成的緊張。它也統一了使用不同中國方言的許多族群。由於英語在經濟上的重要性，新加坡政府把華人的母語（華語）擺在第二位。而且，因為英語屬於不是原住民的中性語言，所以不至於產生種族之間的爭執，各種族都沒有利弊的問題。大家都處於開放的立場。大家很容易接觸到英語世界在科技和組織方面的知識。

---

69 Lee Kuan Yew's speech during the Parliamentary Debate on the Report of the Chinese Language Curriculum and Pedagogy Review Committee on the 12th November, 2004. http://app.sprinter.gov.sg/data/pr/2004112501.htm.

　　是否新加坡在經濟上的進步僅僅歸功於使用英語而已呢？環顧遠東的其他幾隻「老虎」也有相當不錯的表現，但是他們並沒有把英語列為國家的第一語言。臺灣是個多元文化的國家，然而英語並非第二語言。根據李光耀的說法，香港人都說粵語，而能說流利雙語的人大約佔 5% 到 10%。韓國和日本沒有強調英語，但是經濟成就亮麗。在菲律賓講英語的人要比新加坡多，但是經濟卻落後。中國大陸經濟快速成長，並不是因為英語為第二語言而受到肯定。很明顯的，國家的經濟進步還需要有其他的技能。

　　1965 年，新加坡政府決定把第二語言華語當母語來教導國民，因為政府確信這樣做可以使國民增加自信，並且以自己的語言和文化自豪。華語是種價值觀的語言。它可以讓人了解新加坡的文化和歷史。它對保存中國人全部的價值觀極有貢獻。它的假設是華語的價值遠遠超過其他的中國方言。當使用不同方言的中國人來到新加坡時，他們都帶來他們的中國文化，這些文化價值在新加坡獨立時尚未消失。我們沒有理由說中國文化及其價值觀不值得不說國語的人去保留。所有使用不同方言的族群被同一母語，即華語，統一在一起。如果要說中國沒有因為不同方言而造成分裂，一般人都認同統一的因素是在中國文字而非言語。中國人使用著很多的方言，這些方言都能夠繼續存在下去。

　　從下面的檢試可以了解推行雙語政策是件不容易的工作。雙語政策並非只是從四種正式的語言中選出兩種語言。在雙語政策下，華人必需精通英語和華語，印度人必需精通英語和坦米爾語，而馬來人則必需精通英語和馬來語。新加坡人是以他們的屬種來分，每一種人都有他們的母語。主要的困難在於所選定的母語，並不是那些在新加坡的不同方言族群的原始語言。很少學生有機會去學第三種語言（比如日語和法語），或其他種族的語

言。華人一直以來都不同種，大多數的中國人在 1965 年政府推行雙語政策時都不會說華語。他們會講一種或多種方言。在 1957 年時，新加坡至少有十種方言族群，如下面表 4.6 所示。

表 4.6：特定方言族群的華人（1957）

方言族	人口	百分比
所有族群	1,090,596	100.0
福建	442,707	40.6
潮州	245,190	22.5
廣東	205,773	18.9
海南島	78,081	7.2
客家	73,072	6.7
福州	16,828	1.5
興化	8,757	0.8
上海	11,034	1.0
其他及未定	9,154	0.8

資料來源：1957 年政府統計

　　各個特定方言族群的中國居民在過去十年來維持穩定的水平。見下表 4.7

表 4.7：特定方言族群中國居民

方言族	1990	百分比	2000	百分比
福建	896,080	42.1	1,028,490	41.1
潮州	466,020	21.9	526,200	21.0
廣東	323,870	15.2	385,630	15.4
客家	155,980	7.3	198,440	7.9
海南島	148,740	7.0	167,590	6.7
福州	36,490	1.7	46,890	1.9
興化	19,990	0.9	23,540	0.9
上海	17,310	0.8	21,550	0.9
其他	63,380	3.0	107,060	4.3

資料來源：新加坡統計局

馬來人比較同種。但是他們有的說爪哇語（Javanese），有的說波煙語（Boyanese）。印度人和華人一樣的同種。印度方言有坦米爾語，馬來語，龐加比語（Punjabi），印度語，孟加拉語，和古吉拉提語（Gujerati）。把華語和坦米爾語規定為華人和印度人的母語，產生同樣的問題。華語和坦米爾語都不是他們小孩所學到的第一語言。這兩種人民的真正母語，是他們孩童時代在家裡所學到的某種中國方言或某種印度方言。

新加坡是除了中國大陸和臺灣以外，其絕大部份的國民都是華人的國家。在 2000 年時，新加坡的人口為 4,017,700 人，其中公民和永久居民有 3,263,200 人。全國有三個不同種族的人。華人有 2,505,400 人，佔總人口的 77%。馬來人有 453,600 人，佔 14%。印度人有 257,800 人，佔 8%。最近在 2004 年 7 月估計的人口為 4,354,000 人。

對於不懂華語的華人而言，華語可以說是一種外國語。那些在家講客家話的小孩，他們需要學的語言不是兩種，而是三種：在家學客語，在學校學華語和英語。前總理李光耀明白這是一個「很複雜的問題。」[70]一個客家小孩在學校需要學習兩種非母語。李光耀這樣說明這種情形：「一般的中國小孩去英語學校其實是在學習兩種非母語的語言。他要學英語，那不是他的母語。他也要學華語，那是他的第二語言。華語也不是他的母語，因為通常方言才是家裡所使用的語言。這現象帶給我們很嚴重的挑戰。」[71]華語只能是孩提時代就在家學講華語那批人的母語。

---

70 Lee Kuan Yew, Prime Minister's National Day Rally Speech, 15th August, 1976, www.ifla.org/IV/ifla65/65cc_e.htm.

71 同上。

2.雙語政策對客語的衝擊

　　政府想要將非本土的華語勉為其難的轉為母語的同時，並沒有完全否定客語仍是方言的事實。李光耀限制客語只能在父母都不懂英語和華語的家庭裡使用。客語可以當作兩代之間的橋樑。當年輕人的客語不流利時，客家文化的傳承就會出現問題，尤其是在父母都只懂得客語的情況下。政府的雙語政策，亦即大家必需學習英語和華語，如果祖父母都不懂英語和華語，語言於是成為祖孫之間的代溝。受過教育的父母和只說方言的祖父母就變成英語的犧牲品。不懂和精通某種語言造成只懂方言的耆老和只懂英語和華語的年輕人之間的社交裂痕。這兩代人之間沒有共同的語言。為了文化傳承而學習第二語言的唯一目的也就不存在了。諸如寓言諺語、文化的價值制度、人生哲理、神話與民俗等的文化傳統，都無法傳給下一代。社會的道德柱子將無法支撐即將粉碎的社會結構。另一個更嚴重的危險是沒有一個穩定的力量來平衡中西文化的價值。把英語變為母語讓年輕人全盤西化的美夢成真，然而，官方想要一面保存亞洲價值，一面學到西方優點的理想，卻是危機四伏。

　　在華文中學上過學的人能夠講華語，讀寫華文也不成問題。然而在英語學校受教育的人，只能講一兩種方言，華語方面的能力就很弱。華語能力不好的客家人，對雙語政策會感到壓力。對於年輕一代的華人來說，語言的環境狀況是蠻複雜的。雙語政策難以啟動，英語的使用也很遲緩。從客語轉換英語需要時間，激勵和說服。實行雙語政策十幾年後，華人在家講華語的只有25.9%。政府警覺到事態的嚴重，於是在 1979 年推行「講華語」運動，並且同時禁止電視使用方言廣播新聞和歌劇以外的節目。（新聞和歌劇可以使用方言以便照顧耆老。）下面的表 4.8

顯示人民已經逐漸捨棄方言而使用英語。

表 4.8：在家常用語言（1980-1989）

年份	方言	華語	英語	其它
1980	64.4	25.9	9.3	0.3
1982	42.7	44.7	12.0	0.5
1984	26.9	58.7	13.9	0.4
1986	16.1	67.1	16.5	0.3
1988	9.5	69.0	21.0	0.5
1989	7.2	69.1	23.3	0.4

資料來源：Chong Ching Liang, Oral History Centre, National Archieves of Singapore, www.ifla.org/IV/ifla65/65cc-e.htm.

最近的資料顯示中國方言的使用持續減少。政府每年的「講華語」運動，已經達到預期的目標。根據最近的統計資料，在方言族群中使用什麼方言已經沒有什麼區別了。華人在家講方言的比率從 1990 年到 2000 年已經降了 27.7%，而在家講華語的比率則在同一期間內增加到 78.1%（見下面表 4.9）。華語已經成為最多華人在家使用的語言，客語和其他方言一樣，並沒有完全被華語取代。

表 4.9：五歲以上華人在家最常使用語言

在家語言	人數（千人）1990	人數（千人）2000	比率 1990	比率 2000	變化%
總數	1,884.0	2,336.1	100.0	100.0	-
英語	363.4	533.9	19.3	23.9	46.9
華語	566.2	1,008.5	30.1	45.1	78.1
中國方言	948.1	685.8	50.3	30.7	- 27.7
其它	6.4	7.9	0.3	0.4	23.4

資料來源：Statistics Singapore Newsletter 2005

雖然還沒有佔大多數，不過已經有更多的華人小孩在家講英語。四歲到十四歲的華人小孩在家講英語的比率在 2000 年從23%增加到 36%。然而，華語仍舊是小孩在家裡的重要語言。在2000 年時，大約有 60%的華人小孩在家講華語。中國方言在華人小孩裡快速消失，僅僅佔了 4.3%而已。見表 4.10。

表 4.10：華人 4-14 歲小孩在家最常使用語言

語言	1990 百分比	2000 百分比
總數	100.0	100.0
英語	23.3	35.8
華語	57.6	59.6
中國方言	18.9	4.3
其它	0.2	0.4

資料來源：SingStat Newsletter, September 2005 issue

我們很想了解年輕的客家人對他們不懂客語的看法。可惜這種資料在國際網絡上找不到。不過，透過對潮州人的研究，我們知道多數人覺得能否講潮州話跟他們的潮州族群身分幾乎沒有關係。受訪的潮州人說他不在乎失去他的方言，反正他也沒有機會講潮州話。他們認為能講華語和英語已經足夠了。有一個受訪者說他雖然不會講潮州話，但是他仍舊是潮州人。由於在社會上很少用到這些方言，學習方言等於是浪費時間。[72]有一位新加坡的客家通訊員在國際網絡的會議上說，他無意讓他的客家身分，像在新加坡一樣，被納入泛漢族群裡。他這樣寫道：「在新加坡，客家族群已經被納入華人族群，我可以接受這點，但是我不滿意的是我的客家身分會因此而消失。我的祖先是客家人，我有我們

---

72 Amy J. Moyer, 'Singapore: A Multicultural, Multiethnic Country', P. 6, www.emu.edu/courses/eddt582/Singapore.html.

獨特的文化和語言。不管怎麼說，客語才是我的真正母語。我會盡力去保存我所僅有的客家遺產，我期盼在我以後還有人仍然說他們是客家人，而且會繼續保存客家遺產。」[73]

　　他不同意政府急於將所有的方言族群同化為一個幾近同種的華人族群。這樣的做法，如同中國大陸把所有的方言族群歸為漢（中國）人一樣。這種執法將使客家人失去他們的客家身分。他認為說客語是檢定一個人是否為客家人的一個指標。在一些新加坡人看來，使用方言是低薪族和低文化水平的代表。即便是非華人的種族，他們也對「講華語」運動感到威脅，因為他們認為新加坡的英語能夠維持種族和諧和國家身分。大多數的華人在學前都講華語，而不講英語。學前的老師使用星英語（Singlish）去教標準英語。星英語可以當作走向標準英語的橋樑。他們對於更多人能使用標準英語也感到威脅。他們在英語的專業能力使得律師專業和老師專業的人口變得不成比例。精通英語使得客家人以及其他方言族群在教育和職場上獲得更多的機會。

3.星英語的產生

　　每一種語言一定會受到使用者的影響，因此我們才會有許多不同版本的英語，例如，美國英語、澳洲英語、和印度英語。在新加坡,華人、馬來人、以及印度人的子女都必需學英語，他們的方言都在語法上和字彙上影響當地的英語。有些當地的字眼像"saying"（愛）和"maken"（吃）就廣泛的用在當地所謂的星英語裡。它是一種特別的變種殖民英語。它的語法和字彙受到閩語（福建話）和馬來語的影響。星英語有獨特的腔調、發音、

---

73 www.chinahistoryforum.com/lofiversion/index.php/t7954.html.

語法、和字彙，不說星英語的人不一定能明白它的意思。星英語在政府開始推行雙語政策的時候就產生了。早在 1970 年代時，社會學家和語言學家就已經注意到英語在新加坡已經本地化了。英語不是新加坡的本土語言，從其他英語國家來的人可以意識到新加坡人講的英語含有獨特的新加坡味道。政府在 1980 年代對於星英語的產生表示關心，因為星英語與政府原本要求學到標準的英國英語的理想背道而馳。

英語本土化產生了語言相通的雙重問題：能否與國際接軌和能否被接受。從政府的角度來看，它表示當地的英語標準下降。為了補救這個狀況，政府從不同國家引進生來就說英語的英語教師到新加坡學校教書，並且給當地的老師進行培訓。目的是希望讓學生有機會體驗到國外的英語水平，和學到真正的標準英語。許多新加坡學生表示可以接受在同學之間講星英語，因為這樣在社交上可以感到更加協調和友善。有一個研究員發現新加坡年輕的一代以能說星英語而自豪。老師也能接受學生在寫英語時使用星英語。[74]政府在 2001 年推行「講好英語」運動，設法控制星英語的侵氾。

有關新加坡英語未來的問題是，政府是否要大刀闊斧禁止人民使用星英語，和政府是否只要修訂星英語的語法和辭典，使它成為和國際相通的標準新加坡英語。儘管新加坡的獨裁傾向和官方路線，都認為星英語不是建立和加強新加坡身分的辦法，政府到目前為止還是禁止以立法來處理語言和某些文化的事務。政府並不處罰講星英語或使用星英語的人。政府沒有採納任何優生的政策去強迫畢業生的婚姻。在這類的事情上，政府還是保住人民

---

74 Manfred Wu Man-Fat, 'A Critical Evaluation of Singapore's Policy and its Implications for English Teaching', www3.telus.net/linguisticsissues/Singapore.html.

選擇的自由。政府為了達成某種目的而替人民作主的空間還是有限的。

4.國家與客家身分

在 1965 年當新加坡從馬來西亞獨立時，曾經多次討論到有關國家的認同問題。新加坡沒有佔優勢的一種文化和共同的語言。人民都相信國家認同不可能在短時間內從新加坡這個民族溶爐產生出來。政府必需設計好文化和語言的政策以便建立國家的認同。其論述要項是把種族的重要性擺在最低的位置，強調英語為建立國家認同的基礎，並且採用華語藉以避免國家過度偏向西方。理想是寄望個人所長得以發揮，同時又能將不符亞洲價值部份的西方文化去除。提議者認為把國家認同和多語文政策連結在一起，國語的語文價值就如客家人所謂的「文化穩定力」。有了亞洲價值的指引，客家子女對西方文化便可以去蕪存菁。這種選擇並非可以完全由個人決定，它是會受到政府干預的。有些報章雜誌和無毒的口香糖都在被禁之列。

新加坡政府採取從具有不同語言、宗教、和文化的多種族人類中，建立一個多元社會模式的國家身分。所謂的多元是指多種人類、語言、宗教、文化，但並非多種政治。四種正式的語言雖然不同，但是平等，在日常生活中，英語主要用在職場上，馬來語是國家語言，僅僅在形式上使用而已。官方政策鼓勵國民互相接受、也互不歧視不同種族的宗教傳統和儀式。人民行動黨執政的政府認為種族歧視和共產主義是新加坡建立國家與認同的兩大威脅。儘管政府敦促各種族保存自己的族裔文化，政府也鼓勵國民依照國家的價值建立一個更廣義的國家認同。政府建立族群和國家認同的策略是採取務實的估息政策和對族群要求的管制。

　　新加坡的多種族主義政策，是建立在各種族有保持與他族不同的權利，並且不必被主流同化的信念上。國家認同是從族群身分和各個不同的族群中發展出來的。人民都繫於自己的族群，因而與其他族群分開，然而，他們同時也是國家的一分子。多種族主義要保證種族間的友好和平的環境，讓所有的種族都能在精英領導的制度下盡量發揮自己的潛力。但是，政府在多種族主義的政策裡找到了發展新加坡新的國家認同的障礙。批評家指出新加坡的多種族主義是人為的，因為它是經過政府的鐵腕政策和由上而下的干預而成的，這種人為的認同是脆弱的。不過，這種家長作風和儒家作風的辦法，目前看來在新加坡還是可行的。

　　政治領袖不認同種族大融爐的觀念。因為新加坡是一個多種族的社會，要把大家混在一起來產生一種新的身分是很困難的。A+B+C=D 的公式並不適用，實際的現象是 A,B,C=A,B,C。前總理吳作棟於 1999 年 5 月 5 日在國會演說時，說明了何以種族大融爐的觀念行不通的理由。他說：「在新加坡，我們有許多不同DNA 種群，要從這些不同種群中建立一個國家是不容易的。我們無法把不同種族之間的分歧完全去除。華人不願採用馬來人的文化習俗，馬來人和印度人也不願被華人同化。歐亞的混血兒也自得其樂。」[75]新加坡的身分應該建立在社群與文化的聯邦基礎上，各個種族都能保存他們的傳統。華人永遠都是華人。在建立國家身分時，客家人就不會被以方言族群的身分看待。客家方言必需消除。四個種族將繼續保持分離，但是要分享一個共同的價值。吳作棟用想像的四個圓圈來解釋新加坡的身分：

　　「如果我們想像我們的社會是由四個互相相交的圓圈組成，

---

75 Goh Chok Tong, Speech on Singapore 21 debate in Parliament n 5th May, 1999, www.moe.gov.sg/speeches/1999/sp120599a.htm.

正如人民協會的標誌一樣，每個圓圈代表一個社群，每個圓圈都與其他圓圈相交，我們能做的是把相交的部份做到極大。這個共同的相交部份就是所有新加坡人，不分種族，共同工作，共同遊玩的地方。在這個開放的空間裡，大家使用共同的英語，享有相等的機會。」[76]

四個種族依舊是四個種族，他們不會過份膨脹。沙拉餐也曾被用來解釋新加坡的種族現象，每種青菜替整碗的沙拉添加色澤、口味、和質感，同時也為進食沙拉的享受做出貢獻。

新加坡的身分是以多種族的社會為基礎，各個種族都分享著共同國家公民的權利與義務，然而各個種族又並列共存。因此，新加坡身分對於其他種族來說，就是華人。在這種身分裡，種族內的變種和差異就要被忽略，客家人也就被納入涵蓋全盤華人文化的廣泛華人身分裡。由於客家方言逐漸式微，而年輕一帶的客語能力又快速減弱，長遠看來客語是會消失的。假設西方文化與價值可以得到控制，在所有的中國方言都消失以後，一個純說華語的新加坡華人身分就會誕生。

對於一個客裔新加坡人而言，他的身分代表著他一定會說流利的英語和華語。客家方言在新加坡的身分裡沒有置身之地。客家身分必需讓位給國家身分。經過這樣融合以後的文化，就會產生一種社會科學家所謂的克里奧爾化的英語。由於英語是國際語言，它就會打開西方文化的大門，而西方文化經常是會和中國的傳統文化和價值衝突。年輕的客家人常被西方的時尚，音樂，以及其它一時的流行所誘惑。過度西化對於傳統的價值觀是危險而且有害的。這種西化，可以說是一種文化的減退。這種西化製造

---

76 同上。

出一種不是植根於傳統文化的混種的文化,它違背了政府的原定
目標。

　　政治領導人設法阻止西方文化走向優勢的趨向。他們再三強
調新加坡人是亞洲人而非西方人,接受西方的普通文化並不能使
新加坡人變為西方人。這些論調只是政客們片面的政治修辭而
已。就像政要們所說的,混種文化與身分的產生,並不意味著社
會的解體。他們害怕西方的影響會損害新加坡人在道德和責任感
的傳統觀念。為了對付西方文化的個人主義,政治家推行一種
「國家思想體系」,藉以止住西化的趨勢。政府主張新加坡並不
是一個中國人的國家,而是一個大家分享國家價值的多種族,多
文化,和多宗教的國家。政府在 1991 年元月提出了「分享價值
白皮書」。其目的在於設定一個可以幫助發展國家身分和牽住新加
坡人的一種國家的思想體系。新加坡的身分就是防止西方文化衰落
後遺症的最佳堡壘。1993 年國會所採納的共有國家價值如下:

> 國家優先於社群,而社會優先於個人;
> 家庭乃是社會的基本單位;
> 社群支援並且尊敬個人;
> 團結一致而不衝突;和
> 容忍不同種族和宗教。

　　很明顯的,它是以儒家為基礎的共同價值,然而它是建立在
共同的所有亞洲文化觀念上。亞洲價值的觀念,代表冷戰之後大
家對西方價值全球化的批評,以及普世人權與西方價值的挑戰。
支持亞洲價值的人主張多元化而非一致的人權政策。「共有價
值」的批評者指出「共有價值」在新加坡其實是政府在主導所有

的事情。其他人則說亞洲價值是近年的事，它並沒有很深的亞洲文化在裡頭。

全球化的眼前情況是，新加坡人口老化，引進勞工迫在眉睫，政府干預主義政策，不同政治意見的定罪，以及對政治異己的迫害等，使得社會產生一種漠不關心和不做不錯的文化。由強迫引致順從已經變成根深蒂固。「這種現象，對多數的公民來說，在生活各方面都造成極壞的影響。講得最多的是在危機思考，創造力，和生意方面的事。」[77]新加坡 21 報告書，理應是討論新加坡未來的文獻，但是它並沒談及政治的議題。政府仍舊站在家長的立場，以由上而下的方式做決策。政府忽視人民的草根性，而且對於持有不同政治意見的人，便認定他們是危險人物，禁止他們參與治理新加坡的政事。種族融爐的路還是遙不可及。據說總理資政李光耀難於接受他的兒子把其他種族帶進國會。[78]像李光耀這種人仍然具有權力，即使一些政要退休以後，他們的繼位人也會在他的陰影下工作。

儘管對多種族或多文化大談特談，自 1965 年以來，新加坡的國家認同一直受到中國語言和文化的極大的影響。關閉華文媒體學校，推行「講華語」運動，強調儒家以及後來的亞洲價值等，這些都是為了從多種族和多元文化中建立一個有凝聚力的新加坡身分的中國人特性元素。按照前面所說，我們就會很想說新加坡的國家認同就是中國人的身分。事實上，美國哈佛大學著名的新儒學的學者杜維明（Du Wei-ming），曾經把新加坡說成是

77　James Gomez, 'The Singapore 21 report: a political response', www.sfdonline.org/link%Paper/link%20folders/Political%20Freedom/521.html.

78　Peter Joseph, 'Soup in melting pot is lumpy …but it's still soup' www.jeffooi.com/archives/2004/12/soup_in_melting.php-42k

「一個被消毒過的中國社會。」[79]

（二）馬來西亞（Malaysia）

在馬來西亞旅遊推廣局的網站上，馬來西亞被設計成一個「多元文化」的國家，它的國民和諧的生活在一個相互享用其他族群文化的環境裡。馬來人已經學到華人使用「紅包」的風俗習慣，而且娶馬來女人為妻。馬來西亞是個容忍謙讓的國家。

上面所說的與實際情況相差極大。在 2007 年的 11 月，少數族群的印度人發動大規模的示威遊行，抗議種族歧視的政策。有五個遊行的策劃者被捕，沒經審判就鋃鐺入獄，直到 2008 年的 3 月，他們仍舊在監獄裡。類似的濫權案子層出不窮。

2005 年 11 月，一位來自中國大陸的女人在居留所被警察污辱。她被迫脫去衣服並且「耳蹲」（雙手摸耳蹲下後站起）好幾次。整個故事的過程，配有背誦可蘭經的聲音，被用手機錄下。其實這是一件侵犯隱私的搜查陰道行為。這還不是單一的事件。這是最近一群年輕的中國女人，因為被懷疑從事賣淫而被警察污辱的案子。馬來西亞的警察認為年輕的中國女人單身旅行，就是從事賣淫的勾當。這些女人有時被迫在男性警察前面脫去衣服。

警察污辱事件在中國被大肆報導，加上中國旅客和生意對馬來西亞的重要性，馬來政客於是立刻做出回應，譴責警察的不當行為。總理 Abdullah Badawi 當時在馬爾他出席大英國協政府領導人的會議，趕去召開記者會，要求立刻展開徹底調查。內政大臣的秘書宣佈他要親自飛往北京向中國政府官員道歉。

警察污辱事件對馬來西亞的旅遊業造成極大的損害。「從一

---

79 Gui Wei Hsin, 'The diaspora As Nation-State', www.glrs.com/essay.asp/id=211.

月到八月，從中國來的旅客只有二十萬出頭，比 2004 年同期下降了 47.5%。」[80]直到 2005 年旅客人數明顯下降之前，馬來西亞一直是中國旅客旅遊的首選。中國是馬來西亞的第四大貿易伙伴，第六大進口國，和第十三大出口國。兩國的雙方貿易在 2003 年到達一百四十一億美元之多。[81]

　　馬來西亞旅遊推廣局在世界上推出的形象，與中國人在馬來西亞的真實痛苦日子，有極大的差別。自從馬來西亞獨立以來，中國人就沒有被公平地對待過。在旅遊推廣文宣沒有提到的東西，才是更重要的。這些隱藏在背後的事實是政府對少數族群的種族歧視，馬來人獨有的特權，宗教議題，正式語言，教育與獎學金，工作機會，住宅，歧視的經濟政策，即使在國會，也禁止質詢這些特權相關的問題，否則就會有牢獄之災。這些事情影響著少數民族的中國人和印度人的生活。

　　自 1969 年以來，國家陣線（Barisan Nasional）聯合政府第一次在 2008 年 3 月的選舉中失去在國會中三分之二的多數席位。全國十三個有權的議會，有五個議會被反對黨控制著。雖然執政的聯合政府受到搗毀，不過他們還能順利執政。實際的反對黨領袖安華（Anwar Ibrahim），他是 Mahathir 博士以前的門徒，聲明國民很有決心的選出馬來西亞的新時代，政府必需認識馬來西亞是不管種族和膚色，文化和宗教的「一個」國家。政府是否會做出政策上的調整，還言之過早。不過，國家陣線聯合政府不可能再強壓立法和任意修憲則是肯定的。

80　BBC News, 25th November, 2005,
　　http://news.bbc.co.uk/go/pr/fr/-/2/hi/asia-pacific/4470422.stm.
81　http://comino.kln/stateman.ndf.

1a · 馬來西亞的客家人

福建商人早在 1400 年就是在麻六甲定居的華人。馬來西亞在 2004 年有 25,600,000 人。其中有 50.8%是馬來人，23.8%是華人。1980 年的統計，在馬來西亞的客家人有 985,655 人之多，其中 786,097 人住在馬來西亞半島，109,060 人住在沙勞越，90,498 人住在沙巴。在沙巴，沙勞越，庫來（Kulai），斯蘭果（Selangor），吉隆坡，和彭亨，客家人都是最多人的方言族群。在 Johor 和 Perak 也可以找到很多的客家人。

根據馬來西亞統計部的資料，在 2008 年 9 月 5 日的全國人口是 27,730,000 人。在 2000 年，馬來西亞人口房屋調查時，把在馬來西亞的中國社群，依照方言族群，統計如下表 4.11。

表 4.11：中國方言族群人口（2000）

方言	人口
福建話	2,020,868
客家話	1,092,754
廣東話	1,067,994
潮州話	497,280
福州話	251,554
海南話	141,045
廣西話	51,674
其他	243,046
總共	5,366,215

資料來源：2000 年馬來西亞人口和房屋調查

他們主要來自南方的廣東和福建兩省。客家人大約佔馬來西亞華人的 20.4%。[82]在殖民時期，各個族群分別從事不同的專業

---

82 Dept. of Statistics: 'Populations and Housing Census of Malaysia 2000', Kuala Lumpur: Department of Statistics Malaysia, 2001.

或生意。廣府人從事珠寶業，印刷業，和他們在全世界都出了名的餐飲業。客家人一般都住在最內陸地區，他們經營當舖，在建築工地做工，也在錫礦廠做工，或種植橡膠。他們也被雇用去做技術工人，和在傳統的中藥舖工作。大家都知道客家人的刻苦耐勞。在路易斯港的當舖（客語叫當店），有些是由廣府人經營的。

客家人是被錫礦吸引到馬來西亞的。在十七、八世紀時期，客家人移民到馬來西亞尋找貴重金屬。他們去吉蘭丹（Kelantan）和西婆羅洲（West Borneo）開發金礦，也去邦卡（Bangka）開發錫礦。到十九世紀，金礦和錫礦都枯竭時，沒有返回中國的礦工就改行種田賣穀維生。許多礦工後來致富，但是他們並沒有在東南亞以外的地方投資。有些理由可以解釋客家人為什麼那麼保守。Sharon A. Carstens 列出四點理由如下：客家人傾向於把賺到的錢寄回中國，接濟窮困的家鄉；礦業公司的分紅制度，將紅利平均分配給工人，所以個人不易有大量的資金投資；客家人很難打入在南洋由福建人控制的商圈；只有在十九世紀下半世紀殖民經濟擴張時才有投資的機會。[83]

儘管客家人佔有人口的優勢，可是在經濟和政治方面，他們卻相對微弱。[84]住在鄉下的客家人，他們的職業如上所述。在都市的客家人，他們的的典型職業就是受雇的工匠，或在中藥舖和當舖做事。Carstens 認為有個可能的理由是「和普來（Pulai）村民特別的性格有關，（她在 1978-1990 期間，在該地做過有關客家社群的研究，）客家人經濟上是保守主義者，政治上是平等主義者，在性別上又有他們的獨特角色。」[85]

83　Sharon A, Carstens in *Guest People*, P. 135.
84　同上, P. 129-130.
85　同上, P. 130.

在 1980 年代和 1990 年代中，普來的客家人經歷過在中國，東南亞以及全世界的急劇變化和發展，它也重新塑造了客家的文化和身分。交通和通信科技的發展，以及文化資料的可得性，使得普來不再是一個封閉的地方。最後的馬來西亞共產游擊隊（其中有很多是客家人）投降以後，人民就不再懷疑客家人在幫助和唆使叢林的共產黨。所有的這些發展，都轉變了普來客家人的經歷。社會上突然對客家文化和客家事物感興趣。社會的種族範界有所轉移，普來客家人也有和外界客家文化接軌的願望。客家學的世界大會，以及學者們有關客家人的學術論文，使得中國海內外對客家歷史，語言和文化，掀起熱烈的興趣，回國尋根的華僑表白了他們的族群身分。在中國，人們對子族群身分的話題逐漸升溫也就不足為奇了。[86]

社經分離是「分離而治」殖民政策的後果。華人被限制在錫礦和橡膠園裡做工，在很多的地方，他們是不能接近耕地的。這個政策一直維持到 1940 年代日本侵佔馬來西亞為止。大批華人逃到鄉下去種田或做園丁。在馬來西亞建國期間（1948-1960），華人被迫遷去新村（New Villages）定居，並與原住民隔離。獨立以後，政府偏坦馬來人的權利與優惠政策，加深了族群之間的藩籬。馬來人對自己族群維持著強烈的忠貞意識。馬來人與華人之間的藩籬變得更大。印度穆斯林和中國穆斯林的待遇也不同。中國穆斯林永遠不能跨越族群的範界，聲明自己是馬來西亞的原著民 "Bumiputra"（意指地球之子）。

在過去，馬來西亞的華人與他們在中國的原生地有更緊密的聯繫。他們的族群文化在馬來西亞就靠他們的方言或子方言來分

---

86 Sharon A, Carstens, *Histories, Cultures, Identities: Studies in Malaysian Chinese World*, P. 127-132.

割，或他們所從事的專業來代表。由於長時期與其他族群的接觸，華人以中國原生地的身分變弱，而代之以教育，職業或新住地而定的新身分。普來客家人對這種情況的反應與其他方言族群的反應有所不同。雖然有些客家人與原住民或暹邏女人結婚，他們還是寧願保持中國文化的身分，生活在自己的社群裡，不像福建和潮州人，他們與異族通婚以後，就產生了混種文化。華人與原住民結婚所生的小孩，在印尼叫 Peranakans，在馬來西亞則叫 Babas，不過，在馬來西亞的 Babas 則叫他們自己為 Peranakans。他們使用當地的語言，衣著，和飲食。他們不懂任何中國方言。他們保有華人的習慣和文化。從另一方面看，當地女人和客家人結婚以後，她就融入客家人的家庭，子女要學客家方言和文化。客家人要維持客家文化是不容爭辯的。

在普來的客家人，除了偶爾和人類學者接觸以外，很少和外國人接觸。馬來西亞的文化，對他們而言是不相容的外國文化。他們只知道國家是屬於馬來人的，而且馬來西亞的身分是政府用馬來文化來宣揚的結果。在國家身分上，他們感到被隔離。在這樣的情形下，普來的客家人把自己稱為唐人，而不叫做華人，只強調文化，而撇開與中國的關係。這種文化的強調，表現在日常生活的許多方面上，例如，他們在安排宗教儀式，婚禮，葬禮，以及祝壽時，都以農曆為中心。

普來客家人的家庭制度採用父系制度：繼承與世系依男方，女人嫁入丈夫家。[87]他們把自己的文化習慣和馬來人那種特別是動輒離婚、再婚的文化習慣比較，覺得他們自己的文化是極為優良的。他們的家庭和社群都強烈反對與馬來人結婚。在 1970 年

---

87 同上，P. 71。

代晚期的婚姻模式，顯示大家對方言族群已經不再那麼在意了。在 1950 年以前，幾乎所有的普來客家人都與族內的對象結婚，不過，從 1950 年到 1978 年，他們結婚的對象，超過三分之一是非客家人。[88]因此，方言族群不僅在選擇對象時不那麼重要，即使在職場上和交友上也不重要。

以中國的出生地做為自己身分的觀念日漸式微，然而普來客家的身分則變強了。他們心繫當地的情節可以從他們口述的許多故事中得知。故事中有客家的先驅在採金，種稻，以及與鄰幫打鬥等。到了 1970 年代的末期，他們住在馬來西亞已經有五、六代了。連普來客家人膜拜的諸神也本土化了。這些神是用來保佑普來人和他們的稻田。拜觀音被認為是當地的一種信仰。在廟節時拜鬼是為了紀念以前的採金礦工和沒有子女的光棍。普來客家人也敬拜馬來的土地公（laduk）。[89]

普來客家的文化習慣轉向為混種的中國人特性（Chineseness）和身分，然而令人驚訝的是他們在公開場合和私下生活的不同方式。他們的衣著和飲食與當地人一樣。普來的客家婦女穿圍裙，食物中添加非中國人的佐料，如羅望子，以及叢林中的藥材之類的，有時他們不用筷子而用手吃飯。他們只有在私下生活上採用當地習俗，在公眾場所他們是很少這樣的。他們受當地習俗的同化，顯示歷經五六代的耳儒目染以後，他們的客家文化究竟變到什麼程度。在家穿圍裙，做菜加藥草，用手抓飯的女人，在公開的場所就變成中國傳統的打扮。她們穿上中式的衣裙，不用手抓飯，婚宴喜慶的菜餚更是道地的中國菜。在兩種場合中的習慣差異，表示他們仍然具有中國人特性,中國文化和

---

88 同上，P. 74。
89 同上，P. 75。

身分的情節，同時又受馬來西亞當地文化的薰陶。在有些馬來語裏（它並不代表馬來身分的認同），我們可以找到他們與當地有形式上的連結。在不同的背景下，大家對中國文化特性與身分轉移的程度也會有所不同。例如，住在吉蘭丹鄉下的華人，他們在公開場所與馬來人交際時，會表現出更多的馬來西亞風俗習慣，然而在家時，他們則保持著中國人的文化。[90]

除了遵守衣著，飲食，和祭拜的習慣以外，Carstens 發現，儘管客家人降低了他們自己的文化身分，還有其他文化上和行為上的模式，使得客家人與其他族群有所區隔。在 1978 年，這些特殊的客家人特性，與他們的經濟定位，支援共產黨，性別區分和角色，工作專業，以及住在鄉下等有關。

* 在政治議題上，客家人比較不那麼保守，他們較能接受新的意見。客家人被懷疑庇護共產黨。在 1978 年時，有二十個普來的客家人，包括他們的頭子，被捕入獄。這種革命的習性與他們在經濟和文化方面的保守態度看來是互相對立的。

* 客家文化有一個很出名的特性，他們在勞力上男女的分工。在 20 世紀前面幾十年，抵達馬來西亞的客家婦女越來越多。她們多數在外面工作。普來女人經常要種植稻米和橡膠。而且，當男人不便時，女人也得去做砍樹，犁田等粗重的工作。客家婦女去做粗重的農耕工作，被認為是客家文化的一種特性。客家婦女不僅有強壯的腰背，也要有堅強的毅力。在普來廟節慶祝觀音時，男女在勞力與活動空間的分隔就會表現出來。

* 另一個可以識別出來的客家特性是有關他們住家的模式。根據 1970 年的馬來西亞統計資料，客家人是在馬來半島第二大

---

90 同上，P. 80。

的方言族群，而在沙勞越和沙巴，他們則是第一大族群。他們住在鄉下的比率（57.1%），要比廣府人高（39.9%），而比潮州人低（61.1%）。

　　* 雖然早期移民來馬來西亞的普來客家人是礦業的先鋒，但是他們在經濟上的定位還是保守的。當礦產開始量減時，他們改行以種稻維生，出售農產品和橡膠。他們鼓勵子女去做工匠或技工，而不是去經商。雖然在鄉下，福建人（542,318）比客家人（394,263）多，但是，福建人多數是店主或小生意人，而客家人則以做工的為多。[91]

　　他們經濟薄弱的理由是什麼？在前面已經提及四點原因。這也許是由於上述的一些特別性格，或是他們在普來的社會經濟環境所致。然而並沒有人種誌的證據可以確認普來客家人的平等主義會妨礙發展資本主義的假設。

　　有一個對沙勞越客家人的研究指出，方言族群中的職業區分是源於在中國時，客家人主要是鄉間的農人，而福建人和潮州人則是城市裡的商人。這種職業專攻才是他們在經濟實力上有所差別的原因，它與方言族群的特性和出生地，其實是沒有關係的。換句話說，在中國的文化模式與社會經濟上的經驗，在後來會影響他們在東南亞的適應與發展。[92]

　　這種說法與另一派認為中國東南方的中國人，在移民去東南亞之前，就有很長的操作金錢市場經驗的理論有所矛盾。梁肇庭說，客家婦女與她們的男人在田野工作，她們「毫不羞恥的在市場拋頭露面[93]，出售農產品。

91　同上，P. 86。
92　同上，P. 87。
93　Sow-Theng Leong，前揭書，P. 61，

　　模里西斯的客家人在社會經濟上的經歷則迥然不同。模里西斯的客家人雖然也來自鄉下，不過他們沒人在農業上工作。在1920年代，客家菁英拒絕了引進客家人去蔗園工作的請求。那些自願移民來的人則選擇到店舖當助手。我們可以肯定地說，他們在商業上，以及近來在紡織業上的發展，都是成功的。他們在政治上的薄弱乃是因為人口的不足（僅佔全人口的2%），和族群性格的關係。在二十世紀初期，旅居者的獨特客家文化與身分，促進客家人保存了更純文化身分的形式，以及客家社會族群身分，因而影響到他們對二十世紀的國家主義運動的反應。即使在保留客家身分和習慣方面，他們的文化是保守的，普來客家人支持共產黨，他們的目的是想支持客家同胞而已。不過並非所有的普來客家人都支持馬來西亞共產黨（MCP）。有十幾個普來的婦女參加了MCP，但是只有年輕和單身的女人參加而已。從另一方面看，普來的男人，不分年齡與婚姻狀況，加入MCP的都來自沒有房產的普來家庭，那些有房產的人是不會被MCP吸引的。[94]

　　獨立後的馬來西亞，在政府推行國有化經濟政策以及其他親馬來人的政策以後，使得很多的華人公民感到自己在多數馬來人的國家裡，是一種二等公民。在1980年代裡，華人企圖讓政府支持適合馬來西亞國度的特殊華人文化，可惜失敗了。結果，華人被推向一個發源於「大中華地區」觀念的超越國家的華人身分。但是，在1980年代末期，政治環境改變了。由於最後的中國共產黨投降以及回教主義轉為溫和，族群之間的緊張氣氛變輕鬆了。在1990年初期，政府推出更加自由的教育制度。有些馬

---

94 Cartens，前揭書，P. 139。

來人開始在華人的小學註冊上學，而且私立的華人高中在吉隆坡獲得政府有史以來首次支持，獲准開學。[95]這種轉變，改變了馬來西亞華人的文化與身分。換言之，在馬來西亞的華人文化與身分是不停地隨時間在改變。

過去在檳榔嶼，麻六甲，和新加坡與異族結婚所生子女（按，Baba Chinese）的身分，逐漸消失了，因為他們被重新漢化而歸化到主流的中國族群。在馬來西亞的華人是不同種的族群。他們是來自中國南方並且使用至少五種不能相通的南方方言的移民後代。就在幾十年以前，族群之間的衝突是平常的事。海南人被其他的族群瞧不起。在不久以前，模里西斯的廣府人，強烈反對把女兒嫁給客家人。因為在二十世紀中期土客械鬥的舊仇，還是緊張未消。不會說任何華語的 Baba 華人，在殖民時期自己以為高人一等，結果反過來被人鄙視。受華語教育的人與受英語教育的人也有隔閡。所有的這些差異已經不存在了，新的泛馬來西亞華人的身分已經誕生了。[96]

下列的幾個因素，協助發展出一種獨特的馬來西亞華人身分。

＊華文學校使用華語教學，幫助保存和傳承中國文化。

＊在緊急狀況時，華人被隔離在新村（New Villages）。這塊新的族群飛地，提高了華人的意識。（譯註：飛地是指本國境內而隸屬另一國的一塊土地。）

＊眾多的華人，有助於維持一種特別的族群身分。

＊跟多數的馬來穆斯林結婚，有其宗教上的障礙。靠婚姻來

---

95 同上，P. 140。

96 Phua Kai Lu, Book Review: *The Chinese in Malaysia* by K. H. Lee and C. B. Tan, Kuala Lumpur, Oxford University Press, 2000, http://phuakl.tripod.com/Chinese.htm.

促進同化並不一定有效。

　　* 華人他們覺得自己是政府優惠性差別待遇政策（Affirmative Action）的犧牲品。這樣的作法，會強化華人族群的團結和身分。在鄰國如泰國，印尼，和菲律賓，同化是他們的政策。而在馬來西亞，所有的政策都是希望把華人從馬來西亞的原住民隔開。

　　在馬來西亞並沒有一個統一的華人身分，正如華人的各個方言族群在各國的經歷都不同。各種方言和習慣經過一段時間和馬來西亞的原住民交往以後，都會有所改變。中國方言族群造成了具有當地差異並且分享彼此身分的連續。在一端是會講一種中國方言，也會讀、寫中文的族群，在另一端，是 Babas 華人，他們只懂馬來文，完全不懂中文。在這兩種極端的族群之間，我們會找到只能講一種方言而不會讀寫中文的族群，和一個他們的中國方言深受到本地語彙影響的族群。

　　Carstens 的建議是，正如上面所說的，華人對環境影響的反應是有活力的，不同而且多方面的，並且會隨時間而改變。這點和以前所提的研究華人身分並且專注於儒家特徵的許多作者，主張華人是個統一和諧的社群不同。她避開這種作法，並且主張在馬來西亞的華人和普來的客家人是變化過的不同族群。

　　能說流利的中國方言和馬來西亞國家身分有沒有什麼關連呢？華人被指責對他們的居住國家不忠。比這更嚴重的指責是說他們組織第五縱隊。我們知道，把文化身分與國家身分做個區分是很重要的。在馬來西亞受過華文教育的華人對於中國事物會有情感上的情節，那是因為他們受過中式的教育和教養，但是這並不代表他們反對馬來西亞。他的文化聯繫是一回事，而他的國家身分又是一回事。在馬來西亞土生土長的華人已經不認中國是

他們的祖國。何況中華人民共和國也不承認華僑為他們的公民。甚至臺灣雖然還保持著「兒童國籍隨父母籍的原則」，也不會答應華僑自由進出的要求。

　　自從 1969 年的暴動以來，華人必需為保持他們的身分與文化而奮鬥。在馬來西亞的華人決定要在他們的居住國生根。以往旅居者的觀念已成過去。他們自認是馬來西亞人。如果馬來西亞的同化效果不如泰國，那就是由於馬來西亞的政治菁英寧願採取將原住民與非原住民分開的二分法治國。這種政策就是英國殖民政府採取的「分而後治」的策略。大致而言，在馬來西亞的華人認定自己是馬來西亞的華人，他們具有很強的中國文化身分。

　　然而在華人以客家人佔多數的村鎮裡，他們的身分、文化、和傳統仍舊非常強。在馬來西亞的西部，這樣的村鎮有很多，例如，車莫（Chemor），三格斯普（Sungei Siput），和普來（Pulai）。[97]

　　在這樣的小村子裡，我們還可以看到客家人住在一層或兩層的店舖裡。這些小村鎮被馬來人住的「馬來大院」包圍著，但是在村鎮裡很少有馬來人的家庭住在那裡。由於客家人佔多數，所以他們所講的語言主要的是客家話。他們的商業活動，重要是販售一些日用品，都集中在這些店舖裡。

　　客家人還從事什麼行業呢？一位大埔的李姓客家人（Lee M. Lock）[98]曾經拿 Masjid Tanah（人口約 1,000 人）和 Tampin（人口約 3,000 人）兩個村鎮，研究並比較大埔和梅縣客家人的職業。這兩個小鎮都離麻六甲不遠。大埔客家的主要職業是在有關

97　Chung Yoon-Ngan, 'Tales of a Hakka Town', www.asiawind.com/pub/forum/fhakka/mhonarc/msg02205.html.

98　Lee M. Lock, 'Thoughts on the origin of certain Hakka trades and skill – a perspective From Hakka town bias', www.geocities.com/James_Lee/geo/tradesills.htm.

健康方面（買賣中草藥，中醫，教師，以及牙醫等），商業方面（當舖，衣服，糧食，雜貨等），以及技術方面（鐵匠，錫匠，裁縫師，和鐘錶匠）。梅縣客家則主要是教師，金匠，攝影師，鞋匠，和中藥商。李先生試著去解釋為何客家人會選擇這類的行業。

李先生認為當舖是很古老的「城市生意」。它是中國早期的一種銀行形式。現代的銀行是以物件的所有權狀，而非物件的實體，留在銀行做為抵押品。典當生意是一種不易學的生意，它保存著家族代代相傳的秘密。李先生認為，因為它是屬於城市生意，所以一定是來自中國北方，而這正好是客家人源自中國北方的印證。早期的客家定居者是礦工，而這種早期的職業接觸說明為什麼客家人的職業是鐵匠和錫匠。他們製刀，牛車的鐵輪，錫罐子和桶子，鋅製的屋頂，和排水管，以及其他東西。在路易斯港那裡還有一個中國錫匠，在那裡製造並出售不同種類的容器。在斯蘭格（Selangor）的合金生意是由大埔客家人獨霸，他從很平凡的小生意發展成一個很大的企業。經營中藥生意和當老師是客家人的專長。草藥之王乃是虎標萬金油的胡家。胡家是客家人，他們從很小的生意擴展到擁有萬名員工的大企業。很不幸，這個企業的財富沒有持續超過兩代，比中國格言「富不過三代」還少一代。

大埔客家人製造一種很特別的扁平乾豆腐，叫「豆腐乾」。在模里西斯有一個客家人在 50 年代和 60 年代，獨家製造販賣類似的扁豆腐，叫做香料豆乾。

1.客家人對馬來西亞的貢獻，葉亞來其人其事

客家人是在十九世紀英國統治時期大量移民去馬來半島的。其中有一位客家人叫做葉亞來（YAL），他對馬來西亞首都吉

隆坡在十九世紀的開發貢獻極大。葉亞來是大家對他熟悉的名字，他的正式名字是葉德來，在他的正式文件上都用這個名字。

葉德來於 1854 年，在他十七歲時，離開在廣東省惠州縣淡水鎮的家鄉，去馬來西亞的麻六甲。之後由他的親屬安排他在附近一家錫礦廠工作。因為錫礦關閉，所以他僅僅工作了四個月。於是他到另一個親屬的小店做助理。一年多一點，他的雇主建議他回中國老家，並且給了他足夠的路費。他在新加坡等行李準備起航時，由於賭博輸光了盤纏，他不得不留了下來。

可是他並沒有回到麻六甲，反而去了一個繁榮的礦城魯庫（Lukut）。透過另一位親戚葉福（Yap Fook）的幫忙，他在一家由惠州客家人張長（音譯 Chong Chong）經營的礦業公司找到工作。後來張長成為葉亞來很兇的敵人。葉亞來開始是礦業公司的苦力和廚子。經過三年的節儉日子，他存下足夠的資金去開始一個豬隻買賣的生意。他的生意很快就擴展到附近的錫礦區 Sungei Ujong。他在那裡遇到兩位後來帶他升官的惠州客家人：一位是 Sungei Ujong 的首領盛首長（Kaptain Shin），另一位是盛首長的隨扈劉仁光（Liu Renguang）。

當地馬來頭子的加稅措施，令華人礦工覺得過份課稅，並且導致在 1860 年叛變。葉亞來與盛首長一夥，但是被打敗。盛首長被殺，謠傳從盛首長受傷的頭上冒出白色的血。劉仁光和葉亞來兩人都受傷。劉仁光後來去了麻六甲。盛首長去世後，社群推舉另一位惠州來的股商葉亞石為首長。可能由於葉亞來在上次戰役中，表現勇敢，而且在組織和帶隊方面也很有能力，葉亞石後來把首長的職位交給了葉亞來。

葉亞來只當了一年的 Sungei Ujong 首長（1861）。基於某種不明的理由，他放下首長的職務，受劉仁光之邀，跑去

Selangor。劉仁光此時是吉隆坡的首長。劉仁光從 1862 年到 1868 年任吉隆坡的第二任首長。劉仁光顧用葉亞來為私人助理，協助他打理他的礦業生意。在新工作的兩年內，葉亞來就在鎮裡擁有兩家錫礦和一家藥舖。不久，他娶了一位吉隆坡的中國女人 Kok Kang Keown 為妻。葉亞來也是在吉隆坡建立第一座寺廟的主要人物。這個廟是用來供奉盛首長「四神大」神位之用的。

　　吉隆坡變富了，馬來人和華人爭奪商業和錫礦的利潤。開始時，出口錫礦的豐厚稅收引爆了在 1867 年到 1973 年之間的 Selangor 戰爭。後來演變為直接控制國家錫礦的戰爭。在 Selangor 和在 Klang 河谷的華人礦主，開始爭奪錫礦的控制權。起初只是馬來人的頭目們在爭奪錫礦的稅收，而華人的黑社會後來也介入爭奪控制 Selangor 地帶的豐富錫礦。華人礦工和支持反抗勢力的義興、海山黑社會緊密的聯繫著。

　　劉仁光在 1866 年設法與兩位反對派的馬來人協商，但是沒有成功。在這一兩年間，劉仁光病了，並且在過世以前，安排了葉亞來於 1868 年，在他 31 歲時，接任首長的職務。葉亞來上任後不久，立刻被許多自稱是劉仁光親戚那批人的挑戰。他們要繼承劉的首領位置和私人財產。這個爭議，最後由馬來頭子向這批自稱親戚的人們，聲明他已經同意任命葉亞來為首長之後才平息下來。

　　戰爭持續著。自從 1872 年吉隆坡淪陷以後，在 1873 年 3 月，葉亞來靠著 Palang 的馬來軍隊的幫助，重新贏得決定性的勝利。內戰結束了。Tunku Kudin 於是把葉亞來重新安排為自己手下的首長。

　　從 1873 年到 1879 年，葉亞來還蠻順心的，因為他是公認的華人領袖，而且在國家內部也享有相當的權力。英國政府給他和

典型的馬來人領袖一樣的權力，但是不可私自徵稅。在錫價低落時，葉亞來在 1879 年幾乎面臨破產。由於錫價突然急劇上升，他才又活了起來。在一年以內，他的債務沒了，於是他便活力十足的擴張他的事業。

在這段期間，他著重於經濟發展和慈善事業。他成功的重建了錫礦工業，並且把吉隆坡建立為馬來半島的經濟中心。在他的經營管理之下，以前僅僅是一堆房子的地方變成了一個重要的城鎮。在 1896 年馬來聯邦成立時，吉隆坡成為國家的首都。根據 Selangor 的一位居民說，吉隆坡的富庶和進步，主要是葉亞來的功勞。吉隆坡在 1881 年的騷亂中被燒毀，葉亞來用超人的精力，企業，和毅力，重建了吉隆坡。他控制了錫的市場。他獨霸鴉片市場，控制著賭博，娼妓，敲詐勒索，和放高利貸。在 Klang 河東邊的吉隆坡，他擁有大約三分之二的市區地產，包括主要市場在內。他分散投資。在郊區經營磚窯事業。他是一位創新的企業家，他把吉隆坡的第一部蒸氣發電機引進到他在 Ampang 的錫礦廠。他累積了極大的財富。身為企業家，他建蓋了第一所華人學校，醫院，寺廟，以及病患和耆老的住屋。

英國政府經常誇獎葉亞來，儘管災難不斷，還是堅持發展吉隆坡的毅力。不過，他與英政府在都市計劃和管控農田收入兩件事情上發生衝突。在 1884 年時，英政府為了企圖把新的首都遷移到 Selangor，而把上述兩件事交給檳榔嶼的福建金融家，這種作法激怒了葉亞來。

同一年，葉亞來去了一趟拖延了多年的中國。然而他卻病倒了，並且在 1885 年 4 月 15 日，他 48 歲時英年早逝。

很多關於葉亞來的傳記，揭發了馬來西亞客家人在許多方面的氣質與身分。在 85 個年頭裡，有超過 40 本關於葉亞來的中文

傳記相繼出版。Carstens 檢驗過歷年來的傳記變化。每一個傳記作者選擇性的強調葉亞來生命的某些部份。葉亞來在 1885 年去世以後，由另一位客家富商繼承了首長的位置。一直到 1980 年為止，葉亞來始終被認為是吉隆坡的開創人。1980 年，馬來西亞的文化青年和運動部長，Datuk Abdul Samad Idris 把葉亞來的名字改為曾經支持吉隆坡礦業的馬來西亞皇家成員，Raja Abdu'llah。華人連續出版有關葉亞來的事蹟，設法為葉亞來的歷史地位抗辯。爭議一直持續至今。Carstensr 認為這會是一場失敗的搏鬥。[99]

　　葉亞來的一生說明了客家人在移民的國家裡，面對變化多端的環境，尤其是在經濟與社會政治方面，所採取的策略。葉亞來採用的一般經濟策略，是十九世紀所有華人的的典型做法。跟別人一樣，他是一個身無分文的移民。他辛苦努力工作，存下足夠資金以後開始經營自己的生意。當資本增加以後，他從錫礦事業擴展到其他行業，例如，草藥店舖，種植業，磚窯業，妓院，賭場，和鴉片園等。

　　礦廠的融資，是仰賴傳統由賭金保管人，包括一些小礦工，組成的的信貸制度的幫助。由於礦廠地區疾病叢生，勞工會逐漸減少。1870 年以前，勞工的來源是新移民，他們都是透過旅費信貸制度，從中國南方來到這裡的。他先到為他支付旅費的礦主工作一段時間，履行契約。

　　礦主和金融公司希望以礦工的工作時間，依照一年一付，或半年一付的方式支付工資。他們以高價提供伙食。以所得利潤應付錫價低落時，維持礦廠的營運。客家礦工則希望使用不同的方

---

99 Carstens，前揭書，P. 55。

法，他們叫做「分子家」——礦廠的最終利潤，領取工資。礦工們會受到客家人的工作理念所激勵：努力做工，存錢，投資。儘管工作辛苦，客家礦工對自己的將來仍然保持樂觀的態度。沒人敢輕視一個新到的礦工，因為他有可能成為未來的老闆或首長。這就是葉亞來的寫照。

葉亞來的一生事蹟，說明客家人如何和馬來西亞的統治者以及英國人在社會與政治上周旋。他與馬來人合作，並且支付礦稅。當馬來統治者之間要求葉亞來軍事援助時，華人就得參與他們之間的博鬥。馬來和英國雙方的統治者，原本都比較希望以首長制度間接統治。不過，到了十九世紀末，英國政府負擔更多的行政責任以後，華人首長就變為無關緊要的個典禮儀式或諮詢的角色而已。

在華人的社區裡，葉亞來的社會關係闡明了兩個重要的傳統組織：會館和血緣兄弟會。會館可能以姓氏，家鄉，或方言命名，但是血緣關係的兄弟會把協助會員的重任加在所有會員的身上，就如葉亞來在剛抵達馬來西亞時，是他的血緣親戚幫他的忙。以同樣方言建立的協會有最廣大的基礎。不同的客家協會可能互相支援合作。因此，葉亞來和惠州客家人，盛首長以及劉仁光都有聯絡。這些協會並不保證一定會合作。葉亞來的前雇主，張長（Chong Chong），後來成為他最頭痛的敵人。葉亞來的經歷也說明，不同方言族群之間也可能有所聯繫。廣東頭子 Chow Yoke 變成他最真誠的摯友。[100]傳統的血緣兄弟會是根據中國歷史上和著名文學中的英雄人物而建立的。它的理想隱藏在十九世紀的黑社會裡。因此，十九世紀的客家人引用各種的協會，建立

100 同上，P. 27。

社會和政治的聯繫：會館，公司，以及黑社會。

　　葉亞來的生平也令人感興趣，因為它可以說明客家人領導風格的演變。在 1880 年代以前，英屬海峽殖民地和馬來內陸產生兩種不同的領導方式。第一種模式是以財富和慈善貢獻給方言族群以及一般社群。第二種模式是靠權力和領導人追隨者的直接支持。葉亞來的得勢，是這個模式領導人的典型例子。他在早期並沒有財富，也沒有慈善貢獻，完全是由於他在 Selangor 內戰時期的英勇表現所致。葉亞來和他的客家追隨者一樣來自中國南方，都有傳統的族群械鬥經驗。打鬥英雄是文化傳統的一部份，他們靠通俗小說和電影而走紅。孔子的領導哲學是根據階層和級別的學習，然而，葉亞來的領導觀念則是靠個人身體的進取心和刻苦工作，而非靠文筆的犀利，以及個人的品質和魅力。不過，中國的傳記學家，在不同年代給葉亞來描述成不同的樣子。在 1950 年代，有三部傳記，強調他的英雄與俠義的氣質。他被貼上「工人的」或「草根的」領導標籤。他被稱為「吉隆玻的葉德來王」以紀念他對建立發展吉隆玻的貢獻。到了 1950 年代末期，傳記從英雄轉而記載他是「一位有創意的企業家，城市的經營者，和慈善家。」[101]在 1980 年時，一位馬來部長把葉亞來一直被尊為吉隆坡國父的形像畫下句點。

　　前總理馬哈迪（Mahathir）博士在 1999 年 11 月於吉隆坡舉行的第十五屆世界客屬懇親大會上，向葉亞來及客家人致敬，感謝他們對發展馬來西亞的貢獻。他指出葉亞來和他的親屬葉亞石，以及前任馬來社區領導，Mohamad Tahir，共同為吉隆坡的發展奠下基礎。他又說，如果後來成為華人首長的客家領導，在

101　同上，P. 52。

錫礦的的貢獻被忽略，那麼吉隆坡的歷史就會不完整。他也稱讚客家人，說客家社群不僅展現了活力和企業精神的凝聚力量，而且在自己族群裡，人們也在各種行業上，包括政治，有出色的表現。談及華人族群，他稱讚華人社群的基本經濟力量，協助國家渡過最近的貨幣攻擊。最後，他為華人願意與馬來人，及其他種族分享成果而喝采。

在結尾裡提到馬來西亞的優惠性差別待遇政策（Affirmative Action）。這的確是一個精湛的做法。我們是否需要對這種政治演說，懷疑人間還有真誠善意，那是另一回事。然而不可否定的是客家人和一般華人對建設馬來西亞的貢獻。這是總理公開承認的事實，而他在執政二十一年裡的政策卻一直與華人做對。也許更重要的是他的言論以及它散發出去的影响。

根據大會主席吳德方（Wu Tehfang）的說法，馬哈蒂博士的稱讚，引起馬來西亞社會對客家人和客家文化的興趣。[102]許多人開始用異樣的眼光看待客家人的後代。除此以外，不同種族的人開始對客家人有不同的了解。他的演說也激勵一些團結客家族群的活動。客家人開始在馬來西亞各個地區設立互助會館，這些會館都被邀請去加入客家互助聯盟（Federation of Hakka Fraternity Guilds）。聯盟主席吳德方計劃在還沒有客家會館的地方設立會館。馬來西亞在 1999 年時，有 110 個客家會館。他希望利用會館把客家人聯合起來，讓大家互相聯絡，使得客家文化的典範得以世代相傳。演說也激勵聯盟舉辦客家文化慶典活動和促銷客家文化。在臺灣，客家身分已經本地化，但是在馬來西亞，客家身分將被放置到比較寬廣的層面上。他們不僅把焦點擺在馬來西

---

102 www.cbs.org.tw/english/hakka/p50.html.

亞，同時也要著眼於中國大陸。不過，由於馬來西亞和新加坡分享共同的歷史，所以在馬來西亞與新加坡的客家人，在文化上更加親近，而與在印尼，菲律賓，和泰國的客家人就不同了。

儘管馬哈迪稱讚客家人對建設馬來西亞有所貢獻，然而，如同其他的中國方言族群，客家人一樣是馬來西亞在政治，經濟，和社會各方面歧視制度的受害者。跟印尼相比，馬來西亞的優惠性差別待遇政策（Affirmative Action），使更多的馬來西亞人（土著）參與經濟，從正面看，馬來西亞人不能把所有的經濟問題都怪罪於華人，動不動就搶奪，放火，和強姦等。看來馬來西亞人主導社會，經濟，和文化的局勢仍會持續下去。最近馬來西亞政要們依賴政府津貼，認為這是他們與生俱來的權力，馬來西亞的政客如果想要改變這種局面，將要承受太大的政治風險。資源，就業，和社福等的競爭，使得大家對客家身分，或是更廣泛的說，華人身分，更加堅強。

2.沙巴（Sabah）

在沙巴，客家人是最大的中國方言族群，他們出現在東馬來西亞是由於瑞士巴色教會（Basel Mission Society of Switzerland）的緣故。巴色教會協助客家教友移民去北婆羅洲（今沙巴）幫助擴展種植業。

北婆羅洲在 1963 年加入馬來西亞聯邦。國名改為沙巴，首都的名字也由 Jesselton（依英國北婆羅洲公司董事會副主席 Charles Jessel 閣下命名）改為 Kota Kinabalu。但是華人比較喜歡叫它為 Api，意思上「火城」。客家人把 North Borneo 稱為婆羅洲。

巴色教會在 1847 年派了兩位傳教士去中國開始傳福音，他們把重點放在廣東省的客家人上。三十年後，英國北婆羅洲公司

（British North Borneo Company，BNBC）請巴色教會幫忙聘雇中國勞工。BNBC 在 1841 年獲得皇家特許證，負責治理北婆羅洲。BNBC 的主要目的是賺錢。為了達到這個目的，它必需開發土地和農業。但是，人口只有十萬人的北婆羅洲，實在沒有擴展農業的空間。他們曾經企圖從香港和英屬海峽殖民地引進中國人，但是最終還是失敗。由於他們急需農工，所以他們轉向廣東鄉村尋找岢幹而又懂得農業的農工。

巴色教會在英國北婆羅洲特許公司（British North Borneo Chartered Company,BNBCC）初創時期，在聘僱客家工人方面，幫上很大的忙。在英國前任漢口領事 Henry Medhurst 與牧師 Rudolph Lechler（兩個最早去中國的巴色教會牧師之一）的安排下，第一個客家基督徒代表團於 1883 年抵達北婆羅洲的庫達（Kudat）。隨後的團隊分別在 1886，1906，和 1913 抵達。他們被分派到沙巴海岸各地去工作。在這段期間，有超過 1100 名的客家人到北婆羅洲工作。

太平天國叛亂終於在 1864 年被清政府平定，參與叛變的客家人跟著被審判。巴色教會為拯救客家教友面臨極大壓力。北婆羅洲對勞工的需求，給巴色教會提供一個意想不到的良機來幫助客家教友。

只因為有了引進先鋒客家農工的經驗，才有可能在北婆羅洲設立長期的種植基地。以前的兩次嘗試都沒有成功。

為了鼓勵，BNBCC 公司提供旅費，贈送半畝到一畝的土地給個人或家庭，供應種子，預付前面六個月的現金，依照家庭人口比例，每人每月三到六美元。由於可能被選上的客家移民都是教友，所以巴色教會派了兩位代表，先去了解北婆羅洲的工作環境。他們的調查報告很贊成這個計劃方案。於是巴色教會第一批

的 96 位客家教友，在 1883 年 4 月，啟程前往沙巴。他們都被送到北婆羅洲北部地區的庫達（Kudat）工作。

由於客家人活潑愉快，吃苦耐勞，勤奮努力，事情很快就成功。一年以後，在 1884 年 8 月 9 日，總督到庫達的客家新拓居地探訪，發現那裡客家人心情愉快，財源廣進，身體健康。1884 年 9 月 1 日，英國北婆羅洲的哈囉報（Herald）報導說，客家居民已經生產了蔬菜，可以供應給路過的船隻。他們的蔬菜價格要比新加坡的平常價格還便宜。第一批客家人的成功事蹟，使得後來更多的客家人接踵而至。

在二十世紀最初幾十年，為了建設從首都 Kota Kinabalu 到南方的鐵路，沙巴需要引進兩千名左右的客家和廣東工人。英國需要更多的勞力以便進一步開發北婆羅洲。1920 年，英國當局修訂移民法，鼓勵客家人移居北婆羅洲。客家人抓住機會移民。客家人的外移潮，持續到 1942 年日本入侵為止。到了 1946 年，客家人口已經到達 44,505 人之多。

從十九世紀中期開始，中國一直動盪不安，客家人盼望遠離自己國家，到他處尋找安定的國土定居。這期間有土客械鬥，太平天國之亂，以及在世紀交接時的義和團運動。義和團殺害很多的中國基督教友。很多逃離的客家叛徒，在北婆羅洲得到政治庇護，定居在三達坎（Sandakan）。

根據中國和北婆羅洲的雙方報導，在 1860 年代抵達北婆羅洲的第一個客家人是太平天國領袖洪秀全的信徒。太平天國叛亂被平定以後，滿清政府把所有姓洪的人，通通給殺了。同時也把以前的叛徒殺害。倖存者，便逃到馬來西亞，新加坡，印尼和其他國家。最先到達北婆羅洲的客家人是那些姓洪的。許多以前的太平天國叛徒移民去了三達坎。

　　沙巴客家的人口優勢，是因為在日本入侵之前他們持續的移民去沙巴。根據 1991 年的統計，沙巴的全國人口是 1,860,000 人。其中華人有 218,000 人。佔了全部沙巴人口的 11.7%。客家人口有 113,000 人，佔全部華人的 52%。其次是廣府人，他們有 28,000 人。由於客家人佔了絕大多數，所以客語成為華人在沙巴的通用語言。在沙巴的華人，98%講客家話。因為華文學校使用華語教學，所以華語也是華人的通用語言。由於客家人早期是以種植來此定居的，所以客家人絕大部份是耕種者。在 1991 年，從事農耕的客家人口，佔全部農業部門華人的 60%。不過，1991 年的統計資料顯示，在 113,000 名的客家人中，有 68%住在城市裡。[103]總的來說，客家人在沙巴已經成功致富。很多的客家人現在在私人公司或公家機關就職。以前的客家先驅，曾經為沙巴當今的進步與發展奠下基礎。

　　由於沙巴客家人數多而且都集中住在鄉村，如三達坎（Sandakan），特農姆（Tenom），庫達（Kudat），和科塔親那巴魯（Kota Kinabalu）等地，所以容易保留和維持客家身分。在二十世紀早期的幾十年裡，他們在特農姆建立了兩所中文學校。二戰之後，這兩所學校合併為一。因為在 1950 年時，學校的課程一直開到高中，孩子們就不需要到西馬來西亞學華文。在 Api（Kota Kinabalu）和其他地方也建有華文學校。因為在 Api 的客家人，有很多已經改信天主教，所以他們也蓋了一所天主教學校，這是沙巴客家人所建的最大的高中，學生人數超過兩千人。這些華文學校對保存中國語言和文化的貢獻很大。以前被日本關閉的 Api 客家協會，在日本戰敗後重新啟用。在沙巴有很多

103　Niew Shong Tong in *The Encyclopedia of the Chinese Overseas*, P. 184.

的客家協會，只要有客家人的地方，幾乎就有客家協會。它們扮演著團結客家人和保存客家文化的社會文化角色。客家身分和文化似乎沒有被當地同化的威脅。然而，處於正在現代化和轉換的過程期間，因為年輕一代的客家人講客語的人越來越少，而且原先以客語為基礎的教會，也改以使用英語和華語主持活動的政策，所以，客家身分逐漸式微。說來真是諷刺，因為早期在沙巴的華人，教會是在教人打造客家身分，之後又在自己建立的學校裡用教育制度強化客家身分。然而就在同一個教會，為了適應時代變遷，居然也幫著讓客家身分逐漸被侵蝕。

　　由於多數的客家人都是基督徒，所以他們對於使用英語的態度是正面的。他們把英語當做走向現代化之路。也難怪有很多的政府官員和專業人士，都是受過英語教育的客家基督徒。

　　客家人不僅在開發沙巴經濟上，而且在各洲與聯邦的政治上，都扮演著重要的角色。很多客家人在運輸、批發煙草、酒、以及木材等方面成為發達的企業家。有一位客家人曾經是三達坎市議會的議長（Lord Mayor）。很多的客家人曾經是國會議員，而且在各洲和聯邦政府工作。有位客家人在 2001 年時，是沙巴的部長。還有客家人當過洲議員，聯邦議員，以及聯邦內閣部長。[104]

3.沙勞越（Sarawak）

　　雖然中國人和沙勞越通商超過 1500 多年，但是在十八世紀中期客家採金礦工抵達之前，並沒有華人在此定居過。華人仍然很少。當時在卡利曼灘（Kalimantan）大約只有 30-40 名客家採金

104　Chung Yoon-Ngan, 11th September, 2001,
　　http://www.asiawind.com/forums/read.php?f=18ci+53&t=53.

礦工。這些都是移民先鋒。到了 1871 年，就有了 5,000 名華人。

　　自從 1885 年以後，大批來自廣東的華人被雇到沙勞越定居就業。客家人吃苦耐勞，勤奮努力，和節約簡樸一直是出了名的。1857 年，客家採金礦工發生暴動，不過很快就被平息。為了增加效率，客家礦工組織私人「公司」，籌集創辦資本，勞工，機器設備，並且依照個人績效分紅。

　　在二十世紀的上半世紀裡的持續移民潮，使得華人人口增加。來自福州的男人，女人，和孩童，成為第一個大移民潮，湧進沙勞越。接下來，廣府人被雇來當種植工人。客家人和廣府人也有以簽約工人的身分去沙勞越當煤礦工人。其他華人則到油田做工。政府在 1950 年代實施管制。然而到了 1980 年，在人數上，講福州話的已經超過了講客家話的。在 1980 年時，華人有 385,200 人，其中有 126,346 人為福州人，124,805 人為客家人。到了 1990 年，華人增加到 483,301 人（根據 1990 年統計資料）。福州人口仍然超過客家人口，分別有 158,523 人和 156,590 人。福州人與客家人大約各佔全部華人的三分之一。[105] 客家人主要住在郊區。根據 1991 年的資料，有 79,066 位客家人住在城市，63,677 位住在鄉村。[106]沙勞越在 2009 年的人口是 2,504,000 人。客家人大量集中住在首都古晉（Kuching），共有 74,564 名客家人（佔了 1990 年統計客家總人口的 48%）住在那兒。客家方言是古晉華人的日用語言。由於客家人在人際關係的能力和超群的勇氣，他們有辦法和兇悍的獵頭族，逮克族（the sea Dayaks），建立關係，這是任何其他移民族群沒人敢做的絕活。客家人能夠在環境不健康的沙勞越成功的定居下來，證明他們選

105　www.sarawak_online.com.
106　Chung Yoon-Ngan, 29th March, 2003, Hakka Chinese Forum at Asiawind.

擇在大部份是可怕的獵頭族居住的沙勞越的勇氣和冒險精神。

　　福州人和客家人在早期的定居期間，主要是以農耕為生。但是後來改行從事其他行業。每個方言族群從事不同的專業。福州人主要是在市區經營商業，銀行，金融，醫院以及其他行業。客家人則仍舊以農業為主。在從事農業的華人裡，有 75%是客家人。住在鄉間的華人，有 45%是客家人。他們專精於經營典當和草藥生意。[107]

　　與馬來西亞聯邦的其他州一樣，在沙勞越的客家人一直能夠保持住他們的身分，語言和文化。華文報紙，華商會，和華文學校在這方面都有所貢獻。

　　在馬來半島有六種華文報：沙勞越四種，沙巴三種。估計可能的讀者大約有四百萬人。競爭加上財政的困難，使得許多報業消失了。由於受到政府打壓政策的影響，華文報紙仍需小心翼翼的報導敏感的議題。這些議題包括非馬來人的公民權，伊斯蘭教為國教的合法性，以及馬來語為唯一國家語言的合法性。根據沙勞越的印刷新聞與出版條款的規定，所有出版社必需先申請一年一度核發的出版准許證，而政府有權禁止任何一種出版物或期刊。

　　沙勞越的華人工商聯會每年提供三十萬人民幣，資助在 Kuching, Serian, Sarkei, Sibu 和 Miri 的十四所私人獨立華文中學。[108]華人父母對目前情況算是滿意。在華文學校就讀的華人子弟，要比在政府學校或輔導學校就讀的多。家長們說，他們的子女在華文學校可以學到三種語言：英語、馬來語、和華語。要保持他們的身分和文化，他們發現到身為一個中國人，他們的子女必需學會讀，講一種中國方言，而且會寫中國字。再加上中國大

107　Niew Shong Tong in *The Encyclopedia of the Chinese Overseas*, P. 186.

108　www.accis.org.my/accis/accis.htm

陸重新成為世界的經濟強權，父母們覺得華語成為世界語言，以及懂華文的好處。[109]

（三）印尼（Indonesia）

印尼的國家座右銘是「異中求同」，然而印尼自從 1945 年獨立以來，其政府的政策與行動絕非求同，因為印尼的國家主義者在籌建多種族國家時，故意把華人排除在外。在論及身分與國籍時，華人的立場一直存在著問題。印尼的政治人物，為了自己的政治前途，在新的印尼國家體制下，一直不願為少數的華人族群妥協。獨立後的蘇哈托政府試著把華人融入印尼主流社會做為解決所謂的「華人問題」的策略。華人被迫更改姓名，禁止公開展現中國文化，例如使用中國文字，以及慶祝中國新年等。印尼當地人民想要把華人歸化為印尼人，然而，在建立國家身分時，他們總是以印尼人為唯一種族做基礎，把華人排除在外，華人也被禁止在公家機關做事，包括政府職員，警察，軍人等。儘管華人已經取了道地的或是音似印尼語的印尼姓名，華人的身分卡還是記有他是華人後裔的記號。這種政策的結果，反而使華人更加時刻的提醒自己是華人的後裔，進而強化族群差異，深化彼此之間的隔閡。

華人遷入印尼可以分成三個不同的階段：第一階段是受到十五世紀初期鄭和七次遠行南洋的貿易活動所刺激，第二階段發生在十九世紀中期的大量移民，第三階段則發生在二十世紀前半世紀。

由於前兩次移民潮的華人都以男性為主，他們有很多人與當地的非穆斯林巴里女人結婚（穆斯林回教徒一直是華人異族通婚

---

109 Tan Chin Siang, 'Parents happy with present system: No worries about racial tensions or segregation', www.cikgu.net.net.my/English/gossip.php3?page=hotnews.

的障礙），他們婚後的子女被稱為 "Peranakans"。那些晚到印尼而且仍舊保持著中國文化的移民，被認為是「純正的」中國人，則被稱為 "Totoks"。

　　沒人知道在印尼有多少華人。在 2000 年所做的人口調查，問卷上並要求標示族群背景。在 210,000,000 的人口中，標示自己是華人的不到 1%。許多的社會學家認為這個比例數字是被低估了。他們認為，經過多年的種族歧視和迫害，華人不再情願地表明自己身分。他們相信華裔人口大約有六、七百萬人。客家人被認為屬於第二大方言族群，僅次於福建人。在 Weat Kalimantan, Banka, 和 Belitung 一帶的華人，主要是客家人。在 1960 年代，客家人在雅加達和西爪哇是最大的族群。[110]有一個資料估計，在爪哇和巴里的客家人口有 640,000 人之多。[111]不過，Chung Yoon-Ngan 引用 Chen Yong Lian 的資料，說客家人在 1999 年有 2,000,000 人。[112]華人佔印尼人口的 3%左右，但是他們卻控制了印尼 70%-80%的財富。

　　Peranakans 和 Totoks 的二分法，可以在文化身分上顯示出來。對 Peranakans 而言，由於他們深受印尼文化的薰陶，而且不懂任何中國語言，以中國為祖國的觀念十分淡漠。他們的第一語言是印尼話，這點不足為奇，因為這些小孩是由非華人的母親撫養長大的。二分法也可以用「本地出生」和「中國出生」，或用「混種」和「純種」來分。Totoks 的生活仍舊以父系為主，而 Peranakans 則男女雙方都認同。Totoks 認為他們是中國文化的守護者，他們仍舊祭拜祖先，使用自己的方言。人們說 Totoks 和

110　Mary Somers Heidhues in *The Encyclopedia of the Chinese Overseas*, P. 158, 161.

111　www.ethnologue.com/14/show_language.asp?code=HAK.

112　www.chungyn@mozart.joinet.net.au.

Peranakans 的主要區別是在他們的精神特質上：前者勤奮努力，視財富為提升社會地位的要件，而後者對工作的態度則是悠閒懶散。

客家人有意讓子女與客家人結婚。華人的家庭傳統是由家長主導，依照中國文化與價值觀教育子女。來自貧賤低層社會的非華人的母親，除了讓子女學些當地語言以外，無法使子女完全融入母系文化。客家人比較喜歡把自己的女兒嫁給客家人的孩子。如果他們的子女能夠留在族群裡，經過幾代以後，客家女性人口便會增多。那麼，與族外人士結婚的需求就會減少。實際上，十七、八世紀時的情形就是這樣。在十七世紀時，有些中國的首長和印尼女子結婚，但是過了一個世紀以後，他們兒子的結婚對象則是其他中國官員的女兒。

荷蘭的殖民政策使華人的身分更加堅固。荷蘭政府在 1717年，把 Peranakans 與 Totoks 一起和當地的印尼人隔離，並且禁止他們彼此通婚。荷蘭的種族隔離政策限制華人在特定地區居住，而且不准隨意遷移。

儘管荷蘭的種族政策對華人有所歧視，但是他們對華人在經濟上則給與優惠。荷蘭政府指派巴塔維亞（即雅加達）的「華人首長」以及「重要華人」，並且給與封地和世襲的頭銜 "Sia"。因此之故，Peranakans 貴族家庭擁有龐大的土地和財富。難怪這批貴族成為荷蘭殖民政策堅定的支持者。不過，到了二十世紀初期，這種政策有了改變。所謂的「社會政策」，將 Peranakans 貴族家庭的大批土地由政府強制徵收而解散。很多的老地主被消滅了。有些則轉行經商，不過，商業還是由 Totoks 控制著，他們現在還擁有經濟上的影響力。

印尼獨立後的前十二年（1945-1957），政府根據西方的政治思想，試著實行西方的自由民主政治，多黨政治，和議會政

治。因為多黨政策很難做決策，所以印尼首任總統蘇卡諾在宣佈民主政治不適合印尼之後，廢止了民主政治的實驗。憲法被終止，改而支持一黨專制的政府。

　　1955 年 4 月 22 日，中國與印尼在 Bandung 簽訂雙重國籍的協定。有關國籍問題的真正困難，是在中國宣佈世界上所有的華人都是中國的公民以後才開始。印尼政府於是要求華裔在 1962 年以前，選擇中國或印尼的國籍。在印尼居住的大約一百萬華人，約有 65%的人選擇印尼國籍。意即約有三十五萬華人需要離開印尼。中國政府的船隻，按理應該來印尼將那些選擇中國國籍的人民接回中國，但是，中國的船隻只來了一次而已，留下了許多成為沒有國籍的人民。1957 年，印尼政府要求所有的印尼兒童去印尼學校上學，實際上，這等於關閉所有的華語學校。

　　正如我們看到的印度一樣，印尼政府的外交政策會影響到當地親臺灣的華人。1958 年有一次反華遊行，是針對與臺灣有聯繫的人士的商店，報紙，和機關為攻擊的目標。蘇卡諾親中共而且支持當地的共產黨（KPI）。更糟的狀況，即將接踵而來。

　　1959 年 5 月 14 日，總統政令第十條，要求在六個月的免刑期內，禁止所有華人在鄉間做生意。軍隊強制華人從鄉間遷入城市。結果有 100,000 人遷回中國，17,000 人遷回臺灣。

　　1965 年，中國共產黨被控參與一項流產政變，中國與印尼的關係因此被凍結。印尼政府開始發佈與公民權有關的規定，使得獲取印尼公民權幾乎成為不可能的困難。雖然在解禁後的 1980 年代裡，中國的菁英變得更富裕，也能夠利用賄賂官員以取得法定的文件，然而許多華人仍舊沒有國籍。1992 年，中國政府宣佈在 1993 年元月以前，將發派中國護照給那些沒有國籍的人。（到 2002 年底）中國發出的護照已經超過了 240,000

本。[113]中國與印尼簽訂了共識備忘錄,其中聲明中國放棄對中國移民具有中國公民的主張。在 1992 年,有 208,820 名中國移民向印尼房屋事物部登記。並且有 150,000 人申請印尼公民,其中有 110,000 人獲准,40,000 人則因條件不足而被拒。不過這些被拒的人,其文件似乎也符合行政機構的要求。[114]無國籍的華人,在印尼成為被勒索的對象。

1.新秩序政權（The New Order）

緊接在 1965 年疑似共產黨的政變之後,蘇哈托驅逐了蘇卡諾,並且組織了軍權政府。於是長達 32 年的專制政權就揭開了序幕。由於冷戰的關係,蘇哈托得到美國的支持。華人則成為政變後的犧牲者。

蘇哈托在他執政的 32 年期間,他不曾花一點心思去用憲法粉飾 1965 年的軍事政變,和為了詆毀蘇卡諾的「舊秩序」而定的所有「新秩序」政策合法化。

絕大多數的華人並非富有。成千上萬住在雅加達郊區的華人,都生活在貧困中。當地的人（Pribumi）以及大量媒體,沒將貧富華人分類,把所有的華人通通歸為同文同種而且生活富裕。有一批與蘇哈托親近的華人,他們比一般大眾有更多機會接觸各種資源,而且成為巨富。絕大多數的華人都是小店東和貿易商,或中小型的生意人。他們仍舊扮演著中小企業的角色。只要國家碰到經濟上或社會上的問題,這階層的華人便是首批的犧牲者。他們的店舖就會被搶劫或燒毀,而有錢的巨賈卻可以安然無

113　Emmy Fitri and Hera Diani, The Jakarta Post, 6th October, 2002.
　　http://www3.telus.net/arts/wunbu/ht_stateless.html
114　Asian Human Rights Commission, 'Indonesians - Denial of Rights to the Nationality', 16th Feb., 2001, www.ahrchk.net/ua/mainfile.php/2001/84.

恙，因為他們會受到與他們有生意聯繫的軍方高層的保護。那些暴民懼怕被處分而不敢去惹他們。

在生意上，印尼的軍人和華人緊密的配合著。這種密切的結合發展出一種所謂的「主公」制度。這種制度其實就是一種兩頭的制度，一頭為華人，是出錢的金主，另一頭為印尼人，他們幾乎全是軍人，是政治的權貴。蘇哈托的新秩序政策支持以發展大型企業集團操作經濟。在 1994 年時，25 個企業集團中，有 21 個集團的負責人是華人。有許多的大型企業集團在 1960 年代和 1970 年代興起，並且透過與蘇哈托和其他政要，以及高層軍人的親近關係，使用複雜的贊助和壟斷制度，得以快速擴充。[115]

估計在印尼有四十戶極為富有的華人家族。除了兩個在華人社群中很有名的成員，Jusuf 和 Sofyan Wanandi 以外，其他的華人巨賈沒有人受到騷擾。有趣的是，“wana”是古爪哇語的「森林」，它被用來翻譯華人的姓「林」。再加上字尾“ndi”就造出了新的音似印尼語的姓“Wanandi”。Sofyan Wanandi 的中文姓名為“Liem Bian Koen”。最出名的華人主公，也是蘇哈托多年的金主，是林紹良。人們稱他為主公的主公，他是世界上最有錢的人之一。他的一生是一個由窮光蛋成為巨賈的真實故事。他的生涯象徵著在蘇哈托政權下，印尼權貴與華商勾結，促使華人迅速致富的事蹟。林紹良的企業集團獲得政府大量的合約，並且從國家銀行貸款，特殊合同，以及許多壟斷事業，例如，進口丁香，全國三分之二的獨霸麵粉產量等，獲得龐大利益。進口執照是產生利潤的重要機器。林紹良幾乎涉足所有行業：從水泥業到化學業，保險業到銀行業，紡織業到森林業。他

115 Sarah Turner, ‘Speaking Out: Chinese Indonesians after Suharto’, Asian Ethnicity, vol. 4, Number 3, October 2003, www.mcgill.ca/faculty/Asian.

在印尼建立了企業網，並且擴及東南亞和其他各大洲。

　　儘管印尼的貧窮減少，許多的社會和教育制度也有所實現，然而三十年來的任用親信使得貧富間的罅隙增大。蘇哈托的政權導致全國財富集中在不到 5%的人的手中。蘇哈托明白這問題將是一顆定時炸彈，並且設法解決。

　　1990 年，蘇哈托邀請股商們（主要是華商）到他的私人牧場，要求他們把 25%的股份捐給當地的企業公司。會議的過程透過電視向全國廣播。這種戲劇性的演出，效果不彰。他說自己是窮人的榜首，但是他的家族由於和林紹良的掛勾，累積龐大財富。根據《福布斯》（Forbes）雜誌的估計，蘇哈托的家族財富，約有美金 160 億。這個數目超過最富有的華人金主。蘇哈托吝於捐贈。甚至他的親信林紹良只願意捐獻百分之一的股份給當地的企業公司，但是這點小錢都沒有兌現。1995 年 12 月，蘇哈托成立一個「自助福利基金會」，冀望從 11,025 個印尼高所得的納稅人中募得 2%的稅後資金，重新分配給貧戶。此計劃獲得初步成果，但是基金的管理令人質疑。基金董事會有蘇哈托和林紹良的兒子，以及其他親信。獲得貸款的農人，必需向他的華人朋友，Bob Hasan 所開的公司購買種子，而 Bob Hasan 本人又是負責農產品的銷售。因此，Bob Hasan 成了可憐農民生產的農產品的供應商，購買者，和銷售商。

　　根據柏林的訊息公司 NGO Transparency International 的說法，蘇哈托是世界上最腐敗的政治人物，他靠賄賂累積了15,000,000 到 35,000,000 美元的財富。他在與華人巨賈合夥經商為自己家族致富之際，同時以扭曲事實，誤導國民對華人的印象，讓華人成為經濟和政治問題時的替罪羔羊。而在四十位股實的華人巨賈家族中，只有 Bob Hasan 一人在 2001 年，因為「錯用」

國家重新造林資金 243,000,000 美元而被制裁譴責，入獄六年。

　　對一般的華人而言，新秩序制度是一個災難。在 1960 年代的末期和 1970 年代裡，蘇哈托實行一系列的同化政策。這些都是排華的政策。華人被迫採用印尼或是音似印尼語的姓名，並且在華人身分卡上刻印著祖宗是華人的標記。許多華人在印尼出生並且在印尼居住了好幾代了，還是拿不到出生證。他們要獲取身分卡也很困難。沒有身分卡，他們便不能合法的結婚。因此有很多婚生子女沒有出生證，也不被國家承認。他們必需有公民證（當地叫 SBKRI）才可取得身分證。SBKRI 是一種極為重要的文件，申請護照，經商執照，和大學入學等，都需要用上它。由於申請公民證的手續非常繁雜，在總統簽字之前，至少需要牽涉到十二個政府部門或機關，所以很多人在途中便放棄了。華人成為被敲詐的犧牲者。由於政府的極端腐敗，使得申請者無法支付這十二個部門官僚的龐大賄賂金。根據 BBC 的員工 Tim Johnson（2005 年 3 月 3 日 BBC 新聞報導），要獲得公民證，一個華人可能被索取三百萬到七百萬盧比的賄賂金。雖然公民證在 1996 年已經被廢除了，在辦事時，儘管當地的印尼人只需使用出生證，但是有關當局還是要求華人出示公民證。哈比總統在 1998 年聲明廢止在身分證上標明祖宗的制度，但是在頒佈政策之前的身分證上仍舊記載著祖宗的標記，該制度只針對政令頒佈以後所發行的身分證。

2.後蘇哈托時代

　　1998 年的暴動為蘇哈托的新秩序政權畫下了可恥的句點。他在 1998 年 5 月 21 日被迫下台，過後不久，全國舉行了四十四年以來首次自由的多黨普選。在 1998 年 5 月暴動中，有 1,200

人被殺，至少 168 名華人婦女被強姦，在雅加達的唐人街至少有 4,083 個華人店舖被毀，40 個商場被強劫燒毀。[116]

　　綜合了經濟、政治、和社會的因素，乃是 1998 年暴動的根本原因。1997 年的經濟危機，國家貨幣的崩盤，盧比在 1997 年 8 月到 1998 年 1 月之間，最壞時貶值了 80%，印尼國民對華人控制他們經濟的憎恨；基本大眾物資價格的飆升（白米，麵粉，食用油，糖，和雞蛋等的價格在 1998 年的前幾個月裡，每月的漲幅都超過 20%），食物短缺，工作大量流失，嚴重貧窮等因素，造成社會的絕望，繼而導致漫延到全國的暴動。

　　政軍的高層為這次暴動火上加油。蘇哈托和他的女婿把經濟危機怪罪到華人。華人被稱為「老鼠」，並且被指責不愛國，因為華人把他們的金錢帶到國外去。因為軍方不斷威脅要處罰囤積基本物資者，促使大眾懷疑是那些因為害怕暴動而不敢開店的店東，使得貨物奇缺，進而導致物價上漲。[117]政府藉著鼓勵反華的種族歧視策略，來轉移政府應該為這次經濟大災難和醜行負責的焦點。政府允許將此次暴動轉變為反華運動。警察和軍隊奉命在暴民結束搶劫，強姦，殺害，以及燒毀之前不得控制暴動。有時警察只是袖手旁觀。有時在警察或軍隊到達時，暴行已經結束，一個人也沒有逮捕。

　　一個有關暴動的分析，發現暴民有兩種，而原住民分為較低等的「massa」和中產階級。「massa」不明白物價上漲的原因，並且把絕望轉嫁給對華人的仇視。他們奸殺華人，燒毀華人財產。參與遊行的學生來自中產階級，他們對於物價上漲的衝擊較

---

116 同上，P. 8。

117 'Indonesia Alert: Economic Crisis Leads to Scapegoating of Ethic Chinese', http://hrw.org/english/docs/1998/02/11/indone8880.htm.

小，而且他們的目的也不一樣。他們的目標不是華人，也不搶劫或燒毀店舖。他們抗議政府和他們的腐敗作風，催促改革，要求蘇哈托下台。

1998 年的暴動，可說是印尼華人的轉捩點。官方估計當年在雅加達的財產損失達 250,000,000 美元。暴動成為華人社群的一種催化劑，因為他們明白沒人能幫助他們，他們必需保護自己。1998 年以後，華人必需堅持自己的立場。

華人的反應如何？許多有錢的華人，但是並非全部，帶著他們的資金逃離了印尼。估計資金外流了 80,000,000,000 美元，相當於兩年的進口總值。從 1997 年初到 1999 年中，估計有 30,000名到 125,000 名的華人移出印尼。經濟學家一般認同如果華人的資金和專業不回印尼的話，印尼的經濟將要更久才能恢復。

1998 年的暴動使被壓抑的絕望得到發洩，它所產生的浩劫迫使印尼政府高層反思現況，他們認識到華人是令人悲傷的不公平政策的犧牲者，華人對國家的貢獻被忽略了。自從 1999 年以來，印尼歷任總統把印尼塑造成對華人友善的國家，設法說服華商把他們在國外的資金帶回印尼。以前毀謗華人的用詞 "cina"現在也改為 "Tionghoa"（中華）了。

所有印尼總統，自從瓦希德（印尼第四任總統 Wahid）以降，都設法施行一些策略，藉以提振華人信心，吸引他們回國。瓦希德總統（1999/10-2001/07）親赴新加坡會見華商，請求他們回國。除非腐敗的司法制度得到改善，金融制度得到改革，而且歧視華人的法律和規章被取消，華人的資金不太可能會大量回籠。

印尼的政要已經明白，種族的和諧是不能以強迫性的同化政策來達成，但是可以靠說服和認同做到。自從 2000 年以來，瓦希德總統已經實行一系列的措施，藉以廢止蘇哈托時代所訂定的

歧視華人政策。他同意讓中國新年成為選擇性的公眾假日，並且由下任總統梅加瓦蒂（Megawati Sukarnoputri）宣佈，自 2003 年開始成為國定假日。從此以後，色彩豔麗的中國獅和龍便開始出現在印尼街頭。中國新年，舞龍舞獅，以及放鞭炮，是中國文化最明顯的標誌。瓦希德總統也同意民間出版華文報紙，教授華文，以及崇信華人宗教。1965 年以後，蘇哈托總統只留下一份由政府控制的華文報紙，其他的通通關閉了，他還禁止中國文字在公眾場所出現，不准公開慶祝中國節日，關閉華商會，並且逐漸停止華文學校（在 1974 年關閉了最後一所華文學校。）政府也告示華人只能採用五種法定的宗教，包括佛教，但是不包括儒教，道教，和民間宗教。瓦希德總統把儒教認定為國家認可的信仰。所有這些政策，都是蘇哈托為了消除華人身分而定的「解決華人問題的基本措施」。「解決」二字令人不戰而慄，因為它令人想起德國納粹時代解決猶太人的問題。大眾媒體和學校是重要的機構，沒有了這些機構，中國文化和身分便無法傳承給下一代，它將肯定逐漸消失。

在 2001 年時，一個對抗種族歧視的印尼組織，Solidaritas Nusa-Bangsa 指出司法部直到目前還不肯廢除有關歧視公民權的63 項規定。近來的解放仍是局部而有限的，因為還有五十條排華的法律，政令，以及規定仍然有效。無論如何，新的政治氣氛已經在鼓勵華裔印尼人，重新思考如何去重建他們的身分問題。Sarah Turner 解析華裔印尼人應該努力透過參政，文學與媒體，非政治組織，以及非政府組織，去重新為自己的身分定位。

在蘇哈托執政的時代，雖然華人沒有參政，然而許多的華人巨賈在暗中享有政治的影響力，使得他們獲得巨大的財富，並且透過所謂的「主公」管道，他們還不斷的提升自己政治主公的財

富。在 1998 年以後的時代，華人比較喜歡暗中的政治交易，因為他們害怕公然的政治活動會使當地人更加憎恨他們，而華人正設法減輕當地人的怒氣。不過，大部份的白領和中產階級的華人，都希望與那些華商巨賈保持距離，因為他們認為那些殷實的華商與蘇哈托政權及企業集團太過親近，給人的印象是他們的財富是利用親信和腐敗的運作而來。很多華人也認為一個靠種族或族群起家的政黨，會產生不良後果而且很危險。他們最好是參加一個多種族成員的政黨。不論如何，在 1999 年 5 月，華人組織了印尼改革黨，Kwik Kian Gie 出任梅加瓦蒂總統印尼民主奮鬥黨（Indonesian Democratic Party of Struggle）的副主席。他被指派為 1999-2000 年的經濟、財政、和工業的聯絡部長，和 2001-2004 年的國家發展計劃部的部長。他是在蘇哈托以後第一位被派為部長級職位的華人，在以前，這是一件不可思議的事。許多人認為政治是危險的，他們寧願在一個非政治機構做事。近年來，有許多以反歧視為宗旨的非政府組織先後成立了。多族群和多宗教的組織也更加被大眾接受。

　　許多小說和電視劇的情結也涵蓋了族際之間的情誼。印尼全國也興起了許多的新報紙。他們成為公開討論華裔印尼人的未來，以及如何對抗歧視政策的重要場所。[118]

　　歷經多次討論和彼此交換意見，使得大家對於華人在印尼的身分問題有更廣泛的認知。對於這些倡議所產生的影響，現在仍然言之過早。自從 1998 年暴動以來，華人與印尼人之間迄今沒有重大的衝突。問題是下次的種族衝突何時會爆發。自從荷蘭的殖民時代以來，種族之間的仇恨與歧視已經持續了幾百年，如今

---

118 Sarah Turner，前揭書，P. 14-16。

要想建立一個和諧的社會，讓每個族群都有自己的空間，肯定是需要一段時間的。

多族群和多元文化的觀念一度被認為是解決華人問題的答案。蘇哈托在 1963 年提到要邀請不同的幾個土生族群（Suku），包括與華人混血的子女（Suku Peranakan Tionghoa），作為印尼社會的組織成員。然而當他獲得政權之後，他很快的放棄原先的想法，改而採用同化政策。自從 1945 年印尼獨立以來，華人一直被視為是問題的中心，有事的時候，華人就是替罪的羔羊。當問題的本質改變時，他們對華人的指責也隨著改變。當大家為獨立奮鬥時，華人被指責是親荷蘭政府，反對印尼。在 1965-1966 年印尼內戰時期，華人被指責為共產黨、共產黨的同情者、或是第五縱隊。在 1998 年的暴動時，華人則被指責為自私自利，沒有良心，不愛國的資本主義者，和腐敗集團的頭子。

過去有很多華人提出解決他們自己問題的許多方案，包括融入印尼主流社會，改信回教，和重組印尼經濟等。許多的觀察者保持著他們的看法，認為華人的問題源於華人與當地印尼人的經濟失衡。減低經濟失衡可以使雙方的衝突降低到最小。

改信回教似乎不像有些華人認為那樣，可以解決華人問題。改信宗教增加了族群的複雜性。原本華人只有 "Totoks" （指仍具中國文化傳統的華人）和 "Peranakans" （指土生土長，深度印尼化的華人）之分，現在又增加了穆斯林華人與非穆斯林華人的對立。我們知道客家人是個方言族群，不論他們的子女是否是純正的華人，他們都希望以傳統的中國文化把子女撫養長大，並且保住自己的方言。由於中國復甦成為經濟強國，"Totoks" 設法「使 "Peranakans" 再度華化，於是反覆灌輸他們族群和文化的價值觀。這種做法適得其反，使得當地社群對華人更加懷

疑。」[119]

　　改信宗教的結果如何？至少有 83% 的華人回教徒覆卷者，在對東爪哇居民改信回教的問卷調查表示，他們受到家庭成員的排斥。他們改信回教被認為是同時對華人身分與種族等級的反叛。[120]一直到蘇哈托執政以後，才有大量的華人改信回教。在強制同化的主導下，改信回教以後，同化才算是大功告成。成為回教徒以後，他們便可在家族和社會上周旋。

3.在斯卡道（Sekadau）的客家人

　　儘管所有華人不是一個同種的族群，許多人在研究華人社群時，都忽略子族群之間的差異，而以一般的方式來處理。很少有人從族群和語言的角度來探討研究華人。Chong Shin 曾經針對住在 West Kalimantan 的小鎮 Sekadau 的客家人，做了一個這樣的研究。[121]在 Sekadau 的小區 Hilir 有 1,775 戶住家是華人，佔了全區人口的 18%。他的研究之所以有趣，是因為他揭發了客家人在這個新環境裡，與迪雅克人（Dayaks）以及潮州人做鄰居的重要特性的。這種生活的後果很難推測。然而，與住在模里西斯的客家人對比，倒有些相似之處。

　　客家人和潮州人是在 Sekadau 鎮上的兩種不同方言族群。客家人是絕大多數的族群，所以客家話變成了當地華人使用的通用語言。甚至兩個講潮州話的人，除非是在私人談話時，他們也都使用客家話。如果華人不講自己祖先的語言，那麼大家便會講

119　Michael Jacobsen, 'Chinese Muslims in Indonesia: Politics, Economy, Faith and Expediency', www.indonesia-house.org/PoliticsHR/Islam/wp54_03_Jacobsen.pdf.

120　同上，P. 12。

121　Chong Shin, 'The Chinese in Sekadau: An Ethnolinguistic Overview'. www.seasrepfoundation.org/ebulletin/aprilmay/chongshin.html.

Sekadau 的馬來語。它是與家人和朋友交談用的語言。在模里西斯，如果客家子女不會講客家話，那麼克里奧爾語就是他們用來交談的語言。他們在家，在學校，在工作時，雖然偶爾也講法語和英語，但是克里奧爾語是他們所講的語言。

在 Sekadau 的華人幾乎都是零售商，或經營家庭生意，例如販賣糕餅，豆腐，和其他食物。在模里西斯，客家人的經濟生活並沒有什麼不同，但是到了第三、四代的子女，許多的零售商店都被放棄了，許多人現在都是專業人士，例如醫生，建築師，化學家，和教師等。在 Sekadau 的華人保持了他們的文化生活和習慣，所以他們保有他們的族群意識。他們慶祝中國新年，元宵節，端午節，以及其他節日，不過略帶地方色彩。例如，在慶祝端午節時，他們會在中午用有花香的水沐浴，因為他們認為這樣可以洗去邪氣怪力。這種儀式的沐浴是從馬來人和迪雅克人傳來的。在模里西斯的客家人也一樣慶祝中國新年，不過其形式深受基督教會的影響。年輕一代的客家人不去中國寺廟燒香，而去教堂慶祝中國新年。天主教堂依照華人習俗使用紅色蠟燭和對聯，並且同意祭拜祖先。在 Sekadau 的多數華人青年信天主教或新教，而老一輩的華人則信道教或儒教。在一家之中，很容易看到子女信基督和長輩信儒教或道教的現象。模里西斯也有同樣的情形。

4.客家共和國

在西婆羅洲（今西卡里曼丹）的華僑史上，有件較少人知道的事件，就是客家人在 1777 年在當地建立共和國的事情。這個共和國叫「蘭芳大總制」（Lan Fong Republic），其發起人是一個叫羅芳柏的客家人。它維持了 107 年之久，歷經十三位總統。在好鬥的擴張主義者殖民國荷蘭佔領了西婆羅洲之後，才結束了

蘭芳大總制。

　　由於客家人的採礦能力強，技術高超，工作努力勤奮，他們被馬來政府當局邀請去開採金礦，客家礦工在 1750 年左右來到西婆羅洲。在十八世紀中期，當地只有幾個華人，然而到了 1770 年，華人已經增加到 20,000 人之多。到了世紀末，人口又多了一倍。到了 1820 年代，華人又增加到 60,000 人之譜。華人自成一幫，後來發展成為更強的「公司」。現代客家話裡的「公司」，只是代表一個商業公司，但是對於當時在西婆羅洲的客家礦工而言，「公司」卻有極多的涵義。袁冰凌列出了八個不同的定義。[122]其中有兩個重要的定義，可以幫助我們了解「公司」是如何運作的。一個是指一般的管理階層，另一個是指共和國。

　　當他們抵達西婆羅洲時，這些礦工們自己組織了一個「會」。在中國皇宮裡有教派和寺廟團體叫做「會」，他們是在地方和官府之間的組織，他們所扮演的角色是為了確保在防禦，灌溉，以及經濟發展方面的直系合作與聯絡。

　　當西婆羅洲的協會組織變大，財富與權力也更強以後，為了彼此的好處，它開始得到與官方同樣的功能。於是「會」被改稱為「公司」。一個協會在開始時，只希望由一群礦工來管理礦業，但是當協會發展到一個為了維持法律、秩序、以及防衛，而需具有政治和軍事的功能時，協會就扮演官方的角色了。有些西方學者曾經說「公司」是一個獨立的政府。有些人說它們是聯邦共和國，因為許多的「公司」已經聯合起來成為一個聯邦政府。又有人說它們是一個秘密（黑）社會。荷蘭學者 J.J.M. de Groot

---

122 Yuan Bingling, *Chinese Democracies: A Studies of the Kongsis of West Borneo（1776-1884）*. www.xiguan.net/yuanbingling. This section owes much to his study, but the emphasis is laid on Hakkas and their *koung se*.

認為「公司」是移植到外國的傳統鄉村社會和宗族組織。早期的荷蘭管理階層說「公司」是一個秘密（黑）社會，是由於它們的獨立性和堅強的組織。然而 de Groot 駁斥這種說法，認為「公司」毫無秘密可言。

「公司」究竟有那些特性可以讓人以共和國來看待它呢？早期的「會」，是礦業組織，由同一家庭，宗族，或村莊的成員發起，其成員的人數少則幾人，多則數百人。「會」的組織是依照成員所投入的資金，而利潤則依照他們所擁有的股份來分配。他的結構很像現代的私人公司。一個傳統的「會」，究竟如何可以發展成強大的「公司」，進而成為更強大的聯邦組織或聯盟？

為了採金，華人礦工必需向馬來政府領導購買執照，支付租金，而且要把發現的金，大部份分給馬來政府。當新移民抵達後，尋金的人增加了，族群內部的競爭加劇，於是引起衝突。為了不使局勢失控，他們需要有一個某種形式的共同策略。為了維持法律和礦工社群的秩序，他們需要法律和規則，以及一批執行人員。他們也需要防禦外來的掠奪。因此他們有必要組織警察和軍隊或民兵。由於擴展或現有金礦變得枯竭，他們需要租下新的礦區，礦工們發現他們和同樣是採金的迪雅克人成了競爭者，於是衝突不可避免。華人礦工發現他們被兩頭壓榨，貪婪的馬來人勒索更多錢，獵頭族的迪雅克人宣稱他們擁有金礦主權。根據合約的條款，馬來當局有義務保護礦工，但是他們從不履行他們的義務。馬來人經常兩邊玩弄華人和迪雅克人。在「會」之間或「公司」之間，也時常因為地區的礦權糾紛而起衝突。

為了更有效的保護他們自己，對抗馬來當局的勒索和迪雅克人的騷擾，礦工需要有更堅強的組織。在社群裡，他們又要抵禦黑社會組織（天地會），「公司」於是聯合起來組成「總廳」，或

是同盟，或是聯邦。在 1776 年時，有十四個「公司」聯合起來組成「和順總廳」，總部設在 Montrado。一年以後，羅芳柏在 Mandor 創立了蘭芳公司。蘭芳公司是一個純為客家人的公司。

公司逐漸發展以後，它的活動範圍也擴大到農耕，製造，和買賣方面。結果是聯邦公司的營運管理，必需涵蓋社群的需要，包括礦工與非礦工。

在聯邦公司中最具創意的機構是「總廳」。它是一個多用途的機構。它是一個會館，也是一個立法機關，一個聯盟的執行理事會，和共和國的政府機關。

既然是政府的所在地，總廳的大樓裡設有會議室，各個代表以及職員的辦公室，一間囚牢，一間廟堂內有講壇供奉著大伯公和關公，臥室，廚房，儲藏室，和兵營。

在 Mandor 的蘭芳公司，其負責人叫做「大哥」，後來在荷蘭的影響下被改稱為「甲大」。只有來自嘉應州（今梅縣）的人才可被選為大哥。經營公司的首腦是大哥，他有個助手叫副頭人。所有的村莊都由副頭人以及哥哥弟弟們監督管理。

公司的成員以民主方式選出他們的首領。羅芳柏訂下首領的候選資格。首領的候選人必需出生於嘉應州（梅縣），而副頭人的候選人則必需出生於大埔縣。從十九世紀初期以後，新選出的大哥還得經過荷蘭殖民政府的同意。

客家共和國的最大成就是維持法律和秩序。美國加州淘金潮的特徵是沒有法律管制，各人獨自淘金尋寶。對客家人而言，那是為求得更有效率的採金事業而訂下的紀律和團隊精神。公司的法律系統並不是從清朝政府學來，而是很可能沿用了廣東礦業社群的習慣法律。為了保護礦工的利益，他們必需成立公司和軍隊抵抗外人入侵。他們的頭號敵人就是迪雅克人。因為從 1819 年

以來，當荷蘭宣佈他們的權威，和徵稅的權力，尤其是對華人的人頭稅，在 Montrado 的公司和蘭芳公司必需聯合起來抵抗荷蘭。只要衝突爆發，農業和礦業的工作一律停止，所有的人通通動員起來一起抵抗敵人。

依照民主程序選出的大哥，其身分可以和被選出的共和國的總統相比。蘭芳公司也有徵稅的權力，稅收用以支付管理費用。它有自己的軍隊。當荷蘭得知蘭芳公司與和順總廳，荷蘭人下了一個結論說，他們其實就是一個實際的小型國家，這點就不足為奇了。

羅芳柏於 1777 年在 Mandor 創立蘭芳公司並出任首任總統（1777-1795）。羅芳柏在 1738 年出生於梅縣石扇堡。他是三個孩子的老大。他先移民到婆羅洲，當時以為那裡就是「金山」。他當時以為可以到金礦採金致富，可是他很失望，因為他必需去 Pontianak 執教，賺錢糊口。由於客家人和當地其他方言族群的衝突，使他有機會成為客家人的領導。在西婆羅洲的華人居民主要是來自嘉應州和大埔縣的客家人，潮州人（鶴老），廣府人，福建人，以及半山客。半山客是一半客家，一半鶴老，他們來自豐順，河婆，海豐，和陸豐。

由於荷蘭直到 1818 年才開始對西卡里曼丹感興趣，所以從 1777 年到 1818 年之間，可說是所有公司的黃金時期，因為在這段期間，他們沒有荷蘭的阻礙。荷蘭的殖民政府看到公司的持續發達，認為可以藉由徵稅增加財源。華人因此抵抗徵稅，尤其是大家憎恨的人頭稅。抗稅最後導致與荷蘭當局的武力衝突。在 Mandor 的客家人，因為一直支付著鴉片稅和鹽稅，所以無意再付人頭稅。蘭芳公司於是在 1819 年 12 月攻打 Pontianak，但是被擁有七門大砲的荷蘭人打敗。

　　1822 年，荷蘭行軍進入 Mandor，客家人毫不抵抗。在 8 月
24 日，客家人接受投降條款：每人 140 兩黃金，每位超過二十
歲的人，人頭稅兩盧比。人頭稅由公司負責收取，另加手續費。
荷蘭直接與公司交易。在 Mantrador 的華人則拒絕付稅。1824 年
9 月在 Sinskawang 之役，荷蘭人吃了敗仗，繞道逃去 Sambas。
荷蘭居民要求從巴塔維亞增加兵援，但是被當局拒絕。最後荷蘭
決定改變策略，停止對西婆羅洲的干擾。

　　從 1825 年以後，華人享受著太平和經濟起飛的日子。在
1840 年代，由於黃金變得枯竭，公司的財富開始下降。他們轉
行從事農耕和工商業。蘭芳公司開始以農會起家。後來擴張到鑽
石，鐵，和銅等礦業，以及釀酒，鴉片和賭場等行業。在同一時
期的十年裡，他們與迪雅克人的衝突未曾減低，蘭芳公司與迪雅
克人先後在 1841 年與 1846 年兩次交鋒。許多客家人因而喪命，
為這些衝突所付的代價是驚人的。公司被削弱了。1850 年時，
由於華人走私鴉片，引爆了華人與馬來人，和荷蘭人之間的武力
衝突。因為馬來人擁有販賣鴉片的專利權，他們向荷蘭抱怨由於
華人私售鴉片，使得他們稅收減少。荷蘭設法攔截走私的船隻，
但是被擊敗而被迫撤離。這次事件為不干擾政策畫下休止符。

　　然而，華人在 1850 年設法與荷蘭人和平談判。荷蘭人最初
懷疑華人的誠意。最終在 1851 年元月，與荷蘭在西婆羅洲和居
民 T.J. Willer 達成協議。根據協議條款，公司將成為荷蘭殖民政
府的一部份，它的頭子成為「攝政王」，由荷蘭居民指派。由
Willer 和三位華人代表組成的代表團，去巴塔維亞會見總督，請
求批准。幾乎在合同裡的所有條款都被否決了，而且巴塔維亞當
局的態度是好戰的。總督 J.J. Rochussen 否決了合同，並且宣佈
如果 Sambas 的統治者同意，他們可以接受指派的攝政王。這個

決定在 1851 年 3 月 31 日通知了代表團。於是 Zheng Hong 在 6 月 29 日正式被立為 Montrado 的攝政王。他們想要改變公司政治性質的企圖沒有達成。於是荷蘭放棄不干涉政策，取而代之的是一個更挑釁的政策，它要確立荷蘭政府的權威，並且要永久廢除公司。總督在 1853 年宣稱所有公司都是叛徒，要全面封鎖，這樣一來，華人被禁止進入婆羅洲，荷蘭並授權 Anderson 負責全面控制。禁令於 1853 年 5 月實施，戰爭在 5 月 16 日展開。Anderson 認為全面封鎖之後，Montrado 應該很快會投降。華人只有在 1854 年當荷蘭軍隊通過 Montrado 時被打敗。Anderson 在 7 月 12 日頒佈政令，廢除三個和順公司，並且對所有的華人課稅。華人於是走向地下組織「九龍公司」。他們開始向荷蘭人騷擾。這個地下的抵抗最後在 10 月被打敗。

在 Mandor 的客家人蘭芳公司是最後一個公司，它一直維持到 1884 年。當甲大劉阿生（Liu Asheng 音譯）去世時，荷蘭軍隊佔據了 Mandor。人們記得劉阿生把他的甲大職位交給兒子繼承，將民主的公司改為世襲的君主政體。在公司的爭奪戰中，他的角色也被爭議著。他是不是荷蘭的同謀，聯手打敗 Montrado 的大港公司？大港公司是和順公司的聯邦成員。根據袁冰陵最近發現的手稿，可以駁斥劉阿生是他同鄉的叛徒的說法。資料顯示，劉阿生雖然明裡幫著荷蘭，但是暗裡卻是護著大港公司。一直到現在，在荷蘭的文件中，還找不到劉阿生在那次戰役中所扮演的角色。事實是，蘭芳公司維持了三十年之久，一直到劉阿生去世以後，公司才被解體。

5.與迪雅克女人的異族婚姻，和客家宗教傳統

袁冰陵完全沒有告訴我們任何有關客家婦女在蘭芳共和國的

事情。不過，大部份的客家人到達 Mandor 時，不是單身就是結了婚但是把眷屬留在廣東故鄉。所以有很多人與迪雅克女人結婚。但客家人不和馬來女人結婚，其中的阻礙是出在馬來女人信奉回教，這點很多華人不願意。儘管人們害怕迪雅克男人有砍人頭的習慣，迪雅克的女人其實是好妻子。客家人如果想要和迪雅克女人結婚的話，他需要把她買回來。新娘的價格從一兩到四兩黃金。迪雅克族的妻子學會照顧她先生的店舖生意，並且可以得到一些利潤。她也可以用她自己的存款贖回自己的自由。不過，客家丈夫就得忍受迪雅克的習慣，他們結了婚的女人可以擁有其他的愛人（稱為 "kendak"），而這個男人還會設法與她的丈夫做朋友。富裕的客家人有辦法過著一夫多妻的生活（有些有錢的客家人在模里西斯也一樣），但是袁冰陵並沒有說明為什麼他們要接受永久的三角戀？羅芳柏本人有一個迪雅克族的妻子，她在蘭芳公司的年代志裡備受讚美。她幫助丈夫設立公司。偶爾出現飢荒時，她會把她的首飾交給非梅縣的華人，去 Pontianak 購買食物。但是那人就沒有再回來。自從那次不忠的事件以後，羅芳柏決定只有梅縣客家人才有資格做公司大哥的候選人。和異族通混所生的子女，以中國傳統扶養教育。他們被稱為「半唐番」。這種稱法不像模里西斯的「半腦屎」那麼令人討厭。新客常常瞧不起他們。

　　我們很想知道究竟客家人兩百多年前在西婆羅洲信奉什麼宗教。在模里西斯的客家人跟他們是不是拜同樣的神？

　　海外華僑最常祭拜的神是「關公」，也叫財神。它也是英勇的化身。關公對於 Mandor 的客家人尤其重要，因為它代表著勇氣和財富，他們需要這兩種美德來保護他們的利益和黃金。因為它是武術的靈魂，所以滿清政府把它當作朝政的保護神。滿清政

府也規定大家必需祭拜關公。在 1950 和 1960 年代，許多模里西斯的華人商店裡都可以看見關公的神龕。在第一、二代祭拜神明的華人裡，最多人祭拜的神仍然是關公。

因為中國文化的發展是基於農業文化，所以土地公是華人民間宗教的中心。在傳統的中國裡，沒有一個村莊不建土地公廟的。客家人稱它為「大伯公」。

在西婆羅洲，人們也祭拜觀音。在路易斯港的關帝廟裡，人們也祭拜土地神，花園神，以及慈悲女神。

對於採金的客家礦工而言，「三山國王」是很重要的，因為它在山中的住所藏著鐵，錫，和鉛。三山國王是指巾山國王、明山國王、和獨山國王。由於模里西斯不產金，也沒有其他貴重金屬，三山國王並沒有靈的重要性，也沒有人祭拜它。如果我們拿在模里西斯，西婆羅洲，和台灣的客家人祭拜的神的數目做比較，我們發現當地的眾神廟寥寥無幾。

（四）汶萊（Brunei）

汶萊是一個小國家，在 2008 年的估計人口為 381,371 人。其中馬來人佔 68%，華人佔 15%。華人所用的主要方言為福建話，客家話，和廣府話。也有人說華語。估計客家人口有 5,253 人（2000 年）。[123]

如同其他兩個回教國家，馬來西亞和印尼一樣，在汶萊的華人是受歧視的。人權是不被尊重的，而且有很多華人沒有國籍。在 2003 年的個人年所得為$23,600 美元。觀察家認為，當國家賴以為生的石油枯竭時，華人會遇到和印尼同樣的不穩定。

---

123 www.ethnologue.com/show_language.asp?code=hak.

華人只能有一些表彰中國文化的自由。在慶祝中國新年時，華人只能做幾次舞獅活動而已，但是回教族群就可以籌辦公開的宗教遊行隊伍。

儘管他們是在汶萊土生土長，有相當多的華人還是沒有國籍。大部份的華人都是沒有國籍的永久居民。在當地出生的華人，並不能自動獲得公民權。當一個無國籍的永久居民客家人要到國外旅行時，國家發給他的證件不是護照，而是一種國際身分證明。他們的無國籍身分無法擁有土地，也不能享受國家補助的醫療照顧。在 2003 年的 6 月，國籍法被修正俾使一些無國籍的耆老，可以藉由通過口試而取得公民權。然而在他們於 2005 年 2 月 28 日發行的 2004 年人權實行報告中，民主人權和勞工局並沒有因為發行公民權而產生腐敗的情形，因為貪汙腐敗的情形在印尼是平常的。[124]

Christopher Reynolds 在研究 123 件華人在汶萊的生意時，發現其經理有 45% 的是福建人，20% 是客家人。39% 的人經營零售生意，37% 經營服務業，12% 經營批發業，6% 經營製造業，6% 經營建築業。[125]和其他東南亞國家一樣，少數人口控制了很大部份的零售買賣。在汶萊，人口佔 15% 的華人控制著汶萊幾乎40% 的零售生意。這種不均衡的現象是馬來人憎恨華人的原因。

（五）菲律賓（The Philippines）

維基百科全書在「華裔菲律賓人」的標題下，絲毫沒有提到

---

124 www.asiarecipe.com/bruhumanrights.html.
125 Christopher Reynolds, 'Overseas Chinese Marketing Strategies: Brunei Study', www.global-logic.net/guanxi.htm.

是否有，或多少，客家人住在菲律賓的事實。[126]它只說華人佔菲律賓全國總人口的 2%（150 萬）。與其他東南亞國家相比，這個數目是很少的。90%的華人來自福建，他們講一種帶有廈門腔調的閩南方言（lan-nang）。剩下的 10%是廣府人。在菲律賓，他們是最窮的一群之一。再者，在 27 位著名的華裔菲律賓人和華菲混血兒（Chinese Mestizos）裡，包括馬可仕總統（Ferdinand Marcos1965-1986）和億萬富翁和華文教育家陳永栽（Lucio Tan），沒有一個是客家人或客菲混血兒。不過，Chung Yoon-Gnan 引用 Chen Yong Lian（1980）的資料，在他的全球客家分佈裡，說到在菲律賓的客家人有 10,000 人之譜。

在 1570 年左右，華人很少。當西班牙人抵達後，到了世紀交接時，華人的人口已經超過了 20,000 人。除了商人以外，也有許多工匠，但是前者主導著馬尼拉的零售業。因為菲律賓人口稀少，又缺乏技術工人，所以西班牙歡迎華人移民。不過，西班牙政府要求他們住在一個叫做 parians 的特定地區，並且由華人頭子負責管理。

因為多數的華人還是單身的未婚男人，他們和菲律賓女人結婚。婚後的兒女依照天主教徒方式教養長大。這些孩子長大後，就會成為菲國社會的菁英。

估計有三分之一到二分之一的華人信奉天主教。在菲律賓的華人天主教友指定某些中國民間神明為天主教的聖者。他們根據在中國寺廟裡的儀式，供奉著聖母瑪莉亞的各種不同化身。觀音和媽祖成為聖母安提波羅（Virgin of Antipolo）和聖母卡撒瑟（Virgin of Caysasay）的化身。戰神與財神關公被用來代替聖人

---

126 http://en.wikipedia.org/wiki/chinese_filipino.

雅各（St. James）。在模里西斯的華人沒有做得那麼多。不過我們也常在同一個住家中，看見中國神明和天主聖人或耶穌基督並排的情況。而且老一輩的華人認為，同時向觀音和聖母瑪莉亞禱告，在心靈上並沒有什麼錯。華人天主教友的孩童也樂於分享祭拜過中國神明的牲品，尤其是在慶祝中國新年的時候。他們在清明節以及 11 月 2 日的萬聖節（All Souls' Day）都會去祖墳上香禱告。多數人都會參加由宗親會籌辦的清明節晚餐。

在菲律賓和模里西斯學校的校友會都很積極的保存中國文化。在馬尼拉的校友會為了持續運作，會向現在的華文高中引進以前的校友做為新會員。可是在模里西斯的校友會注定會消失，因為只剩一個華文學校沒有被關閉。這個唯一僅存的華文學校只有在週六上課。華人的特性一直由華文學校保存著。儘管在 1970 年代，華文學校受到菲化影響，但是這不代表它們因此消失，它只是減少了華文的課程而已。雖然華文的能力減弱，但是在 1990 年代，仍然有 129 所華文學校。菲律賓的華人經歷著與模里西斯客家人同樣的語言困境，只是沒有那麼劇烈而已。華人中等家庭以上的小孩，他們孩童的第一語言是菲律賓語。母語也許會在家裡使用，但是在職業或專業上就不一定需要了。學習華語成為孩子的沉重負擔。職場上是根據英語的能力。模里西斯的孩童仍舊面臨同樣的窘境。多數的第三代客家子女不會說他們父母的方言。再度華化看來是一個遙不可及的事。基於各種不同的原因，例如人口（超過一百萬），鄰近中國和台灣，文化接觸，學校，以及中國的投資等，中國文化和華人的特性在菲律賓仍舊可以繼續存在很久。官方的政策不像印尼那樣，主張完全同化，華人也樂於歸化主流，雖然菲律賓的國家主義者還是會懷疑他們的忠貞。

（六）東帝汶（East Timor）

東帝汶歷經葡萄牙從十六世紀中期到 1975 年的殖民統治，和印尼血腥的侵略佔領直到 1999 年，並由聯合國接管直到 2002 年，它終於在 2002 年 5 月 20 日獲得獨立。

美國和澳洲都支持印尼侵佔東帝汶，理由是 FRETILIN 政黨是共產黨，但是真正的原因和美國侵略伊拉克一樣，是為了汽油和天然瓦斯。聯合國的安全理事會一致投票通過要求印尼立即從東帝汶撤軍，但是美國阻擋任何對印尼的經濟制裁。

東帝汶人口約一百萬，97%的人信奉羅馬天主教。在亞洲只有東帝汶和菲律賓兩個國家的國民是絕大多數信奉天主的。大多數的東帝汶華人是羅馬天主教友，他們並不怎麼遵守華人的傳統習慣，因此有些學者懷疑他們是否仍舊算是華人。

華人的社群很小，主要是客家人。許多的客家人在印尼入侵時被殺害，但死亡人數則不得而知。許多人逃亡移民去澳洲，現在分佈在達爾文（Darwin）、布利斯班（Brisbane）、雪梨（Sydney）、和墨爾本（Melboune）。澳洲政府拖了許久的時間才發給逃難者政治庇護的身分。他們被迫成為無國籍的人。印尼侵佔者不僅剝奪了華人的學校，甚至還禁止中國文字的出現。所以東帝汶傳承了印尼的政策也就不足為奇了。

（七）寮國（Laos）

有五個東南亞國家聯盟（ASEAN）的國家，座落於印支半島上，與中國共享國界或近鄰。這些國家除了泰國以外，都曾經被外國勢力統治過。客家人在這五國的分佈情形如表 4.12 所示。

表 4.12：印支半島五國的客家人分佈情形

國家	總人口 （World Factbook 2009 估計）	華人（%）	客家人
緬甸 （Burma）	48,137,741	1,444,000 （3）	（?）
柬埔寨 （Cambodia）	14,494,293	144,942 （1）	3,000（1980）*
寮國（Laos）	6,834,942	5,300 （0.07）	530（1996）+
泰國 （Thailand）	65,905,410	9,226,757 （14）	2,600,000**
越南 （Vietnam）	86,967,524	956,642 （1.1）	333,000.**

資料來源： The World Factbook
www.cia.gov/cia/publications/factbook/fields/2119.html
*Chung Yoon-Ngan: www.chungyn@mozart.joinet.net.au
** 參照表 4.3
+ Lynn Pan, The Enclopedia of the Chinese Overseas.

　　寮國是一個內陸國家，它是當今世界上剩下的幾個共產國家之一。在五個印支半島國家裡，它的華人最少。華人從 1975 年的 40,000 人，縮減到 1997 年的 10,000 人。[127]寮國的總人口，在 2009 年 7 月的估計是 6,800,000 人。潮州人占華人的 85%～90%。由梅縣來的客家人居其次，佔不到 10%。正如其他曾經被殖民地國家一樣，華人在這些國家獨立後都要蒙受被壓制之苦。寮國在 1954 年獨立後，引發華人大批逃離，此後，在 1975 年當老撾人民軍（Pathet Lao）奪得政權，寮國變為共產黨國家，在 12 月宣佈成為人民民主共和國時，華人再次大逃離。客家人以前曾經有代表參加越南華人協會，「在 1975 年大逃離時，客家人基本上已經完全消失了。現在剩下的海南人和雲南人，因為人

---

127 Florence Rossetti, 'The Chinese in Laos',
　　www.hk/uk/pc/articles/art_ligne.php?num_art_ligne=1305.

口太少，不足以代表華人」。[128]

　　1975 年以後，老撾人民軍（Pathet Lao）針對華人設限。在 1980 年代，壓制更加嚴厲。中國文化被打壓。不准慶祝中國新年。華人的店舖招牌不准出現中國文字。華文刊物被禁止出版。華人婦女必需穿上寮國的一種沙龍（sin）。

　　寮國在 1990 年代採用市場經濟以後，又有另一種的華人出現在寮國。這些人講華語，以前是在寮國的中國公司或中寮合資公司工作的華人。早在 1960 年代，人民解放軍曾經派遣大批的部隊來寮國建設公路，而且工程持續了十幾年。在 1980 年代早期，中寮關係交惡，中國於是把部隊撤回。估計有 5,000 到 15,000 人回到中國。

　　早在十四世紀時，古寮國（瀾滄國）就開始向中國朝貢，建立了彼此的關係。中國從沒有想要殖民寮國。不過，直到 1893 年建立了法國攝政政體，帶來殖民經濟發展以後，才有大批華人進入寮國。到了 1950 年代，華人成了寮國城市的重要少數族群，並且主導著他們的經濟。

　　經過接近二十年的思想意識爭論，中寮關係在 1990 年代獲得改進。寮國採納了市場社會主義。中國官方和私人的投資者開始進入。合資企業和私人公司已經被設立。在短短的幾年之間，寮國北方兩省的城市，開始變成店舖掛上了華文招牌的中國城市了。「華文甚至取代了寮文。」[129]

　　新到的華人刺激了老華人社群的復甦。中寮之間的經濟活動空前熱烙，可是人口並沒有相對增加。在 1975 年逃離寮國的華人很少回來。學校和寺廟被重新裝修成更帶自由的氣氛。自從

---

128 同上。
129 同上。

1990 年政府准許私人企業以來，許多華人申請歸化寮籍，以利
從商。

1.國籍與身分

　　在 1954 年獨立以後，華人發現他們處於不穩定的局面裡，
尤其是他們在殖民時期與法國殖民當局，曾經是親近的工作夥
伴。為了能夠繼續經營他們的生意，有些華人申請歸化寮籍。更
富有的華人選擇與寮國權貴聯姻。這種異族婚姻並沒能使他們的子
女融入寮國文化，反而製造出一種所謂的「中寮」混血的身分。

　　對於那些申請歸化寮籍的華人來說，他們立刻發現他們幾乎
不可能取得寮國的國籍，儘管法律的理論上說是可以取得。不過
只有少數華人選擇認同寮國，他們都寧願保持他們的中國身分。
老撾人民軍（Pathet Lao）於 1975 年奪取政權以後，國籍法更加
嚴格，沒有一個華人取得寮籍，因為當局害怕如果華人進入政府
機構，他們也許會成為破壞份子。

　　1953 條款在 1990 年被廢止，改由市場社會政策的架構取而
代之。1953 年的條款規定公民權是根據父子關係取得。新的條
款則依照父子或母子關係取得。現在由外國父親所生的子女可以
更容易取得公民權。當孩子成年以後，他可以選擇他父親或母親
的公民權。父母都是外國人，而且永久居住在寮國，那麼他們的
孩子到成年時，有權成為寮國的公民。

　　許多第二代華裔已經把父母希望他們將來有機會回去中國的
構想置之不理，而決定在寮國生根。這種心態的改變是有實際原
因的。沒有寮國的公民權，他就不能擁有不動產。人們都認為新
政策提供更優惠的條件，可以導致更多的華人獲得寮國的公民
權。最主要的絆腳石是政府的腐敗。申請者需要支付賄賂金。只

有富人才付得起這項費用。何況能否得到公民權還得碰運氣，看看當局隨興所做的決定。

對多數華人來說，同時擁有寮國和中國國籍並無不妥。全球允許和不允許雙重國籍的國家約各佔一半。他們認為在中寮兩國之間做事有它的好處。根據 Rossetti 的說法，華人在寮國「不再認為自己是中國的寮國人，他們寧願把自己置身於一個較大的跨國華僑社群裡。」跨國的華人族群或方言族群身分，而不帶地域色彩是很少的。潮州人，海南人，客家人，以及雲南人都放棄了他們自己的地區方言族群，寧可置身在一個超越地區方言的較大華人社群裡。決定一個人是否屬於某個方言族群的指標是看他能不能講該種方言。除了自己的祖先方言，再去學好華語變成是一個新的重要特徵。不過，Rossetti 發現這種跨國的身分在人口佔多數的潮州族群裏並不時興。

（八）柬埔寨（Cambodia）

譯註：現今的柬埔寨王國也就是以前的高棉。現今柬埔寨王國的政府首腦稱首相，以前非君主時期則稱為總理。

華人在柬埔寨有五種方言族群：福建、廣府、潮州、客家、和海南。一個方言族群是否統一不僅要根據它的語言，還要看其他的因素如宗教的傳統和祭拜牲品等。客家人是用烤豬做牲品。在模里西斯的客家人，一般用水煮雞以及一片水煮豬腹做牲品。方言族群的統一性靠著法國的殖民政策在 1891 年宣佈的宗教集會（congregation）制度而再度強化。政府創建了五種不同的宗教集會。每一個華人都必需參加他的方言族群的集會。客家人有他們自己的宗教集會。這五個宗教集會的領導人是由法國人指定的。他們要負責社群法律和秩序，還要負責收稅。如果一個人在

申請入會時，被他的方言族群集會拒絕，那麼他就要被驅逐出境。在馬達加斯加的廣府人就是憑著這個宗教集會的制度，阻止模里西斯的客家人再度移民去那個國家。這個制度強化了子族群的範圍。把中國方言族群分開，可以避免他們聯合起來，變成太過強大，而構成法國殖民政府的威脅。這是法國版本「先分後治」的殖民政策。

到了 1953 年法國殖民的末期時，各個方言族群已經找到他們自己適當的經濟位置。客家人經營咖啡店，和用藍色的木頭車子載運水果（到街頭賣），在金邊（Phnom Penh）這種街景迄今仍然存在著。

在 1937 年的一份高棉文的報紙裡出現一篇社論，說很多的華人來柬埔寨時，身無分文，只穿著背心，帶著草席和枕頭。[130]一般說來，他們會先找個低賤的工作，節儉省錢，以便來日經營自己的生意。在模里西斯的第一代客家人，有很多（即便不是全部）也是和他們一樣，以做店舖助手開始的。他們常說自己來到模里西斯的時候，他們身上只有一條皮帶（客語叫褲頭帶）。

客家人只佔所有華人的極少部份，不到百分之一。他們集中住在 Stung Treng 省，在那裡客家話是當地的通用語言。在該省以外的地區，客家人則分散在各地。華文學校與報紙對保存中國文化十分重要。如果學校每週會用 3-5 小時的時間教法文或高棉文，那麼法國的殖民政策允許華人開辦學校。在 1950 年代，客家協會創立了一所小學，它在 1960 年代有約 600 名學生。柬埔寨的首份華文報紙在 1938 年出版，但是在 1946 年倒閉了。在 1960 年代，有五份華文報紙。最大報紙的發行量為每日 7,000

---

130 Penny Edwards, Ethnic Chinese in Cambodia, P. 30,
　　www.cascambodia.org/chinese_cam.htm.

份。跟在模里西斯的情形一樣,它有親台的和親大陸的。中國大使館強迫親台的報紙轉而親大陸。不過,在 1967 年,總理西哈努克(Sihanouk)用奉北京的指示為藉口,禁止任何華文報紙的出版。

正如其他的在地國家一樣,中國移民多數是單身漢,有很多人和高棉女子結婚,不過等到當地出生的華人女子增加以後,異族通婚的情形就不那麼多了。在五種方言族群裡,潮州人和廣府人很少跟高棉女子結婚。異族通婚可以促進華人在高棉的企業網絡,並且促進華人融入高棉社會。

華人在柬埔寨受到歧視以及連續幾個政權的壓制超過二十年。1970 年時,朗諾上將(Lon Nol)在右翼軍變中奪得政權。他控告華人散佈共產黨的宣傳,燃起了反華情緒,進而導致暴動。華人店舖被燒毀,許多華人被殺。朗諾關閉華文學校與報紙。華人遭到恐嚇。他們只好用隱藏他們的文化與身分來保護自己。傳統的社群協會轉入地下,孩子也改在家學華文。

在波爾布特(Pol Pot)執政時期(1975-1978),所有住在金邊的居民都被送去耕種。由於華人在柬埔寨從來沒有種過田,所以毫無經驗。這種鄉間生活,結果造成廣泛的飢荒。殘暴的赤束(紅色高棉)殘殺了百萬的柬埔寨人。從波爾布特於 1975 年掌權開始到 1978 年 12 月跨台為止,華人減少了 50%,僅剩200,000 人之譜。

波爾布特政權強迫華人採用高棉人的居住、衣著、和飲食習慣,設法同化華人。他們被強迫從華人的居住方式改為高棉人的居住方式。華人必需穿沙龍而不能穿長褲。他們不准講華語。說華語或寫華文,有可能被罰去做苦工或甚至處死。

在朗諾政權下,華人被控為共產黨,現在他們又被貼上資本

主義的標籤。讓華人感到驚訝的是那些在商圈及橡膠園工作的許多大陸中國人的心態。他們加入高棉紅軍組織對抗當地華人，並且拒絕請求幫助。最糟糕的暴行發生在 1977 和 1978 年。他們指控華人為第五縱隊。有些華人因為傳說他們與台灣秘密計劃要推翻政府而遭到槍決。

華人以為在 1978 年，越南入侵柬埔寨並且推翻了波爾布特政權時，他們的困境就會結束。新政府建立了親越的柬埔寨人民共和國（People's Republic of Kampuchea, PRK），這個政權繼續執行壓制處罰華人的政策，因為中國以前支持波爾布特政權，並且曾經在 1979 年攻打越南。政府禁止華人公開表明中國人特性，並且控訴華人是替中國工作的第五縱隊。遷徙的自由被限制了。住在鄉間的華人不准回到城市再做生意。越南在侵略柬埔寨以後不久，便佔領了大部份的廟塔、學校、以及城市中心的別墅，做為兵營之用。他們也企圖撤空城市，把居民送去鄉下耕田從事生產。城市的人口被撤離了一半。華人學校和協會都被禁止。所有公開表明中國文化或中國人特性的事件通通被壓制下來。在金邊，華人不准慶祝中國新年，祭拜祖先，或在寺廟燒香。他們害怕使用中國語言或中國姓名。傳統的中國對聯也不見了。

華人的希望破滅了。許多華人逃到鄰近的泰國，其他的加入了船民的行列，前途茫茫，而且還得冒著海盜與海浪的風險。他們被嚇壞了。而留下的人拒絕他們的文化被消滅。他們尋求各種方法隱藏自己的身分。他們冒充高棉人。他們把往生者依照高棉的風俗埋葬，而不用中國的傳統儀式埋葬。父母聘請私人教師暗地教導子女華文，而不希望自己的子女不諳華文。這些措施加大了族群的範界，因為高棉人害怕被處罰而拒絕接受華人的求婚。由於這種心態，華人現在都不願他們的子女和高棉人結婚。直到

共和國的末期，這種壓制的政策才略為放鬆。

經過二十年的壓制，在 1989 年越南勢力撤出，柬埔寨國家建立，以及中柬關係正常化以後，華人的命運終於得到大幅度的改善。1991 年 10 月 24 日簽訂的巴黎條約結束了 21 年的內戰。同年 11 月，西哈努克王子自放逐地返國。在 1993 年 9 月 24日，西哈努克根據憲法政體恢復了國王的職位。2004 年 10 月 7日，他辭職引退，讓位給兒子，他就是新國王諾羅敦-西哈莫尼（King Norodom Sihamoni）。

1989 年柬埔寨國家的建立，對中國文化可以說是一個分水嶺。中國宗教權利恢復了。中國文化已經有了復興。自從 1975年被禁止以來，華人首次得以慶祝中國節日，宗教的禮拜也不受干擾。傳統的會館也復活了。各個方言族群都有他們自己的會館。這些會館在表明華人身分以及傳承文化給下一代方面，負有教育的責任。客家會館積極的在泰國、馬來西亞、香港、以及加拿大籌款。在 1990 年代，由於客家人的慷慨解囊，使他們可以把客家學校重新裝修。華語於是再度成為在柬埔寨商業上的語言。目前值得注意的事實是，在華文學校裡的學生，有百分之十是高棉人的子女。這些學生的父母已經明白華文的重要，而且相信有了華文的基礎以後，可以增加他們以後在華人公司就職的機會。不過，柬埔寨政府並不承認華文學校所發給的證書。只有公立學校的文憑，才能用來申請進入更高學府。從華文學校畢業的華人或高棉學生，發現他們就職時被限制在商業的行業裡。

負責傳承中國文化的另一個重要機構是報紙。柬埔寨有兩份華文報紙滿足華人社群的需要。

現在有更多華人和高棉人，以及不同華人方言族群之間的異族通婚情形。異族通婚的情形在鄉間比在金邊更普遍。在金邊的

華人只允許他們的子女和高棉權貴家族結婚。他們採用高棉的婚禮習俗。華人新郎和太太的父母一起住。這種做法與中國基本上是父系的傳統習慣分道揚鑣。它從父系轉換為母系。在模里西斯也有一些客家母系婚姻的例子，尤其是當女方父母很富有的時候。

經過二十年的打壓，使得一些中國文化和身分的標誌被磨滅了。在某些鄉村裡，華人將往生者依照高棉人的習俗火葬，但是，中國傳統的出殯儀式也已經被恢復，並且依照高棉習慣加以修改。他們的宗祠也不再是在中國的祖宗村莊。骨灰也不再運回中國埋葬，因為他們已經把柬埔寨當作他們祖宗的新家。不過，多數華人還是依照傳統儀式埋葬往生者，藉以強調祭祖和孝行的重要。葬禮中的紙屋是根據柬埔寨的模式製作的。所有這些都在強調中國文化複雜的基本特性。

不過華人必需支付贖金來恢復他們的文化建築，例如墳場、寺廟、和學校等。華人常常被要求支付高得離譜的價格買回這些文化建築。

儘管經過二十年的打壓，政府採用許多政策設法消滅中國文化，族群之間的界線還是沒有拆除。正如在 1970 年代以前一樣，各個方言族群都繼續經營著適合他們自己的生意專業。客家人仍然踩著他們的水果車子，經營他們的零售商店。他們聚集在省級都市，例如 Stung Treng 和 Kratie 以及其他的三個城市裡。華人是一個主導經濟的少數民族，高棉人強烈的憎恨華人這種控制經濟的角色。華人擁有而且控制了所有的大公司。他們的人口佔不到全國人口的 3%，但是控制著全國 80%的經濟。

和在寮國的情形一樣，自從 1980 年代晚期，來了一批新的華人。他們不像在寮國的華人，他們多數是在 1989 年天安門屠殺事件以後的政治庇護者。這些新到華人的凝聚力不如在寮國住

上幾代的華人那麼強。他們的共同語言是在中國學的華語。他們不是同一宗親的成員,也不是來自同一村莊。大家都把他們當作外國人。

（九）緬甸（Burma OR Myanmar）

根據《人權觀察》在 2005 年的全球報告（Human Rights Watch World Report 2005），在亞洲,緬甸是世界上鎮壓最厲害的一個國家之一。美國前國務卿賴斯（Condoleezza Rice）形容緬甸是暴政的前哨。緬甸曾經是世界上最大的稻米出口國和東南亞最富裕的國家。它卻變成現在世界上最貧窮的國家之一。在 2005 年的 10 月,《透明國際》（Transparency International）的年報,把緬甸列為全球第三腐敗的國家。它的腐敗,在 2004 年時名列第四,在 2003 年名列第五。

1987 年時,聯合國把緬甸定為「最不開發的國家」。它成為當今世界上最貧窮的十個國家之一。8 月 10 日,於 1962 年以不留血政變而奪得政權的奈溫（Ne Win）,在電視廣播上承認在他執政的 25 年裡,已經造成錯誤,並且建議修改憲法「使國家得以與時並進」的可能。

1.緬甸的客家人

根據最近的官方統計,華人有 1,078,000 人。由於異族通婚和廣泛種族歧視政策的關係,維基百科認為這個數目是低估了;異族通婚所生的子女,比較喜歡被稱為緬甸人。[131]《世界概況》（World Factbook）估計緬甸人口在 2008 年 7 月為 47,760,000

---

131 'Burmese Chinese', http://en.wikipedia.org/wiki/myanmar-72k-31jan2006.

人，其中華人佔 3%。不像其他東南亞國家有五種不同的方言族群，下緬甸的主要方言族群只有三種：廣府、福建、和客家。福建人和廣府人佔了華人的 45%。普遍的華人刻板形象是：廣府人一般被認為是最窮的華人，客家人比較富有，因為他們有政府的關係，而福建人因為搞多妻制，所以被看成是沉溺於女色的一群。在上緬甸和衫（Shan）丘陵一帶的華人（包括信奉回教的華人）主要講華語。

　　和其他的居住國一樣，多數華人是單身漢。由於缺少華人女子，有很多華人與當地女人結婚。在緬甸，與當地女人結婚（異族通婚）是一種存活的手段。華人和緬甸人的婚後子女被稱為"kabya"。這些孩子是依照華人的傳統被撫養長大。因為公民權只能透過和緬甸後裔的女子結婚才能獲得，所以有很多的華人必需靠這種異族通婚的方式取得公民權。在 1950 年代，華人被緬甸人看成外國人。他們必需攜帶註明他們是中國公民的外國人身分證。

　　客家人在家講客家話，而在商業上則講緬甸話。在奈溫執政將近 30 年的日子裡，他關閉了華文學校，使得人民對華語的使用減少了。現在，因為人們覺得華文重要，而且認為它是社會菁英所使用的語言，所以不僅華文學校增加，而且講華語的人也大大的成長。

　　首批華人在 1700 年代來到緬甸。在英國統治的十九世紀時，又有大量的華人移民來到緬甸。他們經營高利潤的白米和寶石生意。華人聚居在仰光（Yangon），曼德勒（Mandalay）以及其他城市。

　　根據《國際宗教自由》（International Religious Freedom Report）在 2002 年的報告，緬甸政府施行限制宗教活動的政

策，並且時常侮辱宗教的自由權。新建回教廟堂或基督教教堂，以及出版和發行聖經，都要受到限制。緬甸政府偏愛上座部佛教（Theravada Buddhism）。自從 1990 年代以來，政府嘗試利用佛教做為提升它的合法性的一種方法。官方控制的媒體經常轉播政府官員向和尚致敬和在靈塔裡捐贈的事情。政府的限制和污辱措施是針對基督徒和穆斯林教徒。緬甸人一般對回教徒（主要是印度人）存有偏見。無數次針對穆斯林的暴動，都是由政府帶動的。報告中沒有提到華人是否也因為宗教議題而成為他們的針對目標。多數的緬甸華人信奉上座部佛教（Theravada Buddhism），這種佛教帶有一些大乘佛教（Mahayana Buddhism）和道教的教義。

2.國籍與身分

　　緬甸是拒絕在聯合國的廢除種族歧視公約上簽字的國家之一。執政團隊一直處決少數的原住民和移民。華人和印度人是最大的移民族群。

　　軍政府在 1982 年縮緊了獲得公民權的條件。外地人必需出示他們的祖先是在 1823 年以前進入緬甸的證明。由於許多華人是在英國統治時期才來的，這條限制意即許多在緬甸出生的華人都無法得到公民權。沒有公民權就無法擁有土地，也不能進入高等學府，連離開家鄉都需要有准許證。1982 年的公民法，把緬甸公民分成三種：正公民、副公民、和歸化公民。1989 年以後，所有的緬甸居民必需申辦代表身分，帶有不同顏色的身分卡。粉紅卡為正公民，藍卡為副公民，綠卡為歸化公民。沒有公民權的華人所拿的是白色的「外國人註冊卡（FRC）」。這些身分卡的目的是要使社會福利不會落在不符資格的人身上。在購買公車票或火車票等最重要的事情，他們必需出示身分卡。

華人一面被拒絕緬甸的公民權，一面又不准保持他們的華人身分。負責文化傳承的華文報紙已經被禁。華人不敢公開表明自己的身分。所有中國節日都在暗裡慶祝。這個政策的目的是要強迫華人離境。中國自從 1949 年以來，一直善待緬甸，提供軍事與經濟方面的援助，但是中國目前仍然拒絕為緬甸的華人而干預緬甸政府。不過，在 1998 年 11 月，一份華文報紙終於在三十年來首次出版。執政團隊並沒變成更自由。這種做法是希望改進中緬關係。緬甸執政團隊明白他們得罪不起中國。所有在緬甸的報紙都是政府擁有的，政府嚴密的監視控制著這些報紙。

3.華人掌控經濟

在 1967 年時，國民面對物價高漲和食米短缺，到處怨聲載道。為了使不安的大眾轉移注意，革命政務會（Revolutionary Council）在華人族群裡找到替罪羔羊。他們教唆排華暴動。做為一個控制著全國經濟動脈的經濟大佬的少數族群，只要出現經濟危機，華人就要倒楣。雖然革命政務會應該為食米短缺負責，因為他們把食米出口以換取更迫切需要的外匯，但是他們仍然把華人當作替罪羔羊。他們拒絕將儲在倉庫的食米出售給飢餓的百姓。

在 1989 年，國家法律秩序恢復理事會（State Law and Order Restoration Council - SLORC）從事偏向市場經濟的政策。把以前「緬甸式的社會主義」政策反過來，變為「緬甸式的資本主義」。在這個過程中，緬甸軍方高層和華人雙方獲利，然而當地人就沒有什麼好處。

自從施行市場經濟以後，仰光和曼德勒兩大城市，就被華人接收了。儘管緬甸的執政團在 1962 到 1988 年間，沒收了華人很多的財產，那些迅速恢復活力的華人，很快的成為非常的富有。

他們幾乎擁有在仰光和曼德勒所有的店舖、餐廳、和旅店。他們同時也擁有商用和住用的土地。他們掌控了各個階層的商業和貿易。他們控制了柚木的買賣，以及寶石工業（紅寶石、藍寶石、和玉）。一般窮苦的緬甸人對於華人掌控經濟都很痛恨，所以，只要 SLORC 想要轉移憤怒大眾的注意力時，華人常常變成替罪羔羊。由於中國是緬甸的主要盟邦，而且又是軍事和金融援助的來源，緬甸的執政團至少從 1980 末期以來，避免找華人的麻煩。SLORC 譴責穆斯林是發起 1988 年暴動的元兇。

（十）越南（Vietnam）

中國從西元前二世紀到西元 938 年，把越南以一省的行政區域統治越南超過一千年，之後，又從西元 1534 年開始統治越南二十年。越南文化深受中國長年統治的影響。這可從宗教、哲學、語言、和其他領域上反應出來。越南人篤信馬哈亞那佛教（Mahayana Buddhism）、儒教、和道教混合的宗教。一般大眾仍然流行信奉佛教與道教。越南文化仍然保持著很強的儒家思想，他們強調祭拜祖先，家庭價值和父權制度。中國在兩千多年前統治越南時，中國話就成為越南的官方語言。越南人非正式的使用一種以中國字為基礎的越南文字，直到 1910 年時才被由法國人在十七世紀時發明的羅馬化的越南文字取代。

1.華裔越南人

"hoa" 是由「華」字演變而來。意指華裔越南人，越南華人，或在越南的華人族群。不過在大陸與台灣的華人則稱他們為「越南人」。華人在十八世紀到二十世紀間來到越南定居。大批的移民是在 1880-1929 年間到達的。他們聚居在南越的城市和省

級小鎮上。在 1950 年，有 75,000 客家人，佔全部華人（727,000 人）的 10%。到 1989 年時，降到 1.5%。在當年，廣府人和潮州人分別佔全華人的 56.5%和 34%。[132]在 1999 年的越南人口統計，越南華人有 900,000 人，佔全部越南人口（76,300,000 人）的 1.1%。[133]主要的方言族群有廣府、客家、福建、潮州、以及海南。在 1979 年人口調查以前，華人是最大的少數族群，但是到了 1999 年的人口調查，華人成為第五大的少數族群。

　　十九世紀以前，因為華人女子不多，有很多的華人與越南女子結婚。異族通婚所生的子女被稱為「明香」，意指「明朝的香。」越南人誤認「香」為同音的「鄉」。在十九世紀時，越南人對這個字所得到的解釋就是現在的意思。早期透過混婚融入越南主流社會的現象，並不影響後來華人移民的身分。一般說來，越南華人最堅強的維持並保住了中國文化，不像菲律賓與泰國的華人那樣不太在乎。

2.經濟掌控

　　在 1976 年越南統一以前，南北越的華人各有不同的職業。在 1975 年時，南北越的華人總人數為 1,300,000 人，其中有 1,100,000 人住在南越，絕大多數住在西貢（現在的胡志明市），尤其是在唐人街堤岸（Cholon）。"Cholon"一字的越南意思是「大市場」。講越南話的人使用這個名字。在越南境內與中國的華人則一律使用原名「堤岸」（碼頭）。稱呼唐人街時，西方國家也採用越南名字。在北越，人民多數是以農業，漁業，開店，以及礦業為生。而在南越，華人掌控著食米買賣，麵粉

132　Li Tana in The encyclopedia of the Chinese Overseas, P. 230.
133　'Vietnam', http://en.wikipedia.org/wiki/vietnam.

廠，金融和製造，不動產，以及銀行。「根據一項官方的資料，在 1974 年年末，越南的華人掌控了超過 80%的食物、紡織、化學、金屬、工程、和電子業、100%的批發商、超過 50%的零售商、以及 90%的進出口商。在經濟上的優勢掌控，使得越南華人足以對食米和其他稀有物資『操縱價格』。」這份資料進一步發現越南的華人社群形成了『國中國』。[134]華人財富起源於食米買賣。他們在法國殖民統治時期就掌控了食米買賣。在 1932 年時，華人擁有在堤岸唐人街幾乎全部的 75 間米廠，他們同時擁有很多的平底帆船載運食米買賣。他們控制著一系列的作業：收購、製作、以及銷售。不過，越南政府在 1956 年禁止非越南國民經營十一種行業，其中包括了米廠。華人極為震驚。現在一般華人僅僅靠經營小本生意維生：做手工、開設餐館、以及其他服務業。

3.反華主義，驅逐出境，與船民

1975 年，西貢淪陷導致第一次的難民潮。他們是跟美國政府工作的人士。總共有 130,000 越南人在美國的協助下逃到美國。

1976 年統一後，越南政府沒收了華人財產。華人的學校、報紙、以及宗親會館都被關閉。直到二十年以後，華人的學校和宗親會館才獲准重新開放。在 1956 年時的 22 份報紙之中，只有一份存活下來。

政府強迫人民去集體農場工作。成千上萬的前朝官員，以前的反共知識份子，以及華商等，都被送去再教育集中營，學習社會主義的教義，和在新經濟區工作。在 1978 年，政府決定廢除

---

134 'Hoa', http://en.wikipedia.org/Chinese_Vietnamese.

了私人買賣。

　　同年，越南攻打柬埔寨，推翻了北京中共支持的波爾布特（Pol Pot）政權。中共顏面盡失。成長中的越南與蘇聯聯盟，激起中共對於越南是否要在印支半島建立霸權，圍堵中共的恐懼。所有這些因素加上越南對當地華人的虐待，導致中共對越南的干預，有些行動是以前沒有做過的，即使在同樣沒有善待華人的印尼，中共也沒有這樣做過。中國想給越南一個教訓。中國在1962 年發動的中印邊境戰爭，是中國根據許多不同的理由所採取的一項新政策，首次去干擾他國。中共侵入越南北部，佔據了三個省鎮之後，便又撤回。戰爭僅僅持續幾個星期。

　　在越南的華人族群覺得政府的政策是針對著他們。華人都被嚇壞了，而且普遍感到不安。因為害怕被殺，所以有成千上萬的越南人民和華人逃離越南。這是第二次人民外逃。在北越有170,000 名華人經陸地逃到中國，在南越有 80,000 人坐船逃離。根據 Li Tana 的說法，「在 1978 年到 1989 年間，大概有一百萬的逃難者離開越南，60-70%是華人。大約有 10%的人在海上消失了。」[135]這批坐船的逃難者被稱為「船民」。乘坐過分擁擠並且不適航行的船隻搖晃旅行，是非常危險的。很多人因為疾病死亡或被溺死，其他也有人死在海盜的手裡。

　　北越的難民逃去香港或鄰近的中國省份。從南越逃出的難民則乘船去泰國、印尼、和菲律賓。根據國際公約的定義，這些船民合乎難民的定義 —— 如果他們回到原來的國家，會受到政治或其他方式的處決。他們不受歡迎而且被關在難民營裡。他們的困境變成一個國際人權危機。聯合國難民局（UNHCR）設立了

---

135 Li Tana，前揭書，P. 233。

難民營，處理難民移居其他國家的相關事宜。這個機構在 1981年因此事件獲得諾貝爾和平獎。

在 1970 年代末期，馬來西亞、泰國、和印尼開始將這些船民推回海上。馬來西亞受到大量的媒體報導。馬來政府拒絕讓他們上岸，趕他們回去船上，並且向他們開槍射殺。前任代理總理馬哈特博士（Dr. Mahathir）在 1979 年聲明，馬來政府將驅逐境內全部的 76,000 名難民，並且當場射殺新到的難民。對外國人無理仇視的民族國家主義者對穆斯林馬來政治精英的做法沒有感到震驚。在 1979 年的前面十一個月裡，馬來西亞政府遣回了58,000 名船民。

不過，在 1980 年代的末期，一個新的難民潮開始離開越南。他們多數是經濟移民。多數是從北越去到香港。香港依照「第一庇護所」（Port of first asylum）的理由，在 1980 年代末期收容了超過 100,000 名難民。這些難民被限制住在預先設立好的難民營裡。這是一個香港無法獨自處理的新狀況。國際社群透過 UNHCR 的幫助，採取一個「總體的行動計劃」（Comprehensive Plan of Action）來解決這個問題。這些經濟難民首先經過篩選，決定他們是否是真正的難民或是經濟移民。沒有通過測試的人會被遣回。難民彼此之間以及難民與安全單位之間，不時發生衝突。但是這次他們沒有得到國際上的同情。僅僅少部份人，約2,500 人，在 2002 年獲得香港的居留權，這樣總算終結了香港的難民問題。2005 年，剩下的兩百名在菲律賓的難民被加拿大和美國收容了。美國也在 1985-1995 年間收容一些以家庭團聚為理由的難民。

根據 1985 年年尾的數據，大約有 1,386,715 名難民已經在全

球三十個國家裡安頓下來。[136]

美國收容最多的難民，理由有二：向在 1975 年被美國遺棄的人民，表示內疚的歉意，也表示忠心的情感。收容難民最多的國家是美國（823,000 名），澳洲與加拿大（各 137,000 名），法國（96,000 名），和德國與英國（各 19,000 名）。[137]

（十一）泰國（Thailand）

泰國最大的非泰人種是華人。估計泰國總人口裡有 14%（約 9,000,000 人）是華人，其中約 2,600,000 人是客家人。他們很多住在南方靠近馬來西亞邊境的宋卡府（Songkhla），和在南方的普吉島（Phuket Island），以前他們被聘僱來此做錫礦的礦工，不過現在錫礦已經關閉了。泰國的潮州人佔了華人的一半以上。其他的方言族群有海南人，廣府人，和福建人。因此華人族群是很不同種的。

中國移民是從 1875 年到 1931 年間大量移入泰國的。到了 1930 年的時候，華裔人口約佔了泰國總人口的 12%。根據 2003 年在中國舉行的第十八次世界客屬懇親大會的報告，在泰國的客家人來自梅縣、豐順、大埔、興寧、和惠州。華人與泰國人在勞力市場上有所區別。泰國人比較喜歡在公家機關和軍隊服務，而華人則傾向從事他們掌控著的商業。他們對軍人不是非常尊敬。依照傳統，中國社會是分成四個等級，在這四個等級裡，軍人並沒有被列入。客家人擁有許多家銀行。泰國五大銀行之一的泰國農民銀行為客家人藍三家族（Lamsam）所擁有。根據富比雜

136　King C. Chan, *China's War with Vietnam, 1979: Issues, decisions, and Implications*, Stanford: Stanford University Press, 1987, P. 122.

137　'Boat People', http://en.wikipedia.org/boat_people.

誌，在 1995 年時，藍三家族是泰國第三首富，估計財產有 23 億美元。該銀行的總裁兼首席執行長伍萬通（Banthoon Lamsam），並不會講客家話。在 1930 年代，陳氏家族在曼谷的事業集中在名叫「陳萬街」的陳氏家族街道上。不過到了 1970 年代，他們的事業消失了，那一條街道也認不得了，因為原有的建築物都被拆掉，並且改建了高樓大廈。多數的陳氏客家人都過得不好，僅僅在不同的行業裡經營小本生意，維持小康的生活。

根據中國古老的記載，中國移民早在紀元前 200 年，就已經由海上的絲綢之路，乘船到達東南亞國家。中國人早在十三世紀時便在暹邏定居了。從 1629 年到 1688 年期間，中國商人就受到宮廷皇家貿易的重視。從 1725 年到 1868 年，泰國皇宮接受中國的朝貢制度，並且定期派遣朝貢團隊到中國。身為貿易家，華人處於有利的地位。泰國的扎克利王朝（Jakkri Dynasty —— 自 1782 年以後至今）的前三位國王都鼓勵中國人移民去泰國。多數的中國移民都是未婚的單身漢，後來和泰國女人結婚。在十九世紀和二十世紀初期時，中國的大量移民也包括了女子，所以和泰國女人的異族通婚就變少了。

華人在泰國受到制度化的歧視。在 1909 年時，華人被迫改名換姓。1910 年泰國國王喇嘛六世（Rama VI）登基以後，情況變得更糟糕。他著手宣傳排華。這種排華政策一直持續到 1990 年代。喇嘛六世抓住泰國持續升高的國家主義來提升自己的君主政體。在他最有名之一的宣傳小冊子《東方的猶太人》（The Jews of the Orient）裡，他指責華人不忠實，因為華人沒有為他們的居住國作出真正的奉獻，而且拒絕變成泰國公民。他們與猶太人沒什麼兩樣。國王本人受過西方教育，他了解歐洲人民的反猶太主義。為了強迫華人調整他們的心態，並且同化他們，政府

在 1913 年通過了泰國國籍法，規定泰國公民的子女或是在泰國出生的小孩一律都是泰國公民。在 1970 年代，中泰兩國建立外交關係以後，出生在泰國境外的華人居民，可以選擇變成泰國公民。到了 1970 年估計有 90%的華人成為泰國公民。

在十九世紀，泰國華人是付稅的農民。十九世紀末期，當西方人開始在泰國投資時，泰國華人變成買辦，他們替貴族服務，為西方人服務，也為自己打拼。

在 1932 年革命以後，絕對的君主政體結束了，國家改由軍人統治直到 1992 年，期間有一些間斷性的平民百姓政體。華人很快就適應了環境局勢。在沒有皇家的支持下，華人開始以小型的企業方式經營，當政府在 1950 年代開始實行進口替代政策（import-substitution policy）以後，華人很快找到了適合他們的經濟支點。

二戰以後，泰國連續被幾個軍人獨裁者統治著。華人成為泰國國家主義的犧牲品。披汶政府（Phibun Government）（1938-1944 和 1947-1957）推出「泰國為泰國人所有」的經濟政策，政府對外商，尤其是華商，課以重稅，同時補助泰國企業。中國移民備受監視。政府為泰國人預留某些以前大部份是華人做的工作。有 27 種工作不准華人參與。例如，華人不准做公車和計程車司機。為了鬆動華人在經濟上的掌控，政府接管了所有的商業活動。中國文化也被控制。華文學校由 430 所減到 195 所，留下來的學校則被迫使用泰語教學。原來的九份華文報紙，只有一份獲准繼續營業。所有的華人協會通通被禁止了。

在披汶二度執政的時期，他繼續騷擾華人，華人被指責不忠於泰國，而且是共產黨。政府的政策，實際上是在加速同化華人，所有願意歸化的華人都被允許繼續保有原來的經濟活動。為

了使華人成為泰國人，同時減少共產黨的影響（他們害怕華文學校鼓勵共產黨），華文學校被減少華文的教學時數。政府設立公開的或半公開的壟斷事業。華人很快反彈，成立了當地的阿里巴巴。華商尋求泰國政府高官或軍方高層的保護，這種泰國政要，軍人，和華商的共存，快速的提升了華人企業。華人銀行獲益良多。

1972 年的軍事政變，使得政治優勢不復存在，華人開始向當地的其他國家，例如中國、台灣、香港、和新加坡的華商尋求開拓企業網。

1.信用親人的資本主義與政治

華人的企業在二戰以後的軍政時期，靠政商關係致富。有人認為這種政商聯盟是一種腐敗，並且稱它為任用親信的資本主義。

除了華人佔有絕大多數人口的新加坡以外，泰國和菲律賓是在東南亞唯一允許華人登上政治最高層的兩個國家。在馬來西亞和印尼，這是不可思議的事情。國會的自由在 1980 年代以後逐步得到改進，華人族群也加入了政治的鬥爭。金錢政治在泰國一直是地方性的。很多的華人候選人是商人。儘管他們的財力足以支付競選活動，但是其他很多人則需要財政的支援。等到他們當選為國會議員或部長時，他們就會設法從政府的工程中賺回他們的「投資」。1986 年的選舉成為華人在泰國政治上的分水嶺。華人在競選活動裡投下巨資，使得商圈贏得眾議會 347 席次中的86 席次。到了 1990 年代末期，國會議員裡 30%的商人議員，大部份是泰國華人。[138]在 2002 年時，前四任總理有三位是華裔，而前三位曼谷總督有兩位也是華裔。根據維基百科的資料，在

---

138 Michael R. J. Vatikiotis in *The Encyclopedia of the Chinese Overseas*, P. 225.

2005 年以壓倒性的優勢贏得蟬聯總理的泰國總理他信（Thaksin Shinawatra）是一個客家華裔。他本人姓邱。有些在模里西斯的客家人也姓邱。在 2005 年的 6 月，他接受中國國務院總理的邀請去中國做三天正式的訪問，並且在最後一天去梅縣祖厝探訪。他看見了他叔叔的十一個黃姓後代，並且用客家話與他們交談。

華人在東南亞是一個經濟優勢的少數族群，他們被排除在政治權力的門外。這個舊時所說的範例已經不正確了。泰國的政治已經發展成為一個政黨分肥制，意即競選獲勝的政黨，將公職酬庸給獲勝政黨的支持者的制度。官僚制度的政治菁英打造了與企業的精英聯合的人脈關係，企業精英現在就掌控了經濟與政治的所有機構 —— 政黨和國會。官僚們由於這樣的合作，獲益匪淺。有一位人權領袖形容泰國的政治制度是「政治是為商人而設，由商人主導。」[139]

在印尼，經濟下滑就會使華人族群受害。在 1997 年經濟危機襲擊泰國時，華人並沒有被當做代罪羔羊。它並沒有導致暴動、搶劫、燒毀、強姦、或殺害。由於華人與泰人更深的融合，所以暴亂沒有發生。許多的華人協會和組織一直促銷著華人與大部份泰國人的友善關係。

2.同化與族群復甦

泰國從來就沒有多元文化的政策。多年以來政府的主要目標就是種族的同化。在過去百年裡，政府設法將一個多種族群，多元文化的王國變成一個單一文化的國家。[140]直到 1990 年代，大

139 'The Consolidation of "Thai Democracy" and the Politics of Business Elites', www.ibiblio.org/obl/docs/cty-ajchx5a.htm
140 Patrick Jory, 'Multiculturalism in Thailand? Cultural and Regional Resurgence in a

家都相信在泰國的華人，已經成功的融入了泰國社會，而且已經變成了泰國人。然而，這種現象與當前高漲的華人文化與身分相互矛盾。使華人融入泰國一直是泰國政府的政策。他們實施一些辦法以確保政策的成功。政府設法將華文學校納入全國的教育制度裡，並且限制他們教授華文的時數。華人子弟學說泰國話，並且保證對泰國標誌忠貞。制定政策的人認為，經過一兩代以後，華人就會變成泰國人。

有些因素似乎在促進著同化過程。這些因素是：類似的文化，對同樣食物的偏愛（米、魚、和豬肉），信仰佛教，以及相似的體格特徵等。[141]不過，陳董二氏強調不要過份誇張宗教在同化上的影響力。[142]泰國的 Therevada 佛教與中國的 Mahayana 佛教是不同的。泰國人在佛教寺或僧院裡拜坲，而華人則在神廟裡拜佛。中國人的大眾宗教是一種混合道、儒、和佛以及大眾的信仰和儀式的宗教。泰國人並不祭拜祖先。

在泰國的華人對官方同化政策的反應，要比佔多數的泰國人同化少數的華人更複雜。一個少數族群學習並且使用多數人的語言的程度，是代表同化程度的好指標，但是它並不表示少數族群完全被同化。華人在學習泰國話的同時，他們並沒有放棄他們的母語。他們變成雙語。有位在 1970 年代的研究者發現「雖然和他面談的每個華人都會說泰國話，幾乎所有的人也都會說華語。甚至有一大部份的覆卷者除了他們父母的母語以外，還會說上一種

Diverse Kingdom', 2002,
http://hcs.harvard.edu/~hapr/writer00_millennium/thailand.html.

141 Chan Kwok Bun and Tong Chee Kiong, 'Rethinking Assimilation and Ethnicity: The Chinese in Thailand' in Wang Ling-Chi and Wang Guangwu, eds., *The Chinese Diaspora: Selected Essays,* Vol., II, Singapore, Eastern University Press, 2003, P. 12.
142 同上，P. 29。

以上的中國方言。」[143]華語是在華人之間的商用語言，而泰國話是他們與泰國客戶使用的語言。華人在家說華語，在外使用泰語。

當華語學校被納入泰國的教育系統以後，政治家相信它將促進華人的同化。許多華人認為這有實質的重要性，因為它可以向上提升社交圈子。華文學校的持續開放可以幫助華人身分與文化的持續傳承。孩童在家使用華語可以使他們在學校的學習更加踏實。

雖然許多華人加入了泰國的俱樂部和協會，華人的「會館」在維持中國人特性上仍舊扮演著重要的角色。這些華人機構加強了同一商圈或具有相同社交同好的華人之間的聯繫。目前在泰國的客家協會一共有 29 個。僅僅在曼谷，華人協會就有 80 個。

祭拜祖先和慶祝中國節日強化了中國文化。雙重屬性也是司空見慣。華人不僅慶祝中國新年，同時也慶祝泰國新年。那些在中國神廟裡用傳統宗教儀式膜拜的華人，我們也可以看見他們在泰國的寺廟裡膜拜。華人篤信多神融合的大眾宗教，在泰國也是一樣。華人的宗教儀式混合了泰國的宗教儀式。不過，在泰國的客家人和潮州人敬拜一位模里西斯客家人不知道的旁道公（pung tao kong）。他是在水滸傳裡的一位叛徒。他名叫燕青。它在反抗政府失敗以後，逃到暹邏。他後來被神化。人們祭拜他，祈求他保護遠離災難，生意興隆。

在泰國有六份華文日報和估計有 50 萬的讀者，對於散佈和維護中國文化，盡了很大的義務。

完全同化並沒有像政府期盼那樣發生。華人保留了他們大部份的文化遺產，而且也採用了一些泰國文化的價值和理想。華人協會在不失去他們的身分與文化的原則下適應環境。中國流行的

---

143 同上，P. 14-15。

文化正在散佈著。進口的中國電視節目在泰國很流行。華人在泰國的心酸史和成功史，是當地電視製作公司的熱門題材，這些連續劇都在黃金時段播放，吸引了廣大的觀眾。現在有越來越多的華裔泰國人在政治圈裡公開表明他們的身分，這是華人在其他東南亞國家裡不敢踩的紅線。在 1996 年的選舉時，某些候選人在華人密集的地區，使用他們的華人姓名，並且使用方言發表政見。在被政府勸阻了一段長時間以後，華語因為再度在學校與大學教授而恢復生氣。華人的影響可以在廣泛的文化活動裡看出：時尚、烹飪、流行文學、商業文化、以及大眾宗教。[144]

　　華人的族群意識是靠什麼才得以復甦？冷戰結束以後，族群的特殊性已經不再被認為是對國家安全的威脅。所以政府也就放鬆了同化的政策。1960 年代以來的快速經濟成長，降低了泰國人對佔優勢少數華人的憎恨，也減少了族群之間的緊張。在泰國的大部份投資來自香港、台灣、和新加坡。中國大陸是泰國旅遊業的最大旅遊客源。

3.藍三家族

　　客家人在經濟上不如在東南亞的其他方言族群那麼發達。客家億萬富翁很少，而且差得很遠。我們很難說得上一個。虎標萬金油的胡文虎（Hu Wenhu）也許是會讓我們立刻浮上心頭的唯一客家人。

　　在泰國最著名的銀行是在 1945 年由客家人藍三家族所創立的農民銀行。它在 2003 年時改名為 Kasikornbank（Kbank）。它已經發展成為泰國的第三大商業銀行。它擁有泰國 13%的存款

---

144 P. Jory，前揭書。

和放貸，總資產有兩百億美元。1997 年的經濟危機，提供了一個機會給家族較為年輕的第四代，去證明他們在管理能力上的優質。在三年的經濟危機裡，從 1992 年以來，一直為總裁和首席執行長的伍萬通（Banthoon Lamsam），成功的使危在旦夕的家族銀行化險為夷。藉著大幅的改變以及公司重整，銀行得以重新獲利。他把銀行的 49%股份賣給外國投資者。他採用了西式的經營管理。在 2000 年時，由於他採用新的管理方法，銀行從 1998 年虧損 US$970,000,000 轉為獲利，並且出現了 US$29,000,000 的利潤，而其他銀行則仍舊在虧損中。[145]

他順利完成為泰國最古老、最保守之一的家族銀行施行改革。他帶進西方顧問團隊幫他管理銀行，指派移居國外的專家為人事資源部的主任。他首先整頓銀行裡公然「唯親是用」，和「任人唯親」的惡習。他大手筆的降低了銀行的呆帳，從 1977 年的 50%降到 1999 年的 10%。他是泰國第一位實行「論績行賞」的首席執行長。他的員工必需接受工作考績。他縮減了 20%的人事，員工降到 11,500 人，包括以優退辦法裁去 2,000 名不能跟上時代科技的職員。他引進電話銀行以及現金卡等新產品。新客戶每月增加 10,000 戶。銀行藉由業務分散以及新的服務項目，如租賃與證券等，持續成長。他的抱負是要把銀行轉型為全球性的金融機構。在一個對西方管理方式感到猶豫的國家裡，難怪這位首席執行長要被人指責為一個破除因襲的人。

伍萬通採用西方的管理方式不足為奇，因為他花了十年的時間，先後在美國的普林斯頓和哈佛大學的商學院求學。從小他就被父親推薦要在未來接管家族企業。他於 1979 年回到泰國後，

---

145 *Business Week*, 18th June, 2001, 'Thai Farmers: "A good Bank in a Bad Environment"'.

在泰國農業銀行工作。他發現當景氣蓬勃、利潤很高的時期，西方觀念對他的長輩們並不重要，他也沒有必要跟他們爭辯什麼。直到伍萬通推行改革時，藍三家族成員四代以來，一直用傳統方法經營著家族的企業。老一輩的很少採納員工的意見做為裁決的依據。而且因為銀行裡的階層太多，非家族的成員無法與高層交流。銀行設立許多階層，以「幫助藍三家族確保營運的掌控，以及勸阻任何足以動搖家族企業的冒進。」[146]

當今藍三家族的洛士利（Loxley）工業集團正在進行營運改革。他們已經施行電子商業制度，藉以提高銷售、降低成本。所有員工都可以用英語和首席執行長交流。公司階層被鏟平了，生意都在線上進行。

藍三集團的歷史可以追朔到十九世紀。伍淼源（1854-1913），又名藍三，是藍三家族的創始人。他出生於廣東梅州市宋南鎮（Songnan）的南峽村（Nanxia）。在模里西斯沒有客家人姓伍。到了 1930 年代，泰國的藍三家族已經沒有和在梅縣的宗親聯繫了，因為在泰國第三代的子女生下來就已經是泰國公民。家族的生意現在已經踏實的集中在泰國的當地。伍淼源在 1874 年，他二十歲時移民到泰國。正如多數的其他的客家人一樣，他很貧窮，開始時，他在泰國北部的一家華人酒舖工作。他的僱主也經營木材生意。淼源從他那兒學到經營木材生意的方法。他積攢儲蓄了 27 年，才存下足夠的資本，在 1901 年開創自己的木材生意。他在 1910 年獲得了獨家特權，獲准在泰國北部的楠府（Nan）和帕府（Phrae）一帶砍伐木材，並且開始出口木材。他直線擴展生意，從砍伐木材業一直到建築業。

---

146 *Business Week*, 7th February, 2000, 'Taking Asia Digital.'

在 1908 年，他開始碾米事業並且出口白米。在 1920 年代，他的企業擴展到整個地區，在新加坡，香港，汕頭，和上海都有分公司。在 1930 年代，有八間家族企業控制著曼谷的食米市場。其中有六家是潮州人的，一家是廣府人的，另一家是客家人的。其中五家控制了 50%以上的泰國白米產量。藍三家族企業是其中之一。藍三把他們的企業分散到運輸，保險，和銀行方面。藍三家族與另一位客家企業巨擘劉漢虎（Liu Hanhu）合夥在 1945 年創辦泰國農業銀行。藍三王國的企業橫跨七十多種行業，從金融業到製造業，從貿易到不動產。

在二十世紀初期，藍三家族靠建立客家學校（1916 年）和客家通用協會，來加強他們的社會地位和影響力。他們捐贈大筆的金錢建蓋房屋和提供墓地給協會。伍淼源和其他方言族群的頭子，攜手合作在曼谷建蓋了天華醫院。伍淼源和他的一個兒子在 1910 年時，都是華商會的創始人。藍三家族也透過婚姻，朔造了橫跨方言族群的聯盟，因而建立了更有力的企業網絡。客家的藍三家族與潮州的礐利家族（Wanglee）也做了彼此之間的通婚安排。礐利家族也經營銀行，並且是控制著泰國白米產量的五大米商之一。藍三家族同時也和泰國政府與皇家權貴，組成聯姻與企業聯盟關係。

在 1930 年代和 1940 年代，為了設法減少華商活動，披汶政府（Phibun government）施行經濟國有化政策。不過，很諷刺的，沒有華人的資本和技術，這個政策無法推行。政府毫無選擇，只好邀請幾個華人家族，包括藍三家族，出資並且經營國營企業。藍三家族由於與泰國皇家有姻親關係，發現他們與政府和高官的新關係，使得他們的政經力量更加強化。

第四節　新世界 —— 美國、加拿大、澳洲和新西蘭

　　華人之所以移民到本章所提到的四個太平洋沿海國家－美國，加拿大，澳洲，和新西蘭，主要是因為黃金的緣故。淘金潮先後有在 1848 年發生於美國加州的舊金山，在 1851 年發生於澳洲的新金山，以及在 1850 年和 1858 年發生在新西蘭和加拿大的淘金潮。淘金的移民來自珠江三角州北部和西北部的四邑和三邑。廣府人佔了中國移民的絕大多數。客家人的數目很少。在新西蘭，由台灣去的 20,000 名移民裡，有百分之十是客家人。華人與客家人在這四個國家裡的人口，如下表 4.13 所示。

表 4.13：華人在新世界四個國家的人口分佈

國家	全國人口（2006 估計）	華人	客家人
美國	300,156,703	2,400,000 （2000）	10,000
加拿大	33,098,932	1,200,000 （2004）	3,000
澳洲	20,264,082	454,000 （2003）	11,000
新西蘭	4,076,140	115,000 （2003）	2,000

　　資料來源：The World Factbook, 7th November, 2006 and the US Census Bureau, www.cia/gov/cia/publications/factbook/rankorder/2119rank.html.
　　第三行：維基百科
　　第四行（美國，加拿大，澳洲）：
Chung Yoon-Ngan:www.chung@mozart.joinet.net.au
　　第四行（新西蘭）：
Sinorama Magazine, 8th April, 2005: www.sinorama.com.tw/ch/

　　這四個國家的政府在十九世紀下半世紀以及二十世紀前半世

紀裡，基於白種移民的壓力和當地人民的堅持，立法限制或全面禁止華人移民。這種排華政策只在二戰期間或以後才被廢止。

一、美　國

在 1882 年以前華人移民美國一直都不受限制。1870 年代的經濟蕭條，加上當地人民以華人奪走白種男人工作為理由，把華人當作替罪羔羊，公開煽動示威，逼迫政府在 1882 年通過首次排華法律。在 1882 年以前，只有妓女、痲瘋病人、和低智能的人才會被法律排除，在 1882 年時，政府把華人加入這個名單上。華人勞工在未來十年內不准移民進入美國，在境內的華人也不給與公民身分。這個限制一直維持到 1943 年。這是美國首次歧視一個特定國籍的國民，拒絕他們移民美國。在 1892 年施行的哲利條款（The Geary Act of 1892）將排華期限再延後十年，復於 1902 年又再延後十年。國會於 1904 年將它無限期延後。其他的歧視法律相繼通過立法。1913 年通過的外國人土地法案，禁止沒有公民權的華人在加州擁有不動產。在其他州也有類似的法律。1924 年的排除東方人條款禁止多數的亞洲移民。在此條款下，華裔美國公民的在外國出生的太太，以及子女都不准進入美國。甚至一個華裔女子如果嫁給一個非出生在美國的華人，那麼她也會失去她的公民權。除了這些法律規定以外，還有法院的判決做規範。1854 年，加州最高法院判決一個華人在為白人是兇手的兇殺案作證是不能被承認的。白人 George W. Hall 射殺了在內華達鎮上的礦工盛凌（Ling Sing 音譯），Hall 後來被判殺人罪並處死刑。不過，在上訴到加州最高法院時，他們根據 Civil Practice Act, 認定黃種人的作證不可採納，於是 Hall 被改判

無罪釋放。這個判決讓白人有權爛殺華人而不受懲罰。

　　第二次世界大戰對華人移民歷史是個重要的分水嶺之一。許多的華裔美國人投入美國軍隊。中國是與美國共同對抗日本的重要戰時盟邦。為了加強與中國的聯繫，美國國會決定在 1943 年廢除一些排華條款，不過美國只給中國每年 105 名的移民配額。直到 1965 年的移民法案，華人移民才獲得與歐洲其他國家的移民一樣，不因人種而受到歧視。中國移民在非歐洲移民名額不超過 170,000 人的原則下，獲得每年 20,000 人的移民配額。1982 年時，台灣獲得與中國相同移民配額。這個移民法使得華人移民大幅增加。

　　雖然在 2000 年的人口調查顯示在美國的華人有 2,400,000 人，由於這個數目並不包含聲明自己屬於兩種亞洲族群的 1,680,000 名亞洲人口中，所以真實的華人數目應該比這個數目更高。超過 80%的華裔美國人住在下列五個州裡：加州，紐約州，夏威夷，德州，和新澤西州。僅僅居住在加州的華人就佔了 40%。

　　根據官方的資料，華人最早在 1820 年抵達加州，但是在往後的二十年裡，美國僅僅多了十個華人。直到 1850 年代才有大量的華人來到美國。1848 年在加州發現金礦後兩年，已有四千華人在金礦做工。到 1851 年時，在加州已有 25,000 名華人。有更多的華人被帶進來美國，幫忙建築中央太平洋鐵路。當鐵路建築完成時，全部勞工的百分之九十都是華人。

　　當反華運動在 1875 年從加州擴散以後，一群華人開始往東部遷移。他們發現芝加哥城市對華人較為友善。到了 1890 年，在芝加哥已經有 5,000 名華人。在 1860 年代，部份華人還在西部建築鐵路時，另外部份的華人已經在美國南方的牧場或田地苦

幹，取代了黑人勞工。其中很多人離開了那裡的牧場和田地，轉去中西部的城市定居。現在住在美國中西部的華人，要比住在加州和紐約華人少得多。在美國中西部的華人幾乎是來自中國南方諸省。移民的模式在二戰以後有所改變。華人移民也來自中國其他省份，台灣，香港，也有來自其他國家的。現在新移民包括來自中國北方講國語的族群，在以前的移民主要是來自中國南方不會講國語的族群。

由於很少女華人移民美國，所以多數的華人不容易在美國建立家庭，華人的數目也就減少很多。而那些已經住在美國的華人則設法適應美式的生活環境和價值。他們有很多人在唐人街找到庇護所，在那裡他們得到安全感，也可以得到移民同夥的陪伴。他們在法院裡找到為自己爭取權利的民主工具，因為美國憲法除了保障在美國的公民，也同樣保障在美國的外國人。他們勇敢的提出超過一萬個法律訴訟，控訴那些不公正的和不斷騷擾的種族歧視法律和行為。一個出生在舊金山的 22 歲華裔男孩，Wong Kim Ark，為了要政府承認他的美國公民身分，他控訴種族歧視的立法，最高法院判他勝訴，華人這次贏得重要而且決定性的勝利。這個案子提醒美國政府，在第十四次的修訂文件裡所說的就是它所代表的意思。凡是在美國出生的人就是美國的公民。

1906 年舊金山大地震所引起的大火災，燒毀了所有的美國移民資料，在美國的華人利用了這事件所創造的排華弱點。它產生了所謂的「紙上兒子」。因為移民資料被燒了，他們可以聲明他們是在美國出生的，自然他們就是美國公民了。這樣他們就有資格把他們在中國出生的小孩帶來美國。其中有很多只是紙上的兒子而已。

在 1910 年，舊金山灣的天使島（Angel Island）被開放作為

一個官方的移民局，所有的新移民，不管是真是假，都得通過金屬護手的測試。他們必需通過一種不人道的體檢和嚴厲的質問。成千上萬的人，因懸疑未決被無限期地居留著。這種現象和紐約州在愛里斯島（Ellis Island）迅速處理歐洲移民的情形相比，真有天壤之別。從 1910 年到 1940 年，一共有 175,000 名華人橫渡太平洋移民去了美國。[147]

由於白人的雇主對華人種族歧視，所以華人集中在服務業的職場上。很多人以洗衣和餐飲開始創業。這兩種行業變成華人的刻板職業。第二次世界大戰給華人帶來重要的意外收穫。中國成為美國的盟邦。有很多華人在工廠裡找到工作。也有人投入軍旅和其他在以前不會讓華人去做的行業裡。（專為華人而設的）柵欄即將被拆除。

一直到 1965 年的移民改革法案和 1960 年代末期的民權法律制定以後，華人才被美國的主流社會接受。由於移民的法律限制在 1965 年被消除，華人的人口從 1960 年代中期不到二十五萬人，增加到 1990 年代中期的（估計）兩百萬人。新華人移民的湧入影響了中國人特質的演化。直接的效應是異族通婚的情形減少了，華人的族群性因此比較容易保留。

華人一向強調教育，並且大量投資在教育上。在美國出生的華人子弟，一直被父母要求在學習上有優越的表現。他們被灌輸了「唯有接受優良的教育才能改進家庭的現況」的觀念，而且他們認為有責任去達成這個目標。華人學生在著名學府裡佔了不成比例的名額，這種優勢讓佔人口多數的白人不滿。在比例上，擁有學士或更高學位的華人，要比全國人口的高兩倍。因此之故，

---

147 www.tenement.org/banana/history/html.

華人的專業人士增加了。這個成功使得華裔美國人被稱為是少數民族的典範,他們靠著自己偏愛勤儉,刻苦,和毅力的特質去改進自己的命運。

相同的移民權利不等於在求職和升遷上也有相同的權利。很多人發現他們在職業上的進階指望被「玻璃天花板」擋住了。他們必需為平等的權利奮鬥。華裔美國人加入其他少數民族為了爭取民權和優惠性差別待遇政策(Affirmative Action)的運動。這些奮鬥提高了他們對華人族群性更加敏銳的意識。這些運動在1970年代有了成果。1974年的指標案子,劉姓先生對尼克斯(Lau versus Nichols)一案,最高法院把勝訴判給具有雙語和雙文化教育的華人被告,這不僅是鼓舞了華人,也是鼓舞了不會說英語的少數民族。華人的積極份子獲得了重要的勝利。機會均等的大門就要開放了。各行各業的工作機會於是就開放給華人。

在多元文化的自由環境下,中國文化體驗到一個新的復甦。中國烹飪和表演藝術都興旺起來。華文報紙獲得了新的契機。華語的收音機和電視節目增加了。新移民保持著他們的文化。華文學校增加了,他們使用國語教學。為了滿足眾多人口在心靈上的需求,許多新的寺廟也蓋了起來。

儘管他們有所成就,他們必需不斷的為保持現狀而奮鬥。美國社會仍舊充滿著歧視和仇恨罪惡的痛苦。1870年代的私刑惡魔不會消失。1882年的排華條款和二戰時期日裔美國人的埋葬,是在美國主流心靈內時刻提醒著的種族歧視問題。在政治上,華裔美國人是脆弱的,他們在全國性的遊說也不引人注意。在1982年時,陳果仁(Vincent Chin)被殺的案子,敲醒了華人的政治意識,幫助他們打造了一個以前不為人知的新身分,那就是非華裔美國人,而是亞裔美國人的身分。這個謀殺案把華人、

日本人、韓國人、以及菲律賓人後裔的美國人通通聯合在一起。
它也釀成許多為了反抗不公平和仇恨罪惡的民權組織。

　　1982 年時，美國汽車工業因為受到日本劇烈競爭的打擊而
衰退。芝加哥汽車工廠成千上萬的工人遭到解雇，因而他們反日
情緒高漲。一位 27 歲的美國華裔青年製圖員陳果仁，在底特律
一家酒吧慶祝他的婚前單身漢聚會。有兩位被解雇的白種汽車工
人，誤認陳果仁是日本人，於是開始侮辱他。接著開始爭吵，他
們後來被趕出酒吧。Ronald Ebens 和他的繼子 Michael Nitz 兩位
白人，繼續追捕陳果仁，並且在麥當勞餐廳的前面逮到他，Nitz
壓住陳果仁，Ebens 則使用棒球棍在陳果仁的頭上痛打四下。四
日後，也是他結婚前五日，陳果仁死了。

　　兩位兇手在 1983 年 3 月的審判中請求輕判。韋恩縣的法官
Charles Kaufman 認定他們犯了殺人罪，判每人各緩刑 3 年，罰
款 3,000 美元，以及法院費用 780 美元。法官為他的判決作了如
下的說明：「你們的處罰是適於罪犯，而不是犯罪。」這個輕判
震驚了全國亞裔美國人的社群。他們於是聯合起來示威，因為他
們知道大家團結在一起在政治上比較有效力。[148]他們控訴法官是
一個種族歧視者，並且譴責他的判決是一個合法化的謀殺。

　　緊接著的是五年法律訴訟，然而在 1987 年的最後新判決
中，一個由十位白人和兩位非裔美國人所組成的陪審團，解除了
對 Ebens 的所有控告。而 Nitz 則被除去了他侵犯陳果仁民權，
和在 1984 年的同謀罪行。在 1987 年時，Ebens 和 Nitz 的民事訴
訟，被判賠 US$1,500,000。Ebens 不曾支付一分錢。據說他還誇
言說，陳果仁的繼承人永遠得不到錢，因為他已經把財產過戶給

---

148 www.modelminority.com/article347.html.

他的太太了。不過，Nitz 一直按時支付賠款。陳果仁的母親，一直積極參與要求合理審判兩位白人兇手的運動，因為過份失望而決定回到中國去，但是她在 2002 年回到美國治病，並在 82 歲時去世。

不論是在中國出生或是在美國本地出生的華人，他們都受到美國主流文化與價值的的影響，同時他們也很在意他們本身的文化特徵。美國文化大熔爐似乎沒有把他們完全同化。他們的種族意識加深了他們對華裔美國人在文化，理想，以及美國歷史貢獻等各方面的興趣。中國文化和美國文化的基本元素產生了一種像華裔小說家譚恩美（Amy Tan）所描述那樣的新文化。

自從 2007 年中國成為世界第三大經濟強國（現在已經成為第二大經濟強國）以來，它已經在近幾年強烈的影響了華裔美國人的態度。根據 Vivien Schweitzer 所說，「中國在政治和經濟的崛起，是驕傲和力量的根源。」[149]現在世界都在聽中國說什麼，並且尊重他們。有一個接受訪問的人說，一般華人都不再說自己是來自中國大陸，台灣，或是香港，他們只是說自己是華人而已。我們可以了解第一代華人希望保持自己的文化特質，但是即使第二代的華裔，因為父母灌輸給他們強烈的中國文化與價值的意識，也同樣設法保持他們的文化背景。

二、加拿大

吸引華人到加拿大的原因是在 1858 年發掘金礦，以及從 1880 年到 1884 年間建築加拿大太平洋鐵路的工作機會，但是在

149　Vivien Schweitzer, 3rd March, 2005, 'Chinese Diaspora: United State', http://news.bbc.co.uk/l/hi/world/asia-pacific/4308955.stm.

加拿大從 1858 年到 1884 年開放華人自由移民以後，華人便體驗到種族歧視，最糟糕時甚至全面禁止華人入境。加拿大的移民政策在 1885 年到 1923 年期間是反華的。當加拿大太平洋鐵路在 1885 年完成以後，12,000 名中國工人變成多餘的。加拿大政府在 1885 年通過一項移民法案，對每一位進入加拿大的中國移民課人頭稅。起初的稅是固定每人加幣 50 元，後來連續兩次加稅，到了 1903 年時，變成每人加幣 500 元，相當於當時兩棟房子的價錢。當時的加拿大平均年收入是加幣 100 元。人頭稅逼迫華人社群擔負著數十年的債。政府在 1923 年通過了華人移民法案，禁止新的華人移民。在 1885 年和 1923 年期間，約有 81,000 名華人進入加拿大，一共付了兩千三百萬元（C$23,000,000）的人頭稅。華人移民絕大多數是廣府人，客家人則寥寥無幾。華人是被排除在移民的門外唯一的少數民族。政府在 1947 年廢除了排華條款，並且給與華裔加拿大人完全的公民權，不過在移民方面，則限制在家庭團聚一項。一直到了 1967 年，華人才被准許不問他的種族和出生地，只憑自己的實力進入加拿大。華人因為被白人歧視，所以很難在白人佔優勢的職場上找到工作。華人別無選擇，只好像在美國的華人一樣，集中在餐館，洗衣店，或其它的服務業上發展。華人由於遭到白色種族主義者的排斥和邊緣化，他們沉痛的體會到自己所受的不同待遇。在這種情形下，為了自己的安全，友伴，和互助，他們只好周旋在傳統的協會裡。同鄉會和宗親會於是興旺起來。

第一代移民的願景並不太好。他們在加拿大出生的子女，為數不多，他們依法是加拿大的公民，也在加拿大受英語教育，然而，由於他們不易在唐人街以外的地方找到工作，他們也不會好到那裡。華人父母於是變得更加內斂，並且要求子女一定要學好

中文並且了解中國文化。[150]

　　在 1950 年代，在中國出生的華人和他們受到西方文化薰染的子女時常起衝突。他們認為他們父母落後，並且向他們的帶領方式挑戰。他們遊說大家爭取社會對華人的認同，掃蕩種族間的藩籬。在加拿大土生土長的華人比較讚賞廣泛的文化。他們的父母對於子女失去華人身分以及（過份）西化，表示不滿，但是他們對於子女在專業上的成就則感到驕傲。

　　1971 年為加拿大的華人移民史寫下新的一頁，因為在這一年加拿大政府放棄了種族歧視政策，實行了多元文化政策，完全消除了制度上和法規上的歧視條文。這個新政策把國內的各個族群性定義為國家民族大熔爐的一部份。華人不需要放棄他們的族群性和文化。相反的，華人族群使加拿大這個國家更加豐富。那些執著提倡同化的土生土長的華人不提防的給絆住了，不過他們還能洞悉實務，了解新的情況。他們接受並且採納了多元文化，以及保留中國文化和語言的政策。年輕一代的華人發覺身為華裔的驕傲。

　　1967 年的移民法規廢除了種族的偏見，並且以平等的態度對待各個族群，加上新近的多元文化政策，使華人移民復甦。新移民從香港，中國大陸，以及台灣大量湧入。在 1991 年到 1996 年之間，香港回歸中國以前，每年約有三萬人，多數是講廣府話的，從香港移民到加拿大。這數目相當於加拿大總移民的百分之二十。由於香港順利回歸中國，排除了人們對香港政治動盪不安的恐懼，因此香港人移民加拿大的人數在 1997 年驟減。不過，很多的香港移民後來十分悔恨，因為從 1980 年代到 1990 年代，

150　Wing Chung Ng in *The Encyclopedia of the Chinese Overseas*, P. 237.

加拿大面臨二戰以來最嚴厲的經濟衰退，所以工作機會很少。他們有很多人沒有工作或是屈就。於是很多人又回到工作機會多而且薪水高的香港，他們把太太和小孩留在加拿大，每年回去探訪一兩次。這種現象就是所謂的「太空家庭」。在 2000 年以後，華人移民最多的是來自中國大陸，每年超過 30,000 人，佔全國每年移民總額的百分之十五。移民人數在 2004 年降到 8,000 人而已。

加拿大政府在 1970 年 10 月外交上承認中國政府，加上新推行的多元文化政策，鼓勵華裔族群與自 1949 年以來一直被中斷了的故鄉親人聯繫。很多華人激動的再度認同自己的祖宗文化。年輕一代的華人，由於從來沒有機會認識在中國故鄉的族人，他們的中國人特性只能從在加拿大的生活經驗中體會而已。

中國文化由於多元文化重現生機。新的華文報紙出版了。收音機與電視也有使用廣府話和華語廣播的節目。大家也慶祝中國節日，龍舟活動即使在非華人的社群也非常熱烈的流行著。多元文化允許華人族群保持他們的華人身分和文化，並且在更加友善而不敵對的環境下生活。因為華人的人口多，所以可以幫助華人保持他們的語言。根據 1991 年的人口調查，華人的人口有586,000 人，他們聚集在大都市裡生活。華語是第三多人使用的語言，僅次於英語和法語。

多元文化並不代表種族歧視完全消失，偶爾它還是會出現的。在 1979 年的一次電視報導可說是華人在加拿大歷史上的一個重要的分水嶺，因為華人聯合了全國所有中國方言族群一起對抗排華的情緒。這個報導是在一個加拿大電視台的新聞專門節目裡播出的。報導說外籍學生奪去了白人學生在大學的求學機會，而這些教育費用是由加拿大的納稅人支付的。這個報導主要是針

對華人和華裔加拿大人。事後發覺報導的資料有誤,報導中的「華人」其實是指「華裔加拿大人」。一個全國性的抗議迫使加拿大電視台向華人道歉。這個事件證明華裔加拿大人必需隨時警惕,他們需要團結一致才能有效的發揮政治效力,他們已經不像以前那樣可以被人推來推去了。

（一）客家人的到來

客家人大量移民去加拿大是從 1960 年才開始的。他們來自中國大陸、香港、台灣、印度、印尼、加勒比海、南非、留尼旺島（Reunion）、和模里西斯等。除了模里西斯的客家人以外,他們的移民首選是多倫多。操雙語的模里西斯客家人,他們選擇多倫多,溫哥華,和蒙特利爾。多數的客家人並不是來自中國大陸,而是來自印度和加勒比海,主要原因是由於社會,經濟,和政治的因素。他們尋求一個更好的生活環境和工作機會,和一個種族更和諧的社會環境。印度政府在 1962 年中印邊境戰爭以後,對華人十分嚴厲。由於華人掌控著牙買家的經濟,許多針對華人和華人生意的反華暴動先後在 1918 年,1938 年,和 1965 年爆發。[151]模里西斯的客家人在獨立前幾年移民去加拿大。因為在模里西斯發生過種族之間的暴動,雖然不是針對華人,但是他們還是擔心是否會遭殃。多數移民去加拿大的是專業人士,其中有些是最出名的醫生。他們移民的意願並沒有減輕。根據一個在當地加拿大移民專業代辦處提供給作者的資料,他們處理的移民申請者約有 25%是華人。每一個華人的家庭都有一個或以上的成員移民到外國去,理由是為了尋求更好的經濟機會和給子女更

151　Shirley S. Chiu, *Ethnic Identity Formation*,
　　http://ceris.metropolis.net/virtual%20library/housing-neighbourhoods/schiu.pdf, P. 28.

好的教育。政治則已經不再是他們考量的因素。根據加拿大統計局在 2001 年的資料，有 4,560 人申報客語是他們的母語。邱女士辯稱這個數目太低，因為很多人客家人只申報他們是中國人而已。非正式的估計客家人應該有 35,000 人，其中有 20,000 人住在多倫多。[152]加勒比海的客家人是在 1960 年代到達，而印度的客家人則是在 1962 年中印邊境戰爭以後才去的。邱女士調查了印度與加勒比海的三十名客家人，結果顯示他們移民的重要原因是尋求較好的教育和經濟機會，平等的生活條件，以及比較安全和較少的政治干預環境。[153]邱女士同時也發現「印度和加勒比海的客家人在社會經濟方面的條件要比一般多倫多人民的高。他們受過較高的教育和勞動力的訓練，從事較高尚的職業，領取高薪，家庭收入也高。」[154]

（二）客家身分的維固

語言、傳統、習慣、和信仰是文化的重要標記，但是僅僅靠這些是不足以決定身分的。這些特徵可以學得到，也可以被遺棄。梁肇庭認為客家人分享著共同的文化和傳統的事實，只能被認為是一個社交語言或文化的團體而已，他們如果要成為一個族群，「只有在跟其他人競爭時，這些共享的標記，是被理智的選擇用來促銷團結和動員，作為提升這個團體的社會資源和降低生存的威脅。」[155]透過與其他族群的互動，可以幫助族群身分的形成。廣府人對客家人的態度是一向認為客家人比較差勁，而且不

152　同上，P. 30。
153　同上，P. 99。
154　同上，P. 90。
155　Sow-Theng Leong，前揭書，P. 20。

是百分百的中國人，因此客家族群的範界與族群特徵更加強化。
換言之，族群身分是環境因素的結果，它是被建造出來的。

　　邱女士在她的研究裡發現，從印度和加勒比海來的客家人靠
著他們的食物和常去的雜貨店在維持他們的客家身分。印度客家
人由於在印度時，大家集中住在一個地方，並且從事同樣的行
業，所以更能保持他們的方言。客家人和廣府人的互動地方是在
廣東的雜貨店和餐館。廣府人對不會說廣府話的客家人扮鬼臉。
客家人發覺在多倫多與廣府人面對面時，他們還是少數族群。廣
東的餐館服務人員對不會說任何中國方言的客家人可能會不客
氣。這種態度加強了方言族群的特殊性。

　　維基百科列出 50 位著名的華裔加拿大人。其中只有一位是
客家人伍冰枝。[156]她就是 Adrienne Clarkson。她在 1939 年 10 月
7 日出生於香港，並在 1942 年隨父母移民到加拿大。[157]她是一
位善於交際的著名電視明星。她主持了超過 3,500 個電視節目。
她是第一位華裔加拿大人出任加拿大總督。她在 1999 年被任命
為第二十六任的總督。有人崇拜她的博學和在政治上的成就，有
人指責她不曾擁抱她的中國文化遺產，也不關心她的中國祖先。
她也因為不諳客語而被責怪。許多人認為她在任總督時並沒有代
表過華人。

三、澳　洲

（一）早期的客家移民

　　雖然第一個華人在 1803 年就來到澳洲，但是直到 1851 年在

---

156 http://en.wikipedia.org/wiki/chinese_canadian.
157 http://en.wikipedia.org/wiki/The_Right_Honourable.

澳洲發掘金礦以後，才有大批的華人移民到澳洲。[158]根據記載，第一位來澳洲的移民名叫"Ahuto"，他是個做木匠的自由業者。

在發掘金礦以後，吸引了很多的華人去維多利亞（Victoria）和新南威爾斯（New South Wales）的金礦當礦工。這也同時引起在西澳洲羊毛工人的逐漸短缺。殖民政府於是被迫在 1847 年到 1898 年間向合約華人礦工求助。一般的合約是為期五年。第一批華人礦工在 1851 年開始發掘金礦後的第二年，即 1853 年，抵達墨爾本。到了 1855 年，約有 19,000 名華人礦工已經抵達維多利亞，再過兩年，華人礦工人數達到 26,000 人。他們主要來自廣東省。他們都是客家人或廣府人。各個方言族群的人數則不詳。

由於華人在金礦搶奪了礦區的工作，所以白人礦工向他們的政治領導施壓，要求限制華人來當礦工。因此政府於 1855 年在維多利亞通過了首次排華法案。該法案對每位華人移民課稅，並且限制移民人數。排華法案的立即效應是華人移民數目下降。

在新南威爾斯金礦於 1856 年到 1860 年之間的幾次暴動，迫使新南威爾斯的議會在 1861 年通過類似維多利亞的立法。其後果十分嚴峻。華人移民從 1860 年的 6,985 人驟降到 1863 年的 63 人而已。

1873 年在女王地（Queensland）發掘了 Palmer River 金礦以後，有 15,000 名華人礦工（佔全部礦工的 40%）湧進新金礦。從香港來的華人在 1875 年來到 Cooktown，兩年後，華人的人口到達了 18,000 人的水平，超過了金礦總人口的 90%。1872 年在北方地區（Northern Territory）發現黃金時，來自廣東的華人開

---

158 'Background: A brief overview of Chinese life and heritage places in Australia' , P. 1, www.ahc.gov.au/publications/chineseheritage/trackingthedragon/background.html

始到那裡，到 1880 年時，已有 10,000 名華人在北方地區，一直到 1910 年，華人都佔了當地人口的一半。[159]

　　1871 年在 Tasmania 發掘錫礦後，華人再度來此採錫礦。根據 1891 年的統計資料，在 Tasmania 有 931 名華人，其中 695 名是礦工，122 名是市場的園丁。在位於 Perth 西北 2623 公里更遠的 Christmas Island，他們從新加坡僱來一批華人挖掘硫礦。現在華人仍舊在那裡，佔當地總人口僅僅 361 人的 70%.[160]

　　當金礦枯竭後，華人礦工有的回到中國，有的遷去其他的金礦，有的轉行謀生，特別是當市場園丁或其他的服務業。有一次客家人在澳洲內地遷移時偶然發現金礦。1857 年 5 月，700 名客家和廣東礦工，從澳洲南部到維多利亞的中央金礦。在艱苦的跋涉途中，他們在一個泉水旁邊休息補充飲水時，偶然發現黃金。這個金礦是世界上藏量最豐的淺沖積金礦，綿延超過五公里。這個金礦後來產生了新的城鎮 - 阿拉拉特鎮（Ararat Town）。客家人就叫它為金山。在短短幾個月，人口增加到三萬多人。在最初三個月，礦工挖到超過三噸的黃金。阿拉拉特金礦是在澳洲唯一被客家人和廣府人發現的金礦。它位於墨爾本西邊 205 公里，人口 6,890 人。那裡建了一座華人遺產中心，在 2001 年開放參觀，紀念該鎮的起源，以及客家人和廣府人在開創該鎮時所扮演的重要角色。

　　成千上萬的華人礦工需要住也需要吃。那些有生意頭腦的人找到了好商機。他們給礦工們提供日常生活的必需品。由於多數的客家人和廣府人都來自鄉村，他們在農耕和灌溉方面具有豐富的知識和經驗。政府在 1901 年推行白澳政策以後，很多華人改

---

159 同上，P. 5。
160 'Christmas Island', www.cia.geo/cia/publications/factbook/geos/kt.html.

行去當市場園丁。他們的食物不僅供應礦工，同時也供應給許多小鎮和城市。因為白人礦工在這行業不感興趣，因此沒有競爭，也沒有衝突。不過，當新移民被切斷以後，退休的華人業主找不到人接手。二戰以後，義大利和其他的歐洲移民接下這些工作。1880 年代，華人在女王地砍伐雨林，種植玉蜀黍，甘蔗，和熱帶水果，例如香蕉，鳳梨，和芒果等。他們設立了農業機構，即使現在還將熱帶水果供應給澳洲各大城市。在澳洲西部，於世紀交接時，有一半的華人勞工都是從事於市場園丁的行業。他們也在新南威爾斯開始種植並銷售煙草。在二十世紀初期，在墨爾本的水果市場上有一半的水果商人是華人。

　　華人向來不是素食者。他們將魚類供應給在新南威爾斯和維多利亞的礦工。一直到 1886 年，許多華人也在澳洲西部做起珍珠的生意。

　　為了自身安全，友伴，以及市場，華人很快的建立起他們的社交制度。他們依照原居地，或地緣關係，或宗親姓氏組織會館。因為早期移民來自廣東省，他們多數是廣府人。客家人雖然沒有那麼多，在北方地區，他們的人數則較多。在二十世紀的後半世紀才從中國南方以外省份來的新移民，使得講華語的族群比南部方言族群更為重要。約有 80% 的移民申請者來自上海。

　　在北方地區有超過 4,000 名華人，他們大部份是客家人，而且他們在當地社群扮演著重要角色。由澳洲部長級官員領隊的一個代表團，於 2004 年 10 月，從 150 年以來首次去拜訪住在北方地區的客家人的梅州市故鄉，這件事強調了客家人的重要性。他與梅州市的副市長簽訂共識備忘錄，期望增進雙方貿易，運動，教育，以及移民關係。

（二）澳洲的白人政策

「白澳政策」一詞從來就不是一個正式的名詞，但是它經常在政治演說或公開辯論時被使用著。它指的是不讓有色人種移民進入澳洲的政策，而它所根據的是在 1901 年的移民限制條款。澳洲學術界的歷史學家曾經評擊這個一直存在到 1970 年代的政策。它的起源可以追溯到從 1855 年 1890 年之間在南澳洲，女王地，新南威爾斯，和維多利亞等地通過的法律。到 1888 年時，所有的澳洲殖民地都禁止華人移民，不過已經住在當地的華人，並沒有像 7,000 名美拉尼西亞島民（Melanesian Islanders）（澳洲人用輕視的語氣稱他們為 "Kanakas"）那樣被譴回。

白澳政策背後的理由是什麼？毫無疑問的，白澳政策是建立在種族歧視上，目的在保持澳洲人種的「純淨」。當時在國會的辯論，揭示為何白色的澳洲人要澳洲保持白色的原因。他們有個廣泛蔓延著的情緒，認為有色人種比較差，而且異族通婚會污染白色人種，並且降低白色種族的品質。[161]白人怕中國人有兩個主要的原因：種族和經濟。澳洲人把中國人看成「黃禍」（Yellow Peril），因為澳洲在 1901 年的人口只有 3,700,000 人，而離澳洲不遠的中國，在 1850 年時卻有龐大的 430,000,000 人。很多的白色澳洲人害怕有一天中國人可能會淹沒白色的澳洲。他們同時在勞動市場壓低工資。中國在十九世紀中期弱得可憐，要想中國去侵略淹沒澳洲，那是不可思議的事。

1901 年的移民限制條例，是新聯邦政府最早通過的法案之一。他們抄襲了許多南非的類似法律條文。早期的法律草稿只是禁止非白色人種移民澳洲，但是由於英國政府反對，迫使澳洲政

---

161 'White Australia Policy', http://en.wikipedia.org/wiki/White_Australia_policy.

府放棄了。取而代之的，他們施行（用任何一種歐洲語文的）50個字的聽寫測驗，其實際目的與原來的草稿相同（排除非歐洲移民）。在 1901 年到 1947 年之間，華人的人口驟降。根據 1947年的人口統計，當時的華人不到 10,000 人，其中有 5,400 人是不在澳洲當地出生的。

　　白澳政策會在 25 年間逐漸被放棄。第一次的行動來自國外，而且是間接性的。二戰期間澳洲政府請求美國政府派遣白色軍人支援澳洲保護國土抵抗日軍侵，美國拒絕澳洲條件，要澳洲必需接受非白色軍人。這是白澳政策終結的開端。戰後的道德氣氛開始改變。中國人曾經是澳洲人對抗日本人的盟邦。白澳政策在道德上說不過去，龐大的知識施壓份子宣傳廢止它。人民抗議政府遣返戰時就已經在澳洲的印尼和菲律賓難民，迫使政府核准800 名難民留在澳洲。澳洲軍人娶了日本太太的，也被允許把日本太太帶回澳洲。德國納粹所犯下的戰爭罪行，使白澳政策成為無法被接受的一種意識形態。德國人也認為猶太人和吉普賽人是次等人種，不配生存。

　　從 1947 年以後，政府開始修改移民規章。華人獲准移民澳洲的人數逐漸增加。二戰以後，許多華人把他們的生意從新幾內亞和太平洋島嶼轉移到澳洲。在 1950 年的哥倫布計劃下，大約有 40,000 名亞洲學生於 1950 年到 1985 年間去澳洲的學術機構求學。有些華人學生與澳洲人結婚並且留在澳洲。許多在澳洲接受訓練的醫生和牙醫，在白色澳洲中等階級裡享有精湛醫術的盛名。這些專業人士，被允許留在澳洲。幾乎在各個城鎮都可以看到華人牙醫。華裔商人和專業人士改變了華人只是開餐館，洗衣店，和從事市場園丁的族群的傳統形象，他們對消弱白澳政策也有所貢獻。

　　在 1957 年，凡是在澳洲住滿 15 年的非白人都獲准變成澳洲公民。1958 年的移民法案廢除了有爭議的默聽測驗。華人居民取得公民的條件從 15 年減為 5 年，與歐洲移民獲得公民的時限相同。

　　政府在 1966 年宣佈廢止白澳政策是澳洲移民史的一個轉捩點。白澳政策在 1973 年終於正式結束。政府將所有移民法做了一連串的修訂，將所有種族歧視的條款去除。所有的移民，不論何地出生，都可以在住滿三年後獲得公民權。澳洲政府也支持聯合國 1948 年採納的全球人權宣言（Universal Declaration of Human Rights）。1975 年的種族歧視法案，規定任何以種族為條件做為法理目的都是違法的。這項改革對於非歐洲移民的名額沒有數目衝擊，因為澳洲政府減低了移民進入澳洲的總名額。

　　在 1980 年代，由於中澳兩國外交的發展和貿易的增加，使得更多的中國學生到澳洲求學。他們多數是共產黨在政治或經濟上的官員子女。1989 年天安門屠殺事件以後，澳洲政府決定發給 42,000 名中國學生永久居留證。這些學生後來把他們的家庭也帶來澳洲，因此 42,000 人膨脹到 100,000 人。這批新移民最顯著的特色是他們說華語，而以前的移民，從 1950 年代以來，主要的方言是客家話和廣府話。在 1980 年代裡，一批批的企業移民從香港和台灣湧進澳洲。自從 1989 年以來，最大量的移民是從中國來的。現在具有中國血統的華人有 750,000 人之多，他們約有一半住在雪梨。

　　白澳政策的後果是絕大多數的澳洲人仍是白人。現在的移民點數制度似乎偏愛英語系的國家。在 2002 年，來自全世界 150 個不同國家的移民遷到澳洲。在 2004 年，超過 11,000 名中國移

民在澳洲定居，約佔了全部移民總數的 10%。[162]根據 2006 年的人口和房屋統計，華人的人口是 669,896 人。（佔全國人口25,451,383 人的 2.63%）。

（三）由同化政策轉為多元文化政策

同化政策可說是白澳政策的一個分支。它是在 1901 年到1960 年代中期所推行的政策。它不僅影響了華人，也同樣影響了原住民。澳洲政府接受華人移民是認為華人應該去除他們的文化和語言，而被融入主流，直到分不出彼此。不過這個政策在二戰德國納粹被打敗以後，無法擋住道德的壓力。

結果政府推銷種族融合政策。1960 年代由於歐洲經濟好轉使得歐洲移民減緩。澳洲政府需要到其他地區尋找移民來源，來支持國家經濟的繼續成長。政府在 1960 年代放棄白澳政策，並且在 1966 年簽訂了廢除所有形式的種族歧視國際協定（International Convention on the Elimination of all forms of Racial Discrimination）。

移民部長在 1973 年的「國家的家庭」演說中，首次使用「多元文化」一詞。從此以後，多元文化開始發展。種族歧視法案（The Racial Discrimination Act）在 1975 年通過了，它禁止以人種，膚色，或出生族群歧視他人。現在移民的篩選是根據點數制度。在 1989 年發表了多元文化的澳洲的議程，它列出了多元文化的三大原則：

1.**文化身分**：所有澳洲人都有權利，在仔細訂定的範疇內，

162　BBC News, 'Chinese diaspora: Australia', 3rd March, 2005, http://news.bbc.co.uk/i/hi/world/asia-pacific/4311063.stm.

表明並分享他/她的祖裔文化，包括語言和宗教。

　　2.**社會正義**：所有澳洲人都有權利享有公平的對待和機會，以及消除種族、族群、文化、宗教、語言、性別、或出生地的藩籬。

　　3.**經濟效率**：社會必需維持，發展，和有效的利用所有澳洲人的技術和才華，不論他/她的背景。

　　在民主澳洲的基本架構下，只要對澳洲的制度與價值盡責，政府就承認每一個族群有表明自己文化身分的權利。在 2003 年 5 月，政府修訂國家的議程，增添了在 2003-2006 年的新政策：「澳洲的多元文化政策 - 無限上鋼的多元化」，這是根據三個策略方針而定的：社群的和諧，公平享用，和有建設的多元性。

　　澳洲人在三十年後對多元文化政策的反應多有不同。澳洲總理 John Howard 對多元文化政策是持批評態度的人，他比較喜歡「分享的國家身分」。反對亞洲移民（它的引申意義就是反對多元文化政策）導致一個右翼的民粹主義政黨 ——「一國黨」（One Nation Party）的產生。一國黨在 1990 年代提出了反對亞洲人和原住民情緒的熱門訴求，1998 年在女王地的選舉時，新的一國黨贏得了 25%的選票，在州議會裡得了 11 席。

　　馬克斯主義者認為多元文化主義是一種內在化的帝國主義。換言之，換另一個族群利用它來累積資本。做法雖然沒有那麼政治化，然而是較為保守。這是人們對多元文化的批評，認為它是基於過份單純的人類本性，因此它是有缺點的的思想體系。對於相信社會和文化同化的人們而言，多元文化制度禁止少數族群參與主流社會，並且加深經濟的分歧。多元文化促使社會和文化差異，令人懷疑會使族群成為巴爾幹化（分裂成許多的小國家），

這樣就會破壞現代的工業社會。在 2006 年 12 月所發生的種族暴動事件，似乎肯定了多元文化政策在創造和諧社會方面是失敗的。當時有 5,000 名白人青年攻擊阿拉伯或中東後裔。年輕的阿拉伯人在雪梨附近許多地方反擊他們，將近 40 人受傷。

四、新西蘭

首先是毛利人（Maori），再來是歐洲人，中國人是第三個移民去新西蘭的族群。最先到新西蘭的華人，出生在中國，名叫 Appo Hocton。他在 1842 年時從 Wellington 跳船，後來在南島（South Island）的 Nelson 定居下來。[163]1865 年時，在 Otago 的政府當局兩次邀請在澳洲維多利亞的華人採金礦工去 Otago 金礦。一直到世紀交接時，多數華人都是在金礦做工採金。到 1871 年時，在 Otago 有 4,159 名華人採金礦工。在 1881 年時，新西蘭有 5,004 名華人，這是在十九世紀裡新西蘭華人最多的時期。在 1891 年時有 1609 名華人礦工在西海岸採金。在 1880 年代中期，Otago 中區的礦工有 40%是華人。[164]在 Otago 金礦裡的客家人是佔少數。根據長老教會派去中國的傳教士 Alexander Don 所說，客家人在那裡被廣府人藐視。[165]這種不友善的關係要追溯到以前在中國的土客械鬥。

華人在新西蘭成為被法律和規章歧視的對象已經有一百多年，他們必需奮鬥以求生存。他們向國會訴求，示威反對歧視制

---

163 'Talk on the Chinese in New Zealand', P. 1,
　　www.stevenyoung.co.nz/chinesevoice/history/chineseNZ.htm.
164 同上，P. 1-2.。
165 'Registration Proposal', P. 4, www.nzarchaeology.org/lawrence%20cc%20final.doc.

度，但是不得要領。儘管沒有一個政府正式宣佈「白色新西蘭政策」，可是他們卻用法律，規章，以及政策建立起一道強大的白牆。只有在二戰以後，政府才放鬆他們排華的立法和政策。他們對華人的歧視，出於白色新西蘭人對華人根深蒂固和無名的恐懼。他們認為華人的增加會破壞新西蘭國家。他們害怕華人會奪走他們的工作機會，並且把工資薪水壓低，因為華人願意接受更低的工資，和更長的工作時間，因而降低他們的生活水平。他們時刻警惕著異族通婚，因為那樣會使白色新西蘭人的品質變差，使得子女不如他們的父母。他們不能接受華人吸食鴉片和賭博的習慣。認為華人在經濟與道德上會對白色新西蘭的根基產生一連串的威脅。

　　在十九世紀的下半世紀裡，新西蘭仍是一個邊遠地區的社會，有某種程度的暴亂是可以想像的，但是不尋常的是，他們對華人的歧視的事實，竟然是持續不朽的，合法的，並且制度化的維持超過一世紀。華人礦工的到來，他們和新西蘭人以及歐洲人的互動，產生了社會問題。政府被迫採取行動來解決這個問題，導致政府通過一系列的反華法律。政府在 1881 年通過了華人移民條款，對每一位華人徵收十英鎊的人頭稅，並且限制華人進入新西蘭的移民人數，每十噸的船隻只能載一名華人移民。這個比例後來修訂了兩次。在 1888 年時，每一百噸的船隻才能載一名華人，1896 年的比例又改為兩百噸載一名華人。這是首次歧視華人的法律。在 1896 年時，人頭稅增加到每人一百英鎊。其他族群沒有一個需要付人頭稅，也沒有一個族群有移民的限制。估計從 1882 年到 1930 年間，有 4,500 名華人繳過人頭稅。人頭稅直到 1944 年才被廢除。當時的財政部長承認那是新西蘭制定法律的一個污點。

　　1898 年的剪羊毛工人居住條款，實行了種族隔離政策，因為剪羊毛的工人必需分開住在別的地方。1907 年，政府要求華人參加英語閱讀測試，由考官隨意挑選一百個字讓考生作答，然而其他族群的移民則允許使用他們自己的語言作答。華人不准領取老人年金和家庭補助金。在 1908 年，華人要出國旅行，必需申請再入境的證明，而且要留下指紋。華人歸化入籍的權利被剝奪直到 1952 年才被恢復。華人不論是否在新西蘭出生，一律被認為是外國人，而且沒有投票權。其他族群沒有一個需要蓋指紋，也沒有一個不准歸化入籍。1925 年，華人婦女一律不准進入新西蘭，次年，政府廢除每年一百名入境的規定。新西蘭排除華人和其他亞洲人，直到 1980 年代都是全面性的。這就是所謂的「白色新西蘭」政策。

　　政府通過法律把華人的競爭優勢去除。他們深知華人工作勤奮和耐久的習慣。華人的家庭成員在自己的家庭生意店舖工作是不拿工資的。政府通過許多保護主義的法律，限制華人店舖營業的時間和免付工資的人數。1910 年通過的工廠修訂條款限制洗衣店的工作時數。1904 年的店舖和辦公室條款及其在 1927 年的修訂版，控制華人企業的營業時間和免工資的工人數目。很多人認為這些法律是專制的。二戰期間，由於中國是共同抵抗日本的盟邦，因而影響並且改變了政府對華人的政策。在 1939 年時，華人被允許把他們的家人帶進來，暫時居住兩年。不過因為戰爭的關係，他們無法回去中國，新西蘭政府只好勉強同意頒給他們永久居留證。新西蘭政府認為中國移民問題是一個持續不斷的問題，所以審查移民政策企圖解決問題。政府於是廢除了暫時的居留證，推行華人家庭團聚制度，讓他們可以把自己的太太和小孩帶來。在此同時，政府也推行同化政策，設法把華人與中國的關

係切斷。政府不發入境證給華文學校的老師，也不再允許新的華人進入。

另一個重要的事件影響了新西蘭的移民政策。在 1973 年英國加入歐盟時，因為新西蘭失去了出口給英國的特權，所以必需另外再找新的貿易夥伴。相信讓這個新貿易夥伴的國民進出方便是重要條件。不過，移民法沒有因此被大幅修改。1974 年時，新西蘭允許中國的專業人士移民，並且把家庭團聚延伸到華人居民的父母。到 1987 年時，移民法才被審核並且大幅修改。政府廢除了傳統的移民來源國名單，並且推行了企業移民政策。移民之門為華人開放了。超過百年以來，華人首次以個人程度，經濟條件，和能力，而非以種族或出生地，獲准移民新西蘭。

華人的人口急速增加。從 1984 年的 26,523 人增加到 1991 年的 44,793 人，並且在五年後幾乎變成雙倍。現今的華人移民和以前的礦工不同。他們是高程度的專業人士和中產階級。

華人移民不其然的空前膨脹，以及他們在城市集中居住的現象，引起當地居民的反衝。跟以前一樣，反化情緒開始出現。當地人抱怨華人奪走他們的工作，並且消耗他們的社會服務。政府和主流媒體，曾經大事宣傳亞洲奇蹟，說如果沒有華人帶動新西蘭不景氣的經濟，他們會變得消沉失望。當他們看到亞洲人炫耀財富時，當地人的自尊心被損。華人移民住大房子，開豪華汽車。政府於是停止華人移民。並且針對香港和台灣的移民，實施英語測驗。華人於是停止來到新西蘭。政府可以這麼快關閉移民政策，證明華人在新西蘭的未來並不安定。

在世紀交接前，絕大多數的華人都是金礦的工人。非礦工的華人則是替礦工服務的。礦工需要吃住。非礦工的人經營店舖或在店舖當店員，當旅店老闆或在旅店服務，當市場園丁、木匠，

以及經營賭場和鴉片煙館。在 1870 年代和 1880 年代時，由於金礦逐漸萎縮，礦工必需轉換職業。許多人到農場或鐵路工地去工作。其他人則去 Wellington, Auckland 和 Christchurch 的市中心居住。到 1880 年代時期，只有少數的礦工留下來。[166]

2002 年的 2 月，新西蘭總理海倫克拉克（Helen Clark）邀請華人社群的成員到國會慶祝中國新年。他「向曾經支付人頭稅和受到法律歧視遭殃的華人以及他們的後代，」提出政府的正式道歉。[167]那是對華人社群對新西蘭國家在經濟與社會上的貢獻的認知，也是對華人堅強的工作態度，以及華人新移民和中國很有價值的聯繫的認同。總理她說這個道歉是協調作業的正式開端，她會與早期的華人居民後代的代表見面，訂出一套適合並且利於華人社群的協調方案。新西蘭的華人協會建議，也許政府可以成立一個基金，協助華人在新西蘭恢復並保存中國遺產、文化、和語言。

加拿大是在太平洋沿岸曾經向華人徵收人頭稅的另一個國家，加拿大自從 1994 年以來，一直拒絕為過去歷史的行為作出道歉與賠償。在 2004 年時，一個特別的聯合國特報員敦促加拿大政府付錢給以前支付人頭稅的華人移民或家庭，因為他們是被迫支付的。跟著新西蘭政府的正式道歉，愛蒙頓人頭稅和排華條款重新處理委員會（Edmonton Head Tax and Exclusion Act Redress Committee）向政府施壓，要求政府和在 1885 年到 1923 年之間支付過敲詐性的人頭稅的家庭談判。根據聯合國的報告，「人頭稅所累積下來的利潤,估計有 C$23,000,000。」[168]

---

166 www.nzarchaeology.org/lawrence%20cc%20final.doc.

167 Helen Clark's speech in Parliament on the 12th February, 2002, www.stevenyoung.co.nz/chinesevoice/helenclarkpolltax.utm.

168 Lynda Lin, 'Canada Maintains No Reparations Stance for Chinese Canadians' in *Pacific Citizen*, 20th April, 2004, www.asian.ca/redress/art20040402.htm.

加拿大總理哈柏（Stephen Harper）在 2006 年 6 月 22 日為人頭稅向華裔加拿大人做出正式的道歉。首次賠款在 2006 年 10 月 20 日，付給五位華裔遺族，每人 C$20,000。補償金則只發給支付過人頭稅的活口或遺霜。在 80,000 名華裔移民中，大概只有 30%的人還活著。有幾百位人頭稅付稅人的寡婦也可以獲得賠償。已經死亡的人頭稅付稅者的子女則不在賠償之列。華裔加拿大人社群仍舊繼續爭取更多有意義的補救。

第五節　中南美

雖然人們對中國人移民去東南亞和北美洲，相對的有比較完整的研究和豐富的著作，然而中國人在中南美的情形卻缺乏學術上的研究。直到 1970 年代，在中南美的華人多數是廣府人和客家人，雖然客家人在華僑中僅僅只是少數而已。除了巴拿馬以外，客家人在這兩個地區的各個國家裡都不超過 10,000 人。（見下表 4.14）

表 4.14：客家人在中南美及加勒比海的分佈狀況

巴拿馬（Panama）	4,000	6,000	62,000
秘魯（Peru）	10,000		
蓋亞那（Guyana）	5,000		
蘇利南（Suriname）	4,000	6,000	7,200
法屬圭亞那（French Guiana）		5,000	7,400
巴西（Brazil）	2,000		
阿根廷（Argentina）	100 ？		

資料來源：Chen Yong Lian in Chung Yoon-Ngan's
Website：www.chungyn@mozart.joinet.net.au

第三行：www.ethnologue.com/14/show_language.asp?code=HAK
第四行：www.joshuaproject.net/peoples.php?rop3=103691

在十六世紀時，菲律賓與墨西哥都成為西班牙的殖民地。華人移民到中南美是受到西班牙與菲律賓和墨西哥的貿易所激起的。然而一直到十九世紀中期以後，西方資本主義和帝國主義的擴展，以及奴隸制度的廢除，才引起大批的華人移民到中南美和加勒比海一帶。華人移民在起初從事農耕，後來有的變成獨立農民，或轉行去市內從商。他們因為有了較優渥的經濟成就，遭到當地多數族群的憎恨與迫害，但是他們從來沒有達到像東南亞的華人那麼發達的程度。華人在 1930 年代，被當地人從墨西哥北部趕出去。

一、中美洲

（一）巴拿馬

客家人和廣府人已經在巴拿馬超過了 150 年。在 1854 年時，他們一共有 1,600 人去巴拿馬建築鐵路，那是華人在巴拿馬歷史的開端。當鐵路建築完成以後，多數華人繼續趕去美國加州，加入淘金潮。留在巴拿馬的人就開了零售店。巴拿馬在 2004 年的全國（估計）人口是 3,000,463 人，華人的人口估計有 30,000 人到 150,000 人。在巴拿馬的華人有三個方言族群：客家人（61,100），廣府人（50,920），和閩南人（820，來自福州南方）。[169]一直到二十世紀的中期，華人都受到種族歧視的待遇。

---

169 'Peoples of Panama',
www.strategicnetwork.org/index.php?loc=pe&page=c&id=Pan&.

在 1903 年巴拿馬獨立時，新獨立的政府聲明華人是他們「不想要的公民。」[170]

政府在 1941 年沒收了華人的公民權。許多華人商店在 1942 年被迫關閉。直到 1946 年，憲法才規定在巴拿馬出生的華人是巴拿馬的公民。

鄧小平在 1970 年代末期再度掌權時，允許國民移民，於是新的移民潮開始離開中國。在 1980 年代，因為巴拿馬的獨裁軍人總督 Manuel Noriega 向成千上萬的中國人及香港人出售移民紙，所以移民手續很簡單。大約有 80,000 名來自中國各地，說華語的中國移民。他們都受過良好的教育。他們帶來技術和資金。他們不像早期來自中國南方的移民。「他們有很多人是醫生，律師，會計師，建築師，工程師，教師，有人在政府和政黨裡工作。有些華裔人士在過去曾經是政府的部長，副部長，省府高官，會計主管，議會的正副議長，和高等法院的法官。華裔人士也逐漸在巴拿馬的商業界扮演著更重要的角色。」[171]

在巴拿馬的 35 個華人協會裡，最大的是根據原生地創立的客家花園會館（fa yan）。會館負責照顧社群成員的福利，協助新移民找工作，或幫助他們開創事業。

華裔巴拿馬人發覺自己陷於中國大陸與台灣的外交鬥爭中。中國大陸設法說服巴拿馬政府與台灣斷絕關係轉為與中國大陸建交。漸漸地，新的中國移民親中國大陸，而老華僑則親台灣。

新移民的湧入，使得中國文化與身分恢復生氣。在巴拿馬有

170　Eric Jackson, 'Panama's Chinese Community celebrates a birthday, meets new challenges', *The Panama News*, 9th May, 2004, www.thepanamanews.com/pn/v_10/issue_09/community_01.html.

171　'Taiwan and The Republic of Panama', www.gio.gov.tw/taiwan-website/5-gp/panama/ch-pao.htm.

El Expresso 和 El Diario Chino 兩份中文報紙。由台灣支援的孫逸仙中文學校大約有 1,700 名學生，其中約有 40%的學生不是華人。學生家長相信華語是世界未來的語言。[172]學校是用來做宣傳的。例如，學校教學生台灣是一個主權獨立的國家，這點是對中國大陸的一種詛咒，因為中國大陸認為台灣是一個背叛的省份。

（二）其他中美國家

中國人也移民去其他的中美國家，但是根據《耶和華計畫》報告，他們都沒有客家人。（見下表 4.15）

表 4.15 在百里斯（Belize）等國的人口分佈狀況

國家	漢族華人
百里斯（Belize）	7,200 華語
哥倫比亞（Columbia）	10,000 華語
哥斯大黎加（Costa Rica）	4,700 粵語; 23,000 華語; 900 閩語
厄薩爾瓦多（El Salvador）	1,700 粵語
瓜地馬拉（Guatemala）	20,000 粵語
宏都拉斯（Honduras）	4,400 粵語
墨西哥（Mexico）	22,000 粵語; 11,000 華語

資料來源：Joshua Project – People Groups by Country
www.joshuaproject.net/countries.php?rog3=cs.

二、南美洲

1967 年時，在十七個西班牙美洲國家的華人大約有 94,060 人。[173]如果我們再加上 1989 年的巴西華人 65,000 人（估計），

---

172 Vanessa Hua, 'Playing the Panama card – The China-Taiwan connection', www.journalismfellowships.org.

173 E. Hu-DeHart in *The Encyclopedia of the Chinese Overseas*, P. 258.

[174]那麼在拉丁美洲的華人就有 159,060 人。這個數目跟亞洲的華人（譯註：中，港，澳，台除外）18,474,491 人（1980-1985）[175]比起來就相差很大。當大量華人往東南亞移民時，約有 270,000 名華人移民去南美洲和加勒比海當苦力。其中 87%去古巴和秘魯，6%去巴拿馬，哥斯大黎加，荷屬及法屬加勒比海，巴西，和其他國家。

（一）秘魯（Peru）

　　第一個客家人在 1840 年代末期到達秘魯。但是華人大批移民去秘魯是在 1850-1875 期間。由於奴隸制度在 1854 年被廢止，當地需要廉價勞工去沿海的鳥糞層以及甘蔗園和棉花園工作。於是中國苦力被進口來取代被解放的奴隸。在 1849-1874 年間，有 100,000 名中國苦力抵達秘魯。1850-1920 年間，中國苦力也在安德斯（Andes）一帶建築鐵路。中國苦力幾乎清一色是男人。根據秘魯在 1872 年的統計，當時中國女人只有 15 人。苦力代表著從奴隸到自由勞工的過渡時期。

　　這些苦力的待遇和非洲奴隸一樣。渡過太平洋需要四到六個月的時間，這個航行很久而且十分艱巨。到達以後，他們要接受不人道的身體檢查，然後再公開拍賣。買下他們的新主人就把他們送去以前奴隸住的地方住。他們要接受與奴隸相同的處罰：腳鐐，鞭苔，監獄，甚至槍斃。最壞的犯規者是那些蔗園的主人，因為他們處於邊遠地區，可以避開政府當局的監視。他們像是一個具有無上權威而且不受刑責的暴君。在他們面前，苦力就像奴隸一樣，毫無申訴的去處。苦力們只有反抗，逃跑，和自殺。

---

174 Trolliet，前揭書，P. 35。
175 同上，P. 35。

　　苦力的居住條件非常糟糕，還要不停的持續工作。因為苦力都是男人，他們沒有家庭生活。他們在農場外面沒有當地的朋友。他們從早上四點開始直到晚上，長時間工作，所以很少有自由的時間。他們很少有行動的自由，除非獲得僱主的同意，他們不得離開他們工作的地方。晚上他們就被鎖在倉庫裡。他們靠賭博，同性戀，和吸食鴉片獲得慰藉。種植場的主人鼓勵他們吸食鴉片，有些主人甚至進口鴉片賣給苦力，賺回他們付給苦力的部份工錢。苦力靠鴉片麻醉他們的感覺，打發寂寞和思鄉的情緒，減弱性慾，並且承受齷齪的生活和種植場的工作。根據迪哈特（DeHart）的說法，種植場主人使用鴉片不僅僅是經濟上的原因，也是一種控制社會的辦法，「因為鴉片可以使中國苦力不斷的工作，而且可以防止個人或集體的抗議。」[176]

　　苦力和奴隸唯一的重要區別是在於苦力是受到八年合約的限制，合約期滿以後，他們就自由了。他們每週的工資是一披索，外加伙食和居住津貼。雖然合約上寫明中國新年有三天假日，和週日休息，但是這些條件很少兌現。如遇生病或受傷，他們還得補足工作。在接近合約期滿時，主人會預支工資讓他們離境。苦力於是變成欠了種植場主人的錢。八年的合約就被延長來補償失去的工作時間，並且償還他的債。苦力們就這樣被留下以奴役償還債務。在後來的合約裡，這種延長奴役的條件，不論以什麼藉口，一律被刪除。[177]

　　苦力受到極不人道的待遇，國際人士的吶喊迫使政府在1874年廢止了「黃色苦力買賣」。苦力在合約期滿時，有些過

---

176 Evelyn Hu-Dehart, 'Coolies on the Plantations: Opium and Social Control', 26th April, 2004, P. 12, www.ias.uwa.edu.au/_data/page/67898/Evelyn_Hu-Dehart_final.doc.
177 同上，P. 5。

去的苦力重新簽約，不過約期較短，也不一定都和上次的僱主簽約。許多以前的中國苦力在沿海的城鎮定居下來，創建自己的小農場和生意，例如店舖和餐館。他們也參加過亞瑪遜的開發。他們很勤奮的在做從橡膠樹收取橡膠和種稻米的工作。儘管他們的成就比不上秘魯的日本人，但是他們已經獲得了社會地位的提升和身分。

新的中國移民，在 1949 年中華人民共和國成立以後，以自由勞工的身分，來到秘魯，之後又在香港與澳門回歸中國以前的 1990 年代再度移民秘魯。許多的華裔印尼人在印尼反華暴動和大屠殺的 1960 年代和 1990 年代移民到秘魯。這些新到的移民有很多人經營小生意。不過，General Juan Velasco Alvarado 的獨裁政府在 1960 與 1970 年代強迫華裔秘魯人離開秘魯。根據 Chen Yong Lian 的資料，秘魯在 1980 年有 10,000 名客家人。秘魯的全國人口在 2008 年為 28,700,000 人。在拉丁美洲，以秘魯的華人最多。

中國烹飪是華人留給秘魯的重要遺產之一。中國菜餚因為受到秘魯人口味的影響而有所改變。最好的中國秘魯菜是在 Lima 的 Barrio Chino（中國鄰居）。由於中國菜十分流行，所以連中國話的「吃飯」也被秘魯話使用，意指「中國餐館」。大多數的秘魯餐館已經提供中國菜，最出名的兩道中國菜是炒飯和餛飩湯。估計在秘魯有 2,000 家中國餐館，秘魯是在拉丁美洲擁有最多中國餐館的國家。

（二）蓋亞那（Guyana）

雖然英國政府在 1807 年廢除了他們帝國的國際奴隸買賣，不過奴隸制度仍舊存在著。直到 1838 年，奴隸制度才完全被廢

止。奴隸完全解放使得勞工減少，甘蔗園的主人需要更多的替代勞工。最早苦力是從葡萄牙僱來，後來是從中國聘僱。這兩組苦力在他們合約期滿後，並沒有留在種職植場工作。在英屬蓋亞那（即今蓋亞那）的合約不像秘魯的八年，而是五年。有些華人從事零售生意。有些人因為從中國帶來了農業技術，他們從事農耕，種植水稻。有些人在 Georgetown 和 New Amsterdam 也開了洗衣店和餐館。

根據 Patterson 的說法，[178]在蓋亞那的華人不做客家人經營的兩種行業：零售生意和農耕。在模里西斯的客家人不種田，但是不排除開零售店。客家人不在甘蔗園工作。相反的，在蓋亞那的華人選擇在殖民政府機構服務，或做像理髮之類的低薪工作。他們相信這些職業可以增加與當地社會的互動，以及提升社會地位的可能性。在模里西斯，政府機構的職業逐漸在 1960 年代產生，因為華人子弟離開華文學校轉入非華文學校受教育。蓋亞那華人的主要目的是提升社會和經濟的地位，而這個目的影響了客家身分。他們選擇放棄他們的傳統文化而與蓋亞那社會融合。在模里西斯，只有克里奧爾華人才選擇放棄他們的中國人身分和文化，去認同克里奧爾文化。

甘蔗種植者跑去印度聘僱苦力。中國人是人數最少的族群，第一群從中國南方諸省來的苦力在 1853 年抵達。在 1853 年到 1879 年期間，中國苦力的人數有 13,541 人。他們在合約期滿後，多數人選擇繼續留在英屬蓋亞那。在 1879 年以後，中國人靠自費以自由移民的身分來到蓋亞那。World Factbook 估計在 2009 年 7 月，全國人口有 772,298 人。根據 People Groups 的資

---

178 In Shirley S. Chiu, 前揭書，P. 58。

料，客家人只有 2,247 人。[179]

　　這次移民的一個特別現象是婦女的出現。英國移民總監允許派去種植場的苦力攜帶家眷。在 1853-1860 年期間，一直都沒有女移民。但是從 1861 年起，當 844 名移民去英屬圭亞那以後，就經常有婦女進入。到 1921 年，在全部 2,722 名華人裡，大約有 1,200 名是女性。其中有 376 人出生在中國。[180]每一位女移民必需和她的先生同住，如果她是單身，她就必需和她的父親同住。

　　另一個特別的華裔苦力特性是他們幾乎完全融入蓋亞那社會。這點和在其他國家裡，華人不願受當地文化同化的情形截然不同。「華人的語言和多數的華人習慣，包括宗教，已經消失了。沒有宗親和遠親的組織，很快的，他們不會去追蹤超過第一個移民以上的祖宗。」[181]因為苦力主要是男人，他們傾向於和印度女人或非洲女人結婚，他們所生的子女「與其他族群人的樣子沒有什麼不同。」[182]

（三）蘇利南（Suriname）

　　首批華人在 1853 年到達荷屬圭亞那（今蘇利南），他們是以合約工人的身分去蘇利南的甘蔗園做工。在 1853 年以後，華人是以自由移民的身分去的。他們主要是客家人。從 1990 年以後，客家人口的優勢逐漸減退，因為講其它方言的華人已經移民去蘇利南了。

　　客家人在 1863 年 7 月 1 日奴隸廢除之前到達蘇利南。在

---

179 http://peoplegroups.org/MapSearch.aspx?country=Guyana.

180 Trev Sue-A-Quan, 'History of the Chinese Indentured Labourers', www.rootsweb.com.

181 'Portuguese and Chinese', http://countrystudies.us/Guyana/31.htm.

182 同上。

1853-1870 年間，蘇利南從爪哇進口超過 2,500 名的華人。根據 Ethnologue 的資料，在 2000 年時，蘇利南有 7,010 名客家人，而華人在 1971 年時總共有 12,000 人。蘇利南在 2007 年的全國人口估計有 494,347 人。[183]

　　首次到達蘇利南的苦力幾乎清一色是男人，他們抵達蘇利南時便被送到甘蔗種植場。在蘇利南的華人與在蓋亞那的情況相同。在他們的合約期滿以後，他們不再續約，也不留下來種田。而留下來的人則遷移的首都 Paramaribo 並且和當地多數的克里奧爾女人結婚。這些異族通婚所生的子女，多數融入城市裡的克里奧爾族群，於是發展出長久的華人與克里奧爾族群關係。

　　因為華人不再續約，也不留下來種田，所以在 1870 年以後政府停止進口華人苦力。當地的華人開始做小生意，尤其是零售雜貨。很多人在甘蔗園區開店。到了 1890 年時，華人在 Paramaribo 擁有超過 30%的零售商店。像少數民族黎巴嫩人，和來自 Madeira 的葡萄牙移民一樣，客家人控制了首都城市裡的零售業生意。[184]

　　1870 年以後，以前的合約工人成為社群的主幹，並且以連鎖移民的方式成長。直到第二次世界大戰，客家人成功地維持著他們的客家身分。他們講客家話；墓碑上刻寫中國字；根據中國傳統組織會館；在寺廟裡祭拜；華文學校使用客家話教學。印刷媒體幫助保固中國文化和身分。能說客語或至少明白客語，維持了兩代人。二戰使客家人停止移民，而那些已經在蘇利南的人，

183　http://www.ethnologue.com/show_country.asp?name=SR.
184　Paul Tjon Sie Fat, 'New Chinese Immigrants in Suriname', www.nias.ku.dk/issco5/documents/Tjon%20Sie%20Fat%20Paul.doc.

則面臨文化的隔離，因為他們與原生地的交通變成很困難。[185]

　　在 1963-1970 年間，有許多新來的廣府移民，他們與當地的客家人格格不入。不管如何，在廣府人與客家人之間沒什麼愛的感情可言，他們之間的敵視可以一直追溯到中國。奇怪的是，廣府話的使用超過了客家話，它是「客家族群在蘇利南公開聚會和文化集會時的大眾媒體。」[186]

　　在 1975 年獨立前五年，許多客家人離開蘇利南到殖民國的大都會定居。這次他們外移的原因是由於對族群暴亂，以及經濟和政治不安的恐懼。許多在荷蘭的客家人來自蘇利南。客家人的連鎖移民一直持續到 1990 年代。這些新的客家移民和當地出生的客家人形成兩種不同的族群。出生在中國的被稱為「唐鴉」，而土生的則叫「泥鴉」。唐鴉與泥鴉之分，完全以出生地來決定。唐鴉是指在中國出生，後來移民到蘇利南的中國人，而泥鴉則指任何一位在蘇利南出生的中國人，不論他是否是純正的中國人。泥鴉是一種中國的鴨子。Ch. Rey 在他的中法字典 "Dictionnaire Chinois-Francais" 裡，提到三種鴨子：泥鴉，番鴉，和貨鴉。但是沒有提到它們是否可以用來比喻人類。泥鴉是廣東的一種老鴨子。它是由雄番鴉（外國鴉）和雌唐鴉（中國鴉）交配後所生的。以此類推，唐鴉是用來指在中國出生的中國人。

　　值得一提的是，泥鴉在蘇利南有不同的客家發音。在模里西斯的客家音為 "nai ap"，而 Paul Tjon 則在蘇利南把它讀為 "lai ap"。這是因為在蘇利南的客家人並非來自廣東的梅縣，而是從

---

185 Paul Tjon Sie Fat, 'Old and New Migrants from China to Suriname: Transnational identitie and linkages, and local positioning', www.onderzoekinformatie.nl/en/oi/nod/onderzoek/OND1287456/.

186 同上。

廣東的惠陽，東莞，和寶安三縣來的。"lai ap"正是惠東安三地的發音。

在蘇利南土生土長的客家人一直沒有發展出一種像Peranakans那種混婚子女族群。與Peranakans不同的是，在蘇利南受到深度同化的泥鴉，不曾發展出一種重要的混婚族群文化。因此，泥鴉就無法成為一種族群。唐鴉和泥鴉只能說是一種標記，但是不能成為一種類別，因為泥鴉並沒有什麼特性可以傳承下去。因為惠東安的客家人是移民，他們是唐鴉。他們的子女如果在蘇利南出生，就成為泥鴉。泥鴉的同類應該是克里奧爾族群而非華人族群，因為他們已經不承認中國文化。

唐鴉與泥鴉之間的差異實際上是兩種對立的文化。混婚族所生的子女不是自動屬於泥鴉一族，這要看他是否可以通過純中國人的認證。因此這批人還可以根據情況選擇他們的中國人特質或身分。

唐鴉與泥鴉雙方都認為在蘇利南的文化創新，是一種純正中國文化的沖淡版本。有些文化的發展，并非與泥鴉有關，而是與唐鴉有關。例如，梅菜肉是用木薯而非用番薯做的。惠東安三地的梅菜肉是用豬腹肉，切片的番薯或白蘿蔔，加上豆腐乾或醃魚去蒸，這與模里西斯的食譜不同。在蘇利南的華人已經習慣了當地的複雜用餐方式，他們擺著平底盤子，一把調羹，和一雙筷子。晚餐時，左手拿調羹，右手拿筷子。泥鴉客家把借用字和就地創造的語詞混在一起使用，不可能創造出一種屬於泥鴉的語言。[187]

客家人的連鎖移民在 1990 年代初期結束了，但是非客家的

---

187 http://dare.uva.nl/document/146473

華人移民持續著。由於鄧小平推行改革，使得中國移民更容易，因此在 1990 年代，有很多的中國移民湧入蘇利南。這些新的移民主要來自新的僑鄉：溫州，海南，福建，和山東。人們稱他們為「新中國人」。社交語言因此變得更複雜，因為新移民除了說普通話以外，還說不同的方言。估計新移民的人數從 2,000 人到 6,000 人。客家人與這批新中國人的關係，並非十分友善。新中國人覺得自己被人邊視。新中國人因為牽涉到非法移民，並且創造跨國的林業公司，在非客家的蘇利南族群裡自毀形象。客家人設法向他人澄清他們與新中國人不同。泥鴉聲明他們是真正的蘇利南中國人。相反的，新中國人也不認為客家人是真正的中國人。

新中國人現在在挑戰客家人的商業實力。他們與客家人競爭。與客家人一樣，他們集中住在 Paramaribo，但是他們都比鄰而居。新中國人從商，也經營餐館生意。客家人掌控著超級市場和珠寶店。為了生存，溫州人開理髮店和按摩院，實際上那裡也從事色情的勾當。其他的新中國人則進口並且出售中國的白色貨品（冰箱，洗衣機，被單等等）。

所有來自中國的新中國人全部都說普通話（國語）。語言是身分的一個重要原始標記，它正在改變客家人的文化身分。客家人已經接受客語方言是次等角色的事實，而且將客家人的身分讓位給中國人的身分。這種態度並不奇怪，因為以前也曾經發生過。儘管鄧小平位居高官，掌握實權，他不曾說他是客家人。重建中國時，他也必須把他的客家身分擺在國家的中國人身分之下。普通話之所以是中國官話，因為它的聲望，它是中國的國家語言，以及有更多人把它當作通用語。

（四）法屬圭亞那（French Guiana）

　　法屬圭亞那的最大特色是，根據法國的海外部門記載，客家人不是十九世紀時苦力的後代。他們分別在十九世紀末期，二十世紀初期，以及 1970 年代，奴隸制度解放（1848）以後很久後來到法屬圭亞那。那裡的客家人有 7,400 人，[188]佔圭亞那全國人口（187,000 人，2005 年估計）不到 4%。他們的出生地不僅僅是中國大陸，也有人生在台灣，新加坡，香港，和越南。主要的方言是客語，其次是閩南語（來自台灣），和粵語（來自香港）。因為出生地差別很大，所以華人的社群並不整齊。不過當地的非華人，不論什麼方言，一律叫他們為「華人」。跟其他的居住國家一樣，他們是少數民族，但是掌控著當地的零售生意。

（五）巴西（Brazil）

　　中國人在二十世紀的下半世紀移民去巴西。巴西的總人口，估計是 182,969,000 人（2005），其中華人估計有 200,000 人，但是客家人就只有 2,000 人。[189]華人集中在聖保羅市（Sao Paulo）的 Liberdade 區。他們多數是在 1949 年中國共產黨戰勝之後來巴西的。在 1997 年和 1999 年，香港與澳門分別回歸中國大陸前後，有很多的廣府人和講葡萄牙話的華人回流港澳。在 1960 年代印尼暴亂後，也有很多華人難民來到巴西。從台灣來的移民也定居在 Liberdade。很少華人是苦力的後裔。

　　正如在十九世紀時的其他需要仰賴奴隸來發展的國家一樣，

188　'Han Chinese, Hakka', www.Joshuaproject.net/peoples/php?rop3=103691.
189　Chen Yong Lian in Chung Yoon-Ngan's website:
　　　www.chungyn@mozart.joinet.net.au.

巴西面臨著尋找廉價替代勞工的問題。在 1888 年奴隸制度廢止前，從奴隸勞工轉為薪資勞工的過度時期裡，使用華人勞工來取代黑奴勞工的問題，大家爭辯得十分劇烈。巴西是在南美最後這樣做的國家。爭論的中心在於種族。很少種族願意以類似奴隸的條件進入巴西當苦力。那些反對進口華人合約勞工的人，害怕引進低級人種，可能把一批「懶惰的、罪犯的、有自殺傾向的、無法同化的」人帶進巴西。[190]辯論的焦點著重於如何使巴西的人種「變白」。每一個種族都被以他們能否在這個過程作出貢獻而考慮過。在白人勞工可以上路以前，折衷的辦法是進口華人苦力，期滿以後讓他們回去。一天會議結束後，反對進口華人勞工的勝利，華人移民在 1890 年被禁止。少數已經移民去巴西的華人就留在巴西。

（六）阿根廷（Argentina）

在阿根廷僅僅一百名的客家人是微不足道的數目，尤其是有 60,000 華人的阿根廷。[191]大部份的華人是新近才到的。他們是在 1990 年代從中國大陸和台灣來的。他們主要從事零售生意。他們有些人由於 2000 年的經濟危機而遷到美國和加拿大。

第六節　加勒比海諸島（Caribbean Islands）

超過一半的加勒比海諸島都有華人移民，根據耶和華計畫的

---

190 www.tau.ac.il/eial/x_1/triver.html.
191 http://en.wikipedia.org/wiki/Asian-Argentines.

資料，移民的人數有 121,700 人。見下表 4.16。

表 4.16：加勒比海諸島華人分佈情形

海島地區	人口
安圭拉島（Anguilla）	200 華人
阿盧巴島（Aruba）	400 華人（說華語）
巴貝多島（Barbados）	100 華人
古巴（Cuba）	40,000 華人（說華語）
多明尼加（Dominica）	25,000 廣府人；2,000 華人（說華語）
牙買加（Jamaica）	32,000 客家人
馬丁尼克島（Martinique）	600 華人（說華語）
荷屬西印度群島（Netherlands Antilles）	1,200 廣府人
波多黎各島（Puerto Rico）	7,100 廣府人
聖路西亞島（Saint Lucia）	100 華人（說華語）
千里達和托貝哥（Trinidad &Tobago）	13,000 廣府人
總數	121,700

資料來源：耶和華計畫（Joshua Project）

雖然耶和華計畫只提到牙買加有客家人，不過在千里達和古巴也有客家人。

（一）牙買加（Jamaica）

客家人旅居加勒比海已經兩百多年。首位客家人是在 1806 年抵達千里達的。當時有 192 名客家人以試驗的方式，被引進去當地種植甘蔗。[192]移民人數直到 1830 年代奴隸制度被廢止以後才有所增加，那時因為以前被解放了的奴隸拒絕種植甘蔗，當地政府便以合約方式引進華人當替代勞工。

第一批中國移民在 1854 年 7 月 31 日抵達牙買加。他們是一

---

192 Shirley S. Chiu，前揭書，P. 26。

批 267 名的香港人。在 11 月 1 日和 18 日，又有 205 名曾經在巴拿馬鐵路工程做工的華人勞工，因為害怕感染黃熱病，從巴拿馬到來。他們有些在旅行途中得病，後來在牙買加存活下來的不到 50 人。[193]

第二次中國移民潮是在 1860 年代由千里達和英屬圭亞那來的。由於牙買加大量種植椰子，香蕉，和甘蔗，政府提供三年合約的工作機會，它吸引了 200 名中國勞工。當合約期滿後，有人繼續留下來種植。有人離開種植業轉行經營自己的雜貨店生意，起初他們每週的的生意額很少。客家人在 1850 年代奴隸制度被廢除後，已經開始經營零售雜貨生意。他們的顧客基本上是解放了的黑奴和他們的後裔。等到生意發達以後，引起客家人的連鎖移民。客家人邀請他們的親友移民過來。客家人很快就把他們為當地需求和生活條件打造出來的零售生意立下好口碑。他們的成功在於賒帳給顧客，24 小時營業，以顧客能負擔的額度販賣小量的貨品等。客家人的雜貨店生意在全世界都是這樣經營的。為了提供 24 小時服務，店東必需隨時都在店裡，因此店東就住在店舖的樓上或後面。於是產生了所謂的「舖居」。

華人首次在 1884 年直接從中國大陸出發移民去牙買加，[194]但是 Russel Lee 說他們是從香港（當時是英屬殖民地）去的，而且是最後的一批合約勞工。[195]他們是被僱去種田的。這第三批移民有 680 人，包括 105 名婦女和 17 名女孩。在 67 天的旅途中，有三

193　Dr. Rebecca Tortello, 'The Arrival of the Chinese', www.jamaica.gleaner.com/pages/history/story0055.htm.

194　同上。

195　Russell Lee, 'The Chinese Retail Grocery Trade in Jamaica' in *The Chinese Diaspora*, Vol. II, Wong Ling-Chi and Wang Gungwu, eds., Singapore: Eastern University Press, P. 150.

人因颱風事故喪命。他們抵達牙買加時便被派送到種植場的主人那裡，他們與種植場主人有三年的合約，並且分散在島上各地。

在 1885 年，大約有 700 名的第四批移民抵達牙買加。他們有些人並不是合約工人，這些人在抵達牙買加時，可以自由選擇職業，不過選擇只限制在種植業或雜貨零售業，很少有其他的職業可選擇。跟他們的前輩一樣，他們也不受牙買加人的歡迎。

十九世紀的最後一批 800 名華人移民，在 1888 年抵達。這些新到的移民把牙買加的商業社群嚇到了。他們害怕在未來會被客家人壟斷的零售業失去控制。他們於是說服政府限制中國移民。1905 年，牙買加政府使中國移民進入牙買加更加困難。新移民必需找人擔保他的人格健康。在 1910 年時，移民條件更加困難。新移民在抵達時必需存入 30 磅的訂金，而且要通過一個識字測驗，證明他能夠使用三種語言說、寫 50 個字。

非合約移民早在 1885 年就來到牙買加，到了 1920 年代時，華人已經有 4,000 人之多。在 1930 年時，人口又加了新到的 2,000 名華人移民。十九世紀早期的移民從事農耕，但是二十世紀的移民著重於經商。現在他們的行業從零售業分散到洗衣業，餐飲業，和糕餅業。由少數民族掌控零售業引起當地人的憎恨。第一次主要的暴動在 1918 年發生，之後當地人民組織了原住民防禦委員會，目的在於保護牙買加人的利益，牙買加人認為他們是「原住民」，而客家人是外國人。在 1938 年和 1965 年也發生過反華暴動。許多客家商店成為被攻擊的目標，而且有些客家店東被殺。

根據美國中情局出版的《世界概況》（CIA World Factbook）的資料，在 2006 年 7 月估計牙買加人口為 2,758,124 人，而華人的人口約佔 0.2%。並沒有資料說明其中是否全部為

客家人。不過另一方面的《耶和華計畫》（Joshua Project）則估計客家人有 32,000 人，而 Network for Strategic Missions 所提供的資料，則說客家人有 32,300 人。[196]在這兩個網站都沒有提及其他方言族群。不過絕大多數的移民都是客家人。[197]

正如模里西斯一樣，在牙買加土生土長的第二代客家人，離開了他們父母傳統的零售雜貨生意。在 1940 年代，他們轉行去從事專業性的職業。由於受到良好的西方教育，他們進入像律師和工程師之類的高地位職業。他們比模里西斯的客家人更加融入牙買加文化。有很多的華人已經改信了羅馬的天主教。

在 1960 年代與 1970 年代，牙買加受到當地左派國家主義者的煽動，使得社會，政治，和經濟都動盪不安，客家人因此在 1970 年代早期大量外移。第二代移民憑著他們良好的專業資歷和中產階級的財富，他們像他們的父母一樣，毫不猶豫的連根拔起向外移民。

外移的後果是，在千里達和牙買加的客家人口減半。千里達的華人從 1960 年的 8,300 人減到 1990 年的 4,300 人，而在牙買加的華人，則由 1960 年的 10,200 人減到 1990 年的 5,300 人。[198]移民出去的主要是專業人士和生意人。大部份的客家人移民到美國和加拿大。

（二）牙買加人的客家身分

在牙買加的客家身分曾經被人以工具主義者，原生論，和建構主義者的理論架構下分析過。

196　www.strategicnetwork.org/index.php?loc=pe&page=c&id=Jam&。
197　Shirley S. Chiu，前揭書，P. 26。
198　同上，P. 29。

　　工具主義的擁護者認為維固族群身分是為了社會經濟的利益。[199]客家人認定自己是華人，是因為這種身分可以促銷他們的雜貨零售生意。華人身分可以讓他們接觸到有關貨品，信用，利潤，以及資訊的生意網絡。生意網絡有助於他們的雜貨零售生意，但它不是唯一的因素。經濟上的成功改善了客家人的經濟地位。土生土長的客家人接受西式教育並且西化，也提升了他們的社會地位。客家人不再永久居住在華人的難民窟裡，他們從京斯頓的華人區遷到城市北部的新社區。由於客家人累積了更多財富，他們能夠分散投資，發展商場和連鎖超級市場。

　　從另一個角度來看，根據建構主義者的觀點，客家身分是由空間場所和彼此關係的背景建立起來的，它跟地方以及和其它族群的互動有關。[200]建構主義者對客家身分的看法與工具主義者的看法有極大的差別。他們不認為社會經濟的利益決定了客家身分的範界。建構主義者認為客家身分是由於客家人需要與多數的牙買加人以敵視態度相處而產生的。自從首批中國苦力在 1854 年抵達牙買加時，華人就不曾被他們歡迎過。牙買加人對客家人壟斷當地雜貨零售業的印象，更加深他們的敵意，導致後來原住民自救委員會的創立，為的是要保護原住民的商業利益，對抗客家人的侵蝕。牙買加人的仇恨使客家人更加強化他們的客家身分。在 1918 年，1938 年，和 1965 年的反華暴動，使客家人團結自救，因而加強了他們的族群身分。

　　不過，邱女士（Shirley S. Chiu）在她對牙買加客家人的研究時發現，地理背景減弱了牙買加客家人的客家身分。[201]在加勒

---

199 同上，P. 57。
200 同上，P. 59。
201 同上，P. 140。

比海地帶出生的華人，沒有一個人認為自己是客家人，他們一致
認定自己的華人身分。由於雜貨零售生意的地域本質，客家人散
居各地，才使得客家身分減弱。工具主義者認為客家人是因為經
濟利益而放棄客家身分。從另一方面來看，邱女士辯說地域背景
可以導致身分的加強或減弱。邱女士研究個案的參與者顯示在加
勒比海地帶的客家身分減弱，然而在新到的國家（尤其是加拿
大），客家身分就得到加強。邱女士發現在加勒比海地帶客家身
分之所以減弱的幾個因素：客家人就讀英語學校；商業圈使用英
語；在學校使用客語會被人嘲笑；而且很少有機會使用客語。身
分也常由其他族群去定。客家人一向被視為華人。他們找不到一
個具有衝突的場合需要他們強調他們的客家身分。在模里西斯，
對於第一代和多數土生土長的第二代客家人而言，分散的雜貨零
售生意，以及日常使用克里奧爾語言並沒有減弱客家身分。

　　邱女士也發現客家身分隨情況而定，要看提問人的族群背
景。當被客家社群的人問起的時候，覆卷者有四分之三說他是客
家人。可是當被非華人問起的時候，則只有五分之一的人說他是
客家人。邱女士的結論是，那些參與問卷調查的人，對族群內的
人比對族外的人更能承認他的客家身分，而當非中國人問起時，
則最少人認定他的客家身分。在模里西斯，也有人認定自己有不
同的身分。一般而言，在廣府人與客家人在交談時用客家身分，
但是如果與非華人交談時，就用華人身分。

　　儘管克里奧爾化或是牙買加化，在牙買加的華人保持了不同
方面的中國文化，幫助他們扶持他們的客家身分。原始特徵，如
共享的歷史，以及地域，文化，和語言的結合，對客家身分的基
礎還是重要的。作家以詩歌和散文來探測華裔牙買加人的根源。
華人餐館烹調族群料理，生意興隆。華人超市販賣傳統佐料讓華

人烹飪。華人愛心協會維持著華文公立學校，華人療養院，以及華人救濟所。他們慶祝中國節日，例如中國新年，端午節划龍船，以及中秋節等。他們也慶祝中國大陸的十一國慶。[202]他們與中國的感情並沒有被切斷。

（二）華人的店舖

　　牙買加與模里西斯的客家店東在經濟與社會上所扮演的重要角色不容忽視。華人店舖在這兩個國家的當地歷史上已經成為重要的習俗。在牙買加，雜貨店幾乎在每一個十字路口都可以看到，在模里西斯的情形也一樣，直到最近幾十年，當土生土長的客家人找到其他更高薪的工作以後，才放棄了雜貨店的生意。客家移民在奴隸制度廢除以後才來到牙買加，而那些被解放了的黑奴轉為領薪階級。那些過去的奴隸需要在種植場以外的地方生活。於是華人接班為這些新的領薪階級服務，提供日常所需。華人在這裡找到商機，並且把它變成自己的專長。此外，其他行業的工作機會很少。

　　李先生（Russel Lee）認為「華人的成功趨就於同一種行業，並非各個單獨企業家們偶然的巧合，而是社會組織的結果。」[203]個人的企業精神絕對不是他們控制雜貨零售生意背後的唯一動力。親屬關係與族群的連結把所有的客家人結合在一起，成為一個重要的生意社群。由於他們都來自廣東的三個縣邑，而且使用同樣方言，這種客家社群同文同種的特性，使得種族結合容易運作。

202　Dr. Rebecca Tortello，前揭書。
203　Russell Lee，前揭書，P. 147。

在 1881 年時，幾乎十個華人就有九個住在城市裡。十年以後，數目減低到 63%。李先生認為華人已經移居到鄉下去了，而且大部份都是店東。他們在甘蔗種植場除了農活，就很少有其他的選擇。到了 1910 年，華人已經壟斷了零售雜貨生意。《格林訥日報》（Daily Gleaner）的編輯，DeLister，對這個發展感到驚訝。他報導說在市內的每一個街角，都有華人店舖。[204] 他設法去了解華人如何做當地牙買加人的生意。他把生意的成功歸在華人給顧客小費，欺斤騙兩，小量販賣，並且睡在店舖裡頭。在模里西斯也有這種習慣，但是要說華人店東以欺騙斂財，那是不正確的。正如其他任何行業都有害群之馬。李先生辯說，市內零售雜貨生意的成功與壟斷，乃是由於族裔的生意網，而非靠著小費和欺騙。

要了解客家人如何在牙買加和模里西斯做成零售雜貨生意，我們必需先明白他們是如何組織他們的生意，而且又是如何把它與社會組織連結在一起的。早期移民的生意是建立在「新客（新移民）」與「舊客（老居民）」彼此之間的信任上。在剛抵達移民國家時，老居民先幫他們找好工作，然後再幫他們開創生意。這些新移民的存款常常不足以開店。為了湊足更多的資金，他們向親友借錢，也組幾個「會」。根據李先生的說法，「會」的發音，牙買加的客家人說 "fui"，而模里西斯的客家人則說 "fi"（參閱第五章第四節）。

客家人把「會」這個中國制度帶到國外。不過它已經根據當地的需要而做了調整。在國內客家村莊裡組「會」的目的，跟在國外組「會」的目的有很大的不同。在國內組「會」純粹是為了

---

204 同上，P. 152。

婚喪，從來就不是為了賺錢。人們靠組「會」去還婚喪的債務。窮苦的村人為了娶親送葬而向親戚借錢。

在牙買加和模里西斯最常見的「會」制，叫「標會」，在模里西斯簡稱「會」。事實上，「標會」是用紙寫上要標到會錢的利息。借款人的輪流順序是根據每個人所標利息的高低而定。在「標會」時，以最高標者取得會錢。李先生提到其他兩種「會」。其中有一種「會」，借錢的順序是根據在第一次開會時大家同意的順序。在模里西斯沒有這種習慣。即使一群朋友聚在一起歡宴，不為任何目的集資，取得會錢的順序是靠大家在首次開會時以抽籤決定，而不是在每次開會時決定。

客家人在提到有關「會」各方面的事情時，會使用一些技術上的名詞。組一個「會」叫「湊會」，參加一個「會」叫「謄會」，付「會」錢叫「補會」，會友定期開會的期間叫「會期」，而贏得「會」款的人叫「得會」。

李先生指出華人於 1950 年代和 1960 年代時期，在許多「會」倒閉之前，沒有靠當地銀行而成功的經商。在那時候，模里西斯的許多華人因為拿不出抵押品，所以他們無法向銀行或信貸機構借錢。多數的店舖是在出租的建築物裏面。

除了靠互相幫助和合作在運作以外，「會」是完全靠信任的，它對賴帳的人毫無辦法。「會」不是一個法律的合約。因此，被稱為銀行的「會頭」十分重要。通常是由一個願意幫助那些需要資金的人，組織「會」的成功商人或買辦來負責。他的社會地位保證這個「會」的成功。模里西斯創立了一個新的安全辦法。要求那些已經取得會錢的人，在蓋了章的紙上簽 IOU（I owe you）的借條，承認他還欠那些尚未取得會錢者的錢。這等同無照貸款。這個章的合法性和正當性還是可疑的。在牙買加和

模里西斯兩地受過西方教育的第二代，第三代客家人，他們採用西人的方法，利用銀行和白紙黑字的合約，而不靠彼此的信任和口頭承諾來處理事務。社會與經濟的連結也因此變弱了。

　　李先生總結說，「社會團結是華人獨霸零售雜貨的要素。華人的社會連結與經濟連結恰好吻合。只要華人社群的成員都依賴掌控零售雜貨生意生活，『會』就可以鞏固兩者。」[205]

二、千里達（Trinidad）

　　在 1805 年的 12 月，一個葡萄牙的艦長從澳門，檳榔嶼，和加爾各達聘僱了 200 名的華人，並且花了八個月的時間，把他們送到千里達。他們有些在旅途中就死去。有一個歷史學家說，一共有 194 人活了下來，另一個說存活的只有 192 人。一年以後，又有 17 人死亡，而有 61 人在 1807 年 7 月搭乘 Fortitude 號船離開了千里達。到了 1834 年時，只剩 7 人留在千里達。華人移居千里達的實驗就此結束。

　　在奴隸制度被廢除以後，才有中國的合約工人被輸入去千里達。從 1853-1866 年間，他們一共輸入了 2,654 名華人（包括 309 名婦女和 4 名小孩）。這次勞工輸入構成了華人到千里達的第二次移民潮。由於滿清政府要求千里達政府把勞工的回程旅費附帶在工作的合約裡，因此合約的中國勞工移民在 1866 年被停止下來。在 1866 年以後，很少華人來到千里達。這些苦力們一旦合約期滿就離開甘蔗種植場，自己開店去了。

　　第三次移民潮是在 1911 年滿清政府被推翻以後才開始的，

---

205 同上，P. 170。

它一直持續到 1949 年中華人民共和國建國時。多數的新移民都是由早期的移民所引發的。根據 1946 年的人口調查，華人共有 9,314 人：其中有 2,366 人出生在中國，2,926 人在當地出生，349 人來自其他的殖民地，以及 3,673 人是非白人種（父母有一人是華人）。[206] 在二十世紀末，多數的華人是二十世紀初期移民的後裔。最後一次的移民潮起於 1970 年代末期，一直持續到現在。

這些移民是客家人或廣府人。根據 2006 年 7 月《世界概況》（World Factbook）的估計，在全國人口 1,065,842 人中，有 800 人是客家人。[207]《耶和華計畫》（Joshua Project）則說有 13,000 名廣府人，沒有客家人。

客家人有一個最堅強的地源協會，叫惠東安協會，設於西班牙海港（Port of Spain）。[208] 它是在 1919 年創立的。名字來自廣東省三個相連的縣：惠陽，東莞，和寶安。它的會員都是來自這三個縣，而且全部講客家話。當地出生的華人很難辨認這些傳統、保守、出生在中國、和講客家話的人。協會誇言說他們有 2,000 名會員，包括醫療，法律，和政治菁英。協會提供一般平常的服務：協助新移民安居，幫他們找工作，維持祖先的理想，發展並且促銷中國文化，以及互助和社交。由於客家人分散島內各地，他們必需到首都去補充貨品，並且趁機在協會的總部過夜。他們和其他商人見面，交換訊息，吃，喝，和打麻將。這些

---

206 'Chinese blacks in the Americas',
    www.colorq.org/MeltingPot/article.aspx?d=america&x=ChineseBlacks.
207 Chen Yong Lian in Chung Yoon-Ngan's Web site: .au. :
    www.chungyn@mozart.joinet.net.au.
208 'The Powerful Chinese',
    www.nalis.gov.tt/Communities/communities_Chinese.html.

重要的服務，一直到最近，在模里西斯的「會館」也有提供這類的服務。

客家身分似乎在消失中。根據 TriniGenWeb 的訊息，客家人與廣府人「多半已經放棄了他們的語言和宗教，在千里達幾乎已經不存在任何的中國文化了。」[209]

三、古巴（Cuba）

我們不知道在古巴是否有客家人的存在。研究華僑社群在加勒比海和西語美洲的權威人士 Walton Look Lai 和 Evelyn Hu-Dehart 兩人在《華僑百科全書》（The Encyclopediaof the Chinese Overseas）裡都沒有提及究竟在古巴有多少客家人。Chung Yoon-Ngan 引用 Chen Yong Lian 的說法，在他的網站上透露在古巴有 5,000 名客家人，並且帶上問號。《耶和華計畫》（Joshua Project）說在古巴有 40,000 名說華語的華人，但是沒有客家人。即使是華人的數目，在各個網站上的資訊差異也很大。美國中情局出版的《世界概況》（CIA World Factbook）估計華人在 2006 年 7 月佔了古巴全國人口 11,382,820 人的 1%，亦即華人約有 113,828 人。Caribeanagenweb 網站說在 2003 年時，古巴約有 500 名華人。[210]如果不包括那些已經被當地文化完全同化，或幾乎沒有中國文化的混婚族子女，那麼華人的人口應該只有幾百人而不是幾千人。Laurie Goering 在《芝加哥論壇》（the Chicago Tribune）上說華人的外移以及異族通婚降低了華人的人口和文

---

209 'Asians: The Chinese',
　　www.rootsweb.com/~ttowgw/comings/chinese.htm.
210 'Immigration chinoise dans le bassin carribeen',
　　http://caribeanagenweb.apine.org/modules/news/print.php?storyid=17.

化。根據她的說法，在 2001 年，華人移民約有 300 人，而且他們的平均年齡是 80 歲。「因為多數這些移民都是男人，他們娶了古巴女人，所以純正的華人後裔很少。不過，有成千上萬的古巴人說他們具有華人的血統。」[211]Isidro L. Estrada 認為「有記錄的調查資料顯示,出生在中國的華人只有 400 人左右。他們分散在各地的後代大多數是混種的，而且有時他們甚至連他們祖先一直使用了幾十年的語言都不會說了。」[212]

（一）華人移民到古巴

首批中國苦力在乘坐 "Oquendo" 號的西班牙船 131 天後，於 1847 年 6 月 3 日抵達古巴。這批苦力一共有 206 人，每人都簽有八年的合約，他們主要來自廣東省。我們沒有數據顯示子方言族群的人數。旅途中有 6 人死亡，抵達後又有 7 人死亡。不過在以後的航行裡，死亡的比例大約在 25%左右。當他們抵達古巴以後，就被送去種植場和一家鐵路公司。[213]

儘管合約的條款看來合理，上面規定由雇主支付週薪一披索，提供免費的伙食和服裝，免費住宿，醫療，假日，和週日休假，實際上，他們所得到的是奴隸一般的待遇，因為那些種植場的主人買斷了苦力的合約，而且他們的管理人員都有奴隸頭子的性格。合約裡也規定在八年合約期滿以後，他們就成為自由身，雇主不得強迫延期或重新簽訂新的合約。這個條款的目的在於避

---

211 Laurie Goering, 'Chinatown is fading with age in Cuba' in Chicago Tribune, 26th April, 2001, www.org/Cnews/y01/apr01/27e5.htm.

212 Isidro L. Estrada, 'Chinese heritage cherished in Havana' in China Daily, 18th June, 2004, www.chinadaily.com.cn/english/doc/2004-06/18/content_3406.htm.

213 Evelyn Hu-Dehart, 'Race Construction and Race Relations: Chinese and Blacks in 19th Century Cuba in The Chinese Diaspora, Vol. II, P. 103.

免使苦力被綁而成為於終身奴役。

與奴隸不同的是，苦力受到政府於 1854 年制定的法律所保護，該法特別規定不准有肉體的處罰，例如使用腳鐐手銬，鞭打，槍托等。但是，種植場的主人不理法規，體罰照做不誤。這些苦力還有法律上的權利。他們是一個有自由的人，可以結婚，可以買賣地產，而且如果受到主人虐待，他們可以控告他們的主人。實際上，這些苦力很少享受到合約所規定的和一般法律的權利。1860 年時，古巴的欺騙面罩終於被拉下，政府將法律修改，要求苦力在起初八年的合約期滿後，重新簽訂無限期的合約。於是苦力就一輩子不能成為自由人。那些不願遵守這個法律的人，就必需自費離開古巴。新法律對那些合約在 1861 年以前就到期的人無效。有些苦力就簽下了新合約。DeHart 下了一個結論，「為了所有的實際目的，從任何角度來看，中國苦力真的是個奴隸。」[214]

中國苦力一直都被稱為亞洲殖民地居民（此乃誤導的委婉之詞），但是從來就沒有人稱他們為苦力。1862 年的人口調查將他們併入在亞洲人種裡面，但是在研究不同的人口調查時發現中國苦力被併入白色人種裡。然而當他們在當地教堂受洗時，他們又被登記在黑人的洗禮註冊處裡。

由於奴隸制度在古巴較晚於 1886 年才被廢除，所以中國苦力與黑奴一起在種植場做工。他們之間的關係還蠻緊張的。黑奴知道中國苦力並不是經常被人以黑人看待，而且他們又不是奴隸，所以他們憎恨中國苦力。他們也知道中國苦力很容易離開種植場，去經營自己的小生意。從另一方面來說，中國苦力不斷的

---

214 同上，P. 106。

告訴人說他們是自由的人，而不是一輩子被押在那裡的。然而他們卻能摒除彼此之間的不愉快,去參加黑人自由戰士，和白色古巴人的十年戰爭（1868-1878），La Guerra Chiquita（小戰爭，1879-1880），以及脫離西班牙的獨立戰爭（1898-1899）。古巴政府在首都哈瓦那（Havana）建立了一個紀念碑，用以紀念中國苦力們的英勇事蹟。

由於買賣黃種人（指華人）受到國際的嚴厲批評，所以在 1874 年被廢除，不過在 1874 年以前就已經有 124,813 名中國苦力在古巴了。在 1860-1875 年間，由於反華情緒，有 5,000 名華人移民逃離美國加州，湧入古巴。這些難民在哈瓦那為唐人街打下基礎。1911 年滿清政府被推翻時，又出現了另一個移民潮。一共有 18,484 名中國人在哈瓦那的中國領事館登記入境。移民人口在 1977 年減少到 5,892 人。[215]

中國苦力在古巴的生活與被輸入去秘魯的苦力的生活一樣痛苦和不能忍受。跟我們所看到的秘魯情形一樣，苦力最後就以吸食鴉片解悶。種植場的經理們就利用這種機會進口鴉片販賣給他們的工人。

（二）華人社群的復甦

在 1940 與 1950 年代裡，哈瓦那唐人街是南美洲最繁榮，最活躍的唐人街。那裡是一個喧鬧的地方，餐館，洗衣店，中藥店，銀行和報紙到處可見。華人幾乎在所有的城市裡都開了小店。他們也經營蔬菜農場。卡斯特羅總統（Castro）在 1959 年所領導的共產革命改變了唐人街的命運。國家沒收了私有財產，

---

215 'Immigration chinoise dans le basin caribeen',
http://caribeanagenweb.apine.org/modules/news/print.php?storyid=17.

並且將所有生意歸為國有。華人無法接受他們畢生的辛勞和積蓄
毀於一旦的事實。於是他們多數逃亡海外，主要是去美國和加拿
大，定居在紐約，邁阿米，舊金山，和多倫多。在 1960 年代，
中國移民停止了。因此華人的人口下降，唐人街也就開始沒落。

　　在 1989 年，德國柏林城牆拆下以後，古巴由於蘇聯的援助
斷絕了，所以必需另外尋找財源。為了彌補財政的缺口，古巴政
府發展旅遊業。由國家提供資金將古巴的唐人街翻修，藉以吸引
遊客。他們在唐人街的入口處，建了一個很大的水泥拱門，上面
寫著西班牙字和中國字。在 1990 年代，古巴政府將經濟政策稍
作修改，允許私人經營餐館和小生意，並以美金交易。

　　這種要使唐人街復活的精神扣住了留在唐人街的幾百個純中
國人的心。他們在 1995 年成立了一個唐人街促銷團體。其結果
令人鼓舞。他們的主要目的是「搶救祖先們的優良傳統，使它不
被遺忘，並且將哈瓦那唐人街永遠帶回人間。」[216]他們於 2005
年慶祝華僑節。除了文化事務以外，這個團體也利用星期六開設
中國語文班，教授書法，使傳統中醫與針灸繼續存在。

　　在 1980 年代中期，古巴與中國的關係，利用雙方相互交流
得以加溫。哈瓦那的中國大使館也努力修復唐人街。自從 1993
年以來，唐人街的社群將傳統藝術中心（House of Arts and
Tradition）和中國語文學校，加以翻新。祖先的傳統，例如舞
獅，農曆新年，和清明節，已經被恢復並且大家都在慶祝著。

　　用來傳承文化的最重要工具，報紙，也被留了下來。儘管讀
者不多，曾經是四大華文報紙之一的最後一份報紙，光華報，現
在仍然利用古式的印刷機在哈瓦那每週出版 650 份報紙。

---

216 Goering，前揭書，P. 4。

華人移民的後代，以及與非華人結婚所生的子女，幾乎沒有中國人特性，而且對中國人身分與文化所知無幾。但是，他們也跟他們父母一樣熱烈的希望中國文化復興，並且決心找回遺失了的文化傳統。中國語文和藝術學校在 1993 年設立，而且蓬勃發展著。

中國文化的復興是否成功，仍然言之過早。如果年紀大的人能夠維持下去，那麼我們就可以肯定它已經牢固下來，中國文化在古巴將不會是一種消失的文化。

第七節　南太平洋島嶼

耶和華計畫（Joshua Project）列出在太平洋的法屬二十個島國和一個海外地區，但是只提到在法屬玻里尼西亞（French Polynesia）有客家人的存在。Chen Yong Lian 在他的世界客家裡納入了巴布新幾內亞的 1,000 名客家人。在南太平洋有六個島嶼沒有華人移民。（參加下表 4.17）。在諾魯（Nauru），巴布新幾內亞（Papua New Guinea），萬那杜（Vanuatu），和斐濟（Fiji），都有廣府人的存在。在這些島國裡面，有十三個曾經接收過說華語的華人，他們的人數從尼威（Niue）的 10 人到巴布新幾內亞的 19,000 人。法屬玻里尼西亞的 27,000 名客家人是在南太平洋最大的族群。在南太平洋的華人要比在東南亞的華人少得很多。在這地區的夏威夷，它是美國的一州，由於它與其它的美國大陸各州的人口差異，我們把它放在這裡一起討論。

表4.17：南太平洋島國的華人人口（2006）

國家	華人人口	總人口	比例（%）
庫克群島（Cook Islands）	無	18,000	-
法屬玻利尼西亞（French Polynesia）	27,000（客家）	257,000	10.5
斐濟（Fiji）	5,600（華語）	848,000	0.7
基里巴斯（Kiribati（Gilbert））	100（華語）	99,000	0.1
馬紹爾群島（Marshall Islands）	100（華語）	62,000	0.16
密克羅尼西亞聯邦（Micronesia, Fed.）	600（華語）	110,000	0.5
紐埃聯邦（States of Niue）	13（華語）	1,400	0.9
諾魯（States of Nauru）	1,500（廣東） 600（華語）	14,000	10.7 4.3
新喀裏多尼亞（New Caledonia）	500（華語）	237,000	0.2
諾富克島（Norfolk Island）	無	2,200	-
北馬里亞納群島（Northern Mariana Islands）	7,700（華語）	81,000	9.5
帛琉（Palau）	無	20,000	-
新幾內亞（Papua New Guinea）	19,000（華語）	5,887,000	0.3
皮特凱恩群島（Pitcairn Island）	無	70	-
薩摩亞（Samoa）	200（華語）	185,000	0.1
索羅門群島（Solomon Islands）	3,000（華語）	478,000	0.6
拖克勞（Tokelau）	無	1,400	-
湯加王國（Tonga）	200（華語）	102,000	0.2
圖瓦盧（Tuvalu）	30（華語）	10,000	0.3
瓦努阿圖（Vanuatu）	400（華語）	21,000	1.9
法屬瓦利斯和富圖納群島（Wallis & Futuna）	無	15,000	-
總共	66,543	8,449,070	0.79

資料來源：耶和華計畫（The Joshua Project）：

www.joshuaproject.net/countries.php.

　　有關南太平洋島嶼華人子族群人口組成的更詳細資料，可參考《華僑百科全書》（The Encyclopedia of the Chinese

Overseas）。根據 W. E. Willmot 的說法，在斐濟的華人，大多數
是廣府人，而在 Noumea 的華人多數是客家後代。Vanuatu 的老
居民是廣府人，當代 Western Samoa 的華人都是廣府人。[217]在巴
布新幾內亞當地出生的華人子女說廣府話，新移民則很少說廣府
話。[218]

　　華人在十九世紀初期，以廚師和木匠的身分，乘搭美國和澳
洲的船隻去斐濟尋找檀香木。根據未經證實的資料，首位華人在
1830 年抵達法屬玻里尼西亞。我們將在下面幾節裡討論客家人
在大溪地，巴布新幾內亞，和夏威夷的情況。

一、大溪地（Tahiti）

（一）客家人移民法屬玻里尼西亞

　　法屬玻里尼西亞是由好幾組島嶼組成的。其中最著名的是在
社島群的大溪地，玻里尼西亞的首都 Papeete 就在大溪地。

　　現在住在大溪地的客家人，主要是二十世紀移民的後代，而
不是十九世紀的苦力後代。法屬玻里尼西亞的華人在 1865 年以
前，當中國苦力去蘇格蘭人 William Stewart 的棉花場工作時，就
抵達了。有些華人在前往美國加州和秘魯的路上就停留在法屬玻
里尼西亞。儘管有華人很早抵達出現在大溪地，但是大量移民還
是在輸入中國苦力之後才到的。其中有 330 名苦力在 1865 年 3
月 25 日抵達。當時他們很驚訝能在島上看見中國餐館，和一間
破廟。Stewart 的棉花場破產以後，苦力們在 1873-1878 年間都沒

217　W. E. Willmott in *The Encyclopedia of the Chinese Overseas,* P. 294, 296, 302
218　Christine Inglis in *The Encyclopedia of the Chinese Overseas,* P. 298.

有工作。他們很多人就回到中國去了。

在世紀交接時一直到 1914 年，有大量的華人抵達玻里尼西亞。這批第二次移民潮抵達的華人移民是當代客家人的始祖。根據 1861 年的《Bulletin Officiel》的資料，為數 6 人的首期華人，在 1851 年 4 月搭乘法國船抵達大溪地，船是停泊在 Papeete 的海港。[219]

從第一個中國苦力在 1865 年抵達以後一年，華人的人口就達到 1,010 人，其中有 85% 是客家人，其餘是廣府人。由於他們都簽有合同，所以在工作完畢以後，大部份的人都回去中國。而留下來的人多數住在 Papeete。Stewart 棉花場的倒閉，使新移民減少，而且華人的人口就開始下降。到了 1892 年，華人只剩 320 人。那些留下來的人就變為商人，開餐館，或當木工，鐵匠。憑著勤勞工作與節約存錢，他們逐漸買下 Papeete 附近一帶的土地，並且建蓋了唐人街。華人在大溪地壟斷零售業，主導市場園藝，出口香草和珍珠殼；年輕一代的華人則當醫師，會計師，以及律師。

華人的人口在 1902 年些微的增加到 412 人。在 1907-1914 年間，儘管大溪地的移民法規變得更加嚴格並且需要繳交保證金，還是有 2,500 人來到大溪地。現在的 27,000 名客家人佔了全國人口的 10%，他們是人口最多的方言族群。

（二）客家人的同化

移民的同化一部份是出於自願，一部份是由於法國政府的強制要求。在 1964 年以前，客家父母可以選擇華文學校或基督教學校。不過有很多父母選擇後者，因為基督教學校紀律較好，考

---

219 'La communaute chinoise', www.abcdaire.netfenua.pf/themes/chinois_de_tahiti/.

試成績也比較優良。語言的流失給客家身分一個嚴重的打擊。放棄華文學校是客家文化與身分減弱的第一步。當政府決定在1964年關閉所有的華文學校，減弱的速度就更快了。這個政策是法國政府要讓華人融入玻里尼西亞主流的一部份。法文把它叫做消除種族差別待遇（intégration）。

　　小孩第一次接觸到的語言和他們幼年時期在學校所學到的語言，對於決定以後他們保持文化傳統和身分極為重要。現在年輕一代的子女很少有人會講他們祖先的方言。由於父母沒有使用客家話和他們的小孩交流，所以父母對於客家方言的流失要負起責任。這種現象在模里西斯也一樣。早在1940年代，廣府人也面臨他們華人文化與方言流失的困擾。因為當地沒有教育機構可以教他們子女廣府話，並且提供中國的教育，廣東父母無法接受他們的文化與語言就這樣消失。在1947年有一千名廣府人回到香港，然後在中國故鄉安頓下來。

　　當法國總統Georges Pompidou在1973年把公民權授予在法屬玻里尼西亞出生的所有華人時，客家身分又受到另一次的打擊。公民權給與客家人投票權，但是他們就得去服一期的兵役。因此他們就被融入法國公民，使得他們的客家身分進一步流失。

　　帶著姓氏的家庭正是中國親屬關係組織的基礎。先有姓氏而後有名字，先有家庭而後有個人。姓氏訂定了一個家庭的身分，並且將它與其他家庭區分。由於家屬關係非常密切，兩個同姓的年輕人結婚很難不會犯下所謂的亂倫行為。華人使用與華語發音類似的法語做為他們的姓氏以後，華人家屬關係就變得模糊，並且破壞了原來系統的意義。公民權的授予是不准更改姓氏的。華人在申請公民權時，法國的行政人員會要求他，將他的姓氏變得聽來更像法語一點。例如，"Li"會被音譯為"Lee"，

"Lit"，或 "Ly"。有時，新的姓氏是由姓與名組合而成。因此就有類似 "Lissay"，"Lissant"，或 "Lichou" 之類的姓氏。[220]一些古怪的或是法國的姓氏經常被無條件的接受。根據 Ernest Sin Chan 的研究結果《Identité hakka à Tahiti》，很多的覆卷者不知道他們祖先的姓氏是什麼。[221]

　　華人身分逐漸消失並且融入主流社會，配合著他們在經濟與社會上的成就。客家人在經濟上以及社會上的地位提升了。大溪地的華人在經歷幾代人以後，他們在經濟上已經小有成就。華人和法國的家庭式生意霸佔了進口業。他們控制了零售和商業的生意。客家人擁有相當多的五星級飯店。一個名叫 Robert Wan 的客家人，他壟斷了黑珍珠的工業。擁有大學學位的年輕中國玻里尼西亞人，現在已經是法國公民，他們受聘於最大的雇主 —— 政府，任職高層工作，而當地的玻里尼西亞人則清一色的做些平常而低薪的工作。女人當辦事員，男人則做公共建設工程的工作。華人幾乎插足在所有的自由專業裡。從華人與中上層社會的接觸可以反應他們在社會上的流動性。中產階級包括所有的族群，而有錢的中國商人家庭，他們已經獲得上層社會的地位。

　　在大溪地，華人與大溪地人的關係，並不像在印尼以及其他東南亞國家那樣，會惡劣到暴亂的情況。由於華人在商業上的競爭，法國人揚起一種 "黃禍" 的妖怪。甚至有一個名叫 Paul Gauguin 的法國畫家，也在一間公共建築裡組織一個反華運動，說是華人侵略。

　　1988 年的人口調查顯示，每七個華人就有一個和當地的玻

220　Jimmy Ly, 'The Fate of the Hakka in Tahiti',
　　　www.hakka.net/hakka2003/Big5/word/02.doc.
221　Ernest Sin Chan, *Identite hakka a Tahiti*, www.ethnopsychiatrie.net/SinChan2.htm.

里尼西亞女人結婚。2003 年的人口調查，因為受到法律限制，沒有列出各個族群的人數。估計有一半的華人屬於混血。法國人認為混血的女孩是最美麗的女人，白人比較喜歡跟他們結婚。[222] 混血的孩子叫"Demis"，他們傾向於融入大溪地文化，說當地的法語，但是很少會說客家話。

（三）大溪地客家人的前途

　　客家人是否會成為中國境外消失的方言族群？那些自認是客家人的一批人，很關心客家文化與身分的快速消失。Jimmy Ly（中國姓名為：李原生，音譯）因為知道他的社群客家氣氛越來越弱，而玻里尼西亞的氣氛則越來越強，感到沮喪。他覺得華人族群「似乎不太知道在身分與文化上的問題，而只是專心於世俗的事情。[223]他認出幾個使得客家文化減弱的因素：

　　*一向扮演著保持中國文化重要角色的傳統華人協會的衰微。問題是我們要如何才能使年輕人對這些文化協會感興趣。沒有年輕人的參與，等到老一輩的去世後，中國文化就會消失。如果吸收年輕人做協會的改革會沖淡文化，那麼中國文化的消失將是無可避免。華人「會館」由於缺乏資金，所以無法從事改革。「會館」的活動僅限於兩年一次的「清明節」。在其餘的一年裡，它都被空置不用。模里西斯的會館，由年輕人負責管理，經常有活動。在模里西斯的會館不存在像李先生（Ly）所提到財務問題，因為會館的總部是由會員們自己擁有的。他們利用將部份的會館出租給人做商業用途所得的租金來支付會館開銷。

　　*由於所有的華文學校都被關閉了，客語越來越被人放棄，

---

222 Trolliet，前揭書，P. 61。
223 Jimmy Ly，前揭書。

大家在家裡，在學校，在職場，都採用法語和大溪地語交談。他們在家不教客語，所以客語就無法傳承給下一代。

　　*在 1970 和 1980 年代出生的年輕一代，他們與在中國祖先的村莊沒有文化的連結。他們的關係是建立在與當地新的居住國家，而不是與遙不可及的中國故鄉，或是他們從來沒見過的親友。在文化和語言方面的連結問題，不僅出現在大溪地，模里西斯的第三代和第四代客家人也有同樣的困擾。

　　Jimmy ly 所得到的結論是消除種族差別待遇的整合運動是無可避免，但是社群的成員必需明白在整合的過程中，會使他們族群身分減弱。換言之，客家人應該避免過份強調他們自己的獨特性，而把自己給邊緣化了。但是如果客家人無所反應，那麼客家文化會被周圍全部是當地人的環境，沖淡得盪然無存。[224]

　　有些類似 Jimmy Ly 這種的人，他們花了幾十年的時間，絕對固執的去保護客家身分，傳統，和文化。當與他同一時代的客家人，從國外學習回到大溪地以後，他們知道客家文化慢慢的消失。於是他和幾位朋友一同在大溪地創立文化協會，目的在拯救中國文化。自從 1990 年代以來，中國的傳統與習慣已經復甦了。感謝他們的努力，使得大家可以慶祝類似中國新年之類的活動。例如，慶祝 2006 年農曆新年的活動一直維持了兩個禮拜。文化活動包括土風舞表演，舞台劇的演出，舞獅舞龍，參訪在首都 Papeete 的關帝廟。大家在關帝廟祭拜祖先，一般家庭成員帶著牲品擺在祖先神牌前面。牲品包括水果，年糕，食物，和酒。新年的慶祝活動在燈籠的遊行下結束。即使是混婚族後裔的家庭，大家仍舊熱烈的慶祝「清明節」。

---

224 同上。

　　以 Jimmy Ly 的觀點來看，客家身分的建立需要帶有地方色彩。客家人同時帶有那麼一點客家人，法國人，和玻里尼西亞人的味道。許多老一輩的客家人，對於客家身分的問題持著更樂觀與更單純的態度。對他們來說，只要有中國人的寺廟，「就有客家精神的存在，而且會很旺」，而且「（我們）永遠可以寄以一些希望，在玻里尼西亞的環境裡，客家社群可以（用某種形式）存活下去。」[225]

二、巴布新幾內亞（Papua New Guinea）

　　我們缺少有關客家人在巴布新幾內亞（PNG）的資訊。《耶和華計畫》提到在那裡有 19,000 名說華語的中國人，但是沒有客家人。我們不能確定正確的數目，原因是有很多的中國人去那裡從事短期的合約工作。Chen Yong Lian 在 Chung Yon-Ngan 的網站上估計客家人口有 1,000 人。在 PNG 的最大問題是估計有 10,000 名的非法華人移民在他們國內。[226]他們主要來自福建省，但是我們不知道客家人是否有參與非法移民的事情。

　　中國的黑社會把 PNG 的警察官員變成最腐敗的層次。這些官員被賄賂去發給工作許可證，簽證，公民證，和護照。澳大利亞首都坎培拉（Canberra）把 PNG 看成是一個透過犯罪組織的移民詐騙集團，讓中國人當作跳板進入澳洲的太平洋島國之一。最資深的警員和中國的罪犯，一起走私人口、毒品、和武器，他們勒索、洗錢、非法賭博、並且經營娼妓勾當。[227]

225 同上。
226 'The Bartlett Diaries', P. 5, www.andrewbartlett.com/blog/?p=155.
227 Craif Skehan, 'Chinese gangs in Pacific now real regional threat', P. 1-2,

中國人以苦力的身分去德屬新幾內亞的種植場工作。巴布和新幾內亞兩國在二戰以後合併成為巴布新幾內亞。它於 1975 年從澳洲獨立出來，在當時就有 3,000 名華人，包括混血的華人。[228]就在獨立前，就有很多華人念及未來的安全與不定性而移民前往澳洲。在 1986 年，有超過 3,000 名在 PNG 出生華人移居澳洲。在獨立以前，華人社群以宗教分為兩派。廣府人信仰天主教，而客家人則信仰循道教派（Methodists）。[229]

三、夏威夷（Hawaii）

客家人把夏威夷稱為「檀香山」。檀香木是一種最早的香氣材料。由於早在 1800 年代，夏威夷將貴重的檀香木供應給廣州，吸引了中國南方諸省人民的注意。最先去到夏威夷的中國人可能是包括 50 名木匠和鐵匠的一群人，他們打造了一條雙桅的縱帆船，在船長的陪同下前往美國，在 1788 年路過夏威夷時停留下來。有些人就決定留在夏威夷。在 1791 年有幾個中國人來到夏威夷尋找檀香木。這幾個中國人是繼歐洲人之後抵達夏威夷的第二組外國人。到了十九世紀中期，就有中國商人和蔗糖老闆定居在夏威夷島上。

首批的中國苦力在 1852 年抵達夏威夷的茂宜島（Maui）。這批 175 名苦力都簽有五年的合約，要去甘蔗園種植甘蔗。他們大多數是客家人。後來的移民是廣府人，再後來的則是說華語的中國人。他們的工資只是微薄的每月美金$3.00，加上旅費，伙

---

www.news.vu/en/news/RegionalNews/050220-Chinese-Gangs-i.
228 Christine Inglish in *The Encyclopedia of the Chinese Overseas*, P. 296.
229 同上，P. 296。

食，和住宿。大量的中國移民是在 1850-1898 年間才到，而且他們多數是在 1875 年以後到的。不過，他們約有一半的人最後還是回去中國永久居住。在 1892 年時，夏威夷仍然實行君主政治，當時政府通過了《限制中國人移民法案》（Act Restricting Chinese Immigration）。之後就只有少數華人可以進入夏威夷。在 1889 年，當夏威夷成為美國第五十州時，美國 1882 年的《排華法案》（Chinese Exclusion Act）也同樣適用於在夏威夷的華人。直到 1943 年，這個法案才被廢除。[230]

夏威夷的人口估計在 2005 年有 1,275,194 人。根據 2000 年的人口調查，華人有 52,611 人，佔全部人口的 4.7%。廣府話是主要的方言。《維基百科》說這這個數目還不包括由中國人與夏威夷人混婚所生的子女。如果這些中國夏威夷人也計算在裡面，那麼華人就要佔全部人口的三分之一了。[231]根據 Chen Yong Lian 引用 Chung Yong-Ngan 在網上資料的說法，在夏威夷有 10,000 名客家人。95%的華人住在火奴魯魯（Honolulu, 即檀香山），以及瓦胡島（Oahu）的城市裡。

很多的中國移民決定放棄原來只想旅居的理想而定居下來。由於早期的中國移民主要的是男人，因此有很多人與當地的夏威夷女人結婚。不過，現在的華人並非全部是早期苦力的後代。大部份的華人是後來獨立移民的後代。現在的華人越來越多與族外人結婚。華人在 1977 年時，有 64.7%與非華人結婚。「這裡面有 26.1%與日本人結婚，20.7%與白人結婚，9.8%與部份夏威夷人結婚。」[232]由於華人比較開放，他們已經準備好跟夏威夷人結

---

230 www.vacation-maui.com/newsletter/june2002.html.
231 'Chinese in Hawaii', www.answers.com/topic/chinese-in-hawaii.
232 'Present', www.k12.hi.us/~gta/Hawaii/Chinese/chinesepresent/present.htm.

婚，並且開始把自己的姓氏與夏威夷人的姓氏合併，因此產生一些中國夏威夷人的姓氏，例如 Apana，Akaka，以及 Ahina 等等，我們也就無法從他們的姓氏上判定他們是否是華人了。

夏威夷的唐人街早在 1865 年就形成了。接著很快就創立了會館，它為有需要的人提供免費的短期食宿。它也幫助新移民尋找工作。

華人很注重教育。他們認為教育是提升社會地位的重要因素。他們要確定孩子得到教育。跟在模里西斯一樣，男孩與女孩同樣受正式教育。這種強調教育的結果，使得華人在夏威夷有令人羨慕的社會地位。接近四分之三的華人擁有經理或專業的高薪工作。因此，華人的薪資中數在夏威夷的所有族群裡面是最高的。[233] 在 1918 年時，William K.F. Yap 獲得 500 人的連署，要創立夏威夷大學。華人的子女喜歡去基督教學校上學，他們在那裡接觸基督真理。在 1879 年成立夏威夷第一座華人基督教堂以後，就有越來越多的華人改信基督教。

（一）農　耕

早在十九世紀時，華人就是農業的拓荒者。十九世紀早期，華人曾經三次嘗試種植甘蔗。前兩次失敗了，直到 1835 年才成功。

在 1802 年時，王子春（音譯，Wong Tze Chun）在拉奈島（Lanai）上種植甘蔗。他買了磨坊和鍋爐，建蓋了一個工廠，生產蔗糖。在王子春製糖之前，夏威夷已經有蔗糖了，但是只有華人懂得如何精煉蔗糖，華人將這種技術引進到夏威夷。不過由

---

233 Clarence Glick, 'The Chinese in Hawaii', www.hawaiiguide.com/origins/chinese.htm.

於夏威夷的乾燥土壤不適合種植甘蔗，因此王子春後來失敗了。直到 1835 年，華人才在考愛島（Kauai）上種植成功。「中國人終於把蔗糖帶來夏威夷，現在是夏威夷要把中國人帶來夏威夷。」[234]

中國農民於是成為要重的蔬菜生產者，他們引進很多華人與夏威夷人都喜歡的中國蔬菜：雪豆、長豆、豆芽、介菜、和苦瓜等。他們也從中國引進荔枝、柚子、龍眼、和蘋果香蕉[235]等植物。在二十世紀早期，華人控制了芋頭和芋頭餡的生產。

（二）華人身分

中國人把他們的文化，語言，習慣，文化活動，以及族群食物通通帶進夏威夷。我們需要談的是,究竟華人的文化與身分是否正在消失中。

叉燒包已經成為夏威夷食譜裡的一部份。它是夏威夷人的最愛之一。當地人也給它取了一個夏威夷的名字，叫做"manapua"。"mana"意指「麵包」，而"pua"意指「豬肉」。在以前，中國的食物小販用扁擔挑著叉燒包在鄰居走動叫賣。現在的食物小販，叫叉燒包佬，則用大卡車載著叉燒包停在好地點，例如海邊或商業區，販賣叉燒包。叉燒包不僅可以在華人餐館買得到，也可以在當地的小吃飯店買到。甚至在當地的7-Eleven 連鎖店也賣叉燒包。[236]

夏威夷有很多以傳統會館為基礎的華人協會或是更現代的慈善機構。香港中國夏威夷商會（Hong Kong China Hawaii

---

234 'Hawaii: Past and Present', P. 1, http://extreme-hawaii.com/pp/.
235 'First Arrival of Chinese Immigrants', http://kauila.k12.hi.us/~ebukoska/chinese.html.
236 www.aloha-hawaii.com/dining/manapua/.

Chamber of Commerce）在網站上列出一百個組織，涵蓋了廣泛的活動：互助、商業、傳統中藥與針灸、華文學校、華語課程、佛教、舞獅舞龍、中國文學、音樂、和戲劇等。在 1884 年成立的聯合華人協會（The United Chinese Society）是這一百個組織的總機構。它的宗旨是要使中國文化永久存活下去。它在 2003 年重新慶祝清明節。

在 2006 年有三家非牟利的華人組織，共同在唐人街促銷連續兩周的一連串慶祝農曆新年活動。活動包括舞獅，放鞭炮，風水講座，武術表演，中國算命，太極和功夫表演，和中國歌舞等。

夏威夷大學的中國研究中心，目的是想對當代中國有更多的了解。他們希望靠講課，研究，出版，會議，以及國家與國際的連結等活動來達成這個目的。

儘管現在的年輕華人只有少數人能讀或寫華文，也不管他們改信了基督教，融入了當地社群，採取了美國人的生活方式，華人仍舊記得他們很多的文化遺產，並且有很多人想要保持他們的華人身分。從中國與台灣來的新移民把華語以及其他方言帶進夏威夷。在 1970-1976 年間，共有 3,156 名新移民來到夏威夷，他們對當地的華人社群有所衝擊。他們幫助維固並且加強華人身分與文化。例如，他們設立了專門放映華人電影的戲院。許多的華文學校也幫助深植中國語文，身分與文化。中國大陸也共同致力於恢復華語的學習和使用。中國大陸的教育官員也來夏威夷，協助教師和家長鼓勵他們的子女學習華語，因為中美貿易的擴大，美國需要大批有華語能力的人。[237]在國際網絡上很少有關客家人

---

237 Gordon Y.K. Pang, 'Learn Our Language, Chinese Advise', in *The Honolulu Advertiser*, 29th March, 2006,
www.honoluluadvertiser.com/apps/pbcs.dll/article?AID=20051.

（在夏威夷）的資料。我們很難了解關於他們在文化身分上的真實情況。

第八節　舊世界（歐洲）

　　黃金的發現吸引了成千上萬的華人去了美國和澳洲。可是在西歐並沒有黃金潮。華人一直到二十世紀才有大量的人移民去歐洲。英國人，法國人，以及荷蘭人他們在亞洲和南美洲統治過許多有華人居住的國家。中國移民去西歐跟西方殖民有連帶的關係。華僑移民多數去以前殖民國家的大都會居住。大量移民是發生在二戰以後國家獨立的時候。最晚的中國移民潮是在最近幾十年裡來自中國。他們來自中國大陸各省，說華語，而早期移民則來自中國南方諸省，說的是互不相同的不同方言。廣府人已經定居在大部份的歐洲國家。客家人則大量移民去英國，法國，和荷蘭。見下表 4.18。近來華人有意移民的國家範圍比以前更多了。

表 4.18：歐洲客家人口

國家	客家人口	華人人口	總人口　（*）
英國	10,000	250,000（1）	61,019,000
法國	？	163,500	61,946,000
荷蘭	100s（2）	105,000	16,450,000

資料來源：耶和華計畫（Joshua Project）

＊聯合國經濟社會事務部人口局（2008）。

（1）2001 人口調查。耶和華計畫估計華人人口為 324,000 人。

（2）ChenYong Lian 在 Chung Yoon-Ngan 之網站。

一、英　國

（一）英格蘭

　　華人分散在英國各地，而且大部份住在英格蘭。在倫敦（London），利物浦（Liverpool），以及曼徹斯特（Manchester）都有頗具規模的唐人街。其他主要城市，如貝爾法斯（Belfast），愛丁堡（Edinburgh），和加地夫（Cardiff），也有華人社群的存在。

　　華人給人的印象是一個成功的少數民族。這種印象來自三個主要原因：第一，華人在英國是最高薪的族群。第二，按比例，華人的程度要比其他任何族群都高，29%的華人屬於高水平，而從所有族群來看，就只有 22%屬於高水平。第三，在少數民族裡，華人的失業率最低，只有 8%，而所有少數族群的失業率是13%。[238]

　　一般人認為華人只是外賣的送貨員或是餐館的老闆之類的社群，這樣的傳統印象只是部份正確而已，因為華人並不是一個全部同種的族群，經營餐館的只是勞動人口的 40%而已，並且那些都是在香港出生的。從模里西斯去英國的客家人並不經營餐館，也不送外賣。在英國出生的華人（BBC）或是近期來自中國的移民，已經不再依靠送貨行業或族群職場的工作了。BBC 的流動性強，有國際觀，只要有需要，他們隨時可以由一個國家遷到另外一個國家去。

238　Chak Kwan Chan et al., *The UK Chinese People: Diversity & Unmet needs*, Nottingham Trent University, 2004, P. 1, www.chinese-network.Net/English/publications/Chinese_needs_eng.pdf.

1.抵達的歷史

　　1851 年的人口調查,首次記載華人出現在英國的事實。當時有 78 名華人，全部住在倫敦。十九世紀時，英國在中國的利益是來自靠運輸與海洋航線的貿易。難怪當時住在英國的華人，絕大部份是商人水手而且都住在海港與碼頭附近：倫敦，利物浦，加地夫，和史特拉斯克萊德（Strathclyde）。不過，華人的人數在十九世紀與二十世紀初期，一直很少（幾百人）。英國的華人在 1900 年還是很少，大約只有 400 人。不過有很多的臨時中國居民，尤其是等著靠岸的水手們，他們創造了居住，洗衣，和中國食物等的需求。在英國的中國同胞逮到這個商機,設法滿足他們的需求。因此才出現了在萊姆豪斯（Limehouse），西倫敦，和利物浦等地的唐人街。

　　在兩次世界大戰之間，有些散佈謠言的人，提出可怕的"黃禍"之說，同時唆使政府制定更嚴厲的移民法規，並且在二戰以前一直把中國移民限制在略過 2,000 人之譜。

　　儘管移民的限制增加了，華人還是能夠保持經濟活力，在兩次戰爭中間的時期裡，他們發展出華人獨有的洗衣與外賣生意。在 1950 年代，洗衣生意由於洗衣機問世而快速衰退。投幣式的洗衣店又給洗衣店生意最後的一擊。不過，外賣的生意仍舊維持著，並且成為華人社群在英國的經濟基礎。

　　直到二戰以後，才有大量的華人開始移民英國。英國的商艦聘僱了 20,000 名華人。[239]他們加入了老居民（老客）的行列。成千上萬的退伍軍人，他們在船上已經習慣了中國食物的味道，因此產生了對中國食物的需求。需求的增加刺激著外賣生意。共

---

239 'Introduction to the Chinese Communities in Manchester',
　　www.newaudiences.org.uk/documents/na_publication/php51kgy.doc.

產黨於 1949 年取得大陸政權以後，大批難民跨過邊境逃去香港。突然湧進的難民產生了住宅，健康，和犯罪的嚴重問題。於是政府實行嚴厲的政策來處理這個問題。

　　他們需要有更多的土地以應付突然增加的住房之需。有許多在香港新界的農民在獲得土地的補償金後，便利用這些資金移民到英國去過新生活。大部份來自新界老圍的圍村客家人都定居在曼徹斯特。從香港新界來的移民與他們的小孩成為在英國的主要華人。

　　在 1951-1971 年間，華人的人口繼續穩定的增加。人口調查顯示在英國的華人，1951 年有 12,523 人，1961 年有 38,750 人，1971 年有 96,000 人。在這同一時期裡，英國的移民法規變得更嚴格，華人於是決定在英國成家植根，而不再以男人單身族聚居。在英國的華人以客家人和廣府人為主，英國人對華人的印象也是從這兩個族群而來。[240]

　　在 1960 年代，餐館生意已經飽和，華人於是改行經營外賣。具有各種不同背景的中國移民，從馬來西亞，新加坡，中國大陸，台灣，和越南等各地來到英國。

　　在 1970 年代末期，有大批的華裔越南難民湧入英國。這批人是為了逃避共產黨的船民。英國根據 1979 年在日內瓦會議的協定，收容了 10,000 名的難民。在二十世紀結束時，有 27,000 名越南人住在英國，而其中有 15,000 人住在倫敦。[241]他們大部份是廣府人。最後湧進英國的移民是在 1997 年 7 月 1 日香港回歸中國以前的香港人。在香港的 6,300,000 人，有 50,000 人可以

---

240 同上。
241 Le Viet Nam, aujourd'hui',
　　http://perso.wanadoo.fr/patrick.guenin/cantho/vnnews/ukvn.htm.

合法取得英國護照。最後一批移民較 1960 年代或更早的移民有
更好的教育程度和專業資歷。

　　根據唐人街的檢視團體《民權》的報導，估計英國在 2006
年有 400,000 名華人。新近的調查顯示在英國的華人，有 26%是
在英國土生的，26%來自香港新界，10%來自馬來西亞，12%來
自越南，4%來自新加坡，12%來自中國大陸，而剩下的是來自
世界其他地區。[242]

　　1991 年的人口調查，顯示英國有 156,938 名華人，佔全部人
口的 0.28%。其中有 81,000 人住在倫敦和英國的東南部。17,300
人集中在英國西北部的大曼徹斯特地區（Manchester）和大馬瑟
塞地區（Merseyside）一帶。其餘的就分散在英國各地。在國會
的選區裡，華人最多的是利物浦河邊大道，在那裡華人有 1,203
人。在 1991 年時，華人的平均年齡是 29 歲，比寄居國社群的年
齡要少九歲。[243]根據住家辦公室的統計，自從 1989 年以來，來
自中國大陸的移民有穩定的成長。

　　在 2001 年的人口調查顯示，有 247,403 名的英國公民是華
人的後代。在最近兩次的人口調查之間，華人增加了將近
100,000 人。在英國所有的族群裡，華人是最分散的族群，但是
他們均勻的分散在全國各地地區，在英格蘭，威爾斯，以及蘇格
蘭，華人所佔的人口比例都相同。[244]早期的移民幾乎都是來自香
港新界和中國南部的客家人和廣府人，而最近的則來自中國各地
說華語的中國人。在很多情形下，這些中國人的教育水平比較

---

242 'A History of Chinese Community in Britain', www.monitoring-group.co.uk.
243 Michael Chan, 'Beyond the take-away',
　　www.cre.gov.uk/publs/connections/pdfs/cn99_08.pdf.
244 'Introduction to the Chinese Communities in Manchester', p.4,
　　www.newaudiences.org.uk/documens/na_publication/php51kgy-1.

高，而且外表也更有世界觀。

2.職　業

　　華人是最早創立洗衣服務和外賣餐飲的人，比麥當勞和肯達基還要早超過一世紀。華人在英國建立的洗衣服務，在 1950 年代時期，由於家用洗衣機的問世而結束了。不過，他們很有彈性的做了一個模範式的轉行，開始集中精神去經營外賣生意。外賣生意因此發達起來，並且成為在英國最受歡迎的族群菜餚。外賣生意在 1980 年代開始衰退，因為老一輩的人退休了，而土生土長的華人比較喜歡從事專業性的職業，不願意接手外賣生意。根據 1995 年的估計，華人每年的外賣生意約值 568,000,000 英鎊。[245]華人的外賣生意產生了英國熱食市場 16%的價值。外賣業在目前華人社群裡，仍然是最大的雇主。但是在英國土生土長的華人，還是拋棄外賣生意，加入主流的專業職場。根據在 2001 年的估計，英國大概有 12,000 家華人外賣店，3,000 家華人餐館。[246]華人的外賣店分散在英國全國各地。甚至在最偏遠村莊，只要有一些華人和其他族群，就有華人經營外賣生意。

　　1985 年的《家庭事務委員會報告》（Home Affairs Committee Report）估計有 90%的華人從事與外賣生意相關的工作。外賣生意影響了中國移民的生活模式。在早期的發展時期，外賣生意給以男人為主的社群提供工作機會。一個單身的移民，會去由自己的家庭成員或是在中國同一村莊來的人所經營的餐館裡學習外賣生意。當他學到了充分的技能，而且存到足夠的資金以後，他就會離開那個餐館並且開設自己的餐館。當他的餐館穩

245　同上，P. 6。
246　Wikipedia, 'British Chinese'.

定發達之後，他就需要更多的人手，並且引進更多的人。這個運作又再重新開始，於是產生了連鎖移民。在模里西斯的店東也做同樣的事。為了避免太多的競爭，於是有更多的餐館與外賣店就分散在英國全國各地。這就解釋了為什麼華人會出現在英國幾乎所有的地方的原因。

　　儘管工時長，而且工作辛苦，新移民仍舊覺得外賣生意是蠻吸引人的，因為它不需要很多的語言能力，而且他們喜歡自雇的獨立自主性，同時從生意的觀點來看，由於外賣生意是現金的生意，所以很少有呆帳的情形。

　　華人社群與其他族群的定居模式不同，其他族群喜歡在他們的工作附近聚居在一起（於是產生了貧民窟）。例如巴基斯坦人聚居在約克斯亥（Yorkshire）與蘭卡斯特（Lancaster）一帶的紡織廠附近。外賣生意的成功帶動了相關產業的發展。華人的食物佐料以及廚房用具必需靠進口。於是有族群雜貨生意的興起。華人的蔬菜是在當地生產，因此引起一些當地的英國菜農注意到這個商機。當外賣生意大量發展後，就會需要有會計師與律師的專業服務，也需要有娛樂的服務：華語電影、音樂、圖書、和雜誌等。

　　人口的集中，市內的餐館以及外賣生意，導致唐人街的興起。對於在英國的多數華人而言，唐人街並非住家的地方，而是一個商業，文化，與福利機構等的中心。華人在那裡與族人或同鄉相聚。唐人街也衍生旅遊業的生意，它吸收許多非華人去參觀。唐人街的魅力與名聲，吸引了私家與公家在維修和重建的投資。

3.種族騷擾

　　華人的工時很長，上夜班的年輕中國女人很容易受到口頭上或肢體上的污辱。Chak Kwan Chan 和他的合夥研究員，在研究

英國的華人時發現，在對 316 名華人的通訊問卷中，覆卷者有18%遇過種族歧視，12%遇過種族騷擾。在第二次被面試 100 名華人，也有被種族騷擾的相同經驗。[247]他們也發現，最平常的騷擾形式是在路上用壞話污辱，而罪犯都是小孩或年輕人。後者也是攻擊送外賣的中國人的罪犯。

　　他們也發現到在社會制度上的種族歧視。英文不好的華人會受到公家機構服務人員（如衛生局的職員）的劣質對待。有些覆卷者相信他們的職業發展受到族群背景的影響。

　　雖然華人不認為種族騷擾是個大問題，不過當地的警察沒有快速而且正面的保護送外賣的華人，令華人感到無奈。結果使華人不再信任警察。他們已經接受了種族騷擾是他們命運的一部份。由於大眾傳播偏愛渲染在中國的華人形象，使得大家對華人的偏見加深。例如，他們放映成千上萬的貧窮中國人，在火車站附近兜圈子，想去城裡找工作。白人認為在英國的華人與在中國的貧窮農民移民沒有什麼不同。公家機關服務人員的偏見與態度，常常使華人沒有勇氣去利用他們的服務，而且他們在語言上的困難是他們不願接觸公家服務的另一障礙。

4.童　工

　　華人的孩子必需幫助外賣生意，當他們的父母在廚房工作的時候，他們就得幫忙記下顧客的訂單。由於他們父母英語的能力欠佳，所以他們必需負責處理日常的文書工作，並且與政府官員打交道。要維持外賣生意與經濟安全，尤其是在生意規模很小，無法聘用外人的情況下，小孩的參與非常重要。模里西斯的華人

247　Chak Kwan Chan et al.，前揭書，P. 18。

店鋪也有使用童工的情形。客語叫做「蹬手」或「幫手」（意即幫忙之意）。華人子女受到儒家兒女需要尊敬父母的觀念所影響，他們會與他們的父母合作。如果一個孩子不肯幫助外賣，父母就會認為那是拒絕中國文化，轉向英國文化的例子。做父母的會覺得那是自己的失敗，因為子女偏離了傳統孝道的正途。父母很快就知道自己的尷尬處境。他們明白要使自己擺脫這種困境的唯一辦法，就是要靠教育。父母只要考慮到孩子們需要一面工作一面讀書的情況，就會了解他們在學業上的成功是何等優秀。相信想要脫離外賣生意的決心，一定是他們努力用功讀書的原因。根據《The Observer》的報導，華人是在英國教育水平最高的民族，他們的薪水在英國的受薪階級裡也最高。[248]該報導也指出「華人經驗了不起的地方是他們達成經濟成功的速率。他們居然能夠在一代人的時間裡達成，這種成就在英國社會歷史上是不可能完成的。」

華人並不是霸佔特殊生意行業的唯一少數族群。在美國，柬埔寨人專做油炸圈餅，阿拉伯人專做加油站，巴基斯坦人專做印度餐館，而印度人專做汽車旅館。他們的共同點就是由一個家庭經營生意。Miri Song 在她的《Helping Out: Children's Labour in Ethnic Business》一書中，把孩子與家庭生意的連結叫做「家庭工作合約」，它將孩子與外賣生意綁在一起。[249]我們懷疑華人的父母是否會以合約的角度來思考，因為這與中國傳統的家庭觀念有密切的關係。這裡沒有任何的權利與義務關係，也沒有支付任何工資。父母必需在小孩幫助家庭生意與他們的學習之間取得平

---

248 *The Observer*, 30th March, 1997，P. 13。

249 Miri Song, *Helping Out: Children Labor in Ethnic Business*, Philadelphia, PA: Temple University Press, 1999.

衡。在英國與模里西斯的華人小孩，在學業上都有優良的表現，證明他們幫助家庭生意並沒有妨礙到他們的學習。父母願意為子女教育做任何犧牲。童工之事最好以傳統家庭組織的角度來看，而不要用西方的勞力合約的角度來看。童工並不是第三者魯莽的利用孩童。這樣利用童工，就如在一個發展中的國家裡製造足球時虐待童工一樣。在父母嚴格的控制與帶領下，童工是建立在家庭關係與儒家的家庭觀念上，它對一個家庭的生存極其重要，尤其在一個居住國家裡，可選擇的經濟機會有限，而且環境也可能帶有敵意與種族歧視的因素。

5.英國出生的華人（BBC）

華人很早就受到很多的種族污辱。看來事態沒有減輕的跡象。華人並沒有完全融入英國的社會，因為三四十年以來的新移民還是保持著他們以前的老樣子。[250]

不過，在英國出生的第二代和第三代 BBC，他們的心態已經有所改變。他們大多數要比他們從國外來的父母有更高的教育水平，他們拒絕繼續在外賣店裡工作或接下外賣的家庭生意，外賣生意需要很長的工時，工作辛苦又沒有社交的時間。

華人父母非常重視教育，他們期望子女擁有大學學位或專業資歷，以便改善他們的家庭環境。根據教育標準局（Office for Stands in Education, OFSTED）在最近的報告，BBC 是英國最出色的一個族群，他們有 63%的人通過五種或更多的高中普通科目文憑（General Certificate of Secondary Education GCSE）考試，而白人的小孩則僅有 45%。華人父母並不輕視女兒的教育。在

---

250 BBC: 'Voice: Our Untold Stories – Coming to Gloucestershire', P. 1,
http://www2.thny.bbc.co.uk/Gloucestershire/untold_stories/Chinese.

大學讀書的男女學生人數相等。他們熱衷的學科為工程，醫學，法律，會計，商業管理，和電腦。[251]很少人去學社會學，人文科學，或語文。模里西斯的情形也一樣。理由很簡單。因為這些科系在畢業以後容易找到專業的工作。在評審一個學科學的候選人時，主觀與偏見的成份較少。人們都說華人對數目字與科學有天生的細胞。在英國所有族群裡，BBC 是最優秀的一群。在 1997年，26%的華人擁有大學或專業的資歷，而白人則只有 11%。[252]在 18-29 歲的華人裡，有 20%的男人和 15%的女人有專業工作。[253]大約有 50,000 名的華人從事於法律，醫務，會計，電腦以及其他專業工作。

　　不過，儘管他們有很好的教育，他們在職場上很快就面臨到升遷的瓶頸。他們沒有辦法爬到最高的職位，而且他們的就業率要比白人低。有很多人回到他們父母出來的香港，新加坡，和其它東亞國家。根據由 Policy Studies Institute 在 1997 年第四次全國問卷調查《Ethnic Minorities in Britain》的資料，有 76%的華人覆卷者說他們能說一口流利的英文，但是這個調查也發現，在45-64 歲的人群裡，只有 47%的女人和 50%的男人能說流利的英文。

　　當老年人需要使用到公共服務時，英文能力不足會產生不便。看家庭醫生時，父母需要子女陪同。當需要談及隱私時，這就會覺得尷尬。不管如何，「華人比其他族群的人健康而且較少有慢性疾病。」[254]家庭式的外賣生意把父母與居住國家的社群隔

251　Michael Chan，前揭書，www.crc.gov.uk/publs/connections/pdfs/cn99_08.pdf.
252　同上。
253　同上。
254　同上。

離，父母很難有機會與他們接觸。他們因此很難改進他們的英文。因為孩子需要幫忙外賣，他們很少有娛樂和時間參加校外活動。

6.代　溝

由於第一代華人的英文程度不足甚至根本不懂英文，所以當他們生病需要看病時，就有困難。Chak Kwan Chan 和他的同事一起做的研究發現，華人子女需要陪同他們的父母去醫院並且幫忙翻譯，而子女都覺得這是他們應該做的事。[255]華人家庭的價值與連結還是十分堅固。

父母需要克服為人父母的困難。由於他們需要在外賣生意上花很長的時間，所以與子女相處的時間就會受到限制而且不多。在輔導孩子功課上，父母常常感到無助。當子女不懂功課時，父母不知道如何幫忙。這會令人覺得失望。子女會因此哭泣，但是父母還是無能為力。但是在模里西斯的第一代華人父母，如果他們不會說或寫英文或法文，他們會找家庭教師來幫助解決孩子在功課上的問題。在英國的華人母親非常不容易，她們需要扮演三種角色：妻子，母親，和餐館工人。在模里西斯華人母親也一樣需要扮演三種角色：妻子，母親，和店舖助手。想要將中國語言和文化傳承給子女的父母，很難達成這個目標。許多父母在子女融入主流社會的同時，也要求他們記住自己的根。對那些仍然認為自己是暫時旅居的人而言，他們覺得子女學習華文非常重要，因為以後回去中國時就容易融入新的環境。在強烈的西方文化影響下，他們傾向於忘卻他們父母的語言。這是他們父母所擔

255Chak Kwan Chan et al.，前揭書，P. 21。

心的。

除了當父母的問題以外，父母還需克服來自不同形式的壓力：工作、財務、以及健康等等。Chan 和他同事發現到，當父母遇上困難時，他們會開口請求家庭成員幫忙。儒家的家庭價值仍然很強，而且「家庭仍然是英國華人的支援基礎。」[256]情緒與經濟是一般常見的兩種支援。朋友與鄰居的幫助也成為相互支援的一部份，然而他們的協助只限於一些明顯的和世俗的事情，例如一同去購物，幫忙送孩子上學，當他們去旅行時，代為保管鑰匙等。

7.身分與整合

在英國，一般人認為不在英國出生的老一輩華人，不會懷疑他們自己的文化身分，所以他們也就不會關心這個問題。他們可以說一種或更多種的中國方言，但是對英文就懂得不多，或者根本不懂。他們大多數來自香港的新界。對文化身分有問題的是那些在英國出生的第二代，第三代，或第四代的 BBC。對很多的 BBC 而言，他們所認知的身分並不是指她們與中國或祖先故居的身分。Magdalene Ang-Lydate 對住在 Glasgow 的幾個年齡在 22-52 歲的中國婦女所做的研究發現，雖然她們堅持自己是中國人，但是她們都認為蘇格蘭才是她們的「家」。[257]

Runnymede Trust 在 1986 年所發行的有關華人社群的較早報告指出：「華人並不會對於影響別人特別感興趣，也不要非華人

---

256 同上，P. 24。

257 Ang-Lygate, Magdalene, 'Everywhere to go but home'. Journal of Gender Studies 5 （3）, 375-388, 1996. Quoted in Graham Chan, 'The Chinese in Britain', www.britishbornchinese.org.uk.

去影響他們。他們具有一種絕對自信，但又不好鬥的身分意識。」[258]報告又說，文化的自主是英國華人社群的最大特色。它是中國人身分或中國人特性的一部份。中國人身分是屬於私人的事情，而中國文化與傳統則是代代維護，代代相傳，雖然不是沒有困難。它是靠老一輩的人在保持，並且靠著在居住國裡經常被種族騷擾的生活經驗而得到加強。

　　身分必需根據與時空有關的社會關係建了又建，造了又造。在英國的華人身分是藉由華人與大多數白人之間的互動而維持著。唐人街讓華人有機會重新創造一個他們自己或父母住在中國故鄉或香港新界的生活方式。唐人街成為一個公開的交流場所，華人身分可以在那裡藉由社交，文化，以及生意的聯繫而加強；華人子女可以在那裡學習他們祖先的語言；在唐人街，人們可以看中國電影，購買華文書籍，雜誌，CD，以及其他文化相關的用品。在當地政府的支持下所舉行的中國節日慶祝活動，如慶祝中國新年，不僅吸引大量的旅客，而且使中國文化與中國身分活躍起來。

　　David Parker 在他對英國華人青年的文化身分所做的研究發現，即使他們知道中國大陸是中國人的主要來源地，但是他們多數還是認同香港而不是中國大陸。[259]在另一個調查裡，作者發現有很多華人回去香港，新加坡，和東亞。[260]Parker 又發現華人對身分的看法，其幅度差別很大，從全英國人一直到全中國人都有。第一類的人屬於表現高度文化同化與整合的年輕族群，而第

258　'Introduction to the Chinese Community in Manchester', P. 7, www.newaudiences,org.uk/documents/na_publication/php51kgyy.doc.

259　In Graham Chan，前揭書，P. 2。

260　BBC: 'Voices: Our Untold Stories'，P. 2。

二類的人表現在原始的語言，歷史，和文化方面較強。在這兩者中間的人對自己的身分感到混淆，他們不知如何為自己的身分定位。英國的華人身分還是在開始的階段。

在一個多元文化和多種族的社會裡，華人有三種選擇：他們接受同化，與主流社會融合在一起。他們保持自己的獨特文化，自己成為一個少數族群。他們也可以在保持中國文化特色的同時，接受部份的同化，擁有兩者的優點。

從社會經濟的觀點來看，華人要比其他族群更成功。在最近的研究顯示，華人在十六歲以後繼續全時求學的時間比白人的要長，而且在高學歷的比例上華人幾乎是白人的兩倍（25%對13%）。在英國，華人的薪資最高。華人的失業率要比其他族群的低。許多華人是自雇，並且擁有自己的生意，雖然他們的生意是高度集中在外賣與餐館方面。儘管有這些正面的社會經濟因素，華人完全融入主流社會的現象還是受到質疑。他們幾乎不參加英國政治活動。民眾文化與大眾媒體顯示華人活在社會的邊緣上。

有一些 BBC 寧願回到香港的事實，表示華人尚未（完全）融入主流社會。他們不覺得自己完全屬於英國。他們害怕他們未來的升遷會受到種族歧視的阻礙，而香港可以提供較好的工作機會與社會整合。他們認定自己的身分是中國人，而不是中國的英國人。

（二）北愛爾蘭

在北愛爾蘭，多數的華人跟在英格蘭的華人一樣，來自香港新界。他們也集中在外賣生意的行業裡。有兩種特徵使他們與在英格蘭的華人不一樣。第一，他們是全省最大的少數族群。他們來得比較晚，是在 1960 年代以後才來的。第二，他們經常受到

猛烈的種族騷擾。

1.抵　達

　　估計在愛爾蘭的華人有 95%是來自香港。他們是在 1960 年代抵達的首批華人。他們多數講客語，來自香港新界靠近中國邊境的沙頭角（Sai Ta Kok）村莊。他們都是一批農人，希望到英國改進他們的生活環境。因為他們屬於英國公民，所以很容易進出英國。香港是英國最後的幾個殖民地之一，而愛爾蘭是英國最早的殖民地。在 1980 年代，又有第二批客家人抵達愛爾蘭。

　　2001 年的人口調查記載著 4,145 名華人定居在愛爾蘭的事實。華人的人口佔全部人口（1,710,322 人）的 0.24%。99%的愛爾蘭人是白人。

　　講粵語和華語的華人，也從馬來西亞，新加坡，越南，和中國大陸，分批在 1980 年代，1990 年代，和 2000 年抵達愛爾蘭。[261] 他們大部份住在 Belfast，不過，也有很多人住在 Ballymena，Craigavon，Lisburn，Newtownabbey，和 North Down。在 1990 年代，他們比一般人年輕，有超過一半的人，年齡在 16-64 歲之間。

2.職　業

　　幾乎所有的華人都是從事外賣生意，經營餐館與外賣的自雇商人。在 Belfast 的第一家中餐館是在 1962 年建立的。由於在愛爾蘭的土地比較便宜，所以吸引華人來這裡經營外賣生意。在

261　Lai Chun Pang, 'Loneliness and Isolation: Among the Chinese Elderly in Northern Ireland', P. 1, www.cwa-ni.org/English/loneliness&isolation.pdf.

2006 年時，估計有超過 500 家的外賣店。[262]以人頭計算，Belfast 的中餐館數目居全歐洲各大城市之冠。

3.社會排斥

　　第一批和第二批來的華人，大多數是香港新界的農民，他們只能講一點英語或根本不懂英語。缺乏語言能力是第一代華人的主要問題。由於外賣生意工時很長，加上語言的障礙，使得華人很難與當地人互動或交際。導致華人的孤立和被排擠。還有，缺乏語言能力也造成他們不能善用健保與其他的社會服務。然而，在北愛爾蘭出生的華人（NIBC）雖然英語流利，他們也沒能被他們接受或完全融入當地社會。

　　很多移民發覺族裔語言一代一代的快速改變著，因為人們只有在家裡與家庭的成員交談時才會使用方言。講方言的第二代人，由於牽涉到社會的地位與成功，他們面臨需要採用主流語言的強大壓力。這種語言轉換使年輕人越來越多使用他們感到舒服的英語，而放棄了他們父母的方言。最後他們成為父母不喜歡的單一語言族群。那些 NIBC 們面臨著困窘的情況，他們對自己的身分感到混淆。他們被兩種文化撕裂著。他們在北愛爾蘭土生土長，放棄了父母的方言，接受英語和西方文化，可是白人夥伴並不接受他們，父母也不容易認同他們的西化。他們的父母因為英語不好，使得情況變得更糟，結果產生父母與子女溝通不良。跟他們父母一樣，NIBC 也是經常被種族騷擾。

---

262 'The Chiness Community in Northern Ireland', P. 1,
　　www.culturenorthernireland.org/article_tl.asp?county.

4.種族騷擾

在傳統的觀念裡，北愛爾蘭是人民往外移，而不是外人往內移的地方。自從 1960 年代以來，外人都想避開北愛爾蘭這個地方。雖然少數族群的人口還不到總人口的 1%。但是北愛爾蘭這個省似乎無法忍受一直在增加的多種族社會。新教與天主教之間的衝突，或是聯邦主義者與國家主義者之間的衝突，把目標指向華人的種族騷擾事件給蒙蔽了。在 1996 年時，一個年輕華人在 Antrim 縣的 Carickfergus 被殺。在 1996 年，在記錄了 41 件的種族歧視事件以後，警察才開始登記種族歧視事件。[263]從 1996 年到 2001 年的六年裡，警察一共登記了 881 件種族歧視事件。發生案件最多的地方是在 South Belfast。在健康服務方面沒有種族歧視的記錄，而在學校裡與種族歧視相關的事件則被少報了。

Neil Jarman 與 Ráchel Monaghan 在他們對上述的 881 件發生在北愛爾蘭的種族歧視事件的分析裡，發現了下面的事實：種族主義事件發生在愛爾蘭的全省各地。種族騷擾的情形，自從 1996 年以來就一直在增加著。包含範圍很廣的北愛爾蘭城鎮與村莊，少數族群都被種族騷擾過。孩童，成年人，以及耆老都曾經是種族騷擾的受害者。

警察所登記的騷擾事件，依照年序列表如下：

表 4.19：1996 年至 2002 年登記在案的種族騷擾事件

1996	1997	1998	1999	2000	2001	2002	總共
41	41	106	186	285	222	198	881

資料來源：Jarman and Monaghan, p.19.

263　Nail Jarman and Rachel Monaghan, 'Racist Harassment in Northern Ireland', 2003,P. 2, www.cain.ulst.ac.uk/icr/reports/ jarman03racism.pdf.

　　種族騷擾事件的數目在 2000 年達到最高點，然後開始下降。作者指出，「這些數目的重要性不僅僅是在數目的增加，受害社群的大小也是我們所關切的。」[264]2001 年的人口調查顯示非白人的人口為 14,279 人。

　　在 1996-2001 六年裡的種族騷擾事件裡，印度社群的案子有 335 件，佔 38%，而華人的案子有 247 件，佔 28%。在報案的華人受害者裡，有 43%（105 件）的人曾經在以前被騷擾過。這個數目要比英格蘭和威爾斯的為高。在同一期間裡，跟孩童與年輕人有關的案子，從 1996 年的兩件升到 2000 年的 36 件，然後在 2001 年降到 14 件。不過，在學校發生的案件則記錄得很少。

　　在北愛爾蘭全部六個縣的 67 個村鎮，都登記有種族騷擾的事件。其中有 49%的案子發生在 Belfast。這個比率與只有三分之一的少數族群住在 Belfast 的人口不成比例。大部份的案件發生在 South Belfast，在案件記錄期間裡，有 198 件（佔 Belfast 全部 425 件的 47%）發生在那裡。在 South Belfast 有很多的華人，而住在那裡的居民，主要是新教徒的勞工階級。有很多的華人選擇住在新教徒住的地區，因為有很多的公家住宅，而且房價也比天主教地區便宜。換句話說，在天主教徒居住的地方，種族騷擾的案件要少得很多。

　　有 246 件攻擊華人的種族騷擾事件，其犯案地點在 1996-2001 年間有記錄下來（參見表 4.19）。有 143 件（58%）攻擊房子，38 件（15%）發生在街上，62 件（25%）發生在受害者工作的地方，3 件（1%）發生在休閒的地方。

　　騷擾的形式差異極大。華人被盜比率與華人人口不成比例。

---

264 同上，P. 27。

45 件的案子中，華人佔了 66%。華人房子被破壞的情形，只比印度人的情形低。在 329 件的案子裡，華人房子被破壞的有 113 件，佔 34%。

種族騷擾可能發生在一年當中的任何一天，高峰則出現在晚上九點到半夜的時候。

有一組 480 件的騷擾案件，記錄著犯案者的年齡。其中有 220 件的犯案者是年輕人，88 件的是小孩。另一組 469 件的案子記錄著犯案者的性別。其中女性犯者有 48 件（10%）。

儘管當地的政治家努力去改善種族關係與整合，例如，2002 年政府在 Stormont 與華商會共同舉辦舞獅和自助餐慶祝農曆新年，種族攻擊犯案仍舊繼續。[265]在 2003 年和 2004 年裡，一共有 453 件的種族攻擊事件，其中有 100 件是針對著華人。在 2004 年與 2005 年裡，South Belfast 的種族騷擾事件增加很多。北愛爾蘭的忠實準軍事部隊（paramilitaries）就被懷疑是犯案者。種族騷擾包括對個人的人身攻擊，房子的破壞，口頭上的污辱，在牆上畫三 K 黨的種族歧視塗鴉和納粹黨的黨徽，在街頭吐口水、丟石頭，在門口的階梯放置大便，以及在前門上面張貼「華人滾出去」和「白人至上」等傳單。[266]白人鄰居因為害怕被報復，所以也不敢幫忙。他們說情況很像德國納粹，「它的攻擊形式像是小規模地重演 1930 年代納粹使用的戰術」，北愛爾蘭省很快地變成歐洲種族仇恨的首都。[267]它在全英國創下最高的種族攻擊事件。

---

265 The Alliance Party of Northern Ireland, 'A Lion's Party at Stormont !' 15th February, 2002, www.allianceparty.org/news/1221.html.

266 Angelique Chrisafis, *The Guardians*, 'Racist war of the loyalist streets gangs', 10th January, 2004, www.guardian.co.uk/race/story/0.11374.1120113.00html.

267 同上。

　　為了打擊這種高漲的種族攻擊，政府通過了痛恨犯罪的法律（Hate Crime Laws），對於仇恨的罪行或因種族而引起的罪行處以更嚴厲的懲罰。[268]

　　華人給人的刻板印象是沉默的少數民族，因為他們寧願選擇低調。在面對種族騷擾時，他們能夠以下列的幾種方式來對付。第一，在碰到種族騷擾時，以不理或輕描淡寫態度應付過去。第二，直接對侵犯他們的罪犯挑戰。這樣很危險，因為它可能衍生更嚴重的騷擾。第三，將種族騷擾事件向警察報告。第四，避免去那些自己可能被騷擾的地方和場合。

　　Jarman & Monaghan 的報告確認了上面研究的發現，種族騷擾已經成為少數族群日常生活裡的一部份。Greg Irwin & Seamus Dunn 發現到語言上的污辱是最常見的污辱形式。在所有對覆卷者當中，有 44%的人有這種經歷。在被面談過的華人裡，有一半的人經歷過房子被破壞的情形。[269]有 10%的人經歷過人身攻擊。[270]

　　P. Connolly & M. Keenan 在他們於 2001 年出版的北愛爾蘭種族騷擾研究報告裡發現，少數族群包括華人，在省裡所經歷的直接騷擾有三種形式：口頭上的污辱，房產的破壞，以及人身攻擊。種族攻擊隨時隨地都可能發生，「在街上走路，市中心購物，火車站，公車上或開車時。」[271]

268　Tom Ekin, 'Celebrating diversity', 19th October, 2004, www.allianceparty/news/578.html.

269　Greg Irwin and Seamus Dunn, *Ethnic Minorities in Northern Ireland*, Coleraine, 1997, P. 9, http://cain.ulst.acuk/csc/reports/ethnic.htm.

270　P. Connolly and M. Keenan, 2001, *The Hidden Truth: Racist Harassment in Northern Ireland*（Report 3）, Belfast: Northern Ireland Statistics and Research Agency, 2001, P. 1, www.paulconnolly.net/publications/report_2001a.htm.

271　同上，P. 2。

　　研究也發現，還有他們所謂的間接種族騷擾，這種騷擾是隱藏的，下意識的。他們確認有下列四種間接的種族騷擾。第一種形式被稱為種族遠離，表現在遠處凝視，沉默，或避開的行為上。其效果是對少數族群製造出仇恨的氣氛。第二種形式是親切的不理。發生在精心策劃的評論裡，它鼓勵交談，又卻顯示出對少數族群個人的不理不採。種族行為令非白人感到污辱。第三種形式是開玩笑。這些種族的玩笑是有攻擊性的。最後一種形式被稱為「非種族化的騷擾」，在受害者覺得自己處於不相稱的時候發生。

　　正如《歐盟種族指南》（EU Race Directive）所建議的，種族騷擾的定義是：「一種與種族或族源相關的討厭行為，其發生的目的是故意去違反個人尊嚴，或製造一種嚇人的，敵意的，貶人的，污辱的，或是攻擊性的氣氛。」上述的直接式和間接式的兩種種族騷擾，都會對違反個人尊嚴方面累積成長期的效應，並且產生像《歐盟種族指南》所述的氣氛。

　　2003 年一共報告了 226 件的種族事件，而在前一年則只有 185 件。[272]少數族群包括烏甘達人，辛巴威人，南非人，巴基斯坦人，以及其他少數族群的人，都被北愛爾蘭的忠貞準軍事部隊有系統的攻擊過。在 2003 年 12 月時，有兩家華人被迫從他們在 South Belfast 的家裡逃走，跟著的是一連串的土製鋼管炸彈攻擊。在 2004 年時，又有 40 個華人家庭由於準軍事部隊的攻擊而逃離 South Belfast。種族攻擊發生在準軍事部隊所控制的街道上，在那裡，餐館老闆必需支付保護費。South Belfast 是一個新教徒居住的地區，那裡的排屋破舊，失業率高，而且每一個家庭

---

272 Steve James, 'Northern Ireland loyalist turn to race violence', 6th February, 2004, www.wsws.org/articles/2004/feb2004/irel-f06.shtml.

與準軍事部隊多少都有一點關係。

　　種族攻擊製造了憤怒與抗議。在 2004 年的 1 月，有數百人聚集在 Belfast 的市政府外面抗議種族攻擊。準軍事部隊被控精心安排種族攻擊，並且受到譴責。政治菁英害怕種族攻擊事件會影響旅遊業和外國人的投資。有很多政黨領導包括 Sinn Fein 黨的 Gerry Adams，和 Ulster Unionist Party 的領袖們都參加了這次集會。

　　愛爾蘭總統 Mary McAleese 於 2004 年 6 月 18 日在 South Belfast 的演說裡，強烈譴責種族攻擊。[273]種族騷擾的罪犯主要是一批 18-35 歲的年輕人，和一批 10-17 歲的小孩。總統告訴她的聽眾說，在北方和共和國的愛爾蘭人，必需面對種族主義的問題。她讚美華人願意來愛爾蘭建立自己的家園，並且把他們的文化和遺產的活力帶來，是愛爾蘭人的光榮。她相信文化將會在整個世紀裡操縱著世界的經濟。帶著和平的政策，她希望投資在建立友誼上，她要每一個來到愛爾蘭（包括南北愛爾蘭）的人，都會覺得自己是受歡迎的。

（三）蘇格蘭

　　在蘇格蘭的華人不像在北愛爾蘭那樣，被視為種族污辱的對象。在 1991 年所做的研究顯示，關於各種不同的種族攻擊形式，在白人與少數族群之間有一點不同。不過，發現指出在職場上，華人（15%）比印度人（8%）更容易受到口頭上的污辱。[274]

　　在他們做研究時，為了做比較，他們訪談了將近 840 名少數

273　Gary Kelly, PA News, 'Irish President Praises Chinese and Condemns Racism', 18th June, 2004, http://news.scotsman.com/latest.cfm?id=3082506.

274　Pattern Smith, 'Ethnic Minorities in Scotland', Social and Community Planning Research, 1991, http://www.Scotland.gov.uk/cru/kd01/red/ethnic-10htm.

族群的男女住戶，其中有超過 200 名的少數族群青年，以及大約
680 名的白人住戶。他們發現有 20%的華人（廣府人和客家人）
主要來自香港。華人是在 1961-1970 時期來到英國，要比印度人
和巴基斯坦人晚。大多數的華人住在 Aberdeen。

　　跟在英格蘭與北愛爾蘭的情形一樣，華人集中於從事外賣生
意。華人的婦女與白人婦女在經濟上一樣活躍。兩個族群婦女參
與經濟的比例，皆在 44%左右。

　　在蘇格蘭的第一代的華人與那些在英格蘭和北愛爾蘭的華人
一樣，都有語言上的問題。男人大概只有一半能夠說流利的英
語，10%不會說英語。女人有一半說流利的英語，20%不會說
英語。華人所說的方言有廣府話和客家話兩種。

（四）威爾斯

　　根據 Swansea Museum 和 Chinese Co-operative Community
Centre 的資料，在 2004 年，住在威爾斯的華人有 15,000 人。其
中有 1,700 人住在 Swansea。[275]不過，2001 年的人口調查顯示，
在威爾斯只有 6,300 名華人，佔總人口（2,903,100 人）的
0.2%。

　　正如在英格蘭，蘇格蘭，和北愛爾蘭一樣，華人集中於從事
外賣生意。男人（58%）女人（50%）都忙著賺錢。他們大部份
是自雇的商人。華人的失業率低於 5%,與白人相當。

---

275 Swansea Museum and the Chinese Co-operative Community Centre, 'How the
　　Chinese Came to Wales?',
　　www.bbc.co.uk/wales/southwest/sites/local_history/pages/chinese.

（五）種族歧視

跟英國其他地方一樣，種族騷擾已經成為日常生活的一部份。河谷種族平等理事會（The Valleys Race Equality Council, Valrec）對種族騷擾的程度做了一次調查，並且在它的 2003 年報告裡透露了在 South Wales 種族騷擾的驚人程度。大約有 55%的 200 名被訪談者，在過去兩年內有被種族騷擾過。最平常的騷擾形式是口頭上的污辱，破壞房子，威脅，和人身攻擊。在曾經受到種族騷擾的覆卷者裡，大約有 65%的人似乎相信他們不被占當地人口 98%的白人接納。[276]

種族主義似乎沒有減弱。種族平等委員會在 2004-2006 年的修訂議程裡，有如下的記載：「雖然在過去幾十年以來，我們做了重要的改進，但是威爾斯的種族關係並不好。種族污辱與騷擾的程度還是很嚴重。新移民沒有得到善待。在威爾斯的一些地方，種族主義的案子是針對著少數族群。」[277]

二、法　國

根據 Answers.com 網站的資料，在 2004 年時，似乎有接近250,000 名的華人住在大巴黎市區裡，這是歐洲華人最密集的地方。在巴黎有歐洲最大的唐人街。實際上，巴黎有兩個主要的唐人街。一個在第十三區，另一個在 Belleville。第十三區的唐人

---

276 Tony Trainor, 'Research finds racism rife in Valley', 27th January, 2003. http://icwales.icnetwork.co.uk/0100news/0200wales/page.cfm?object.

277 Michael Sullivan et al., 'How does race and gender influence wealth and well-being in Wales?', University of Wales Swansea, National Centre for Public Policy, September 2005, P. 1, www.eoc.uk/default.aspx?page=17856.

街是在 1970 年代末期和 1980 年代初期時，越南船民抵達時興起的。第十三區是一個勞工階級的住區，在 1970 年代時，舊房被拆下改建大樓，不過由於經濟衰退，房子賣不出去。從越南來的華人，等於找到了新的天堂，而且他們被平價房租所吸引。第一家店舖於 1982 年開張。現在已經有超過 150 家店舖了。有客家人出現在越南來的華人裡。但是人數不詳。

在 Belleville 的唐人街於 1980 年代出現在巴黎的東北角。有許多的新移民定居於此。

Belleville 是法國明星 Edith Piaf 和 Maurice Chevalier 的故居，它一直是新移民安居的選擇。

（一）華人在法國的歷史

中國移民去法國的歷史很短。華人去法國要比去英國晚很多。在法國的華人並非同種。他們具有不同的背景，而且說著不同的方言。早期的中國移民並不是直接來自中國，而是從他們已經定居的國家再度移民去的。他們主要來自以前的法屬印度支那（越南，寮國，和柬埔寨）。他們講互不相通的方言。例如，潮州話，客家話，和廣府話。也有人來自留尼旺島，模里西斯，和大溪地。這些華人的數目不詳。他們分別在二十世紀裡的不同時期移民去法國。第二組的移民來自中國浙江省，大都會（指北京、上海、天津），以及講華語的東北諸省。

1.第一移民潮

第一批在法國定居的華人有兩大特色。他們多數講華語，不是來自中國南方，而是來自山東省和直隸（今河北省）。他們是在第一次世界大戰時，被聘僱去做與戰爭相關的事情，以示中國

對第一次世界大戰的貢獻。

被聘僱去法國工作的華人，被稱為華人勞工組織（Chinese Labour Corps, CLC）。[278]法國人最先聘僱華人去當非軍職的員工。由於法國部隊人手不夠，所以中國苦力被調去代替法國工人，好讓法國工人可以上戰場。法國政府與中國政府在 1916 年 5 月 14 日簽訂合約，由中國提供 50,000 名工人給法國。在另外一方面，英國也聘僱超過 94,500 名華人去法國工作。英國也聘僱其他國家的國民。在法國有包括來自模里西斯和塞席爾群島的人的勞工組織。[279]受到勞工工會的壓力，中國勞工沒有被進口去英國工作。中國人不能參加打仗因為中國不是一個好戰的國家。雖然中國政府在 1917 年 8 月 14 日向德國與奧匈帝國宣戰，中國苦力並沒有在大戰期間加入打仗，但是他們是間接參戰。

英國從山東和直隸兩省聘僱了大概 98%的中國人。也有苦力來自遼寧，吉林，江蘇，湖北，安徽，和甘肅幾省。[280]他們來自不同的背景：農人，木匠，製磚師傅，砌磚師傅，織布工人，鐵匠，麵包師傅，石匠，以及退伍軍人等。[281]從另一方面而言，法國人則喜歡聘僱中國南方的人。[282]這些被聘僱的華人，其方言組成不詳。

中國人鑑於相對較高的薪資，因此就簽下合約。工人的薪水是每日一法郎。相當於當時在山東工資的四倍。具有合適技術的工人薪資是每日 2.50 法郎。最高薪的是翻譯員，他們的薪資是

278　Brian C. Fawcett, 'The Chinese Labour Corps in France 1917-1921', www.sunzil.lib.hku.hk/hkjo/view/44/4400862.pdf.

279　同上，P. 35。

280　同上，P. 35。

281　同上，P. 36。

282　同上，P. 58。

每日 5 法郎。他們還配給制服，免費供應伙食和住宿。

　　法國招募的首批部隊在 1916 年 7 月離開中國前往 Marseilles，英國所招募的首批部隊共有 1,078 名苦力，則較晚於 1917 年 1 月 18 日離開中國。為了要讓德軍混淆，船隻選擇三條不同路線，藉以避免被德國的潛水艇攻擊。他們經由好望角，或蘇彝士運河，或巴拿馬運河然後從加拿大去英格蘭。中國苦力們的最後目的地是在法國的 Noyelles-sur-Mer。

　　他們去法國代替法國工人的工作，好讓他們上戰場作戰。他們在碼頭工作，為補給船裝貨和卸貨，運送炸藥與戰爭物質。他們建築後方防線，建蓋兵營和戰壕，建築並修補公路和戰車。他們也被請來到兵工廠當裝配工。他們建築臨時營房和飛機場。戰爭結束時，他們被派去尋找並挖出未爆炸的炸彈，撤離裝有倒鉤的鐵絲網（拒馬），以及填補子彈孔。在他們被指派的工作當中，最可怕和令人厭惡的是蒐集和埋葬屍體。死亡者的屍體通常是已經被分解了，而且許多的屍體已經被炮火炸成碎片。

　　他們每天工作最多十小時，每週七天。只有在中國節日時才放假。這種工作條件，似乎非常苛刻，但是以當時在中國的情況而言，是很普遍的。即使現在，中國也有工人一週工作七天。

　　有些被招聘的工人在前往法國的航程上就去世了。有些永遠沒能抵達法國。1917 年 2 月，法國汽船 Athos 號被敵人擊沈，船上 543 名華人全部喪生。由英國招聘的 94,500 名去法國工作的華人當中，有 1843 人在法國去世，279 人死在回家的途中。在第一次世界大戰期間，究竟有多少華人死亡，到現在還爭執不下。[283]中國苦力死於轟炸，毒氣攻擊，在挖墳墓時，子彈與手榴

---

283 同上，P. 50。

彈爆炸，以及在戰後的西班牙流行性感冒。

　　離海岸不到一公里，在靠近頌姆河（River Somme）附近的小村莊 Noyelles-sur-Mer 就是中國勞工組織（Chinese Labour Corps，CLC）總部。倉庫，監獄，以及華人醫院都設置在這個村子裡，不過現在已經找不到它的踪影了。在 Noyelles-sur-Mer 的 Cimetière Chinois 埋葬著最多的華人。在那裡有 838 名 CLC 員工的墳墓，還有一個紀念碑用以紀念 41 名沒有墳墓的人。也有華人被埋葬在法國，比利時，和英國的其他墓地裡：

　　　Ayette Chinese Cemetery，Etaples，Les Baraques Military Cemetery at Sangatte，south of Calais，St. Etienne-au-mont Cemetery，St. Sever Cemetery Extension in Rouen; Tincourt British Military Cemetery，Shorncliffe Military Cemetery in Kent, Anfield Liverpool Cemetery, Essex Military Cemetery; the New Military Cemetery of Peperinge in Belgium。[284]

　　Brian C. Fawcett 很驚訝的提到，儘管華人，英國官員，以及一些無委任狀的官員，共同協助聯軍，可是除了在各地有墓地（主要在比利時與法國）以外，並沒有人為他們設立紀念碑。[285] 法國人保持著他們在中國的特權，包括在與中國簽訂的 1844 法國協定裡被法國強行規定的治外法權和最惠國待遇條款。直到 1943 年中國成為二戰同盟國以後，西方強權才開始撤銷他們的特權。

　　有很多的中國勞工組織成員獲得英國戰爭勳章。在世界勞工

---

284 同上，P. 58-65。
285 同上，P. 73。

組織的成員中，至少有五名華人因為忠誠獻身職務或表現英勇而獲得功勳服務勳章。[286]有兩名中國苦力因為出色的勇敢行為而獲得傑出服務勳章。[287]

法國政府遲遲才承認中國人對第一次世界大戰的貢獻。在1988 年 11 月 11 日，法國總統 François Mitterrand 把榮譽勳章頒給兩名中國退伍軍人：Lu Hucheng（94 歲）和 Can Guangpei（92 歲）。[288]

戰後有 3,000 名華人留在法國。他們是住在 gare de Lyon 地區的首批華人。這個住區後來由於重建而消失了。

2.第二移民潮

在兩次大戰的中間，法國出現兩組特別的中國移民。

在第一次世界大戰結束以後不久，法國政府推行一個工作與學習運動（1919-1921），約有 1,600 名中國人到法國，一面工作賺取學費，一面求學。其觀念是希望學生學成回國以後，可以協助自己國家推行基本的社會與經濟改革。因為法國剛剛推翻了專制而且腐敗的君主政治，並且將教會與國家分開，具有共和國價值的模範，所以才選擇法國來推行這個政策。學生們的親手操作經驗可以減低傳統的紙上練兵的影響。正是由於他們在法國的短暫停留，使得以後的中國共產黨領袖們，首次體會到豐富的資源去耕耘他們對馬克斯主義和革命的興趣。曾經在法國工作學習過的幾個最傑出的共產黨領導人有鄧小平，周恩來，李立山，和陳

286　同上，P. 53。

287　同上，P. 70。

288　Raphael Garcia, 'Premiere Communaute en France', www.mostang.com/mw/iss12/french/chinatown.html.

毅。（我們還聽說鄧小平很喜歡法國新月形麵包（croissant），
他偶爾還會嚐嚐。）

　　另一批移民是來自中國浙江省的溫州與青田。他們是在
1930 年代與 1940 年代抵達法國，住在巴黎的第三區裡。他們從
事與皮革產業相關的工作，並且在法國猶太人於第二次世界大戰
時被趕走以後，接收了他們的批發生意。

3.第三移民潮

　　在第二次世界大戰以後，中國人移民法國受到中國和亞洲一
連串事件的影響。中華人民共和國的成立，使移民中斷直到
1985 年。中南半島（越南，柬埔寨，和寮國）脫離殖民地而自
治，導致華人離開當地國家移民法國。

　　從 1949 年到 1956 年,有很多中國人從中國的法國租借地移
民法國。

　　法國在奠邊府戰役（Battle of Dien Bien Phu）大敗以後，就
與越南獨立聯盟（Viet Minh）在 1954 年簽訂日內瓦條約。繼此
之後，在越南的華人就移民法國。在 1957 年時，越南總理吳庭
琰通過一項法律，強迫在越南的華人歸化越南。華裔越南人所
生的孩子就是越南公民。許多不想被強迫歸化越南的華人就離開
了越南。有很多人因此移民法國。他們先住在 place de Maubert
附近，後來遷往第六區。

4.第四移民潮

　　南越政府在 1975 年跨台以後，使住在南越幾代的華人向外
移民。在越南的反華運動與種族歧視政策，迫使華人離開越南。
有超過五十萬的華人在 1978-1989 年間逃離越南。法國當時接收

了 96,000 名難民。他們定居在巴黎第十三區，估計現在有 35,000 名華人住在那裡。

一直到 1990 年為止，從東南亞來的中國移民主要是廣府人，潮州人，客家人，和海南島人。

5.第五移民潮

鄧小平推行中國開放改革政策以後，中國人到國外旅行變得容易多了。雖然現在還不能完全自由的遷徙，但是在 1980 年代和 1990 年代所推行的一些政策，使得中國人更容易取得護照出國。中國南方仍舊是傳統的出國據點，但是其他各省的中國人也已經在 1990 年以後開始移民。新移民來自大都會（北京，上海，和天津）以及東北幾省。東北幾省由於工業重組，使得國有企業倒閉，大批工人失業，這些失業的工人就被迫移民。

中國移民的演變，顯示移民的居住國增多了，而且在中國的移民發源地也跟著變得更廣闊，包括東北各省和大都會。移民不僅僅來自中國南方而已。正如大多數的移民國一樣，在法國的中國移民並非同種。他們來自中國的不同省份，並且說著彼此不相通的方言。他們的社交背景也有很大的差異。南方來的移民具有農民背景，而來自東北的移民具有較好的教育水平，而且有很多人屬於技術人員。自從 1980 年代中國經濟進步以後，中國移民已經不再認為中國是一個傷心，痛苦，和貧窮的地方，而是一個具有投資機會和可以使人致富的國家。這些新移民與居住國以及原來國家的關係，就要重新釐訂。他們不再覺得需要對移民去的居住國絕對的忠誠。他們毫不考慮的接受雙重國籍的身分。法國承認雙重國籍。在聯合國的會員國裡，承認雙重國籍的國家與不承認雙重國籍的國家幾乎一樣多。

　　1911 年的人口調查，顯示在法國只有 211 名華人。到了上世紀末，估計華人的人口在 170,000 人與 200,000 人之間。其中有五分之三的人住在巴黎。除了前面所述的唐人街以外，華人也居住在新的城鎮如 Lognes，Choisy-le-roi 和 Torcy 以及其他地方。

　　1999 年的人口調查顯示在巴黎的華人有 76.7%從事下列幾種行業：衣服與皮革製造（22.7%），商業（23.8%），外賣（30.2%），然而原始法國人只有 23.5%在這些行業裡工作。[289]

　　華人不理主流而自行發展他們的經濟活動。他們靠著以宗族，家庭，故鄉，和方言為基礎的網絡團結在一起，建立了這種自治團體。他們分享共同的歷史與文化。有些法國人認為這種發展是社會整合的一種模式，但是其他的人則認為它是一種貧民窟。他們努力工作，第二代出生在法國的華人，在學術上和提升社會地位上已經有所成就。

　　不過年輕一代的華人設法避開唐人街老華僑的束縛。他們期盼過著像原始法國人的生活，在沒有父母的干涉下工作，結婚。他們採納一種新的社會整合。

　　根據 Alain Labat 的說法，在法國出生的華人已經完美的融入了當地社會。他們有很多人是專業人才，他們的職業與他們幾乎全是生意人的父母職業不同。他們現在在資訊科技行業，銀行界，或國際貿易界就職。他們是醫生，建築師，會計師等。[290]

　　華人仍舊在外賣生意上佔優勢，但是他們的職業要比在歐洲其他國家的華人更多樣化。中國皮革技匠繼承了在二戰期間被趕

289　Emmanuel Ma Mung, 'Les Mutations des Migrations Chinoises', Ville-Ecole-Integration Enjeux, no. 131, decembre 2002, P. 141, www.cndp.fr/archivage/valid/39730/39730-5410-5192.pdf.

290　Alain Labat, 'Problematique de la scolarisation des eleves chinois en France', P. 2, www.casnav.scola.ac-paris.fr/util/relechargement.

走的猶太人的事業。自從 1975 年難民湧入以後，他們現在也從事於製衣，珠寶，和服務業如股票經紀，會計等。

三、荷　蘭

　　客家人分兩次移民到荷蘭。第一次移民發生在 1949-1970 年間，他們是屬於 250,000 名被遣返的東印度荷蘭人之中的一部份。第二次移民是從荷屬蓋亞那（今蘇利南）在 1975 年獨立以前，由於局勢不穩前途不明而一時衝動移民荷蘭。有 4,000 名來自蘇利南的客家人住在荷蘭。據官方在 2004 年的統計，共有 13,000 名具有中國國籍的華人住在荷蘭。不過據權威人士的說法，他們認為這個數目是低估了，在荷蘭的華人應該有 70,000 人到 100,000 人之間。[291]華人在十九世紀末期來到荷蘭，他們定居在阿姆斯特丹（Amsterdam）和鹿特丹（Rotterdam）。最早的華人居民是汽船的船員。在 1915 年水手罷工時，荷蘭船東招聘中國工人解決罷工的問題。到了 1933 年時，已經有 1,000 名華人住在荷蘭。大量華人在二戰以後移民到荷蘭。之後有幾次中國移民潮來到荷蘭。第一次移民潮發生在 1949 年 12 月印尼獨立時，從印尼移民來荷蘭。之後在中國的浙江省以及廣東省，人民由於內戰和中國共產黨的勝利，有人就移民荷蘭。香港人後來也移民荷蘭。在 1970 年代，客家人也從蘇利南在它獨立時移民荷蘭。最後一批華人在 1970 年代末期，以難民身分由越南移民荷蘭。從馬來西亞，新加坡，台灣，以及其他東亞國家的華人也在同一時期移民荷蘭。

291　Standard Weekend, 'Going Dutch in Chinatown', 11th March, 2006, http://www.thestandard.com.hk/weekend_news_detail.asp?pp_cat=3.

（一）外國口味

中國社群的發展與中國烹飪和餐館有很密切的關係。他們創立了餐館文化。中國菜早在 1930 年代就出現在荷蘭。多數的中國餐館是設立在鹿特丹和阿姆斯特丹的港口附近。在那時，一般的荷蘭人還沒有嚐到中國菜的味道。只有一些黑社會的人才知道有中國菜，並且喜歡吃中國菜。中國人緊緊抓住了三次發展中國餐館的機會，使得情況改變了。首先是同時湧入荷蘭的荷屬印度殖民地難民和被遣送回國的荷蘭人，他們在 1950 年代已經愛上了中國菜。其次是由於荷蘭的經濟發展，一般人都富裕有錢。最後是荷蘭餐館或其他餐館的選擇不多。

中國人開了餐館以後，一般的荷蘭人開始熟悉中國印尼式的菜餚。這種菜色是經過調適了的中國菜。這種菜單包括 "bami goring"（蛋炒麵加火腿肉，泡菜）， "nasi goereng"（炒飯）和 "koe loe yoek"（甜酸排骨）。

這種中國菜的需求使得中國餐館蓬勃發展，並且改變了移民的形式。住在英國的香港人很快就逮住這個機會。講粵語和客語的香港人再度移民荷蘭，以滿足當地的需求。從 1950 年代到 1970 年代成為中國餐館的黃金時代。外賣生意為 50-60%的職場華人提供了工作機會。

中國餐館的數目，從 1960 年的 225 家，增加到 1995 年的 2,000 家。荷蘭全國的餐館在 1995 年共有 10,000 家。因此，中國餐館大約佔了 20%。這個繁榮要歸根於經濟富裕和荷蘭人喜歡上館子用餐。[292]

---

292 B. R. Rijkchroeff at
www.ub.rug.nl/files/faculties/ppsw/1998/b.r.rijkschroeff/summary.pdf.

在 1980 年代，中國餐館經過一次危機，因為喜歡外國口味的荷蘭人，已經接受了其他外國食物如中東人吃的 "shoarma"（大串的烤肉）。中國餐館的業者立刻趕上市場。他們把中印的菜式改成純正的中國菜式。以前到處可見的廉價紙製桌巾變成了真布，餐館的佈置也重新裝修。中國餐館又渡過難關再度存活下來。[293]

第九節　非　洲

非洲的華人要比東南亞國家的華人少得多。估計這個地區的華人不會超過 100,000 人。在這裡我們只討論模里西斯（Mauritius），留尼旺島（Reunion），塞席爾群島（Seychelles），馬達加斯加（Madagascar），和南非共和國的情形。

一、模里西斯（Mauritius）

早期移民去模里西斯的華人有兩種：合約苦力和自願移民。最先抵達 Isle de France（即今模里西斯）的華人是從蘇門答臘（Sumatra）被強迫送去的。法國的陸軍準將 Count d'Estaing 在 1760 年抓來三百名華人並且強迫他們去做工。華人一向以勤勞節儉著稱。法國人把這些華工連同他們的眷屬一起送去，希望家庭可以讓他們安定生活，免於寂寞。在航行期間，船隻遇上熱帶

293　Pascal van Duijnhoven and Hans Vogel, 'First Taste of the Exotic', www.expatica.com/source/site_article.asp.

風暴，一艘載著眷屬的船失蹤了。幸存者後來抵達 Isle de France，但是他們始終不快樂，這不僅僅是因為他們失去了至愛，而且也由於他們是被強迫抓來做工，加上惡劣的工作環境，和不人道的待遇所致。種植場的人常常奴役勞工，而且沒有善待新來的移民。這些苦力重複的要求種植場釋放他們被半羈押的身分。他們並沒有在島上滯留很久。在他們到達一年後就被遣送回國。法國人使用強制勞工的政策結果慘敗。

　　Isle de France 在 1810 年被奪之後，就成為英國的一個殖民地。奴隸的買賣在那時被禁止了。在 1835 年廢除奴隸的截止日期逐漸接近，聲浪也逐漸加大之際，殖民國發狂似的在尋找替代的廉價勞工。兩種可能的來源是印度和住有華人的東南亞國家。印度苦力與中國苦力的命運息息相關，因為如果一國的苦力雇不到或是被拒絕，那麼另一國的苦力就會被雇用。根據英國的法律規定，種植場的業主只能輸入中國和印度的苦力。他們試用中國苦力的結果證明是一個徹底的失敗。在法國試用中國苦力失敗後將近七十年，種植場的業主在 1829 年，也就是在奴隸制度廢止前六年，再次從東南亞輸入中國苦力。由於當時中國政府規定國人移民海外就會被處死，所以他們不能直接從中國輸入勞工。清政府於 1712 年頒佈命令，任何一個中國人移居海外，在他回國後就會被砍頭。這個往外移民的限制，在 1860 年第二次鴉片戰爭後，實質上已經廢除了。為了取得更高的成功率，這次種植業者輸入以前曾經在東南亞英屬海峽殖民地種過甘蔗的華人（苦力）。不過，在另一方面，他們還是把人性的尊嚴擺在背後。奴隸制度還沒有被廢止。那些種植業者的心態與奴隸頭子的心態一樣，那種超過一個世紀的奴隸勞工心態，已經根深蒂固的鉗在他們的文化裡。我們不可能期待他們在未來幾年才要廢止奴隸制度

的今天，一夜之間就可以改變過來。種植業者以奴隸的方式對待中國苦力，所以苦力反抗並且逃跑，靠搶劫維生。於是英國政府必需介入，以便恢復社會的和平與秩序。中國苦力被遣送回國。於是種植業者轉向印度。首批印度的簽約勞工在 1834 年抵達 Isle de France。印度政府後來驚悉有很多的印度工人死在擁擠不堪的船上，便在 1839 年禁止簽約工人出國。

奴隸制度在 1835 年被廢除之後，種植業者面臨勞工短缺的問題。他們組成一個協會去遊說政府，讓他們輸入苦力。他們再次向東南亞的英國海峽殖民地輸入中國苦力。在 1840-1843 年間，大約輸入了 3,000 名的中國男性苦力。令人驚訝的是，他們多數是在路易斯港的船塢或碼頭裡工作。而且在種植場工作的人，合約期滿以後就拒絕續約。因此在 1844 年就停止輸入中國苦力。由於他們不能再輸入中國苦力，種植業者又再轉向印度尋求解決勞力短缺的問題。在他們保證提供更安全的航海運輸以及更友善的對待苦力以後，印度政府在 1843 年廢除了禁止出口苦力的法令。由於印度簽約工人在檢疫期間所居住的條件太差，於是印度政府決定在 1857 年再次禁止勞工的輸出。不過一年以後，就取消了禁令，恢復勞工輸出。

政府農業部在 1920 年設法謀取華商會的支持，共同輸入中國勞工，不過被拒了。官方的理由是華商會無法管制新的工人，可是實際的理由不是如此。新雇來的農工會把當地華人的階級像僕人這種最低的社會階級看待。人們對於以前那些苦力的不人道的待遇，記憶猶新。當地的華人已經在經商和貿易上有所成就，並且引以為傲。從新的社會背景而言，傳統的社會階級觀念已經反過來了。現在商人的地位要比農人的地位高了。在傳統的社會階級裡，商人是最低的一級。當地的華人不願意看到自己的社會

階級因為新湧進的移民而變成墊底的一級。

清政府在 1860 年與英法兩國簽訂北京條約（Convention of Beijing）以後，就允許國民自由出國。從中國輸入苦力的政策早在 1844 年就停止了。最早以自由移民身分抵達模里西斯的客家人，共有七個人：Chan Buck、Chan Heyou、Chan See、Chin Ton、Tan Chow、Le Bow 和 Ong Hassan。[294]他們究竟屬於何種方言族群，我們不知其詳。但是 Le Bow 是客家人，而 Tan Chow 看來是福建人。「陳」姓的客語讀音是 "tch'in"，而閩語的讀音是 "tan"。三位姓 "Chan" 的人，有可能是客家人或廣府人。

「南順會館」在 1894 年註冊以後，由於會館保證未來的新移民在抵達模里西斯後會得到照顧，所以激發了很多廣府人移民去模里西斯。在會館註冊兩年以後，就有 708 名華人搭乘 "Wuotan" 號船抵達模里西斯。這些新移民多數來自台山，南海，和順德。廣府人稱他們為南順人。名字取自南海和順德兩地的第一個字。他們講順德腔的客家話。[295]

人們在買賣苦力的時候，就已經有自由的中國移民住在模里西斯。他們是在十八世紀的最後十年被人在島上發現的。他們究竟何時抵達，如何抵達，迄今仍是一個謎。到了 1835 年，亦即奴隸廢止那年，已經有 34 名自由的華人移民在島上。到 1860 年第一位客家人抵達時，華人已經有 2,229 人。[296]到 1901 年時，華人的總數到達 3,515 人，其中只有 58 名是女的。由於缺少女

294　H. Ly-Tio-Fane Pineo in *The Encyclopedia of Chinese Overseas*, P. 352.
295　Web site of Nam Shun Fooy Koon,
　　　http://www.namshunfooykoon.com/canshunsociety.html.
296　H. Ly-Tio-Fane Pineo, *Chinese Diaspora in Western Indian Ocean*, Edition de l'Ocean Indien, 1985, P. 112.

性華人，使得很多男的華人與當地的克里奧爾女人結婚，結果在世紀交接時，出現了許多混種的克里奧爾華人。根據 2000 年的人口調查，那時有 3,473 名克里奧爾華人，可是由於人口不夠多，不能單獨形成一種類似在印尼的 "Peranakans"，以及在馬來西亞與新加坡的 "Babas" 的新族群類別。

移民管制在 1877 年被取消以後，客家移民因而增加。他們的人口在十九世紀末就超過了原本佔多數的福建人和廣府人。當廣東籍的華人領導 Afan Tank Wen 在 1901 年去世以後，客家人就出來爭取領導地位。關帝廟的主席從缺，需要重新改選。關帝廟的主席不僅是一個精神領袖（中國民間宗教一向就沒有類似教士的階級），也是華人社群裡的世俗領袖，在與殖民政府面對面交涉時，他具有非常大的政治影響力。關帝廟主席設了一個具有極高威望與權利的辦公室。首位擔任這個首長的華人是 Hayme 或叫 Log Choi Sin。這種首長制度是由荷蘭人在印尼於十七世紀時制定的。首長是當地華人居民的領袖，對荷蘭東印度公司負責華人的治安事宜。第一任英國總督 Robert Farquhar 在模里西斯推行並且改進了這個首長制度。

社區治安制度與彼此之間的責任制並不是一種新的發明。中國古代的「保甲」就是這種制度。在歷史上，它偶爾被拿來使用一直到二十世紀。北魏（386-534）重新制訂這個制度，將數人組成一組，彼此負責各組人員的行為，並且維持當地社會的秩序。事實上，社區治安制度就是要求鄰居守望相助。宋朝（960-1279）恢復了保甲制度，要求保甲管控人口。清朝將保甲制度做得更加完善。政府將國民的戶口編造成冊，以利管控。以 100 戶為一甲，10 甲為一保。保甲的隊長由村民選出。清政府利用家庭制度為社區治安。保甲隊的隊長要負責舉報如賭博、犯罪、和

搶劫等違法事件。國民黨於 1939 年又再恢復使用保甲制度。

　　由於清政府企圖拉攏華僑做最後的支持，使得僑社變得極端的反清與傾清兩派，關帝廟主席的選舉也因而變得複雜化。該次選舉受到了影響，並且在 1903 年發生暴動。許多人因而喪生。雙方爭執了五年仍舊無法得到滿意的解決。最後提交給最高法院判決。最高法院在 1906 年裁定主席應由三個方言族群每年輪流出任。而且關帝廟應由十五名委員組成的委員會負責管理，委員會是由福建，廣東，與客家三族群每一族群派出五名代表組成。這個決定一直維持到最近委員會將委員名額增加到二十一名委員為止。

　　在最高法院做出判決之前，主席不必與他人分享他的權力，因而一人獨攬著極大的權力。現在的權力則掌握在 21 名委員裡，他們根據投票，以多數票做決策。主席的職位只是一個同職同權的主角而已。1908 年 12 月 8 日華商會成立後，主席多數只扮演著一個象徵性和禮儀時的角色而已。在 1945 年中國領事館成立之前，華商會負責處理領事館的職務：核發護照和中國旅遊證件。華商會也負責監督每一個中國移民的行為，這個任務原本是由關帝廟主席負責的。在移民期間一直到 1950 年代早期，華商會一直協助新移民。它也負責登記新移民的資料。除了保護以及宣揚華商利益的傳統功能以外，它也負起協助社群成員度過疾病，體弱，年老，和死亡等難關的社會服務。華商會在 1948 年章程生效以後，它的政治角色與影響力就正式消失了。章程規定設立一個立法委員會，由 19 位民選委員，加上總督提名的 12 位委員，和 3 位前任委員組成。前任華商會會長 Jean Ah Chuen 被推舉出來代表更大範圍的華人社群，而不是僅僅代表華商而已。因此之故，整個華人社群就沒有再設一個職位來與殖民政府溝通

的必要了。

華商會後來成為國民黨的行政中心，但是在 1949 年以後，它與台灣的關係變得十分密切。華人社群在 1949-1978 年間生活在不定的（政治）環境裡。模里西斯在 1972 年承認中國政權，後來中國也在模里西斯設立大使館，使得華商會在政治上的重要性消失殆盡。

華商會（Chinese Chamber of Commerce）的建築物在 1993 年被燒毀，看似一個縱火攻擊。許多極為重要的文件被燒毀。這個傷心的建築物成為人們的眼中釘，而且到現在都還沒有得到重建。部份華商認為華商會已經不能滿足社群在商業與貿易的需求，他們的不滿導致第二個商會 —— 華人商業協會（Chinese Business Chamber）的成立。

二、塞席爾群島（Seychelles）

在塞席爾群島，馬達加斯加，以及南非的華人，是從模里西斯再移民或是直接從中國大陸移民去的。

根據 1931 年的人口調查，塞席爾群島有 335 名華人，佔全國人口（27,442）人口的 1.2%。以後的幾次人口調查，沒有記錄華人的數目，但是把華人與當地女人的混婚子女歸類為塞席爾人。

在 1948 年時，一位人口調查的官員解釋為什麼把華人這一類別取消：「由於華人與塞席爾人結婚十分普遍，因此決定不再把這些小孩歸類為華人，因為他們生於斯，長於斯，幾乎不可能

回到中國去。」[297]新一代的華人子女看來是完全被同化了。客家人究竟有多少，我們不得而知。

首批由 23 人組成的華商團體，可能是在 1886 年從模里西斯再次移民去塞席爾群島的。1871 年的人口調查，並沒有記載任何華人出現在塞席爾群島。塞席爾群島蓬勃發展的香草業，吸引了外國的移民。它的出口高峰是在 1890 年到 1903 年之間，因此之故，它提高了現在已經成為受薪族，以前被解放了的奴隸的購買力。只有一位華商從事於香草的製造與販賣。絕大部份的華人從事於他們熟悉的小生意。他們的潛在客戶是當地的塞席爾人，根據 1871 年的人口調查，當時只有 7,500 名塞席爾人。這些人的日用品，必需有人提供，華人感覺到經濟蓬勃發展的生意機會來了。於是他們集中精力去發展零售業。我們一點也不覺得奇怪，從 1886 年到 1903 年，由模里西斯再次移民去塞席爾群島的 241 名華人，是為了利用這次的經濟繁榮而去的。這次再移民由於香草種植業遭受到炭疽病的殘害而終止。移民的人數降到極少，1904 年只有三位華人移民去塞席爾群島，而在 1905-1906 年間，連一個華人移民都沒有。[298]

華人與當地塞席爾人結婚的比例，要比華人在模里西斯與其他族群的人結婚的比例更高。這個高比例使塞席爾自從 1931 年以來的人口調查都放棄了族群人口的分類登記。有很多的文章披露華人已經完全融入塞席爾主流社會的訊息。華人已經放棄了他們民間宗教的傳統而改信了基督教，並且與塞席爾女人結婚。年輕一代的中國塞席爾人他們不再說他們祖先的方言。不過他們並

---

297 Jean-Claude Pascal Mahoune, 'Seychellois of Asian Origin', P. 3,
    http://www.iias.nl/iiasn/so/regions.

298 H. Ly-Tio-Fane Pineo, *Chinese Diaspora in Western Indian Ocean*, P. 119.

沒有完全被同化。他們還保持著他們的烹飪菜餚，而且華人協會
仍舊存在著。大家仍舊熱烈的慶祝著農曆新年。我們只能在未來
才知道中國的文化與身分是否會被恢復過來。

　　二戰以後，老一輩華人希望保持中國文化身分的願望仍舊很
強，不過當時的殖民政府並不鼓勵隔離或區分族群的任何行動與
建議。在 1945 年時，塞席爾前總統的父親 Mr. Richard Man-
Cham，向前教育局長申請開設華文學校，但是他的申請被拒絕
了。[299]根據網站 worldstatesmen.org 的資料，華人佔了塞席爾在
2006 年 7 月全國人口（81,541 人）的 0.5%。現在的華裔塞席爾
人主導著當地的零售業。他們成功的原因要歸功於他們那種為了
保住顧客而推行的信貸制度。跟在模里西斯一樣，他們保存一本
記載著客戶信貸的小本子。根據人類學家 Bendict 的說法，華人
在商業上的成功要歸功於「父系家庭的本質不像克里奧爾母系家
庭那樣，男人無憂無慮，賺多少花多少。」[300]

三、馬達加斯加（Madagascar）

　　在十九世紀與二十世紀早期移民去馬達加斯加的華人，來自
三個不同的地方：前印度支那（越南，寮國，柬埔寨），中國大
陸的苦力，以及從留尼旺島和模里西斯去的自願移民。首批在北
越徵聘的中國苦力於 1896 年抵達馬達加斯加。由於當地的工作
環境太差，所以那次的聘僱作業完全失敗。儘管這次的失敗，殖
民政府在幾年以後，又從印度支那和中國大陸輸入苦力。他們從
越南聘僱了 500 名順德與南海（南順）的廣府人，在 1900 年抵

299 Jean-Claude Pascal Mahoune，前揭書，P. 119.
300 同上，P. 3。

達馬達加斯加。從福州聘僱的第二批 764 名苦力在 1901 年抵達馬達家斯加。來自留你旺島和模里西斯的自願移民都是廣府人。他們也是現在馬達加斯加華人的祖先。

第一個華人於 1862 年在馬達加斯加的 Tamatav 鎮上開店經商。從 1896 年到 1898 年間，有 378 名華人離開模里西斯前往馬達加斯加。在 1904 年的人口調查，顯示有 452 名華人住在馬達家斯加。從 1900 年到 1950 年期間，住在馬達加斯家的華人共有 4,995 人，其中有 1,311 人來自模里西斯，502 人來自留尼旺島，其餘的人來自中國大陸。[301]

這次移民的最大特色是他們都講廣府話，而且他們能夠阻止客家人移民馬達加斯加。土客械鬥過了半世紀以後，廣府人與客家人之間的敵意和仇恨並未減輕。最少的挑釁都可能引爆兩族群之間的衝突與災難。廣府人不喜歡客家人那種比較積極而且較有彈性的經商之道。客家人則認為廣府人做生意過於刻板和保守。並且稱他們為 "pan tch'at" （半折）（意指缺乏彈性的經商方式）。

他們之所以能夠成功的阻止客家人進入馬達加斯加，是因為法國殖民政府當局授予他們維持治安的權力，使他們能夠維持法律秩序，管治華人社群。正如在印度支那一樣，殖民政府將華人組成許多的會集（congregation）。法國殖民政府在 1896 年要求華人組織會集，將同一地區的華人歸屬在一個會集裡。到了 1947 年，在馬達加斯加的華人都歸屬在 27 個華人會集裡。[302]每個會集都派有領導人負責管理。領導人負責自己會集成員的行為，而且他有權接受或拒絕新的申請者加入他的會集。他們是靠著這種

---

301 Live Yu-Sion, 'Madagascar' in *The Encyclopedia of the Chinese Overseas*, P. 348.
302 同上，P. 349。

方法阻止客家人從模里西斯和留尼旺島進入馬達加斯加的。

　　自從 1900 年代末期，馬達加斯加政府將經濟制度自由化，開創了免稅區。有些模里西斯的客家人被吸引去馬達加斯加投資。不過他們只是臨時的居民。由於當地社會與經濟的不穩定，使他們的投資全部泡湯。儘管馬達加斯加政府在 2000 年代早期再度邀請，模里西斯的客家人也無意再回到馬達加斯加。

四、南非共和國（Republic of South Africa）

　　華人與南非有超過 350 年的共同歷史，它可以追溯到荷蘭東印度公司統治非洲好望角時期。在 1990 年代，估計在南非的華人有 20,000 人到 25,000 人。[303]不過，《維基百科》提到在南非有更多的華人，大約有 100,000 人。[304]即使這個比較高的數目，也只佔南非全國人口（47,432,000 人，2005 年月估計）的 0.2% 而已。BBC 在 2008 年 6 月 18 日說住在南非的華人有 200,000 人之多。根據《Ethnologue》的報告 14，在南非有 5,000 名客家人，15,000 名廣府人。[305]

　　跟在模里西斯的情形一樣，廣府人與客家人也將彼此在中國不愉快的關係帶到南非。一直到 1990 年代，這兩個方言族群的關係還是不很融洽。晚在 1970 年代時，兩族之間還是很少通婚，而且有強大的社會壓力阻止這兩族群通婚。到了 1990 年代，兩者差異變弱了，但是在早期移民期間，他們扮演著很重要

---

303 Karen L. Harris in the *The Encyclopedia of the Chinese Overseas*, P. 360.

304 http://en.wikipedia/wiki/South_Africa#Demographics.

305 Gorden, Raymond G., Jr.（ed.）, 2005, *Ethnologue: Languages of the World*, 15th edition, Dallas, Tex., SIL International, http://www.ethnologue.com/.

的角色。廣府人和客家人都根據宗親或相同姓氏分別設立會館。廣泛的宗親也是連鎖移民的基礎和定居的模式。當一個移民安定以後，他也會邀請他的親戚或宗族的成員來和他在一起。這種現象可以在阿春（或周姓）宗親會裡看到。[306]親友和宗族的連結，讓我們了解為什麼他們會傾向於住在同一地區。客家人絕大多數住在沿海的城市，如 Port Elizabeth、East London 和 Cape Town，而廣府人則多數住在 Pretoria、Witwatersrand、Vereeniging 地區和 Johannesburg。有些住在南非的客家人仍舊有親戚住在模里西斯。

我們不肯定在南非的華人是否已經完全放棄華語轉而使用英語。不過可以肯定的是多數老一點的華人都是雙語，英語和粵語，或英語和客語。跟在模里西斯的許多第三代華人一樣，多數住在南非的年輕華人不會講客家話。不過，中國方言只是在社群內交談時才用。目前教育政策的官方語言目標是要在大都會裡有足夠學生的學校裡開設中文課程。[307]這樣做是否會使中國語文和文化復甦，還有待觀察。

（一）首批中國移民

透過中國的歷史遊記的記載，中國與非洲的接觸可以追溯到幾乎 2,000 年以前。[308]早在明朝（1368-1644）的十五世紀初期，中國船隻實際上已經到過非洲大陸。當時中國海軍將官鄭和七次

---

306 Lilian Berthelot, Sir Jean Ethienne Moilin Ah Chuen（1911-1991）, Mauritius, 2009, P. 10-11。

307 Nkonko M. Kamwangamalu, 'The Language Planning in South Africa', www.multilingual-matters.net/cilp/002/0361/cilp0020361.pdf.

308 Melanie Yap and Dianne Leong Man, *Colour, Confusion and Concessions: The History of the Chinese in South Africa,* Hong Kong: Hong Kong University Press, 1996, P. 1.

出航就到過 37 個國家。傳說鄭和的船隻就有通過非洲的好望角。尤其是義大利威尼斯的修道士和制圖師法拉毛羅（Fra Mauro）曾經在他於 1457 年出版的地圖裡，述說在 1420 年時，遠在 2,000 哩外的大西洋出現過一條來自 India 的巨大「中國平底帆船」。[309]鄭和在第五次出航探險（1417-1419）時，首次造訪非洲東海岸的幾個海港。根據英國作家 Rowan Gavin Paton Menzies 的著作《The Year China Discovered the World》，"India" 在十五世紀時指的就是中國。[310]

　　首次抵達南非的中國移民，多數不是來自中國的苦力，絕大多數是來自巴塔維亞的中國人，他們因為犯罪或非法居留而被遣送到開普敦（Cape）。[311]首位被派去開普敦的荷蘭指揮官，Jan van Riebeeck，在 1652 年抵達時，荷蘭政府另外要求他提供食物給路過的船隻。他便於 1652 年在開普敦設立了食物供應站。

　　新鮮的食物必需在開普敦當地生產，可是因為當地很少荷蘭人，所以缺乏勞工。況且荷蘭工人都是被認為不適任的農夫。Van Riebeeck 的接班人形容荷蘭農夫是又頑固又懶的鄉巴佬。[312]當地的土著，又不願意替偷了他們土地的荷蘭東印度公司（Dutch East India Company - DEIC 或荷蘭語簡稱 VOC）做事。Van Riebeeck 必需尋找替代勞工。他幾次向上級請求輸入特別是具有農耕經驗的中國勞工。他的接班人 Zacharias Wagenaar 也重複幾

---

309 www.wikipedia.org/wiki/Zheng_He.

310 Gavin Mensies, 1434, P. 121。

311 Kerry Ward, ' "Tavern of the Seas" ? The Cape of Good Hope as an oceanic crossroads during the seventeenth and eighteenth centuries', P. 8.
www.historycooperative.org/proceedings/seascapes/ward.html.

312 Kren L. Harris, 'Encouraged and excluded: the Chinese at the Cape a century ago', P. 2.
http://academic.sun.ac.za/history/dokumente/us_geskiedeniskonferensie_2004/Harris_K.pdf.

次請求。他們要求輸入中國勞工的動機是因為他們知道中國勞工有效率又節儉，而且中國人對荷蘭在遠東殖民地的發展有很大的貢獻。中國勞工可以利用他們在種植水稻和甘蔗，以及製造燒酒方面的知識，協助他們發展開普敦。[313]可是多數的白人並不是抱著這種看法，他們覺得中國勞工會對他們產生威脅。在殖民世界裡，他們一面歡迎中國人，一面害怕而且拒絕中國人。在 1664 年時，Wagenaar 再次請求輸入中國的自由移民或囚犯。他的請求被送到印度的荷蘭東印度公司當局，但是沒有被核准。

　　不過，從 1658 年起，開普敦被用來做為巴塔維亞不願收留的刑事罪犯或政治犯的住所。首批來到開普敦的華人就是那些在巴塔維亞，爪哇，印尼其他地方，以及印度南方等地不願接受的罪犯和政治犯。第一位華人囚犯，名叫 Wancho，於 1660 年到達南非。

　　自由華人移民也開始在同一期間來到南非，不過，在荷蘭東印度公司（VOC）殖民統治期間（1652-1795），不曾有大批移民進入。自由華人移民是從路過的船隻下船登陸的，或是經過合法手續進入的真實移民。我們沒有華人在 VOC 殖民統治期間抵達開普敦的準確數目，不過根據研究華人於 VOC 殖民統治期間在開普敦生活的權威人士 J.C. Armstrong 的報告，依照他的華人姓名與個人資料的資料推斷，華人至少有 350 人。他也說「在任何一段時間裡，包括從巴塔維亞放逐過來的罪犯以及自由移民，華人可能不曾超過 50 人。」[314]

　　第二批華人在 1740 年被放逐到開普敦。他們是在印尼因為反抗荷蘭種族歧視經濟政策的暴動而被 VOC 當局逮捕的。這些

---

313 同上，P. 2。
314 同上，P. 3。

囚犯在服滿刑期後，可以選擇回去巴塔維亞或留在開普敦。許多人決定留在開普敦。不過他們被人以黑奴看待，人們認為他們是屬於「自由的黑人社群」。從 1790 年起，所有自由的黑人如果要從甲地到乙地，就必需攜帶通行證。[315]

這些早期華人從事小買賣，手工藝品，和製造蠟燭的行業。他們也經營小型的餐廳，當時很受中意外來食物的荷蘭水手和軍人的喜愛。從有些華人本身擁有家奴，並且買女奴為妻的事實，看來他們已經變得相當富有。從另一方面而言，被放逐來此的華人需要支付特別的罰金，而且很容易成為 VOC 官員的敲詐對象。

在開普敦的英國政府（1795-1803，和 1806-1910）也曾想雇用華人苦力來開普敦協助開發殖民地，但是在英國統治開普敦的前幾百年裡，他們只輸入了少數的華人苦力，不曾有過大批的華人移民來到開普敦。直到十九世紀末期，當人們發現鑽石（1867）和黃金（1886）以後，殖民政府才大量輸入華人苦力。

在 1886 年，南非於 Witwatersrand 發現大量的黃金礦床以後，想要尋求輕鬆致富機會的模里西斯華人，就趕著前往南非。人們從來沒有見過如此大量的陸面黃金。[316]新移民那時立刻發現華人的身分受到限制，因為法律規定華人不准開採鑽石或黃金。

陸面的金礦很快就被採完，而使用簡單的淘洗法無法採得埋藏在岩石裡面的黃金。個人無法進行黃金的開採，金礦的勘探者必需將地下的礦權出售給大的礦業公司，因為他們才有能力籌集購置開採深層金礦的工廠以及機器，和雇用成千上萬的礦工所需的大量資金。現在的採礦公司需要被迫去開採深至四千公尺的金礦。

---

315 'The Involvement of Chinese in Passive Resistance Campaign',
　　www.sahistory.org.za/pages/classroom/pages/projects/old-grade.
316 www.inmotiononline.com.au/inmotion/feature_article/item_022003b.asp.

從 1887-1903 年間，有 2,352 名華人從模里西斯再度移民去南非，扣除又從南非遷回模里西斯的 410 名華人，實際上只有 1,942 名華人留在南非。[317]從另一方面來看，在 1970 年代與 1980 年代裡，中國開始有大量的移民來到南非。跟平常一樣，他們還是來自中國南方諸省，也有來自東南亞的英屬海峽殖民地，和馬來西亞。[318]他們開設了各種的買賣和服務業的生意。在約翰尼斯堡（Johannesburg）地區至少住有 3,000 名華人，他們在那裡創立了六個大進口公司，和 250 個雜貨店，洗衣店，和花店。[319]

在十九世紀末期，有很多華人在路易斯港登船，前往西印度洋的終點站如留尼旺島，馬達加斯加，塞席爾群島，和南非。他們在路易斯港停留一個月到兩年的時間，去學習「基本的西方語言」和「西方文明」。[320]

這些語言究竟是什麼語言？那些是在模里西斯島上人們所說的法國克里奧爾語，英語，和法語。要把由法語變來的克里奧爾語，說成是西方語言是有爭議的，因為雖然它是創始於西方的殖民地，但是在西方國家不曾使用它。雖然在模里西斯島上人人講克里奧爾語，但是模里西斯政府並沒有正式認定它。一個新客想在模里西斯學到英語是絕對沒有機會的。除了一些英國的殖民地居民，和政府官員以外，在模里西斯島上很少有人會說英語。根據 1952 年的人口調查，直到當年，才有 615 人能夠說英語。其中只有七人是華人。對於想去南非的移民而言，英語是最有用的語言。新移民在模里西斯所能學到的只是克里奧爾語而不是法

---

317 H. Ly-Tio-Fane Pineo, *Chinese Diaspora in Western Indian Ocean*, P. 257. Figures for Dalgoa, now Maputo, have been excluded from the count.

318 Karen L. Harris, *The Encyclopedia of the Chinese Overseas*, P. 361.

319 同上，P. 361。

320 Ly-Tio-Fane Pineo，前揭書，P. 25。

語，它只能在附近說法語的地區使用，而在南非則毫無用處。一直到 1950 年代，當新移民在模里西斯停留時，如果他們想要順利做生意的話，他們就必需學好當地最有用的克里奧爾語。因此，他們對西方語言的實際經驗可能只限於跟當地大眾接觸時所使用的克里奧爾語而已。

直到 1950 年代的晚期，在模里西斯鄉間的客戶多數是印度模里西斯人，店東在做生意時必需懂些 Bhojpuri 語或其他的印度語，否則客人就必需要用在店舖裡的特製長棍子去指出他想要買的貨品。[321]在他們要去的國家裡，印度語沒有什麼用。最重要的是要學會一些做生意的基本知識。

所謂西方的東西，是指來自歐洲和北美洲的東西。在十九世紀晚期，真正獲得西方文明和文化遺產的是法國模里西斯人。這也包括父親是法國人，而母親不是法國人的後代。新移民在舖居以外的地方很少有機會和這批人來往。他們幾乎沒有社交的生活。甚至在二十一世紀，社交還是根據膚色而定。這點可以從一般人民的社交俱樂部的組織裡反應出來，俱樂部的會員申請，會因為膚色而被接受或拒絕。想要知道一些西方文明的唯一方法是透過與克里奧爾人的接觸。在十九世紀末，克里奧爾人是否已經具有西方人的文明呢？我們懷疑這點，因為他們是以前來自非洲和馬達加斯加奴隸的後代，而那些奴隸的文化並非西方人的文化。從更廣泛的角度來看，模里西斯的整個社會是不是一個西方社會呢？由於每個族群都為著要維護和保存自己的文化身分，而傾向於聚集在一起，所以阻礙了這種社會的產生。

---

321 Lilian Berthelot，前揭書，P. 10。

（二）中國苦力的輸入

儘管華人因為英國人而分散在世界各地，也儘管煤礦業者要求輸入眾人皆知，既勤勞又有經驗的中國苦力，英國在它統治時代的最初一百年裡，還是輸入很少的中國苦力。緊跟著南非戰爭（1899-1902,又稱布爾戰爭）（Anglo-Boer War）之後，英國政府的首要任務是重新開放礦業，把產量拉回到戰前的水平。他們所面對的主要問題是嚴重缺少願意以無經驗的工人條件回去礦場工作的非洲移民勞工。有些礦主試著雇用白人勞工取代非洲工人，但是結果不十分滿意。不過多數的礦主都認為輸入華人勞工才是解決之道。輸入中國苦力，後來成為「華人問題」，導致雙方激烈而且長時間的爭論，而且使白種工人和他們的工會與礦主互相對立。

礦業的領袖們純粹以商業觀點來看輸入華人勞工這件事，並且稱讚他們的優點：勤勞，馴服，聰明，堅持，和敏捷。相反的，反對輸入華人勞工的遊說團體則涵蓋了很廣泛的利益團體，如商業工會，政治家，和商人。華人一直被稱讚的優點反而被扭曲，成為對白人勞工在工作上的一種威脅。

1904 年 5 月，勞工輸入條例（Labour Importation Ordinance）在德蘭士瓦省（Transvaal）通過，並且在獲得非洲南方地區的四個殖民地，在 1903 年 3 月舉行的殖民地之間的關稅同盟會議中同意後，取得英國政府的批准。該條例說「如果工業發展確實有需要，在政府的唯一管控下，訂好工作合同，以及在合約期滿後，勞工必需回國，那麼政府應該准許業主引進無經驗與技術的

勞工。」[322]在 35 項的條款中，有 17 項是限制級的條款：只有無經驗與技術的勞工才可以被雇用到 Witwatersrand 金礦做工，而且苦力不能從 55 種約定的職業中聘雇。合約中的服務年限不得超過 3 年，期滿後，勞工必需返回原居國。勞工不准擁有不動產，也不得做買賣。這些規定目的是在防止華人與白人的競爭。[323]

　　這個帶有爭議的勞工輸入條例一直實行到 1906 年。不過，在 1904 年和 1910 年期間，共有 63,539 名的中國苦力，被以無經驗無技術的合約勞工身分引進南非，到礦場做工。首批工人於 1904 年抵達。其中有 62,006 名勞工是在中國北方說華語的省份聘僱的，其餘的勞工則是來自南方的省份。聘僱說華語的勞工顯得不平常，因為傳統一向都是從南方省份聘僱的，而且海外華僑都是不講華語的南方人。這些苦力都簽有 3 年的工作合約，3 年後可以續約 2 年，勞工在合約期滿後必需回國。

　　苦力的待遇很差，有很多苦力逃走。在 1906 年於倫敦舉行的普選，候選人將輸入中國苦力的問題做為競選的政治議題。它也成為南非的主要政治議題。在南非的白人商會，聯合了由 Afrikaner 所控制的 Het Volt 黨，以及英國的自由黨，都號召反對輸入中國苦力。英國自由黨贏得了 1906 年的選舉之後，在 1906 年 11 月禁止中國苦力的聘僱與續約。[324]到了 1910 年時，所有的中國苦力，在獻身拯救了南非金礦之後，都被送回中國。

　　華人在白人居住的國家裡，受到極大的種族歧視：澳洲，新西蘭，美國，和加拿大。開普敦殖民地也一樣跟著歧視華人。雖

322　Karen L. Harris, 'Encouraged and Excluded: The Chinese at the Cape a century age', P. 7.

323　同上，P. 9。

324　Karen L. Harris, *The Encyclopedia of the Chinese Overseas*, P. 362.

然華人的人數很少，不足以對白人工作構成任何嚴重威脅，但是1904年的排華條款還是通過了，主要是針對華人這個族群。

（三）種族隔離制度下的華人

英國的國民黨（National Paty）在1948年帶著種族隔離政策的宣言取得政權後，通過了一系列的法律。這些法律延續而且擴張前一任白人政府所執行的分離政策。例如，英國的殖民政府於十九世紀在開普敦殖民地實行通行法，控制黑人從部落地區到白人與其他非白人種的住宅區。通行法禁止黑人無證到處走動，而且黑人必需隨時攜帶通行證。1913年的原住民土地法（Natives' Land Act），將南非的土地分成白人與黑人的地區。這種地理的區隔乃是種族隔離政策的基礎。

在德蘭士瓦（Transvaal），除非華人申請人能夠證明他在1899年以前就有做買賣，否則就不再發給營業執照。亞洲人註冊法案（Asiatic Registration Bill）於1907年，在德蘭士瓦成為自治區以後，正式成為法律。其目的是要將所有的亞洲人登記成冊並且發放新的身分證。身分證是獲得營業執照必需具備的證件。註冊法案規定凡是超過八歲的亞洲人，都要強迫蓋手印註冊。由於華人與印度人認為這是一種污辱而反對。最後的妥協是他們可以接受個人自由註冊，而不是被強迫去註冊。不過這個方案被拒絕了。華人與印度人於是發動了反對註冊的運動。他們的消極抵抗是在這種情況下產生的。他們的領導 Leung Quinn 和 Gundhi，後來被捕入獄。後來他們提出第二種妥協方案：可以接受個人自由註冊，但是黑人法必需在亞洲人註冊法案公佈以後取消。政府接受了這個建議。兩位領導被釋放了，註冊的作業順利進行。但是政府並沒有履行諾言。黑人法沒有被取消而且強迫註

冊還是依舊存在。

在這重要關頭，華人與印度人原來是站在同一陣線上聯手作戰的立場產生了變化。因為印度人本來就是英國的子民，所以要求英國以白人的方式對待他們。而華人並非英國的子民，所以只要求英國以國際法規定的最惠國待遇對待華人。換言之，英國應該以他們在中國被對待的態度去對待華人。中國曾經與英國簽訂1842年的南京條約和1843年英國附帶協定，又與美國和法國簽訂另外兩個條約。這些條約都包含了最惠國條款。中國當時向簽約人承諾會把以後給這三國的任何一國的特權也給他們。

這個事件說明華人已經積極的在參與政治活動。這是很不平常的，因為很多華人在遇到這種情形時都會以息事寧人的心態，低調處理。他們也表現得非常團結。華人的領導梁先生（Leung Quinn），本來已經打算為社群犧牲自己。他拒絕逃離殖民地，並且在1908年1月被判坐牢兩個月。這與模里西斯客家人的政治心態是不同的。在模里西斯的客家人會用 "mo siong kon"（客語，沒關係之意）的心態來處理當時的情況。南非當地的客家人很勇敢，能夠為自己族群，挺身起來抵抗任何不公平的惡行。印度領導人 Mahatma Gundhi 對華人參與遊行的承諾感到敬佩，他讚揚華人在政治方面的團結，並且把華人的這種模範行為說明給印度人聽。[325]

南非的國民黨在1948年開始實行它的種族隔離政策。正如原住民與非白人種一樣，華人也需要遵守種族分離的許多相關法律。只有一次在1984年修訂的條款是對華人有利的。

由於在1948年以前所通過的許多不同法律裡，對於種族的

---

325 同上，P. 362-363。

分類有不同的定義，所以要決定一個人的種族類別變得很困難。新政府和它的社會工程師們的首要任務是去定一組界限清楚的文件，使得全國每個人的種族身分可以得到明確的分類。在 1948 年以前，南非的經濟與社會生活，在諸多領域裡已經十分種族化了：住宅，職場，公共交通，以及休閒場所等。種族的分類沒有一個單一共同的官方定義，可以涵蓋所有的法律並且適用於所有的國民。不同的法律有不同的定義。同一個人，在某一個法律下是屬於非白人種，但是在另一個法律下卻是屬於原住民。一個普通膚色的人，可能被歸為白人，但是因為與原住民結婚而失去他的白人身分而變成原住民。同一膚色父母所生的小孩，有些可能成為白人，而有些可能成為原住民。種族分類的流動性與易變性，對於那些需要執行政府種族隔離政策的人而言，是一件困難的事。

　　新政府的首要任務是設法消除種族分類的易變和混淆。政府必需設定一種每人都適用的單一種族定義，用以確立每個國民在經濟與社會活動的一致性。因此在 1950 年通過的人口註冊法（Population Registration Act, PRA）就是為了要達成這種一致的種族分類定義。每一位公民都由政府當局確定他的種族類別，並且將它保留在官方的身分檔案裡。人口註冊法將國人分為「有色人種」，「原住民」（後來改稱為班圖 "Bantu"），以及「白人」等三類種族。凡是具有混淆種族身分的人，都由政府為他訂一個種族身分，當事人不得異議。這種種族身分的重新訂定，可能變得非常戲劇性，由於筆尖的一劃，或是辦事員的一念之差或隨興，而使得同一家庭的成員被迫住在不同地區。華人的種族分類究竟做的如何？

　　依照人口註冊法的解釋，「有色的人」是指不是白人，也不

是原住民；「原住民」是指實際上或一般人認為他是屬於非洲的任何原住民或部落；而「白人」是指一個人在外表看來顯然是白人，或被一般人認為他是白人，但不包括那些表面看來是白人，而一般人卻認定他是有色人種的人。[326]在人口註冊法裡面雖然沒有特別提到華人，不過華人明顯的是屬於「有色人種」，因為華人既不是原住民也不是白人。實際上，在人口註冊法公佈時，華人就被認為是有色人種。人口註冊法實行 41 年以來，被修訂了 8 次，種族類別的定義也被改得更加完善。「有色人種」的定義在 1959 年被重新修訂，另外加上七種子類別，華人是其中之一。如果以前對於中國種族的身分有所懷疑，現在已經被釋疑了。根據這次的子類別，政府將華人歸於一個單獨的種族，實際上，華人在 1984 年以前，是被人與其他的非白人一樣看待。

　　要將全國 13,596,000 人（1950 年的估計）完成種族的分類，[327]是一件龐大的工程，不過它使推行種族歧視與種族隔離的政策更加一致，這些種種對於國民，包括華人，在經濟與社會上有深遠的影響。對於華人或在南非的華人後代，有什麼影響？一旦華人被歸為有色人種，那麼華人就得受種族隔離法的約束。新政府開始推行種族隔離法，並且通過了一系列的種族法律，還設立了一個委員會，負責處理種族分類的混淆與爭議案件。

　　華人需要遵守 1950 年所訂的「集團地區法」（Group Areas Act，GAA）的規定。這個法律將國家分成不同的地區，並且把不同的種族分派到不同的地區居住。它強迫國民分區居住。GAA 決定人民應該住在那個地區。這個法律有時迫使人民連根

---

326 Cliffe Dekker Incorporated, 'The Status of South Africans of Chinese Descent', P. 5, www.chineseforum.org.za/Bee%20Docs/Bee20%Review%20Doc.pdf.

327 'South Africa' at www.searchenginecolossus.com/SouthAfrica.html.

拔起，搬遷到別的地方去，它對人民的日常生活，以及他們的生意與工作帶來嚴重的衝擊。根據 GAA 的規定，有 600,000 名的非白人（包括華人）和 40,000 名白人需要搬遷。[328]這個法律是種族隔離政策的根基，因為種族隔離政策需要根據它來制定。由於華人太少，所以在引用這個法律時，缺乏一致性。雖然政府為華人開闢了三個居住地區，但是最後在 1969 年還是將華人納入「許可證」的制度裡。於是政府等於把華人放在一個獨特的制度下，華人可以在三種住區居住或做生意。[329]只要取得執照，華人可以在白人區居住，但是華人還是被人以非白人看待。但是有很多華人被迫從自己家裡遷走，因為根據 1966 年的社區發展條例的規定，有些人必需搬到他們的住區去。由於當地環境難以防守，所以在南非出生的華人，有 60%在 1964-1984 年間，逐漸移民到別的國家去了。[330]

集團地區法在 1984 年有一個對華人非常有利的修訂，它把華人的種族身分做重大的修改。法律不再禁止華人擁有，購買，或住用任何土地或建築物，這些在以前是只有白人才有的特權。不過，倘若一個華人娶了黑的，或有色的，或印度的，或馬來西亞的女人，或與這類的女人同居，那麼這個華人的種族身分就會變成與那個女人一樣的種族身分。基本上，華人已經不再受集團地區法不公平的種族歧視條款的束縛了。

根據 1953 年的隔離設施法（Reservation of Separate Amentities Act of 1953），政府可以為不同種族提供分隔的，和不同等級的方便設施，而許可證的制度也適用在此法的條文上。

---

328 'History of South Africa in the apartheid era', http://en.wikipedia.org/wiki/Apartheid.
329 Karen L. Harris, *The Encyclopedia of the Chinese Overseas*, P. 363.
330 同上，P. 363。

至於是否可以獲准，那就得看白人的臉色了。非白色人種如果沒有執照就不得在白人的住宅區做生意或提供專業服務。不同種族的人民不得使用同樣的公共設施或服務。公共海灘依種族分區使用，最好的區段都預留給白人。公共游泳池，圖書館，公園，以及廁所一律依種族分隔。白人地區裡的戲院和多數的餐館與旅店也都被分隔。不同種族之間的性關係是犯法的。法律禁止異族通婚。根據 1959 年頒布的大學教育補充法（The Extension of University Act of 1959）政府分別為黑人，有色人種，和印度人建蓋大學。華人要憑許可證方可進入大學。1957 年的教會原始法修訂案（The Churches Native Laws Amendment Act of 1957）原本規定黑人不許在白人區的教堂做禮拜，但是沒有被嚴格執行。教會是少數幾個可以讓不同種族的人民共用而不受警察的干預的地方。除了在開普敦地區以外，華人不管在省裡，或是市裡都沒有連鎖生意。

　　官方的種族分類制度為人民的生命釘下了框架，不管人民同意與否，也不管他們是否認同種族隔離政策。種族隔離政策深深的影響著南非人民日常生活。它規定並決定你在各方面的使用權利：住家、婚姻、性關係、就學、工作、公共設施與服務、交通、娛樂、社區生活、以及其他活動。那些非白色人種被人以二等公民看待。由於缺少社交的機會，使得種族之間的距離更加堅固。

　　在 1970 年代末期，由於世界對南非種族隔離政策的譴責，使得南非在國際上變得孤立。在遠東的台灣，也因為越來越多的國家與中國大陸建交，撤離在台灣的大使館而孤立。一個是被世界輕視的國家，一個是被中國大陸認定為叛徒的地區，由於兩者都被孤立的結果，使得南非與台灣成為一對奇怪的夥伴。雙方加強外交，擴大貿易。現實政治與商業利益導致南非政府重新審核

華人在南非的地位，並且做出一些重大的讓步，為華人廢除了某些限制性的法規。但是，在 1980 年時，華人婉拒了南非要讓一名華人成為總統資政的提名。他們寧願低調，不願涉及政府的政治。華人組織了一個國家級的社團，叫南非華人協會，做為他們的喉舌。他們反對政府設法為來自台灣與香港的股實投資者的家庭開闢一個特別地區。華人協會保持中立。當曼得拉（Nelson Mandela）在 1994 年贏得民選成為南非史上首位黑人總統以後，種族隔離政策就結束了。所有與種族隔離政策有關的法規全部都被廢除了。

（四）新的授權

自從種族隔離政策在 1994 年被廢除以後，種族與種族差異的觀念，再次被政治化，而且有了新的思維。社會關係需要重新設計，現行的經濟階級制度需要拆除。種族隔離政策的錯誤需要改正，不公平與種族歧視需要立刻提出。新選出的民主政府採取許多的優惠性差別待遇政策（Affirmative Action），並且通過了一系列有關社會經濟方面的授權法規，例如，the Preferential Procurement Policy Framework Act （2000），the Employment Equity Act 以及 the Broad-Based Black Economic Empowerment （2003）（即 BEE）。這些政策涵蓋了土地分配，工作機會均等，以及健康與教育。

在這新的統治制度下，華人的地位如何？華人是否因為是「歷史上失利」的一群，而可以在改革後的新政策裡得到好處呢？

儘管 1959 年的 46 號宣言（Proclamation 46），把印度人與中國人都列為有色人種的一種，在南非種族隔離政策後期，許多

中國南非人在新的親民政策下並沒有得到完全的福利。雖然在 BEE 裡沒有刻意排除南非的華人，不過由於在 BEE 裡沒有清楚的寫上華人的事實，產生了許多的混淆。在 BEE 法規下，許多公司對於他們能否取得福利抱著不同的立場。例如，有一個商業銀行認定南非的華人屬於「黑人」，而另一個銀行則拒絕這樣做。

在 Cliffe Dekker 的論文《南非華裔後代的地位》（The Status of South Africans of Chinese Descent）中說道：「在南非的華人以及他們的後代，需要遵守團體地區法（Group Areas Act），禁止異族通婚法（Prohibition of Mixed Marriages Act），以及南非共和國憲法在連鎖生意上的限制，和其他從教育到健保等一系列的法規。」[331]華人受到與其他有色人種，包括印度人，同等級的不公平種族歧視。在 1984 年修訂團體地區法以後，華人只是不需要承受在該法律上的歧視而已。南非政府當局只是給華人減輕一些歧視，這是其他有色人種和印度人沒有得到的優惠。不過華人還是繼續受到其他法律所規定用於「有色人種和印度人的不公平的歧視，直到 1990 年代所有的歧視法律通通被廢止以後才停止。」[332]Cliffe Bekker 辯道，在 1984 年以後的南非，華人的地位與有色人種和印度人的地位，只有在團體地區法裡，有些條款不再適用於華人而已。他做了一個這樣的結論，「從 1984-1993 年，適用於南非華人的種族歧視法律跡象看來，要說華人不能與「黑人」，或「歷史上不利的南非人」，或「歷史上不利的個人」同一等級，那是明顯的不公平。」這種做法，根據南非共和國的憲法第九條的規定，都可能是歧視的。[333]

---

331 Cliffe Dekker，前揭書，P. 6。

332 同上，P. 8。

333 同上，P. 9。

Karen L. Harris 也得到同樣的結論。在種族隔離政策下，華人「不夠白」，然而在 1994 年後的政府下，他們又「不夠黑」。[334]在 1904 年的排華條款裡，華人是被歧視的第一個種族，過了九十年後，他們在新的分配制度下，又被排除，而且不公平的被擺在局外。

南非華人協會（The Chinese Association of South Africa）到法院控告政府歧視華人。

2008 年 6 月 28 日，普利托利亞高等法院（Pretoria High Court）做了一個指標性的裁決，判定在南非人的中國人應該屬於「黑人」種族。從此以後，在南非的中國人就可善用黑人的職位或生意。南非的 BEE 法，提供就業機會以及其他經濟優惠給黑人，印度人，和有色人種。不過，種族隔離政策廢除十四年以後，白人薪資還是同職同工的黑人薪資的 450%。

五、留尼旺島（Reunion Island）

（一）人口統計

留尼旺島的人口調查並沒有記載當地人口的族群發源地。這種做法與政府要讓少數族群融入主流社會的政策一致，不過這樣也導致他們完全沒有一個針對某個族群的計劃方案，因此就堵塞了種族整合的問題。

根據 Trolliet 的說法，[335]首批離開南洋的中國苦力，似乎是一群被葡萄牙人運去巴西種植茶葉的工人，不過他強調，苦力買

334 Karen L. Harris, 'Encouraged and Excluded: The Chinese at the Cape a century age', P. 22.
335 P. Trolliet，前揭書，P. 13。

賣取代奴隸買賣是在 1844 年，在印度洋的 l'ile Bourbon 島（今留尼旺島）輸入 69 名苦力才開始的。他們原本是要種桑葚和茶葉。他們是從新加坡登船的，並在 1844 年 7 月抵達留尼旺島。接下來就有苦力輸出到種植甘蔗的海島：古巴（1847），夏威夷（1852），大溪地（1865）。

中國苦力在留尼旺島從事農業和森林業。他們被人以奴隸一般對待，所以他們發動暴亂。殖民政府於是決定在 1846 年停止輸入中國苦力。苦力們在合約期滿後，多數離開留尼旺島。

這次失敗以後，他們又於 1901 年再次嘗試從福建省輸入 808 名中國苦力。種植業的主人幾乎把他們當作奴隸一般。這次嘗試也失敗了。幾乎所有的苦力在 1907 年都回到中國。

有些現代華人是以前這些福建人的後代，[336]不過絕大多數的華人是二十世紀中國自由移民的後代。[337]

雖然苦力是被輸入的，不過其他的華人則是以自由移民身分來到島上的。由於政府在 1862 年通過一項法律，允許外國人在島上工作，因此自由移民得以成行。在十九世紀時，每年從中國南方諸省進入留尼旺島的人不到一千人，可是在 1950 年時，華人已穩定的增加到 4,000 人。不過，在 1946 年，當留尼旺島成為法國的一省時，移民就停止了。而法國本土的移民法規被擴大適用於留尼旺島。當中國共產黨在 1949 年獲得政權以後，也將其邊境封閉，禁止人民外出。少數的中國自願移民也從模里西斯，香港，台灣，印度支那，以及馬達加斯加來到留尼旺島。

---

336 Richard Lee-Tin, 'Hakkas in Reunion Island', P. 3,
　　www.ihakka.net/hakka2003/big5/world/03.doc.
337 Live Yu-sion, 'Illusory identities and cultural "metissage" among the "Sinois" on Reunion Island', P. 2,
　　www.google.co.uk/search?q=hakkas+in+france&hl=en&lr=&start=40&Sa=N.

　　估計在留尼旺島的華人，佔全島人口的 2.5%（Trolliet）到 5%（Richard Lee-Tin），根據《世界概況》（World Factbook）在 2006 年 7 月的估計，以留尼旺島總人口為 787,584 人來推算，那麼華人的數目應該在 20,000 人和 39,000 人之間。[338]

　　留尼旺島的華人是由廣府與客家兩個方言族群所組成的。根據 Lee-Tin[339]的說法，廣府人與客家人一樣多。由於他們經營零售生意，所以華人分散在島上各地。廣府人來得比較早，他們主要住在留尼旺島北邊的幾個城市：Saint-Denis，Le Port，以及 Saint André。有些廣府人也在 1850 年從模里西斯移民到留尼旺島。客家人在 1885-1890 年間直接從中國或模里西斯移民來的留尼旺島。他們絕大多數選擇住在南部：Saint-Pierre，Saint Louis，以及 Le Tampon。廣府人與客家人分居南北兩地，反應著兩族人自從土客械鬥（1854 - 67）以來，仍然存在著敵意。

　　正如在模里西斯與其他地區的華人一樣，在留尼旺島的第一代華人絕大多數是男性。幾年後等到他們存夠旅費以後，才把太太接去團聚。首位中國女人是在 1864 年抵達留尼旺島的。

（二）職　業

　　華人起初當店東經營雜貨生意，不久他們就壟斷了當地的零售業。白色克里奧爾人發覺華人威脅到他們的生意，於是在十九世紀末期，發起抗議華人的運動，說華人是一種黃禍。這種種族抗爭一直持續到第一次世界大戰。二戰後，留尼旺島成為法國的一省。它從法國得到大量的資金。（從 1950 年的 7,500,000 法郎到 1964 年的 325,000,000 法郎。）這個意外收穫使華人生意受益

338　www.cia.gov/cia/publications/factbook/geos/re.html.
339　Lee-Tin，前揭書，P. 3。

匪淺，華人繼續擴張生意。在 1970 年代，由於都市人口增加，華人很快的搶到商機，將街角的雜貨店改為小型市場或超級市場。在 1980 年代，華人在零售業與批發業上都佔優勢。華人的商業活動種類繁多。我們不能再說華人在全島都是經營雜貨生意，他們已經把生意分散到五金行，照相館，麵包店，餐館，加油站，和旅館等。在 1990 年代的富有白種克里奧爾人，忽視了華人的實力，使他們的小型市場及超級市場，由於經不住巨型大超市的猛攻而受到嚴重的打擊。不過，第二代的華人，因為受過良好的教育，具有大學文憑或專業資格，他們不願再經營雜貨生意，而轉去政府機構任職，或從事如會計師，建築師，牙醫，和醫師之類的自由專業服務。自由的專業享有特殊的名望，可以得到社會的認同以及地位的升遷。高等教育是成功的要素，華人父母在他們子女教育上大量投資。成功並非不需代價。他們的子女放棄了祖宗的方言，接納法語，藉以接受更高的教育或專業訓練。

（三）種族整合與身分

　　對許多觀察家來說，在留尼旺島的華人，可以說很成功的融入了留尼旺島的主流社會。當地華人自認是法國人也是留尼旺島人。這就是 Trolliet 所說的：「相反的，在留尼旺島出生的法國華人後裔，有一個很好的種族整合現象，他們已經有自己選出的國會議員。」[340]

　　Richard Lee-Tin 是以留尼旺島的華人具有法國國籍的事實，來認定華人已經完全融入留尼旺島的主流社會。當社會黨於 1981 年取得執政權時，在留尼旺島久居的華人獲得了法國國

340　P. Trolliet，前揭書，P. 62。

籍。他們在留尼旺島出生的子女也成為法國公民。成為法國公民之後，他們就認為自己與當地人一樣，並且不僅參與社會經濟的活動，同時也加入了當地的政治生涯。客家人從 1960 年代後期就開始從事政治活動。一個右翼黨派份子，名叫 Wu-Ti-Yien，他是從 1967-1971 年在 Saint-Pierre 市的議員，Ary-Yee-Chong-Chi-Kan 是留尼旺島共產黨的激進份子，1986 年時，André Thien-Ah-Koon 是首位被選為留尼旺島代表的客家人。[341]

　　要是與歐洲法國本土的黑人和阿拉伯人相比，那麼留尼旺島華人的同化，在政治，經濟，以及社會方面，相對要成功得多，而在法國本土裡的住家，政治，以及媒體，仍舊存著種族的隔閡。運動和音樂則是兩個例外。在 2006 年時，法國隊的 23 名隊員裡，有 17 名是少數民族。有些評論家說，只有在運動方面允許少數民族成功的國家，就是種族歧視。

　　當法國在 1998 年贏得世界盃足球冠軍時，人們說法國的國家足球隊是種族整合成功的模範。其他的人則辯說那是一個幻覺，而且強調人民可能覺得只有在世界盃足球賽時團結，而在四年其餘時間裡，沒有一個人是團結的。樂觀人士認為法國是團結的，種族歧視已經消失了。但是四年後，（極右派的）讓.瑪麗.勒龐（Jean-Marie Le Pen）在競選總統時贏得第二會合的投票。這個事實強調了「黑人，白人，和阿拉伯人」的團結的短暫與無常。少數民族的年輕人在 2005 年發起激烈暴動，抗議在職場上以及在法國本土住家的種族歧視，使我們確認種族的整合與團結尚未成功。根據非正式的估計，雖然在全國 61,000,000 的人口裡，有 10%是阿拉伯人或非洲人的後裔，但是在國會裡，他們

---

341 R. Lee-Tin，前揭書，P. 7-8。

卻沒有足夠的代表。在法國議會裡的 577 名議員中只有 11 名是少
數民族的代表。[342]在 2009 年 1 月 17 日時，全國 173 名外交官裡
沒有一位是黑人。在主要的大公司裡，會議室裡都是由白人做決
定。法國的媒體和商業，仍然維持著是白人佔絕對優勢的局面。

　　雖然 1998 年的法國世界盃代表隊是用「黑，白，阿」做號
召，人民在 2006 年的世界盃比賽時就更加小心了。他們不再強
調國家代表隊的族群結構。他們了解法國的足球隊並沒有反應法
國社會的情況。種族的整合不能只靠足球隊。種族歧視的事件在
近幾年有所減少，但是並沒有從法國的體育館裡消失。種族衝突
事件擴散到歐洲的其他國家，尤其是西班牙，義大利，和德國。
西班牙的國家教練 Luis Aragones，由於對 Thierry Henry 下了帶
有種族色彩的批評，而被罰了 3,000 歐元，相當於他一天的薪
資。許多的足球粉絲認為罰這麼多錢是荒謬的。後來教練說，他
只是想要刺激西班牙的球員 Jose Rayes 而已，並沒有要冒犯
Thierry Henry 的意思。教練 Aragones 後來向 Henry 公開道歉，
但是沒有私下道歉。西班牙的粉絲在法國與西班牙 6 月 27 日的對
抗賽（法國以 3：1 勝西班牙）之前，就開始學教練反覆的喊叫。

　　法國政府不認同族群這件事，他們維持國家身分超過族群身
分的政策。蒐集族群相關的資訊是違法的。法國沒有關於人口的
族群組成資料，也沒有專門針對某個族群的計劃方案。政府不准
對弱勢族群有特別的優惠。法國人期盼種族整合可以用自由放任
的政策完成。在法國本土的郊區於 2005 年所發生的暴動，顯示
黑人與阿拉伯人兩族群的整合是失敗的。

　　法國式的種族整合是單向的，所有的移民必需放棄他們自己

342　John Ward Anderson, Washington Post Foreign Service, 7th July, 2006, P. 1,
　　www.wahsingtonpost.com/wp-dyn/content/article/2006/07/06.

的根源，融入法國的文化與價值。這種方式是由於優勢族群深信移民必需吸收他們上等的文化與價值。這種制度嚴謹而帶有壓迫性。例如，禁止穆斯林女孩在學校帶頭巾，而把這個議題變成她對國家是否忠誠，就被評論家認為是壓迫性的。法國制度與英國制度有明顯的差異，英國採取雙向整合政策，讓移民有些彈性與空間去適應英國社會，而英國也吸收一些移民的文化與價值。這是一種務實的做法。[343]法國推行一種由上而下的國家身分，人人都必需遵行。英國制度有他們的短處，因為它鼓勵可能產生貧民窟和種族隔離主義者的社會。2005 年 7 月的倫敦運輸系統爆炸事件，導致 52 名通車族死亡，並且在 2006 年逮捕了大約 24 名（主要是英國出生的穆斯林人。）的嫌疑犯，他們企圖在英國與美國之間發動一系列的飛機攻擊，這件事也揭示英國的種族整合制度也是失敗的。法國政治家所面臨的困難是如何在他們的整合制度與多元文化政策之間取得平衡。

在留尼旺島的華人，靠著大家犧牲他們個人的祖先身分，文化，與價值，成功的融入主流社會。究竟他們失去了多少華人身分，那就因人而異。在留尼旺島的客家人分為兩種：純客家人與在留尼旺島出生的客家人（RBHs）（包括純客家父母，與混種的客家父母的後代。）第一種客家人是剛從中國或其他地方移民來的，他們都講客家話。那些在客語學校求學的 RBHs 會說客語，而大多數在全用法語教學的學校求學的 RBHs 則不會。第一代的客家移民不會懷疑自己的族群身分，但是，根據 Live Yu-Sion 的說法，那些 RBHs，不論他們是否會說客語，他們的特性

343　Trevor Phillips, 'The French could borrow a bit of our pragmatism', Le Monde, 11th November, 2005,
　　www.lemonde.fr/web/article/0.1-0@2-706693,36-709200@51-704172.0.html.

是認為自己屬於華人社群。[344]這種屬於華人社群的意識表示種族的整合還沒完全做到。混婚族的後代已經完全忘了他們祖先的方言與文化，對他們而言，華人身分的問題是沒有意義的。

因此身分的問題只是與 RBHs 有關而已。由於他們在新的環境裡出生長大，自然就會受到他們所接觸的周圍人們所影響，而且他們也承受著政府政策的壓力。他們有些天生的基本特性。其中有些是無法擦掉的，例如身體的特徵，尤其是單眼皮。有些特性如果不去培植或維固就會消失。語言是不能遺傳的，它需要從小到大不斷的學習。如果不學習也不練習，那麼它就會很快的被忘記，而被其他的語言所取代。因此對於孩子的語言問題，父母要負大部份的責任。RBHs 他們可以毫不費盡的在與非客家的鄰居小孩廝混或遊戲時，和在幼稚園，以及學校學到新的語言。由於父母任其發展或不關心孩子文化遺產的態度，使孩子的語言失去得更快，更強。克里奧爾語因此取代了客語，成為他們日常使用的語言。子女與父母之間到溝通也靠這種新語言。華人的「會館」，已經不再肩負傳承和維固中國文化與身分的重要責任。法國政府當局決定強迫華語學校開設華語和法語的課程，是要掐死中國文化與身分的第一步。中國文化與身分的命運，在二戰以後，當留尼旺島成為法國的一個省時，便已被確定，而且孩子也被迫上法語學校。在 1963 年，當 Michael Debréb 被選為留尼旺島的代理人時，更加強化族群融入法語社會的政策。中國在 1949 被共產黨統治以後，情況變得更糟，華人與祖先的故鄉和文化的聯繫被切斷了。旅居變成了定居。華人的子女必需上法語學校，這是很強的同化政策。

---

344 Liv Yu-Sion，前揭書，P. 3。

　　自從 1960 年代以來的三十年間，RBHs 一直被政府無情的同化政策所衝擊。他們已經放棄了他們祖先的方言，在日常生活中使用克里奧爾語和法語。他們已經無法使用客語和父母溝通。混婚族子女的情況很糟糕。他們完全不懂客家方言，而且失去了像客家的傳統、習慣、信仰、文化價值、和身分之類的東西。

　　靠語言的轉移來同化（少數族群）的政策產生了一種預想不到的反彈。那些去法國本部求學的 RBHs，當他們遇到來自其他國家的中國學生以及東亞的學生時，在交談中被問到自己的根源與身分時，就會感到尷尬。等他們學成回到留尼旺島後，就開始重新檢視自己在中國人特性與身分方面的觀點。他們於是痛苦的認識到，在放棄了自己祖先的方言與文化，去接受法國的語言和文化之後，他們並沒有完全變成法國人。一個人的身分，並非個人自己的認知而已，還必需得到他人的接受。對非留尼旺島中國學生和東亞學生而言，RBHs 不講華語，也絲毫沒有中國文化的背景，是一種奇怪的種族類別。因此 RBHs 強烈的表示要拾回自己已經失去的（文化遺產）。

　　在留尼旺島，他們自認自己是華人或華人的後裔，所有島上的人也這樣認為，但是他們不懂中國語言也沒有中國文化。他們日常所使用的語言是克里奧爾語，可是他們並不覺得自己是克里奧爾人或法國人，而且他們很少參加克里奧爾人或法國人的文化活動。[345]

　　當 François Mitterrand 在 1981 年 8 月被選為總統後，他的地方分權政策讓 RBHs 想再度華化的意願獲得強烈的激勵。政府鼓勵各個少數族群去發展自己的身分與文化。到法國本土留學回國

---

[345] 同上，P. 5。

的 RBHs 也設法從慶祝中國節日，如關帝君聖誕，以及農曆新年裡找回自己的根。不過有很多與身分有關的元素，包括語言，中國傳統，學校機構，以及彰顯文化的電影和音樂，都已經被切斷了。他們已經失去了屬於客家族群的意識，還有客家人的價值，文化遺產，往昔的歷史，和族群團。他們的努力，插曲多過持恆。Live Yu-Sion 的結論是，他們的嘗試「並沒有正面的結果。」[346]

　　從另一方面看，老一輩的客家人也關心身分問題和中國文化，並且設法至少阻止客家身分與文化的繼續消失。自從 1980 年代以後，他們設法宣揚並保衛華人的身分，但不是客家身分。過去的首要任務是種族整合與經濟發展。現在的客家人希望透過他們的會館設法讓他們的年輕一代「找回自尊，並且對自己的文化與根源自豪。」華人社群的激進分子與領導人，都明白華人族群的凝聚力與存亡，已經受到種族同化和異族通婚一系列挑戰的威脅。[347]島上僅存的幾個華人協會設立了一些方案，去強化那些在留尼旺島出生的年輕華人屬於華人的感覺。華人協會開設華語課程，但是反應並不熱烈。[348]傳統的客家會館已經失去他們在保護與維持客家身分與文化的角色。法華文化援助慈善協會（the Franco - Chinese Cultural Assistance and Charity Association, ACAB）和它的幾個會員，現在已經沒有什麼用處了。[349]比較重要的客家協會，中華關帝協會，有 300 名會員，但是他們的功能有限。兩個協會的功能只是在籌辦一些祭典方面的事宜。　關帝

---

346 同上，P. 6。
347 R. Lee-Tin，前揭書，P. 13。
348 同上，P. 9。
349 同上，P. 11。

協會也負責籌辦其他中國節日的慶祝活動。Lee-Tive 所獲得的結論是，客家文化留下很少。「從文化與歷史的眼光來看，很多客家人並沒有深切的感覺自己是客家人。與世界其他地區情形相反的是，在留尼旺島上，看不到一個有組織的運動來敲醒客家人的良心意識。客家人良心意識的恢復，應該是當代與今後客家人的挑戰。」[350]

　　留尼旺島華人後裔的身分，可以從兩方面來看。我們可以把他們看成留尼旺島人，他們具有混種的身分與文化，其中混入了各個族群的元素，但是主要的是法國與克里奧爾的文化與價值。我們也可以把他們看成受了當地社群影響了的華人。這種族群才開始成形，並且還在建造中。因為留尼旺島只是一個小島，這種新身分的形成，在世界舞台上將會微不足道，尤其是今天中國大陸的文化將會越來越重要。將華人融入克里奧爾文化正是保守派所反對的，因為他們「認為克里奧爾文化，無法與深厚而古老的中國文化相比擬，因此，對他們而言，混種其實是身分和價值的一種損失。」[351]

350　同上，P. 15。
351　Live Yu-Sion，前揭書，P. 8。

第三部份
當代模里西斯的客家人

第五章　移民與店東

第一節　引　言

　　客家人在當代的模里西斯至少住了四代以上。第一代
（1G）的客家人出生在中國，來自廣東梅縣和附近的村莊。例
如陳氏家族源自陳坑（陳氏山谷）。他們在進入二十世紀交接時
或更晚一些來到模里西斯，現在已經是歸化了的模里西斯公民。
他們在模里西斯出生的子女，受到「國籍依土」的法律之賜，順
理成章的成為模里西斯的公民。人們稱這些人為第二代（2G）
客家人。接下來的是第三代（3G）和第四代（4G）。我們把討
論的焦點放在這四代的客家人身上。這並不代表在模里西斯沒有
比他們更老的客家人家庭。有些客家人在十九世紀就來到模里西
斯，這些早期移民最晚的子孫可能屬於第五代或第六代了。根據
1972 年的人口調查，華人的人口有 24,084 人。他們絕大多數是
客家人。往後的幾次人口調查（1983, 1990 和 2000），並沒有把
各族群的人口分開。根據 2000 年房屋與人口調查的第二次報告
的 D10 表，有 22,715 名的模里西斯人，他們祖先的語言是中國
方言。佔了全國總人口（1,178,848）的 1.9%。

　　根據男修道院院長吳保羅（Paul Wu）的資料（L'Express，
2002 年 3 月 17 日），在模里西斯的客家人有 90%是基督徒。他

們絕大多數是天主教徒。在 1952 年的人口調查顯示天主教徒有 7,974 人,而其他各派的新教徒一共只有 554 人(見下表 5.1)。有 93.5% 的華人基督徒是天主教徒。

表 5.1:華人基督徒(1952)

宗教	男	女	總共
天主教會(Catholic Church)	4,233	3,741	7,974
英格蘭教會(Church of England)	252	187	439
蘇格蘭教會(Church of Scotland)	5	2	7
基督教長老會(Presbyterian Church)	4	1	5
循道教會(Methodist Church)	1	1	2
耶穌再生教會(7th Day Adventist)	49	40	89
基督教派(Christian Denominations)	9	3	12

資料來源:Monique Dinan,Mauritius in the Making, p.62.

　　2000 年的人口調查顯示有 8,151 名華人(包括住在 Rodrigues 外島的兩名華人)信仰中國宗教。它佔了華人總人口的 35.9%。這個數目與吳保羅院長的說法有所不同。這個差異是因為有很多人申報一個以上的宗教信仰。

　　因為在模里西斯的華人社群裡,絕大多數人講客家話,所以華人以客家話做為他們的通用語言。根據 2000 年的人口調查,廣東少數族群的人口只佔 22,715 名華人的 1.5%。這些少數廣東人已經學會了客家話,或者具備了使用客語的溝通能力。在路易斯港(Port Louis)的一些廣東商店服務人員,因為需要依賴客家人維持生計,所以他們已經學會了他們主要客人的語言。許多異族通婚所生的子女也學會說客家話。

　　1944 年的人口調查顯示,在 10,882 名的華人總人口當中,有 9,931 人(約佔 91%)說中國方言(客家話或廣府話)。不到

十年光景，這個比例就下降到 71%。根據 1952 年的人口調查顯示，在華人總人口 17,849 人當中，只有 12,791 人（約佔 71%）會說客家話或廣府話。（見下表 5.2）。這個比例還會繼續下滑更多。大多數的第三代與第四代華人都不會說客家話，而且即使他們懂一點客家話，他們對客家方言的了解也很少。

表 5.2：語言的使用

人口調查	華人總人口	使用中國語言	比例（%）
1944	10,882	9,931	91
1952	17,849	12,791	71
2000	22,715	8,433	38

資料來源：Monique Dinan, Mauritius in the Making, p.62, and 2000 Housing and Population Census（Second Report - Table D10）.

第二節　近代歷史

從 1911-1972 年間的七次人口調查裡，顯示男性的華人移民一直持續到 1952 年，而女性的華人移民則一直持續到 1962 年。移民絕大多數是男性。男性移民在二戰期間中斷。後來在 1952 年緩慢的增加了 224 名男性移民，並且在 1952 年以後終止。女性移民即使在二戰期間都一直持續到 1962 年。見下表 5.3。

表 5.3：華人人口 （1911-1972）

年份	男性移民 生於模里西斯	男性移民 生於中國和香港	女性移民 生於模里西斯	女性移民 生於中國和香港
1911	266	3,047	221	134
1921	1,116	4,117	1,074	438
1931	1,835	4,508	1,511	1,069
1944	3,096	3,712	2,893	1,181
1952	6,485	3,936	6,038	1,391
1962	9,154	3,500	8,987	1,417
1972	10,077	2,772	9,968	1,267

資料來源：H. Ly-Tio-Fan Pineo: Chinese Diaspora in Western Indian Ocean, p.114.

　　華人在 1960 年代向外移民的主要原因是對模里西斯獨立的恐懼。沒有官方的資料記載究竟有多少華人移民離開模里西斯。從一些家庭和移民公司的趣聞軼事裡，我們知道華人移民去西方國家和澳洲是一直在持續著的現象。最常聽到的理由是父母決定為子女的前途，和尋求能夠提供較優教育的國家而移民。華人的人口在 1911 年以前不曾超過 4,000 人。下表 5.4 顯示自 1861 年以後的人口調查所得的華人人口。

表 5.4：華人人口 （1861-1972）

人口調查年份	總人口	華人	%
1861	310,050	1,552	0.5
1871	316,042	2,287	0.7
1881	359,874	3,558	1.0
1891	370,588	3,151	0.9
1901	371,023	3,515	0.9
1911	368,791	3,662	1.0
1921	376,485	6,745	1.8
1931	393,238	8,923	2.7
1944	419,185	10,882	2.6
1952	501,415	17,850	3.5
1962	681,619	23,058	3.4
1972	850,968	24,084	2.8

資料來源：Monique Dinan, op. cit., pp. 43, 61, 63, 69, and 75.

一、過番 ── 移民

（譯註：過番，客語，意即去番人所住的地方，去外國之意。）

二十世紀的客家移民屬於自願移民，他們沒有經歷到像十九世紀的苦力那麼多的創傷和痛苦。客家社群的第一代移民先鋒，很驕傲的告訴人說，他們離開中國時，他們身上的褲頭帶（客語，褲帶之意。）就是他們在世間的唯一財產。雖然是誇大之詞，但是他們在離開中國嘉應州（今廣東梅縣）時很窮則是事實。那麼，究竟是什麼原因驅策他們移民去模里西斯呢？

推動客家人向外移民的因素是貧窮、戰爭、內亂、洪水、乾旱、和飢荒等災難。雖然這些推動因素同樣影響著所有的中國人，然而，大部份的移民是來自中國南方諸省。說華語的北方人則很少。正如其他南方人一樣，客家人一定有更強的移民動機，而且他們也被北方人所缺乏的冒險精神，以及他們願意準備承擔風險的精神所驅動。

客家人要在模里西斯或其他地方，尋找一個更新和更蒼翠繁茂，但不一定是更綠的放牧場。想要移民去模里西斯，最重要的條件是有一個先前移民去的親戚或宗族成員，因為在多數情形下，他們的移民需要靠親戚或宗族人士保證，當他們抵達模里西斯時，吃、住、和工作才會有著落。很多時候，甚至旅費也由雇主用工資預支。他們的歷史是一個連鎖的移民史，迄今仍未停止。由於多數去模里西斯的新移民到後來都在店舖裡工作，我們需要探討的問題是：他們是否有特殊的技能或以前的經商經驗？他們是否有商人的文化？

　　要了解客家人的經商經驗和商人文化，我們必需去檢驗中國社會的傳統觀念，尤其是在傳統中國社會裡的商人階級。在傳統的中國社會階級裡，商人是被擺在士、農、工、和商四個階層的最低一級，低於學者、農人、和工匠。

　　不過為了保證社會的安定並且能維持現狀，這個階級制度設置了一個安全的活門。有錢的商人可以用買學位的方式，提高自己的社會地位，加入紳士名流的生活圈。這些商人從來沒想要改變社會的秩序，並且以能進入文人圈子而自滿。這種社會上的進階是他們人生的最後目標。商人認為這是他們畢生冒險從商的最高成就。他們也可以透過科舉制度達到同樣的目標。由於準備官方考試需要時間和金錢，殷實的商人有錢為他的小孩找到最好的家庭教師補習功課。最後，商人可以利用他們的龐大財富模仿文人的生活方式，但是商人沒有真正的士大夫階級。在這種為士不貲的階級社會裡，客家人經歷了如何的演變呢？

　　在回答這個問題之前，讓我們簡單的看看中國市場上由來已久的金錢與市場的關係。銅板，早期被稱為鏟鍬錢或刀子錢，在西元前 1200 年就被用來做小額買賣之用。而紙錢則是在西元前806 年左右被推出使用。宋朝（960-1279）在 1203 年第一次發行真正的紙幣。市場關係和金錢的使用意味著某種程度的商業經驗和經濟複雜性，它已經超過了簡單的易貨貿易。而唐提式的養老金法（譯註：即台灣所謂的「會」。）也教了中國人一種十分重要的技能。因此，雖然多數想去海外尋寶的華人移民是來自中國東南貧窮的鄉下農村家庭，但是他們已經長期在金錢市場制度下薰陶過，有能力處理商業上複雜的金錢與人事問題，所以他們已

經具備了足夠的條件，去善用新到國家的商業機會。[1]

客家人早在十六世紀時就已經從他們的經濟活動裡學到了經商技能和商人文化。他們之中有採礦工人，切石工人，鐵匠，錫匠，燒木炭工人，伐木工人，造紙工人，也有農夫，他們的最後目的是要給市場提供生產品。[2]他們就是這樣獲取經商的經驗。他們學到如何製造和銷售，如何把產品運到最近的市場，以及如何為生存而變得更有競爭力，而且客家婦女也一樣被訓練成為優良的商人。

由於客家婦女積極參與所有的農活，所以她們的男人可以去平地的市場城鎮做非農業的事情。客家婦女把他們的生產品帶去市場販賣，用賺得的錢去買她們需要的東西。她們也因此學到了商人的技能。綜合所有的這些因素，使得客家人比其他非客家人的生產者更佔上風。客家男人與女人都有商人文化。客家婦女的勞力很有創意。客家人必需去適應他們的新環境才能有競爭力。客家男人把他們的女人當作在生產和生意上平等的工作夥伴。當其他方言族群的男人仍然把他們的女人纏足，當作性奴，男女受授不親的時候，客家人卻提高了他們女人的地位。客家人深信在性別上人人平等的性格是革命性的，而且在當時是非常先進的。

某些儒家的價值觀加強了客家人的經商經驗。這些儒家價值不只是針對商人一族的人。所有的中國人都可以分享這些儒家價值。例如，我們的家庭制度，它是儒家社會的棟樑，也是所有中國人都保持的中心價值。另一個例子是一組中國各個階層都認定的中心價值，這些價值包括節儉，勤勞，忠貞，和誠實。要想在

---

1 K.S. Jomo and Brian C. Folk, ed., *Chinese Capitalism in Southeast Asia*, Oxford: Routledge Curzon, 2003, P. 13.

2 Sow-Theng Leong，前揭書，P. 8。

農業社會裡維持社會秩序，就必需要有這些儒家價值。士農工商各個階層的人都會覺得它們很有價值而且很有用。它們享有保存正統農業社會的共同文化。商人階級之所以和其它階級分離，尤其是他們遠離士大夫階級，是因為商人經商的中心目的是營利和冒險。士大夫階級不認同這種價值觀。他們認為營利是不道德的，而冒險對家庭是危險的。他們從來沒有學著去取用或欣賞這類價值。對他們而言，為國王盡忠對維持秩序非常重要。我們對客家農夫，工匠，和商人，一視同仁。因為一個家庭中的成員們有可能同時是農夫，工匠，和商人，顯然的，這些階級之間的範界就變模糊了。於是孟子那種君與民兩梯次的社會結構會更適合描述客家人的情形。

客家人把他們的海外移民叫做「過番」。自從二十世紀的下半世紀以後，客家人從他們在海外定居的第一站，東南亞，印度洋島嶼，和其它地方，可能又再移民去歐洲，澳洲，和北美洲。第一代的移民很幸運，在他們艱難的移民路上，可以遇上兩個重要人物：老客（即老移民）和水客（即招募人員）。

二、老客 — 老居民

在東南亞國家和模里西斯，第一代的華人移民被稱為「老客」（意指老居民），而後續的華人移民，則比照老客的稱號而被稱為「新客」（意指新到的人）。任何一個新移民都叫新客。

不論客家人有多麼勇敢和富於冒險，如果沒有家庭的支持，我們實在懷疑他怎麼能夠完成那麼艱難危險的旅行，因為把父母留在故鄉村莊是一種不孝的行為。由於這些新移民身無分文，他們必需把妻兒子女先留在家鄉，等以後再團聚。要不是有先去移

民國家，並且已經安定發達了的親戚，宗族，或同鄉，以雇主的身分幫助他們，他們的美夢是不可能達成的。當老客要擴張生意的時候，他們需要增添人手。老客先替他請的雇員預支工資，做為旅費（盤錢）。這種做法完全靠彼此的信任，新雇員知道以後他需要把盤錢償還給他的雇主。雇主選擇聘用鄉下同胞，而不用當地人，主要是因為除了血緣或宗親關係以外，他們彼此之間有共同的文化價值觀。在具有風險的生意上，雇主必需確信他所雇用的人是可以絕對信任的。彼此共享的價值觀可以提供這種保證。

　　這種任用族人的生意策略，到目前為止還沒有導致像在印尼與馬來西亞那樣的暴亂。在過去偶爾發生過當地人控訴華人族群，只雇用非華人從事一些像打掃或搬扛笨重的米或麵粉之類的骯髒或低薪工作。華人的家庭生意一直被形容為是一個堡壘，非華人的外者是進不去的。只要當地的失業率保持在合理的範圍內，情況應該不會失控。由於第一代店主的凋零，年輕一代的企業家在生意和管理上採用西方模式和價值觀擴展事業。他們採用合理的法定組織，來取代他們父母的非正式制度。在較大的華人企業裡，他們的員工來自不同的族群和背景。不過，這裡有一個明顯的例外。也許是因為所牽涉到的是一些不需要技術的工作，不過在餐館裡，儘管他們是由華人經營管理，不過男女服務員都是一成不變的非華人。只要能夠找到無需技術的廉價勞工，餐飲業的情形不太可能有所改變。

三、水客 ── 招募人員

　　除了老居民之外，另一個幫助新移民踏入新國家第一步的重要人物是水客（招聘人員）。水客有時可能代替當地需要人手的店

東招募員工，不過大多數的時候，他們只是一個專業的輔導員。一個只會說客語的新移民，不可能來到模里西斯。水客便是他的及時救星。他是一個諳悉內情規則，物流運籌，和作業流程的老手。基於他的專業需要，他得在中國和模里西斯之間穿梭。他要一路陪伴新雇員來到模里西斯島，幫他處理所有入境的正式手續。

四、智慧的教師

新雇員要不是在周圍有他的親人或宗族成員保護著，他一定會覺得離開妻兒的新生活是不可忍受的。他在中國鄉村的學校裡，曾經從他的老師那裡學到如何使自己變得堅忍和如何克服困難。《幼學》和《增廣》兩本書記載著這些名言。[3]前者的名言深深的根植在中國古代的英雄事蹟裡，不論學者或文盲都常常使用它們。後者在二十世紀的前面幾十年裡一直被鄉間的學校用來當教科書。正如《聖經》裡的《名言錄》，老師用它來教導客家村莊的年輕人，讓他們認識社群的價值。這些價值形成並且雕塑了客家人的特性和人格。他們從不會忘記這些在早期學到的教訓，而且在新環境裡給了他們很大的幫助。

第三節　族群標籤

新到的雇員因為還沒學好克里奧爾語，所以不能馬上到店舖

---

3 Ch. Rey, Dictionnaire Chinois-Francais, p. xxxvii. See the Chinese text and Hakka pronunciation by Dylan W. H. Sung at
http://www.sungwh.freeserve.co.uk/hagka/sengong.htm.

開始工作。他只能被叫去做些不需與客人接觸的日常雜務。很多的新雇員開始時都在廚房打雜。

在新雇員學會克里奧爾語之前，他已經被老闆送到最不易適應的環境裡。由於他只能遲疑的說些帶中國口音的克里奧爾語，他在這個剛收養他的家庭裡，第一次聽到帶有種族歧視的輕蔑之語和標籤。他被稱為 "Makaya"，源自客語的 "mac ke ya"（客語，意即什麼。）偶爾他也被稱為 "Chinois Makao"（意即澳門的中國人），儘管他不是來自澳門，也不是廣府人。甚至有許多華人朋友的非華人，也不知道客家話和廣府話有什麼差別。

他從其他的店舖助手裏蒐集到他們也經常被貼上的標籤，例如，"Longai"（意指長腿的傢伙）、"Ledent Lor"（意指金牙齒）和 "Gros piti"（意指肥佬）等等。店員不得不接受這種帶有種族歧視的言辭。他們必需在工作和綽號中間做一個選擇。他們竭力克制自己,而且成功地應付過去。這種不友善的關係促使他們維持族群差異，並且加強客家身分。有些第一代客家人的子女或孫子女已經不在乎自己被貼上這些標籤，這點可以從當地報紙上的訃聞裡得到印證。在 2002 年 11 月的當地日報上登了一則訃文，在死者的中文名字旁邊印著 "Le Dent L'Or"（意指金牙齒）的字樣。新雇員也在許多場合裡聽到有名的諷刺文句：

"La Chine bon pays, ene dimoune travaille tout dimoune manger."（意思是：中國是一個美好的國家，在那裡，一個人工作就可以養活一家人。）他仍舊會常常聽到這種笑罵之辭："Alle plane petards en Chine."（意思是：回去中國種爆竹吧。）他覺得被人侮辱，而且深深的被傷害。他繼續坦然自若的工作著，強化華人不可思議的刻板形象。他知道客人永遠是對的道理。他得罪不起任何一位客人。

　　種族歧視的標籤是否不再出現了呢？相信每一個人都可以回顧一下自己的經驗。最常見到的老套是當所有的華人聚在一起當店員的時候。當你在市內的市場裡搬動水果或蔬菜和殺價時，就可以在那裡看到這樣的情況。我們以為因為學生會比較聰明先進，心胸開朗，而寄望在我們的第三級學校（指大學或專科學校）裡，聽不到種族歧視的話語，但是從最後一年的中國模里西斯學生，在 2010 年的個別訪問所提供給作者的資訊得知，類似 "Ching Chong" 之類的種族歧視語言，以及語帶笑罵，愚弄，和模仿華語音調的污辱之詞，目前仍舊在校園存在著。

　　為了反制歐洲人在十九世紀中期，透過租地，割地，以及開放港口通商的方式瓜分中國，中國人開始給歐洲人貼上標籤。西方人最惡劣的罪行就是販賣鴉片給中國。有些標籤在被第一代的模里西斯客家人用來笑罵他人之前很久，就已經在中國流通了。客家人把非客家人當作外人，這點可以在對他所使用的詞語表現出來。說客語的人常把外人稱作「番鬼」。「番」指外國人或非中國人，「鬼」指壞人。他們也會把「鬼」附加在一個非中國族群名字的後面，例如，"Ma Pa Koui"（馬巴鬼，指印度人），"T'ou Koui"（土鬼，指克里奧爾人）。前者取自 "Malabar" 一字，而後者取自當地或本地之意。客語的 "koui" 有「鬼」或「壞人」的意思。它常被用來與「外人」連在一起，例如土匪等。在比較斯文的交談中，他們會使用一個中性的字詞 "fan gnin"（番人）而不用 "fan koui"（番鬼）。模里西斯的客家人與加爾各達的客家人一樣，[4]當提到他們自己時，使用 "gnin"（人）。客家人自稱 "T'ong gnin"（唐人）。（意指

---

4 Ellen Oxfeld, *Guest People*, P. 161.

具有唐文化的人。）"T'ong gnin kiai"（唐人街）意指唐人所住的街道。"tchon T'ong san"（轉唐山，意指回中國。）

「山」字的使用很有趣。當客家人回到中國南部時，就會喚起他們故鄉多山的重要特色。因為肥沃的山谷已經被他人佔領，客家人只能在貧瘠的高山上求生活。他們故鄉的特色已經傳入他們的話語裡。模里西斯的客家人仍舊會用"ha feou"（下埠，意指去城裡。）和"chong san tang"（轉山頂，回去山上，回家之意。）並不是真的有「山」要「下去」才可到達城裡，或「上去」才能回到村莊。語言上的痕跡確認了客家人所居住的心臟地區的地形。

當提到客家人的子族群時，子族群人的出生地就被用來代表他們的身分，例如，「豐順人」，「大埔人」，和「興寧人」等。至於混婚所生的子女，克里奧爾華人，客家人稱他們為"Pan Nao Che"（「半腦屎」，字義是「半個腦袋」的「大便」。）這個標籤出現在 Ch. Rey 的中法字典 "Dictionnaire Chinois-Francais" 裡，意思是混婚所生的子女。但是沒帶那麼重的種族歧視味道。（法文為"metis"。）這個字詞在 1926 年才被列入字典裡，意味著梅縣人在二十世紀早期的幾十年裡使用著它。客家子族群之間彼此用"lao"（佬，意指同胞。）來代表廣東人。「佬」有粗魯的味道，但是沒有「鬼」來得討厭。它可以和美國人用"hillbilly"來形容一個似乎沒有受過教育或是沒有文化的人相比擬。客家人稱廣府人為「廣府佬」。相對於廣府人使用犬字部首的「犵人」輕蔑標籤來稱客家人，「廣府佬」幾乎是一個中性的字眼。客家人也用「福佬」來稱呼閩南人，意指來自福建的人。有更多的人稱閩南人為「潮州人」。客家人也稱他們為「潮州哥」。「阿哥」或「哥哥」是弟弟對自己兄長的稱

呼。在 Vacoas 市場裡賣蔬菜的人有時也用「阿哥」稱呼他的中國客人，不過音調不同，他們用第四聲，而不是用第一聲。有些客家婦女調皮的稱呼她的丈夫為「老伙」。（意指老東西。）當你想到多數客家人的背景時，這也就不奇怪了。使用「老伙」，我們看不出有什麼輕蔑或負面的味道。她們有時也用「老傢伙」一詞。（意指老的破東西。）

「老」和「鬼」合在一起使用，變成「老鬼」，是一種輕蔑之語，代表任何族群的老人。一個標籤本身已經是負面的，如果再加上對方的皮膚顏色，例如，把「番鬼」叫成「黑鬼」，那就變得更加種族歧視了。「黑鬼」一般是用來指非洲來的模里西斯人，但是在加爾各答則是用來指印度人的。正如客家人與廣府人也使用想像動物的名詞來稱呼非華人。如果在標籤的前面加上一個「死」字，那麼負面的層次就更強了，例如，「死黑鬼」。負面字的程度，依照順升的次序是：「佬」，「鬼」，和「死」。

沒有子女的客家夫妻，他們收養了非華人男孩，以華人的方式帶大，並且認定他是華人，但是他不被華人社群完全認同。與當地女人結婚的客家人和那些想維持純正客家人的兩種人之間，是有分界的。後者反對異族通婚。異族通婚的子女佔多數，而且被人歧視。客家人仍舊輕視黑皮膚的人。許多克里奧爾華人會因為自己的膚色而遭到社會的輕蔑。

第一代客家人通常在生意或經濟上才會與非華人有所互動。他們交談時一向使用克里奧爾語。由於偏遠鄉村地區住的多數是印度人，所以他們必需學會足夠的 "Bhojphouri" 語言，才能經營他們的生意。由於許多的官員很腐敗，所以客家人對那些非華人的執行官員，加深了負面的刻板印象。他們把「鬼」加在所有警察官員名稱的後面：衙門鬼（警察局辦事員），三劃鬼（警

官），光頭鬼（警察督察長）。唯一的例外是「警察長」。

第四節　模里西斯華人生意經

一、家居店舖世界

　　由於第三代的華人移民不想繼續經營傳統的雜貨零售生意，家居店舖的數目已經減少了。第三代的華人比較喜歡到辦公室上班，或從事自由職業。有很多人在財經行業裡身居要職。人們都認為華人善於數字和科技。

　　2004 年的調查顯示由華人經營的零售店舖還有 350 間。75% 的店東都超過 50 歲。調查也顯示有 20%的店東，生活十分艱苦。可是這些人拒絕外人的資助。他們寧可自生自滅。[5]我們可以了解這種心態。因為接受外人的資助,會丟盡在中國傳統文化裡極為重要的面子，它等於承認一生的失敗，對自己的自傲是一個嚴重的打擊。

　　典型的華人店舖稱作家居店舖，因為它是家居和店舖的結合體。店舖在整體建築物一樓的前面，後面則為住家。華人零售業者先是跟隨種蔗勞工營，之後由於居家增加，就跟隨著成長了的村莊。在 1960 年代，政府為了解決被 Carol 暴風侵襲所造成的緊急房荒問題，建蓋了許多的 CHA 房屋，華人店舖於是在當地社區大量興起，滿足窮人的需要。只要有人住，就有賺錢的機會。

　　二戰期間，殖民政府為了派發配給卡和分發基本民生物資而

---

5 *Hua Lien Newsletter*, vol. 28, No. 3, July 2004.

尋求華商會的合作。在殖民政府看來，所有島上的城市和鄉間的華人店舖，都協助派發米，麵粉，食油，和肥皂，沒有一個人沒有得到基本的民生物資。整個運作很成功。華人社群對二戰的重要貢獻尚未得到殖民政府的認證。在當時，有 98%的店舖是由華人經營的。[6]

　　二戰以後，到處可見的華人村莊家居店舖，看來就像我們熟悉的景象，一個被廢棄了的高聳黑色玄武岩蔗廠煙囪，長滿了青苔和爬藤，讓人想起昔日痛苦的日子。（當地所謂的苦瓜日子。）這種家居店舖可以從很遠的地方看到。它是一間一層樓的斜尖屋頂建築，屋頂蓋著波狀鐵皮。招牌上的中國字說明它無疑的是華人的家居店舖。它有用方形木頭柱子支撐的走廊。在世界各地只要有華人居住的地方都可以找到這種家居店舖。模里西斯的當地方言稱它為 "la boutique chinois"（意指華人店舖）。在印尼叫 "took" 或 "warung"，在菲律賓則叫 "sari-sari" 店。

　　華人的家居店舖曾經在當地的零售業裡佔了絕對優勢。由於第三代的華人已經放棄了零售業，所以就被其他族群接手了。在模里西斯，不論多遠或多小，沒有一個村莊沒有華人的家居店舖。零售生意的本質，可以說明為什麼客家人會分散在模里西斯全島。所有的客家店東最嚮往的客家零售生意就是批發商店。批發商集中在路易斯港。他們是華人生意網的重要部份，但是批發商的數目也穩定的減少。很多成功的商人都是在鄉間的家居店舖當店舖助手起家的。他們有些仍舊在經營他們的店舖，那是他們原始的財富和成功之源。

　　之所以值得經營小零售生意，是因為它可以保證較好的未來

---

6 Lilian Berthelot，前揭書，P. 24。

經濟條件，以及為何要放棄當前享受和為子女犧牲的理由。其結果很明顯，他們在當地土生土長子女的成功證明了他們的觀念與做法是正確的。

正因為家居店舖逐漸被放棄，那些仍舊在經營的店東已經採用了現代經營方式在主要的城鎮裡開超級市場，不過還是由家族擁有和經營。他們現在要與最近興起的大超市競爭。華人超市的主人反應很快地去面對挑戰。有 25 家超市在 1994 年聯合起來創立了 Grand Surfaces Reunies 公司，希望能夠靠集體採購獲利，以及與供應商面對面時提高談判價格的籌碼。有三人現在已經離開了這個集團。Grandes Surfaces Reunies 沒有一間公司破產。因為他們都是由家族成員經營，所以更具彈性，可以用各種方法降低成本，使生意更有競爭力。

二、超級零售業

下面幾節將要描述客家人的典型家居店舖以及他們在 1950 年代和 1960 年代的營運方式。這些店舖為了適應近代社會經濟的需要，在很多方面已經做了調整。

華人的家居店舖通常都是策略性的座落在村莊裡的十字路口上。店舖的地點和店東提供來維持村民習慣的服務同樣重要。家居店舖可以說是一個寶貴的聚寶盆。在店舖裡出售著幾千種物品。它們被陳列在鎖著的玻璃櫃子裡。店裡有一個木製的櫃台把店員和顧客分開。日常所需的物品像麵粉，米，和糖，是擺在櫃台下面正方形的箱子裡，好讓客人方便挑拿。這些東西都是散裝的。店員用鍍鋅鐵皮做的勺子或者用縱直破開的葫蘆殼來掏取它們。客家話誤把葫蘆殼說成椰子殼。椰子殼太小不管用。椰子殼

被用來形容店員的辛苦日子。「做椰子殼」被客家媽媽用來責罵不用功讀書的孩子。媽媽告訴這些孩子，如果書讀不成，將來一輩子只能製作椰子殼（葫蘆殼）。店員在客人面前過秤麵粉或糖等的東西，然後放在用兩層報紙或用裝水泥用的牛皮紙做的袋子裡。袋子的形狀和美國的方底雜貨購物袋相似，不過沒有提手。食米則會直接被放進客人自己準備的雜貨袋裡。那時候國家還沒有塑膠袋可用。不滿一磅重的東西，則用舊報紙做的圓錐形紙袋包裝。這些袋子是由店員利用工作的空檔時間做的。店裡的助手必需學會做紙袋子，大約 50 個一疊。他需要像魔術師在桌上攤開撲克牌那樣熟練的掰散 50 張左右的報紙。這些報紙一張一張的疊在一起，每張報紙的邊邊留下半公分，再用椰葉刷子塗上黏著劑。這種白色的黏著劑是用麵粉加上一些白礬做成的。

在與櫃台平行的牆壁上，釘有鴿籠式的小格子，那是用來放置調味品的。成捆的香煙就在伸手可得的地方。在櫃台上方的竹竿掛滿了一串串世界上最大眾化的香蕉，令人垂涎。所有的家居店舖都有玻璃陳列櫃，在它的隔壁就是裝有糖果和醃菜的瓶子。玻璃櫃子的四隻腳則放置在盛滿油的小碟子裡，這樣可以預防螞蟻進入。麵包，糕餅，自製的椰子蛋糕，沙丁魚，牛油，麥淇淋等，很整齊的擺在櫃子裡頭。店舖的中央有一個很大的磅秤，掛在天花板上，銅製的秤盤就在櫃台上方幾吋的地方。磅秤和鐵製的法碼都由警察控制校準。在那時還沒有發明電子磅。店舖裡所有的活動都以磅秤為中心。

店員幾乎要把所有的東西都放在磅秤上秤過：米，穀類加工食品，麵粉，水果，蔬菜，麵包，餅乾，糕餅，調味品，香煙，五金器具，窗簾，男人服飾用品，學校的書本文具，香料等等。三四呎長成捆的木柴整齊的堆著，每一捆木柴有三四根木頭。許

多店舖已經不再賣像木炭，煤油，木柴等的東西，因為它們已經被現代的液煤和電力所取代。如果店員沒有顧客要的貨品，他會很快的替他取得。

華人店舖最出眾的特色是他們的經營方式。每一樣貨品都可以用最少量販賣給顧客。香煙不是一包十根或二十根的賣，而是依照顧客有多少錢，一根一根的賣。食油是以一夸脫或半夸脫在賣。一夸脫等於五分之一升。窮人的魚子醬，即自南非進口的斯諾克，是以一小片一小片的賣。店員很技巧的用中國切肉刀將它切片。牛油和麥淇淋是以一湯匙一湯匙的放在白色紙頭上賣。已經可以賣的牛油浮在盛有水的碗裡。客人可以吃沙丁魚三明治，當地的三明治是用麵包，沙丁魚，橄欖油，再灑一些火辣的青色醃辣椒。類似香蕉和芒果的香味，沙丁魚混合橄欖油的味道，加上大量外來調味品如紅番椒，辣椒，丁香，洋茴香，和豆蔻果實等的味道，把整個店舖充滿了極濃的香味，這就是華人家居店舖的特別標誌。由於味道特別濃郁，它會滲入你的衣服並且緊跟著你。店員必需每天洗澡並且更換衣服。對有詩情的人來說，它可是一種聲音和香味的交響曲。

店東需要儲存很多各式各樣的貨品來滿足顧客的需求，並且加快貨品的翻轉和盈利。有些評論家指控店東們只顧賺更多的錢，而疏忽了去扮演重要的社會和經濟角色。他們認為把貨品種類分得越細，利潤就越高。由於國家經濟的進步以及一般人民購買力的增加，這種超級零售業已經大大的減少了。現代貨品，像米，麵粉，穀類加工食品，調味品，和食油等，都是事先包裝好的。

幾乎所有華人店東的超級零售業經營模式都是一樣的。在大溪地，那裡的華人幾乎都是客家後裔，他們的家居店舖和模里西

斯的相同。Albert T'sertevens[7]在他於 1950 年出版的《Tahiti et sa couronne》裡，用下列文字描述華人的店舖：

「村子裡的生活都集中在由兩個華人經營的店舖裡頭和四周，這個店舖不是很乾淨，但是貨品擺設整齊。來來去去的婦女和小孩，進來購買並非今天要用，而是馬上需要用到的食物和其它東西，他們帶著杯子來買醋，帶著小碟子來買一調羹的牛油，帶著錫罐子來買石蠟，也買五分之一塊肥皂，一根針，和一碼繩子等等。提尼通（華人店東）他毫不疲倦，客氣的招呼著他的客人：他以小量售貨換取相對高一點的利潤。」

三、酒　吧

一個家居店舖如果沒有酒吧就不夠完整。在 1960 年代以前，人們可以直接由店舖進入酒吧，但是，新的法律規定酒吧與店舖必需分開。這項法律的實際衝擊是現在需要有一個助手在酒吧裡全天候看守著，不像以前的店東，一個人可以同時兼顧店舖和酒吧。店東不需要執照可以販賣當地釀造的啤酒，甘蔗酒，國家釀的酒，以及當地包裝的威士忌酒，讓客人在酒吧裡飲用。酒吧本身是一個社交場所，男性的工人可以在那裡會見朋友，享受一下輕鬆的時刻。他們談論當地的人們，評論當地的事情。當他們站著痛飲物美價廉的甘蔗酒，或便宜的國產酒，配著一些由店東太太準備的少量美食，或是由在走廊的印度女人剛剛烹飪好的辣糕餅，謠言就會不斷的被扭曲放大下去。這個走廊是店舖建築的一部份。它可以夏天防曬，冬天擋雨。女店東或女助手當場燒

---

7 Quoted in Trolliet，前揭書，P. 100。

釀茄子，辣椒，油炸帶餡的麵粉糰，以及巴迪亞（badia）食品。印度糕餅的售貨員成為華人店舖不可分割的一部份，她和店東已經發展出一種共生的互利關係。她不需支付租金，但是，她向店東購買所有需要的調味品。店東也很高興，因為她那帶餡的油炸麵粉糰帶動了他的生意，並且為他的酒吧顧客提供多樣的食物。

　　酒精飲料是一種會令人上癮的東西，它讓工人紓解體力工作的壓力，並且使乏味的生活添加色彩。在 1960 年代以前，還沒有電視，酒吧是一個社交俱樂部，人們在那裡和氣而歡樂的相聚。多數的村莊沒有電影院。酒吧於是成為他們的休閒場所。爭端偶爾會發生。客家店舖扮演著重要的社交角色。酒吧沒有讓他們遇上麻煩。在維持社會安定上，酒吧肯定是有貢獻的。有些政治家曾經表彰過華人店舖對社會的正面形象。

四、工作時間

　　法定的店舖營業時間是從早上七點到晚上七點。華人店舖的營業時間比較長。因為店舖是由家庭的成員在照顧，所以不用支付加班費。店東從早上很早就開始工作。他在早上四點或五點就起來去收集當地麵包店送來的麵包。冬天時，早上六點仍舊天黑。他一週七天，每天都這樣做。在早上七點或更早開始工作的工人，要在店裡打電話去定麵包，牛油，乳酪，或沙丁魚三明治以及醃製的辣椒和幾根香煙。早上七點以前賣東西是違法的。很多警察會諒解這種違法的行為，因為他了解並且感謝店東的這種服務。在鄉間那裡如果碰上嚴格守法的警察時，店舖的助手就需要經常注意著警察。在晚間店舖關門以後，他們仍舊繼續做生意。經過一天辛苦的田野工作，工人回到家時已經精疲力竭。等

他喝過咖啡,洗完澡,就差不多是關店的時候了。在這時候,店東會在後面開門繼續讓客人買東西。政府當局不明白村民生活的實際狀況。在殖民時代,店舖的營業時間根本沒有考慮到人們的需要。不過沒人在意去改變這種情況。多數店東沒有投票權,因為他們決定在 1968 年國家獨立時才歸化為模里西斯公民,所以他們的政治影響力很小。直到最近開了第一家大超級市場後,政府才修訂法律允許他們在晚間開業,然而新訂的法律仍然沒有滿足小店東的需要。店東在晚間營業,對職業夫妻來說的確是一種恩惠。

五、家居店舖的小孩

在模里西斯的孩子多極了。有六個或更多小孩的家庭比比皆是。沒人聽過計畫生育這件事。不過現在已經不再流行大家庭了。2004 年的調查[8]顯示,比較大的店東家庭,平均有 2.7 名小孩,而較小的則只有 1.2 名小孩。

小孩子在早上上學前,下午放學後,甚至店舖打烊後,都需要在店裡幫忙。店舖生意在週末時最忙。孩子們在他們小時候就學到要勤勉,要認真工作,並且體會到勞力和金錢的價值。在早期接觸到生意相關的社會環境是很重要的,因為它可以幫助他們選擇未來生意上的專業。家庭成員以及其他員工都需要與店東的子女彼此分享知識和技能。而店東子女也要在加入店舖生意工作以前,利用所學到的學術知識去改進經驗,最後接班成為家長。

孩子們只能在店舖生意不需要幫忙時,才可以學習和寫作

---

8 *Hua Lien newsletter*, July 2004.

業。他們也得幫助店舖裡的其他雜務。客家父母從來不知道童工是不合法的，也不知道他們這樣做是犯法的。在他們的看來，這是家庭小生意，他們只是賺些誠實的錢，過著小康的生活而已。他們並沒有剝削他們小孩的讀書權利。這點可以在孩子們的考試成績上得到證明。如果父母不讓小孩上學，情形就不一樣了。在英國也有同樣的問題，當地外賣餐館裡的小孩也需要在店裡幫忙。

　　第二代子女沒有自己的房間，也沒有一個適當的書桌可以讓他們做功課。他們必需使用吃飯的圓桌，甚至用櫃台，做代用品。在店舖打烊後，他們才吃些當地的餅乾或牛油麵包，配上一杯茶。他們提早吃晚飯。在功課方面，他們得不到媽媽的幫助，因為多數的第一代婦女都沒唸過書。他們的父親在打烊後仍然太忙。很少父母認識英文或法文。年長的子女幫助年幼的。在1940年代和1950年代裡，他們必需用煤油燈讀書，因為所有的村莊都還沒有通電。儘管受到各種實體環境的限制，家庭大家團結一致的要小孩努力學習。客家人的父母在子女教育方面大量投資。他們知道教育可以在店舖外面的世界裡找到成功之路。難怪第二代子女在學術上有顯著的成就。他們現在已經成為社會的菁英。

　　他們的臥室裡很可能只是一個小隔間和上下舖的小床。如果是在店舖裡，那麼臥室的門，依照健康法規定，在營業時間就必需鎖上。廁所和澡房是在後院。大家都沒有抽水馬桶的設備。它很可能是一個公共廁所。在下雨天或暴風雨時，大家都得冒著風雨去上廁所。在面積小一點的店舖裡，我們也常常看到店東就用行軍床睡在店舖裡。他們在晚上把床攤開，早上就把它收起並且將它藏起來，以避開健康檢查人員的視線。有時櫃台也做為臨時的床舖。

六、雙重標準

　　當地的法令會影響家居店舖的擺設。在 1960 年代，政府決定要把住家和店舖完全分開。事後並沒有人出來抗議。那些樸素而且克制的善良居民店東，只是跟著服從法律。從住家通往店舖的門是被鎖上，但是並沒有封死。在店舖營業期間，這扇門是一直鎖著。政府當局沒有察覺到或是不想要知道這樣的情形，因為他們知道這個店舖是由丈夫，妻子，和小孩們全家在經營，賺一些錢勉強維持小康的生活，而且在店舖打烊後還有很多瑣事要做。新政策造成許多的不便。從住家到店舖的門在晚間不鎖的，這樣一來，每個人都可以到店裡幫忙掃地，擦洗櫃台，和補貨。當天的銷貨情形必需清點，記錄，並且要把它放在安全的地方。因為每天帶著錢在店舖走動是不安全的。

　　大概在同一時期，店東也被要求遵守新的衛生規定，所有的貨品都不准直接放置在地面上。店東們很歡迎這個可以正面提高一般衛生水平的政策。但是有些店東痛苦的回憶著，他們曾經因為小小的違反了衛生規定，就被地方行政官員罰款。有一個情形，店東因為把裝著食油的鋼桶擺在店舖的地上而遭到罰金。按規定，所有的貨品都必需放置在墊高的平台上。他們發現政府在這方面明顯的有雙重政策以後，深感不滿。譬如，一包包的進口麵粉和白米被堆積在很多老鼠出沒的公共穀倉的地上。在路易斯港的貨品拍賣期間，水果和青菜被擺在市場的地上，流浪狗和貓在那裡到處溜達，拉尿。市場只是偶爾清洗一下而已。街頭小販直接用手拿取煮好的食物。但是，沒有一個人覺得有什麼不對。

七、唐提式的老人金法（會）

　　一個新雇員並不會永久在店舖裡工作。他很想盡快當老闆。他覺得當他有足夠資金的時候，機會就成熟了。但是在他盤算自己的積蓄之後，覺得即使是最小的生意，他都無法開始。有一天，他鼓起勇氣和他的雇主討論他的計畫，在計畫被確認以後，畢竟雇主是他的親戚，不可能不幫他。在那個時代裡，大家團結互助的精神比較強。雇主會建議他去參加一個「會」或「銀會」。雇主也會告訴他，自己以前就是靠參加「會」而起家的。當他需要額外資金時，他會去找「會」的幫忙，而不去找正規的金融機構。

　　「會」是一種循環式的信用關係，當人們無法向正規的金融機構借到急需的資金時，他們會向「會」求助。這些急需資金包括從開業到婚禮，從貸款買屋到籌辦喪事的一切開銷。這種借貸制度在學術上叫做「唐提式養老金法（tontine）」。在世界上到處可見，在開發中國家裡很流行，而且在不同國家裡有不同的名稱：[9]

國　　名	會　　名
波紮那（Botswana）	Beer parties
卑南（Benin） 布基那法索國（Burkina Faso） 喀麥隆（Cameroon）	tontine
埃及（Egypt）	Gameya
加彭（Gabon）	Bandoi
象牙海岸（Ivory Coast）	Tonton 或 Tontine

9 ROSCAs: What's in a Name? www.gdrc.org/icm/rosca-names.html.

馬達加斯加（Madagascar）	Fokontany
巴拿馬（Panama） 秘魯（Peru） 巴西（Brazil）	Pandero
千里達（Trinida） 托貝哥（Tobago） 西印度群島（West Indies）	Susu
印度（India）	Chit Funds 或 Chittyu
日本（Japan）	Kou
香港（Hong Kong）	Chit Funds
台灣（Taiwan） 泰國（Tailand） 越南（Vietnam）	會
模里西斯（Mauritius）	cid（由法文 "cycle" 演變而來。）

　　中國的「會」從何而來，我們不得而知。不過根據 Man Hau Live[10]的資料，似乎可以追蹤到唐朝（618-907）中期。歐洲則更晚些，在十七世紀的中期。在英國，十九世紀末期稱為 "Diddlum"。"tontine" 有許多不同的形式，但是基本的觀念很簡單。它們都是一種儲蓄制度。

　　中國的「會」有兩種。在香港稱為「死會」和「活會」。兩種會的基本原則相同，其差別在於參與者在標得會錢以後的付款方式。[11]在模里西斯所採用的是相當於「死會」那種。有人建議另外一種會。如果根據這種分類法，那麼在模里西斯就有三種會，它們是依照不同的方式分享會錢。第一種會是根據事先定好的循環方式；第二種會是按照抽籤或擲骰子的方式；最後一種會是靠投標。很少人要參加第一種會，因為即使在沒有利息的情況

10　'Tontine: An Alternative Financial Instrument in Cambodian, www.cambodia.org.nz/Tontine.htm.

11　Victor Mok and Joseph Wu, ' "Yi Hui" and "Yin Hui" – An Introductory Analysis', P. 127, www.sunzil.lib.hku.hk/hkjo/article.jsp?book=7&issue=70020.

下，朋友之間也會採取抽籤的方式。如果有人急著用錢，他可以請朋友先把機會讓給他。

　　在模里西斯的華人，他們所安排的會，是由幾個人按月把事先定好的金額湊在一起，再將收集到的總金額按照順序借給每一個人。如果沒有利息，那麼就會依照抽籤方式決定會錢的得主。否則就按秘密投標方式來決定。利息最高的人就可以標得會錢。這個利息並不要付，而是在還沒標到會的人的以後所有月付款中扣減。會的組頭無疑是第一個受惠者，他也不用投標或付利息。每一個人只能標到一次會錢。凡是標到會錢的人，在他以後的所有月付款就必需付全額，不能得到利息的扣除或補償。這樣一直進行到最後一個人為止。最後的人不用付任何利息。這時「會」就解散了。在香港，「生會」的運作方式以及會錢得主的輪流方式跟這個一樣，所不同的是，標到會錢的人，除了最後一次無法扣除利息以外，也可以在以後的月付款中扣除利息。組頭和其他人一樣，可以獲得利息的退款。

　　由於「會」能夠提供許多的好處，因此儘管有會員賴帳，潛逃等的棘手問題，它一直還是十分流行。

　　在「會」的制度下，參與者有兩種相反對立的立場。參與者在標到會錢的那一刻，他的身分就從儲蓄者變為借貸者。「會」之所以吸引人，正因為它對借、貸雙方都有利。標到會錢的人可以立刻拿到會錢。它是一種用互助為基礎獲得平價信用的辦法。借方所付的利息要比放高利貸者或當舖老闆所要的低。每一個借錢的人都可以在存足所需金額之前獲得這筆急需的資金。「會」把未來的付款集資後，轉換為即時現金，而未來還款成為小額的月付款。因此時間的因素非常重要。將零星的金融資源籌集，減少了存錢所需的時間。除了最後一個人，其餘的人都會得到省時

的好處。對於想要創業的新雇員而言，這種可以讓你立刻獲得資金的「會」，的確是一個非常有誘惑力的金融制度。如果「會」的組頭願意支持他的話，組頭還可以把第一次得標的機會讓給他。那麼他需要資金創業的美夢就可以提早到來。想把錢借出去的人，也覺得「會」很有意思。雖然沒有抵押品做擔保，他們的投資還比正常管道借出去的錢更安全，由於社會的壓力會使借錢的人不敢賴帳，所以拖欠借款的情形很少。何況借款的人不需要很早就籌集到總金額，因為借款是根據全部的循環年限按月攤還。

「會」鼓勵有多餘資金的人，在「會」的週期內定期儲蓄。這些人在「會」的運作裡是等於債主，他們在任何一個階段都不會想要競標取得會錢。對他們而言，等待越久越好。他們每次都會期待在下一次的競標活動。他們會以明知不可能得標的低標去投標，然而這樣做會影響急需資金的投標者。有更多的投標者出來競標，會讓那些真正需要資金的人，把標金提高。競標的傾向是在早期階段的利息較高，而在後面階段的利息較低。因為「會」期越短，利息越高，風險也越低，債主也越有興趣。「會」期越長，風險就越高。借到會錢的人覺得還款的方法很方便，因為只需要分期付款。

「會」在心裡上的優勢是得標者所得到的會錢，不會被認為是私人貸款，但是他有義務償還會錢，他尤其要對組會籌錢幫他的組頭負責。獲得資金的人不會因為他的債務而感到丟臉。不會有連帶的污名跟著他。對他而言，這是一種保全面子的做法，這一點在中國文化裡是何等重要。要是他向銀行借款，他必需跟銀行面談，告訴銀行自己的經濟情況。靠「會」籌款可以避開負面回應，丟臉，已及失去自尊的窘境，因為他拿不出貸款的抵押品。

從更寬廣的社會觀點來看，「會」是一個具有彈性，而且容

易使用得上的金融制度。因為客家少數族群沒法接近主流社會的金融機構，所以常靠它支援。客家人沒有坐以待斃，等待政府的補給。在殖民時代，政府根本沒有鼓勵小型企業的計畫或政策。「會」是以相互信任以及對群體的忠實為基礎而創立的。它是一種集體行動，靠的是團隊的團結，而不是一疊貸款和還款的合約。

因為「會」的運作不需要抵押品，所以真有可能丟掉一個人的積蓄。在西方社會裡，做生意是憑著精密的法律框架。當事人雙方在合同裡的權利與義務都寫得十分清楚。然而在「會」裡，一切都只靠彼此的信任。不過，在這個制度下，沒有一個人敢賴帳或拖欠借款，因為消息會很快傳開，那個賴帳者就會受到生意社群的排斥，很難做人。他的家人，親戚，和朋友，會向賴帳者施壓，要他履行諾言，早日還錢。「會」是一種非常好的金融政策，它幫助了那些因為無法提供抵押品而無法向銀行借到錢的華商渡過難關。在殖民時代，資本風險是沒有聽過的。殖民政府靠稅收和執照稅來滿足財務上的需要。政府沒有設置專門機構來照顧小型企業。貸款是由私人銀行負責。華人由於需要，為了籌集資金做生意，不得不設法解決籌錢的問題。他們於是向自己熟悉的非正式但是可靠的金融制度求救，這種制度加強了宗族與朋友之間的網絡關係。「關係」就是一種大家都知道的「老同學關係網。」

在缺少法律架構的情況下，組頭為了保障組員利益，他試著用蓋過章的紙條上寫了假的借條。不過是否有法律效力，還是值得懷疑。

除了「會」以外，客家婦女幫著她們的丈夫早日實現夢想。她們在中國大陸就習慣在鄉下靠正常的雙腳（她們沒有纏腳）工作，所以她們也沒閒著。她們創建家庭工業補貼家用。在 1950

年代和 1960 年代期間，在路易斯港唐人街的客家婦女，靠做書包，皮帶，和其他皮製品和塑膠製品，賺取額外收入。她們也用回收的舊輪胎做底，製作拖鞋。有很多的克里奧爾人靠供應舊輪胎維生。這些物品是以批發價賣給店舖老闆的。

當新客籌到足夠的資金時，他就開始做自己的生意。他也會得到路易斯港唐人街親友的更多幫助。華人的經銷商靠著彼此的信任，提供信用貸款給他。這就是華人商圈的運作情形。「會」和信用貸款幫助客家人在經濟上和社會上的提升，使他們不再成為政府的負擔。

如果不靠彼此團結和互相幫助，華人不可能活下來，更不必說什麼生意發達了。第一代的移民靠著血緣和婚姻，生意網絡和友誼，社會組織和金融等團結在一起。新客在踏上模里西斯島的時候，他每一步都有人幫著他。移民是私人的事情，殖民政府當局不會提供任何協助。老客給新客提供居住，食物，和金錢上的照顧。如果沒有這種團結照應，要新客自己去克服繁多的種種困難，他可能會因心灰意冷而打退堂鼓，放棄移民了。

多數的第一代客家人都是農民或工匠。他們正如一般農民一樣，勤勞節儉。十九世紀時，在福建的傳教士注意到中國的農民長期過著借與貸的生活。農民一旦有多餘的錢，他就會把錢借給他的農友。他不會把錢藏在枕頭底下。他很技巧的運用他的錢。他懂得如何用錢滾錢的道理。有很大部份的貸款是由商人，貸款者，和當舖老闆在運作，但是小額的資金則由農民彼此借貸。借錢的人不會在社交上背著羞恥感。

根據 Freedman 的說法，這種「會」一定教了農民有關「企

業精神，企業管理，和財政金融」方面極為重要的技能。[12]如前所述，中國人很早就接觸到複雜的市場交易制度。當一個中國南方人到國外時，他是帶著精明的理財技能，以及其他傳統去的。財經的哲學是建立在兩個原則上：追求財富值得尊敬，毫不羞恥；借貸是社會支持的合法財經行為。

Freedman 下了這樣的一個結論：「華人在東南亞的經濟成就，不僅僅因為他們有活力，更重要的是他們懂得運用錢，和安排人與錢的關係，去追求財富。」[13]

八、信用制度

生意人使用各種策略招引新顧客或保住原有的忠實客戶：換季大減價，特定顧客促銷，初期免息或免訂金等等。但是這種做法是合法的，當被迫的購物者無法償還欠款時，貸款的公司是不會寬待的。看看經常公開叫賣的二手家電和床褥貨品，我們就可以了解事實真相。他們就是制度化的信用制度冷酷無情的見證。

客家店東長期以來，一直實行一種比現代管理階層認定為健全企業更好的信用制度。自從 1930 年代以來，他們就為甘蔗種植工人，在農業間作期間（11 月-5 月），提供資金，好讓他們購買食物。這種制度叫做「輪番週轉」（roulement）。它是一種由客家店東，在與工人雙方口頭上的同意之下，以無償抵押方式提供給工人的信用貸款。這種做法完全靠雙方的信任。如果工

12　Maurice Freedman, *The Study of Chinese Society: Essays by Maurice Freedman*, selected and introduced by William Skinner, California: Stanford University Press, 1979, P. 23.

13　同上，P. 26。

人賴帳，店東是毫無辦法的。店東在他的記事本上記載著顧客每週的購物和付款細目。在甘蔗收成時期，每月的餘額不會波動太大。只有在間作期間，工人失業，收入銳減時，店東才需要提供更多的信用貸款。店東需要給工人更多錢幫他度過難關，直到明年 5-6 月開始的種植期。店東就像是窮人銀行，提供無償抵押貸款。他填補了貸款機構不願提供無償抵押貸款的真空地帶。要不是有這種信用制度，那麼工人和他的家庭就得忍受極大困難，或成為冷酷貸放者的犧牲品。這種制度使得社會得到安寧。含蓄的客家店東默默的為社會的穩定作出貢獻。

人們都知道如果客家店東不答應讓客人賒帳購買婚宴的佐料的話，那麼客人就無法籌辦婚禮。一個店東他在村莊居民的經濟與社會生活上具有極大的影響力。

Richard M. Titmuss 和 Brian Abel-Smith 曾經在 1968 年給模里西斯總督的報告中，對這種信用制度做了如下的說明：「雖然這種制度難免有時會要讓工作的簽約者或店東對債務人延展工期，不過在沒有社安條款的情況下，看來它還是有益的。它肯定幫助工人和工人的家庭度過一般緊急生病和失業的困境。」[14]

評論家，尤其是政客，曾經無理控告客家店東，說他們讓工人長期負債。這點其實是譁眾取寵的言論。顧客與店東之間並沒有合約綁住顧客。他隨時可以無債而且自由的離開這種安排，因為店東拿他沒辦法。沒有白紙寫黑字的正式合約，店東是無法採取法律行動的。這種信用制度的力量建立在個人之間的關係，這種關係在當今的華人商業圈子裡仍然是一個重要的支柱。在與另一種時下流行而政府無法消滅的信用制度比較之後，我們就會更

---

14 Richard Titmuss and Brian Abel Smith, *Social Policies and Population Growth in Mauritius*, London: Frank Cass & Co. Ltd., 1968, P. 32.

欣賞這種輪番週轉的辦法。它是由暴民或資金借貸者所經營的。
下面一段的文字是從 1959 年的《Sessional Paper》中第 6 期第 20
頁摘錄的，它記錄了 1950 年代裡的暴民做法。他們的做法在 21
世紀仍舊一樣。

「一個缺少小額資金的人被朋友介紹給『一個可以幫他的
人』，他簽了一張與收到金額相當（或者經常是大數目）的期
票，給未具名的收款人。利息是年息 12%，不過他也願意付從
月息 6%到 20%的更高利息。只要利息能依照『月利率』按月付
清，債主不會要求還本。（利息通常要付全額或部份，期間也很
長。）事實上，在第一次的本金還清之前，債權人又會借給他更
多的錢。由於還清本金需要一筆大額資金，通常是超過了借錢人
的償還能力，所以實際上是辦不到的。一旦借錢者無法支付利息
時，他會被說服（不管採取法律行為與否）去寫一張新的期票，
金額包括本金加上累積的利息，再加上小額的貸款以湊足整數。
而利息就會逐漸增加，如果他們要採取法律行為，通常起訴會在
借錢者重新寫一張新的期票，包含法律相關費用和總共欠款，之
後被撤回。收款通常由放高利貸的本人或代理人去拿。放款的
人，從來不給支付還款或利息的收據，他們也不接受支票或郵政
匯票，他們在每一個環節都很小心，避免讓手寫的字據露餡，被
人用來做高利貸的交易證據。」[15]

現代的信用貸款是由金融機構提供的。根據顧客保護機構在
2010 年 3 月出版的研究指出，模里西斯有 90%的人向當地的銀
行借錢，而有 77%的人還欠有債務。借錢者被銀行剝削。銀行
超收費用。申請貸款的費用高達借款的 10%。財政部長說過：

---

15 同上，P. 32。

「銀行在非利息方面的利潤比利息收入更高。非利息的服務收費十分昂貴。小額匯款到國外的費用高達匯款的 20% - 25%。」[16]

九、生意家庭

　　客家人隨時準備好去承受痛苦和孤獨，到遙遠的鄉村開店，過著遠離親友的生活。他們之所以願意如此辛苦打拼，在背後支持他們的就是想要積累財富的夢。但是只有很少的人成功。他們的夢還是沒有實現。

　　從客家人的精神特質來看，他們打拼的目的不僅僅是簡單的為賺錢而已。能擁有自己的店舖，已經是一種成就和社會地位的提升。身為一個新頭家（老闆），現在他有能力改變自己的人生。他能獨立自主，主宰自己命運。但是他的家庭不能因為他的經濟目的而被忽略。儒家思想的理想是要建立家庭，並且至少要有一個男孩可以為父系傳宗接代。他的家庭是聽從父親的帶領，圍繞著店舖而生活。他的計畫有兩個目標：經濟成功和家庭平安。

　　店舖與家庭是不可分開的，因為這兩者緊密的糾纏在一起。家庭即是生意，生意即是家庭。[17]家長是店舖的主人，他也負責經營店舖的生意。如果他已經結了婚，那麼他的太太就和他在住在店裡一起工作。因為她肩負著太太，母親，和店東助手三種費力的角色，她需要在店裡到處走動。她要招呼客人，而且她還得隨時照顧家中的雜務。如果她有了小孩，小孩子就在店裡學走路。父母都會為自己的小孩自豪。驕傲的媽媽會用自己煮的米粥跟著這小孩餵他吃。客家人把這種粥叫做羹。店舖因此不僅僅是

16 *Week-End*, 14th March, 2010, P. 15.
17 Jomo and Folk，前揭書，P. 55。

家庭的經濟中心，它也是家庭的一部份，因為所有的家庭活動都
發生在店舖裡頭。頭家（店東）和太太兩人在店裡工作、吵架，
養育子女，共同討論美好的未來，為它編織美夢。孩子們在店裡
跟父母學習，以便長大後成為有教養的中國人。孩子們一起遊
戲、打架，在店裡做功課。等到他們長大到九歲或十歲，男孩能
夠開始幫忙照顧生意時，就會被帶入真實的店舖世界裡。

　　在一兩代人以前，幾乎每一家華人店舖都設有一個神龕或講
台，用來祭拜關公。家人會擺上牲品，向神燒香禱告，祈求保
護。家庭於是成為一個把經濟，福利，和宗教三項活動連貫在一
起的神聖地方。沒有家庭，我們看不出生意成功的意義，如果沒
有成功的經濟條件和健康的精神生活，家庭的幸福也沒有依歸。

　　家庭是小家庭生意的中心。擁有一家店舖，意思就是把家庭
和謀生擺在一起。第一代的老前輩們常說他們在離開故鄉很遠的
印度洋島上的村莊裡做小生意糊口維生。我們常常聽他們以中國
傳統那樣無野心的或謙虛的口氣說自己只是為一口飯工作。如果
有一口飯吃，那已經比他們以前在中國沒有任何東西要好多了。

　　因此，店舖是一個把家庭生活，生意活動，和精神生活連貫
在一起的地方。家庭經常牽涉到生意，舉凡籌集資金，申請信用
額度，或者向親屬請求支援，甚至要找個老婆，都與家庭有關。
選擇一個願意到遙遠的村莊和你一起努力打拼的老婆，對於在生
意的早期階段幫助節省費用和累積資本是十分重要的。

　　在幾代人以前，當店東需要增加人手時，由於進口雇員成本
太貴，近親可雇的人又少，所以聘雇近親的想法就不在考慮之內。
店東於是開始雇用自家以外土生土長的華人小孩。這種情況發生在
自己孩子仍小，而店東夫妻又忙不過來的時候。聘雇的對象一般是
窮苦人家的小孩。窮苦人家把小孩送出去當學徒，換一口飯吃。客

家話是：「kao yt vouon fan chit」（意指換一口飯吃。）。父母在臨別時還要叮嚀孩子記得勤勞、聽話，之類的儒家價值觀。

　　從店東的觀點來看，他是站在對親戚負責的立場，不管他親戚是住在多遠的地方。他是以家長自居，把小孩當作自己的小孩。這個新雇的小孩跟店東的家庭成員在同一桌上吃飯，如果店東有房間，他就和他的小孩同房就寢，否則就睡在店舖裡的行軍床上。他要學會所有店舖裡需要做的工作。早晨七點開門，招呼客人，驗收在白天送來的貨品，學做紙袋子，一直工作到晚上七點，店舖關門為止。除此之外，他還得全天候照顧客人。當有客人在半夜敲門要買阿斯匹靈時，他就得起身利用門的隙縫把貨品交給客人。他一週工作七天。他可以每月一次，利用週末回去看看父母。有薪假期是沒聽過的。到了農曆新年時，店東會給他紅包並且放幾天假。在 1950 年代，他這樣辛苦工作，所得無幾，薪資不會超過一百盧比。他之所以願意繼續下去，是期望有那麼一天自己也可以當老闆。

　　之所以值得經營小零售生意，是因為它可以保證較好的未來經濟條件，以及為何要放棄當前享受和為子女犧牲的理由。其結果很明顯，他們在當地土生土長子女在學術與專業上的成功證明了他們的觀念與做法是正確的。

第五節　中華人民共和國的衝擊

一、中華人民共和國建立於 1949 年

　　在中國發生的事情會深深的影響著第一代華人的心態，以及

他們自身和後代子孫的前途。共產黨在 1949 年統治中國大陸以後，對於在模里西斯的華人可說是一個轉捩點。它像是一個不可預測的，突如其來的黑天鵝，對每一位旅居在模里西斯的華人都產生極大的衝擊。他們必需放棄他們原來的旅居美夢，設法在目前生活的國家裡生根。只有少數客家人在 1978 年中國開始經濟改革以後才回去中國。有些人在梅縣買了房子，一年在中國住幾個月。中華人民共和國的建立，影響了海外華人的身分，旅居，以及他們子女的教育。

二、華人 ── 海外中國人，華僑

　　撰寫有關海外華人的歷史學家，一直很難找到一個精確的名詞，來稱呼那些住在或出生在中國或台灣以外地區的華人。由於華人身分的改變，以前認為恰當的名詞變得不那麼恰當了。這個問題在十九世紀中國人移民以後開始浮現，它一直持續到到二十世紀華人移民歸化入籍當地國家以後。在觀察了模里西斯華人的情況後，我們可以看到情況的複雜性。模里西斯的華人可以分成下列幾種：

* 出生在中國，但是在 1960 年代即歸化了的第一代華人。
* 更近一點，出生在中國（多數在梅縣）的客家女子，嫁給第二或第三代的中國模里西斯人，並且已經歸化，但是他們在家庭，經濟，文化，以及情感上與自己的出生地保持著堅強的連結。
* 父母都是在模里西斯出生的子女，他們都是不會說客家話的基督徒。他們許多對自己的身分感到困惑。被問到他們

的根源或身分時就會不知所措。

* 不會說客語的混婚族的子女。要是他們的父親是華人，他們比較可能會認同自己是華人。有些人已經放棄他們的華人身分。最出名的例子是前任模里西斯航空公司的首席執行長（2000-2003），他選擇了印度模里西斯人的身分。相反的，要是他們的父親不是華人，他們就傾向於被父親的族群同化：印度人，法國人，或白人等等。

* 母親是克里奧爾人的克里奧爾華人。他們多數是第二或第三代。他們有些已經否認了中國祖先，而且會因為被說他是華人而生氣。

所有出生在中國的第一代華人在 1960 年代歸化之前，都認他們為自己只是暫時居住在模里西斯的旅居者而已。現在已經沒有旅居者了。

在 1950 年代以前，人們認為海外華人的身分是個簡單的問題。大家用「華僑」來指所有住在海外的中國人。華僑是從中國來的旅居者。典型的旅居者被認為是暫時居住海外，以後就會回到他的故鄉去享受豐足的退休日子，並且安葬在那裡。很顯然的，這種說法已經不適合了。直到十九世紀結束時，「南洋華商」是一個常被使用的名詞。「僑」字第一次在《中法天津條約》（1858）中出現。[18]它只限用於在海外服務的官員。用「華僑」一詞來指海外華人，首次出現在 1882 年的官方通訊裡。

二戰以後，由於殖民地自治化的結果，許多新興國家成立了，華僑的處境有所改變。他們對當地國家的忠貞與承諾受到質

18　Wang Gungwu, *China and the Chinese Overseas*, Singapore: Times Academic Press, 1991, P. 243.

疑。蘇聯和越南的文宣，把華僑定為是中國的第五縱隊。在新地理政治學的情況下，中國的知識份子必需去重新檢視那些用來指中國人的名詞。在 1950 年代，中華人民共和國所說的華僑，是限於那些居住在國外，但是仍舊保有中國國籍的人。因為台灣仍然用華僑代表海外所有的華人，所以使大家感到困惑。台灣的政策是將海外華人先以華人身分定位，其次再認同其他國家的身分。現在在遠東已經不像以前那麼廣泛的使用華僑了。華人或華裔常被用來指海外的中國人。目前有下列八種不同的名詞用來代表海外的中國人。[19]

* 漢族：「漢」是用來與「非漢」做區別。中國人大體可以分成兩大類：一種是肯定無疑的中國人（有中國的國籍），另一種是持有外國的國籍，而且也被認定是中國人。第一種人包括中國人，華僑，同胞，和歸僑。第二種人包括華裔和海外華人。

* 中國人：指中國的公民。他們與台港澳同胞，以及歸國華僑有所區別。

* 華僑：指住在海外的中國人。

* 港澳同胞：指住在香港和澳門的同胞。中國也把台灣人當作同胞。

* 歸僑，指回國的華僑。他們原是旅居者，現在已經自願或因為其他種族因素而回國定居。

* 海外華人：指華僑。由於中國規定華僑必需也是中國公民，所以它被翻譯為海外華人。

* 華裔：指華僑後代，或在中國出生的外國人。它是一個總

---

19 Trolliet，前揭書，P. 73。

　　括的名詞，華裔包含了混婚族的子女，有些學者認為這是
　　對有混種祖先人的優雅名詞。
　*外籍華人：指已經歸化了的華僑。

　　從當地的角度來看，把第一代的中國人稱為華僑是不恰當
的，因為他們已經歸化了模里西斯，不再是中國公民。依照中國的
專用名詞，他們應該被稱為海外華人，或更準確一點，外籍華人。
他們的子女依照國籍依土的法律規定，自然是屬於華裔一族。

三、中華人民共和國對旅居者的衝擊

　　新的聘雇是以旅居者的身分來到模里西斯，他心想來日回去
中國安享餘年。共產黨的哲學，要求所有財產充公，（共產）主
義是從，各盡所能，各取所需。這些跟他的信仰，以及苦幹的目
的完全不同。於是他選擇留在現在接收他的國家，觀察中國未來
如何演變。以後所發生的事件如人民公社，文化大革命等，都讓
他無法忍受。

　　華人社群是根據宗族和政治信念而劃分的。陳姓宗親是親台
灣，而李姓和林姓的宗親則是親中共的。不過，廣府人一般是親
台灣的。儘管他們為共產黨雄辯與同情，第一代親共的客家人很少
回去中國參加重建新中國。這些少部份回國的人，是那些在親共
學校就讀的二代男女學生。他們很多人最後還是回到模里西斯。

　　現在的華人父母開始把自己的子女送去非華語學校就讀。因
為模里西斯仍舊是英國殖民地，父母都知道語言的重要價值。他
們也知道，要是沒有英語或法語的基礎，他們的子女就進不了高
等的學府，而且要在店舖外找到好工作就很不可能。

在華語學校學習的孩子，會步上他父母的後塵。在唸完中學以後，受西方教育的學生就會去歐洲，北美洲，或澳洲去接受第三級（大專教育）教育。回到模里西斯的畢業生大部份有不同的專業，最多的是會計師，教師，和醫師。

四、教　育

中國的教育制度和考試制度緊密的結合著。他們靠考試制度，選拔政府官員。雖然參加考試的人很多，但是成功的錄取者卻很少。事實上，教育制度是根據考試制度而設計的。有很多沒考好的失敗者，後來卻成為有名的詩人，而且還有一個客家人，他在十九世紀中期，成為中國南方革命軍太平天國（1850-1864）的領導者。他的名字叫做洪秀全。儘管科舉制度在 1911年，滿清政府被推翻時就被廢止了，然而由於透過考試制度可以提升社會地位，改進生活，因此人們對考試制度十分重視，並且在華人的心中根深蒂固。華人父母對子女的教育費用毫不吝嗇。得到優質教育並且考試成功狀元及第，是大家一致的美夢。下面有兩個例子。

（一）鑿壁偷光

在中文學校讀書的人，會記得在他們的小學課本裡，有一個描寫貧窮孩子在鄰居的房子牆壁上挖洞偷光讀書的故事，但是很少人知道那是兩千多年以前的事。葛洪（284-364）在東晉（317-420）時代收集到這個故事時，它已經是古老的故事了。

匡橫是西漢（206BC-24AD）時代的一個勤奮的學生。他的父母窮得買不起蠟燭。可是他的鄰居卻是很有錢，每天晚上燈火

通明。匡橫請求鄰居讓他在晚上去他家讀書，可是被鄰居拒絕了。匡橫不死心，他再三思考問題以後，得到了解答。他秘密的在他鄰居的牆壁上挖洞，利用偷來的光讀書。匡橫終於讀完他所有的書，然而他的父母沒錢買新書給他。有一天，他遇見一個有錢人，家裡有一個藏了很多書的圖書館。匡橫跑去見他，要求免費替他工作。這個有錢人，很好奇的問他為什麼。匡橫說他想要借書。有錢人於是答應了匡橫要免費替他工作的要求，而匡橫就可以讀到很多的書，終於成為一個博學的學問家。

（二）黃梁美夢

　　求學的目的是希望通過文職考試並且獲得一份皇家的政府文職工作。儘管各省都有既定的錄取名額，政府也只能提供少數的低薪職缺，但是由於受到通過考試和成為學者官員的威望所誘惑，報考人數從來不減。參加科考並且榜上有名是每一個華人的美夢，不過成功者不多。很多人屢考屢敗。有人一直堅持到老。「黃梁美夢」就是一個象徵中國教育和考試制度的小故事。

　　枕頭故事《枕中記》是沈既濟在八世紀時所寫的。它是一個描述不可實現的夢想故事。唐朝時期，有很多的中國文學作品，在形式與內容上都受到印度文學的影響。這個故事就是在這種影響下的作品。在文學的層次上，它是描寫一個讀書人生活在無常世界的夢境裡的故事。它也是一個關於不實際和不可達成的財富和名望的寓言。故事原來的旨意是在勸告和警惕人們，不要執著於生命中徒勞無益的事情。後來，它被用來挖苦那些無益的夢想和達不到的希望。

　　有一天，一個名叫盧生的窮苦農家讀書人，在北京南方 400公里的邯鄲的一家酒店裡碰到一位叫呂翁的道士。根據傳說，呂

翁是八仙之一。這個讀書人正要赴京趕考。他們友善的搭訕，企圖輕鬆的打發一段時間。讀書人談到他對自己窮苦家庭的擔憂和照顧，以及自己的壞運和不幸福。老道士聽完故事以後，就送他一個青瓷枕頭，他說，「如果你睡在這個枕頭上，那麼你所有的夢想都會成真。」那時，酒店的服務生正在煮黃粱米飯，為兩人準備晚餐。因為還沒到吃飯時間，所以他很高興的接受了道士的邀請。他剛把疲勞的頭墊在枕頭上不久，就立刻深沉入睡，美夢大作。他夢見自己以極優的成績通過了最後的考試，並且考中進士。他身居幾個要職。最後被封為丞相。在他當丞相時，他征服了北方的蠻人。皇帝為了犒賞他的功勞，封他為部長。可是他的急速飆升，引起對手的嫉妒，並且設計陷害他。他們的計謀差一點得逞，最後他奇蹟生還，沒被處死。並且恢復了以前的官職。

　　他娶了一個聰明美麗的貴族女兒，並且生了五個兒子。他們也都通過了考試，成了有學問的官員，可以說是光宗耀祖，使治學為官變成傳世家寶。他的兒子們帶給他成打的孫兒，他們又是一樣，長大成為成功的官員。他於是考慮退休，安享榮華富貴，平安幸福，最后與祖先們一同安息。當他突然醒來時，發現那只是一場夢，他仍然是在一個邈邈的酒店裡。鍋子裡的小米飯都還沒熟。道士仍舊坐在他的床邊。後來有人在這個酒店旁邊蓋了一家酒店，取名為黃粱美夢。

　　故事總結，要實現中國人想成為一個有學問的官員的理想，是有多麼的困難。這個理想被認為是權利的高峰和幸福的極至。故事本身是一個寓言，它牽涉到佛家所說的人生兩個重要觀點：痛苦與無常。學者不快樂是由於他牽掛著生命中無常的事物，他想要通過科考以後為官、成名、致富。寓言告訴我們要滿足當下所有。由於我們渴望生命無常的事物才會帶來痛苦。通過科考對

多數人而言，等於做白日夢。只有那些有錢有閒的人，才有成功
的可能。一般的大眾仍然是一群可憐的農民、工匠之類的平民，
被遠方高傲的官員統治著。儘管這個寓言警告大家別做白日夢，
第一代的客家人還是相信他們的子女可以實現他們自己的夢想。
客家婦女是富於機智的。她們不僅不會寅食卯糧，而且還能夠替
兒女籌到教育補習費。最終目的是要提升社會地位。一切都是為
了給子女一個適合的學習環境。而孩子們也沒讓他們父母失望。
儘管他們的學習環境受到店舖實體環境的限制，或是在唐人街租
來的房間很小，他們在中小學的學業成績都十分出色，其他族群
都很羨慕。他們獲得很多殖民時代的小學獎學金和英國獎學金。
能夠獲得英國獎學金（la bourse d'Angleterre）是一項殊榮，等於
是皇冠上的珠寶，它代表多年辛苦學習和循規蹈矩的獎勵。有時
他們大獲全勝，囊括了全部的英國獎學金。英國獎學金是進入西
方大學的成功決竅。

　　第一代客家人在子女教育上聰明的投入大量的資金。客家人
對教育和書面語有一種幾乎是宗教般的崇敬。兩千多年來，中國
一直是由有學問的官僚統治，而其他的帝國，如羅馬帝國，則是
由軍人統治。國家是用筆來統治，不是用劍來統治。中國人知道
透過教育可以提高社會地位。中國的官僚政策是開放給所有賢能
的人。它是中國祖先所發明的一種最重要的民主制度。英國的文
職制度就是借用中國的科舉考試制度的。法國的統治菁英是由與
中國皇家雷同的競爭制度甄選出來的。這種根據民主原則而建立
的考試制度，可說是中國人給世界的一種禮物。

　　在模里西斯出生的第二代客家人，由於他們的父母強烈的認
為自己只是一個暫時的旅居者，要求他們子女繼續保持中國人身
分和中國文化，所以接受華文教育。在模里西斯的第一代華人有

很大的家庭。家中的第一個小孩，很快就有許多的弟妹。他們即
使在新的環境下，仍舊是重男輕女，不過女兒和傳統中國一樣接
受正式教育。父母期望年邁時能夠得到孩子的照顧。我們時常看
到子女超過一打的家庭，而子女超過六、七個的家庭是很平常
的。多妻的家庭並不多。在 1950 年代，只有三位陳家有大婆和
小婆兩個老婆。Ch. Rey 的中法字典 "Dictionnaire Chinois-
Francais" 把大婆解釋為元配，而小婆則為妾室或姨太太。

　　華籍模里西斯人的後代，用獲得中學獎學金學生人數來衡量
他們在學業上的優異表現，僅僅維持了一代人。第三代和第四代
的子女就不如他們的前輩。由於他們的經濟環境比較輕鬆，而且
來自父母的壓力也比較少，因此他們在學業上的表現就沒那麼出
色。父母對於國家獎學金的心態看得比較淡，得不到獎學金並不
代表生命的失敗，因為多數的父母有能力讓他們到國外留學。

　　自從 2003 年以來，獲取獎學金的表現並不平均，如下表 5.5
所示。它是不是會在短期的未來裡從英雄變狗熊？在 1960 年
代，學生的表現非常優秀，甚至在有些年裡，還有囊括全部獎學
金的記錄，雖然當時獎學金的名額不多，全部只有六個名額。

表 5.5：華裔模里西斯學生獲取獎學金人數（2003- 009）

年份	男	女
2003	3	3
2004	2	5
2005	1	2
2006	4	2
2007	3	7
2008	2	1
2009	1	2

資料來源：Le Mauricien.（模里西斯報紙）

五、家庭團聚

　　許多第一代的客家人是向雇主（通常是自己親戚或宗族）借錢移民去模里西斯的。一個勤勞的新移民，憑著果斷，執著，和毅力，他還了債，並且存了足夠的錢，就把他的家眷接來團聚。他花了一年多的時間才能存到這些錢。他的家庭通常只是一個小家庭。如果他有一個以上的小孩，而且有男孩的話，那麼這個兒子就會跟媽媽一起先來。通常女兒會留在後面，等以後再與父母團聚。在載著新移民來模里西斯的同一條船上，他也在船上結交了一些單身朋友。家庭團聚在一起以後，他不再那麼寂寞，而且使他更有衝進，努力上進。到二十一世紀交接時，住在模里西斯的客家人已經有四代了。在 1860 年客家人首次抵達模里西斯之前，華人移民主要是福建人和廣府人。如今華人絕大多數都是客家人。廣府人由於和與客家人或其他族群通婚，或再次移民，或自然死亡，他們的人口穩定的逐漸減少。福建人的後裔幾乎看不到，而且福建方言已經在模里西斯消失了。

第六章　中國人特性與華僑身分

第一節　理論架構

「中國人特性（Chineseness）」是一個模糊的名詞。由於在每一個居住國裡的華人都來自不同的背景，所以他們的中國人特性不可能完全相同。華人的種類很多，有居住在東南亞、北美洲、澳洲、歐洲、和非洲的中國人，他們彼此之間的中國人特性都不一樣。我們不可以把華人身分（Chinese identity）和公民權（citizenship）混而一談。公民權是一種政治身分，由國家授予某些權利與義務。

對於那些原來出生在中國，而現在住在東南亞的中國人，以及他們出生在當地國家的小孩，我們究竟應該用什麼名詞來稱呼他們？即使他們在當地的國家出生，我們是否可以也稱他們為海外中國人？當他們不再認定自己只是暫居國外，將來還要回去他們的故鄉時，他們是否應該被稱為中國外僑呢？「華裔」這個名詞合理嗎？有些名詞只能適合在某些國家裡使用，例如，菲律賓華人，或中國菲律賓人。有沒有一個通用的名詞可以用來代表在東南亞的所有中國人以及他們的後裔？這個名詞並不存在。「華裔」是一個常被使用的名詞，哪個名詞最合適要看文章裡的上下文而定。在前面第五章裡我們一共提到八個稱呼中國人的名詞，

顯示情況的複雜性，以及找不到一個共同名詞的無奈。

在有些東南亞的國家裡，因為華人有中國的姓名，而且他們會說某種中國方言，所以很容易認定他們是中國人。可是在菲律賓和泰國，許多華人的後裔沒有中國姓名，也不會說任何中國方言，或讀、寫中國字，使得認定中國人的工作變得十分困難。不過，當地的非中國人還是把他們當作中國人看待。[1]

在 1955 年之前，中國政府都認定住在中國國土以外地區的中國人為中國的國民。這些中國人被稱為「華僑」，這種稱呼在當時是合理的。他們是中國公民或是暫時旅居在國外，等到他們的經濟目標達成後，就要回到中國去。印尼學者廖建裕（Leo Suryadinata）認為在東南亞使用「華僑」一詞，在現在是不正確的，因為「在東南亞土生土長，而且已經有當地國家公民權的人，他們不是海外中國人，他們也不是暫時居住海外，而想將來回到祖國（中國）去。他們是住在東南亞的華人後裔，他們的祖國在東南亞。」[2]

不過，「華僑」（overseas Chinese）要比「華裔」（ethnic Chinese）更廣泛的被使用著。支持使用「華裔」的人，把兩者作了一個有趣的區別：華裔是以海外當地為基礎，而華僑則是以中國為中心。因此，他們主張在現在的世界裡，用華裔來代表出生在海外的中國人，是一個更合適的標籤。住在東南亞的中國公民，我們仍舊可以稱他們為華僑。

殖民地獨立以後，中國人被迫要選擇中國國籍或當地寄居國

---

1 M. Jocelyn Armstrong, R. Warwick Armstrong and K. Mulliner, ed., *Chinese Populations in Contemporary Southeast Asian Societies: Identities, Independence and International Influence*, Richmond, surrey, Curzon, 2001, P. 56.

2 Leo Suryadinata in Armstrong et al., 前揭書, P. 60.

的國籍。在 1950 年代，在東南亞的中國人多數是土生土長的，因此大部份人選擇歸化為當地寄居國的公民，但是也有很多人回到中國去。進入二十一世紀時，中國人融入當地國家的情形就因國而異。馬來西亞的政客們對中國人稱他們自己為「馬來西亞中國人」而非「中國馬來西亞人」，頗有微詞。中國再次成為世界強權以後，情形變得複雜化。東南亞地區的華人，一直在東南亞與中國之間的貿易與投資方面，扮演著重要的經濟角色。這個角色會因為中國在當地的經濟發展而變得更加重要。對某些中國人而言，保持中國人的身分，至少在文化方面，有其經濟和政治上的價值。有些當地的政治菁英，看清了這點，也跟著在政體上作了調整。即使是最不友善的國家，對中國文化也表現得比較寬容自由了。許多當地族群知道了解中國文化的好處，所以也開始學習中文。

在東南亞的當代中國族群身分，可能會更中國化，也可能融入當地國家，這與居住國家有緊密的關係。

一、原始定律

在 1990 年代，「族群性」由於受到建構主義者的理論所激勵，使它成為社會科學裡學術界的時髦話題。人類學研究族群性的最早方法，是靠斷定族群特性是天生而固定不變的原始論（也叫本質論）。它不因個人而改變，也不因時間而改變。這個定律把族群定義為不同文化的一群人。因此它聚焦於方言或語言，食物，宗教傳統，和信仰等的文化特徵上。

在任何一個國家裡，不同文化的族群不會孤立的生活著。當他們集體出現，彼此互動以後，有三種情況可能發生：第一種現

象是交融，也就是美國人所說的文化熔爐。各個族群之間的互動，就產生了一個融有所有族群特徵的新文化。這種現象可以用 Milton Gordon 的著名公式 A+B+C=D 來表示。

第二種現象是我們常說的「跟著美國人走」（Anglo Conformity）的現象。根據這個定律，新到的少數移民被洗腦，認定主流社會的文化價值和制度是超棒的，他們必需採用這些價值觀和制度，主流社會才會接納他們。這種現象可以用 A+B+C=A 來表示。

第三種現象是文化的多元性，有時也叫做「沙拉碗」現象，因為不同的原料仍舊保持著它們不同的原味。這種情形的發生是，雖然不同的族群共享一些國家的價值，目標，和制度，但是他們的文化價值和制度仍舊相異,分隔。Milton Gordon 的公式為 A+B+C=A+B+C。當人數佔優勢的族群，保持著他們自己的族群文化，為了自身的利益而排斥其他族群，這種心態就會經常引起族群之間的衝突。

在另一方面，社會科學家和壓力團體如婦女運動，（男）同性戀者的權利團體，和反對種族歧視的激進份子，他們所認同的建構主義的觀點，族群性並不是固定的，而是流動的，而且要靠建造和協商才能形成。這種新定律意味著族群性的暫時性，易變性，和變化性，然而本質主義定律則把族群性看成是永久的，不可改變的，這種論調主張保守政治，反對社會改革。Simone de Beauvoir 在她的《第二性別》（The Second Sex）一書中最著名的主張，說明了建構主義者的看法，其重點如下：「女人並非天生的，而是變成的。」如果一個人天生就是中國人，而且中國人特性是靠遺傳的，那麼，一個非中國人可能成為中國人嗎？中國歷史告訴我們那是可能的。它可以靠採納主流漢民族的各種不同

行為模式，習慣，和語言等而做到。不過，一個人是否屬於另一個族群，是依照兩種重要因素而定：你要獲得新身分的意志，和其他族群是否願意接受你要成為他們族群成員的意願。各個住在中國邊疆的「野蠻」民族，他們採用中華語言，文字，和烹飪（北方人吃麵，用筷子而不用手指和刀子吃飯。）之類的文化價值，大家都認定他們是中國人。十三四世紀的蒙古人，雖然征服並且統治了中國，但是他們從來沒有想要採用中國的文明和文化，所以一直依舊是外國的征服者，不過他們的統治，不到百年。相反的，他們的遠親滿州人，創建清朝，並且統治了中國267年（1644-1911），他們被中國化，融入中國文化。今天的中華人民共和國政府，正式的把他們定為是中國的一個族群。

在中華人民共合國，政府承認有 56 個不同族群的存在，包括漢族以及其他 55 個非漢族的少數民族。少數民族包括藏族，維吾爾族，蒙族，滿族，苗族，和瑤族等。漢族人口佔全國人口的 92%，非漢族的人民多數住在中國的西部。台灣的原住民叫高山族，他們是台灣的少數民族之一。（譯註：高山族是以前用來代表原住民的統稱，現在已經不用「高山族」而改用「原住民」了。）中國並沒有把港澳同胞納入中華民族的分類中。另有 1,072,642 人也沒有被納入民族的分類中。中國政府沒有把客家人列為單獨的一個族群，只是把他們當作漢族裡的一個子族群。

中國政府對於中國身分存有矛盾的情結。族群的分類等於承認在國家身分和文化身分上有所區別。這種分類也意味著有一種基本上的族群核心標誌，除非天生，那是非漢民族的人所學不到的。如果你是天生的蒙古人，那麼你就一輩子是蒙古人。雖然你可以拿到一本中國護照，但是你不可能變成一個漢人。這就是原始定律對族群身分的解釋。

二、建構定律

　　對於支持原始主義的人來說，身分不是一個問題。他們主張身分是與生俱來，不會改變的。它是根據一種簡單的觀念：共享同一種特徵的人，他們在社會上就具有某種特殊的身分。從另一方面來看，建構主義者就要挑戰這個觀點。他們主張一種身分並非本質的存在著，它是靠人類在社會上彼此互動而造成的。它是流動的，而且會隨著時間，環境，和其他因素而改變。在中國南方的客家身分是靠著他們與其他族群的互動，透過互相衝突，以及爭奪稀有資源而造成的。身分是變來的，而不是天生的。身分並非完全屬於原始的，也不是完全隨情況而變的。一般而言，它兩者皆是。[3]之所以把中國人分成 56 種族群，證明要把非漢人列為完的中國人是一件困難的事，因為每個族群的原始特徵十分重要，外族人是學不來的。許多在歐洲和北美洲的華人都有同感。年輕一代的華人，他們幾乎完全被同化，他們不懂他們祖先的語言，並且吸收了居住國家的習慣，傳統，以及生活方式，然而在那些人口佔優勢的族群人們眼裡，他們仍然被當作華人，而不是主流的一份子。身體的特徵仍然是一個決定身分的重要因素。在與同族群裡的人聊天時，一個保守的純正客家人會很客氣的叫克里奧爾華人為華人或客家人。

　　在 1980 年代，本質主義者主張身分是靜態的，並且忽略了它的不定性和多樣性。他們是從生物學的角度來看中國人特性。一個人看起來像是一個華人，那他就是一個華人。每一個人都被

---

3 Lily Kong, 'Globalisation, Transmigration and the Renegotiation of Ethnic Identity', P. 2, http://profile.nus.edu.sg/fass/geokong/routethn.pdf.

認定是華人或非華人。已經被許多國家採用了的多元文化論，傾向於加強中國人特性的本質概念。中國人特性其實要比本質主義所說的簡單概念複雜得多。在 1990 年代，學者 H. K. Bhabha 提出了「非此非彼」的第三種觀念。[4]人們的想法也因此轉向與生命及個性不同觀點有關的多重身分的觀念。

令華人感到困惑的是，他是否有選擇自己身分的自由。如果他的身分在他出生時就被決定了，由於他對自己身體的遺傳毫無選擇，所以他也就不能做什麼。假如他有選擇自己身分的可能，那麼在什麼情況下可以選擇，而選擇又可以到什麼程度。國際文化學說專家，洪教授（Ien Ang）鑑於歸屬的身分與自己選擇的身分兩者的緊張狀況，總結如下：「如果我的華人身分無法擺脫遺傳，那麼我只是同意我的華人身分。」[5]洪教授後來又說：「當我說我是華人，那是一個選擇，但是那不是一個完全自由的選擇。」Meerwald 認為選擇的力量經常要看一個人所在的特殊環境而定。經濟力量也許可以讓一個人反駁原始主義對自己身分的決定，不過有時不見得有效，因為身體特徵會使他無疑的是一個華人。身體標誌的力量會強到讓你無以抗辯，一個看上去像華人的人，他就會被認定有中國人特性，不管他選擇什麼族群身分。

來自不同地方的華人，在碰面時都會談到有關中國人特性和華人身分的話題，例如，「你那裡來的？」「你說華語嗎？」有些華人認為能說華語或一種中國方言，是中國人特性的不可或缺的必需條件。眾所皆知，香港的廣府人對不會說任何一種中國方

---

4 Agnes May Lin Meerwald, 'Chineseness at the crossroads: curricula and pedagogical considerations for educational context', P. 2,
　www.waier.org.su/forums/2004/meerwald.html.

5 同上，P. 10。

言的人不禮貌，並且嘲笑他們是「假的中國人」，就見怪不怪了。洪教授曾經抱怨華僑身分把那些不會說華語，不會讀寫華文的華裔排除在外。[6]洪教授是一個出生在印尼，不會說華語的印尼華人，她在荷蘭受教育，目前在澳洲西雪尼大學（University of Western Sydney）任教。許多像洪教授那樣的華裔學者，他們的華人身分被華僑排除在外。她辯稱，這種身分的排除是政治因素的考量，並且與中國崛起有關。洪教授建立了這樣的一個理論：「中國人特性不應該被人看成是一個固定的種族或族群，它應該是一種開放而未確定的符號，它的定義在不同的華人外僑群體裡，經常被重新協商和釐訂。也就是說，一個人是否是華人的概念，是隨地域而變，而且依當地情況而形成的，而當地的情況就是華人祖先定居以後所創造的一種新的生活方式。換句話說，華人身分有很多種，而不是只有一種。」[7]她呼籲大家「不要稱那些不會說華語的華裔為『假華人』，而要認定他們在他們的權利範圍內，為他們的目的，以適合他們的生活條件和在他們的生活條件下，他們其實是與某種中國人特性相稱的。」[8]

洪教授發現到，如果當一個人沒有使用華語的能力，或者因為某種原因而放棄中國文化的習慣，那麼血統身分就可以充當一個代表中國人特性的標誌。

許多客家模里西斯人，當他首次回到故鄉時，都會強烈的感覺到中國血液在他們的血管裡流動著。當著名的美國作家譚恩美（Amy Tan）第一次踏上中國時，她就有這樣的感覺。這個故事

6　Wong Liu Shueng, 'The Changing Face of Chinessness', P. 2, www.stevenyoung.co.nz/chinesevoice/ChinConf/S2.html.

7　Ien Ang, 'The differential politics of Chinessness', P. 1, www.sil.orf/~radneyr/humanities/politics/DiffChin.htm.

8　Wong Liu Shueng，前揭書，P. 3。

告訴我們，血統或種族成為中國人特性的著力點，而華僑就是靠他們的血統或種族與中國結合在一起。否則他們說自己有華人身分就會成為空談。洪教授從混婚的角度來寫作，她指出，種族的屬性是一種簡化的解說，它在事先就依照血統定好了一個人的身分，忽略了複雜社會關係的影響。[9]

在白人定居的國家裡，那裡的國家身分是根據多數的白種安格拉薩克遜人為主，華人的後裔，不管在那個國家住了幾代，還是經常被放在東方人或亞洲人的框架裡。這些華裔拋棄了大部份的中國文化習慣與傳統（語言，宗教，等等），我們不禁要問他們屬於什麼族群？我們應該如何將他們與中國人特性或華人身分相連？血統可以充當一個連結中國人特性的符號，但是這種連結是很脆弱的。白種的美國人把華裔美國人，看成是東方人或亞洲人，所以他不屬於「這裡」，而當他去中國訪問旅遊時，他們發現人家把他當作外國人，因為他不會講任何華語，所以他也不屬於「那裡」。他因此不屬於這裡，也不屬於那裡。他是「完全的融入非華和非美的文化裡。」[10]

Madsen 認為，對於一個人「不屬於這裡也不屬於那裡」的抱怨，是一種很深的國家主義者情緒。這種愛國的國家主義正是中國外僑觀念思想體系的基礎：一個社群住在「這裡」，但是他們在政治上與文化上卻是和「那裡」互相關連著。而在一個沒有任何政治和文化實質的環境下，那麼訴諸血統的神秘力量，就可以使這架構變得天衣無縫。[11]

9　Ien Ang, On Not Speaking Chinese: Living Between Asia and the West, London: Routledge, 2001, P. 49.

10　Deborah L. Madsen, 'Diaspora, Sojourn, Migration: 'The Transnational Dynamics of "Chineseness", P. 8, http://home.adm.unigo.ch/~madsen/zurichdiaspora.htm.

11　同上，P. 12-13。

　　Madsen 也認為外僑身分的形成，實際上要比「這裡那裡」的範例更複雜。它是根據寄居的國家，當地的外僑社群，和祖國（中國）三根主軸形成的。中國人特性是由移民與寄居在當地的社群，透過動態的關係（指互動的關係）而建立的，並不是靠兩個對立的寄居國與祖國（中國）而建立的。支持建構主義的人主張，矯正「不屬於這裡也不屬於那裡」這個範例的方法，是要用「兩者皆是」或「這裡和那裡」的範例，來定義族群身分。

　　洪教授主張我們必需抗拒把中國人特性減低到只剩「一些似乎是自然而肯定的種族元素」，我們也必需質疑用中國人特性做為身分的標誌（我們應該忘記它）[12]，來分類的重要性，我們才能「逃出中國人特性的框架，」並且「建立一個開放的和多數個不同的『後中國人』身分」。她主張一種更流動性的，更具活力的中國人特性的定義，以及混族的觀念。在這種範例下，寄居國和祖國誰都不會比誰更具影響力。這樣一來，華僑就可以脫離中國人特性和真實性的根源-中國，建立一個適合在寄居國生活的混族的而且融合的身分。

　　洪教授仔細考慮過完全放棄使用「中國人」這種叫法的可能性，並且做了如下的說明：

　　　「中國人」這種身分並沒有必然的好處；事實上，依照情況與需要，也許從政治的考量上，我們必需拒絕屬於這個世界上最大的「種族」，「中國人」的「家庭」，這個原始問題。在這種情形下，重要的問題不僅是：我們可以對「中國」說不是嗎？而且也是：「當一個人在被問到時，能否能對中國人特性說不是呢」？[13]

12　Ien Ang，前揭書，P. 50。
13　同上，P. 51。

　　Carstens 認為中國人特性是繁雜的，而像洪教授這類外僑知識份子，則辯駁「中國人」這種類別的用處和它的正當性。雖然 Carstens 舉出許多不同形式的中國人特性，但是混血兒還是有些範界不能跨過的。混血兒的形態可以發生變化，使中國人特性形成新形態，讓舊的形態淡化而消失。我們難以回答的問題是它何時會發生。例如，靠著翻譯中國的文學和表演藝術來回歸到一個人的根源，不論多麼值得讚美，其中國人特性的合法性還是值得懷疑。除了那些核心中國價值以外，問題的焦點似乎是在語言上。一般外僑知識份子的問題是，他們不會說也不願去學華語，因為沒有人教他華語。語言並非與生俱來，一個人必需在孩提時代或在成年時期學著去說華語。這是一種決心和意願的問題，正如有人花上數十年的時間去學習殖民國家的語言一樣。一個人可以靠接受核心的中國文化價值來保持他的中國人身分和中國人特性，或拒絕這些價值，而不被人認為他是中國人。

　　看來在未來情況還會繼續演變，身分的問題則仍然是個複雜的問題。客家人強調教育會產生更重要的改變。有了更高的教育，客家人的價值觀會產生微妙的改變。在馬來西亞的庫達（Kudat）和沙巴（Sabah）一帶客家農民的子女和孫子女，就是一個例子，這些後代都是住在城市裡的專業人士，或是服務業的從業人員。這種現象也同樣發生在模里西斯。客家人對女兒的教育和對兒子的教育一樣重視。在馬來西亞社會裡，那些不關痛癢的客家文化特性就會被拋棄。武術以及一些偏愛男女平等的組織，也許對那些孤立的農民或游擊隊有用，不過顯然已經走入歷史了[14]。異族通婚的增加將會改變未來後代的文化模式。

14　Sharon A. Carstens, *Histories, Cultures, Identities,* P. 99.

　　Carstens 下了這樣的一個結論，客家人和其他方言族群的文化模式，彼此之間的清晰差異將會被侵蝕，想要保持現存的文化模式就得付出更有意識的力量。

　　我們需要對 hybrid（混血兒）和 hybridity（混血兒特性）兩個名詞加以說明。從語源學來看，字典裡提到它們都是源於拉丁字 "hibrida"，意指由溫馴的母豬與野生的公豬交配後所生的小豬。有些人對於把這個字用在人類上感到不自然，因為它含有輕蔑的弦外之音。這兩個名詞有兩種涵義。一種是由兩種不同的動物雜交所生的小動物，例如，由公驢和母馬交配所生的騾。另一種是由同樣的兩種動物交配所生的後代。也有人使用其他帶有侮辱或輕蔑性的字眼："half-breeds"、"half-castes"、"mongrels"、"cross-breeds"、"mulattos"（來自西班牙字"mulato"，幼騾）。（譯著：上面幾個字都是指罵人雜種的意思。）"hybrid" 這個字現在已經被引申為一種由兩種或兩種以上的元素混合後所產生的東西。在社會科學裡，有許多的學派使用這個字來分析文化的相關問題。"Creole"（克里奧爾）一字即是一個例子。在社會學與人類學裡，"hybridity" 這個字被用來指混合的文化。這個字可以代表兩種不同的人，第一種是指中國人的後裔，他們不會說任何一種中國方言，而且已經西化。第二種是指像在模里西斯的克里奧爾中國人一樣的人。從生物學和文化的角度來看，這兩種人都是混血兒。在當地的命理學裡，華人用數目字 "16" 代表克里奧爾中國人，而用 "32" 代表純中國人。客家人與廣東人也使用不同的輕蔑語稱呼彼此。這些都強調了彼此之間存有種族歧視的事實。

三、工具定律

　　學者有時說建構主義者或工具主義者是隨情況而變的。根據
工具主義者的理論，人們利用族群身分做為達到個人目的的工
具。在某些情況下，與族群的聯繫會帶來許多有用的利益。人們
部署了虛構的人物，共同的歷史與經驗，文化，以及共同的祖先
等，讓族群支持某種物質利益的行動得以合法化並且加以動員。

　　工具主義者對族群意識的做法是強調與族群的聯繫。當一個
人成為某個族群的會員時，由於他們有共同的歷史，文化和價
值，所以會產生他對該族群的忠誠。對他來說，族群差異並不重
要，因為它可以變得很小，重要的是他現在是具有相同獨特文化
族群的一份子，這種共同的聯繫將他們結合在一起。[15]工具主義
者的做法也強調族群裡面每個成員對他們自己的看法，和如何為
自己族群的特性下定義。換句話說，工具主義者強調族群成員對
他們族群身分之感覺的發展。使用族群分會會員的策略，是根據
這樣的簡單理念：用單一個體與他人競爭，力量薄弱，而以一個
聯盟團體的成員的身分，那麼在土地價格，工作與教育機會，以
及政治力量等的競爭上，就會因為團體力量而變得更有效。[16]

　　模里西斯在選舉時，利用族群性的現象最惹人注意。所有政
黨都認為如果他們向華人族群保證，在當選以後執行一些對華人
有利的政策，他們就可以贏得華人的選票。有些華人利用機會，
僅僅在唐人街籌組集會，假裝他有拉到選票的能力。每一個主要

15　Elizabeth Brumfiel, 'What is ethnicity ? Affiliation and Attribution', P. 1,
　　www.indiana.edu/~arch/saa/matrix/aea/aea_07.html.

16　同上，P. 2。

的黨魁都相信，要想贏得至少一個選區，對族群演說是必不可少的事情。族群的聯誼會就能夠用來集體控制和對抗票源。在世界各地都可以看到這種現象。在模里西斯，客家人直到最近一直控制著的零售業，就是一個例子。當一個客家店東生意穩定以後，他就邀請他的親友來模里西斯，然後他的生意又穩定了。這種連鎖的移民和生意在全島的擴張，一直持續到他們控制了整個的零售業。要不是靠著集體的聯誼和團結，這是絕對做不到的事。在美國，華人幾乎霸佔了洗衣的生意。其他族群則掌控了美國別種不同行業的生意：印度人主要經營汽車旅館，韓國人主要經營水果攤，而柬埔寨人則以經營油煎圈餅生意為主。

　　做為一個族群的會員也有它的壞處，因為優勢族群會利用他們的族群身分，藉著他們身體或文化優勢，使他們的特權合理化。他們把負面的和劣等的特徵歸給次等族群。在美國，他們把負面的刻板族群形象歸給少數族群：中國人詭計多端，猶太人視財如命。佔絕大多數的白種新教徒，利用他人負面的刻板形象，在不公平的基礎上，來維持他們的特殊地位。這是族群仇恨與衝突的根源。從另一方面來看，弱勢族群則採取自封的態度來抗拒壓迫和不平等的待遇。

第二節　客家族群的特徵

　　客家人有一個多彩多姿的歷史。他們靠著他們在中國海內外的生活經驗一面形成，一面塑造自己的族群特徵。客家人是冒險家、拓荒者、革命分子、戰士、商人、貿易家、和許多行業的專業人士。客家人敢去別的方言族群不敢去的鄉村或孤立的地方開墾定

居。他們因此得到一個客家和西方學者都一樣描繪的刻板形象。

　　客家人有幾個出名的主要特徵，包括特殊的方言，生活習慣，食物，以及男女分工，心胸開放等的文化。客家人開放的心胸使得他們很容易接受新觀念，基督教義，和改革。當客家人移民到國外時，他們並沒有在新的國家裡自動保持著他們的文化模式。有些不再需要的文化模式，就沒有必要保存。例如，在早期定居時需要的武術，有了當地首領和政府更多的保護之後，可能就不再需要了。

　　根據 Carstens 的說法，在馬來西亞和新加坡的客家會館出版的特別刊物裡，我們可以找到有關客家身分自知自覺的說法。下面的客家人特徵摘要是從一篇刊登在 1965 年的兩本紀念刊物裡一篇翻譯的文章得來的。[17]

　　* 客家人即使再窮苦，他們也不願被人欺騙愚弄。如果有人
　　　輕視他，或對他不禮貌，那麼他就會冒死對抗。
　　* 一般說來，客家人愛面子。中國人的面子問題很難說清
　　　楚，因為它包含了像尊嚴，禮節，道德，和名譽等的特
　　　性。客家人熱情有理，樂於招待客人，並且保持著傳統的
　　　禮儀。客家人因為崇敬社交上的文學涵養，所以他們輕視
　　　為富不仁之徒。客家大眾對那些能夠寫像倫理學之類的論
　　　文的人，特別尊敬。
　　* 客家人有很大的冒險性。很多人去國外經商致富。有兩句
　　　客家話用來表達這個目的：「發展」和「做生理（客語，
　　　做生意之意。）」即使他們在開始時需要和窮苦奮鬥，他

---

17 Sharon A. Carstens, *Histories, Cultures, Identities: Studies in Malaysian Chinese worlds,* Singapore: Singapore University Press, 2005, P. 97.

們也準備為前途而犧牲。他們要存到足夠的錢，另外再向親友借錢，開創小生意，並且一直經商致富。

* 客家人喜歡學習武術和戰鬥技能，藉以自衛，因為在以前的原住民，例如在婆羅洲的迪亞克族人，經常襲擊他們。

* 客家人男女享有相同平等的權利與義務。他們沒有男人工作而女人不工作的習慣。客家男女都要犁田耕種。因此之故，客家婦女不纏足，而且更健康，更美麗。

　　客家史學家謝庭宇（Hsieh Ting-yu 音譯）對客家人作了如下的解說：「客家人的特性，在他們的名字和歷史裡已經說得相當明白。他們是一種堅強，勤勞，積極，勇敢的種族，他們的習慣簡單，但是有非常愛與人爭吵和訴訟的脾氣。他們活躍而且自立，客家人鍾愛土地與快速擴張，使得他們常與鄰居發生衝突。」[18]

　　一個出生在四川的客家後裔華人韓素英（Han Suyin），在她的自傳《殘樹》中，揭露了蒙古人在十三世紀時把客家人趕去南方的簡明情況：

　　「由於客家人機動，勤勞，和強勁，所以元朝把客家人當作潛在的拓荒者，他們適合住在人口稀少的地方。（...）他們生活的環境確定了他們的族群特性：仰賴宗親，節儉，彼此忠誠，壞鄰居，隨時可以打仗，客家這個名字和以上的德行連在一起，客家人也以此自傲。」[19]

　　上面說明了客家人如何呈現自己的形象。他們的特性和品質是被他們的歷史，經驗，和環境所塑造出來的。自我的形象常常

18　Quoted in Clyde Kiang, *The Hakka Odyssey*, P. 95.
19　Han Suyin, *The Crippled Tree*, London: Panther Books Limited, 1972, P. 23-24.

會被自我誇張。許多十九世紀的傳教士說客家人是勤勞的工作者，這個形象也在 James A. Michener 的歷史小說《夏威夷》（Hawaii）裡反應出來。在 1965 年的電影裡出現一個鏡頭，裡面有一個名叫 Dr. Whipple 的美國人，來到廣東要找 300 名男人去夏威夷甘蔗園做工。有一個名叫春發的廣府人在幫助這位美國人。春發有意只徵募本地勞工（即廣府人），但是 Dr.Whipple 只同意徵募一半廣府人，一半客家人。

春發問道：「為什麼你要客家人？客家人不好。」Dr. Whipple 很嚴肅的看了春發一眼，他與 J&W 交易了四十年的經驗，可以證實他的判斷。他緩慢的說道：「我們聽說客家人是很好的工人。我們知道本地人很聰明，因為在夏威夷有很多本地人；但是客家人可以做工（...）」。春發開始小心說道：「也許客家人能做工，但是他們很愛打架。」[20]

客家人好鬥與積極的性格，以及依賴宗親的習性，是被他們長期移民，尋找家園的經驗塑造出來的。當客家人到達中國南方時，肥沃的河谷與平原已經被比他們先到的人佔有了。他們是不受歡迎的客人。他們聚居在比較貧瘠的山上，而且他們需要抵抗不友善的環境。要不是客家人能夠吃苦耐勞，勇敢無畏，他們早就被殺或被同化了。本地人說客家人依賴宗親，但是對客家人而言，依賴宗親代表團結與互助，大家才能存活下來。客家人的團結表現在他們的建築物上。客家人的圓形土樓，蓋得像一座用來抵抗外人侵襲的多層圓形碉堡。有幾十個家庭，幾百個人安全的住在這個碉堡裡面。一旦聽到銅鑼或打鼓的警鈴聲音，馬上就會引出男男女女帶著暫時代用的武器，出來保衛他們的性命與財

---

20 James A. Michener, *Hawaii*, New York: Random House, 1955, P. 397.

產。當經濟衰退時，族群間的衝突就會增加。客家人是不可被征服的，為了保住他們的族群身分，他們會勇敢的戰鬥。由於客家人為了自保，隨時可以戰鬥，所以本地人認為客他們是野蠻人，說他們不是漢人而是未開化的原住民。事實上，客家人都受過很好的教育。嘉應州的客家人出了許多有執照的專業人士，和學者官員。客家人一向注重教育。他們深深的敬佩學習。他們一再勉勵子女努力學習，遵守紀律，以期在考試時能夠金榜提名。

　　不過，精準而可靠的古代和現代中國觀察家林語堂，在他的著作《吾國與吾民》中說：「中國人缺乏西方人尊貴的美德，貴族的氣質，事業的野心，改革的熱誠，大眾的精神，冒險的意識，以及英雄的勇氣。」[21]受爭議了五十年的論著家柏楊先生，他從中國大陸逃難到台灣居住。柏楊曾經有過很多的演說，也寫過無數的論文。這些作品被翻譯後，以「醜陋的中國人」的書名出版問世，公開指責中國人的缺點和短處。書名的本身就很損人，而且故意挑撥人，目的是要「激盪同胞，使他們能夠自覺。」[22]柏楊認為如果一個中國人冒險從事，他就是一個傻瓜。獨自划船環繞地球，以及英雄式的行為，都是極其冒險的，這些不是中國人的擅長。柏楊害怕如果中國人不更「笨」一點，那麼中國人的文明就要像美國印地安人一樣的消失了。[23]中國以前很可以成為海上冒險強國。鄭和七次遠洋航行，幾乎是曇花一現。他後繼無人，海上探險無疾而終。從另一方面來看，客家學者江運貴教授下了一個這樣的結論：「在這方面，客家人與中國人絕

21　Quoted in Clyde Kiang, *The Hakka Odyssey*, P. 96.

22　Bo Yang, *The Ugly Chinaman and the Crisis of Chinese Culture,* Don J. Cohn and Jing Qing, trans. and eds., NSW, Australia: Allen and Unwin Pty Ltd. 1992, p.vii.

23　同上，P. 57。

對不同。」[24]客家人是拓荒者，也是冒險家。

　　一個族群通常被認為是一個社會的群體，人們假設他們有共同的祖先，靠著傳統的文化，語言，同族婚姻，或宗教活動等而結合在一起。當族群文化條件脆弱時，族群的成員就不免要被同化。如果沒有族群的驕傲和族裔文化的知識，那麼族群的成員就會降低他們保持族群身分的意願。

　　"ethnic" 這個字是由希臘字 "ethnos"（意指國家）演變而來的。在拉丁教會裡，它則意指不信基督教的人。依美國人的用法，中國和其他亞洲族群，如韓國人，越南人等，統稱為「亞洲人」。各種不同的拉丁美洲人統稱為「拉丁美洲人。」「白人」則代表來自歐洲的各種人。

　　除了像膚色，單眼皮等的身體特徵之外，族群身分的形成是靠環境而非遺傳。在多種族群的環境裡，當衝突發生時，身體的外表常常成為一個分辨不同族群的重要標誌。

　　中國人特性表現在文化的價值，規範，和習慣上。文化的價值跟華人社群認為有價值的或想要的各種理想有關。這些價值表現在人們的想法和作法上。大家憑著社群是否讚許某種事物來判斷它的價值。各種價值是以「禮」為依歸。「禮」者，「禮儀」也，「禮貌」也。規範與價值有密切的關係，它是大家都要遵守的行為標準。不合規範的舉止會受到社群的制裁或指責。社會和文化的習慣構成了人們的生活方式。人們會在運動時或在集會時進行社交的活動。文化活動包括了參加大眾娛樂活動如看電影，以及使用文化產品如圖書，錄音帶，光碟等。

　　中國人的族群性問題偶爾會突然的出現。人們所提出來的問

24　Clyde Kiang，前揭書，P. 96。

題是關於誰是中國人，誰不那麼（像）中國人，誰不是中國人，誰是純正的或是假的中國人。族群性並不會無中生有的存在著。根據「隨情況而變」的觀點來看，族群性是由於兩種族群為了爭奪稀少的資源而產生。當客家人面對不承認他們是中國人的廣府人時，他們就必需根據族群性與族群身分，抓住這個機會和廣府人較量一番。這種衝突起源於「我們」和「他們」之間的情結。廣府人輕視客家人，並且把他們當作原住民看待。在十九世紀時，客家人與廣府人兩個族群之間的深仇大恨引起了血腥的內戰（土客械鬥）。雙方死亡 200,000 人。在馬達加斯加也重複的發生過爭奪資源的事故。

一、模里西斯的客家人

多數的第一代客家人，在 1949 年中國政權轉換之前，就移民來模里西斯，雖然多數的客家人都支持中華人民共和國，但是他們很少與共產黨接觸。模里西斯的客家人並沒有跟隨共產黨拋棄重要的中國文化、宗教、和經濟傳統與價值。他們還保持著家庭制度和儒家的價值。客家人繼續拜神，祭祖。他們也相信自由貿易。

第一代的客家人是在中國出生的，現在都已經七、八十歲了。而且有很多人早已去世。他們的太太多數是客家人，有在模里西斯娶的，也有在中國娶的。他們有人娶非客家人（多數是克里奧爾人或印度人）做太太。男人後來都結了婚。他們是以自由移民的身分，並且帶著自己的文化遺產來到模里西斯。他們的文化價值和中國人特性，經過這些年來與新環境的非華人互動後，已經有所改變，並且形成了一種新的華人身分。以前人們認為每

個華人都開雜貨店的刻板印象已經淘汰了。多數的第一代客家人以開雜貨店維生，可是他們的子女和孫子女已經放棄了舖居，將零售生意轉讓給其他族群的人經營。如果年輕的客家專業人士被稱為店東或店員，他會生氣的。這種刻板形象已經完全消失了。

　　第一代的客家人從做店舖助手開始，但是由於他們都想盡快自己當老闆，所以很快就離開了。他們的生意目標一直想到路易斯港做批發商，從事進口生意，並且將生意擴張到保險，運輸，旅遊，和汽車代理商等其他行業。可是只有少數人成功。多數受華文教育的第二代華人，繼承父業從商。有些已經在路易斯港成為經銷商。第一代客家人說做生意比任何其他行業容易賺錢。這句話總結了他們移民出國的目的和理由。

　　第二、三代客家人的情形要比第一代的更複雜，因為有很多因素影響著他們：他們所受的教育，專業訓練，對華人族群性的心態，價值，以及他們自己對中國人特性的看法等。第二代客家人包括下列三種人：（i）在模里西斯出生，並且只有在當地華文學校受教育。（ii）在模里西斯出生，並且在當地受過華文，英文，和法文教育。（iii）在模里西斯出生，並且在非華語學校，用英語教學的學校求學。

　　那些僅僅受過華文教育的第二代，如果經商成功，就不會抱怨自己的命運，但是那些不順利的第二代，就會嫉妒受西方教育的兄弟姐妹，因為他們可以去西方國家深造。在客家男女平等的制度下，客家婦女明白經營店舖的辛酸，對自己子女的教育有自己的主張。對客家父母來說，「椰殼」是低薪勞工和沒有社會地位的代名詞。一個店舖助手的工作，遠遠低於地位高聳而且有文化的學者，即孔子所謂的君子，君子在傳統中國社會裡有至高無上的地位。第一代的父母們明白在模里西斯的社會階級與中國的

社會階級不同，而且他們也不可能製造出一個相同的環境。要想提升社會地位，唯一的辦法是靠教育。教育可以把機會開放給他們的子女。鑽研古文的士大夫階級，不管多麼值得讚揚，它究竟已經落伍，成為歷史了。唯獨可以改進他們子女命運的是專業訓練。

在共產黨於 1949 年取得中國政權以前，模里西斯的第一代客家人的理想是保持中國文化。他們的子女，不論男女，幾乎都在華文學校讀書。在中國，女孩很少上學。來到模里西斯的婦女，大多數是文盲或半文盲。她們讓女兒上學，避免女兒以後步上與她們相同的命運。1949 年以後，有些小孩被父母從華文學校轉去非華文的學校，於是他們的命運就與非華文學校畢業的學生一樣。他們享受中國教育和西方教育的雙重優點。

後面一種客家人，包括一些第二代和全部的第三代客家子女，他們在使用英語或法語授課的學校就讀，他們的表現與父母文化的差異最大。在同一個家庭裡，有些孩子能夠讀和寫中國字，有些孩子能夠了解客語，但是不會讀或寫中國字，有些孩子則只能了解一點客語或完全不懂。多數的第三代客家人已經完全不懂客語。不過，在當地環境裡，他們並沒有被非客家的華人所排斥或污辱，因為其他的華人族群在經濟上，社會上，以及文化上，都沒有像客家族群那麼堅強和具影響力。廣府人寥寥無幾，而福建人幾乎看不到。在紡織廠工作的中國大陸合約工人，他們只會說普通話（華語），根據 2003 年 8 月 24 日出版的《Week-end》的說法，他們在 2003 年 8 月的人口是 11,232 人（約佔當地華人的一半），除了和一起在紡織廠工作的同事以外，他們很少和中國模里西斯人接觸，因此對於當地中國模里西斯人的漢化的影響很小。接受西式教育的客家人，他們受到西方文化的影響最大，他們絕大多數都在父母的同意下，自願的改信基督教。他

們多數是信奉天主。教育與宗教共同影響了他們的中國人特性和
外表。

　　第二、三代的客家人，受中西教育之賜，或僅僅西式教育的
加持，他們得天獨厚。他們在西方的大學裡學到商業知識，回國
後，就把自己所學的應用在擴張自己的家庭生意上，自己開業或
與非華人的生意集團合夥。他們是醫生，會計師，建築師，工程
師，藥劑師，和律師。這些都是高等的專業，所得薪資也高。

　　第三代的客家人西化很深。他們整天都受西方電視、音樂、
文學、影片、以及各種各式的時下文化所影響。第三代的客家人
與他們的祖父母在中國人特性方面，幾乎在每一方面，都是不同
世界的人。他們沒有保留什麼可以用來表示中國人特性和中國人
身分的標誌。他們的早餐與洋人的一樣：牛奶和玉米片，培根與
雞蛋，新月形麵包，或麵包與牛油。牛油是多數第一代客家人的
大忌。他們多數不懂如何使用筷子，使用刀叉會更舒適些。他們
不會明白飢餓是什麼。他們不懂客家人的問候語：「你吃過飯了
沒？」對應的華語問候語是：「你好嗎？」他們以握手或親面頰
來迎接親友。法國人親面頰的習慣為舊式保守客家人所反對，因
為公開表示親熱的行為，對客家人來說仍舊是一個禁忌。中國文
化受到西方文化的猛烈攻擊。在 1950 年代以前，還有客家歌劇
和廣東歌劇的演出，但是很難維持大家的興趣。有些客家人保持
了傳統的中國音樂，令人驚訝的是有些音樂家是第三代的客家
人。雖然當地的廣播電台使用客語或粵語報導新聞，可是由於他們
聽不懂方言，所以也就不去聽它。即使那些懂得客家會話的人，
對主播所用的文言文和不自然的話語，也很難了解。由於第三代
客家人看不懂中國字，所以中國媒體對他們的漢化起不了作用。

　　由於客家人與其他文化有所互動，因此中國人特性的範界就

變得模糊了。我們不容易找到中國人特性與非中國人特性之間的範界。現在已經有許多不同種類的中國人特性。族群性並非不變的單一實體。它一旦與新環境接觸，就會轉變，但是只有偉大的哲理才能堅定的保持它們的教義。儒家的價值已經飽受攻擊。五四運動（1919）的知識份子責怪儒家思想是中國落伍和病敗的原因。共產黨統治中國大陸以後，孔子受到最屈辱的打擊。家庭解體了。子女公開指責父母是中產階級思想。紅衛兵污辱寺廟。正如所有的偉大宗教和哲學一樣，儒家思想歷經災難之後，仍舊存活下來。現在人們認為包括了儒家思想的亞洲價值，使得香港，台灣，新加坡，馬來西亞，和韓國等亞洲龍的經濟得以快速成長。儒家思想涵蓋了家庭團結，節儉，勤奮，敬老，社會倫常，以及權威等。亞洲價值的擁護者如李光耀和前香港特首董建華，他們認為很多的亞洲人並不在意人權和自由民主，他們只管社會安定和三餐無慮。[25]

　　共產黨在 1949 年統治中國以後，他們改變或廢除了在政治上，經濟上，和社會上的傳統價值。在 1978 年中國改革開放以後，才逐漸恢復過來。例如，中國的民間宗教的儀式已經復活了。不過，年輕的一代是被無神的共產主義帶大的。在這段期間，住在模里西斯的客家人，他們仍然保持著他們離開梅縣時所知道的中國人特性和中國文化。保持客家身分和中國人特性，在移居模里西斯前幾年的生存，和以後經濟發展和致富的階段是很重要的。中國人身分把相同族群的成員聚集在一起，這些人享有相同的歷史和價值，和共同的聯繫。他們相信彼此的命運相同。與其彼此負面對抗，他們認為倒不如大家集體行動，使自己變成

25　Jonathan D. Tepperman, 'In search of Chineseness', P. 1,
　　www.cfr.orgregion/publication_list.html?id=263&page=4.

同一族群的一份子。客家人稱這種聯誼為「自家人」（意指同一家庭的成員）。中國人特性成為一種在公社層次上運作的工具，而且客家人設立宗親會（會館），藉以幫助同姓的宗親。在以前，會館的活動都是與生意有關。宗親的負責人籌組「會」，藉以協助那些需要資金創業或擴張現有生意的人。他們利用中國人的族群性透過生意網和家庭關係擴張生意。族群性對他們的成功是有幫助的。因此之故，第一代的客家人才能夠在模里西斯的零售業裡當上龍頭老大。

唐提式養老金法的「會」只是第一代客家人與他們族群相連的一部份而已。客家人並不信任外人。他們跟族人緊密聯繫，較愛雇用族人，都是為他們自己族人著想。由於小生意都是家庭式的，員工都是自己的親友。因為生意上的文件都是用中文書寫，所以他們覺得用一個能夠書寫中文的人比較妥當。他們信任族群裡的員工。這樣他們才有安全感。而且他們有自己族群認定的的客家形象。他們共享相同的歷史，文化傳統，和價值。他們覺得對自己族群的每個成員都有道德上的責任，同時對自己社群的承諾也有高度的意識。他們積極的參與保護客家文化和遺產。他們慷慨捐款建蓋華文學校。他們覺得有義務教導他們的子女講客家話，堅持子女嚴格遵守族內通婚，並且要求他們以儒家的規矩作行為的標準。多數的第二代客家人信奉拜神。

每一代的中國人特性差異要比上一代的差異更大。第三代客家人拋棄了他們文化遺產的更多要素。像語言這種代表文化的主要標誌幾乎已經消失了。多數人都不再說客語。有些由祖母帶大的就會說或者懂一點客家話。他們在小學所學的一知半解的華語（普通話），由於不是天天使用，所以很快就忘了，一種語言如果不用，它就等於廢了一樣。他們無法使用他們所學的幾個中國

字去閱讀當地的中文報紙。他們的理想與他們祖父母的不同，他們希望成為專業人士，而不是經營雜貨店。然而，有一個重要而明顯的區別，他們不像他們父母那麼用功讀書。這點可以從獲得高中獎學金的人數看出來。

從 1949-1968 年間，亦即在共產黨取得中國大陸政權與模里西斯獨立期間，客家人，尤其是受中文教育的第一、二代客家人，很是惶恐。他們要面對自己華人身分和忠於模里西斯的問題。他們究竟屬於那裡？是屬於模里西斯「這裡」還是屬於中國「那裡」？儘管大家說盡了所有親共的浮誇之詞，在 1978 年以前回去中國的人，寥寥無幾。有些在華文中學讀書的第二代客家人會回到中國深造。他們充滿愛國熱誠，死忠共產黨。出乎意料之外的，他們有些還是回到模里西斯。獨立後，沒有人因為保持中國人身分而受難。然而在印尼和越南，情況就不同了。

客家人採取以靜待動的態度。共產黨的革命暴行導致很多人重新考慮開始淡忘的旅居問題。在模里西斯的中國人還是中國公民。在接近獨立時，他們都知道自己不是英國籍的公民，獨立後可能被遣返中國。客家人都很害怕。他們很多人有親戚住在印尼，知道他們在印尼的遭遇。所以他們在 1960 年代匆忙的申請歸化入籍。結果沒有一個人被拒絕入籍，或被遣返中國，而且沒有像印尼那樣普遍的腐敗現象。有了模里西斯的公民權，他們就不再是旅居者了。直到 1978 年鄧小平改革開放中國以後，才有一批人回去中國退休。有人在梅縣買了公寓，每年在那裡住一些時間。一個回去中國的耆老，年逾九十，與作者在 2008 年見面時說，他還是很後悔永久離開模里西斯。他說留在模里西斯享受老人退休金和免費老人醫療服務要比在中國更好。

二、語言、教育、媒體

第一代客家人都能使用雙語。為了做生意，他們學會了說克里奧爾語。模里西斯出生的華人（尤其是第二和第三代）至少能使用三種語言。根據 2000 年的人口調查，雖然有 22,715 人認定華語是他們祖先的語言，但是只有 8,433 人（37%）在家說華語。有 48.8%的華人在家通常講克里奧爾語。其中有 904 人（3.99%）在家講法語，只有 125 人（0.55%）在家講英語。在行政管理上大家一直使用英語。

有趣的是，2000 年的人口調查顯示，有 3,473 人的祖先是「克里奧爾人和中國人」（表 D7）。一位中央統計局的資深職員告訴作者說，「克里奧爾人和中國人」的意思是指祖先是混種的，其中有一個人會說華語。也就是說他們是克里奧爾中國人。在表 D10 裡的 22,715 名中國人，並沒有包括 3,473 名克里奧爾中國人。他們之中有 1,506 人（43%）講克里奧爾語和華語（表 D8），其餘的 57%只會講克里奧爾語。[26]

跟住在馬來西亞普萊（Pulai）的客家人比較起來，模里西斯的客家人在文化上沒有那麼保守，因為他們只有 43%的混婚子女被父母以華人文化環境撫養長大，並且留在華人族群裡，而大部份的子女都融入克里奧爾族群，遠離了中國的文化，身分，和方言。少部份的人還保持著傳統的中國習慣和文化。克里奧爾母親融入客家人的家庭，而且他們的小孩也學會了客家話。客家父親保持了他們的中國文化。多數人都不是那麼保守，他們對新

---

26 *Second Report of 2000 Housing and Population Census*, Central Statistics Office, 2001.

的觀念採取開放的態度。所以許多人改信基督教（主要是天主教），子女就在基督家庭裡長大。

由客家人和非客家人通婚產生了混種文化的後代，這兩種文化的交融稱為文化的克里奧爾化。它是一種世界性的現象。克里奧爾一詞，在模里西斯是指來自非洲和馬達加斯加的黑奴後裔。他們所說的語言叫克里奧爾語。它是一種不純正的法語。它是克里奧爾人和許多其他族群小孩的母語。因此，克里奧爾在模里西斯可以指人也可以指語言。

根據 2000 年的人口調查，在全國人口（1,178,884）裡面，有 70%（826,152）的人在家裡講克里奧爾語。48.8%（11,092）的華人在家講克里奧爾語，37%（8,433）講中國方言。正如其他非克里奧爾族群一樣，華人在語言上也被克里奧爾化了。所有在模里西斯出生的孩子（MBC）都能講一口流利的克里奧爾語。MBC 一般是被列為土生土長的華人或是克里奧爾華人。除了少數的例外，不在華文學校就讀的華人子女，他們已經放棄了他們祖先的方言，不過，他們還保持著類似宗親會，食物，和節日慶祝等的文化價值，而且他們有很多人仍然與在中國的故鄉保持聯繫，因為他們還有親戚住在那裡。不過，他們並不把這種聯繫看成是源自中原的偉大中國文明的祖先，語言，和文化的歷史延續。他們認為自己的中國人特性或是客家人特性，是植根於模里西斯的當地社會，而不是在他們從來沒有去過的遙遠的祖先故鄉那裡。以中國故鄉為基礎的身分已經變淡，而且大家對族群的忠誠也減少了。現在的身分是根據教育和出生地而定。他們的祖國是模里西斯。

這些父母都是華人的「純正」華人，雖然他們不能講客家話，他們也不因為自己講克里奧爾語而認定自己是克里奧爾人。

只有在克里奧爾華人族群裡，克里奧爾化才比較流行。克里奧爾身分比較開放，流動性也大，印度模里西斯人，他們與克里奧爾人，或是某種印度人如塔米爾人，結婚所生的後代，比較容易被納入克里奧爾族群。一個克里奧爾華人，他的身體特徵如膚色，細長的眼睛，以及平直的黑頭髮，很難跨過族群的範界而稱自己為克里奧爾人，因為外人常以這些身體特徵來決定一個人的族群身分。從另一個角度來看，一個非中國人，即使他已經採用了中國的語言和文化，也很難說他是一個中國人。有個作者認識的克里奧爾人，他被一對華人父母領養，他從小就被送去中國接受中國教育。他甚至加入了國民黨的軍隊，他很喜歡談他的軍旅生涯。他在 1950 年代回到模里西斯，他只能說客家話。他也可以讀些中文。當他想要結婚時，他發現由於他的膚色和捲髮，沒有人把他當作中國人或客家人。語言轉換，並不代表可以橫跨族群，或被族群裡的成員接受。克里奧爾華人仍舊會因為皮膚黑而遭到歧視。本質主義者的身體特徵仍然是一個身分的標誌。

由於印度模里西斯人很容易跨族群融入克里奧爾人的族群裡去，所以許多印度人擔心他們的族群會被克里奧爾化。模里西斯全國人口有 52%是印度模里西斯人。根據 2000 年的人口調查，有 361,250 名的模里西斯人，他們的祖先講 Bhojpuri 語，其中有 187,129 人（51.8%）在家講克里奧爾語。現在 Bhojpuri 被認定為一種印度語，而印度的組織，則說模里西斯的 Bhojpuri 是印度遺產的一部份。不過，在 2010 年 1 月 10 日的世界印度日的慶祝會上，共和國的總統 Sir Anerood Jugnauth 說，父母鼓勵小孩在家說印度話比什麼都重要。當它不是多數人父母的母語時，事情就會變得不容易。我們的華語（Mandarin）也面臨相同的困難，因為它不是華人的母語。

　　在三個非克里奧爾族群裡，只有印度模里西斯人關心 Bhojpuri 語將會被克里奧爾語取代是問題。印度語言的激進份子一直設法去阻止它的發生。他們擔心的是語言使用的轉變加上他們改信基督教，就會導致全盤的克里奧爾化，最後就會形成政治聯誼會的轉變，這樣一來，就會對他們族群政治力量的平衡產生負面的影響。客家族群裡最嚴重的語言轉變是發生在第三代和第四代的 MBC 身上。儘管官方制定了多元文化政策，客家社群的領袖們根本不擔心客家族群最後將會由於被克里奧爾化而消失的問題。目前的趨勢是，對大多數的第三代與第四代客家人而言，每一個人都已經是克里奧爾人，而不是每一個人在將來會是一個克里奧爾人。[27]

　　當模里西斯的客家人回去梅縣的時候，他們發現到他們的客家話與祖宗村子裡所講的客家話完全一樣。這並不表示在模里西斯的客家方言，經過與其他語言接觸百年以後，都沒有改變。其實在模里西斯的客家人曾經借用了一些克里奧爾字。

　　當第一代的客家婦女去市場（pa chac）時，她們一定需要帶 "kappa"（法語 cabas 手提包）。要搭公車時，她們說 "tap bissi"（搭巴士）（克語 bis），她們要買 "yai ko t'eou"（克語 zaricot）和其他蔬菜。在店舖裡她們以當地貨幣盧比 "loupi"（法語 roupie）討論利潤和百分比 "p'ou sang"（克語 pour cent）。多數的客家孫子女都不懂客家話，因此祖母們就需要把客家話克里奧爾化，好讓他們了解。他們所採用的字眼不是很多。我們還不能說克里奧爾化的華語或客語已經產生了。在社會關係上，大家難免要彼此借用一些主要的字詞。例如麵（克語

27　Thomas Hylland Eriksen, '*Tu dimunn pu vini kreol*: The Mauritian creole and the concept of Creolization', http://folk.uio.no/geirthe/Creolisation.pdf.

mien），豆腐乾（克語 t'eou kon），以及哥哥（克語 a ko）。

　　由於華人店東販賣一些印度烹飪的調味品，所以他們需要用印度調味品的中國名稱。例如 "ti l'anis"（小茴香）和 "gros l'anis"（大茴香）客語分別叫做 "siao fi" 和 "t'ai fi"。

　　"ti l'anis" 在華語有三種不同的名稱：苦命，小茴香，和孜然。在中藥裡，苦命即指小茴香。華語的孜然是由維吾爾語的 "zire" 演變而來。根據 Ch. Rey 的中法字典 "Dictionnaire Chinois-Francais"，客語的 "t'ai fi hiong" 在法文是 "anis etoile"，而 "star anise" 華語則叫八角。[28]

　　在梅縣，客家方言向來都是用來區別客家人與廣府人或其他少數族群的唯一重要標誌。客家方言做為一個認定客家身分的指標，它是讓人產生與其他族群隔離意識的重要因素。客家人共同的移民歷史和生活經驗加強了他們的族群意識。

　　孔教授（Lily Kong）在北京研究新加坡華人的時候發現，「人們最常討論的一個有關族群性的特徵就是語言。」一個她面試過的人說，能夠說一種共同的語言就足以證明他的中國人身分。另一面試者說，能夠用華語與中國人交談使他知道他是中國人，因為那是他的根。孔教授發現語言是族群身分的一個重要標誌。[29]

　　根據陳先生（Henry Chan）的說法，「超國界的中國人主義，幾乎是嶄新的中國資本和文化霸權主義，創造了現在這一代超國界的中國外僑國民，這些人將他們的世界公民身分和一個依據精通中華語言，並且排斥混種文化的獨特中國文化身分連結在

28　http://en.wikipedia.org/wiki/star_anise.
29　Lily Kong，前揭書，P. 6。

一起。」³⁰

當第一代客家人抵達模里西斯時，他們很清楚自己要的是什麼：拼命賺錢，以後回故鄉養老。這種決定強迫他們保持他們的方言與文化。他們除了教子女講客家話以外，大家一致將子女送去華文學校學習，使他們能夠加強語文的能力（尤其是要認識中國字），並且認識更多的中國文化。即使是領養的克里奧爾孩子，也一樣被送到華文學校讀書。因此我們不必驚訝，華人早在 1912 年時，就在路易斯港建蓋了自己的學校，並且使用客語教學了。

第一所華文學校叫新華中學，人們稱它為華人中學，是在 1912 年由吳韻琴，黎達夫，和古文彬三位熱心的中華語言文化捍衛者創建的。開始時只有一位老師和二十名學生。學校逐漸發展成為中學，並且在 1941 年改名為現在的新華中學。在 1950 年代和 1960 年代裡的全盛時期，該校有近千人的學生和 39 名教師。在 1990 年代早期，學校開設幼稚園，除了教授英語和法語之外，也教華語和客語。

直到 1929 年，廣府人才建立他們自己的粵語學校，培英學校。只收了 63 名學生和五位老師。在 1941 年，中華民國的大使館與模里西斯當地的華商合作，共同創建了中華中學。學校使用中華民國的教材。在 1950 年代末期，學生人數從 500 人降到 300 人，到了 1960 年代，學校就倒閉了。

二戰以後的幾年裡，在留尼旺島（Reunion）和馬達加斯加（Madagascar）的華人也將他們的小孩送到模里西斯的華文學校

---

30 Henry Chan, 'Rethinking the Chinese Diasporic Identity: Citizenship, Cultural Identity, and the Chinese in Australia', P. 6,
    www.stevenyoung.co.nz/chinesevoice/ChinConf/S2.html.

讀書。

　　華文學校在 1950 年代共有六所。四所小學和兩所中學。到了 1970 年代，除了一所以外，通通關閉了。我們要感謝那所中學校友們的支持，使得該校能夠繼續開放，不過學校已經不是全時的了，它只在週六早上九點到十二點開放教授華語課程。學生共有 275 人。這只是華人孩子人數的極小部份。為了增加學生人數，學校的校長力勸家長把孩子送去學校，因為學校還有許多名額。華人中學和已經關閉了的中華中學，他們的校友們都非常積極的促銷中國文化。

　　1949 年以後，家長們開始把他們的子女從華文學校退學了。之所以這樣做，有些人是基於政治原因，有些人認為英語與法語對他們孩子未來的前途更有用。在明白共產黨統治中國大陸以後，有些人立刻把小孩從親共的學校轉到非華文學校去繼續求學，有些人就讓小孩繼續完成華文中學教育，以後他們很多人留在店舖裡工作。那些家境較富有的就把小孩送去非華文學校，準備參加由英國劍橋大學舉辦的 SC 和 HSC 考試。有很多學生去國外的西方大學求學，學成回國後，就加入了自由的專業，遠離了店舖生涯。

　　由於模里西斯在 1968 年的獨立，加上第一代華人的歸化，孩子們慢慢的就不再去華文學校上學了。到了 1970 年代時，所有華文學校，並非由於政治因素，而是因為沒有學生，通通關閉了。正如上面所說的，只有一所在週六上課的學校。這種發展對中國人身分，中國人特性以及中國文化都有負面的影響。第二代的客家人是混雜的，而且語文情況也比較複雜。那些在華文學校求學的人，他們能夠講客家話，也能讀寫中國字，但是對英語和法語則所知有限。那些離開華文學校而在非華文學校完成學業的人，

講客家話，寫中文、英語、和法語都很流利。這兩種人的子女多
數已經不再講客家話，也不懂客家話，更別說要讀寫中文了。

　　為什麼第二代的父母要讓他們的子女放棄客語和中國文字
呢？就像他們的父母一樣，為了實用，他們選擇了英語和法語，
加上克里奧爾語。客語沒有什麼用處。它在世界舞台上微不足
道。他們認為把客家話傳授給他們的小孩並沒有什麼好處。因為
同時學四種不同的語言，孩子將無法承受，也讓他們相信放棄祖
宗方言是合理的。對於第四代的客家人而言，祖宗的方言已經絕
跡了。客語之所以仍然存在是因為少數的第一代客家人，和多數
都已經 50 歲以上的第二代客家人還在。客家話的消失，不僅僅
是語言上的損失而已。許多在日常生活上隨著語言而產生的經
驗，如文化價值，傳統和習慣，也就一併消失。沒有一種語言可
以用來取代客家祖先們竭盡所能的去保住，而且現在在梅縣仍然
十分活躍的客家方言。我們又回到沒有中華語言的中國人特性的
問題。Boswell 在《Tour of the Hebrides》中報告過 Dr. Samuel
Johnson 說過關於語言流失的一段話：「當一種語言消失時，我
會難過，因為語言是一個國家的根源。」

　　由於 70% 的人口都說克里奧爾語，所以它已經成為國人日
常使用的混合語言，它也是 48.8% 華人的母語。客語的使用，從
下表 6.1 可以看到，自從 1952 年起一直在下降。華人小孩能說
三、四種一知半解的語言，但是沒有一種語言是精通的，但是克
里奧爾語則不同，他們都能流利的使用它。

表 6.1：中國方言的使用（1952-2000）

年代	全部人口	華人人口（%）	說華語人口（%）＊
1952	501,200	17,849（3.6%）	12,791（72%）
2000	1,178,848	22,715（1.9%）	8,433（37%）

資料來源：1952 年和 2000 年人口調查。

　＊ 目前華人只講兩種方言，客語和粵語。只有少數人在家裡說華語。沒有
　　 人講福建話。

　　雖然英語是法定語言，但是大多數的人並不說英語。英語是在講法語和克里奧爾語的政府行政機構和非政府組織裡，用來做書寫文件和記錄的。英語是法院與國會裡的法定語言，那裡可以使用法語，但不能使用克里奧爾語。雖然英語是法定的小學教學語言，但是在前幾年都是使用克里奧爾語。[31]一個矛盾的情況是在教學時，他們講法語寫英語。中學時期就密集的使用法語教學。媒體（電台，電視台，和報紙）和電影院，全部被法語壟斷。在小學裡自 1970 年以來就有教華語和中國字。

　　中國人特性（或窄狹的客家人特性）和中國人身分，不可缺乏的一個要件是要能夠講客家話。第一代的客家人曾經說過：「不講客家話會變番鬼（意指外國人）。」引申的意思是，語言是中國人特性不可或缺的一個標誌。僅僅經過兩三代人的時間，客家話就令人懊惱的慢慢消失。模里西斯對於混婚子女問題的感覺，不像在其他國家感覺那麼急迫。在其他國家裡，即使他們不會講任何中國方言，那裡還有主要的華人族群。模里西斯的華人有 90%是客家後裔，其餘的 10%則是廣府人和福建人的後裔。

31　Satish Kumar Mahadeo, 'History of English and French languages in Mauritius: A study in languages and power', P. 7, www.educ.utas.edu.au/users/tle/JOURNAL/ARTICLES/Mahad.

因為大家都放棄了客家話，所以沒有人會談及混婚子女特性，也沒有人介意你是一個純正中國人或是不會說客語的假中國人。客家子女現在在小學裡學華語。其他機構如華人中學，明德，華人文化中心，和馬哈馬甘地學院（MGI），也開華語的課程。

　　MGI 訓練小學和中學的教師。接受訓練的教師並不多，很可能是因為他們需要有 "A" 等級的華語成績。沒有足夠的教師，就很難做好語言的傳承和保護。由於華語並不是客家人的母語，加上客家人口分散在全島各地，使得問題變成加倍困難。從 1988 年以來，MGI 也在路易斯港（Port Louis），庫里派（Curepipe），和莫卡（Moka）等地為成年人開了免費的華語課程。並且獲得社群很好的反應。可惜由於缺少合格的教師，他們只能收 150 名學生。從 2002 年以後，MGI 開始為有意和中國做生意的人，提供初級的商用華語課程。因為這批學生對生意有興趣，所以他們對這門課興趣盎然。根據 MGI 華語部門主任的消息，有些想要註冊的學生被拒絕了。他們有很多非華人學生。他們並不是對中國文化有興趣，而是受到想要和中國做生意的激發。[32]第三代和第四代的客家人現在大規模的使用克里奧爾語，也用英語和法語，但是不用客語。父母與子女之間的交通主要是用克里奧爾語。父母都不知道究竟要用什麼語言來帶自己的小孩。他們很多人用法語。祖父母盡力設法讓小孩能明白他們的半桶水克里奧爾語。這就說明了為什麼他們要採用一些克里奧爾字眼的原因。

　　客家方言在孩子出生的那天就開始有了磨擦。許多第二代的父母傾向於放棄客家方言。跟新加坡將華語和英語混雜形成的星

---

32 *Le Mauricien*, 19th July, 2006, P. 15.

英語不一樣，在模里西斯的客家話並沒和克里奧爾語，英語，或法語混雜而產生出克里奧爾化的客家語言。

　　客家方言與拜神沒有密切的關係。拜神應可儀式化並且強化客語的使用。客語並不是一種宗教語言。中國人拜神不用聖經，沒有教會階級，寺廟裡沒有訓誡，也沒有週日的彌撒。宗教的慶典只是偶爾舉行。宗教的傳統是靠觀察儀式而傳承的：鞠躬，俯身，燒香、銀紙、以及其他東西。改信基督對於保護客語並沒有幫助。孩子們靠克里奧爾語或法語學習基督教義。沒有一個專門的華人教會定時用客語講道。只有在中國新年時才會使用客語。在基督教堂舉行婚禮和葬禮時，很少使用客語。即使他們已經基督教化，但是他們的神還是沒有被基督教化。觀音並沒有被認定為聖母瑪利亞。

　　客語的消失是無可避免的。中國的崛起對於大家學華語有一定的衝擊，這樣會使客語的消失更加嚴重。在模里西斯由於很少人學習華語，加上人們平時並不使用華語交談，所以華語對當地華人而言仍是一種外華語言。許多成年人學華語的目的並不是以文化為目的。果真華語能夠在模里西斯推行成功，最終的客家身分將會與第一代客家移民的有所不同。客家人之所以成為一種獨特的方言族群，是因為他有獨特的歷史背景和移民史，其中最重要的標誌乃是客家方言。依目前的客語形勢來看，尤其是第三代和第四代的客家人，它已經引發客語權威和守衛者斷言，一旦客語消失，那麼客家文化身分也會一併消失。

　　媒體對保護中國文化身分的角色尤其重要，可是那只限於已經具有高度中國人特性的華人而言。許多華文報紙逐漸消失，顯示著報業不僅財務困難，而且也因為華人疏於學習中文而使得閱報人數減少。

　　《華僑商報》（創於 1928 年）與《中國時報》（創於 1946年）兩家報紙在 1953 年合併成為《華僑時報》。它為華人社群報導模里西斯當地和中國，尤其是廣東省的新聞。陳玉梅在1958 年創立《國民日報》，不過四年後就停止發行。親台灣的《中央日報》，創於 1960 年，也發行不久。創立於 1956 年的《新商報》在 1978 年關閉。在幾年之間就有五家報紙不見了。當地的四份華文報紙在搶攻同一群讀者，這些讀者還在政治上分為親共的與反共的。親台的《中華日報》創於 1932 年，是當地存在最久的華文報紙。它的讀者清一色是親台人士，他們有許多是曾經在現在已經關閉了的親台客家學校，中華中學，求學的。其他三家報紙瓜分了親共的中模人士。《中僑時報》創於 1953年，每日發行一千份；《明鏡周刊》創於 1975 年，於週四發行。最近的《中國之聲》創於 2005 年，每期印四百份。它是由贊助商支持的，目的在以中國文化教育年輕一代的華人。儘管讀者不多，它還是值得讚賞的事業。那些認不得太多中國字的年輕人可以看得懂華文報紙嗎？我們還在觀察這個新冒險究竟能夠維持多久。

　　有那些文化的模型是可以辨別的呢？客家人移民去模里西斯時所抱持的資本主義觀念，與他們支持 1949 年以後的共產黨，在基本上是矛盾的。客家人對於新觀念是抱著開放的態度。這點可以從太平天國叛變反應出來。我們不必為客家人男女分工一事誇大其詞，因為雖然他的太太也在店裡幫忙，丈夫仍然是老闆。雖然年輕的一代現在是從事於自由的專業，不過，客家人做生意的方法，是客家人的一個重要特性。

　　在做最後分析時，我們要問，具有客家祖先的模里西斯人是否可以被稱為客家人？中國人是一個非常廣義的名詞。它包含了

許多的子族群。對具有當地背景的外人而言，客家人與廣府人並沒有什麼區別。對他來說，凡是像中國人的人就是中國人。可是對圈內人來說，一個客家人和一個廣府人有很多的不同，其中最重要的差別是他們不相通的方言。子族群的範界由於異族通婚變得模糊不清，而且客家話的消失使情況更糟。人們學習華語會不會產生另一種中國人呢？我們還不肯定。如果可以，那麼住在模里西斯的華人應該叫做說華語的華人，而不是客家人，因為他們不會說客家話，所以不能稱他們為客家人。奇怪的是，雖然模里西斯有多元文化政策，然而年輕的客家人是唯一放棄他們祖先的語言的族群。對於那些不會講客家話，而對華語也不太懂的華人，我們應該如何稱呼他們？華語並非他們的母語，而是他們在學校所學的第二語言。他們可以稱為說華語而有客家或廣東祖先的華人。對那些根本不懂華語的多數人又怎麼辦？他們的母語很可能是克里奧爾語。我們最多只能把他們稱為不會說華語而有中國祖先的模里西斯人。香港人給了他們一個苛刻的名詞：「假的中國人」。

三、社會結構

傳統中國的科舉制度將社會制度開放給全國人民，讓大家能夠透過考試來提升自己的社會地位。它是一個民主的制度。中國的社會制度和階級制度是對立的。傳統的中國社會分成四類：士、農、工、商 —— 學者，農夫，工匠，和商人。

士大夫居於社會階梯的最高層。他們是古文知識的寶庫和中國遺產的守衛者。他們是傳統儒家美德的化身。歷史雖然會改朝換代，然而士大夫官僚制度照樣繼續留下。他們象徵著歷史的延

續。要不是有士大夫官僚的合作，沒有一個皇帝可以統治像中國這麼大的國家。沒有他們，滿州人不可能統治中國 267 年。難怪士大夫會被擺在社會階梯的最上層。每個中國人都會夢想自己能在科舉考試時金榜提名，有機會成為政府的公務員，為自己帶來威望與權利。不過那只是很多人無法實現的夢想而已。

農夫居於社會階梯的次一等。在農業社會裡，他們的重要角色是生產基本物質。他們養活全國人民。社會階梯的再下一層是工匠，他們將農夫生產的基本物質加以製造。最下面一層是商人。他們並不重要，因為他們沒有生產任何東西，只是消費他人生產出來的物質。商人被人看不起是因為他們只會利用其他人努力所得的成果。軍人，藝人，僕人，妓女，和髮匠等沒有被列入類別。因為中國不是一個軍國主義的國家，所以軍人的殘暴，掠奪，焚燒，以及殺害令人討厭。中國歷代皇帝花了大部份的時間去防禦他們的國家和保護他們的人民，以免受到野蠻人的侵襲，因此之故，他們建築了萬里長城。

在現代物質社會裡，金錢是決定社會地位和階級的重要因素。在傳統的中國社會裡，金錢對決定社會地位僅僅扮演著次要的角色。在社會地位和聲望上，士大夫要比農夫，工匠，和商人更重要。有幾個理由可以用來解釋他們優越的地位。中國從來就沒有教會的階級制度。因此沒有一個教會的中央機構可以和官僚體制抗衡。類似道德輔導的牧師職責，還是需要有人負責。除了士大夫以外，沒有人比他們更適合做這種事。這個皇上大臣的職位具有至高無上的威望。最後，由於中華語言是很難精通的一種語言，學白話並不難，但是要學到能夠寫出一般可以看的文章或文言文，則需要花長時間並且勤勞的學習。知識有如商品，物以稀為貴。由於有學位的士大夫不多，因此他們享有極優越的個人

特權。

　　客家窮人移民出國以後的社會層次又如何呢？他們並非以農夫或農工的身分移民去模里西斯的，只有少數人是以工匠的身分如裁縫師，理髮師，和鞋匠移民的。在新環境裡，他們只有工匠和商人兩種階級。對第一代的華人而言，商人階級比工匠階級更重要，因為他們移民的唯一目的就是經商和賺錢。不過他們對學者仍然十分尊敬。他們知道在新環境裡，教育是成功與進步之母，經營雜貨零售生意，不會有光明的前途，尤其是在殖民時代，國家並沒有很多的發展計畫。

　　他們並不認同四種層次的社會階級觀念。他們對於自己的中國人特性或族群身分已經被調整了。從整個環境看來，第一代的華人保持著商人在工匠之上的兩個層次的社會結構。在當地的環境背景下，金錢已經成為決定階級的重要因素；那些人是經商成功的有錢人，那些人在事業上不怎麼順利，而那些人是授薪階級。對第二代以後的人而言，士農工商四個階級毫無意義。從他們的觀點來看，新的社會階級只有勞工階級以及由專業人士和有錢人佔大多數的中產階級。沒有一個客家人可以說他是來自貴族或是具有特殊頭銜或特權的家庭。

　　現在的社會是建立在財富之上。即使在 1950 年代，店東的小孩一般是與其他店東的小孩在一起，他們不會與工匠或窮人家的小孩在一起。一個非正式的級別差異就在店東與工匠之間建立起來。有一句客家話簡明的描述了級別的分割："you ts'ien ke gnin k'on soi gnin"（客語，即有錢人看衰窮人之意）。這種以金錢財富做為劃分級別標準，以第三代和第四代的客家人更為嚴重。他們以自己父母的財富為標準來決定自己屬於那個級別，以及要和那些同學做朋友。父母的德國進口車，有些甚至由司機開

車，成為大家談天的話題。表現高人一等的作風已經成為一種時髦。他們的父母經常會以最粗俗的方式去炫耀他們的財富。婚禮和生日派對是他們展現財富的場合。儘管有些華人表現出這樣的古怪行為，這種和種族階級不同的社會階級，仍舊保持著公開的民主制度，在它之下人們還是有向上爬升的機會。

四、家　庭

家庭的客語讀音為"ka"。傳宗接代的傳統中國觀念，使家庭成為中國社會制度的中心。中國家庭是以父系為主，其子孫後代是以男性的繁衍來計算，家庭的成員是由父親遺傳下去。家族是「由單獨特定的祖先傳下的一群子孫。」[33]當一個女人結婚後，她就不再是她出生家庭（娘家）的一份子，而轉到她夫家成為他家（婆家）的一份子。女性身分的改變在祭拜祖先時可以看出來。男人要祭拜所有以前的男性祖先和他們的太太，而女人則要祭拜她自己上面兩代的男性祖先與他們的太太，加上她丈夫家所有的男性祖先和他們的太太。依照中國傳統的觀念，社會的基本單位是家庭而非個人。靠著家庭的老少階級和仁慈的家長管理制度，家庭能夠維持社會的和諧與秩序，這點極為重要。有了穩定的家庭，國家社會才能穩定。因此家庭被階級式的建立起來，藉以維持穩定。家庭成員必需聽從家長，他是家中最年長的男人。一個家庭裡不可能有兩個人具有相同的權威。年長的要優於年輕的。彼此的關係是建立在權威與服從上：君臣，夫婦，父子，和兄弟。

---

33 David K. Jordan, 'The Traditional Chinese Family & Lineage', P. 7,
   http://weber.ucsd.edu/~dkjordan/chin/index.html.

　　由於家庭是父系，所以家庭也以夫家為中心。也就是說，婚後的夫妻是住在新郎家裡。理想是所有結了婚的兒子們都住在一起，而所有結了婚的女兒都離開自己的家，住到她們的夫家裡。理想的中國家庭是幾代同堂的大家庭。大家庭是由家長和他的太太主持，成員包括他們的兒子們，以及兒子們的小孩，但是不包括嫁出去的女兒，因為她們已經屬於她們夫家的人了。有時新郎會住在他太太的家裡。這種做法叫做以妻為中心的家（入贅），在父系社會裡，這種現象可說是例外。在模里西斯我們偶爾也見到這種情形。其理由不一而同，但是最平常的是女方可以提供居住的房間。在傳統的中國裡，如果新娘家裡沒有兒子繼承香火，那麼女婿就被認養為兒子，並且會搬去岳父母家住。

　　中國家庭的重要特性之一就是大家分享共同的家庭預算。收入、支出、和資產都放在一起。因此當家長過世以後，就沒有所謂繼承的問題。只有在少數情形下，需要分家時，才會把資產分割成為兩個財政分離的家庭。在家長去世後，兩個兒子為了共同的財產，以及他們的子女人數，鬧得無法複合的時候，這種分家的情形就會發生。廚房裡的爐臺代表著一個家庭的經濟單位或公司。分家時會再做一個新的爐臺，雖然兩兄弟以及他們的太太和小孩都還住在一起，他們還是使用兩個爐臺，各自開伙。自此以後，新的家系就形成了。但是它是具有共同祖先的原有家族的一個分支而已，那個祖先即是族譜中的最上層的祖先。

　　中國家庭給人的刻板形象是好幾代人一起住在同一個屋頂下，他們有一個自給和自助的制度，照顧著老和幼小。中國的一胎化政策改變了中國傳統家庭的組織。「根據最近的統計資料，中國現在有三億四千萬個家庭，平均每個家庭的人口為 3.63

人。」[34]在模里西斯，小家庭已經取代了幾代同堂的大家庭。要是第一代的父母仍然健在，那麼他們還會保持著家庭的價值。家庭的成員仍然保持著密切的聯繫。這點可以在他們慶祝農曆新年時，當所有的小孩都回去吃年夜飯時，得到印證。父母不在的第二代與第三代，他們多數已經放棄了每年的家庭團聚。這些家庭的聯繫似乎變淡了。

在模里西斯，宗族的角色要比家系更重要。由於一個家庭的成員可能移民去不同的國家，使得家系的聯繫變淡。在模里西斯一般人的了解，宗族與家系是有區別的。西方的人類學家對宗族的解釋是一個帶有「想要變成的家系」的涵義。[35]在一個宗族系統裡，人們並不清楚祖宗後代的詳細情形。中國傳統的宗族是建立在相同的姓氏上。任何一個同姓的人都可以成為宗族的會員。

因為客家人分散在世界各地，定居在不同的國家裡，他們必需連結在一起互相幫助。家系成員太少，不便於合作與互助，因此產生了同姓的宗親會，做為互助的機制。在模里西斯所有的宗親會，都以姓氏為基礎，不管是否有血緣關係。這就說明了為什麼在路易斯港的宗親會總部沒有祭拜祖先的理由，因為宗親會的會員並沒有最頂上的共同祖先，也沒有最近兩三代的共同祖先。

（一）中國人的姓氏

根據中國人的習慣，姓是擺在名字的前面。[36]姓+名是東方的順序，它不僅在中國使用，也在日本，韓國，匈牙利，和部份的非洲國家使用。名+姓是西方的順序。它是西方歐洲國家的姓

---

34 http://library.thinkquest.org/05aug/01780/essential/chinese-family.htm.
35 David K. Jordan，前揭書，P. 9。
36 http://en.wikipedia.org/wiki/chinese_name.

名模式。中國人姓+名的順序，強調了家庭以及它超越各個家庭成員的重要性。

　　中國的「姓」字是由部首「女」和「生」字組合而成的。有些學者因此主張中國的社會是一個母系社會。根據 Luca Cavalli-Sfora 等人的說法，「在更古老的時候，姓氏是由母系傳承的，這個習慣在紀元前的一千年中間，被皇帝的御旨改變了。」[37]仔細研究中國人的姓氏會發現有些特徵。它們多數是單一的字，而且姓氏不含數目字。《What's in a Chinese Name》列出 356 個單姓和 18 個複姓。[38]在第七世紀的一個官方調查發現有 393 個姓。在 960 年出版的《百家姓》裡記載著 438 個姓，其中有 30 個是複姓。「百姓」與「老百姓」現在是用來代表平民的名詞。現在估計中國有超過 700 個姓。[39]中國沒有三個字或更多字的姓。（譯註：愛新覺羅這個姓有四個字。）在模里西斯的客家人沒有複姓的。最著名的複姓是「司馬」。這個姓由於兩個著名的歷史學家而永垂不朽：司馬遷（145B.C.-85B.C.）和他的父親司馬談。

　　我們不知道中國人何時開始使用姓。有些歷史學家說姓是早在紀元前 2,550 年就用了，有人說還要更早。在姓出現以前，有人使用部落或宗族的名字。不過各個宗族裡的個人不能用的宗族的名字。慢慢的，大家就習慣的在自己的名字前面加一個姓，姓通常是由自己家住的地方演變而來。有時候，一個名人的官銜也會被用來做姓。姓有時也從其他的事物演變而來，例如，「江」、「馬」、「白」、「黃」、「林」、「李」、和「葉」等。

　　從紀元前第五世紀以來，已經很肯定所有階級的中國人都使

37　Luca Cavalli-Sforza et al.，前揭書，P. 233。
38　Lin Shan, What's in a Chinese Name, Singapore: Federal Publications, 1997, P. 18-20.
39　http://en.wikipedia.org/wiki/Chinese_name.

用姓。歐洲在第十二世紀時才出現。即便如此，只有那些有地位的人才有姓。

　　根據 2001 年的《華人電話目錄》，在模里西斯的華人一共有 70 個姓。其中最多人的李姓，一共列出七頁半的篇幅。和西方人的姓一樣，有些姓非常普遍，而且人也很多。在英國，最普遍的姓是 "Smith"，"Jones" 和 "Williams"，而在法國則為 "Martin"，"Bernard" 和 "Du Pont"。在中國，最普遍的姓是「張」，姓張的人超過一億人。十個最普遍的姓是「張」、「王」、「李」、「趙」、「陳」、「楊」、「吳」、「劉」、「黃」、與「周」。45%最普遍的姓，就包括了 70%的人口。

　　中國人的名字一般有兩個字，但是有些人的名字只有一個字。我們已經碰過有些名字只有一個字的人：陳毅和鄭和。有些家庭也使用輩名。輩名是名字的一部份。兄弟，有時同輩表兄弟，都有輩名，但是男女的輩名不一樣。下面的例子可以解釋這個習慣：國強，國海，和國王是三個同輩的兄弟。其中第一個字「國」是輩名。名字的第二個字也可以當作輩字，例如：法榮，瓶榮，和烈榮。

　　輩名都只有一個字。通常取自特意編寫的輩分詩「班次聯」或「派字歌」。這種輩分詩的長度從數十字到數百字不等。輩分詩的每個字依照順序用來做輩名。當輩分詩用完以後，又再從頭開始。另一種辦法是將原來的輩分詩加長。輩分詩通常是由家中的長者要去他鄉成立新家系時，或當家長獲得皇上欽賜官銜時，負責編寫。凡是具有相同輩名的家庭成員，都有共同的祖先。

　　父母有時會將兩個字的詞拆開來給兩個小孩做名字。例如，作者的四個童年朋友的名字是從兩組兩個字的詞，英雄和三寶，而取的：兩個大的名叫堯英和堯雄，另外兩個則叫阿三和阿寶。

　　西方的傳統名字是取自聖人或聖經裡的人物，然而，中國人則可以自由創作名字。任何一個字都可以用來做名字。因此名字可以有無限的組合。當然，父母會考慮文字本身是否有吉利的涵義。由於同音的中國字很多，他們要避免使用不吉祥的同義字。他們也會避免讓小孩使用自己的，或祖先的，或歷史人物的名字。雖然這種做法在西方很平常，可是在中國文化來說，卻是一個禁忌。例如亨利福特的第九代孫的名字叫亨利福特三世。男性的名字常與力量相連，而女性的名字則常與美麗，花草比美。中國人也喜歡將一個字重複使用做為名字，如「莉莉」，不過男性名字就很少這樣做。著名大提琴家「馬友友」的名字是一個例外。

　　在中國以外的地區，使用英文登記中國人的姓名真是千奇百怪。要求使用基督教的名字以後，情況就更加複雜了。每個國家都採用他們自己的習慣。在香港，澳門，馬來西亞，新加坡，和越南都不相同。在模里西斯有關姓與名的狀況極為混淆雜亂。這是由於負責公民身分的官員不懂中國人姓名的習俗，而且第一代父母及其證人不懂英文之故。在殖民時代，出生證的資料是用英文填寫的。

　　中國人的姓，究竟出了什麼問題？在歸化時，只有父親的名字符合中國人姓名的習俗。例如，作者父親的名字，是由一個字的姓，加上他的名字。問題出在第二代的孩子身上，由於無知或混淆，他們的姓居然被改了。殖民官員並不認識中國人的姓氏。他們把父親的整個姓名（姓＋名字），當作小孩的姓。在以前英屬殖民地蓋亞那的作法也一樣，我們在那裡發現許多類似 Sue-A-Quan, Chan-A-Shing，以及 Low-A-Chee 之類的姓。中國人的姓被加上非正式的或配有「阿」字的俗名。在模里西斯有些少數的情形，將父親的名字加上一個「阿」就成為小孩的姓。在下面

從 2001 年的《華人電話目錄》列出的姓名，就可以印證這點。
"Yip Tong" 這個名字變成了姓，而真正的中國姓 "Chan" 反而
不見了。我們熟悉的名字 "Ah Chuen" 卻變成了姓，而祖先的
姓「周」則消失了。英屬殖民地南非也跟隨同樣的方式登記姓。
他們把名字當作姓，不過在很多情形下，他們也將它英語化了。
例如， "Lew Jah Dien" 在變為姓的同時，它被寫成 "Jardine"。
[40]另外一個例子是由 "Chan Why Lee" 轉變的 "Whitely"。受了
這種英國人推行的政策以後的結果，同姓的宗族人士，會有不同
的英文姓。

　　這些殖民化的姓現在成為合法而正式的姓。下面的表 6.2 說
明了有關作者家族兩代姓氏的點點滴滴。

表 6.2：陳姓作者家人姓名

排行	姓	名	輩名　（註）
父親	Chan（陳）	Wan	Chung（1）
長男	Chan（陳）	Wee	Chow　（1）
次男	Chan Wan Thuen（2）	Syet	Chow　（3）
三男	Chan Wan Chung	Kuet	Chow
四男	同上	Miao	Chow
長女	同上	Tchit	Youn
次女	同上	T'ao	Youn
三女	同上	Siou	Youn

註 1：父親和長子（中國大陸出生）的名字，在歸化時是根據正確的東方名字
　　　習俗順序，姓沒有被合併或添加其他字。

註 2：所有六個在模里西斯出生的孩子，他們的姓有不同的拼法，因為在國民
　　　身分辦公室裡的官員翻譯（音譯）時出錯。

註 3：兩個兒子和三個女兒的名字，都有兩個字，尾巴的一個字，如 "Syet
　　　Chow" 的 "Chow"（超）是一個輩名。有些家庭喜歡用名字的第一個
　　　字做輩名。

---

40 Melanie Yap and Dianne Leong Man, *Colour, Confusion and Concessions, The History of the Chinese in South Africa,* Hong Kong: Hong Kong University Press, 1996, P. 36.

　　仔細查看《華人電話目錄》會發現許多英文名字與中文名字不配對的情形。中文名字通常才是真正的名字。理由可能有兩種：英文名字可能是收養的孩子的原有正式名字，或者是黑市移民使用別人的身分。前者是父母替收養的小孩取了一個與小孩出生證不同的中文非法移民名字。非法移民是一個全球性的現象。一個已經回去中國而且永不再回來模里西斯，或死在中國的模里西斯人的身分證，可能被人用來移民到模里西斯。有人利用俗稱「紙上兒子」的計謀，非法移民進入美國。這個由代孕母親所生的孩子，按理應該在美國媽媽去中國旅遊時，生下這個小孩。

　　除了名字以外，父母有時也給他們的嬰兒一個像「小狗」之類的乳名。人們常常將一個人的部份名字前面加一個「阿」字，用這個綽號稱呼某個人。例如，「阿萬」。有時由於嬰兒的健康出問題，父母會將他的名字更換。作者的弟弟（Miao Chow）和妹妹（Siou Youn），他們的原名為（Kioun Chow）和（Li Youn）。著名的人物常常有一個死後的名字，例如孫逸仙死後被稱為「國父」。中國皇帝也有廟號。

（二）婚姻、混婚與身分

　　在寄居國裡的客家人家庭，一旦兒子或女兒固執的要和非華人結婚的話，那麼這個家庭就會陷入危機，因為父母腦海裡的家庭價值，就會受到這種不受歡迎的婚姻所挑戰。與非華人私奔，會無可修補的丟盡家庭的面子，尤其是華人，他們對家庭有很強烈的團結意識。這表示他們之間有一個代溝。第一代客家人對他們子女的婚姻，已經有了很大的演變。在十九世紀的中國，客家人有兩種不同的婚姻方式：媒妁之言與童養媳（客語：等郎嫂）。

　　媒妁之言是最普遍的婚姻方式。這種婚姻不是由小兩口自由結合在一起的。它是一種由雙方父母做決定，把女人從她家搬到她丈夫家的一種行為。大家普遍接受這種婚姻。這種婚姻制度之所以會流行，是因為男女性別的隔離。家庭地位越高，隔離的規矩也就越嚴。父母對子女的婚姻要考慮許多因素。許多第一代客家小孩的婚姻多數是是靠媒妁之言安排的。婚姻的介紹人稱為「媒婆」。父母雙方最關切的因素是準新郎與準新娘的家庭背景。從初步接觸到舉行婚禮，最多有六種禮儀（六禮 —— 納采，問名，納吉，納征，告期，和親迎。）需要遵守，不過有許多禮儀已經被廢除了。算命師的服務是免不了的。算命師引用《通書》（即中國的年曆）推測他們的婚姻在未來是否幸福。

　　算命師所需要的資料叫做「八字頭」，它是由代表出生年、月、日、和時的四組八個字所組成。中國的黃道帶是以十二年為一週期，每年用一種動物做代表，依照下列順序排列：鼠、牛、虎、兔、龍、蛇、馬、羊、猴、雞、狗、和豬。不像西曆是從基督誕生那年開始，一直算下去，中國的曆法的週期性的，以六十年為一週期。中國黃道帶裡的十二種動物是用來代表一個人的出生年份。客家人要問一個人的年紀時，以前他說：「你屬什麼？」現在他說：「你肖什麼？」

　　在虎年出生的女孩前途不很光明。因為客家父母會說她「八字不好」，所以她的選擇很少。人們會勸羊年出生的男人不要去娶她，因為他會被她吃掉。相反的，人們會鼓勵她去嫁一個屬猴的男人，因為猴子會爬到老虎背上騎它。很多可能的姻緣會由於算命師的幾句話而在初步階段就胎死腹中。對廣府人而言，即使姓都可能不吉祥。姓「錢」的少年男子（或女子）不可娶（或嫁）姓「吳」或「伍」（粵語發音為 "ng"）的女子（或男

子），因為「吳錢」或「伍錢」的讀音意指「沒有錢」之故。

　　對華人而言，經由媒妁之言安排的婚姻，不僅是男女雙方的婚姻，它也是雙方家庭的婚姻。在父系社會裡，婚姻的主要目的是在延續男系的香火。中國社會的傳統仍然強調這點，因為子女是跟隨父姓。父母在替子女做這種決定之前，幾乎很少跟準媳婦（或女婿）商量。這種專制霸道的決擇，之所以能夠獲得大家的認同，是因為這種選擇是為子女的利益著想。父母的選擇不可能違背子女的利益。一個女子如果可以替她丈夫生下一個兒子，那麼她的責任就算順利完成了。否則，她的丈夫會有很大的壓力要求娶妾。不過窮苦的客家人很少娶妾，因為那是有錢人的玩意兒。

　　重要的問題是這種媒妁之言安排的婚姻能否帶來幸福。我們能否以離婚的多寡來判斷？第一代和第二代客家人的離婚率很低。理由如下：第一，為了子女的幸福，有強烈的家庭壓力避免離婚。第二，客家社會的風氣不允許有家庭破裂的風俗，客家夫婦對生命中的苦樂盛衰，處之泰然。不管貧富，她都跟著他。第三，客家男人與一般中國人一樣，敬拜祖先，愛護孩子。我們永遠不會知道他們離婚的真實理由，因為華人不會向外人揭露他們私人感情的關係。在公開場所示愛是一個禁忌。客家夫婦在人們面前連牽手都不敢，更別提接吻了。

　　要是你相信中國沒有像西方文化裡那種男女求愛的事情，那就錯了。這種事在紀元前二世紀時就已經存在了。漢朝詩人司馬相如（西元前 179-117）說服一個美麗的富家寡婦和他一同私奔。在傳統的中國社會裡，寡婦會受到不准再嫁以及需要聽從兒子的強大壓力。《詩經》是在兩千五百年前蒐集的 305 首從西元前 1000 年到西元前 600 年之間的詩歌選集。《詩經》裡有許多比西方文化更早的男歡女愛的例子。下面有兩首出現在《詩經》

裡的詩歌。

（i）《詩經》邶風，靜女

靜女其姝，俟我于城隅。愛而不見，搔首踟躕。

靚女其變，貽我彤管。彤管有煒，說懌女美。

自牧歸荑，洵美且異。匪女之為美，美人之貽。

（ii）《詩經》鄭風，褰裳

子惠思我、褰裳涉溱。子不我思、豈無他人。狂童之狂也且。

子惠思我、褰裳涉洧。子不我思、豈無他士。狂童之狂也且。

　　男女相愛本來被認為是正常的關係，究竟什麼原因使它急轉彎變成男女授受不親？孔夫子的儒家道德觀念被責怪為主要的原因。宋朝（960-1279）嚴格執行男女分隔政策。社會推崇寡婦獨居，禁止寡婦再婚。婦女纏足的習俗，使得婦女地位跌入谷底。自從第十世紀以來，婦女纏足成為一種風尚。貴族家庭更是風行纏足。由於客家婦女需要在田裡工作而不能纏足。在 1912 年正式廢止纏足習俗以前，纏足的風俗是中國傳統社會被詛咒之物。

　　依照傳統的結婚儀式，新娘要帶著嫁妝去夫家。台灣的客家人流行一種習俗，要新娘帶一把用油紙做的雨傘去夫家，藉以避邪。結婚那天，新娘坐著新娘轎子到夫家，共結連理。

　　客家人還有一種結婚方式叫做「等郎嫂」（童養媳）。它是另外一種屬於被安排的婚姻。Ch. Rey 的中法字典 "Dictionnaire Chinois-Francais" 給「等郎嫂」的定義是：花錢買一個未來期盼的媳婦。這種婚姻的安排沒有殺嬰罪那麼殘酷。許多家庭由於窮困無法養活另一口人，就會把不要的女嬰殺掉，因為她們沒有男孩那麼有價值。「等郎嫂」的安排如下：窮人家的小女孩被送給

有錢人的家裡撫養，等她長大後就變成他們家裡某個兒子的太太。這個未來的新娘在小時候，有時在嬰兒時，就進入她準新郎的家。有時在兒子還沒生出之前，就把小媳婦買過來了。訂婚和結婚的禮物都免了。這是為窮人安排的結婚方式。這樣就沒有必要殺害女嬰。女方不會要求嫁妝，而男方只要付一點新娘的價碼。她的婆婆把她和她的年輕「丈夫」一起養大。等他們長大後，父母就會擇吉為他們完婚。

　　這種方式的婚姻可以避免婆婆與一個完全陌生的成年新娘之間痛苦的衝突。等郎嫂在小時候就和她婆婆相處，可以了解家裡的價值與習慣，並且學會婆婆對她在長大以後如何處理家務的期望。這種制度可以讓婆婆比較容易掌控一個大家庭。無論如何，客家婦女不像在中國的其他族群婦女，他們在家裡有特殊的地位和更多的積極角色。她們也是家中的一個經濟單元，因為她們能夠做其他纏足婦女所不能做的事情。

　　在十九世紀時，梅縣客家人廣泛的採用等郎嫂式的婚姻，不過在有 15%客家人的台灣，這種婚姻已經被取消了。台語稱等郎嫂為 "sim-pua"。在模里西斯的第一代客家人也知道這種情形。這種婚姻不僅僅出現在客家社會裡，在中國其他地方把「等郎嫂」叫做「童養媳」。台灣經濟情況改善後，這種形式的婚姻就沒有存在的必要了。模里西斯也取消了這種婚姻。

　　隨著歲月流逝，婚禮也跟著當地的環境做了一些調整，尤其是在 1949 年以後。新娘轎子和大紅的新娘禮服已經不再流行了。取而代之的是汽車和白色禮服。現在結婚的對象由孩子自由抉擇，不過婚禮的安排則由父母負責。而且利用算命師論斷姻緣和擇訂結婚的吉日良辰，還是很流行。

　　從十九世紀以來的人口調查顯示，中國族群裡的男性移民還

是佔絕大多數。在 1891 年時，男移民有 3,142 人，而女移民只有 9 人。男女的比例是 349 比 1。這種男移民的優勢一直持續到有婦女移民以後才消失。到 1972 年時，男移民有 12,849 人，而女移民則有 11,235 人。這個結局是因為早期的客家男移民多數與族外的女人結婚，這些女人多數是克里奧爾女人。客家人稱它為「討番婆」。與克里奧爾女人婚後所生的子女，成為克里奧爾華人。混婚族的子女，在菲律賓稱為 "Mestizos"，在泰國稱為 "Lukjin"，在印尼稱為 "Peranakans"，而在馬來西亞稱為 "Babas"。這些人的身分，隨著不同的國家差異很大。

　　儘管土客械鬥已經過去了一百多年，客家人與廣府人的仇恨仍舊沒有弭平。廣府人強烈反對他們的子女和客家人結婚。由於廣府人不多，他們必需接受和異族通婚的事實。現在客家人與廣府人結婚已經不會造成仇恨或家庭危機了。

　　保守的第一代客家人，希望維持客家人身分和純淨而且沒有被改變的客家文化，因此他們反對和異族通婚。他們相信異族通婚會導致華人身分的消失。他們發現自己很難接受異族通婚。他們的偏見表現在他們對克里奧爾華人的稱呼上，客家人稱他們為「半腦屎」。語意是「半個腦袋」，但是「屎」是「糞便」。廣府人稱他們「牛頭」。顯然的，客家人與廣府人對異族通婚都有嚴重的偏見。早期客家人與異族女人結婚是因為缺少中國女人。在他們年齡變大，而且與其他文化有更多的接觸以後，那些死硬派的第一代華人已經軟化，並且接受了逐漸淡化了的華人身分。

　　我們很想知道客家人對於世界各地的客家身分與混婚的某些特定議題有什麼反應。在蓋亞那和千里達，土生土長的華人和在中國出生的華人是有所區別的，正如在蘇利南有所謂的唐鴨與泥鴨（中國出生的和土生土長的）之分一樣。蓋亞那和千里達的華

人是廣府人和客家人，而在蘇利南的華人來自廣東省的惠陽，東莞，和寶安。他們所講的是另外一種客家話（子方言）。在牙買加的華人只有客家人以及他們的後代。牙買家的反華情形強化當地客家人的族群意識，對土生土長的客家人和在中國出生的客家人的差別更直言不諱。[41] 牙買家的教育重男輕女，不論是純正的或是混生的，只有男孩才會被送回中國廣東接受中國教育，而土生土長的女兒則被留在當地融入牙買家社會。模里西斯的父母也做同樣的事情，不過由於費用太高，所以沒能把子女都送回中國受教育，而且父母都是客家人的女兒，就不准被融入克里奧爾社群。

　　在馬來西亞來自惠陽，東莞，和寶安（惠東安）的客家人與蘇利南的客家人有聯繫，他們不用「泥鴨」稱呼土生土長的小孩，但是混生的小孩則被稱為「阿番」（意指外國人）。在南美，所有在當地出生的小孩一律稱為「土生」，不論純正的或是混生的。在蘇利南不用「土生」一詞，但是在大溪地的惠-東-安客家人則有用它。模里西斯的客家人不用「泥鴨」、「唐鴨」、「阿番」、和「土生」。有時他們以「唐山客」稱呼在中國出生的客家人。

　　在 1950 年代早期，中國禁止移民，「老客」與「新客」變得不那麼重要。但是，「純」客家人和混種的客家人仍然存著隔閡。根據 Paul Tjion[42] 的資料，有些唐鴨在泥鴨前面加上一個「si」字（依照音調的不同，它可以代表死、屍、和屎三種意思。）用來加強語氣。這是惠-東-安的客語發音，「死」字的梅縣發音與惠-東-安的客語發音不同。根據音調，它的意思有所不

41　Paul Tjion Sie Fat, 'Chinese Ethnic Identity in Suriname', P. 55,
　　http://dare.uva.nl/document/146473.

42　同上，P. 54。

同。第一聲意指「屍」，第三聲則指「屎」。

　　「唐人」與「半腦屎」的族群間隙產生了一個問題，父母都是不會講客家話的客家人，那麼他們的土生客家孩子，應該屬於什麼？（因為他們不是唐人，也不是半腦屎。）客家方言沒有一個名詞來稱呼他們。我們可否把他們與他們的父母歸於同類呢？他們處於一種混淆的情況裡。非華人把他們當作華人，因為他們長得像華人。這些孩子們自己不知道他們屬於什麼。從文化的角度來看，他們處於一個困境裡面，好像是在一個無人的族群島上。他們只有一個最起碼的身分，現在他們可以混入一個「純正」的客家人或華人身分，或是用克里奧爾語根據肉眼的判斷，得個〝32〞。（意即克里奧爾華人。）他們沒有一個特別的族群身分。依照族群範界的協定，他們遲早要建立他們自己的身分，並且為他們的中國人特性和族群身分下個定義。當會講客語的客家人通通死去，而那些不會講客家方言的土生孩子仍然活著的時候，真正的問題就會出現。

　　克里奧爾華人信奉基督，而且絕大多數都是天主教徒。天主教義與中國拜神是南轅北轍的宗教觀念。一個是一神論，另一個則融入了各種宗教不同宗教的教義和儀式。天主教徒只向一個神禱告，華人則祭拜祖先，而且在他們的神殿裡充滿了各式各樣的神。清教徒認為他們是邪教，並且譴責他們。可是他們卻忘了「要敬重你的父母」的戒律。天主教徒也信奉聖母馬利亞，以及其他自己喜歡的，或代禱的聖人。一個是超凡的，一個是凡俗的，今生今世的。在 1950 年代，在天主教小學讀書的非天主教徒，當天主教徒禱告時，他們必需站在教室後面。許多小孩在天主學校讀書的父母，都受到要改信天主的壓力。

　　在 2003 年與 Bertrand de Robillard 面談時，鐘神父（George

Cheung）回憶當時天主教的老師如何看待中國文化的價值，部份的面談被節錄如下：

> 學校的宗教老師在上有關教義的 "Cathechism" 課程時，曾經告訴我們不要進入或拜訪寺廟。我試著對自己說，如果我帶著防禦的心靈進去（寺廟），那會怎樣？除了教我們其他的東西以外，他們也要我們不要信奉傳統的家庭拜神，即使他們沒明講。從另一個角度來說，《聖經》說我們應該尊敬父母。這課程並不是宗教老師個人所提出的，而是 1950 年代末期在梵帝岡第二議會裡所決定的宗教課程。我相信還有很多其他人，由於天主教為了加強人們對天主的信仰，成為宗教衝突的受害者。我個人還算運氣，能夠在這種深度的文化殘害後恢復得很好。我並沒有向負責人質詢太多，只是告訴自己，由於聽了他們的話，包括你我，每一個人都會犯錯。[43]

孩子們的成長時期對於他們的文化發展非常重要，他們因此對自己的文化遺產感到混淆而終身受害。很少華人子弟有像鍾神父那樣寬廣深厚的知識與文化基礎，去幫助他們擺脫少年的創傷。

那些執意娶克里奧爾女人的客家人，並沒有想過改信宗教的代價是如此昂貴。他們勤勉地學習天主教義。克里奧爾女人很高興她能把自己丈夫變成天主教徒。她對自己孩子尤其感到驕傲，女兒長大成為美女。她有長長的波浪髮型，以及華人認為最珍貴的神秘而且帶著雙眼皮的鳳眼。她具有父親的自負和母親的懶

---

43 *Le Mauricien,* 14th June, 2003, P. 7.

散。西方的作家曾經替大溪地和夏威夷的混血兒的美麗寫過讚美歌。他們都是島上之光。

華化或克化的程度由幾個因素決定。一個人如何為自己身分定位是討論族群身分的重要因素。有些人比較喜歡認為自己是克里奧爾人，完全拒絕與主流的華人聯繫。他們剩下的只有讓非華人認為他們是華人或克里奧爾華人的身體特徵，這使他們覺得尷尬。在他們的克里奧爾母親的強烈影響之下，他們信奉基督教。他們沒有中國姓名，也不會講客語。他們對於中國文化價值、儒教思想、祭拜祖先、孝順父母、和傳統習慣等一無所知。但是他們保持著中國烹飪和料理。在同一個克里奧爾華人的家庭裡面的成員，常常顯示出不同程度的華化或克化。完全歸化成為克里奧爾族群的人，並不很多。那些認為自己是克里奧爾人的人，通常會接近克里奧爾 —— 法國文化。泰國在二十世紀初期有很多的華人與當地的泰國女人結婚，他們的小孩，"lukjin"，通常認為自己是中國人。馬來西亞的"Babas"以及印尼的"Peranakans"也一樣認為自己是中國人。

儘管一個人希望自己被認定是屬於某種族群，其他族群卻可能不這麼認為。身體表徵就是明顯和現有的標誌。我們不曾把單獨的克里奧爾華人正式定為一種特別的族群。在 1972 年以前的人口調查表裡，在回答個人身分時，一個克里奧爾華人可以填上基督徒或佛教徒，中國人或一般老百姓。因此，人口調查不能看出全國人口的族群組成情況。官方的政策與法令可以協助維持族群身分。但是模里西斯沒有這麼做。在印尼，荷蘭殖民政府為了課稅，實行隔離華人政策，使華人成為獨特的一群。政府要求華人支付比當地人民更多的稅。在馬來西亞也有同樣政策。政府為了實行排華和偏坦當地土著"Bumiputra"（大地之子）的種族

歧視政策，一直把華人分隔，使他們成為獨特的一群。

在 1950 年代，領養非華人小孩，或生有混婚小孩的華人父親，一般都比較保守，會將小孩在社群裡以華人的方式撫養。小孩被送去華文學校求學。領養的小孩被取了中國姓名。有些則被送去中國深造。他們講客家話，吃中國美食，同樣慶祝中國節日和聖誕節。

克里奧爾華人由於人口不夠多，所以無法以他們自己的特徵形成單獨的族群或文化群體。根據 2000 年的人口調查，克里奧爾華人共有 3,473 人。在路易斯港有一個運動俱樂部，它的成員絕大多數是克里奧爾華人。由於他們人口不足而且分散全島各地，加上他們喜歡融入華人族群，使得他們無法形成一個獨特的族群。

十八世紀時，在菲律賓的華人和當地女人所生的混婚孩子 "mestizos"，他們離開了華人社群，另組一個叫做 "gremios" 的協會。等到西班牙統治結束後，單獨的 "Mestizos" 就消失了。不過，他們曾經是當代重要的菲律賓菁英。

在印尼，都市裡大量的華人足以讓華人小孩保持華人身分。從另一個角度來說，華人與當地女子的混婚子女 "Peranakans"，他們認定自己是華人，而且別人不管他們講的只是一些馬來語和當地語言，也認為他們是華人。

在大溪地，幾乎所有的華人都是客家人後裔而且混婚子女不認為自己是華人。據報導，在留尼旺島（Reunion）的華人目前面臨身分的危機，因為法國政府實行要求華人融入當地社會的政策。推行歸化政策的結果，使得在法語學校教育出來的華裔小孩，看起來像華人，非華人族群也認定他們是華人，然而他們卻不會講華語，對中國文化也了解很少。他們講的是混雜的克里奧

爾語，但是他們並不認為自己是一個克里奧爾人或法國人。他們並沒有完全融入克里奧爾或法國文化。他們只不過從兩種文化東拼西湊而已。有關在普萊（Pulai）客家人的說明，以及當地純正客家人與混婚客家子女的差異，請參閱第四章有關馬來西亞和蘇利南的部份。

雖然在模里西斯的第一代客家人在起初（許多人現在仍然如此）反對異族通婚，不過第二代的客家人就比較開放。他們表示可以容忍，但不加鼓勵，而且比較喜歡族內的婚姻。從廣義的觀點來看，父母教給他們的儒家思想已經起了根本的變化。家庭已經不再是一個以前大家認為的中央社交單位。取而代之的是極度被自私沾染的個人主義。

第三代客家人的婚姻是兩個個體的自由選擇，而不是由於兩個家庭因為門當戶對的聯姻。他們要約會，要愛情。正如預期，離婚率已經上升。他們願意支付昂貴的代價去嘗試錯誤。第三代華人的異族通婚率最高。它的副產品就是被淡化的中國人特性。如果信仰和姓名都被更改，或是族群被更深入的華化或克化，情況就特別嚴重。

（三）客家性別平等

中國的婦女一向屈服於男人，殘酷的纏足風俗足以證明女人在中國社會裡的順從天性。不過，客家婦女一直與其他族群的女人不同。他們在家裡比其他方言族群的婦女更有影響力。在傳統的中國社會裡，客家女人比較不可能被賣去當小老婆，或更糟的話，當家奴或立約的女僕人。客家人很少殺害女嬰。童養媳式的婚姻習俗可以避免殘殺女嬰。客家婦女擁有更多的自由，因為她們參與家庭生產工作，可以成為一個經濟個體，不像其他族群的

婦女，只能做些無薪的家庭雜事。客家婦女可以在外面的田園做工，或到市場與客家男人並列販賣農產品。其他族群的女人還纏著腳，連走路都有問題。當她們的男人離開村莊，到城鎮出差小住，她們就會照顧她們的田地和家庭。Mitchener 在《Hawaii》裡面這樣描述客家婦女：「但是自持的客家婦女拒絕纏足（...），當然本地的中國人會嘲笑她們（...），然而這些來自北方的（女）客人，性格堅決、難以共處、而且不肯屈服，也不聽指揮，（...）人人都知道客家婦女可以做個強勢，意志堅決，和勤奮的太太，她要求在家務方面能和她丈夫有相同的權利與義務。」[44]

　　客家人比較沒有多妻與殘殺女嬰的風俗。傳教士在有關客家的文學裡常常提到客家婦女是不纏足的。在非客家鄰居的眼光看來，她們更像是山上的部落，而不像漢人。歐洲的傳教士發覺客家婦女更健康、更自然。有一個傳教士察覺到「客家婦女不曾被賣去當二老婆或做妾室，而且她們寧可殺了女嬰，也不肯把女兒賣去當女奴。」[45]他相信那是尊重女性的一種習慣。

　　尊重女性是不是客家人獨特的特性？中國是否曾經是母性社會？當 Joseph Needham 說中國道教的社會是一個母性社會時，人們就開始引起爭論。支持這種理論的人認為《道德經》的靈感是來自古代的母性社會。這個論調是有爭議的。人們爭辯說老子不可能從比他早幾千年的假想社會裡得到靈感。沒有關於古代社會的書籍可以讓他引用。不像許多以男性為中心的宗教，道教主

44　James A. Michener，前揭書，P. 384-397。
45　Nicole Constable, 'Christianity and Hakka Identity', in *Christianity in China: From the Eighteenth Century to the Present*, Daniel H. Bays, ed., Stanford: Stanford University Press, 1999, P. 164.

張男女性別和諧和公平。[46]

　　另一個論點的靈感來自中國的語言。中國的「姓」字，是由「女」字部首和「生」字合起來的形聲字。我們能不能說這個字代表中國古代是母性社會呢？許多中國文字的形成是隨便的。例如，家庭的「家」字的樣子是屋頂下有豬，把它解釋為「豬欄」可能更適合。

　　有些考古學家認為中國古代的仰韶文化是母系氏族社會。仰韶文化是在西元前 5,000 年到 3,000 年，發源於黃河流域的河南，山西，和陝西諸省的新石器時代文化。考古學家發現女人的墳墓要比男性的墳墓裝璜更美，也有更多的陪葬品。有些中國考古學家解釋這正是母系氏族社會的證據。這個理論是有爭議的。

　　不管如何，中國仍舊存在著母系氏族的社會。住在雲南省和四川省的摩梭族，他們人口只有 5,000 人。（譯註：根據維基百科的資料，摩梭族人口約有四萬人。）他們多數出現在西藏喜馬拉亞山的瀘沽湖畔。摩梭文化是一種母系氏族社會。由母親或祖母當家長。財產依照母系遺傳。家系依照母系傳襲。

　　當女孩到了 12-14 歲時，家裡會為她們舉辦「穿裙禮」，由母親為她們穿上裙子，慶祝她們已經成年。從那時候開始，她們就可以邀請她們的朋友們到她們的房間裡過夜。男人在天黑以後去她家過夜，直到次日早上才離開。這種摩梭族的習慣叫做「走婚」。摩梭女人不屬於任何一個男人。她可以隨時更換男人。男人不會住在女人的家裡。他跟他的母親一起住。他不用管他自己的小孩，小孩是由母親撫養，並且姓母親的姓。

　　學者對於母系氏族社會在中國古代是否存在仍舊沒有定論。

46　John C. Raines and David C. Macquire, ed., *What Men owe to Women: Men's Voices from World Regions*, Albany: State University of New York Press, 2001, P. 252.

不過中國在商朝時期（1750BC-1050BC）是父系社會。父系給女人帶來嚴重的後果。在第十世紀唐宋交替時期，婦女的地位變得更壞。這種地位的下降可以由幾個顯著的標誌看出：限制寡婦再婚的規定，娶妾的制度，和纏足的習慣。最近有關客家社群的人種誌研究發現，客家人在家庭外面的事情都是由男人負責。Carstens 在 1978 年對馬來西亞普萊一帶的客家社群所做的研究發現，客家人在中國男女分工的習俗，仍舊被他們保持著。在普萊的客家人，男女一同種植和收割水稻，一同鑽取橡膠乳液，也一起做其他工作。不過，在其他公共場所或公眾事務，男女就劃分得很清楚。社群的各種集會一律由男人代表各個家庭。慶祝結婚，長者做壽，以及出殯等的大宴，也是由男人負責。在馬來西亞的普萊，客家人在廟節慶祝觀音時，男女就會表現出不同的文化習慣。在九天的慶祝活動裡，只有年長的男人才可以代表他們家庭組成祭祀委員會，他們就有資格被選為爐主，即祭拜的主持人。男人負責在廟裡烹飪食物並且主持所有廟裡的儀式。雖然是由女人負責準備紙做的鬼衣和紙錢，[47]只有男人才敢去向死去而且沒有子女的礦工靈魂慰解。客家婦女有一個全由女人組成的婦女會，負責在廟會期間做她們自己的祭拜。

在 1950 年代和 1960 年代時，模里西斯的客家婦女對店舖和別墅生意的成功有很大的貢獻。我們不要過份誇大這種平等主義。在店舖裡，管錢和管帳，都是男人的事。男人要去路易斯港向批發商補貨，打麻將，並且在會館裡過夜。會館一向是由宗族裡的男人負責打理。當地的政治圈裡，國會在 2010 年以前，從來就沒有一個女性候選人。

---

47 Sharon A. Carstens, *Histories, Cultures, Identities: Studies in Malaysian Chinese Worlds,* Singapore: Singapore University Press, 2005, P. 73.

（四）寡婦的貞節

在傳統的中國社會裡，「貞女」一向受人尊敬。一個寡婦不再改嫁，一直做為已故先生的家屬，並且伺候他的家庭。反對寡婦再婚的規矩，並不是在第十世紀才發明的。在《禮記》（應該是孔子自己所編篡。）裡面可以找到有關寡婦貞節的記載。忠實是待人之道，也是妻子的美德。當丈夫過世後，妻子不再改嫁，至死不逾。中國的道德家極度讚揚寡婦貞節，他們說忠臣不事二君，貞女不事二夫。相反的，如果一個鰥夫的妻子沒有為他生下兒子，由於他必需負責傳宗接代，所以就得為盡孝再婚。他必需有一個男性繼承人負責祭拜祖先。在宋朝時期，再婚的風俗似乎十分盛行。直到明朝，貞女的案子才顯著上升。[48]這是一種討厭女人的想法。我們不知道客家婦女會遵守這種規矩多久。在男女平等的風氣下，再婚一點也不足為奇。模里西斯的客家人已經徹底的拋棄了這種守節的習俗。

（五）納　妾

異族通婚與納妾是中國婚姻的兩個主要特點。異族通婚主要是基於父系社會的緣故。男人不可以和父系的親人結婚，因為他們是由同一祖先傳下來的，有血緣的關係。這個規則後來被推廣到所有同姓的人，即使沒有血緣的，也不可結婚。在模里西斯的第一代客家人，對他們的小孩施以強大的壓力，要求他們一定要遵守這個規則。不過，偶爾也有人違反這個規則。當一個妻子為她丈夫生下一個兒子，那麼她在這個大家庭裡的地位就穩固了。

---

48 Patricia Ebrey in *Heritage of China*, Paul S Ropp, ed., Berkeley: University of California Press, 1990, P. 220.

否則，她可能被拋棄，而且她的丈夫要承受來自父母的大壓力去另娶一個姨太太。一個丈夫在他經濟允許的範圍內，可以娶好幾個姨太太。只限於少數人才有這種習慣。從財富和社會的角度看，中國的皇帝是最可以利用這種制度的人，一個皇帝有幾百個姨太太。

在模里西斯的第一代客家人，仍舊維持著家庭的完整和團結，但是他們由於受到小孩的壓力，必需放棄大家庭的制度。小孩子們接受小家庭的觀念，與父母分開居住。他們必需接受一夫一妻制，窮困的客家人很少有姨太太的。只有三家姓陳的人有姨太太。

（六）纏足與客家婦女

1.纏　足

很多西方人，同時也許有很多的年輕模里西斯華人，讀過張中（Jung Chang 音譯）女士所寫的《野天鵝：三個中國女兒》（Wild Swans: Three Daughters of China）這本書。她告訴我們她的祖母如何替她母親在兩歲時纏足，她祖母自己也有纏足[49]。奇怪的是，馬可波羅在他的書裡從來沒有提到纏足的事情。第一個提到纏足的歐洲人是一個法國傳教士 Odorico da Poedenone（d1331）。[50]

自從太古時代以來，腳不論在世俗的或宗教的事務上，都扮演著重要的角色。在美國，腳仍舊被人用來測量直線的距離。在基督的教義裡，幫別人洗腳是代表謙卑和無私的愛。早期的基督教堂認為洗腳是一種儀式。有些新教的教派直到現在還有洗腳的習

---

49 Jung Chang, *Wild Swan: Three Daughters of China*, London: Flamingo, 1993, P. 31.
50 www.sciencedirect.com/science?ob=Article.URL&uchi.

慣。在佛教的圖像學裡，菩薩的腳印代表著萬物在瞬間的自然性。

　　纏足並不是中國人才有的風俗。在阿拉斯加的庫欽印第安人（Kutchin Indians），他們也有類似纏足的習慣，但是沒有那麼厲害。除了中國以外，世界上沒有一個文化有這麼久的纏足歷史。在有些文化裡，腳也是情慾的根源。婦女在她們的腳上畫彩畫。全世界的女人也用珠寶和各種手工品來美化她們的腳。為了使她們的腳更加美麗，他們在腳趾上帶戒指和腳踝環，在趾甲塗上趾甲油，並且在腳上刺青。她們穿著高跟鞋和馬靴。[51]

　　中華民國成立後，雖然在 1912 年廢止了纏足習慣，但是纏足的習俗語直到 1920 年代的末期仍然秘密進行著。纏足兩個字說明了它本身的意思。它讓人憶起一雙變了型的腳，以及痛苦和受罪的印象。年紀大的人一定記得於 1960 年代碰過纏足的廣東老女人，在唐人街蹣跚的走著。我們仍舊可以在中國市區裡看到纏足的老女人，但是在梅縣則看不到。纏足曾經是一種被傳統中國認可的流行習俗，並且延續了一千年。自古以來，估計有 45 億的中國婦女曾經受過纏足的痛苦所折磨。根據美國作家 William Rossi 的資料，中國婦女大概有 40%-50%的人在十九世紀有過纏足，但是幾乎所有的上層社會的婦女都纏足。[52]

　　滿州人和少數民族不纏足。令人驚訝的是，在中國的猶太人也有纏足的習慣。一個女中國猶太人，在她出席 1919 年中國猶太人會議時所拍下的照片裡，顯示所有人，包括小孩，都有纏足。[53]客家人以前是否曾經纏足？他們很自傲的說他們的祖先從來就沒有纏過腳。客家婦女需要努力工作支援家庭的經濟。他們

51　www.answer.com/topic/feet?cat=health.
52　Louisa Lim, 'Painful Memories for China's Footbinding Survivors', www.npr.org/templates/story/story.php?storyId=8966942.
53　www.haruth.com/Asiakaifeng.html.

需要有強健的雙腿和正常的腳，才能到廣東故鄉乾燥的高山地帶工作。對客家人而言，纏足是她們無法負擔的一種奢侈，它在客家傳統和文化裡，毫無立錐之地。幾乎所有記載過有關纏足習俗的中西學者，都認為在漢族裡唯一沒有纏足的就只有客家人而已。不過，十九世紀的客家學者徐旭曾說客家纏足的習俗，直到1644 年時，皇帝下令詔書，才被終止。客家菁英認為不論貧富，大家都應該遵守詔書，但是廣東婦女則繼續纏她們的腳。[54]

*****纏足的手續*****

華語的纏足或纏腳，客語叫 "tch'an kioc（纏腳）" 或 "tsat kioc（紮腳）"。詩人讚美它為「金蓮」。客家話叫纏腳的女人為 "tch'an kioc ma（纏腳母）"，表示對纏足的不認同，因為 "ma"（有時）是用來指雌性的動物，例如："ke ma（母雞）"，"niou ma（母牛）"，"set ma（蝨子）"，和 "tao ma（刀子）"。如果用在人的身上時，是指比較低級的人，例如 "fa ma" 是指妓女，而 "pan koung pan ma（半公半母）" 是指雌雄不辨的人。

理想金蓮並非垂手可得，有很多的中國說法描述少女為了纏足所付出的痛苦代價。「一個女人要纏足就得流下千桶眼淚。」「每一雙小腳的代價是一浴缸的眼淚。」這兩句是許許多多例子中的兩個。

張女士（Pang-Mei Natasha Chang）的曾祖母，玉宜（音譯，Yu-i），在《纏足與西方服飾》一書中，細說自己的纏足經驗，並且告訴我們纏足的準備工作和欺騙的技倆。

---

54 Sow-Theng Leong，前揭書，P. 36。

　　（…）在我三歲時，我的祖母叫我自己把全部黏稠的水餃全部吃完。她說這樣會使我變得軟一點，但是直到第二天早上，我都不懂她的意思。母親和祖母帶著一盆溫水和一條狹長的厚白棉布，她們把我的腳浸在水中，然後用濕的厚繃帶將腳弄彎。當濕的繃帶在我的腳上綁完一圈以後，我在眼前看到紅色的東西，而且無法呼吸。感覺就像我的雙腳已經縮小到像一隻小昆蟲一樣。我開始痛苦的尖叫，我想我會死去（…）我連續三天坐在祖母和母親前面，忍受這種儀式：拿下帶血的繃帶，浸水，重新包紮，和抽緊。但是到了第四天早上，奇蹟出現了。我的二哥他無法忍受我的尖叫，告訴母親別再傷害我了。（…）母親問二哥，如果她不管我的腳，將來有誰娶我。二哥說：「如果沒人娶她，就由我來照顧玉宜。」母親憐憫我。於是請祖母過來幫忙把纏上的繃帶解開。從此我就再也沒有纏過足。[55]

　　纏足的目的是設法使腳停止繼續生長。正常的腳叫「天腳」。一般是由母親在女兒三到七歲時幫她纏足。她需要盡早在足弓發育前幫她做。纏足儀式開始時，先把腳指甲儘量剪短，以免將來長入腳裡面，然後將女兒的腳浸入溫水中，或浸入由草藥，尿液和動物的血混合物裡。她相信浸水後會使肌肉變軟，讓她更容易綁紮。然後她再按摩雙腳，並且將雙腳浸入明礬，藉以減少流血。明礬也可以減少流汗，防止產生臭味。女兒直到判決命運的第一次纏足，才懂得她在幹什麼。四隻小趾頭被掰到腳底。並且用長的棉布條或絲布條（長約十呎，寬約二吋）將這四隻小趾頭緊緊的拉到腳跟。大約每兩天就得拿下來洗滌，和剪趾甲，以防發炎。

55　Pang-Mei Natasha Chang, *Bound Feet and Western Dress*, London, Bantam Books, 1997, P. 21-23.

　　一旦綁紮完成以後，小女孩就必需用纏著布的雙腳走路，目的在於破壞小趾頭和足穹，同時避免她雙腳和腳裸肌肉的萎縮。每次重綁的時候，繃帶會拉的更緊。小趾頭終於斷裂，平躺在腳底。足穹在繃帶的壓力下逐漸斷裂，腳跟的小球和小板被拉近，足穹變成垂立起來。由於四隻小趾頭被擺在腳底，大母趾又被拉往腳跟，因此雙腳就變窄變短。

　　經過兩年痛苦的酷刑，一雙三、四吋的小腳就形成了。整個纏足的過程並未在此結束。因為如果停止繼續綁紮，天生的腳形還會長回來。所以綁紮的工作還得持續十年或更久，以確保雙腳維持細小。

　　如果雙腳的大小短於理想的三吋，就叫「金蓮」，四吋的小腳叫「銀蓮」。長於四吋的天生腳，就被人輕蔑的稱為「鐵蓮」。

　　小女孩除了要承受極端的痛苦以外，她的健康也將面臨各種風險。纏足迫使雙腳變形，違反雙腳的自然成長。由於受到壓縮的關係，血液無法到達腳趾頭，所以腳趾可能脫落。[56]發炎是常見的事。在起初的階段，雙腳很容易腫脹，長膿。有些小女孩會用香水洗腳，用以減少惡臭。[57]如果腳趾甲沒有剪好，它會繼續生長，最後穿透腳背。如果綁紮太緊，阻斷血液循環，就有變成壞疽和敗血症的可能。有時發炎會導致死亡。估計有 10%的女孩因纏足而死亡。[58]這個比例高得驚人。假若我們接受較少的估計，有十億的纏足婦女，那就有一定有一億人因此死亡。

　　在 1997 年，一群來自美國加州大學舊金山分部（UCSF）的

---

56 'Chinese Foot Binding', www.bbc.co.uk/dna/h2g2/A1155872 -'Chinese Foot Binding'.
57 Jeanine Holman, 'Bound Feet', www.josephrupp.com.
58 Marie Vento, 'One Thousand Years of Chinese Footbinding : Its Origins, Popularity and Demise'. http://academic.brooklyn.cuny.edu/core9/phallsall/studpages/vento.html.

科學家，做了有關纏足後果的首次研究。[59]這個研究計畫是對中國研究骨質疏鬆的研究案子的一部份。研究發現，即使在今天的中國，纏足使得很多年長的婦女終生殘障。UCSF 的研員與在北京隨機挑選的 193 位婦女（93 位的年齡大於或等於 80，100 位的年齡在 70 與 79 之間）進行面談和檢測。這些女人的年齡讓我們確信，政府在 1912 年廢止纏足之後，纏足的習俗仍然持續到 1920 年代的晚期。研究員發現 80 歲或以上年齡層的女人，有 38%的人變成殘廢。而 70 歲或以上年齡層的女人則有 18%的人變成殘廢。在前一年，80 歲或以上年齡層的纏足女人，要比正常人更容易跌倒（38%對 19%）。在沒有人幫助的情況下，她們也更不容易從椅子上站起來（43%對 26%）。雙腳變形的女人，更不能做那些婦女在中國上廁所和家事時的下蹲動作。

不過，這些纏足的婦女在做飯，走路，和爬樓梯方面，並沒有太大的困難。研究人員未能確認這些女人究竟是習慣了纏足的殘缺，還是懶得抱怨。[60]

*****纏足的起源*****

纏足的習慣究竟在何時發生的？雖然大家一致認為纏足可以追溯到第十世紀的五代十國時期（907-960），有些傳說卻說它開始得更早一些。其中有一個說它的開端始於商朝（1750-1050BC）。它把纏足的起源與狐狸扯在一起，它用狐狸比喻商朝皇后的裝束，是為了要隱藏它的爪子。另外一個說法是，因為商朝末代皇后的腳畸形，不願別人知道她的情形，所以她叫皇帝強迫所有宮中的女孩都得纏足，因此她的畸形腳在宮中可以變成

---

59 www.sfmuseum.org.
60 'Chinese Girl with Bound Feet', www.sfmuseum.org.

美麗的模式。[61]

　　甚至開端於第十世紀的傳說都有不同的版本。其中有一個說法，在五代十國時期，南唐（937-975）后主李煜有個愛妾叫窈娘，她走路的姿態輕盈優雅，就像輕輕掠過金蓮。因此具有蓮足的女人便成為中國女人的模式。另一個說法是，李煜叫窈娘把她的腳纏起來，讓她能夠像一個舞女在跳相當於現在芭蕾舞的足尖舞。她跳得出奇的好，讓李煜著了迷。又有另一個說法是，窈娘是在一個特別用手工打造的六尺金色蓮花舞台上跳足尖舞。纏足開始是為了要增進跳足尖舞的美姿。起先只有宮廷裡的舞娘才會跳足尖舞，不久，宮女就開始纏足。後來上層家庭的婦女也逐漸模仿，把它當成一種時尚。流行逐漸擴散到社會的所有階層，從南到北，深入遙遠的鄉村。

　　*****纏足的象徵*****

　　僅僅一種時尚，不能解釋為何纏足可以維持一千多年的原因，因為時尚究竟是極為短暫的東西。社會、性慾、政治、和經濟等的綜合因素才能夠讓纏足的風氣歷久不衰。對不同的母親而言，纏足所代表的意義也就不一樣。對某一個母親而言，她是希望女兒可以不必一輩子獨守空閨。對另一個母親而言，她是希望可以提高新娘的身價。有趣的是，張中女士（Jung Chang）告訴我們，她的曾祖母為女兒纏足是為了「她未來的幸福」而且由於她把女兒嫁給她先生的老闆當小老婆，她先生也因此得到升遷。[62]在一個男人比較重視纏足的父系社會裡，如果不想讓女兒一輩子獨身，女人就得被迫去遵守這個習慣。因此，社會壓力就是維

61　www.bbc.co.uk/dna/h2g2/A1155872.
62　Jung Chang，前揭書，P. 31、45。

持這種習慣的理由之一，直到二十世紀早期，男人不再娶纏足女人為止。以前認為美麗的，現在變成醜陋，而以前認為醜陋的，現在變成美麗。

中國人要如何去為纏足辯護呢？一個名叫劉新（Liu Hsin，又名 P'u Sung-hing）提出七個支持纏足的理由：

* 一個沒有纏足的女孩會被鄰居嘲弄，她得承受村裡人們譏笑她的粗魯態度；
* 纏足以後，她走路時才會阿娜多姿，碎步搖擺；
* 要不是有三吋金蓮，就沒人要娶她為妻；
* 天腳的女人需要做粗工，而纏足的女人到那裡都可以坐轎子；
* 天腳的女人被人認為低賤平庸；
* 女孩應該留在家裡；
* 小腳的女人可以獲得較高的新娘身價。[63]

唐朝時期（618-907）的婦女享有合理程度的個人自由。他們參與戶外運動。當時的藝術品有顯示女人騎在馬上玩馬球。在那時，理想的美女是豐滿的，因為豐滿代表財富和健康。身體本身不需要靠扭曲才能變美。唐朝也是佛教最盛行的時期，但是到了宋朝（960-1279），就可以看到反佛教的現象。1279-1368 社會回歸到古代的儒家制度。孔子的儒家思想被重新詮釋，成為「新儒教」。根據傳統的儒家思想，女人必需對她們不論是死去或是活著的的丈夫忠貞。在第十世紀所產生的纏足習慣，由於得

---

63 'An Essay on Chinese Footbinding', www.dismalesthetics.com/boundfeet.html.

到皇上的批准，所以能夠風行。蒙古人在統治中國期間（1279-
1368），曾經對中國寡婦的再婚選擇和財產繼承做出嚴格的限
制。這個政策是因為蒙古人將蒙古法律和新儒家思想合併的原
故。根據蒙古人的習慣和法律，不論是丈夫或太太，只要犯了通
奸罪，就一律處死。纏足會把一個女人留在家裡，使她無法到處
亂跑，或離家出走，因而減少她紅杏出牆的可能。蒙古人認為纏
足對解決通奸問題來說是一種比較慈悲的制度。對於阻止通奸而
言，纏足就沒有死刑那麼苛刻。也難怪蒙古人會對纏足大力支
持。蒙古人也推行另一種新的婚姻制度。中國人很快的實行蒙古
人寡婦與亡夫兄弟的婚姻。朱熹學派（新儒家思想）的文學界贊
成採用他們對儒教的新說法。強迫寡婦與亡夫兄弟結婚的另類選
擇，催生了寡婦守節的做法。到了十四世紀，所有的法令與詔書
都嚴格的限制寡婦再婚。寡婦的貞節成為時下的美德，社會靠合
法的制裁與強制來維持這個制度。明清兩代都把這些最重要的法
律編入法典裡面。[64]

　　新儒家思想讚美婦女貞節和纏足，這兩件事都幫助達成某種
社會目的。但是女人為什麼那麼願意對纏足的痛苦屈服，其原因
就更複雜了。一個天足女孩想嫁入比較高層家庭的機會就要少得
多。有了一雙金蓮，她就可以使自己身體的不足轉換成為社交的
優勢，藉以增進良好姻緣的機會。母親們會告訴她們的女兒說，
一個女人的吸引力不在於天生的臉孔或身體，而是在她那雙金蓮
所帶給她的性格裡。一個經歷過纏足痛苦的女人必然具有美德的
模式：教養，責任，忠誠，和毅力等。未來的婆婆選擇好媳婦的
條件，就是看纏足時所表現的修養。因此，有纏足的女兒會給她

---

64 Morris Rossabi, 'Family and Government in Yuan China Foreign Innovation and
　Indigenous Transformation', www.asiast.orf/absts/1995abst/China/csess7.htm.

出生的家庭以及未來的婆家帶來好名聲。[65]纏足能夠為整個宗族帶來榮耀。它提供了社會地位向上提升的機會。

多數學者認為纏足是代表女人被征服的最後象徵。它被用來維持女人應有的服從並且靜守家中。女人的角色就是做一個太太或小老婆，和男孩的母親。如果一個女孩能夠幸運的活下來，她就應該屈服於纏足的痛楚，它強調了由男人主導的父系社會。纏了足之後，她就無法離開自己家或她丈夫家很遠。她就得受她丈夫的控制。她除了忠心和服從，別無選擇。由於她被限制在家裡，她就成為一種貞節的象徵。一個西方學者將這種現象變成一種定律，認為小腳讓女人無助，而無助的性質會喚醒中國男人的性慾。[66]

幾乎所有的學者都認為纏足與性有關。他們斷言纏足的吸引力在於性偶像和色情審美觀的作祟。纏足除了可以跳出像芭蕾一般優美的足尖舞以外，人們對纏足的魅力一開始就含有色情的暗流。中國的男人對三吋金蓮有一種色情的吸引力。義大利伯隆尼大學（University of Bologna）的研究員曾經對性怪癖做過一次史無前例的研究，它發現鞋子和腳最容易使人產生性興奮。[67]奧國心裡分析學家弗洛伊德（Freud）認為纏足是一種被人盲目崇拜的東西，並且把人對腳的興趣歸於腳是男人陰莖的一種象徵。弗洛伊德也觀察到，女人纏足可以減緩男人對去勢的焦慮。[68]弗洛伊德學派的人說中國男人很怕女人的陰道，認為那是一種危險的，像是割了睪丸的器官，所以只能靠女人的小腳才能引起他們

---

65 Marie Vento，前揭書，P. 3。

66 Connie Folleth, '1,000 years of Footbinding'.

67 Roger Dobson, 'Heels are the world's No 1 fetish', The Independent, 25 February, 2007, http://web.archive.org/web/20070430203911/news.independent.co.uk.

68 www.answers.com/topic/feet?cat=health.

的性慾。人們斷定女人纏足後走路會向前傾，有助於收緊和強化性器官的肌肉，進而使性生活更加美滿。對中國的（性）迷戀者而言，一個纏足的女人，用碎步走路，更能製造出性感和靈敏的性剖析。[69]根據最近 BBC 的報導，一個義大利泌尿科醫生 Dr. Mario Cerruto 間接表示，女人穿高跟鞋可以增強骨盤底部肌肉，並且促進性生活的效果和滿意度。高跟鞋和纏足似乎有異曲同功之妙。[70]

三吋金蓮成為一個重要的敏感帶。它是女人身體最隱私的部份。從十六世紀到十八世紀的色情刊物描繪著男人撫摸女人金蓮，並且列出 48 種不同的玩弄金蓮方法。[71]在做愛是握住女人的小腳，被認為是最極致的經驗。甚至男妓也把腳弄跛來吸引更富有的客人。男性演員也有纏足的。男人看到三吋金蓮會狂喜，並且沉迷於各種不同的幻想裡。人們選擇妻妾和妓女，都是以小腳形狀和尺寸來決定。

男人難得見到赤裸的小腳。因此，藏在美麗的花邊鞋子，襪子，和繃帶裡面的小腳的神秘，就成為一種特別的激情物。纏足的女人在睡覺時也會穿著輕便的拖鞋。一個名叫方訓（音譯，Fang Xun）的貴族，警告男人千萬不要去看赤裸的小腳，他寫道：「如果你把小腳上的鞋子和繃帶拿下，那麼美感就會永遠的消失。」[72]鞋子和繃帶因此變成性感的東西。弗洛伊德認為鞋子象徵著女人的性器官。男人會因為細小的鞋子而引起性慾。他們

---

69 Marie Vento，前揭書。

70 BBC Nws, 4 February, 2008, 'High heels "may improve sex life" ', http://news.bbc.co.uk/2/hi/health/7225828/stm.

71 Louisa Lim，前揭書，P. 6。

72 Beverley Jackson, *Splendid Slippers: A Thousand Years of an Erotic Tradition*, Berkeley, Ten Speed Press, 1997, P. 107.

會珍惜它。有些男人會聞鞋子，甚至用它來喝水。現在的粉絲（球迷）會將足球隊員或歌星丟給他們的汗衫框起來當作寶貝，象徵著他們仰慕和喜愛的偶像。雖然在形式上有所不同，但是人類對崇拜偶像基本上都有同樣的需要。某些人感到性感的東西，對其他人可能變成討厭的東西。十九世紀的西方人和在中國的基督教傳教士不能了解為什麼中國人可以在扭曲的小腳裡找到美麗的理由。

在明朝（1368-1644）時期，儘管是變了形，纏足還是成為女性美的象徵和女人身體最性感的部份。理想的腳必需滿足七個條件：小、瘦、尖、拱、香、軟、和稱。

蒙古人的遠方表兄弟滿州人，在征服中國後建立了新的王朝。他們以新主人的身分，很快的推行中國和滿州的法律。傳統的中國漢人，是留長髮，並且採用各種髮型。滿州人向中國的漢人推行他們的髮形，強迫他們把頭上前面的頭髮剃掉，並將剩下的頭髮編織成辮子。凡是拒絕遵守的人一律處死。當時政府的口號是「失去頭髮保住保性命，保住頭髮失去性命。」剃除頭髮就違反了孔夫子的教誨，他說頭髮是父母所給，不得毀傷，必需留下並且加以保護。剃髮是一種不孝的行為。漢人阻止這個命令，直到十年以後大家才遵守這項法律。紮辮子的目的是要消滅中國人的文化和身分。紮辮子也是中國漢人屈服滿人的象徵。

與蒙古人不同的是，滿州人反對中國人的纏足習慣，並且設法將它取消。清朝的首位皇帝，順治皇帝，禁止纏足，不過並沒有嚴格執行。由於纏足的女人並沒有替新王朝帶來嚴重的威脅，政府對她們採取更溫和的手段。政府沒有使用高壓強制執行。母親們於是繼續替她們的女兒纏足，因此纏足的習慣更加深植中國文化。它成為中國審美和性靈魂的標誌。由於纏足習慣深刻的嵌

入中國文化和家庭傳統裡，政府很難將它根除。甚至滿州的男女也都覺得纏足具有吸引力。因為滿州對女人不准纏足，所以她們發明了一種厚底的鞋子（也叫花碗鞋），它能夠使人產生一種中國漢人美學和小腳的錯覺。1902 年時，貴婦女皇帝慈禧太后下令禁止纏足，不過纏足仍然持續到 1920 年代末期。

《忍痛為美：纏足在中國》（Aching for Beauy: footbinding in China）的作者王平（Wang Ping 音譯）辯說纏足的習慣標示了文明的中國人與野蠻的滿州人有所不同。纏足代表著中國的文明。[73]

由於纏足習慣是在皇帝的宮中發起，爾後被上層階級仿效，所以它成為下層階級的地位象徵。替女兒纏足的家庭被認為是富貴人家，他們的女兒不必從事任何工作。其實這是極大的錯誤。母親們替女兒纏足是希望她們的女兒可以找到有錢的丈夫。纏足成為社會流動的一張通行證。它可以為年輕女孩提供一個嫁去較高階級家庭的機會。如果這個機會沒有達成，那麼這個纏足的女兒就必需去田裡做工。她們為了這個加給她們的習慣受苦兩次。纏足成為一個「嫁得出去」的象徵。母親們經常告訴她們，如果她們沒有三吋金蓮，就沒有人要娶她們，或者她們要被嫁給非漢的野蠻人。嫁不出去是女人一生中最糟糕的事。沒有丈夫或子女替她掃墓的女人，死後會被判做餓死鬼，永遠在世間遊蕩。有一種來自社會的強大壓力迫使大家遵守纏足的習慣，否則就會成為大家嘲笑的目標。

纏足是被中國漢文化所認可的。就像剪去長頭髮一樣，纏足是屬於一種自殘的行為。保護身體是我們孝行的責任，對身體的

---

73 Victoria Cass, 'Aching for Beauty: Footbinding in China',
　　http://www.sshe.murdoch.edu.au/intersections/issue13/cass_review.html.

任何一種殘害，都是不孝的行為。中國人為纏足自我安慰的辯說
它不是一種殘害。他們說纏足和繡花鞋是一種裝飾品或女人服飾
的一部份。[74]纏足成為身分的一種代表。儒家傳統強調人們要掩
遮我們的身體的重要性，並且要注意穿著。因此合適的穿著是中
國文化的一種表示。在同一中國漢文化裡面，穿著標示了不同階
級的差異，而在有關非漢族群時，它就區分了漢民族與未開化的
劣勢非漢民族鄰居。一雙大花腳，只能配禽獸，而穿著繡花小鞋
的三寸金蓮的中國女人代表著高貴的身分。[75]

　　在十九世紀中期，太平天國的領袖禁止了纏足的習慣。在英
國牧師的影響下，第一個反對纏足的委員會於 1874 年在上海成
立。[76]綜合了幾個因素，包括住在中國的基督教傳教士，以及五
四運動的知識份子的壓力，促成了反對纏足運動的產生和消除纏
足的風氣。中國的漢人明白纏足的習慣會讓西方人說我們是野蠻
人，並且成為國家的差恥。它讓小女孩和婦女承受極大的痛苦。
他們從社會進化論得知纏足的女人會生出虛弱的小孩，而虛弱的
小孩就代表一個虛弱的國家，他們就無法抵抗西方的帝國主義。
不過並沒有科學根據說纏足的女人會生出虛弱的小孩。五四運動
的奮鬥目的是要採取西方科學來使中國強盛。第一批的反對纏足
委員會的成員，不准替自己女兒纏足，也不許自己的兒子娶纏足
的女人。

*****結論*****

資深的台灣總統府資政和人權作家柏楊，把纏足、太監、和

74　Mario Vento，前揭書，P. 4。
75　BBC，前揭書。
76　Louisa Lim，前揭書，P. 5。

體罰當作中國文化最殘忍和最沒人性的三大發明。

　　纏足是那些多數中國人不便談及的小秘密之一，因為它會揭示中國文化裡一道野蠻的疤痕。人們認為那是一件應該被忘記的羞恥之事。[77]由於中國漢人一向以自己有文化，有文明而自豪，並且認為自己有別於那些缺少文化的野蠻非漢民族，因此令我們更加覺得尷尬。中國學者以纏足習慣封建、退步而將它邊緣化，不再當作是一個值得學者專家研究和討論的話題。[78]即使到現在纏足仍然是一個敏感的議題。一家美國百貨公司在 1995 年想要賣中國纏足用的小鞋子，然而在接到逐漸加溫的反對聲浪之後，他們不得不將它下架。1996 年 10 月的一次商展，在展示 142 雙中國纏足用的小鞋子時，也興起了來自憤怒觀眾的無數抱怨。[79]

　　我們面對的問題是，在檢視纏足時，我們所持的立場是什麼。以第一世界男女平權主義者的眼光來看，大都評擊纏足的習慣是壓迫的和色情的。用現代的術語就是虐待兒童。這種譴責基本上是根據西方基督教義的道德為基礎的。每一種文化都有它的崇拜偶像和風尚，讓女人願意為了美麗或其他理由去承受痛苦。

　　文化的相對主義論者辯駁說，我們不應該譴責纏足習慣，「因為我們不能用我們自己的文化立場來判斷它。要完全了解纏足這種習俗，我們必需沿用文化相對論。我們必需撇開我們自己的判斷，並且設法站在中國的文化條件下去了解這種習俗。」[80]

　　一個有名的纏足專家台灣中國人 Dr. Ko Chi-sheng，他採用文化相對論的方法，拒絕譴責纏足習俗。他說：「好壞都沒有意

77　www.romanization.com/books/Formosan_odyssey/footbinding.htkl.

78　Victoria Cass，前揭書。

79　Mario Vento，前揭書，P. 6。

80　James A. Crites, 'Chinese foot Binding', www.angelfire.com.

義。我只想去了解它，而不是判斷它。」[81]

　　我們不必懷疑使用文化相對論做為了解其他文化的方法論的觀念。我們可以不理道德的問題嗎？如果不能，那麼我們應該根據什麼尺度來衡量纏足的習俗？這是學者們不認同的地方。文化相對論是根據人類學的方法，假定所有的文化都具有相同的價值，我們研究一種特定文化時必需中性、客觀，而且不可從其他文化的觀點來看問題。它不判斷文化的價值。一種文化無法用普世的價值加以判斷。道德的價值只能用某種特定文化才能加以判斷。理由如下：對鵝子好的東西不見得對雄鵝也好。好壞都是相對的。在某一種文化裡，多數人認同的就是好的。文化相對論認為道德是文化的產物。沒有客觀的價值。每一種文化決定它們自己的族群價值，藉以規範族群成員的正確行為。只要不去傷害別人，什麼都是可以接受的。

　　文化相對論認為不同文化的人，對於好與壞的觀點差異很大，我們無法解決這個問題。他們認為自己是在忍讓。他們看其他的文化是不同的文化。文化人類學研究文化之間的差異，而不是研究優勢文化與劣勢文化，或文明的文化與退步的文化之間的差異。（這是十九世紀的比較人類學家主張的。）

　　每一種文化都有它在外人看來是不平常或古怪的小秘密或習慣。保護纏足習慣的人辯道，女人自願拿自己身體去整容，反而使男人遭受譴責。這種論調遭來嚴重的批評。評論說授權可以使用其他不去折磨女人的方法，例如透過教育或社會的平等對待。相對論者祈求寬容，也同樣招來批評。寬容會導致對某種主義如納粹主義的認可。我們似乎找不出替相對論者和道德主義者妥協

81　www.romanization.com/books/Formosan_odyssey/footbinding.html.

的可能性。我們是活在非道德的世界裡，凡是政治上是對的，就是法律。任何評論都會被人叩上民族優越感或種族優越感的帽子而加以反駁。

女人靠整容去追求美麗已經有一段很長的歷史。為美受苦並非被中國人所包攬。豐胸，抽脂，隆鼻，刺青，打洞，以及高跟鞋等，在西方社會很常見。從依麗莎白一世開始到二十世紀早期的五百年間，西方的女人穿著緊身塔，導致呼吸困難，消化不良，便秘，以及其它疾病。在維多利亞時期，女人將緊身塔束緊，藉以達到理想女性美的蜂腰或沙漏體形。男人喜愛的理想腰圍是十八吋或更小。在西方，現在的理想三圍是 36-34-36 吋。目前中國女人的時尚是使用簡單的手術割雙眼皮。

女人穿緊身塔，生殖器整容，戴頸環，以及豐胸，都是為了取悅男人。其它一些無害的整容包括紋眉，削髮，染髮，以及皮膚美白等。

估計在 1999 年裡有 167,318 名的美國人做過豐胸手術。這種整容外科手術目的是要加大胸部的尺寸，改進胸部的形狀，以及提起下垂的胸部。[82]整容外科藏有億萬美元的商機，而在 1999 年裡，美國的女人就佔了所有這種手術的 89%。

只有纏足是在流行了千年以後才被停止的。女人的整容仍然會持續下去，而且為了追求美麗，時尚，和色情，新的時尚將會繼續產生。不管整容對健康可能出現的問題，女人願意為它付出代價。有些人像法國的服裝設計師 Christian Lacroix 和 Jean Paul Gaultier 以及流行歌手 Madonna，曾經在 1990 年代試著使緊身塔再度成為時尚。

---

82 Connie Folleth，前揭書。

只要會令人感到痛苦的傳統或習慣，不管根據什麼標準，都是不可寬恕的。那些為了嫁得出去、社會流動性、美麗、時尚、以及其他動機的目的，都不足以替纏足辯護。客家人男女都是腳踏實地的人，客家祖先欣賞女人和男人與平等的權利，以及她們在社會上的角色。她們沒有多餘的時間和金錢去縱容自己。

2.客家婦女

「陰」代表女性和被動。「陽」代表男性和主動。陰陽的宇宙哲學被用來詳盡闡述家庭的關係，尤其是男女的關係。男女的差異是宇宙自然秩序的一部份，而不是由男人創造的。中國的道德家訂出女人服從男人的社會模範，在家裡，女孩服從男孩，妻子服從丈夫，母親（在喪夫後）服從兒子。著名的「五倫」教義設定了朋友以外的長官與部屬關係。這五種人類關係最先是由孟子制定的。五倫指的是君臣，夫妻，父子，兄弟，和朋友。

女人屈服男人起源甚早。直到太平天國建立以後的期間（1850-1864），女人（至少在中國南方）才被解放。太平天國運動加強了客家婦女的角色。它的社會改革主張男女平等。太平天國譴責納妾與纏足，禁止販賣女人做奴僕或妓女，提倡在工作與戰場上男女平等。公職考試史上首次開放給所有人民，沒有性別歧視。女人可以獲得與男人一樣多的土地。女人被編入軍中部隊。她們被派去當軍官和行政人員。她們積極參與作戰，十分勇敢。雖然女人出現在戰場有些不尋常，但是這並非單獨狀況，亦非史無前例。明朝（1368-1644）末年的雲南叛軍首領張憲忠（1606-1647）的部隊就有女兵。

雖然纏足在 1912 年被政府廢止，不過直到 1949 年中華人民共和國成立以後，才通過一系列的法律，結束了壓迫性的傳統纏

足習慣，解放了女人。婚姻法廢除了強制的媒介式婚姻，禁止重婚，納妾，兒童訂親，干涉寡婦再婚，或在婚事上勒索金錢財物。夫妻雙方在財產上都有相同的擁有權和管理權。夫妻可以離婚。在中國出生的模里西斯第一代客家女人沒有一個是纏足的。在舖居裡面，客家婦女是一個很重要的經濟個體，她們至少和丈夫一樣辛苦的工作。

　　一個典型的客家婦女，她們的生活工作都在舖居裡面，每天很早就起床開始工作。她在店舖開門之前就得準備早餐。比較保守的父母，他們的傳統早餐是稀飯加些青菜或肉，小孩的早餐是奶茶，牛油麵包，和消毒過得乳酪。如果學校沒有餐廳，那麼還得替小孩準備午餐盒。然後送孩子上學。當時沒有現在大家認為理所當然的校車和私家汽車。

　　家裡的雜務還沒完。她得花上大部份的時間去準備午餐和晚餐。她每天的固定工作還不只這些家裡的雜事。她也得幫忙看店，照顧客人，維持店舖的整潔。她在下午得準備烹飪美味的小點讓酒吧去賣。

　　下午當小孩從學校回來以後，她需要照顧他們，問問他們在學校做什麼，確定孩子們做完他們的功課。她很可能不識字，所以在小孩有困難時，她沒法幫忙。父親偶爾會幫忙。他們有時需要私人家教幫助孩子學習，提高成績。這些舖居出來的小孩，在學術上的成就一向都非常優異。

　　晚上七點，店舖打烊後，她得幫忙清掃店舖，添補貨品。她還要準備晚餐。大家吃完以後，她就負責清洗碗筷。當時沒有電或瓦斯的暖爐。她得為全家的煮熱水洗澡。客語說「暖水洗身」（non choui se chin）。髒衣服留到第二天才用手洗。她是最後一個就寢的人。這種例行公事在第二天又再上演。沒有休息的一

天。她一週工作七天。夫妻只有在中國新年時才能放三天的假。有些年假剛好落在月底的付薪日的時候，他們還得縮短年假。

客家婦女節儉，勤勞，不曾埋怨。孩子們的優良成績是她最大的安慰，她實在是受之無愧。它不僅在村子裡，甚至在客家社群乃至全國，都提高了家庭的名望。她明白自己的辛苦有了回報，而且孩子的命運也會更好。一般人崇敬教育有如崇敬宗教一樣。教育是改進家庭命運的唯一之道。經營雜貨零售生意，很少有人可以發大財。第二代客家婦女的生活方式已經大大的改變了。多數人已經不再從事店舖工作。她們的經濟條件改善了。她們有很多人從大學畢業，並且成了專業人才。她們從事各種行業。他們有很多人在路易斯港的辦公室就職。

第二代的家庭沒有和大家庭住在同一屋簷下。但是多數家庭父母都有工作。他們沒有忘記他們父母的節儉習慣。勤勉刻苦是客家人的文化，而且客家的工作倫理已經由母親傳承給她的女兒。

一個典型的二代客家母親，每天工作時間很長。正如她的母親，她很早起床為家人準備早餐，並且替孩子準備午餐盒。她們的小孩不多，最多兩三個。夫妻一同用家裡的汽車送小孩上學，然後丈夫送太太去辦公室。

下午四點下班後，她開始做一個家庭主婦的工作。她扮演著為人妻子，家庭主婦，和工作賺錢的三個角色。她要準備晚餐。已經包裝好的和煮熟的食物真是方便，它們可說是一個恩賜。女孩（男孩很少）會幫忙清掃。她的丈夫偶爾也會幫忙。洗碗機很不好用。人們現在已經不用手洗衣服了，由洗衣機代勞。他們會請一位半職的打雜女傭燙衣服和打掃家裡。跟她母親一樣，她也要確信孩子做好功課，努力學習。她們常常幫助孩子做功課。雖然他們不再要求孩子讀書要拿第一名，但是家庭的首要任務還是

教育。

　　她們母親以前從來沒有的週末和公眾假期，現在成為受她們歡迎的假日。她期盼著每隔四、五年的帶薪假日。到時她會與出國的親戚好友相聚。每一個客家人的家庭，至少有一個兒子或女兒移民去英國，法國，加拿大，美國，或澳洲。他們的子女和朋友會利用這個機會見面，相互交換有關生活條件，生活方式，工作機會和待遇，子女教育費用，已及其他的信息。於是激起大家不能阻止的移民情緒。只要能夠改進他的情況，他就會像他的祖先一樣，毫不猶豫的移民出去。客家女人所得到的最佳讚美，不是來自客家同胞，而是來自非中國人，他們的仰慕和尊敬會顯得更加珍貴。在 2004 年華商會的晚宴裡，模里西斯總統，Sir Anerood Jugnauth 在他偶爾的演說裡，強調客家婦女代表著簡樸和謙遜。她們保持著中國文化，傳統宗教，以及家庭的價值。她們認真工作，在忙碌中還會騰出時間照顧家庭生意和小孩。她們的歷史「實在是一個自我犧牲，奉獻，和成就。」中國模里西斯婦女已經在各種行業裡有所成就：教育界，生意界，（尤其是在自由區裡），司法部，以及公家機構等。[83]

五、拓荒者與革命者

　　在 Michner 所著的《夏威夷》一書中，提到一個西方人 Dr.Whipple，他曾經到廣東省客家高村聘雇工人去夏威夷的甘蔗場做工。在他的經驗裡，他對客家人的感覺是，「在他們保守的臉龐裡，他可以看到他們祖先已經發黃的肖像。」[84]許多十九世

---

83 Le Mauricien , 4th December, 2004.
84 Michener，前揭書，P. 398。

紀早期的傳教士，在多山的客家村莊裡工作時，也有同樣的感覺。那些「誠實，勤奮，衣裳破舊的客家人，（...），使那些傳教士們想起虔誠的歐洲鄉下人。」[85]

　　人們都說客家人具有邊疆民族的好性格。因為一個常常遷移的族群，需要不斷的尋找新的地盤，如果他們沒有團隊精神並且願意隨時互相支援，他們就不可能以一個獨特的族群存活下來，尤其是在本地人都不歡迎他們的環境裡。當他們被心懷敵意的鄰居包圍時，他們主要的憂慮是去戰鬥求活。他們必需在被同化或保存自己文化與身分之間做一個抉擇。他們選擇了後者。他們寧願獨立自主也不願被屈服。在一個不友善的邊遠地帶，會令人產生一種永遠不安寧的感覺。他們必需發展出一種跟敵人打仗的自衛和武術策略。在傳統的觀念裡，軍人的地位要比文官差很多。不過對客家人而言，軍人和文官都一樣重要。客家人出了許多的軍隊領導人和官僚。這種價值可以具體的表現在「文」和「武」裡。這兩種中國人的理想都為客家人所推崇。

　　在充滿敵意的中國南方，沒有一個客家人能夠單獨生存。客家人有許多偉人，但是他們的拓荒事務大多要靠合作與共同力量。客家人翻山涉水，成群南移。他們共同清理山地，開拓梯田，砍樹燒草，建築房子。家中每個人都花很長時間在工作。丈夫，妻子，和孩子大家都努力工作。婦女扮演著妻子、母親、主婦、和田裡的工人等好幾種角色。田裡的工作費力、辛苦、而且傷背。由於土地貧瘠，所以他們辛苦流汗所得的收穫很少。可是他們從不氣餒沮喪。

　　要蓋一棟典型的客家圓屋讓幾百個宗族親人居住，需要族人

85　Constable，前揭書，P. 11。

大家的努力和合作。男人砍樹，帶回木頭，鋸製木榫和榫眼，不用鐵釘就將它們入榫拴緊，並且組合起來。圓屋蓋得很牢，像一個碉堡，用以保護大家的安全。不論如何牢固，他們還是不足以保護族人的生命。如果沒有勇氣、決心、合作、以及宗族男女和鄰居的互助，他們早就被本地人驅逐出境了。

土地和房子對他們一樣重要。土地是他們賴以為生的唯一資產。他們拼著命去保護他們的土地和家園。宗族裡的所有成員都能很快的使用任何可能的代用武器抵抗敵人的攻打。當他們的人口增加以後，他們需要更多的土地。這種擴張，無可避免的要導致在十九世紀時期的種族衝突。由於他們深明自己活在具有敵意的環境裡，所以要加強他們的團體精神。有些比較弱的族人，會被（也曾經被）本地人或自己人欺負。客家人他們有意識到這種現象，於是成立了各種協會去幫助他們，保護他們。

在晚清時期，有許多客家村民到城裡打工做臨時居民。他們以不同的名義，為了相同的目的，組織了職業的和家鄉的協會。我們在此簡單的介紹會館和幫會兩種協會。

會館是由來自同一村莊的旅居者所組成。它的起源可以追溯到十六世紀時期，提供給赴京趕考的考生下榻的招待所。這些招待所由各個地區經營，為來自同一地區，講相同方言的考生準備食物。

會館的宗旨很多，主要是保護和改進族人的利益。中國人已經把會館帶到海外去了。它保護族人的生存，提供互助，社交以及其他服務。在模里西斯的會館是根據姓氏而非出生地的宗親會。以前的會館比較活躍，而且對店東和貿易商非常重要。由於會館所擁有的木頭房子都已經老舊，許多會館已經被拆掉改用鋼筋水泥重建。他們為宗族成員在主要的地點提供店面。所有會館

都可以在首都裡找到。會館是店東們相聚和打麻將的地方。更重要的是，標會的活動都在會館舉行。店東們每週去首都一次，選購所需的貨品，之後他們將購自不同經銷商的貨品，在卡車運回店裡之前，暫時放在會館裡。在首都慶祝宗教或中國節日時，會館也是一個重要的臨時住所。

在 1860 年時，廣府人口已經足以用方言為基礎成立一個互助性的非正式會館，會館是用「南順會館（NSFK）」的名字在 1894 年註冊的。首任會長是 Mr. Affan Tank Wen。南順會館有很多公家財產，包括在唐人街中心的 Heritage Court 以及在 Champ de Mars 的寶塔。實際上，南順社會墓園現在正在路易斯港開發沙林華人墓園（Chinese Cemetery of Lessalines）。在社區工作上，廣東人無疑的是更團結，更有凝聚力，和更能共同行動。在 Terre Rouge 墓地的古老客家部份，已經被荒廢而變得古舊。儘管在 1992 年的世界華人會議裡曾經討論要去修復它，但是，二十年以後仍舊沒有動靜。

客家人雖然注重族群利益，但是他們屬於國家主義者。太平天國運動設法推翻滿清政府。在 1900 年代早期，孫中山的主要支持者是在美國幫派的客家人，而非廣府人，雖然廣府人在當地佔了大多數。幫派沒有在模里西斯生根。馬來西亞的普萊客家人，雖然他們很保守，但是他們支持共產黨運動。

堅強的社群情結和協會的成員，對散居各地客家人的凝聚大有貢獻。客家人所提到的唐人，指的是客家人的性格，這種性格的特性是節儉，勤勞，創始，以及崇敬學習和獎學金。客家人的拓荒精神是客家精神的重要成分，它使客家人能夠克服困難並且生存下去。客家精神是一種獨立和自由的精神。他們選擇自己的目標方向。它也是一種樂觀的精神。他們將命運操在自己手裡，

打造一個不明朗又是不失為一個較好的未來。他們自認比廣府人更節儉勤勞。本地人責怪他們卑賤。香港崇謙堂的客家人說他們不賭博，也不在毒品上浪費金錢。康士特博（Nicole Constable）報導客家人說：「唐人（指本地人）很懶。也許他們吸了太多的鴉片，天天打麻將，賭博，而輸掉他們的財產。」[86]

當地的政客現在已經明白，並且讚美華人對國家的貢獻。他們把華人描述成模里西斯社會在學術，文化，美食，更重要的是在經濟方面的支柱。[87]而沒有被提到的是那些超出工商業界以外的貢獻。客家少數公民留給人們的印象是，各自獨立而且安靜，守法守紀律，避免成為運毒的社會罪犯。不過，在 1950-1960 年代也有少數的客家人和廣府人吸毒。路易斯港的唐人街，是著名的鴉片館，警察偶爾會在那裡打擊搜查。這是以前的情況，現在的華人已經成為模範公民。有許多的因素促成他們的成功。

他們的成功是建立在儒家思想的價值上。儒家強調道德觀念，目的是要使社會和諧，和具有文明的人際關係。第一代客家人一輩子帶著工作道德，並且傳承給他們的子女。這也連帶著自我期許。來到他們寄居的國家以後，他們必需適應環境以求生存。他們能夠成功的存活下來，其中他們的彈性是不容輕視的。

他們找到一個克服自己弱點的方法。他們去投靠非正式的協會。他們創立自己姓氏的協會（宗親會），每一個宗族都有他們自己的「會館」。有關財務的事情，他們就仰賴「會」的幫忙。東南亞的華僑曾經有過種族爛權的痛苦記憶。暴動、掠奪、強姦、和縱火等經常使他們感到自己的脆弱。最近在路易斯港唐人街發生的縱火事件，突然提醒當地的華人，他們也可能遭到同樣

---

86 同上，P. 114。
87 Le Mauricien, 23 October, 2003.

的傷害。在路易斯港一家賭場的縱火事件，以及七名受害者，包括移民孕婦，迫使當地的華人在死者出殯時組織一個龐大的抗議集會。這是極不尋常的事。通常他們會保持低調。事後在 2000 年 12 月，有四名罪犯被控縱火，導致七人死亡，並且被判 45 年徒刑。

現在模里西斯華人那種謹慎樸素的模範公民形象，辜負了客家領袖們的革命理想和行動。在政治上，客家人產生了許多重要領導人，他們對中國大陸（在國民黨時期和共產黨時期），台灣，新加坡，泰國以及其他國家，都有重要的影響。客家人以拓荒者的身分在中國以外的西婆羅洲，建立了蘭芳共和國。另外一個客家人葉阿來，是吉隆坡的創始人。重要的是，相對較少的客家人口，客家領袖不論在中國或其他地方的不成比例的影響力。在中國大陸，客家人大約只佔十三億人口的 3%。

客家人領導太平天國運動。洪秀全以及他的支持者在十九世紀時，雖然沒能推翻滿清政府，但是它並沒有軟化他們的國家主義。共和革命是為了完成太平天國尚未完成的使命。客家的國家主義者對推翻滿清政府貢獻很大。他們有很多人參與 1911 年的辛亥革命。客家領袖帶領共產黨革命。又有一個客家人鄧小平，他雖然沒有公開提到他的客家身分，可是他一手塑造了中國的命運。他們都是勇敢而堅忍的國家主義者。

（一）太平天國之亂（1850-1864）

經濟的衰退和百姓的不滿導致一連串的叛變與革命。十九世紀最大和最致命的叛亂是太平天國叛變，它幾乎推翻了滿清政府。叛變的潛在原因有很多。在十八、十九世紀時期裡，人口空前膨脹。在 1741 年的人口是 1.43 億，到太平天國叛變時，已經

到達 4.32 億。在經濟蕭條時期，人口增加會產生很多的社會問題。在十九世紀的前半世紀，中國南方的經濟蕭條更加嚴峻。自從 1821 年以來，（主要從印度）因為進口鴉片，要用白銀支付，使得白銀短缺。在 1729 年，總共進口的鴉片有 200 箱，每箱共有 65 公斤的毒品。到十九世紀中期，太平天國時，進口的鴉片直衝 68,000 箱。白銀的短缺影響了以白銀和黃銅為基本的貨幣系統的兌換率。銅幣是供百姓在日常做買賣之用，而白銀則是保留給政府作年度預算之用。由於銅幣對白銀貶值，因此農民需要用更多的銅幣去支付他們的稅金。各行各業的人都受到影響。

客家人晚到中國南方的移民經驗，使他們預先傾向於革命。由於他們一直保持著自己的方言和習慣，他們沒有融入當地族群。他們受到當地佔優勢族群的歧視與鄙視。十九世紀中期的經濟、社會、宗教、和政治氣候使國家觸了電似的，全國各地爆發了叛變。在 1850 年和 1878 年間，滿清政府需要和六個被太平天國運動的客家領袖攪動的主要叛軍作戰：苗族，雲南幫會，陝西幫會，甘肅幫會，以及新疆幫會等。

1842 年所簽訂的《南京條約》，將廣東的港口貿易轉移到上海，增加了廣東鄉下的緊張。許多貿易商，普通商人，船夫，碼頭工人，以及與港口活動有關的勞工都失業，無法維持生計。太平天國運動從他們這裡聘雇了許多人。從 1847-1849 年間，幾乎全國所有的省份都鬧飢荒。廣東與廣西遭到由於嚴旱而起的嚴重飢荒，一群群的飢餓農民流浪在鄉間。衰弱的滿清政府無力維持法律和秩序。遠在 2000 哩外的北京政府，負擔著一批腐敗的官僚，不能解決人們的需要。反清的情緒自從明朝南遷以後就一直存在著。許多客家人參加了反抗滿清的行列。

所有的這些因素刺激了叛亂的情緒。在這困境裡所需要的是

一個有眼光，有智慧的領導去聚集不滿的群眾，夾帶著正確的觀點去挑戰滿清政府。能夠擔當起這個角色的人是一個客家人。他的動機主要是由於他的國家主義和反清情結，他也受到他自己對基督的詮釋所影響。他是一位有遠見的卓識人物，他承諾帶給人民千年平等，和平，和繁榮的理想國度。西方人曾經以各種不同的名字稱呼他，例如：神秘主義者、新救星、新教徒的基要主義者、異教徒、以及神經病患等。這個運動是以一個宗教黨派開始的，然而在不到十年的時間，它就已經變了調，成為一個帶有宗教和政治色彩的叛變。在中國歷史上，由宗教組織激勵或協助叛變並不新奇。在中國漫長的歷史裡，我們知道有許多的內部叛亂事件。它們大多數都與宗教黨派有關係。執政王朝對異端的宗教運動都很害怕，並且以懷疑的眼光看他們，因為他們有可能會推翻政府。今天的中國共產黨知道宗教黨派所代表的危險。正如他們的前朝，他們害怕宗教組織，並且設法用各種手段去禁止或控制他們。他們已經對表面似是宗教的法輪功活動嚴加限制，法輪功的成員以公開的示威要求承認他們的運動，他們使用網路通訊去散佈相關的信息。

（二）洪秀全

中國歷史上所有受宗教影響的暴動，只有太平天國叛亂是起因於基督教的。Jacques Gernet 認為「道教，佛教，以及摩尼教（Manicheism），都為受人歡迎的復活提供帶著救世主的期盼，希望世界和平，和諧，和普世繁榮；太平天國的基督教義跟這個沒什麼兩樣。」[88]（譯註：洪秀全於 1843 年創立拜上帝會。）

---

88 Jacques Gernet，前揭書，P. 556。

我們很難說明究竟基督教義對這個叛變有什麼影響。洪氏所描述的金色鬍子老人與妻兒，活像中國人膜拜的玉皇大帝。他夢想的內容「與中國超自然更顯得一致。跟基督教義反而不像。」[89]

　　洪秀全從來就不是一個革命者。如果他能在科舉考試成功，他有可能就在做完一輩子的文官後，匿名引退。即使在他屢次報考失敗以後，他也沒有馬上成為叛亂者。實際上，他先去鄉下當教師，然後去傳教，宣揚自己創立的新教基要主義（拜上帝會）。

　　洪秀全於 1814 年 1 月 1 日出生在一個貧窮的農家裡。他父母做了極大的犧牲一直供他讀書到十八歲。之後，他一面在村裡當塾師養活自己，一面自修準備參加科舉考試。他在廣東舉行的科考連續四次失敗。

　　1836 年，他第二次參加廣東科舉考試時，在試場外面碰到一位路邊傳福音的人，他送洪秀全一本《勸世良言》，它是梁發蒐集的九卷宗教論文。洪秀全把它收下但是沒有讀它。

　　他在 1837 年在廣州參加第三次的考試又失敗了。他後來生了一場病，並且得了一場夢。他告訴驚訝的家人，說他遇見一個女人叫他「兒子」，而他的父親留著長長的金鬍子。他的父親告訴他惡魔已經把人類帶離正道。在他父親的允許下，他要驅逐惡魔。他父親賜給他一顆金印和一把大劍。他有一位已經結了婚的哥哥。他的哥哥幫他一起打惡魔，他把金印擺在後面。十分閃亮的金印使惡魔頭昏目眩，被迫逃離。他把他所能找到的惡魔通通殺掉。最後他抓到惡魔的頭子，但是他的父親要他給放了，因為惡魔頭子的出現會把天堂污染。因為地面上的惡魔仍舊很堅強，

89　John J. Reilly at http://pages.prodigy.net/ges.htm, P. 2.

而且人類已經離開正道,所以他父親認為他必需回到地面上去。在回去地面之前,他父親要他把名字從洪火秀改為洪秀全。「全」代表完全,他的姓「洪」,根據民間道家的說法,隱喻著革命性的改變。他父親也賜給他一個「天王」的頭銜。最後他的病就好了。他無法理解這個夢的意義。他於是繼續教書,並且研讀古書準備參加第四次科考。

1843 年是一個決定命運的一年。他在第四次的考試又失敗了。讀過梁發的《勸世良言》的朋友勸他讀那本書。那本書給了他一把解釋夢境的鑰匙。那個留著金鬍子的人是神,他的父親。他的哥哥就是神的兒子耶穌。因此他是神的第二個兒子,他也是一個中國人。他自認是一個新的救世主,而且相信是神叫他去拯救中國人,他的使命是去建立「天國」,打敗不知名的惡魔。他拋棄儒家學者,認為他們是一批虛榮心很強的人,而科舉考試是一種荒謬的東西。洪秀全決定不再參加考試了。

洪秀全在他得到兩個親戚信奉他的教義以後,就開始在廣東與廣西兩省佈道,改變信仰,並且編寫小冊子。他的基督教義是一種新教的基要主義者,並且是一種破除因襲的一神論。根據 John J. Reily 的說法,「洪秀全抄襲第四世紀希臘神學祖師阿萊亞斯(Arius)的基督論,他主張耶穌就是宇宙的最高主宰。洪秀全唯一的創新只是把他自己做為第二高的主宰而已。」[90]洪秀全在廣西的核心幹部把他們的宗教團體稱為「拜上帝會」。新教徒傳教士把神翻譯成「上帝」,而羅馬天主教徒則比較喜歡用「天主」代表神。拜上帝會吸收了來自各地的不滿人士:無家可歸的貧窮農民、礦工、燒木炭工人、三合會的成員、和海盜等。

---

90 同上,P. 4。

他們不收那些鄙視他們教義，認為那是另種迷信的紳士和儒家學者。拜上帝會也吸收中國南方的客家人和原住民。在十九世紀中期，拜上帝會的成員在廣西西江附近的金田村武裝起義。叛徒採用滿清以前的服裝，剪去辮子，代表他們要反抗滿清政府。滿清政府推行留辮子的目的是要中國人屈服滿州人的標誌。他們不再把頭上前面的頭髮剃掉，讓它繼續長長。（滿清政府規定必需剃掉頭上前面的頭髮。）官方的報告把他們稱為「長毛賊」。模里西斯的第一代客家人把不願理髮的孩子稱為「長毛」。1851 年，洪秀全登基，封為「太平天國」的「天王」。「太平」一詞並非新名詞，漢朝黃巾之亂也曾用過。它現在也被用作朝代的名字。

　　雖然太平天國政府是以古代「周禮」為根基，洪秀全建立了內閣制度的政府。各個部長都封為「王」。東王，西王，南王，北王，和翼王都由洪秀全欽點。因為他說這些規矩都是依照「神的旨意」，所以太平天國其實是一個神權政府。

　　1853 年，太平天國離開廣西基地向北移動。他們攻佔了湖北省會武昌，和南京。他們在南京建都，並且改名天京。意即天國的首都。他們要在那裡建立地上的天國，讓人們享受千年的好政府，偉大的幸福，和繁榮。直到 1864 年太平天國滅亡為止，天京一直是他們的行政中心。太平軍繼續北上，但是沒有攻下北京。他們的軍隊被殲滅，清政府活了下來。他們攻下六百個有圍牆的城市，但是由於他們缺少有經驗的行政人員，所以無法管理。他們破壞偶像的做法，使得原本可以幫他們在征服了的城市裡管理政府的學者官員反而與他們對抗。

　　南京的內鬥應該是太平天國走向沒落的原因。由於洪秀全本人沒有固定的觀點，他願意接受兩王的決定，他們兩個經常進入催眠狀態，並且說他們是在接力傳達「耶穌的旨意」和「神的旨

意」。問題是由於東王與洪秀全比較接近，所以比較有影響力，於是他開始去蒙蔽洪秀全。洪秀全在 1856 年叫北王去謀殺東王。他進一步又把東王的家人以及數千隨從都殺了。洪秀全目睹危機。害怕自己下次也會被殺。他就把北王給殺了。為了填補被他謀殺了的幾個部長空缺，他在自己親信裡面找來幾個二流的領導。他也撤換了可能會挑戰他領導權的一些重要幹部。身邊只有二流的人員讓他覺得更安全。

　　太平天國早期成功的原因是因為他們在宗教、政治、以及社會上的偉大理想。他們銷毀了照片，偶像，佛教和道教的寺廟，以及祖先的神牌。他們拒絕承認治外法權，並且禁止新教任意到處傳教。吸食鴉片、纏足、兇酒、賭博、娶妾、通奸、妓女、和奴隸等，一律不准。他們的目的是要根除這些社會的妖魔，建立地上的天國。他們組織嚴謹，紀律優良。他們有很好的策略，而且士氣高昂。他們也是語言改革者。他們提倡用地方語言取代文言文。後來革命運動的崇高理想日漸衰頹。道德開始敗壞。社會菁英受到他們原本要把它消滅的惡魔影響。他們生活奢侈糜爛，妻妾成群。內部鬥爭也削弱了革命運動。他們使統治階級 —— 學者官員，受過教育的儒者，紳士，以及商人等，與之對抗。

　　傳統中國是一個農業社會，因此土地是經濟制度的中心。所有的經濟活動都是以農業為主，而商人因為沒有做任何事情，所以被當成寄生蟲。他們在南京禁止買賣活動。不過農民歡迎太平天國軍隊的到來，因為擁有土地的紳士們會逃離，把土地和貨物留下，農民可以將它們佔據分割。紳士們於是反對太平天國。更糟糕的是，儘管洪秀全本身的動機是出自儒家教規，他卻將儒家教育當作魔咒公開指責。如果太平天國的革命運動的政策不那麼激烈，也許他們會得到統治精英們的合作，而全國可能會集合起

來，一起推翻外來的滿清政府。

很明顯的，太平天國的日子已經不久，它的失敗無可避免，終於在 1864 年發生了。洪秀全飲毒自殺。有 100,000 人寧願自焚不願投降。兩三千萬的人由於這次的直接衝突而死亡。

打敗太平天國的並不是滿州旗人，而是由文官帶領的軍隊。曾國藩（181-11872）是偉大的勝利者。他以儒家思想訓練他的軍隊：道德紀律和崇尚權威。因此有人詮釋這是傳統的儒教和中國基督教兩種觀念的衝突。曾國藩的力量來自土紳在經濟和道德方面的支持，他們反對太平天國的異端。洪秀全與土紳的利益相駁。曾國藩設法恢復傳統儒家秩序的運動被稱為「同治變法」，取名來自清朝同治皇帝（1862-1875）。馬克斯主義的評論家指責曾國藩，說他沒有支持當時在社會與政治方面都十分前進的本地國家主義運動，反而幫助一個外來的腐敗王朝。

西方勢力起初保持中立，當他們知道太平天國運動威脅到他們的利益時，他們靠一支由中國，歐洲，和美國的傭兵組成的「常勝軍」，在英國人 Charles George Gordon 的領導下去支援滿清政府。英法兩國機警小心的注意著，萬一太平天國推翻了滿清政府，他們將會失去經由不平等條約向滿清政府要求到的所有租地，特權，和利益，尤其是戰爭賠償，治外法權，以及來自販賣鴉片的龐大的利潤。他們的命運與滿清政府息息相關。他們向清廷靠攏，使得他們的傳教士失去讓中國人改信基督的獨特機會。傳教士們都憎恨洪秀全的活動。他們相信他們對神的世界有專利權，並且覺得洪秀全已經撈過了界，侵犯了他們的地盤。很多人認為洪秀全自認是耶穌的弟弟，並且把中國人的家庭制度放到天堂去是一種對神的大不敬，他說神，耶穌，和洪秀全本身都有妻子。基督教義還是外國的宗教，如果得不到當地中國有力的發

言人的支持，就很難贏得中國人的心。基督傳教士的成就不高。

太平天國的改革非常出色。土地私有的制度被廢除了。土地國有化。國家根據每個戶口的人數分配土地。男女都可以得到一樣多的土地。收成也根據所需的物質加以分配，剩餘的就送到公家的穀倉，由政府負責管理。剩餘的糧食被用來救濟飢荒，乾旱，和洪水的受害災民。他們把許多家庭聚集在一起，但是男女分開。他們有全是女人的女兵軍營。新的社會是男女平等的無階級社會。政府權威來自神權政治。他們這種共產制度改革要比毛澤東的共產主義早一個世紀。太平天國的很多制度可以在《周禮》裡面找到。

太平天國對客家人的統一也很重要。直到十九世紀中期，客家族群很少有統一在一起的機會。基督教的傳入，土客械鬥，以及太平天國叛亂，把客家人聚在一起。這個叛亂把分散在中國南方數省，非親非故的客家人聯合起來。它也象徵著客家人的愛國情操和其他優點。開始的時候，歐洲的傳教士對叛徒的基督教信仰表示樂觀，不過當叛徒們改變了原來的目標以後，他們就感到失望了。叛徒們給傳教士的印象是客家人能夠接受基督教義，有政治與軍人的性向，而且他們不像其他在中國南方的族群那麼仇視外國人。所以傳教士相信客家人比較容易改信基督教。其實，巴色教會的傳教士發現到要使福建人改信基督是很難的。

叛軍被打敗以後，由於他們以及他們的親戚受到可能被清政府殺害的威脅，所有很多的人尋求歐洲教會的保護。因為逃亡者有很多是客家人，所以傳教士對他們越來越感興趣。傳教士支持客家人，並且主張客家人屬於貴族，並且來自中國北方。巴色教會的負責人 Rudolf Lechler 贊成客家人的家譜是證明客家北源的最佳資料來源。他認為客家北源說明了客家人與滿州人的相同

性。雖然有許多學者不認為家譜可靠和真實，不過傳教士在客家人主張他們具有中國人特性這方面確實很重要。他們對確認客家的中國人身分有重要的貢獻。有一個歐洲傳教士寫過一篇著名的文章，出版過許多次，上面說道：「客家人的確是很特別而且剛健的一個中國種族。他們發源和移民的環境,大大地幫助他們對種族和武術精神感到自豪。他們可能從沒有纏足的習慣。我們可以預測客家人會在中國人的進步和提升方面，扮演演越來越重要的角色。」[91]從客家人鄧小平對中國所做的成就，就可以證明這些話是個準確的預言。傳教士們親近客家人可能是客家人吸引巴色教會的原因。

---

91 Nicole Constable，前揭書，P. 164。

第四部份　宗教傳統

第七章　中國的民間宗教（拜神）

第一節　引　言

　　根據 Charles Rey[1]的說法，非基督徒的中國人稱自己為「三教人」。這種自我認定隱喻著中國人的宗教，是融合了道教、儒教、和佛教三種傳統的宗教。不過，如果我們問我們的長輩信什麼教，他們會直說他們拜神。他們的宗教並沒有什麼特別的名稱。事實上直到 1900 年左右，中文一直都沒有「宗教」一詞。他們的宗教普遍稱為「民間宗教」或「大眾宗教」。當中國人必需用中國字來解釋英文的 "religion" 時，他們透過日文，用複合的方式將「宗」和「教」兩個字連結起來創造了「宗教」。「宗」，指尊敬家系祖先，「教」，指教育。

　　西方學者創造了 "Chinese Popular Religion, CPR" 一詞。CPR 融合了三種中國傳統宗教的教義，並且加上當地和古代的信仰和習慣。世界上所有講華語的人都拜神（CPR）。中華人民共和國成立以後，禁止人民拜神，但是在 1978 年鄧小平的改革開放政策下，拜神的風氣再度復甦。不過，當地年輕一代的基督徒認為 CPR 是一種迷信的大雜燴，而把它放棄了。這種輕率的責難

---

1 Dictionnaire Chinois-Francais: Dialecte Hac-ka, Hong Kong, Imprimerie de la Societe des Missions Etrangeres, 1926.

是由於他們改信了基督，加上他們對 CPR 的無知或誤解所致。

　　西方學者與中國學者都給 CPR 取了各種各樣的名字。諸如「散布性宗教」、「農夫宗教」、「百姓宗教」、「中國宗教」、「當地宗教」、和「當地教派」等等。也有人將 CPR 叫做「小傳統」宗教，而把其他三種叫做「大傳統」或制度性的宗教。Jerome Yuchien 指出大小傳統宗教，菁英宗教與流行或百姓宗教，城市與鄉村宗教的二分法，都是過分簡化了。實際上，中國人的宗教傳統與經驗要比這種二分法所主張的複雜得多。[2]

　　CPR 之所以被稱為「散布性宗教」，是因為它散布到各個主要的階層，如家庭，宗親會，以及同業公會等。它並不是由某個中央獨立機構籌組的。因此，它不是一個獨立的世俗組織。我們可以看看各地包含了道教，儒教，和佛教三種信徒的關帝廟。它是由 21 名普通信徒組成的委員會負責管理。寺廟的看守或司事和他的家庭成員，在廟裡販售靈魂符咒以及其他祭拜用的東西給信徒，他們有時也幫信徒解說卜卦，並且幫他們選擇結婚以及其他生命週期事件的吉日良辰，信徒可以採用他們自己的祭拜方式，不必依事先照規範好的經文，或宗教專業人士的引導。

　　第一代的客家移民把拜神的習慣帶到模里西斯。許多的第二代也跟隨父母繼續拜神。雖然有人在改信基督以後仍舊繼續拜神，不過由於有人往生，有人改信基督，因此信徒一再減少。

　　組織上的缺陷不代表著功能上的不足。一方面，它對每個信徒有極大的約束力。諸多眾神與超自然力量在執行務實和實際的功能。它們使這個世界更平和，也可能使來世更好。它們根據信徒行為的善惡加以獎懲。另一方面，它有很重要的社會功能。透

2　Jerome Yuchien's Ph. D. thesis, *Three Types of Chinese Nature Deities – Stone, Tree and Land*, Chapter One, http://thesis-on-god.blogspot.com.

過它的禮儀和儀式，它能夠凝聚家庭成員，幫助強化政治及道德的制度，因此在維持社會凝聚力上，扮演著重要的角色。

　　CPR 與大傳統的宗教（道、儒、佛）有許多共同的特性。例如，CPR 引用佛教的地獄觀念以及地獄諸神。地獄之神「閻羅王」乃是中國版本的佛神 "yama（閻魔）"。CPR 也引用道教的長生不老神和佛教的觀音。清朝政府官員為了社會，有時也為了政治目的，利用地方流行的神明。福建的地方女神「媽祖」，就是一個例子。CPR 裡的三個教派是靠它們的經文來區別的。三種宗教除了儒教以外都是多神的。道教崇敬許多長生不老神。佛教有它的佛陀（離開了六道輪迴）與菩薩（留在世間普渡眾生）。CPR 的神最多。所有超自然的東西都叫神。對我們的長者而言，重要的是「神」。這些神比較像天主教裡的諸聖，而不像亞布拉罕的無所不知，無所不能的神。[3]即使超級的玉皇大帝也算神力有限，功力不如頑皮淘氣的孫悟空，需要請求佛陀將它捕捉入獄。

　　各種基督教派是以他們不同的教義來做區別。第一代的華人知道他們在拜神時並不需要訂閱與信仰有關的文章雜誌，他們只要照著他們祖先自古以來的方式去做就行了。祭拜的儀式代代相傳。早在第六世紀時，著名的中國學者就將三個制度化宗教比做宇宙的星球：佛教為日，道教為月，儒教為五星。這種比擬說明雖然他們各自保持分離，實際上他們是同一宇宙裡不可分割的現象。

　　中國人的生活經驗並不是僅僅被限制在上述的宗教傳統而已。在漫長的文明歷史裡，中國人已經接觸過各種不同的外國宗教：波斯的拜火教和摩尼教，猶太教，伊斯蘭教，景教，耶穌會

---

3 Meir Shahar and Robert P. Weller, ed., *Unruly Gods: Divinity and Society in China*, Honolulu, Hawaii: University of Hawaii Press, P. 2.

和方濟各會修士的天主教，以及十九世紀以來的各種新教教派。
所有的這些宗教都保持著他們被引進中國之前的原有面貌。只有
一個外國宗教，佛教，在中國生根，不過它已經深深的被中國同
化。在十七世紀早期，義大利傳教士利瑪竇（Matteo Ricci）試
著適應中國儀式讓基督教在中國生根，不過遭到其他傳教士的強
烈反對。那時的「禮儀之爭」把教宗和中國的皇帝都捲入了，因
此使得耶穌會在中國的失敗。利瑪竇在當時是很前衛的。一直到
最近幾十年，同化才變得有可能。教宗約翰保羅二世後來把學理
名稱「同化」，定義為「當地文化所表現的福音化身，並且在教
堂的生活中實行這種文化。」[4]

　　正如其他文化裡的許多人一樣，中國人在他們的日常生活
中，也有他們同樣的基本需要。他們關切健康與長壽，和諧，平
安，安寧，以及今生經濟安全，也期盼下一代會更好。有病痛，
困難，和危險時，他們向神尋求慰藉。他們向當地最近的神求
助，而不是求助於遠地的神。那些反對中國民間宗教的人，斷定
民間宗教基本上只關心這個世界的物質，缺乏精神方面的實質。
這種斷言並沒有被建立起來。因為物質與宗教的兩個層面在
CPR 裡並肩存在著。

　　Alvin Cohen 列舉支持 CPR 的六大宗教特性。其中有四項是
務實的，而且關注在（i）保護生命與財產；（ii）與周圍自然環境
和諧共存；（iii）在家平安和諧；以及（iv）生命中的成功。最後
兩點則與文化宗教有關：（v）死後得救，以及（vi）好的重生。[5]

　　CPR 的信徒，和鬼神兩者之間有相互對等的需要。信徒以

---

4 John Paul II, encyclical Slavarum Apostoli, 2nd june, 1985,
　http://en.wikipedia.org/wiki/inculturation.

5 Jeaneane D. Fowler and Meir Fowler, Chinese Religions: Beliefs and Practices,
　Brighton, Portland: Sussex Academic Press, 2008, P. 225.

祭品使鬼神高興。兩者之間的彼此需要是 CPR 的核心。不論民間宗教與制度化的宗教，信徒都相信陰陽兩極，天地人三國，和金木水火土五行。這些都是《易經》裡爻卦所說的互動關係。在中國人的宇宙觀裡，人、神、鬼、祖先、天、以及自然力，每個角色都有他們自己的職責，並且彼此互動著。中國信徒的目的是設法使陰間的鬼神與人類能夠和諧相處。「和諧」乃是中國宗教傳統的核心。

　　神明與先人是屬於善良的神靈。信徒祈求它們的幫助。相反的，在惡世界裡存在著許多妖魔鬼怪和餓死鬼，它們會製造浩劫，為害人類，如乾旱，洪水，以及其他自然災難等。餓死鬼是指因凶而死或死後無人照料的鬼魂。人們必需祭以牲品並且安慰它們，讓它們快樂，以免它們傷害或折磨人類。尋求和諧是所有中國傳統宗教的共同之處。讓個人，家庭，村莊，以及國家與鬼神和諧相處，乃是「中國宗教，不論是儒教、佛教、道教、或民間宗教各方面的基礎。」[6]所有的中國宗教，儘管祭祀方式有所不同，不過它們在基本上是一致的。儒教、佛教和道教三種制度性的宗教都有它們的教義和長遠的歷史，它們所崇拜的神以及祭拜儀式也都已經定了型。這些制度性宗教比較保守，而民間宗教則比較易變，它可能將一個非正統的和非傳統的人物擺在它的神位上。由於沒有教義和祭司，所以民間宗教比較開放，易於變更，而且在發展上也比較輕率。

　　宗教的祭祀，最終的目的是要避開惡鬼的騷擾，和獲得良神與先人的庇護。世界於是成為一個人類與鬼神互動的舞台，上演著戲劇人生。

---

6 同上，P. 226。

第二節　宇宙萬物

一、自然界的宇宙論

自古以來，靜觀宇宙後，使古代的中國人發現自然世界具有規則的特性。他們察覺到，夜以繼日，冬去春來。他們知悉週期性的運轉流程。一旦週期完了，另一個完整的流程又會重新開始，永無止盡。夜裡細看天空，他們發現月亮時盈時缺。因此他們知道了藏在背後的定律：成長，頂峰，和衰退。從這兩個定律，他們又知道第三個定律，那就是自然界的二元論。二元論就是指自然界有相反的兩種力量，但是它們兩者互需而且互補。

對西方人士而言，自然的規律性稱為法則，在猶太-基督教裡，神是立法者。中國的宗教並沒有立法者。中國的二元論觀念與摩尼教（Manicheans）和地中海（Mediterranean）世界是不同的。在相反的兩種力量之間，神明與惡魔之間，並不存在著永無止盡的鬥爭。

早在紀元前 1,000 年（依照傳統的觀點），古代的中國人就用「陰」與「陽」的觀念詮釋二元論，並且發展出一個宇宙定律，認為自然乃是陰陽兩種宇宙力量的互動結果。陰代表黑暗，冷，和女性。陽代表光明，熱，和男性。這兩種力量並非永遠相反。他們永遠不停的在變化。這種變更流程從天上日月的交替出現與消失顯得十分清楚。太陽下去，月亮升起，月亮下去，太陽升起。日月定時相互交替。陰與陽都不能長期佔優勢。彼此都需要讓位給對方。冬天過後，春夏接著而來。乾旱之後就會下雨。自然如此，人類亦然。一個人出生後，經過年輕，老化，而後死

亡。同樣的，人類的制度也有一定的年限。一個朝代從創立，發展，到頂，衰退，之後滅亡。世界上有無限多的現象是依照出生，成長，到頂，衰退的模式。在周朝末期（大約 450B.C.-256B.C.），中國宇宙學家已經發展出「五行」的觀念。「五行」是指金、木、水、火、和土。希臘也有極類似的「四行」：土、氣、火、和水。

　　五行不停的互動與變化。五行中一物剋一物：木剋土，土剋水，水剋火，火剋金，金剋木。（譯註：五行也相生：木生火，火生土，土生金，金生水，水生木。）漢朝的宇宙學家將五行與陰陽混合在一起，並且將個中的影響與變化整合後製成「羅盤」。卜卦者用一塊方形板（代表地，是為陰），並且將圓形的盤子（代表天，是為陽）放在上面。宇宙學家也把其他事物依照五行歸類，例如顏色，味道，聲音，和方向等。除了上述五行之外，中國人也有其他的五元組合。五味：酸，苦，甜，辣，鹹；五音：宮，商，角，徵，羽。五福：妻子，子女，財富，尊嚴，長壽。（譯註：或曰五福：長壽，富貴，康寧，好德和，善終。）

二、天地萬物與其他神話

　　法國漢學家葛蘭（Marcel Granet）認為中國古代缺乏神話與古神，似乎不尋常。[7]他推測這應不是由於中國語文沒有詞類變化（名詞，動詞，和形容詞不因時間與人稱而改變）的關係。這種語言沒有所謂的「形容詞的詞類變化表」（jeu des

---

7　Marcel Gernet, *La Religion des Chinois*, Paris: Albin Michel, 1998, P. 53.

epithetes）。這種語言最容易編造神話。而且中國古文裡的動詞基本上是不分人稱的，我們無法將自然力人稱化。我們無法將神的力量個人化，把祂歸入你，我，他的三種人稱。

中國古代與其他國家一樣，也存在著許多的神話。但是我們只有一些片段的故事。傳到現在的神話，並沒有保留古時原有的真實面貌。有些學者認為那是在周朝和前漢時期（1050B.C.-24A.D.），當作家開始記載這些神話時，受到「破解神話」或「神話即歷史」的影響。[8]由於哲學家或史學家在記載這些神話時，已經依照他們的用意重新加以詮釋，所以我們就無法將它重寫了。

大部份的古代神話已經被變成了世俗的歷史。三皇五帝這些文明英雄們，被改寫成世俗的統治者，在紀元前的三千年裡，依不同的年代統治著被指定的區塊。

當我們檢視古時候的洪水神話時，就更容易了解「神話即歷史」的真諦。在古代的洪水神話故事裡，仍然顯示著很強的宇宙層面。當時的堯帝與舜帝有廣大無邊的力量。後來的禹帝控制了洪水。

後來的說法是，堯帝與他的繼承者舜帝有帝王的職責，需要把洪水治好。他們需要疏濬河流，建築水壩，並且維持良好的狀況。這些應該是政府土木工程師負責的正常工作，而不是宇宙學的事了。在洪水神話裡有兩個神明的人物，鯀和共公，歷史學家將他們當作政府的部長。他們兩個沒有達成皇帝要他們治好洪水的命令。於是被放逐到邊疆。流放邊疆是一種給與失職官員常見的處罰方式。這些神話的宇宙盛裝已經被脫下。所有神話裡的神

---

8 Christian Jachim, *Chinese Religions*, NJ: Prentice Hall, 1986, P. 111.

秘人物都被披上歷史裝扮。中國的歷史學家比較注重中國文明的歷史發展，而不太去理會宇宙的混沌與秩序。《聖經》舊約裡創世紀篇的作者比較偏向神學，將洪水解釋為神為了懲罰人類的罪而讓人類受苦。[9]

　　儘管許多神話被破解，但是有些關於人類被造和他們神奇的出生方式，還是被傳到現在。古代夏、商、周三代的皇帝們都說，他們的開國皇帝出生非凡。夏禹是從石頭爆出的。商朝湯王的母親，因為吃了黑鳥的蛋而懷了他。周朝后稷之母，因為踩到巨人足跡而受孕：

> 他的母親，虔誠獻上牲品，她踩到上天製造的足跡，於是懷孕了。懷孕足月後，所生的小孩像一條羊。生產時，沒有撕裂，沒有扯破，沒有受傷，沒有痛苦。如此以強調他的神聖。[10]

　　儘管早期人們化解神化，但是神化與人性化的現象還是在民間宗教裡持續著，尤其是在台灣。土神已經被人性化了。連石頭與樹木也被神化和人性化，並且附上它們的傳記。[11]數學與抽象的觀念也被用來代表宗教的符號。[12]

　　膜拜石頭與樹木，是世界性的一種現象，稱為敬拜自然或泛靈論。樹木與石頭之所以被神化，有其理由。樹木被神化的最平常理由是它們能夠創造奇蹟，或被認為它們是某種鬼神所擁有的

9　D. C. Lau, trans., *Mincius,* quoted in Christian Jochim，前揭書，P. 111-113。

10　A. C. Bouquet, *Comparative Region*, Middlesex: Penguin Books, 1967, P. 183.

11　Jerome Yuchien, 前揭書, Chapter 4.

12　同上, Chapter 9.

東西，或者它們靠近某些神聖的地方，如寺廟等。它們可以生存很久，代表長壽不朽。石頭之所以被神化，是因為它也可以創造奇蹟。石頭要被神化，其形狀非常重要：生來就像人類，或看似聖鳥，或如白鶴與烏龜這類的動物，還有在許多宗教的傳統裡，像男人的陰莖，象徵多子多孫。[13]

每一種文化，對於宇宙是如何被創造的，都有自己的一套說詞。在中國的神話裡，它有三種說法。

一種說法是玉皇大帝用黏土創作第一個人。另一個說法是人類是由盤古身上的跳蚤變來的。

根據這個開創神話的說法，巨人盤古是開創的焦點。在開創的過程中並沒有插進一個萬能的造物者。起初，天地一體，宇宙渾沌。此一渾沌開始凝結形成宇宙蛋，盤古臥睡其中 18,000 年。在這個宇宙蛋裡，後來陰陽平衡，於是盤古醒來。他在蛋裡感到窒息，因此他用斧頭將蛋敲開。他便動手創造宇宙。將天（陽）地（陰）分開。為了保證天地不再相碰，他花了 18,000 年的功夫，把天推舉起來。萬物成型的細節是在盤古死後才發生的。他的呼吸變成風；他的聲音變成雷；他的左眼變成太陽；他的右眼變成月亮；他的血液變成河流；他的頭髮變成樹木花草；他的肌肉變成肥沃的土地；他的汗水變成雨；他的骨頭變成有價值的礦物；他的骨髓變成神聖的鑽石；同時他身上的跳蚤變成人類的始祖。有些學者認為這個神話起源於東南亞。

至於宇宙本身，雖然是由宇宙蛋產生的，它的下半部（地球）是不動的方形體，躺在凸圓形的天底下，圍繞著北極星的軸旋轉。中國古代的統治者靠著天上與地球上的官僚的幫助建立秩

---

13 同上，Chapter 5.

序，以求宇宙能夠和諧的運轉。天上的星球可以反應一個朝代是否穩定。在正常的情形下，每天都會有十個太陽在天上一個一個的從東邊向西邊出現。當五帝的最後一個舜帝要繼承堯帝時，天上的十個太陽立刻出現並且威脅要將世界毀滅。舜帝於是將一個魔弓給弓箭手禹，禹將九個太陽射下，於是世界免於被破壞，舜帝統治天下也同時得到合法化。

　　第三種說法是女媧用黃河的泥巴做人。傳說她是伏羲的妹妹，也是伏羲的妻子。他們的圖片是帶著相互連鎖著的蛇尾。女媧不是宇宙的創造者，她的責任只是在造人。她是在世界開始時就存在的人。由於她覺得寂寞孤獨，所以她開始創造動物與人類。在最先六天，她創造了雞，狗，羊，豬，牛，和馬。她在第七天開始使用黃色的黏土創造人類。每一個人物都是單獨雕刻的。由於製造流程很慢而且瑣碎，女媧累壞了。於是她改用繩子拍濺泥巴的方式造人。從繩子掉下的每一粒泥巴都變成一個人。

三、古代人格化的神明

　　神會插手干預人世間的事物，懲罰惡人，保佑良民。古代的神是被人格化的神，祂對人世間的事物很感興趣。周朝的武乙國王做得更徹底，為了要把神人格化，祂將自己變成人的樣子。神把災難降給世人以示懲罰，正如神賜給人類豐收以示獎賞一樣。

　　中國的宗教在後來才有惡魔的出現。人類對神的忠誠不會因為惡魔而減弱。地獄以及它們所有的懲罰概念是由佛教帶到中國，並且在西元第三世紀到第六世紀時期被道教所採納。民間宗教也引用了這個觀念。

　　中文對 "God" 有兩種稱呼，一是「天」，一是「上帝」。

後者是一個人格化的神。「天」通常與被懲罰的災難和受獎賞的豐收有所關連。十七世紀的耶穌會教徒贊成這兩種稱呼做為 "God" 的恰當中文翻譯。不過方濟各會（Franciscans）和道明會（Dominicans）的教徒反對使用這兩種稱呼，並且向教皇請示。教皇克勉四世（Clement IV）在 1704 年的詔書中宣布，"God" 的中文是「天主」。羅馬天主教從此以後就一直使用「天主」。

在周朝（1050B.C.-256B.C.）前半個朝代編寫，後來由孔夫子收集修訂的《詩經》，包含了很多的詩篇和讚美詩，證實中國人一直以來都相信世間存在著人格化的神。中國古代的神也參與戰爭。祂能與人溝通。當祂決定要治理一個國家時，就會通知周文王去採取行動，攻打敵對的國家。為了懲罰世界，祂會把死亡，亂象，以及飢荒降到人間。人民受難，並非祂的錯。祂告訴商朝的末代國王（暴君紂王），不是神引起這個不幸的時代，而是那位暴君偏離了正軌。

第三節　人類與靈魂

中國人把世界看成一個有秩序的整體，而人類只是其中的一部份而已。在中國文化裡有很多現象反映這種觀點，並且可以從中國的風景畫裡看出端倪。畫中的人物在大片的風景對比下，顯得十分渺小。古人觀看宇宙自然，在檢視人類的行為是否吻合大自然規律。透過長期的觀察，中國人在漢朝就建立了宇宙間的相關定律。他們察覺到天、地、與人三者之間的關係。有充足的雨水和陽光必定五穀豐收。過少或過多的雨水或陽光，五穀的收成

就會受影響。這種相互的影響可以從皇帝與上天的關係看出一些端倪。如果皇帝沒有建築水壩以防乾旱，或沒有修築河堤以防氾濫，都會導致災難。旱災與水災都表示皇帝失責。在中國的整體世界觀念之下，沒有一個超出自然的神，能夠製造或控制宇宙，要求人類的祭拜與臣服，處理人間善惡，並且加以拯救或懲處。

　　在每一個人類社會裡，人們都會期盼在死亡以後會有某種形式的繼續。生前與死後都是一種連續。生命在死後仍然繼續著。在中國的世界觀裡，活人與死者雖然在不同的世界裡，還是繼續溝通著。活人靠著禱告，崇敬，牲品，或媒介與死者保持聯絡。他們請求被祭貢的祖先幫助，希望祂們不要帶來不幸，並且為他們降福，保佑家庭成員平安。人們靠著祭祖來維持這種關係，這是中國文化的中心思想。活人與死者的靈魂溝通，不一定靠專業的中間人的服務。祖先的靈魂根據家庭成員對祂們的態度，加以懲罰或獎賞。中國人特別注意遵守葬禮儀式。他們願意花很多錢舉行一個由佛教尼姑主持的正式葬禮。葬禮含有懼怕與希望兩種心情。害怕沒有辦好喪事讓死者成為壞鬼，期望往生的祖先成為善神，替他們降福或與上帝說他們的好話。

　　根據中國周朝古人的說法，人類是陰陽兩種力量運作後的產物。他融合了全部的實體和不易被察覺到的靈性。一個人死亡以後，陰靈便會入土停留在墓地裡的身軀上；而陽靈則變成祖先的靈魂。它會顯示在祖宗的牌位上，並且升到天上去。那些沒有被存活的後代照顧到的陰靈就會感到氣憤，成為禍患的根源。被疏忽了的陰靈，通常我們看不到，偶爾會以鬼的樣子出來驚嚇人們。這些陰險的幽靈與那些有人照料的善良祖先靈魂成為一個對比。這種幽靈或妖魔叫做「鬼」，而那些善良的靈魂則稱為「神」。

　　大部份的中國人都認為人有兩種靈魂。靈魂的實體部份稱為「魄」，在遺體和棺材葬入地下的墳墓時，就住在墓穴裡面。如果沒有替往生者辦好喪事，以及送上牲品，那麼「魄」就會變成「鬼」。因此客家人常用「變鬼」來譴責不道德的行為。所有的喪葬儀式都是想要避免往生者的不高興，並且得到他的祝福。如果一個往生者被正確的安葬，並且收到合適的牲品，那麼「魄」就可以安息，而「魂」就可以升天，他就住在天上，並且降福給活在世間的家庭成員。魂的佑力與神一樣，出於自然。

　　因此，在喪葬與牲品的儀式核心裡含著恐懼與希望。活人害怕實體的靈魂會會變成報復性的鬼或妖魔，危害家庭，他們也希望精神的靈魂是善良而且助益，能夠為他降福。恐懼與希望是中國民間宗教的基礎。

　　中國的宗教專家與哲學家不曾制定一個統一的靈魂定律。一個人的靈魂可能有好幾個。Ch. Rey 在他的中法字典 "Dictionnaire Chinois-Francais: Dialecte Hac-ka" 裡提到三種「魂」和七種「魄」。第一種魂會升天，第二種魂會入地，第三種魂就留在屍體裡。另外的七部份是人用來領悟感覺的力量。這些觀念一定在 1920 年代時主導著中國南方的客家人。對魂深信不疑的客家文化影響了客家人的日常生活，以及他們和鄰居的關係。當媽媽教孩子洗澡時，她到屋子外面叫三次。因為她認為孩子的三種魂也不在家，需要將它們叫回來。當孩子受到驚嚇時，她也會做同樣的事。她相信當孩子生病時，他的魂也不見了。她會去請求巫師幫忙將魂召回。她也相信魂會被偷走。當孩子生病時，她可能去責怪一個孕婦，說是那個孕婦偷了孩子的魂，將魂給了尚未出生的嬰兒，她認為孩子生病是由於魂走失了。她會去請巫師將魂拿出來，將它分給兩個孩子。

　　民間信仰認為只要遵守葬禮與祭祀牲品，生者與死者的靈魂就能相安無事。佛教在公元第一世紀侵入中國後，它們的天堂、地獄、和再生的觀念使中國原本兩種靈魂的看法變得更加複雜。靈魂的命運因此大大的改變了。現在民間宗教的觀念裡，靈魂會因為要被處罰而入地獄，或需要贖罪而被打入受難的處所，或升到天堂去。

　　現在即使遵循葬禮，祭祀牲品也不能保證活人與死者相安無事。人的靈魂在沒有接受事先審判定奪功積，它是不能升上天堂的。佛教推出緣份和類似因果關係的生-死-再生的輪迴觀念。不過，在民間宗教裡，它已經變成一種功與過的制度。今生所種的因，乃是來生的果。中國人也關注後代延續生命的觀念。父母為子女犧牲，因為他們相信子女也會回報長輩和祖先，在他們年老和死後照顧他們。

　　佛教的一個基本教義是無我。換句話說，靈魂並不存在。不過中國大眾的民間佛教徒一直相信靈魂的存在。地獄裡的神正如官僚一樣負責審判人類的靈魂，依照他離開人世時，在世間的所作所為，以功過獎懲。

　　在民間宗教裡，宇宙分為三層：一是在上的天，二是人類生活的地，三是死者靈魂暫時停留等候再生的陰間。沒有立刻重生的靈魂需要在地獄裡，根據它的功過，在重生之前停留一段時間。這種停留只是短暫的，這是生-死-再生輪迴的一部份，直到進入極樂世界--涅槃為止。

　　《玉曆》是古時的宗教書籍，它記載著禮儀年以及靈魂在陰間地獄的審判過程。在十九世紀時的客家人十分熱中這本書。[14]

---

14 Jonathan Spence, God's Chinese Son, London: Flamingo, 1996, P. 39.

此書的目的是在教人如何利用在世間行善來避開苦難，如何逃離地獄的折磨，以及如何可以重生到快樂的世界裡。那些不聽勸解的人將會被譴責並且需要通過許多地獄殿堂。

中國民間神話的陰間即是地獄。它的中文名字大概有二十多個。它都是根據佛教的地獄為基礎，並且可以追溯到印度教的"Naraka"（地獄）。"Naraka"與基督教的地獄並不相同。在"Naraka"裡被懲罰只短暫的，然而在基督教的地獄的懲罰則是永恆的。一旦被永久打入地獄，那就永遠不得逃離。在佛教的妙法蓮華經裡，佛陀告訴我們即使提婆達多（Devadatta）叛逆祂，他自己最後也有可能成為佛陀。

佛教影響了中國人對地獄的觀念。民間宗教將佛教的觀念融入傳統陰間世界的信仰，與道教的觀念。傳統印度吠陀的"Yamaraja"本是同為天堂與地獄的神，到了中國以後就變成了閻羅王。在大乘佛教裡，它的功能只是在審判靈魂和管理地獄而已。人死後，靈魂就直接到了地獄，立刻接受審判，並且根據犯過的輕重加以懲罰。靈魂所投胎去的人或動物就是它下輩子應該忍受的懲罰。沒有一個萬能的神能夠救的了他。他主宰著自己的命運。

最高的玉皇大帝負責統管所有的地獄。閻羅王本來是負責管理第一個地獄，由於他太過寬厚，因此玉皇大帝將他降級去管現在住著的第五個地獄。儘管他被貶去第五地獄，但是他的名次還是在所有地獄之神的上面。

依照不同的傳統，民間神話裡的地獄數目，從三個到十八個不等。根據道教與佛教的傳統，陰間有十個殿堂和十個"Yama"。每個"Yama"負責管理一個殿堂。每個殿堂專司一種罪行與懲罰。例如，某個殿堂負責謀殺罪，另一個殿堂負責通

奸罪。新近死亡的靈魂通過第一個地獄的宮殿，那裡掛著鏡子，在鏡子裡他可以看到他生前所犯的所有錯過。多數的靈魂會被推去專門處理他所犯的罪行的那個地獄的宮殿。

在地獄的土牢裡面，"Yama"坐在旁邊有兩個助手的凳子上宣判。其中一個助手，打扮像一個學者，念出該死者在世時的作為，而另一個作出妖魔的樣子，監督懲罰。懲罰可以想像得到是極為殘忍。

強盜被放進火焰室裡焚燒。不肖子被放在冰窟裡冰凍。不肖媳婦被用勾子插入身子倒掛起來。這兩種懲罰是針對不遵守儒教的罪犯。通奸者被放入大油鍋裡炸。其他的懲罰包括挖剝偷窺狂的眼睛，撕裂做壞事者的心臟，切開虛偽者的肚子，燒毀騙徒與叛徒，用鋸子肢解拉皮條的人，用馬車將貪官污吏分屍，拔去撒謊者的舌頭等。

沒有一個罪犯能夠逃開三位一組的審判團和那面鏡子。除了處罰違背儒教的罪犯以外，也有對違反佛教特別罪行的懲罰，包括對佛信仰不足，殺生，無心祀奉，貪財（尤指佛教和尚）等。所有的程序猶如中國宮殿裏的法官在審判一樣。

在通過所有的地獄殿堂之後，他們就到了要頒令重生或轉世的「忘記塔」。為了不讓他們留下過去記憶的負擔，妖魔會強迫他們喝下「忘記酒」。喝下酒之後，他們就失去了前世的記憶。然後他們就被丟進地獄最後的一條紅河，由河水將他們帶到岸上洗滌。再由兩個妖魔將他們送去他們該去的新生世界。

第四節 神 明

一、上天與神

中國人對宇宙的觀念與天主教的傳統有明顯的差異。天主教以宗教的觀點認為宇宙是由萬能的神創造的，而古代中國思想家認為世界是一個完整而複雜的生物體。所有的物體都有特殊的運轉方式，因為在宇宙週期運動的某個位置時，他們會被賦予宇宙固有的自然性，使它不得不這樣做。世界並非無中生有，它是從簡單的狀態演變成現在的複雜狀態。宇宙遵循著人類可以辨識的固定模式一直在演變著。人類靠觀察天空與四季，使用甲骨與八卦，聚焦於它的變化，[15]就可以了解宇宙的模式，因而使卜卦在民間宗教裡顯得十分重要。

在商朝的甲骨文以及青銅禮儀容器上面常常提到「帝」和「上帝」。「上帝」代表超級的「帝」，或「最高的神聖統治者」，或「在上的帝」。翻譯家用"God"或"Lord-on-High"來代表。第十六，十七世紀的基督徒使用「上帝」的稱號來代表人格化的神。在西周時期（1050-770B.C.）「上帝」被人們比較喜歡的「天」所取代。「天」的意思是指「天空」或「天國」。根據 Julia Ching 的說法，「天可能是指一種頭很大的人。這個字常出現在銅刻上，代表一個愛管人間事物的人格化的神。祂很可能是周朝皇家敬拜的超級祖先。」[16]天並不是好人死後住的地

---

15 Stephen F. Teiser, 'The Spirits of Chinese Religion', P. 32,
   http://academic.brooklyn.cuny.edu/core9/phalsall/texts/lopez.html.
16 Julia Ching, *Chinese Religions*, New York: Orbis Books, 1993, P. 34.

方，也不是創造宇宙的基督神。

在周朝時期，天的稱呼取代了帝，因此帝就不再有「至高無上」的涵義，反而成為世間統治者與次等神明的稱謂。「始皇帝」是第一個統治者以此稱謂稱呼自己的：秦始皇，「乃是秦朝首任就職的皇帝。」

上帝並非猶太教或基督教的 "God"。上天的超級統治者並非宇宙的創造者，也不是《聖經》舊約裡的超級立法者。不論如何，上帝或天都像舊約的耶和華一樣，關注人類在世間的行為。他把祝福與保佑降到人間，也撒下懲罰的天羅地網。當周朝以武力征服商朝時，他們需要建立新朝代統治天下的合法性。周朝的執政者推行一種很有創意的「天命」觀念。他們向國人宣傳說是上天將天命從商朝的統治者收回，並且給了周朝的統治者。在位的統治者繼承了「天子」的頭銜，而且他的地位是神聖的。古代精明的統治者都會以神為源頭，或藉神之力，來強化他的權威與對社會的控制。古時巴比倫國王的漢謨拉比法典（Hammurabi's Code）聲明這些法律是直接從神那裡來的。奧古斯都凱撒（Augustus Caesar）皇帝自命為神。

中國人經常說世界是由天、地、人三位一體所造成的。中國民間宗教認為天上的最高統治者是玉皇大帝，簡稱玉皇。商朝的國王認為上帝就像世間皇帝統治人類一樣，以官僚的階級統治著幽靈世界。在陰間有很多的次等神明。中國人將它們通通稱為神。由於「神」可以代表許多東西，所以十分複雜。神也可以代表心，靈，或令人敬畏的超自然力或精神力。「鬼神」一詞代表所有不論是好是壞的神。閻羅王是地獄之王。獎懲的規則在世間與陰間雷同。

在古代，人格化的神只有一個，但是後來的發展衍生出許多

的神來。根據 1960 年出版的宗教統計，台灣有 86 個神明。基於
中國人的自然世界觀，因此神的人格化是根據一些自然元素或自
然現象（如太陽，風等）而來。有些是傳說的人。其他的是道教
的仙人，佛教的菩薩，以及著名的將軍。老子和孔子都被神話。
專業與職業，如演員，木匠，理髮師，以及鐵匠都有他們自己的
神。在天主教堂裡也有類似的情形。中國民間宗教裡另外有一群
屬於國王們與一般百姓他們死去的祖先的靈魂。同樣的，還有一
群處於高位的祖先，他們的靈魂已經成為似神似傳說的，皇家常
常將他們說成自己的始祖。商朝的始祖是一個神秘的英雄，由於
他的母親吃下黑色的鳥蛋而懷下的。周朝的始祖后稷，乃是穀
神，他的母親由於踩到上帝的足跡後而懷下了他。

　　統治者一面設法將他們的統治權歸源於神，而老百姓卻苦於
維生，想要了解他們受苦的緣由。他們知道他們的收成要仰賴雨
水和陽光，以及河流和水壩的供水。在欠收時，他們向管制水源
的力量祈禱，或拿牲品祭拜求雨。生病而鄉間的醫生又不能醫治
時，他們求神幫助。基於這些原因，所以在他們的眾神廟裡會有
很多的神明。在傳統的中國裡，農民的財富是根據土地而來的。
「土地公神」是鄰居不可或缺的神，當他們遇到困難時，首先就
去求祂的幫忙。由於現在信奉拜神的模里西斯客家人不種田，所
有土地公神已經不那麼重要了。不過模里西斯多數的主要寺廟，
還是有祀奉土地公神：在關帝廟裡有土地伯公，也有花園伯公與
花園伯婆。全世界都有祭拜土地公神。在台灣，有些土地公是用
石頭或樹木代替。在關帝廟裡，它以人形代表。祂的主要任務是
負責保護轄區內的土地。

　　神明的靈魂力量稱為「靈」。神是否聞名要看祂靈不靈而
定。如果祂對祭拜者的祈求有正面的回應，那麼流言會很快傳出

去，而祂就會變得很有名氣。儘管神明很多，但是如果神力消失，那麼很多神明就會沉寂下來，很快被遺忘。只有一些神明隨時隨地都有人祭拜。這種現象並不是只有民間宗教才這樣。所有的多神或多聖宗教，都會根據神明對祈求者的反應，而有類似的名氣起伏經歷。神奇的流言會很快的把群眾帶到神龕前面。因為沒有全能的神，所以神都有專門的一行。每個神明專門負責人類某些部份的精神需求。為了事業的成功，民間宗教的信徒會去祭拜關公。在眾神寺廟裡，眾神被官僚化，好像人間的官員們，按照自己的管轄範圍與權限收放獎懲。

中國的三階層世界觀，與古代的希伯來人的觀念雷同，但是，天堂與地獄的組織和世間皇家的官僚體制一樣。在天堂，上帝是最高的階層，在祂下面有許多的神明與陰靈。神明有三個等級：上、中、下三等。上帝等於是皇帝的翻版。正如皇帝統帥宮庭的官員與官僚一樣，上帝也管著一批眾神眾靈。世間的官僚制度被用在天堂上了。

在十七世紀的法律裡，滿清政府將神劃為三種等級讓官員祭拜。第一階層包括上帝，皇家祖先，和其他的神。孔夫子於1907 年從第二階層被升到第一階層。許多的自然神，如太陽與月亮，被擺在第二階層。在第三階層，我們可以看到戰神，文神，火神，門神，以及其他代表英雄的許多神。

二、神明官僚化

我們在前一節說陰間類似一個官僚體制。這到底有多真實？

根據 Max Weber 的說法，官僚體制有四個特徵：（1）清楚規範的管轄區，（2）權威，（3）階層式的組織，和（4）特定

的術語以及保持活動的記錄。

　　依照 Weber 的定義，一個部門的管轄範圍有法律規定，而且正式的職責由該部門的官員負責。每個部門或職位有其權威所在，它的運作是建立在部門對部門的遵從，而非對個人的遵從。官僚體制的權限來自體制部門，而不是來自個人。在民間宗教裡眾神的運作和公家機關的官員一樣。一個神正如皇帝的公職人員一樣，可以升官或降職。關公是被升職，而閻羅王則是被降職。在地方眾神中，我們可以發現到神與公職人員類似的觀念。有兩個著名的例子，土地公與城隍爺都沒有名字。祭拜祂們的信徒只知道祂們的功能而已。「土地神」只是一個部門的官銜而已，並不代表某個特地人物或神的尊稱。[17]特定地區的土地公只接受當地信徒祭拜，外地人是不去拜的。祂無法管轄區外的事物。正如一個公職人員，他的職權受到地區的限制。[18]既然是一個地方性的神，祂要保護區內人類，防止鬼神與敵人的入侵。地方神與祂轄內的人們最接近，一旦有危險，人們便去找祂，而不會去找遠地的神。[19]這些地方神被設在路易斯港的關帝廟裡，讓人祭拜。

　　官僚組織也表示每個階層的職位都有規定。在官僚的階級裡，每個單位的職權與管轄範圍都有具體的說明。低級單位由高級單位管轄。在階級結構裡，由上而下一層管一層。並由最上一層的單位負責作決策。最高層級的是至高無上的神，最低層級的是無足輕重的神，在中間層級的是各式各樣的神。在陰間的階層裡，每個神都有他／她自己的職責。天上的階級官僚體制與世間的相同。早在商朝時期（1750-1050B.C.），神權主義者就把上

17　Jerome Yuchien，前揭書，Chapter 2。

18　同上, Chapter 3.

19　Fowler and Fowler，前揭書，P. 235。

天看成是一個有階級的官僚體制。把眾神按照官僚體制的級別加以分類，並且賦予職稱，皇帝等於伸張了他的權威，可以根據他們是否盡職而加以獎懲。

　　民間宗教將他們的眾神依照階級的官僚體制組織起來。例如，灶神在農曆年之前要將祂家的生活情形向最高的玉皇大帝報告。民間宗教的地獄也比照世間的法庭模式，構想成一個官僚體制。地獄裡的十個殿堂駐有一個官員，由兩個職員陪同坐在凳子上。每個靈魂的資料記錄都被保存著。地方眾神也一樣可以看到階級官僚的結構。家神向地方神負責，地方神向區神負責，區神向市神負責，市神向省神負責。[20]

　　官僚體制的特徵是它保存著書面的記錄。公職人員是靠書面溝通的。在中國帝制時代，宮廷的內務官員將建議書奏給皇上。政府的公務人員以書面溝通。自從商朝（1750B.C.-1050B.C.）以來，在中國的祭拜儀式裡，大量的使用書面語，我們可以在甲骨與龜甲上的刻字得到印證。因此，有些古字體學家甚至認為中國的文字是被創造用來與眾神溝通的。自從漢代（206B.C.-220A.D.）以來，中國帝制的官員一直保持著使用書寫的文件和同袍或眾神溝通的傳統。國家宗教儀式的特徵是廣泛的使用書面語。道教的儀式已經採用使用書面語的習慣。他們用寫好的經文做牲品。他們焚燒用官僚術語寫的紀念文，並且將它念給眾神聽，認為這樣做可以使話語到達天上的殿堂。宗教儀式的文件是道教神秘主義的一部份。道教的祭祀相信中國文字本身已經包含了它所代表的東西。因此寫好的圖文被認為是了解自然力的基礎。[21]

20　同上，P. 235。
21　Shahar and Weller，前揭書，P. 6。

　　書面語在民間宗教也很重要。信徒相信書面語的法力。人們認為符（一種護身符）可以驅鬼降福。幾十年以前，當小孩患腮腺炎時，我們的長輩會在腫起來的皮膚上面畫上一個「虎」字，認為這樣可以治好疾病。關帝廟印製的護身符仍舊普遍的在家中，店舖，和辦公室裡被使用著。人們認為這種書寫的護身符是請神明保護我們的一種訊息。

　　到現在為止，上面的說明給我們一種印象，認為中國所有的眾神都被放到官僚體制裡面。如果我們以此做結論，那就錯了。我們將看到許多的制度性宗教與民間宗教不是官僚體制，或半官僚體制。為什麼中國的眾神被人以官僚看待呢？可能是因為官僚是人們最熟悉的一種地方管理制度與術語，容易使人了解神的力量。

　　直到最近，人們普遍認為中國眾神的組織與宮廷的官僚體制相同。我們需要質疑這種觀點。由 Meir Shahar 與 Robert P. Weller 兩人校對的七篇論文（1996 年出版）作者們認為中國宗教與階級的官僚體制只有在某些部份相同而已。

　　Shahar 與 Weller 說這些論文的作者們「根據這些發現並且更深入的探討中國人的陰間官僚層面，揭示有許多的眾神並沒有被用簡單的官僚名稱看待，它只顯示出中國宗教與政治一部份的對應而已。」他們認為將眾神以官僚做比喻，讓我們看出「在天堂裡更複雜的喚醒（招魂），（...）這類分析還得仰賴對神有更精確的定義才可做到。」[22]

　　一個由國家和儒家官員支持的宗教自然是以官僚的理想來統治。但是在民間宗教裡，那只是對神界許多看法中的一種而已。道教尋求長生不老，與官僚制度毫無關係；在佛教也有許多理念

---

22 同上，P. 8。

是反孔的。例如，獨身與僧尼的生活方式。眾神之中有很多並不符合官僚體制。

佛教的觀音菩薩從來就不是一個官員，而且她的精神力量也不是由她的官銜所賦予的。

在道教的眾神廟裡，我們會發現到一群不屬於官僚的不老翁（仙）。因此人們不用官僚的角度來看祂們的神力。祂們從世間隱退，擺脫政治與權力，才得到現在充滿喜悅的狀態。著名的八仙，是一組權力超過官僚的諸神。祂們的經歷與背景和近代帝制中國的官僚體制不同。何仙姑是眾多男神裡唯一的女神。八仙裡還有一個陰陽人。有些八仙寧願遠離眾生，享受閒雲野鶴般的自由。有些八仙拒絕涉入官僚政治，專心普渡眾生。

在模里西斯客家人的心目中，關公是最有名的神。關公軍人出生的經歷與背景和儒家的官僚模式不同。在中國社會階級裡，軍人的地位很低。關公在二十幾歲時殺死了一個當地的惡霸。後來他去從軍，而且死得很慘。他被敵人砍頭。儒家的學者官員並不看好他的經歷。儘管這些事實，他的靈魂不曾變為一個圖謀報復的鬼，他後來被神化，而且被全世界的華人敬拜著。

並不是所有的神都合乎儒家的官僚模式。官僚眾神與非官僚眾神共存。有些神的個性與經歷，和晚期帝制中國的理想官員並不符合。有些甚至違背官僚理念，將女神貶為次等神。這些在另一世界的非官僚眾神，提供了另一個安全活門，或「從公認的社會文化模式裡解放出來。」[23] 由於國家宗教沒有滿足婦女精神需要的女神，所以女神很有吸引力。這些眾神成為「正統國家宗教，地區祭拜，和祭祖的階級官僚重要的對比眾神。」[24]

---

23 同上，P. 14。
24 Steven Sangren，前揭書，P. 3。

　　民間宗教的眾神寺廟，既廣且多。客家民間宗教信徒最熟悉的神是關公和觀音菩薩。觀音是一個非常出名的神，她尤其受到客家婦女的青睞。觀音原來是一個男的，名叫觀世音菩薩（Avalokitesvara），是阿彌陀佛（Buddha Amitabha）的助手。在民間宗教裡，她變成了一個慈悲行善的女神，名叫觀音，她也能讓不能生育的婦女得子。人們在佛教的寺廟裡膜拜觀音。在中國的宗教傳統裡，男神佔了絕大多數，而觀音是民間信仰的少數女神之一。其他知名的女神有創造人類的女媧；西王母；和保護海洋，漁民，和船夫的媽祖。清朝將她賜為「天后」。觀音原來是觀世音的簡稱。意即觀察世界的聲音。

　　關公是一個被神化的歷史人物。他是三國時代（220-280）的一個忠勇將軍，在國家的祭拜裡也有擺上他的神位。西方人士稱他為「關帝」。在十四世紀出版的偉大歷史小說《三國演義》，將他的性格與英勇行為廣泛而不朽的流傳在民間。說書人與電影也幫著將人們對他的崇拜更加廣泛的流傳。

　　在民間宗教裡，關公是最多人祭拜的男神。不管人們移民到那裡，都會把祂一起帶去。只要有中國人定居的地方，都有關公的存在。在過去，大家都設有特地為關公量身訂製的神龕，這種現象曾經是地方上的家庭與店舖的一個重要特徵。由於客家人所經營的店舖逐漸減少，加上很多客家人改信基督教，因此祭拜關公的人也就逐漸減少了。不過改信基督並沒阻止他們在農曆六月二十四日（國曆八月）去路易斯港關帝廟祭拜關公生日的熱誠。由關帝廟所發放的長壽麵受到社群人士，包括非華人士的喜愛，因為長壽麵代表著關帝的祝壽與祝福。

　　關公死後曾有不少皇帝賜他各種不同的官銜：伯爵，公爵，公子，皇帝，以聖帝等。1594 年時，明朝政府將他神化成為戰

神，要祂保護中國和她的子民。既然是一個戰神，祂的力量是預防戰爭大於贏得戰爭。滿清政府在十九世紀封給祂一個「軍王」的官銜。人們也把關公當作財神祭拜，因為祂保護商人，使他們免於受騙。因此，關公也是受眾人歡迎的商神。

　　道教與佛教的信徒，都把關公當作一個神。道教以關聖大帝敬拜關公，因為祂能夠保護人民，使人們不受妖魔之害。佛教尊祂為菩薩，一個能夠保護寺廟和達摩的神明。人們稱關公為茄藍菩薩。傳說關公於西元 591 年，在浙江省的天台山遇見佛教天台宗（譯註：天台宗是佛教十宗之一。）的創始人智顗，並且向他學佛，因而成為菩薩。中國的宗教界時常相互抄襲。儘管關公是儒家價值的化身，但是祂的軍人背景並不被儒家官員所認同。祂是儒家士大夫的一個對比。

第五節　宗教習俗

　　古代中國人對世界的觀念一直沒有被綜合制定成為一種教義。對於我們的長輩而言，習慣比什麼都重要。學習一種宗教儀式與信仰，是要靠傳統的口頭方式和觀看長輩如何去做來傳授。

　　中國民間宗教信徒所關心的是平常生活上比較世俗而具體的目標。他們比較注重實際的事務，而不太關心教義的考量。他們相信只要行善避邪，擇吉祭拜神明與祖先，遵守季節的宗教活動，便可以改善今生與下輩子的命運。

　　中國人不會因為信仰不同而互相殘殺。農民靠天吃飯，那些對四季與天氣有知識的人，了解到大自然有時也不會正常運作。它有自己的怪癖。不下雨，農作物就會枯萎。儘管盡心盡力努力工

作，農民還是要被人類無法預測，無法理解，任性無常的大自然擊敗。致命的疾病固然可怕，而不可預測的死亡則更令人可怕。

在這種情況下，可憐的農民能做什麼呢？他們是否就此放棄生命？向命運投降？他們要設法了解生命裡的許多事實。他們想靠神靈的技術，例如風水，算命，驅邪，占卜，向神明與祖先禱告，告解，和牲品等來拒絕問題和減輕痛苦。人們為了想要改善命運，使得這種習慣更加流行。他們不放棄。他們要設法改變環境，甚至利用魔法來操縱命運。

自然的世界觀為我們提供了許多用來解釋宇宙的運作的抽象假設。這種宇宙論在知識領域上滿足了一批菁英，但是對民間宗教的信徒就不那麼重要了。一般大眾認為這個世界受到靈魂，妖魔，神明，以及祖先們的鼓舞與影響。靈魂有時對人有益，有時對人有害。民間宗教設法獲得神靈的祝福藉以安撫或平定惡神與妖魔。它從心靈上給與信徒支援，因為信徒需要克服生命上的許多困難。對於與惡魔、自然的巨變、以及生死有關的人類生存問題，這種方法可以滿足農民的精神需要。

一、魔鬼、受難與生存的意義

在中國民間佛教裡，菩薩是來幫助受難者，使他們得到拯救。一般大眾相信受難是由於業力之故，即前世種下的因。它也可能是由於惡靈或受冤屈的祖靈而引起的。一般農民對於受苦不想聽深奧抽象的形而上學的解說。他們只想知道他們受苦的原因。因此他們去占卜求卦。他們可能去查看年曆，或請教專業占童，或媒體，或宗教專家。占童可以告訴信徒為什麼他的祖先不快樂。他們可能沒有得到適當的或合他口味的食物。活人與死者

都需要食物補給營養。墳墓可能安葬錯誤或沒有建好。他們便會請風水師設法解決。根據問題的實際情況，我們的長輩會做一些補救，讓他們逃離困境，或至少減低他們的痛苦。他們禱告並且求神幫忙；他們以牲品向神祭拜；而且靠宗教師傅的幫忙，驅逐邪惡的鬼神。當傳統的醫藥沒效時，他們就請教宗教師傅幫忙。即使在二十一世紀裡，幾乎所有的文化，都知道有靠信心治病這回事。

　　邪惡的意義與我們的道德觀念有關。在動物界裡並沒有道德的法律。道德的法律使人類與動物得以區別。由於人類對道德法律的認識才讓我們有邪惡的觀念。邪惡是因為違反了道德的法律而產生的。民間宗教對邪惡的觀念，並不以善惡兩種力量的互鬥來解釋。人的責任得歸咎於自己。民間宗教也不必跟萬能的神和惡魔的存在的問題去博鬥。這並不是因為中國人不能討論這種深奧的玄學，而是因為在中國的宇宙論裡沒有一個萬能的神。因此問題也就不會產生。

　　人們會感到不足的壓力。儘管他們盡心盡力，危機還是不能控制。正如其他宗教的傳統一樣，中國人在碰上大災難或生命扭曲時，也是向天禱告，祈求憐憫。不過中國人認為那是因為自己沒有面對自然，盡好自己的責任之故。更具體一點，也就是由於中國的皇帝，即天子，沒有適當的對天祭拜之故。

　　對中國人而言，祭祖與他們的宇宙觀，使他們認識存在的意義。儘管存在的本身是粗糙而且經常在變，它讓人發現了生命的意義，當死亡來臨時，生命並未停止。家庭中的存活者與往生者仍然存在著一種繼續的關係。祖先依舊關心著家中存活者的事情，而活著的人也不覺得往生的父母已經和他們隔絕，並且覺得安然自在。生者與死者的生命在不同的世界裡繼續著，家庭讓生

者與死者都感到安全。每個成員都不會覺得寂寞與無助，因為生者與死者都知道他們大家都會相互救援。依照中國的宇宙觀，人類是不會孤獨的生活著，因為人是宇宙整體的一部份，而且人類在宇宙中也發現了存在的意義。

二、死亡與救贖

在任何一個社會裡，出生、結婚、和死亡是三個最重要的成長儀式。在中國的民間宗教裡，葬禮的儀式是嚴重的。死亡與痛苦通常是緊密的結合著。親人過世時經常是痛苦的事。死亡不僅無可避免，同時也無法預測。有些學者認為宗教是因死亡和苦難而興起的。痛苦是佛教的起點。民間宗教的死亡儀式拉得很長，對憂傷的家人也可能造成經濟上的負擔。人們相信生者與死者的關係繼續存在，而且保持事後的孝道也需要經常的照顧與投入，使得哀悼過程變得冗長。不過由於現代生活的迫切，哀悼的時間已經減少了非常之多。生者與死者的分隔並非確定。兩者關係照舊維持。人們與死去的父母之間的溝通管道仍然保持開放，彼此之間的關係可以透過各種傳統儀式繼續下去。

正式的葬禮舉行過後，中國人相信往生父母的健康與福祉就得到了保證。葬禮將家庭成員與宗親齊聚哀悼，於是強化了彼此的關係，也加強了他們的團結與統一。喪事的兒子們要在喪禮時刻表現孝行，如果沒有做到，就會被責備。

我們的長輩沉著面對死亡。在死亡之前，他們很早就備好壽衣。男人的壽衣是一套西裝。他們並不預購棺木擺在床下，但是會預先選好一塊幸運的墓地，以便保證死後靈魂有所安頓。

在十九世紀裡，客家人在中國的葬禮已經有些改變，不過基

本上與原來的一樣。我們在下面幾段描述有關十九世紀的（客家）葬禮，[25]我們也指出在模里西斯將它改變的地方。

葬禮的私密部份，包括入棺前洗淨屍體的工作，是由近親幫忙。在中國，洗屍體用的水（稱為買水）必需是河水或井水。由長子在河流或井裡丟下幾個銅板，表示買水。在模里西斯則只用自來水。禮儀沐浴之後，就穿著壽衣。當屍體被放入棺材裡面之後，哀悼者就不准看屍體，否則會帶來壞運。

再下來就是公開儀式的部份。主事者就將喪事通知親友。在中國，親友們知道需要分攤喪葬費用。他們會殺豬祭拜死者。而豬肉得在喪葬期間食用。在模里西斯則以布匹做為祭品，擺在喪葬的房間裡面。在台灣，賓客或朋友將一些鈔票放在白色信封裡，給主事者資助一些喪葬費用。

在傳統的中國裡，客家人會在喪事的禮堂那裡豎起一個祭壇，在它的一邊放置臨時的祖宗神牌，當作祖宗神靈的住所。在模里西斯，臨時祭壇上會擺著往生者的遺像，與一些生果牲品和蠟燭。

在傳統中國裡，喪事會持續 3-6 天。在這期間，哀悼者去致哀，牧師禱告並頌歌。生者將祭品送給死者之靈。多年來，模里西斯的客家人已經將所有的喪禮大事簡化，有些甚至已經被戒絕了。沒有人會讓棺材擺在家裡超過兩天。一般是當晚守靈，次日出殯。守靈或出殯時，第一代的客家婦女已經不再哭號（輓歌）。

有趣的是，Ch. Rey 對於客家人要求在守靈時不可關門的習俗，做了如下的說明。客家人說 "K'on che mo ts'on moun（看屍

---

25 Jessie G. Lutz and Rolland Ray Lutz, *Hakka Chinese Confront Protestant Christianity, 1850-100*, East Gate Book, 1997, P. 160-164.

莫悶門）"，萬一死者復活，哀悼者可以逃走。

　　生者將一些紙錢，蠟燭，和香等燒給死者。人們認為死者在旅途中需要錢買一些東西，死者去賄賂那些想要害他的邪惡之靈。用紙做的靈屋以及其他大件的東西，要等到以後在路易斯港「做好事」（做齋）時才用。在那時，主事者也會以筵席招待所有的哀悼者。所有的近親和有些朋友在葬禮完畢後，會被邀請去吃晚餐。並非所有的客家人都能夠負擔這樣昂貴的葬禮。

　　當吉祥的時辰來到時，棺材就會離家前往墓地。哀悼者跟著步行前往墓地。在模里西斯，由於墓地可能很遠，他們只走形式上一小段，然後就由靈車將棺材送去墓地埋葬。靈車也會習慣的繞過死者的店舖。在中國，靈屋或其他用紙做的東西，會在這個時候或在抵達墓地時燒掉。人們也會放鞭炮藉以趕走妖精。燒東西的作法是要與死者交流。所有該做的程序都做完以後，死者便可以啟程去另一個世界了。

　　在模里西斯，很少人用火葬。中國人有很長久的埋葬傳統。他們相信遺體要回歸大地，並且要與土地接觸（入土為安）。根據《易經》的說法，古人將死者遺體用樹葉遮蓋後棄置野外。當人們相信人類死後，靈魂會到另外一個世界去，就開始保護死者的屍體，並且將它埋入墳墓。

　　不同文化的喪葬習慣，也有很多相同的地方。出殯的作法雖有不同，不過在背後的靈魂其實是一樣的。例如，天主教的天路行糧（viaticum），與中國葬儀的燒紙錢，其意義是一樣的。[26]

　　《基督教堂簡易牛津字典（2000）》給 "viaticum" 的定義如下：「賜給不久即將往生的人，讓他在前往永生的路上，可以

26　Raphael Mun, 'Death in Medieval Christian and Late Imperial Chinese Societies', P. 4, www.programexperts.com/articles/deathrituals.pdf

加強榮耀的聖體。」"viaticum"一字是由古希臘和拉丁文化演變而來的。古希臘有一種習慣，讓即將前往天國的人吃一頓晚餐。羅馬人採用了這種習慣，並且把它叫作"viaticum"。隨著基督教在羅馬帝國的發展，這個習慣就被採納適用。於是"viaticum"成為一種最早的基督習慣，配合著聖體的捐獻，以及牧師的安撫。根據《維基百科》的資料，「看來聖體是一種可以加強即將往生的人，從現世前往死後另一個世界的理想食物。」人們原先把聖餐使用的麵包放在死者的嘴裡，讓他在早期基督徒認為從世間前往另一世界需時三天的旅程有食物充飢。

　　人們也會撒紙錢來驅逐惡靈。專業的哀悼者與樂師會被請來安撫死者的靈魂。主要的哀悼者（通常是死者的長子）身穿麻衣，手拿神牌。現在人們照樣放鞭炮驅趕惡靈，不過哀悼者已經不再撒紙錢。人們也不再聘請專業的哀悼者和樂師。主要的哀悼者也不穿麻衣。近親的男性哀悼者在衣袖上用別針別上黑色布條帶孝。女性的哀悼者在頭髮上帶著白色的絲絨玫瑰結，上衣的顏色是代表誌哀的白色。如果穿西裝打領帶，那就用黑色。在墓地，哀悼者向死者的靈魂叩頭或鞠躬。下葬以後，紙錢，蠟燭，以及香都會燒掉。所有的哀悼者在離開墓地之前，主事者會給他們一個紅包，裡面有兩個不值錢的銅板，感謝他們前來哀悼與安慰。神牌則交給存放神牌的寺廟，由他們負責刻字。有人也在神牌上附上死者的遺照。這是近來的習慣，神牌在照相機問世之前很早就有了。

　　葬後的儀式包括在固定日期哀悼和紀念死者。這個叫做「做七」的儀式是在死者往生後每隔七日舉行，一共七次。根據 Ch. Rey 的說法，哀悼在四十九天結束。它叫做「完七」。在第一百天時，死者的神牌就會跟其他的神牌一起被擺在祠堂裡面。有很

多的客家家庭只用一個共同的神牌。最近往生者的名字以後再加到共同的神牌上面。如果死者的家庭沒有祠堂，人們就將死者的名字寫在紙上，並且在儀式上燒掉，然後將紙灰裝在一個袋子，掛在房子的堂屋裡。這個袋子與神牌代表相同的意義，牲品就擺在它前面。人們選在死者的生日，忌日，清明節，或重陽節，以及農曆新年時祭拜祖先。在模里西斯，人們已經不再遵守哀悼期限。哀悼者也不再帶孝四十九天。由於多數的小孩已經改信了基督教，祭拜祖先便改在 11 月 2 日的萬靈節，在家庭的墳墓舉行，不過年輕的一代還是很多人慶祝祭清晚餐。祖先的神牌不是放在家裡，而是擺在路易斯港的中國寺廟裡。紙灰袋子的習慣也被放棄了。

甚至在傳統的中國，家裡的神壇也只保持著創始者或著名的祖先的神牌。在世的人只祭拜三四代或仍在他們記憶裡的祖先而已。

使用單一神牌是客家人獨有的傳統，但是上面所說的習慣，基本上與漢族其他方言族群的習慣沒有太大的差別。

（一）做好事（做齋，佛教葬禮）

佛教尼姑與佛教葬禮是在 1948 年才被引進模里西斯的。喪葬後期的儀式是在出殯後的某一個時段裡舉行。它可能在數月之後，甚至在數年之後才舉行。客語叫 "tso hao che"（作好事），或 "tso tsai"（作齋，禁食之意。）。Ch. Rey 在他的中法字典 "Dictionnaire Chinois-Francais" 裡，對 "tso tsai" 的註解特別有趣：「在人死時舉行一連串的迷信儀式。這種儀式的目的是要將死者的靈魂放到祖先牌位上。儀式進行時，還有吵雜的音樂伴著。這時，大家都得禁戒。」。佛禮的儀式可長可短，從一天到一週不等。為了務實起見，多數家庭選擇採用二十四小時的

儀式。何況儀式所費不貲。在佛禮進行時，紙做的傢俱，衣服，靈屋，僕人，車子，以及其他東西，都會拿來獻給死者。用紙生菜做的男女僕人做為祭品，印證在周朝以前（1050B.C.以前）使用活人獻祭是常見的事。以活奴獻祭的習慣後來演變以假人獻祭。中國人認為死者也需要用到和他在生前一樣的隨身用品。令人驚訝的是這種認知在當今的中國被炒作到極致。根據 2007 年 3 月 21 日，news.com.au 的報導說，「中國墓園出售用來燒給死去的親戚的紙做威而剛，祝願他們在陰間也能性福。《南京晨報》報導說，客人在四月五日掃墓之前，就把紙做的威而剛，保險套和濃裝酒吧女郎的圖片都買光了。」

尼姑配合著像音樂盒子，鈴，和鐃鈸之類的樂器在誦經。這些禱告的目的是祈望往生者能夠儘快通過地獄。所有的儀式都是在幫助減低靈魂的受痛。

在燒完所有的紙做祭品，而且尼姑的誦經和禱告也做完之後，儀式結束前的高潮是要向死者詢問，是否滿意家人對他/她所做的安撫。他們將紙做的燈籠綁在一根長而有彈性的竹棍上，用這根竹棍與死者交流。一個哀悼者跪著，用手握著竹棍較粗的一端，擺在死去的父母前面。再由尼姑或家屬將問題交給死者。死者的回答靠竹棍的彎曲程度來表示。所問的問題無非是關於死者在陰間是否幸福。他/她對於子女所準備的祭品是否滿意？他/她在去西方極樂世界的旅途快樂嗎？

（二）福　葬

「福葬」是客家人的一種獨特葬禮，也稱「雙葬」或「二葬」。將骨頭埋葬之所以叫做「福葬」，是因為客家人相信死者會降福給尚在世間的家庭成員。事實上，這是子女的義務，也是

祭祖儀式裡重要的一環。下面有在台灣南部客家人福葬儀式的概略說明。（有關細節部份，請參考 Timothy Y. Tsu 所著之《無牙祖先，幸福子孫：南台灣的第二葬儀（Toothless Ancestors，Felicitous Descendants: The Rite of Secondary Burial in South Taiwan）》。

　　梅縣的客家人把這種儀式叫做「葬金骸」，意即將骨頭放在壇子裡。客家話也稱這個壇子為「金甕」，而骨頭則稱為「金骨」。在死者被埋葬一段時間後，他的子孫會將墳墓挖開，把死者的骨頭放在陶土做的壇子裡，以後再葬在風水師傅挑選的地方。為什麼客家人要舉行這種儀式？因為客家人時常準備搬家，他們害怕以後沒有機會再回到原來的村莊祭拜他們的祖先。因此他們要將金甕帶著走。一旦他們安定下來，他們就會將金甕埋葬，以盡子女的義務。

　　主事者請一個葬儀師和兩個挖墳工人來幫忙。他們先將墳墓挖開，把骨頭拿出讓它曬乾 1-2 小時。然後做晚輩的就將骨頭用紙錢和酒洗淨。一個女性晚輩將死者的牙齒從頭骨拔下，隨便丟到舊墓地裡。根據 Timothy Y. Tsu 的解釋，這種習慣是要預防帶有牙齒的頭骨，將子孫後代的好運吃掉。死者身上所攜帶的金戒指和玉墜，也一起被拿下洗淨。以後就被子孫當護身符之用。骨頭就帶去另外一個墓地安葬。

　　葬儀師將骨頭塗上紅色墨水，表示血液在流通。骨頭在甕裡被擺成像胎兒一樣的位置。再拿去別的墓地安葬。

　　儀式的最後階段包括祭拜祖先和土神，回祭地神，和為新墓開光。晚輩用牲品祭拜祖先和土神，葬儀師向死者的靈魂報告，他/她所要的第二葬儀已經完成了，並且提醒他/她要保佑子孫。

　　所有的家庭成員都到前面來一起祭拜祖先。開光儀式要念一

連串的咒語經文。所有的晚輩都要申明祝願，例如「多子多孫」，以及「富貴」等。有一種在模里西斯人人皆知，常被寫在紅色的蠟燭上的咒語，「壽比南山長」，最後的「長」字常被省略。開光的第二部份，葬儀師一面念經，一面將水撒在墳墓上。開光結束時，葬儀師撒下一把種子。最後，小孩子們跪在墓前，葬儀師將錢幣和糖果撒在他們身上。儀式就此愉快的結束了。

明清兩代都在譴責二葬，認為那樣會褻瀆墳墓和屍體。西方的人類學家將它解釋為一種淨化葬儀。將腐肉去掉，並且把骨頭洗淨可以看成是一種轉換為淨骨的過程。骨頭在甕裡擺成嬰兒在子宮裡的姿勢，象徵著再生、重生、和家系的延續。潑水和撒種意味著豐收與發達。因為恐怕死者仍然可以傷害後代，所以拔去牙齒，使死者變成無害。既然保護好了祖先，又澆了水，所以後代的子子孫孫都會得到保佑，正如咒語所說「壽比南山長」。

「福葬」只是讓祖先繼續保佑（子孫）必需要做的儀式之一。如果要獲得祖先保佑，就得經常遵守這些儀式。一次性的儀式還不夠。遵循這種儀式要一直堅持到長子過世，將這個責任傳給他的長子，而自己成為祖先之後。這些儀式包括將死者正確的埋葬在依照風水原則挑選的吉墓裡，把最新的祖宗神牌放到路易斯的寺廟裡，定時祭拜祖先在天之靈，以及在特別節日時供奉牲品，如農曆新年和清明節（或萬靈節）。

自古以來，人們就相信活人與死人是相互依靠的，活人靠死人靈魂保佑，而死人靠活人供奉牲品。在《詩經》裡有一段在宗祠裡交換保佑與盡孝的圖片解說。死者的長子主持儀式，孫子或姪子扮演「屍」，假冒是死去的祖先。假冒者在形式上的角色很清楚。死者是在祠堂裡的祭拜儀式時擺出來。人們相信死者會藉假冒者充當喉舌，領取牲品並致謝意。「屍」負責保證福佑降臨。

　　商朝時代，人祭是常見的，但是這種殘酷的習慣在周朝（1050-256B.C.）就被廢止了。舉行祭禮必需禮貌得體。以家畜牲祭也得伴以祝念禱告。死者享用祭品。祭品代表晚輩（對死者）的孝道，而死者將父母所想要給子女的福運都降給他們。當代客家人的祭祖儀式已經簡化很多，但是它蘊藏的精神原則還是一樣，祖先庇佑子女，子女克盡孝道。由於沒有祠堂，因此祭祖常在家屬的墳墓前面或在放置祖先神牌的寺廟裡舉行。在慶祝農曆新年時，有些客家社群的成員會在路易斯港的社交館祭祖。這種祭祖方式與孔子在論語中所說的祭祖一定不同。祭祖應該是個嚴格限制的家庭祭拜，只有同一家庭的成員才可以參加。它不是一個公社的祭拜。一個人只能祭拜自己的祖先，不能祭拜其他家庭或其他宗族的祖先。

　　祭拜用的牲品包括一塊煮熟的五花肉，一隻煮熟的雞，一些生果，紅色發糕，一瓶酒或威斯忌。可以燒掉的祭品有蠟燭，香，以及壽紙。家庭成員在墳墓前或祖先的神牌前俯臥或鞠躬。祭拜用過的食物，則被帶回家中大家享用。他們相信祖先們也享用了這個祭典的精髓。

　　關於哀悼，我們需要探討兩個問題。什麼人需要哀悼？哀悼需要多久？在三禮（譯註：指《禮記》，《周禮》，和《儀禮》）中的《儀禮》有記載關於古代禮儀的資料。書中規定了五種不同程度的哀悼。哀悼的期限為三年。

　　在周朝時期，當國王或貴族死去時，後代就是依照這種禮儀哀悼的。在二十一世紀的實際環境裡，我們會發現三年的哀悼過於冗長浪費。在紀元前五世紀時，就有人要求將這個哀悼期限加以合理的調整。且讓我們了解一下孔子對於哀悼期限的看法。

　　（譯註：下面一段引自《論語》）

　　宰我問：「三年之喪，期已久矣！君子三年不為禮，禮必壞，三年不為樂，樂比崩，舊谷既沒，新谷既升，鑽燧改火，期可已矣。」子曰：「食夫稻，衣夫錦，于女安乎？」曰：「安。」「女安！則為之！夫君子之居喪，食旨不甘，聞樂不樂，居處不安，故不為也。今女安，則為之！」宰我出。子曰：「予之不仁也！子生三年，然後免于父母之懷。夫三年之喪，天下之通喪也。予也，有三年之愛于父母乎？」

　　（翻譯如下：）

　　"宰我問：父母死了要守喪三年，從上古行到現在，很古老了。三年什麼都不能動，結果什麼都壞了，像稻谷一樣，舊的割掉了，新的又長起來，鑽燧改火，時令也改變了，歲月換了，我看守喪一年就夠了。孔子說，父母死了，你認為過了一年就可以去聽歌跳舞，你覺得心裏安嗎？宰我說，安啊！孔子說，你心安，你就照你的辦法去做吧！一個君子，父母死了居喪，內心思念的悲愁，吃飯都沒有味道，聽到音樂也不快樂，睡覺都睡不好，所以三年之中，沒有禮樂。我現在問你一年能不能心安，你說能心安，那你去做好了，不必要提倡改為一年。於是孔子告訴其他同學，宰我這個人一點良心都沒有。他說，小孩子三歲才能離開父母的懷抱。所以三年之喪，就是對於父母懷抱了我們三年，把我們撫養長大了的一點點還報。這是天下人類都一樣的。宰我沒有三年懷念父母的心情！"

　　我們質疑究竟人們是否有嚴格遵守葬禮的規定。格守哀悼儀式的應該是那些捍衛儒教傳統的學者官員。一個農民的長子，還得為生活打拼，他幾乎無法在妻子和子女不受飢寒的情況下讓稻田荒費三年。為了遵從這個守喪三年的理想，使得各個階層的人士受盡艱辛。守喪三年的習俗無可避免的是需要調整。

　　當下最受削減的是葬禮。通常在當地的情形是只要葬禮辦完之後，一切生活照常。店舖在守靈與出殯期間會關閉幾天。遵行古代葬禮的代價太高了。

　　生與死是人生歷程中的兩個最重要的儀式之一，可是人們對死者的關注並不一樣。當一個孩子（尤其是男孩）出生時，家人會邀請親友們參加滿月酒會。相反的，人死時就會得到更多的關注，而且人們也經常對死者加以照顧。所以，一個家庭需要有兒子是非常重要的，兒子不僅可以延續家系，還可以祭拜祖先，盡孝道的義務。守著獨身不婚，是最不孝的行為。沒人照顧的靈魂會變為（餓死）鬼，並且會回到家裡騷擾家裡的活口。西方人認為中國人過於被死者糾纏和恐嚇。Frena Bloomfield 對此給了如下的評論：「中國人比其他人種更被死人糾纏。複雜的中國人時常把祭祖說是對死者的尊敬，一種中國人喜歡延續傳統的現世標記。事實上，對一般的中國人來說，祭祖代表對死者的恐懼 -- 如果死者沒有得到經常照顧與關注的安撫，死去的靈魂會回來傷害家裡的活人。孝敬與祭祖很可能有關，不過基本上是由於害怕的緣故。」[27]中國人的祭祖和葬禮，看來要比這個西方理論簡化者的態度更為複雜。

　　所有的祭祀儀式都在強調綁住死者與生者之間的延續連結。中國人相信他們的祖先現在是在（另外一個世界的）某個地方，但是祖先與他們仍舊保持著關係。中國人對死者哀悼與安排葬禮，是要尊敬死者，帶給死者安適，幫助他順利抵達他們要去居住的地方。活人相信死者需要食物維持體力，以及現代新產品讓生活舒適。因此活人送他們紙做的東西 —— 紙錢，金磚銀磚，

---

27 Frena Broomfield, *The Book of Chinese Beliefs*, London: Arrow Books, 1989, P. 12.

房子，僕人，汽車等等。現在有另一種關係。死去的祖先需要一些他們在生前沒有的生活奢侈品。因為中國人也相信他們的祖先仍然對他們的生活有所影響，所以他們要與祖先維持好的關係。中國人覺得祖先沒有永遠離開他們而感到安慰。因此客家人在守靈期間，不必一本正經的沉悶著。大家天南地北的聊著。毫無禁忌。在 1950 與 1960 年代裡，有專業賭徒為大家安排一些牌局和其他的中國遊戲。人們有時喝些酒。沒有人會大驚小怪的。在葬禮後的晚餐裡，我們也可以感覺到一種輕鬆的氣氛。

三、曆書、易經、占卜

中國人為了滿足不同的宗教需要而採用許多的宗教習慣。占卜是民間宗教的中心。為此，中國人常用籤和筊，並且經常參考《通書》。

中國人的《通書》或《曆書》雖然與宗教習慣息息相關，而且也有準經典的程度，可是它並不是經文。它是許許多多事務的指南，例如，占卜，行事前的擇吉，解釋預兆，和手相等。我們的長輩，在開始做重要事情之前必需要先參考一下《通書》。

《曆書》的正確出版日期不詳。有個傳統的說法是伏羲氏約在五千年前創造了日曆。由於年代久遠，加上它的語言屬於古體，現代的讀者無法明白許多段落的意義。我們的長輩們需要仰賴寺廟的管理員或佛教的尼姑來解說。該書有許多章節，為我們日常生活提供各種有用的信息。它最重要的特性是日曆。它描述一年裡每天的相關特性，以及每天裡每兩小時的特性。（中國每一時辰為兩小時。）有些時辰是做某些事情的良辰，有些則不是。香港 Wing King Tong Co. Ltd.出版的曆書裡頭，還有印好的

護符樣品。有預防災難，避開野獸，護床，護枕，護毯，以及護
胎等的護符。當老祖母的眼皮跳動時，她會翻一下《通書》，看
看有什麼事情會發生在她身上。《通書》的預測是根據左眼皮跳
動或右眼皮跳動，和在什麼時間跳動來做決定的。

　　中國的農曆在《通書》裡有個顯眼的地方。由於《曆書》是
用中國的時辰來計時，所以我們最好先了解一下中國的計時方
法。中國人以每兩小時將一天分成十二個間隔（時辰）：子時、
丑時、寅時、卯時、辰時、巳時、午時、未時、申時、丑時、戌
時、和亥時。例如，子時是晚上 11 時到 1 時。我們現在很少聽
到中國的時辰。當我們的長輩們向占卜師詢問結婚的吉日良辰
時，他們會將新郎與新娘的出生中國時辰告訴占卜師。

　　日曆的部份，每年都會重寫。所有的活動都是以兩小時的時
辰做安排。每件事都有它的好時辰。有時整天都是好時辰。《通
書》對做每件事情，都選定了好的時辰：生意開張、搬家、婚
慶、建屋、嬰兒斷奶、以及其他活動等。碰到好日子時，教堂會
被訂滿，而碰到不好的日子時，就沒人結婚。我們長輩的隱形手
還是有用的。好日子的客家話叫做「吉日」。無所不知的《曆
書》對每種可能的情況都會有所建議。

　　《易經》與《通書》不同，它是儒家的一種經書。西方人稱
《易經》為 "Book of Changes"。該書包含兩部份。第一部份是
有關占卜問題的實際解答，第二部份是關於陰陽哲學與五行宇宙
觀的闡述。它原本是占卜的教戰手冊，不過在加上許多的注釋以
後，它已經被提升到更高的宇宙哲學觀的境界。

　　占卜的基本圖案是 8 個由實線與虛線組成的三線形（八
卦）。這個三線形後來又發展成為 64 個六線形（64 卦）。實線
代表陽，虛線代表陰。中國的宇宙觀認為陰與陽是不停的動與

變，《易經》因此而得名。宇宙不是靜態的，而是動態的。中國人想要探討動態宇宙的變化對人類的影響。宇宙的定律被演繹成一種抽象而沒有人情味的符號系統。相當於現代科學使用數學符號來表示複雜的定律一樣。

以《易經》的做法，占卜師並沒有像商朝時代（1750 B.C.-1050B.C.）的做法那樣，將問題擺在神明或祖靈前面。在商朝時期，人們將要問的問題刻在骨頭上，然後將骨頭燒裂。我們無法知道如何解說裂痕所代表的意義。值得注意的是從以前的甲骨占卜制度到以《易經》符號做為占卜制度的演變。在新的制度下，占卜師使用《易經》的符號來解釋自然界或社會上所發生的改變。從宇宙是一個由人格化的神明或祖靈控制宇宙的觀念，到宇宙是一種抽象流程的模式，這種演變是不可思議的。前面一種宇宙觀可以在商朝時代的國家宗教文獻裡看到，而新的宇宙觀則是在周朝才推行的。新的宇宙觀抽象，不盡人情，脫離人性，而且擺脫神化。早期的世界觀充滿著神話，所有的變化都以神話般的自然神（如風，雨，雷等）來解釋，而新的宇宙觀則是以抽象符號來說明。他們用一組符號來解釋變化對人類的影響。使用 64 卦解釋宇宙所有可能的變化。在周朝的新制度下，要占卜時，先丟籤求卦，占卜事然後根據《易經》解釋該卦的意思。《易經》裡的注解說明人類事物和宇宙變化如何相互影響，以及陰陽週期如何影響人類。

究竟是什麼因素讓中國人信奉占卜呢？其中有三個動機：第一個動機是他們想要了解自然與超自然的力量，俾能在兩者之間取得平衡。他們相信平衡可以讓人順心如意，避免不如意事件的發生。第二動機來自盡孝道的義務。盡責的孩子認為有必要保持祖先與或者之間的關係。在商朝時期（1750B.C.-1050B.C.），所

有的國王在開始做一件重要事情之前，一定要先請示祖先。看看未來的情況如何。問卜者相信祖先們現在比他們生前更有力量，於是仰賴祖先們的智慧，決定是否行事。一個問卜者通常求助的問題是婚姻，疾病，和財務上的困難。最後，占卜其實超過了與自然界和諧生存的簡單動機。更重要的是占卜的宗教本質。當我們的長輩求神問卜時，他們不僅僅要知道店舖的未來情形，也想要得到神明的指引。這些神明超越了時空，我們的長輩相信神明可以預知未來。問卜等於直接與神明進行人性化的交流。有時這種交流是透過媒介。他們相信有關「未來」的答案是來自神明。當我們的祖母向神請示，是否她的孫兒會有美滿的婚姻時，實際上她是希望神明給她一個引導。我們的長輩不願冒任何風險，他們深信神明可以給他們正確的答案，而且他們可以自由的向神明詢問任何問題。

四、福　籤

客家人把用（福）籤問卜稱為「求籤」。這種方式仍舊是現在最流行的問卜方法。他們用這種問卜的方法去詢問店舖在一年內的情形。只要他們有了困難，他們就可以去求籤。在路易斯港的關帝廟和佛廟都是他們求籤的神聖地方。因為在佛廟裡民間宗教比較流行，所以華人比印度人多。佛陀從來沒有教人們類似華人佛廟裡的問卜方法和紙做的牲品。籤是指竹做的小棍棒。每一根籤都刻有中國數目字。通常有 100 根籤。也可能少些，40 根或 78 根。在神壇前面鞠躬之後，求卜者專注在他想要問的問題上，他要搖搖籤筒，直到有一根籤掉到地上為止。該籤的數目字可以將其對應的神示給問卜者。

那麼是否說拿到同樣號碼的十個人都會有同樣的答案呢？以印好的神示而言，答案是「對的」；但是，由於神示是用古文寫的，內容包含許多中國古代神話，所以它可以根據各個問卜者的不同情況，給與不同的詮釋。解釋神示的責任通常落在佛教的尼姑或寺廟的司事身上。如果神示的內容很好，問卜者會高興的回家，知道在未來一年內不會有什麼意外事情會發生在他的家庭上，心中覺得安全無虞。萬一神示的內容預示霉運，他怎麼辦？他是不是要準備一些牲品去安撫神明？佛教尼姑會參考《通書》，替問卜者尋找一個吉日良辰，做第二次嘗試，祈求神明給個更吉祥的回答。

福籤與古時的甲骨或龜殼，在功能上是一樣的。神明或靈魂給人們的答案是藉著這些工具而傳達的。靠求籤方式的占卜是屬於人性化的，祭拜者直接與神明交流，而前面所提到的八卦占卜方式則是抽象的、不是人性化的。不論如何，這些種種的占卜，其動機都是一樣的：祭拜者祈望知道未來，並且採取適當的對策，避免可以預測到的災難與不幸。

五、筊

另外一種流行的占卜方式是 使用「筊」。客語叫「得正筊或擲筊」。在台灣稱作「筊杯」。它之所以流行，是因為占卜的方法簡單。沒有費解難懂的文辭需要解釋。兩片木塊只能產生三種不同的組合或答案。它的結果不需要靠媒介的解釋。使用甲骨或龜殼的占卜，必需靠專家才能解釋燒出的裂痕所代表的意義。儘管多年的研究與專精的努力，還是沒有人知道如何解釋這些裂痕。一般無知的大眾無法解釋《易經》裡八卦的意義。它面臨與

求籤需要解釋文辭的相同困境。

　　客家祭拜者將他／她想向神明求解的問題框好交給神明。他／她從祭壇上拿來兩片木塊（即筊），擺在自己的胸前。這些筊通常是木製的，狀似新月，一面微微向外凸，一面平平。約六吋長。筊的形狀是由陰陽的圖案演變而來的，但是它的根源則是起源於古代使用的牡蠣殼。祭拜者將兩片筊在祭壇前面丟在地上。如果一片筊凸面向上，另一片筊平面向上，那麼結果是吉利的，神明會依禱告降福。客語叫做「陽陰筊」或「正筊」。兩片都是凸面向上或平面向上，那麼答案是負面的。整個儀式的就像投擲兩個錢幣，看看結果是頭或尾一樣的簡單。不過必需得到連續三次相同的結果，才能肯定神明所認同的意思。

六、中國節慶

　　中國人的精神生活還要受到每年在某些日子的季節性宗教儀式所規範，尤其是在神明誕生的時候。許多宗教都會慶祝中國農曆新年，我們的長輩也遵循這個模式。正如其他文化的許多古老節慶一樣，起初是帶宗教性質的，後來就失去了宗教範圍，中國的許多節慶也一樣。不過，許多的古代傳統還是被保留下來，但是當這些節慶被世俗化以後，現代的人就很少知道它們原來的宗教起源，人們也不了解這些節慶的意義。

　　Ch. Rey 在他的中法字典 "Dictionnaire Chinois-Francais Dialecte Hac-ka" 裡，列出了十八種中國主要節慶（節）。這些節日是梅縣客家在幾乎百年以前慶祝的。大部份的節慶已經被現在的模里西斯客家人遺忘了。不過他們仍然保持著慶祝農曆新年，元宵，清明祭祖，端午划龍船，以及中秋等節日。

第六節　中國家庭

一、中國家庭、家系、孝道與祭祖

祭祖曾經使中國皇帝與教皇引起衝突。它的起因是由於有一派的天主教傳教士認為中國基督徒可以繼續祭拜祖先，而另一派的傳教士則不願接受任何的妥協，兩派對祭祖抱有不同的詮釋。經過初期的震盪以後，梵蒂岡在十八世紀時禁止中國基督徒祭拜祖先，這個禁令一直到 1939 年都沒有被取消。天主教的傳教士陷入兩件爭執裡。一件是與有些名詞的翻譯有關，另一件是與中國基督徒祭祖、祭孔、和祭拜諸神有關。他們被稱為「名詞之爭」與「儀式之爭」。

根據 C. K. Yang 的說法，祭祖的世俗功能是「在栽培親屬關係，如孝道，忠於家庭，以及延續家系。」[28]且讓我們先了解一下傳統的中國家庭，親戚與家系，以及孝道，這樣會幫助我們了解祭祖的觀念。

（一）傳統的中國家庭

在一個穩定的社會裡，沒有一個制度比家庭制度更重要了。傳統的中國將家庭制度列為比其他任何社會更為重要的議題。中國的家庭制度的特性是父子相傳，父權為主，和從夫居住。我們在此更要關注的是在傳統中國家庭制度下的祭祖習慣。祖先之

28　Quoted in 'Chinese Ancestor Worship' at
　　www.religionfacts.com/Chinese_religion/rituals_practices.

靈的養料要靠活者的崇敬與牲品來維持。沒能生下一個兒子，會被認為是最大的不孝。一個家庭需要男嗣，不僅僅是為了要延續家系，同時也是為了要持續盡孝。如果夫人沒能生下男兒，丈夫就會有納妾的壓力。人們也可以用接納一個女婿來替代兒子盡祭祖的責任。這樣就產生了人類學家所謂的入贅婚姻。在這種婚姻制度下，被收養的女婿需要搬到他太太的家去住。在父系社會裡，入贅會被人以輕蔑的眼光看待。人們會輕蔑的稱這種婚姻為「倒住苗」，而丈夫就被稱為「贅婿」。[29]

分家並不會影響祭祖的義務。長子繼承祭祖的責任，旁系的子女在必要時也參加祭拜祖先。祭祖是在家裡的祭壇或祠堂舉行。

在父系的家庭制度裡，長子除了其他許多責任以外，要負責祭祖。由於家庭制度是從夫居住，因此，家庭的位置成為家庭制度的中心。男嗣會畢生留住在家裡，而女兒在結婚後就得搬去她們丈夫的家住。男人祭拜他們共同的祖先。而結了婚的女人，從結婚以後，就得接納她丈夫的祖先。因為在父系家庭制度下，後代是根據男孩來計算的，所以只有男嗣的子女才可以祭祖。女兒婚後的子女屬於他們父親的後代，要去祭拜他們父親家系的祖先，而不是母親婚前的祖先。

（二）家　系

中國的家庭是父系的。意思是家庭根據男孩來計算後代。一個家庭的成員資格是由一個人的父親而遺傳下來。家系指的是屬於同一祖先的男性後代。因為他是家庭制度中的頂層祖先，因此他被稱為原始祖先。家系包含男性後代的太太和子女。所有的家

29　David K. Jordan, 'The Traditional Chinese Family and Lineage', P. 4, http://weber.ucsd.edu/-dkjordan/chin/hbfamilism-u.html

系成員都同姓。由於家庭屬於父系，所以太太們的家庭就被認為是外人而且被排除在家系之外。客語將她們稱為 "ngoe ka（外家）"，意即外人之家。模里西斯的客家人常說 "tchon moe ka（回娘家）" 表示媳婦回去她的娘家做短期的探親。這種說法其實是由 "tchon ngoe ka" 變來的。"moe（妹）" 常用在 "mai moe e"（賣女兒）或 "ka moe e"（嫁女兒）裡。事實上，Ch. Rey 在他的字典裡，只有 "tchong ngoe ka" 而已。

　　傳統的中國嚴禁與同一家系的人結婚。那是犯了亂倫罪。兒子在一個家系從出生到死去都屬於他的家系。女兒從出生到結婚為止是屬於她父親的家系。婚後就轉去她丈夫的家系。這種制度的結果是一個家庭的所有成員都屬於同一家系。這種家系制度是獨一無二的。在多數的家系裡，同一家庭的成員屬於不同的家系。太太仍舊屬於她出生時的家系。

　　當一個結了婚的女人加入她丈夫的家系以後，她與她父母以及兄弟姐妹的關係就被切斷了。這是一個規定。事實上，關係總是還在的。在傳統中國裡，家系排外的結果，使得全村的人都住著同姓的人。我們仍然可以在中國的客家村莊裡找到很多的同姓家庭住在同一村莊裡。當然也有例外。入贅婚姻就是一個例外。

　　如果我們拿西方人的家庭與中國人的家庭做一個比較，我們會發現西方家庭最大的特色是家系的中心角色。在西方的小家庭裡，家庭是由夫婦和小孩所組成的。它是一種以自我為中心、非永久性的家庭結構。而中國的（父系）大家庭則是一個包括靠男性父親與他的小孩連結在一起的兩三個小家庭的生活團體。在傳統中國裡，所有兒子的家庭都屬於同一家系，它成為一個同姓家庭的大單位。

　　家系的重要活動包括祭祖，維固祠堂，以及保存族譜。在家

保存祖宗神牌的習俗，隨地區而有所不同。有些地區會將超過五代以上的祖宗神牌移到祠堂或祖廟裡。在模里西斯，沒有人把祖宗神牌放在家裡，所有的神牌，不論幾代，通通放在路易斯港的村廟裡。

　　中國人的親戚關係反應出家系成員與外人的複雜關係，因此在祭祖，哀悼，和其他事物上有重要的區別。以下我們要談談一些重要的特性。

　　中國的親戚制度，根據性別、輩分、年齡、以及家系（父系與母系）保存著不同的稱謂。從上九代的高曾祖父到下九代的玄孫，這九族裡幾乎有兩百個親戚的稱謂。有些前置詞用來區別關係與輩分。用來區分母系的最重要前置詞是「外」字。凡是帶有「外」字稱謂的親戚，都被排除在父系的祭祖之外。例如，姐妹的兒子（外甥），就不得參加他母親婚前的家系祭祖。不過也有不加「外」字的母系親戚，例如，「阿舅」（母親的兄弟），「阿姨」（母親的姐妹）。表示是自小家庭遷出的一兩代親戚所使用的前置詞有「堂」（指同姓者）和「表」（指不同姓者）。

　　有很多的理由讓中國人的親戚制度需要這麼多的稱謂。第一個理由是年幼的要尊敬年長的。在階級制度下的「五常」關係，家庭中就佔了三個：父子，夫妻，和兄弟。這些關係裡的成員，其地位必需要有明確的訂定，而親戚的稱謂就被用來代表每一個成員的地位，和幼者必需尊敬長者的關係。第二個理由是要區分血親與姻親。親戚有父系與母系的區別。在某些情況下，它用「外」字來區分。這種區分在祭祖是有必要的。最後，中國人的家庭是屬於大家庭的制度。在傳統的中國裡，整個村莊可能都是同姓的大家庭。事實上，在模里西斯所有的同姓客家人都是來自梅縣附近的同姓村莊。例如，陳姓宗族是來自離梅縣約 30 分鐘

車程的「陳溪」。

（三）孝　道

孝道象徵著親屬關係和家庭的階級。它是親屬關係的中心。子女對父母盡孝，與家庭裡的活人對死者祭祖是一樣的。盡孝持續到父母過世就叫祭祖。

「孝」字在祭祀用的銅製器皿上所顯示的，是刻著一隻手放在一個頭上的圖案。現在的「孝」字，包含了一個「子」字，撐著「老」字的頭部。蘊藏著父子關係的深遠意義。「孝」字常指「孝道」或「孝順」。

根據 Arther Waley 的說法，「孝的原來意思，似乎是對祖靈或死去父母的順從。在《論語》裡仍舊常常代表這個意思；但是它也被使用在對活著的父母的孝，這就是現代華語所代表的意義。」[30]這種改變是在封建制度崩潰以後才發生的。基督徒與客家人都相信盡孝的義務。基督徒的孝行在父母過世後就停止了，而中國人或客家人在父母過世後，仍然繼續盡孝。照顧「有生命的死人」是人們在世間照顧「有生命的活人」得延續。這點正是基督徒與客家人在祭祖習慣上分道揚鑣的原因。

我們可以在古代經書裡找到很多有關孝道的說詞。孟子說：「什麼是最大的責任？對父母的責任最大（...）在我們的許多責任裡，祀奉父母是基本的責任。」[31]孔子在《孝經》裡說：「孝行是美德的根本，人類的文明是由孝行而來（...）。」[32]他也

30　Arthur Waley, *The Analects of Confucius*, New York: Vintage Books, 1989, P. 38.

31　Laurence G. Thompson, *Chinese Religion*, Belmont: Wadsworth Publishing Company, P. 36.

32　同上，P. 37。

說，百善孝為先。不孝是一種可以被處罰的罪過。以前提過，不孝被認為是最壞的一種罪過，可以被用五種方法懲罰，在 2,000年前的五種懲罰是：在前額上烙印，割去鼻子，斷腿，致殘，和處死。滿清時代，將它修改為：以輕或重的竹鞭抽打，驅逐出境，以及依照罪行的輕重吊死或斬首。[33]

人們的道德行為與政治風格都以孝行為根基。一個家長要維持家庭秩序，孝行是一種重要的工具。實際上，它究竟如何做呢？我們看看家庭與婚姻兩種制度就能夠了解孝道的意義。當父母都健在時，孝道表現在父子關係上，當他們過世以後，它表現在祭祖上。兩者的關係不曾間斷。

耆老的福祉經常出現在人類的社會裡。每個文化有不同的處理方式。年邁的父母是否就被拋棄，孤寂的死去嗎？他們是否活活被打死？有證據顯示在約八千年前，古代的中國人採用了這種方式。[34]在推行社會福利之前的千年期，中國人仰賴家庭的團結來支援耆老。不論年邁與死後，子女都有照顧父母福祉的義務。只有在這種意識下，我們才能真正的了解婚姻的意義。中國方面人認為結婚不是僅僅在生小孩延續家系而已。在對父母年邁時以及身後的照顧，子嗣是很重要的。因此無後（沒生兒子）乃是最大的不孝。這個論點被人用來讓多妻得到合法性。獨身主義得不到別人的諒解。

兒子和他的太太必需伺候丈夫的父母。《禮記》裡頭對他們應盡的責任有詳細的說明。在中國的大家庭裡，有好幾代的人住在一起。父母與公婆經常需要兒子與媳婦的照顧。在一個小家庭

---

33 Herbert A. Giles, *The Civilisation of China*, 1911, Chapter II. Project Gutenberg, www.romanization.com/books/giles/civilization/index.html.

34 Julia Ching，前揭書，P. 21。

裡，孩子只是偶爾去探訪獨居或住在老人居住的房子裡的年邁父母。傳統的中國式婚姻是由新郎父母透過媒婆介紹安排的。它不是由男女兩個人決定，而是由家長做出的決定。有點像是由新郎家長用現金或禮物支付新娘的價碼，將新娘由一個家系轉到另一家系的合約。孝道要求孩子接受父母的決定。在婚禮當天，新娘坐在轎裡，帶著眼淚與哭喊，被送到新郎的家去。在轎夫把轎子抬起來趕路時，新娘的兄弟用水潑在轎子上，象徵著她與家裡的關係已經被切斷，她不能再回到她以前的家了。新娘是嫁入新郎的家。事實上，她與她出生家庭的關係並不是完全斷絕。她偶爾還是會回家看看父母，客家人叫做 "tchon ngoe ka" （回娘家）。婚姻制度強調了晚輩服從長輩的階級關係。她必需參與她丈夫家系的祭祖的事實，強化了她與出生家庭關係已經斷絕。現在她已經融入了她的新家庭。這並不是代表她的責任已經完了。

　　正如前面所說，小夫妻有生兒子盡孝的義務，要不然，丈夫可能要納妾。最大的不孝是沒能生下兒子傳宗接代。如果生下超過一個兒子，那麼就由長子負責祭祖。長子與他弟弟們之間的關係，再度強調家庭中的階級架構，以及年幼者要服從年長者的倫理。弟弟需要服從並且尊敬哥哥。

　　「孝」是一個家庭的指導原則，禮節是用來管理家庭成員相互之間，以及活人與死者之間的行為。

（四）祭　祖

　　早期的天主教傳教上，對中國的親戚制度在宗教方面的看法極感興趣，他們把它叫做「祭拜祖先」。華語叫「拜祖公」。「拜」有世俗與宗教的涵義，例如，拜年，拜佛。

　　根據 Bernhard Karlgren 的說法，中國人祭拜祖先，其實原本

意思是祭拜男人陰莖。[35]Jerome Yuchien 在台灣做野外考察時發現，許多地區的石神祭拜，都是在祭拜陰莖。陰莖象徵著生生不息，子孫綿延不斷。世界上大多數的人都期盼能得到這樣的人生目標，因此人們才普遍的祭拜陰莖。印度人祭拜男女生殖器。日本人慶祝陽具，法國人則慶祝神聖性交。

　　Karlgren 在研究中國古文字學時稱，祖先的「祖」字，在商朝與周朝時期的甲骨與銅器上有出現過，它沒有部首「示」，它的樣子就像男人的陰莖。祭拜陰莖實際上就是對生殖的崇拜。他舉出兩個中國字做例子，這兩個字都含有代表男人性器官，二橫一豎的「土」字。一個是代表「土神」的「社」字，它是與「祖」字同部首，配上「土」字的復合字。另一個是「牡」（雄性動物），由「牛」部首加上表示陰莖的同一個字「土」而成的複合字。[36]

　　中國人祭拜祖先，是假設已經往生的家庭成員，死後仍然繼續存在著，他們仍然關心著家中的事物，並且有力量去影響家庭裡活成員的未來。活人與死者之間存在著相互關系。對「存著的死者」而言，祭祖確保他們的福祉可以得到活人的照顧。對仍然活著的家庭成員而言，他們期盼往生的祖先一定會為他們降福。他們深信祖先會帶給他們幸福、富貴、好運、長壽、和多子多孫。如果他們沒有好好照顧祖先之靈，那麼祖先會變成會報復、會傷人的餓死鬼。

　　從社會學家的觀點來看，祭祖可以保持並且強化親戚制度、孝道、以及家系的繁衍。祭祖從喪葬開始。喪葬以後在佛廟「做好事」以及拿紙製牲品祭拜，都是祭祖儀式的一部份。祖宗的神

35　Jerome Yuchien，前揭書，Chapter 5。
36　同上，Chapter 8。

牌放在路易斯港的廟裡。祭祖會在寺廟或祖墳或兩地舉行。祖宗的神牌是木製的，叫做「神位」，長約 6-8 吋，寬約數吋。神牌上面刻有祖先的名字，生與死的日期，以及埋葬的地點。近期也有人將死者的照片擺在神牌上。那些譴責祭祖的新教派牧師，建議教徒以死者的遺照紀念死者，而不要用神牌祭拜。

在早期的幾個朝代裡，祭祖儀式一直在演變。商朝時代（1750B.C.-1050B.C.）人們相信神有力量控制自然界的許多事物，而且可以給人們帶來禮物。他們相信祖靈能夠替他們說項，並且帶給他們好運。他們以奢侈的牲品向死去的諸王祭拜。他們大量的宰殺像牛、豬、和狗之類的動物做牲品。也有用人來祭拜的。在祭拜儀式裡也備有食物與飲料。國王身邊的男人被拿來獻祭，葬在國王墳墓入口的坡道處。國王的僕人們也被獻祭，與國王一起埋在墳墓裡。商朝的國王使用占卜選擇吉日良辰祭拜祖先。他們比較喜歡使用甲骨或龜殼占卜術，將黃牛或水牛的肩甲骨，和烏龜的護胸甲或甲殼，加熱產生裂痕，他們相信這個裂痕就是祖靈所給的答案，現在沒有人知道怎麼解釋這些裂痕。西周繼承了前朝的祭祖儀式，但是占卜方面則有重要的改革。甲骨占卜逐漸被香柱取代。周朝也開始在祭拜祖先用的銅製器皿上刻字，代表對祖先的崇敬。

在十七、十八世紀的天主教傳教士，對祭祖的看法不一致。新教禁止他們的教徒祭祖。誤解經常引起混淆。為了避免這種誤解，我們還是先了解一些有關祭祖的觀點。

祭祖的重要特徵是，家庭成員在弔祭他們祖先時，並沒有祭拜其他家系的祖先。孔子對祭祖的家庭看法是這樣的：「非其鬼而祭之，諂也。」（見論語，為政第二）（譯註：不是自己該祭祀的鬼神而去祭祀祂，是一種諂媚的行為。）兩者之間的範界有

時是模糊的。當死者是一個傑出的著名人物,不僅僅是家裡的成員要祭拜他時,這種情形就會出現。這個死去的人物就不再是一個祖靈,他已經變成更高階層的神了。關公,孔子,和觀音都是神化的人物。不論是不是家庭成員,大家都祭拜祂。

第二點要記得的是祭祖所蘊藏著的假設。人們在祭拜時,假設在身軀死去以後還有身後生命。身後生命本身假設有靈魂的存在。祭祖又假設活人與死人能夠彼此交流。

死亡只是將活人與死人分隔,但是兩者之間的關係仍然保持著。彼此繼續交流著。每個家庭的成員遲早有一天會死去,但是死去的人會到不同的世界去,過不同的生活。家庭於是分為兩組:一組是活人,一組是死人。中國人的世界觀包括三種世界:祖靈住的天堂,死者住的地下,人類住的地上。孝道的觀念超脫了墳墓。活人與死者兩組人藉著經常的交流團結在一起。在古代的中國,活人與死者的聯繫,是靠活人的問題,和占卜術在甲骨與龜殼上所顯示的答案。現代的交流則是靠牲品的祭拜。甲骨占卜從周朝以後就被放棄了。

最頂尖的祖先就是家系的祖先或家系的創始人。他可能回溯到是數十代前的祖先。即使有的話,現在也很少人能夠認出他們的第一個(男)祖先。家譜所記載的家系創始人,並非完全可靠,因為家譜有建造神話的傾向。人們對祖先本身的詮釋也有重大的改變。祖先必需是近親,一個近年才去世,家中的成員仍然記得他的人。我們的長輩,在墓地使用紙製的牲品祭拜男女祖先。祭禮不限制只對男性祖先而已。

中國古代的宗教是父系的,祖傳的。有些學者推測周朝的神,"God",乃是周朝的祖靈。如果這種說法屬實,那麼中國人的神,就不是猶太 — 基督的萬物之神。中國人所拜的神並

非基督徒的神。

　　人們相信祖靈是住在天上，而且與上帝有密切的聯繫，他們的力量遠比生前的力量更大。商朝的國王深信他們祖先的精神力，在沒有向祖靈請示之前，他們不會執行任何重要的事務。占卜是記載在甲骨和龜殼上。那些碑文成為一種檔案，和有關王室家庭、戰爭、疾病、天氣、和其它重要事故的珍貴資料。在周朝時期，碑文是刻在祭祀用的銅製器皿上。

　　在活著的時候，父子之間的關係是靠「孝道」的指導原則來管控。父親往生後，雙方的關係是靠祭祖的方式維持。活人與死者兩者之間存在著某種的相互依賴。雙方必需維持好關係。活著的小孩子們相信他們的祖先有很大的精神力，他們有責任盡最大的能力去滿足祖先的需求。他們期盼死去的父母會因為他們的照料與關心而降福給他們。如果他們沒有盡到責任，他們害怕會因此激怒祖先而受到懲罰。

　　如上所述，一般認為祭祖是為了想從祖先那裡得到庇佑。曾經在客家圈裡工作了 13 年的路德兄弟會（Lutheran Brethren）牧師，羅威信牧師（Joel Nordtvedt）並不認同像漢學家 Laurence G. Thompson 那樣，一直繼續散佈上述的觀點。根據他的看法，祭祖與祭神是不同的。當客家人在當地的寺廟裡拜神時，他們是在向神尋求幫助。可是祭祖並不是向他們死去的父母求助，而是在盡他們的孝道責任。這點可以在模里西斯的客家人身上得到印證。他們去當地的寺廟禱告「許福」，拿牲品祭拜向神求助，等到事情結束後，他們就謝神「還福」。客家人去祖墳那裡拿牲品「祭清」。他們並沒有（向祖先）求助。盡孝道的義務，目的只是要確信往生的父母在陰間有舒適所需的東西。祖先是否領受牲品就不是問題，重點是在表達孝道。

　　羅威信牧師的研究結果，顯示中國人的祭祖習慣與《禮記》有很強的關連性。在《論語 ─ 為政篇》裡有一段關於孝的故事。

　　孟懿子問孝，子曰無違。樊遲曰何謂也，子曰生事之以禮，死葬之以禮，祭之以禮。

　　羅威信牧師說：「就是要用禮來侍奉父母，不用再說了。在客家人的世界觀裡，這還不只限制在父母有生之年。」[37]

　　有趣的是，當我們長輩碰到嚴重的困難時，他們並沒有立刻帶著牲品，去祖墳或放置祖先神牌的寺廟（求助），但是他們去燒香，向關公之類的神祈禱。這種習慣似乎確認羅牧師所發現的觀點。以此看來，似乎自從商朝以來，人類用牲品祭祖而祖先帶給子孫好運的信念，對客家人來說是已經改變了。「我給，你就給」（ut do des）的原則已經不存在了。

　　祭祖對當代的模里西斯客家人代表什麼意義呢？許多第一代與第二代的客家人，儘管他們已經改信基督教，仍舊遵循中國民間宗教的祭拜儀式。L'abbé Paul Wu 承認「在中國出生的模里西斯華人，堅持雙重信仰。」[38]他將雙重信仰歸罪於人們對祭祖與祭神的混淆。他們覺得兩種宗教傳統都很好。對他們而言，排他性的分隔並不存在。融合主義在中國有很久的歷史。中國的民間宗教就是一種融合的宗教。接納一種新宗教，不代表就要將舊的宗教拋掉。他們會嘲笑這種雙重信仰的觀念，並且告訴人家像下面的故事。一個非華人剛剛把花束擺在他父母的墳墓上，而在墓地的另一端，就遇到一個華人把一塊滷豬肉，水煮雞，和生果放在他父母的墳墓上。陌生人問：「你父母什麼時候來吃這些食物？」他就回答說：「你父母何時來聞你的花？」

37　Joel Nordtvedt, 'A Christian Response to Hakka Chinese Ancestor Practices', P. 1.
38　*L'Express Dimanche*, 17th March, 2002.

　　天主教的本土化政策導致對祭祀祖先的認同。「過去三十年來，教會認識到這種祭拜的習俗，鑑於超過 90% 的中國模里西斯人信封天主教，因此，今後每年在路易斯大教堂的彌撒之後，我們都會一起站在同一教會的中央舉行祭祖儀式。」[39] 這是不是一種真正的祭祖？祭祖是一個嚴謹的家祭。它並不是一個團祭。只有同一家庭的成員聚集在一起，參加在寺廟或墳墓舉行的祭拜祖先儀式。本土化的做法使人混淆。他們在祭拜誰？這些不同的宗親並沒有一個共同的祖先。每個家庭在寺廟都有自己的神牌，祭祖是祭拜那些名字刻在神牌上面的祖先。在墳墓祭祖時，很明顯的，大家是對埋葬在墳墓裡的祖先祭拜。

　　對客家基督徒而言，主要的問題是在父母死了以後，如何看待孝道。當父母仍然健在時，沒有一個基督教牧師敢反對一個人應該對父母盡孝。孔子強調「五常」關係的重要性。孔子相信五常會對社會的和平與和諧有所貢獻。這些關係的中心就是孝道。沒有孝，整個家庭制度就會崩潰。儒教的傳統就是要敬老。當父母年邁，不能照顧自己時，子女就有義務要照顧他們。人們認為這樣做才是很有道德的行為。

　　《聖經》中出埃及記第二十章第十二節的第五戒律說：「尊敬你的父親，尊敬你的母親。」提摩太書第五章第八節裡的保羅肯定的說：「如果一個人不能供養親戚，尤其是直系親屬，他就已經否定了自己的信仰，這比不信的人還要糟糕。」基督徒認為當父母健在時，尊敬父母是應盡的責任。客家基督徒的問題在於他們把孝道延伸到父母死去以後。孔子教我們當父母還在的時候，我們要以禮伺奉他們，當他們死了以後，我們要以禮安葬他

39 *Le Defi Plus*, 17th to 23rd January, 2004, P. 28.

們，以禮祭拜他們。這就是民間宗教的信徒所做的。

　　很多的第一代客家人，告訴他們的子女，希望死後依照民間宗教的葬禮，並且事後安排一個「做好事」的儀式。這使許多客家基督徒感到兩難。不管對基督的信仰有多深，很少人敢反對先父或先母的最後願望。他們（尤其是客家新教徒）常常會尷尬的藉故說，那是因為父母希望這樣做，好像他們做了不道德的事，應該感到丟臉似的。他們被卡在基督教與民間宗教的雙重信仰之中。虔誠的基督徒對於他們積極參與民間宗教的儀式感到愁眉苦臉。從保守正統派的眼光來看，他們不這樣做會變成不孝，不是中國人。有一股強大的社會壓力，迫使他們去遵循父母最後願望。他們矛盾的行為 -- 對民間宗教的活動有時參與有時缺席 -- 不可能逃過好事者的敏銳眼光與責罵。

　　即使那些看來已經拒絕了民間宗教的人，也不能完全做到。在模里西斯出生的客家人也有參加「犧牲」，用牲品祭拜祖先或神明。用牲品祭拜祖先的儀式，一般稱為「賽祖公」。如果祭拜儀式是在祖墳那裡，那麼就叫「賽地」。在寺廟裡祭拜神明就叫「賽神」。他們也參加葬禮以後舉行的喪宴，或在辦喪事期間，到佛廟裡吃素。當他們在喪事期間穿著白色衣服時，他們是在遵從中國的致哀習俗。沒有一個客家基督徒會去挑戰在門口貼上藍紙喪聯的祖先習俗。

　　要看是新教或天主教而定，改信基督會有不同的後果。對新教的許多不同教派來說，毫無妥協的餘地。他們完全否定中國的宗教傳統。中國的新教徒，他們毫無選擇，只得放棄祖先的宗教。對於中國新教徒而言，他們是肯定的「是」或「不是」新教徒。另一方面看，中國的天主教徒可以繼續同時屬於兩種宗教傳統。民間宗教的牲品祭拜並沒有被獻花所取代。家庭的神牌也沒

有被丟棄或毀壞。

二、名詞與儀式之爭

祭祀祖先是中國人改信宗教的最大障礙。新教與天主教的傳教士在翻譯 "God" 一字時產生爭議。羅馬的天主教堂與康熙皇帝對於中國基督信徒的祭祖行為，有一段長期的爭執。

義大利基督教傳教士利馬竇（Matteo Ricci, 1552-1610）喜歡用「天」，「上帝」，和「天主」來表示 "God"。「天」和「上帝」從 1629-1632 年被禁用一段時間。利馬竇的繼承人，Longobardi，也要禁用「天主」。不過在 1633 年時，耶穌會的會士們決定信徒可以自由使用「天」或「上帝」。

等到道明會與方濟會的傳教士來到以後，名詞的爭議被擴展的儀式的細節和宗教上。這些議題在 1643 年交給 Holly See。名詞上的爭議於 1715 年在教皇克萊門特十一世（Pope Clement XI）的即位詔天之日起得到確定。「天主」是用來代表天、地、和宇宙萬物之主的唯一名詞。"Catholism" 於是被稱為「天主教」，以別於被稱「耶穌教」或「基督教」的 "Protestantism"。

第一位基督教傳教士於 1807 年抵達中國。他們首先碰到的問題是如何將《聖經》裡的 "Yahweh / Theos" 翻譯成中文。新教徒有意把宮廷的偶像崇拜叫做「天」。為了區分自己的基督教與天主教，他們避免使用「天主」。不過在「上帝」與「神」之間，他們也持不同意見。中意「上帝」的人相信「最高的神」是一個合理的叫法。其他的人則喜歡用「神」字。它是一個比較通俗的名詞，可以代表 "god" "God" "spirit" 或 "soul"。這個

說法得到那些認為「上帝」在歷史上或靈魂上與《聖經》的
"God Most High" 不相等的人的支持。[40]「所以爭論的結果是，
要在『上帝』與『神』之間做出選擇。於是產生了兩種版本的
《聖經》：『上帝』版本與『神』版本。」[41]

　　至於有關儀式的爭論，那是一個持續了超過兩個世紀半的問
題。一直到 1939 年才得到解決。它在法國被稱為「中國的問
題」。在 1631 年抵達中國的方濟會與道明會不認同基督教會對
祭祖觀念妥協的鬆懈態度。基督教認為祭祖與祭孔是一種平民和
世俗而不是宗教的取向。利馬竇允許中國基督徒繼續祭祖，祭拜
祖先神牌，燒香，以及祭孔。而另一方面，道明會與方濟會則反
對這種基督教的妥協，直指儒教的習俗含有民間宗教的成分，而
且用動物做牲品拜祭，以換取祖先的保護與庇佑，是一種宗教的
儀式。他們認為中國人的祭拜儀式是宗教性的，而他們的信徒是
一種迷信的異教徒。有些基督徒也反對利馬竇的政策。這種內鬥
對傳教士產生了嚴重的後果。

　　當基督教在向菁英們傳福音時，方濟會與道明會則向農民傳
教。他們彼此不妥協。在這種情況下，他們只好將問題交給
Holly See 來解決。

　　1843 年時，道明會的傳教士 Juan Morales 跑去羅馬，將祭拜
儀式的爭執報告交去請求裁示。教皇英諾森十世（Pope Innocent
X）在 1645 年裁定天主教徒被禁止參加祭祖與祭孔的儀式。在
中國的基督教會對這個決定表示不滿，他們把他們的傳教士送去
羅馬申訴他們的原因。教皇亞力山大七世（Pope Alexander VII）

---

40 *Le Defi Plus*, 17th to 23rd January, 2004, P. 28.
41 Paul A. Rule, 'The Chinese Rites Controversy: A Long Lasting Controversy in Sino-Western Cultural History', *Pacific Rim Report*, February 2004.

接受祭祖儀式是屬於平民性而非宗教性的說法。在 1656 年時，教皇裁示天主教徒可以參加祭祖與祭孔。由於 1645 年的裁定沒有被修正過，也沒有被取消，現在就出現兩種互相矛盾的規則。傳教士可以選擇比較適合教友的方式行事。這種矛盾的心態不能永遠持續下去，因為傳教士的命令之間的緊張持續升高。

　　由於爭論在歐洲愈演愈烈，耶穌會士為此抵抗，並且爭取皇上聖明，協助澄清尊敬祖先在名詞與儀式上的意義。在此情形下，康熙皇帝於是頒發詔令，解釋說祭祖儀式是代表對祖先的尊敬，並不是說在神牌上有靈魂的迷信；而 "God" 則是創造並且主宰世界的萬能之神。然而耶穌會士對皇上的解釋並不滿意。他們成功的說服教皇克萊門特十一世（Pope Clement XI）調查這件事。

　　教皇召集一批樞機主教研究這個問題。他們在 1704 年建議禁止祭祖和祭孔。教皇核准了這個建議，並且在 1704 年頒布了一份教皇詔書，它是三份禁止基督徒參與中國信仰與儀式詔書中的第一份。事後，Monsignor Maillard de Tournon 以教皇使節的身分被派去中國，解釋並強制執行此一命令。在兩次晉見康熙皇帝時，Monsignor Maillard de Tournon 都沒有提到教皇在 1704 年所做的決議。在他第二次晉見皇上時，康熙皇帝明示，任何反對祭祖與祭孔的人士，都不准留在中國。

　　教皇克萊門特十一世在 1715 年，發佈教皇通諭，重申禁令。下面兩點是有關儀式爭論的主要條文。

＊天主教徒不准祭孔與祭祖，即使列席旁觀也不可以。

＊中國官員，以及通過縣市級，省級，或京級考試的人，如果已經改信天主教，就不准去孔廟參加祭拜。

　　康熙皇帝十分驚訝的告訴傳教士們：「你們腐化了你們的教誨，並且中斷了以前西方人的努力。這絕不是你們的 "God" 的意願，因為祂要帶領人們去為善。我時常聽到你們西方人說，魔鬼使人誤入歧途。這就對了。」[42]

　　通諭在 1715 年出版以後，教皇克萊門特十一世（Pope Clement XI）派亞歷山大的宗主教 Carlo Ambrosius Mezzabarba 去中國向皇帝解釋他們的決定。1720 年 12 月，Mezzabarba 請求皇帝允許天主教徒遵守通諭的規定，並且承認他對在中國的所有傳教士的權威。就在同一個月裡，皇帝便禁止信奉天主教，而且決定，天主教的傳教士除了年邁、病弱、以及技工之外，必需遣送回到歐洲去。留在中國的歐洲人可以依照教皇的規定信奉他們的宗教，但是不可用它來強行綁住中國人。還有，傳教士也被禁止勸人改信宗教。

　　皇帝覺得無法整合東西方的差異。他在通諭的副本上，用紅筆做了如下的評語：「讀過這個宣言之後，我的結論是，西方人的度量實在很小。由於他們不了解像我們在中國所了解的更大議題，所以我們無法與他們講理。沒有一個精通中文的西方人可以行得通，而且他們的論點常常是不可思議而且荒謬的。從他們的宣言看來，他們的宗教與其他渺小而偏執的佛教或道教派別，沒什麼不同。我從來沒有見過這麼多的謬論。從今以後，為了避免麻煩，西方人不應該被允許在中國傳教。」[43]

　　Mezzabarba 為了設法挽救這種局勢做了八項讓步。他允許教友設立祖先神牌（但不要提及「靈魂」）、非宗教性的祭祖與祭孔、香與蠟燭、在祖先神牌前面鞠躬、使用蔬菜與生果祭拜。

42　Michael Billigton，前揭書，P. 6。
43　http://en.wikipedia.org/wiki/Chinese_Rites_Controversy, P. 3.

這些讓步不足為道，而且來得太晚。皇帝沒有准許他們推行通書"Ex illa die"的條款。大多數的天主教傳教士，已經被遣送回去了。Mezzabarba 毫無選擇，只好在 1721 年中請回去羅馬。八項妥協的結局還要取決於教皇的核准。這種模糊的局面維持了二十年，直到 1742 年教皇本尼迪特十四世（Pope Benedict XIV）才決定頒佈通論，藉口以前他們沒有收到教皇的背書，並且與 1715 年的條款相互矛盾的理由，否決了 Mezzabarba 在以前的妥協。1742 年的教皇通論"Ex quo singulari"重申教皇克萊門特十一世（Pope Clement XI）的通論"Ex illa die"。教皇禁止傳教士再討論祭拜儀式，在中國的傳教士要發誓反對中國的祭拜儀式，保證服從 1715 年的憲章，並且批判 Mezzabarba 的八項妥協。如果違反這個規定就會被革出教會。

　　1715 年與 1742 年的通論，嚴重影響康熙反對天主教傳教士的決定。孔子的教誨乃是家庭制度以及社會與政治組織的核心。人們在當地的孔廟裡背誦孔子教義，而皇上的道德指令，禮，則是根據孔子的教義，要求人們尊敬長者和祖先。教誨百姓的目的是要為全國人民提供一個有秩序的生活環境。[44]否定孔子的教誨意即開啟混亂之門，嚴重的威脅皇上的政權。

　　放棄信仰會深深的影響一個家庭，家中的成員被分成基督徒與非基督徒兩派。拒絕參與祭拜祖先時常會令基督徒遭受他家中非基督徒的責備與仇恨，和引來他沒有祖先的諷刺之詞。基督徒就成為一個賤民。華人在馬來西亞改信伊斯蘭教也會經歷到同樣的排擠。

　　根據教皇通論的條款，學者官員必需聲明放棄他的職位，因

44　Fairbank and Reischauer, *China*, P. 194-195.

為他不能再在孔廟裡帶領祭拜儀式，而帶領祭儀正是他職務的一部份。基於同樣的理由，中國基督徒都不能當官。通諭毀掉了中國兩千年的官制。一個中國人為了信仰基督必需背叛他的祖先與文化遺產。[45]由於宗教的許多命令，以及在傳信會（Propaganda Fide）與耶穌會之間，持續在爭論著，所以教皇並沒有得到開明的忠告。耶穌會與道明會是站在相反的立場。在這次抗爭之中，傳教士與教會都同樣是個失敗者。

儀式爭議的最后部份是在 1939 年教皇庇護十二世（Pope Pius XII）廢除祭祖與祭孔後寫下的。

天主教徒被允許出現在孔廟或學校舉行的慶典上。在死者或遺像前面以低頭和其他平民性質的觀察，是合法而不可反對的。在死者或他的遺像或名字前面表示崇敬與愛而鞠躬的行為是可以的。

天主教堂現在的政策，是要本土化和與其他文化的宗教之間的對話，反對類似以前那種從崇拜偶像單向轉換的心態。這種 U 形的轉變究竟是怎麼來的？Peter C. Phan 認為那是由於外力所致。如果學生拒絕參加祭孔，那麼日本滿州國當局就要把所有的天主教學校關閉。這種威脅迫使天主教堂採取更務實的作法。Holy See 首次對禁止做出讓步，而且在 1935 年 5 月 28 日允許天主教徒依個別情況去參加中國的祭拜儀式。[46]Phan 說：「日本在經濟與政治上是一個正在起飛國家的事實，使梵蒂岡十分願意審慎的取消教皇本你迪特（Pope Benedict）的命令。」[47]僅僅四年之後，在 1939 年 12 月，傳信善會（Propaganda Fide）的判決

---

45 Peter C. Phan, 'This too shall pass: Why Ex corde's mandate won't last', P. 3。

46 Gianni Valente, 'Vatican-Manchukuo, mea culpas are not necessary', www.30gionii.it/us/articles.sap?id=p611.

47 Peter C. Phan, 'This too shall pass: Why Ex corde's mandate won't last', P. 2.

"Plane compertum" 就允許中國的天主教徒祭祖與祭孔。他們也不必發誓反對中國的宗教儀式。兩個世紀半以來，即使是對天主教傳教士十分友善的康熙皇帝，Holy See 都不曾對中國皇帝做出任何讓步。首席天主教漢學家 Father Jean Charbonner 在台北一個天主教大學裡的教學研討會裡說：「我們只能感到遺憾，天主教堂寧願向日本侵略者做出更大的讓步，而不願對過去合法的中國皇帝讓步。」[48]

三、祭祖與新教

對於各種不同的耶穌教（新教）派而言，祭祀的儀式從來就不是問題，因為他們一直認為祭祖是一種真正的敬奉，並且譴責崇拜偶像。儘管耶穌教在 1807 年就已經被引進中國，但是一直到 1877 年，耶穌教的教徒都不曾公開討論過有關儀式的問題。1877 年在上海舉行的首次耶穌教傳教士會議，強烈反對任何形式的讓步。中國信徒被禁止使用祖先神牌與祭拜祖先。等到 1907 年的百年牧師大會，他們才承認中國人改信耶穌的阻礙是在於祭祖。於是他們提出了更開放的觀點，並且提出一些更務實的建議。隨後的辯論導致他們採納四項代表耶穌教觀點的決議：

I. 祭祖與基督信仰是矛盾的，所以我們不能容忍，但是牧師必需小心的鼓勵改信基督的教徒，對尊重紀念往生者的感受，並且向一般中國人強調基督徒對孝道極為重視。

II. 大會建議對於尊敬父母方面應該表現得更明顯一點。這樣

---

48 Gianni Valente，前揭書，P. 6。

可以向非基督徒證明教會認同孝道是基督徒最重要的責任之一。

III.大會明白以信仰基督取代祭拜祖先會引起許多微妙的問題，也深信教會在神靈的努力帶領下，會教導教友。

IV.大會建議鼓勵中國基督徒，以替父母與祖先美化墓地，建立墓碑，興建或捐款給教堂，學校，和慈善機構的方式紀念祖先。這樣可以使紀念祖先變成協助世世代代的生存者。[49]

Addison 認為耶穌教義一致譴責祭祖的主因是因為耶穌教是一個真正的宗教，而且他們的牧師不能忽視這點。因為如果同意教徒可以祭祖而教徒卻不懂如何解釋，那就會鬧笑話。

---

49 James Thayer Addison, *Chinese Ancestor Worship*, 1925, P. 2,
　　http://englicanhistory.org/asia/china/addison_ancestor1925/intro.html

第五部份
客家身分與文化的保固

第八章　客家身分與文化的展望

　　在半世紀裡，從第一代到第四代的客家人，他們的文化與身分發生了很大的變化。有很多代表客家文化與身分的標記消失了：客家服飾如黑色長褲的西裝（模里西斯當地人稱為 "cabai"）；三片拼布做的圍身裙；縫著黑布邊的涼帽；山歌；守靈或出殯時哀悼者唱的輓歌；還有曾在 1960 年代被美國人誤以為是飛彈倉庫，蓋得好像用來抵禦惡鄰或掠奪者的碉堡——土樓。在路易斯港的戴維斯街上的高姓房子，蓋得像一座方形的土樓，靠路邊的石頭牆很高，前面有很高的木製大門。

　　我們對這些標記的遺失會感到悲痛嗎？重要的問題是，我們要根據什麼標準來認定哪些東西是否應該保存。Mathew Arnold 在 1873 年對文化的定義，仍然可以用來當我們的指南：「文化，是我們所呈現給世界和留在人類精神歷史上的最好的東西。」凡是道德上認為是最好的東西就值得保存。例如，納妾在道德上是不被接受的。反對納妾不會使客家文化蒙受任何損失。

　　客家人能夠集體存活下來，是因為他們能夠保存他們的文化與身分。當他們在中國南方定居時，從來就沒有想要被他族同化。由於他們的宗親意識，刻苦奮鬥，忠誠團結，以及勇敢好鬥，使得他們免於被廣府人和福建人同化。十九世紀時，客家人與廣府人的土客械鬥使他們死了二十萬人。客家人好鬥的性格已經減弱了。這點可以從下面兩句客語反應出來："mo siong kon"（沒關係）， "ts'in ts'ai ki"（隨他去）。

遇到與社群有關的事務時，客家人就得仰賴政治人物或社群菁英的帶領。客家領導人沒有那個才幹。有些客家的社群領導，似乎可以勝任這個角色，不過他們常在公開場合或人群中間口角的脾氣，使他們失去了資格。一般人對客家人的印象是他們缺乏領導能力。

宗教和語言是對維固族群身分與文化方面十分重要的兩個有力因素。

正如基督教，回教，印度教，和佛教一樣，儒教與偉大的文明息息相關。它也強化了族群的意識。如果基督教的傳教士和外國勢力在十九世紀時，能支援客家人領導的太平天國叛變，推翻滿清政府，今天的中國也許是一個基督教的國家。基督教的傳教士無法接受太平天國主張的基督教義，更別提客家的先知了。

人們在過去譴責儒家是中國衰弱的原因。在 1980 年代，在香港，台灣，以及新加坡的政治領導者，都宣揚儒教是他們經濟進步的根源。新加坡的前總理李光耀成為儒教的高級牧師。西方的評論家認為亞洲價值，包括儒教，乃是亞洲專制政府衰弱的一個藉口。對 Christ Patten 來說，亞洲價值的辯論，「只是西方人不去正視亞洲人權被糟蹋的一個藉口。」[1]他懷疑亞洲價值與國內生產總值的關係。

雖然多數的客家人已經改信基督教，由於他們信奉混合的宗教，因此，民間宗教並沒有被毀掉。民間宗教的信徒反駁一般人認為民間宗教是迷信的譴責。對他們而言，所有偉大的宗教，不論在今生或來世，都有一個共同的重要價值。自古以來，他們的

1　Chris Patten, *East and West*, London: Pan Books, 1999, P. 149.

宗教就是他們歷史，文化，以及文明的一部份。他們對自己擁有全世界最為源遠流長的文明引以為傲，而且他們的宗教要比基督教還要早。

當客家人沒有把客家話傳承給子女時，一個重要文化遺產的元素就因此遺失了，雖然不是永遠消失，因為它還可以再學。語言是用來表達與外界、家庭成員、親戚、以及朋友的關係。我們用語言來表達愛與情緒，以及交換彼此的價值、信仰、傳統、以及習慣。它是一個詮釋文化的生物體。

當一種語言消失以後，它所含蘊的文化也會消失。語言的使用可以幫助維固而且強化文化身分。如果一個人認為他的語言沒有什麼用，那麼他的文化身分也會變成無用。在一個多元文化的社會裡，讓一種語言消失是一種不可原諒的事。這種負面的行為，不能以功利主義的觀點來辯護。有些沒有教子女母語的父母，辯稱他們不願孩子過份負擔太多語言的壓力。客語因此被認為是在職場升遷上與提升社會地位上，最不實用的語言而被犧牲了。這種辯解是否合理還值得懷疑。許多第二代的客家人，不僅在專業上很有成就而且也能說客家話，就是一個活生生的例子，證明我們也可以在不影響專業的情況下學好母語。

語言對文化身分的重要性是不容忽視的。一個不會說客家話的模里西斯華人能夠說他是客家人嗎？對於保守的客家長輩而言，客家身分的必要條件就是必需會講客家話。他們常說，如果（中國人）不會講華語，就會變為番鬼。語言是文化身分的基礎。文化是靠語言來表達的。它是用來代表我們屬於某一個族群的根本，也是族群性的基石。語言載負著那個族群的歷史、文化、價值、傳統、習慣、以及全部的生活。語言即人類。沒有人類就沒有語言，人類沒有語言就不能生存。一個客家人會因為客

家話而使他覺得自己是客家人或中國人。如果他不懂客家話，他就很難說他是客家人或中國人。

有沒有可能用某種中國化的方法來拯救客家文化和身分？由於模里西斯並不是一個移民的國家，想要靠新移民進來模里西斯讓華人「中國化」，似乎不可能。即使在紡織業有 11,232 名從中國大陸來的中國工人（其中有 9,407 名女工[2]），他們與工廠外界人士幾乎沒有接觸。只有幾個客家人嫁給中國大陸來的工人，他們不講客家話。自從 1970 年代晚期以來，有些人娶了來自梅縣的客家女人，但是結果很糟。有些人趁回娘家時捲款逃走。這些女人覺得很難適應當地環境。也許他們在婚前被允諾的生活水平不再抱幻想了。由於不論和來自梅縣客家女人或在模里西斯工作的中國女人結婚，成功率都很低，因此對於當地客家人的「中國化」沒有什麼影響。

語言與身分有緊密的關係。但是學會一種新語言，不代表別的族群就會接受你有那個族群的身分。例如，在法國，只有義大利，葡萄牙，和西班牙的移民才可能完全融入他們的社會，因為他們都是白色的歐洲人。非洲人，阿拉伯人，和中國人永遠都是不同的。René Han 小時候在他母親私奔，父親返回中國以後，自 1930 年代以來，從小就一直由一對法國夫婦撫養長大，在他的自傳裡表示，他很詫異的發現自己必需「一輩子」去接受這種差異的重擔。由法國夫婦撫養長大，也不會說華語，他一直認為自己是「與其他人一樣，我在那時才痛苦的知道，自己並不是一個真正的法國勃根地（法國人），我永遠都不可能，即使是一個法國小伙子。我只是一個中國小伙子。」[3]在決定一個人的身分

2　Week-End, 24th August, 2003, P. 21.

3　Rene Han, *Un Chinois de Bourgogne*, Paris: Perrin, 1992, P. 71.

時，身體的特徵要比語言的轉換來得更重要。

　　身為模里西斯人的華人後代，是否也經歷過這種身分的危機感呢？混婚所生的模里西斯人經過數代後，還是很難融入當地的克里奧爾社會。人們輕蔑的稱呼在 "Fos Temoin Letan Margoz" 的演員 Tom Ah-kout 為 "sa Sinoi-Makao-Malbar-a"，因為女兒的父親拒絕了人家向她的求婚。[4]許多的克里奧爾華人認為自己現在已經完全的融入了克里奧爾的文化，不過他們偶爾還是會發現他們的對話者還是把他們當作華人。身分不是由你說了就算，也得看別人怎麼說。直到最近，克里奧爾華人並沒有被「純」中國人接受，而且他們也反對子女和克里奧爾華人結婚。隨著時光的流逝，這些父母的態度已經有所軟化，並且接受異族通婚的觀念。

　　年輕一代的華裔模里西斯人的態度與他們父母的態度不同。他們所重視的是他們認為自己是中國人的意識，同時他們也認為自己完全是一個模里西斯人。不過在這種混婚族的身分下，他們很難為他們的中國人特性下一個定義。

　　在做最後分析時，因為華裔模里西斯人不會講他祖先的方言，而且對中國的文化與情愫很少牽扯，因此我們認為他必需建立一個新的身分。他是不是應該叫做一個不會說華語的華裔模里西斯人，而他的母語是克里奧爾語，所學的第二語言是英語和法語？

　　客家人能否繼續以一個族群存活下去，決定於客家文化與身分是否能夠得到振興。沒有人能夠取代父母。在建立對客家文化與身分的必要認知和以身為客家人為傲，以及教育孩子如何說客語，並且讓客語成為他們子女在日常生活上使用的語言方面，家

---

4 Georges Chung sj, Fos Temoin letan Margoz, Mauritius, 2002, P. 53.

庭環境扮演著非常重要的角色。如果在日常生活中能夠體驗得到，那麼文化就可以被振興並且保住。它不是靠每週一日或在特別的場合下的培育就能做到的。要是族群裡的成員不願在日常生活中去體驗這種文化，那麼這個族群的文化就注定要消失。

有幾個機構一直嘗試了很久，要保住中國文化和客家方言。儘管他們這些值得讚揚的努力，可是由於有意學習的孩子一直減少，因此效果不彰。在 1955 年成立的金龍舞團（Golden Lion Circle），主要以舞獅舞龍來促銷中國文化。中國文化中心（Chinese Cultural Centre）把重點放在教華語，民族舞蹈，和武術上。中國音樂學校（Chinese School of Music）設法讓傳統的中國音樂繼續活著。明德中心（Ming Tek Centre）則開了一些傳統舞蹈以及華語、客語的語言課程。

在 1992 年舉行的世界華人大會，對華化的影響很小。大會的三個目標抱著太大的野心，其中之一是要「尋找保存與促銷中國遺產和價值的方法，並且在海外華人裡建立一個聯絡與合作的網絡。」可是沒有後續的發展。大會的文獻記錄也不曾出版。有些大會的負責人太過功利主義，根本沒有促銷中國文化的真誠意願，更別提他們所說的中國人特性。幾百萬盧比就這樣浪費了。

客家文化與身分是值得保存的。我們應該對能夠產生一些中國四千年歷史上的偉大政治領袖的客家族群感到驕傲。洪秀全在男女性別與政治平等的觀念，要比當時先進一百年。鄧小平的經濟政策使中國在三十年裡成為世界第三大的經濟體。

自從中國與西方國家因為販賣鴉片開始衝突以後，西方人要我們用他們的眼光、語言、和文化來看中國和它的遺產。他們企圖靠他們盛行的文化，讓我們屈服在他們以歐洲為中心的霸權主義的世界觀之下。沒有一個正當的理由，可以要那些真實的豐富

文化遺產繼承人，去唾棄他們的遺產。中國人的發明對人類的貢獻遠比西方人知道的要多。中國人發明了造紙與印刷術，讓教育民主化，乃是文藝復興的先驅。中國人發明的火藥摧毀了中世紀的碉堡，敲響了中世紀勇士貴族的喪鐘。中國人發明的航海羅盤，引起了航海革命。這四個發明都有震撼世界的效應。我們也可以加上我們的考試制度，它是舉世公認的民主制度，它終止了以往靠推舉和血緣來徵聘政府官員的做法。

　　我們是這些偉大發明的真實繼承者。我們沒有理由要將它丟棄。讓一個人的文化和語言消失將是一個悲痛的錯誤。讓我們提醒自己，我們祖先對客家方言是怎麼說的：「寧賣祖宗田,莫忘祖宗言。」